**Exilforschung**
**Band 39**

# Exilforschung

---

Ein internationales Jahrbuch

Im Auftrag der
Gesellschaft für Exilforschung/
Society for Exile Studies

herausgegeben von
Bettina Bannasch, Doerte Bischoff
und Burcu Dogramaci

# Band 39/2021

# Mensch und Tier in Reflexionen des Exils

—

Herausgegeben von Ursula Seeber, Veronika Zwerger, Doerte Bischoff und Carla Swiderski

DE GRUYTER

Redaktion der Beiträge/Volume Editors:
Dr. Ursula Seeber, Gesellschaft der Freunde der Österreichischen Exilbibliothek,
Seidengasse 13, 1070 Wien
MMag. Veronika Zwerger, Literaturhaus Wien / Österreichische Exilbibliothek,
Seidengasse 13, 1070 Wien, exilbibliothek@literaturhaus.at
Prof. Dr. Doerte Bischoff & Carla Swiderski, Institut für Germanistik, Universität Hamburg,
Überseering 35, 22297 Hamburg, doerte.bischoff@uni-hamburg.de

Rezensionen:
Prof. Dr. Doerte Bischoff, doerte.bischoff@uni-hamburg.de

Mit Unterstützung von:
Literaturhaus Wien / Österreichische Exilbibliothek und P. Walter Jacob-Stiftung

LiteraturhausWien
Österreichische Exilbibliothek

ISBN 978-3-11-073080-7
e-ISBN (PDF) 978-3-11-072962-7
e-ISBN (EPUB) 978-3-11-072980-1
ISSN 0175-3347

**Library of Congress Control Number:** 2021940951

**Bibliografische Information der Deutschen Nationalbibliothek**
Die Deutsche Nationalbibliothek verzeichnet diese Publikation in der Deutschen Nationalbibliografie; detaillierte bibliografische Daten sind im Internet über http://dnb.dnb.de abrufbar.

© 2021 Walter de Gruyter GmbH, Berlin/Boston
Einbandabbildung: Claas Möller. Zeichnung nach der Fotografie von Abraham Pisarek (1935), Wohin? (Igna Beth, Schauspielerin des Jüdischen Kulturbundes in Berlin, vor einem Globus).
Satz: bsix information exchange GmbH, Braunschweig
Druck und Bindung: CPI books GmbH, Leck

www.degruyter.com

# Inhalt

Doerte Bischoff, Ursula Seeber, Carla Swiderski, Veronika Zwerger
**Vorwort** —— 1

Ursula Seeber
**Fährten lesen: Mensch und Tier in Reflexionen des Exils**
Eine Einleitung mit Bezug auf die Exilpresse —— 5

## I Heimat und Rückkehr: (Zwangs-)Migration in Tieren gedacht

Frederike Middelhoff
**Romantische Zugvogelfiktionen**
Auf den literarischen Fährten gefiederter Gefährten —— 29

Sanna Schulte
**Vom Schreiben als Fliegen und vom Flüchten mit Flügeln**
Über „Vögel mit Wurzeln" in der Exilliteratur —— 53

Heike Klapdor
**Verrat und Treue im US-amerikanischen Film *Lassie Come Home* (1943)**
Zur Matrix des Politischen —— 69

## II Animalisierung und Ausgrenzung im NS-Diskurs

Joela Jacobs
***Die lustige Kaninchenfibel:* Ideologische Mensch-Tier-Parallelen in der Rassekaninchenzucht des Dritten Reichs** —— 93

Swen Steinberg
**Das Verhältnis von Mensch und Tier in Publikationen politischer Flüchtlinge in der Tschechoslowakei (1933–1938)** —— 113

Carla Swiderski
**Das Experiment ‚Mensch' in Stephan Lackners Exildrama *Der Mensch ist kein Haustier***
Zwischen „behaarte[m] Mordaffen" und rationalem
„Zukunftsmenschen" —— 133

Brigitte Mayr, Michael Omasta
**Gezeichnet und ausgegrenzt: der Werwolf-Mythos in Curt Siodmaks *The Wolf Man*** —— 151

## III Tiere als Gefährten und Arbeitsgrundlage im Exil

Anthony Grenville
**Die Tierwelt als Hilfsmittel zur sozialen Integration der „Refugees" aus dem Dritten Reich**
Erinnerungen und Erzählungen —— 177

Günter Häntzschel
**Mechtilde Lichnowsky und „dieser merkwürdige Überhund Mensch" im Exil** —— 187

Jennifer Taylor
**Stofftier-Design als Überlebenskunst im Exil: Charlotte Bondy in England** —— 199

Lisa Rettl
**Wilhelm Marbach: Studium, Flucht und Neuanfänge eines Wiener Veterinärmedizinstudenten** —— 211

## IV Schauplatz Zoo: Perspektiven aus dem Exil

Katja B. Zaich
**Versteckt im Affenfelsen: Untergetauchte im Amsterdamer Zoo** —— 233

Burcu Dogramaci
**Animal Camera: Medien und Politiken der Tierfotografie im Londoner Exil (1933–1945)** —— 253

Julia Winckler
*Making Friends:* Wolf Suschitzkys Tierfotografien im Prisma des Exils —— 277

Barbara Weidle
„Im Stromgebiet der Zoologie": Erna Pinners Neuanfang im englischen Exil —— 301

## V Aus den Archiven: Tiererzählungen von Exilautor*innen

Hilde Domin
**Vitalias Huhn** —— 327

Alfred Polgar
**Kapitulation** —— 333

Roda Roda
**Androclus und der Löwe** —— 335

Lore Segal
**DEATH OF THE WATER BUG** —— 339

## VI Rezensionen —— 343

## VII Kurzbiografien —— 399

Doerte Bischoff, Ursula Seeber, Carla Swiderski,
Veronika Zwerger
# Vorwort

> Wir leben wie Tiere leben
> Auf der Hut, auf der Wacht, am Sprung.
> Von einem friedlichen Leben
> Blieb uns keine Erinnerung.
>
> Stella Rotenberg: *Im Exil*[1]

Wenn sprachmächtige menschliche Subjekte, wie in diesem Exilgedicht von Stella Rotenberg, das Gefühl äußern, wie Tiere zu leben, deutet dies wohl an, dass eine Grenze überschritten wurde, die mit Menschenwürde, dem Gedanken der prinzipiellen Gleichheit aller Menschen oder auch einer bestimmten Form der Selbstgewissheit zu tun hat. „Im Exil" zu sein, heißt hier nicht nur, ein heimatliches Land, eine vertraute Umgebung und Kultur gezwungenermaßen verlassen zu haben. Es impliziert vielmehr eine existenzielle Verschiebung und Verunsicherung, in deren Folge die Zugehörigkeit zur Gemeinschaft der Menschen fragwürdig geworden ist. Dies schließt auch einen Zustand ungewöhnlicher Zeitlichkeit ein: Wo es keine Erinnerung an frühere Zustände und Formen des eigenen Lebens gibt, kann dieses auch nicht mehr als etwas Zusammenhängendes, als Kontinuum oder Entwicklung wahrgenommen werden: Auf das Hier und Jetzt verwiesen, nimmt sich der oder die Exilierte als aus der Zeit gesprengt wahr, als haltlos und unbehaust, sich selbst fremd.

Eine derartige Lektüre des Gedichts, dem viele andere künstlerische Zeugnisse des Exils, die ebenfalls mit Tiervergleichen operieren, an die Seite gestellt werden können, akzentuiert den radikalen Bruch, den Ausgrenzung, Verfolgung und Flucht bedeuten können. Gerade im Kontext der Geschichte des deutschsprachigen Exils während der NS-Zeit ruft das Durchlässigwerden der Grenze zwischen Mensch und Tier aber noch andere Konnotationen auf. Der den NS-Diskurs prägende Rassismus zog in mancher Weise die Grenzen zwischen Menschen und Tieren neu.[2] Während Menschen wie Tiere in Rassen eingeteilt, Reinheitsideale und Vermischungsverbote aus dem Inventar der Tierzucht auf soziale Verhältnisse übertragen wurden, führte die Vorstellung der Überlegenheit bestimmter Rassen zugleich zu einer Aufwertung bestimmter Tiere, die Menschen der vermeintlichen ‚Herrenrasse' angenähert wurden. Demgegenüber wurde der eliminatorische Antisemitismus propagandistisch flankiert

---

1 Stella Rotenberg: Im Exil [1969]. In: dies.: Scherben sind endlicher Hort. Wien 1991, S. 119.
2 Jan Mohnhaupt: Tiere im Nationalsozialismus. München 2020.

durch eine Fülle medial erzeugter Bilder von Schädlingen und Parasiten, die unliebsame menschliche Individuen und Gruppen – vor allem natürlich Jüdinnen und Juden – außerhalb jener Sphäre situierten, in der staatsbürgerliche Rechte zugestanden wurden. Schließlich wurde ihnen gar das Recht zu leben aberkannt.

Rhetorische Strategien der Animalisierung aktivieren tradierte Muster hierarchischer Beziehungen zwischen menschlichen Akteuren und Tieren als Objekten der Zurichtung, Versklavung, Verwertung und Kommodifizierung. Mit der Verschiebung der Mensch-Tier-Grenzen treten diese allerdings selbst auch besonders als in bestimmten historischen und sozialen Kontexten diskursiv verfasste hervor. Diejenigen, die dem Vernichtungsfuror der Nationalsozialisten entgingen – und dies waren eben überwiegend diejenigen, denen die Flucht ins Exil gelang –, die aber gleichwohl von ihm doch auch betroffen waren, haben sich in vielfältiger Weise zu dieser Erfahrung geäußert, herabgestuft zu werden unter die Sphäre menschlicher Gemeinschaft, außerhalb ‚lebenswerten' Lebens.[3] Hiervon zeugen pointierte Analysen der politischen Rhetorik, satirische Essays, Filme über Gestaltwandler zwischen Mensch und Tier, literarische und künstlerische Arbeiten mit sehr unterschiedlichen Konstellationen von Mensch-Tier-Verhältnissen.

Bereits ein erster Befund zeigt, dass die Bezugnahme auf Tiere, die einem in Exil-Dokumenten tatsächlich überaus häufig begegnet, nicht nur NS-Rhetorik aufnimmt, persifliert und unterläuft. Die Auseinandersetzungen mit Tieren sind vielmehr äußerst vielfältig, sowohl hinsichtlich der unterschiedlichen Zeichen- und Bildhaftigkeit, in der Tiere menschliche Zustände figurieren, als auch gerade in der Gestaltung von Tieren als Gegenüber und Gefährten in Extremsituationen, in denen soziale Bindungen gekappt und Zugehörigkeiten zur Disposition gestellt erscheinen. Nicht nur der Blick auf Tiere und den ihnen zugewiesenen Räumen in einer anthropozentrischen Moderne wird rekapituliert und reflektiert. Ebenso ist es der Blick der Tiere als Blick der geschundenen Kreatur, aber auch als Blick, der Vertrautheit, Ähnlichkeit und uneinholbare Differenz zugleich erfahrbar werden lässt,[4] der in diesen Dokumenten eine facettenreiche Ausgestaltung erfährt.

Mit dem Fokus auf Mensch-Tier-Verhältnisse öffnet das vorliegende Jahrbuch die Exilforschung für das Feld der Cultural and Literary Animal Studies

---

[3] Vgl. hierzu die 2020 fertiggestellte Hamburger Dissertation von Carla Swiderski: Das Menschliche spiegelt sich im Blick der Tiere. Auflösung und Neudefinition des Menschen in der Exilliteratur.
[4] Vgl. John Berger: Warum sehen wir Tiere an? In: ders.: Das Leben der Bilder oder die Kunst des Sehens [1981]. Übers. von Stephen Tree. Berlin 2003, S. 12–35.

beziehungsweise der kulturwissenschaftlichen Human Animal Studies,[5] die in den vergangenen Jahren das in der westlichen Denktradition überlieferte dichotome Mensch-Tier-Verhältnis in Gesellschaft und Kulturgeschichte eingehend analysiert und problematisiert haben. Zentrale Fragen und Ergebnisse dieser Debatten werden dabei erstmals für die Analyse von Dokumenten und Reflexionen des Exils produktiv gemacht. Gleichzeitig will der Band für die besondere Produktivität historischer Quellen und künstlerischer Gestaltungen von Flucht und Exil für ein Forschungsfeld sensibilisieren, dessen Akteur*innen ihrerseits gerade begonnen haben, sich mit kulturellen Ausprägungen und Darstellungsweisen von Migration intensiver zu beschäftigen.[6] Die Perspektive auf das Verhältnis von Vertriebenen beziehungsweise Flüchtenden und realen beziehungsweise imaginären Tieren unter dem Vorzeichen des Exils hat existenzielle, psychologische und ethische, politische, rechtliche, sozial- und mentalitätsgeschichtliche, ideologiekritische, kulturelle und künstlerisch-ästhetische Dimensionen. Klassische Fragestellungen der Exilforschung wie Ausgrenzung, Enteignung, Fluchtbedingungen, Widerstand, Existenzgrundlagen, Assimilation und Remigration tauchen auf und werden auf neue Weise verhandelbar, die ihre Relevanz für weitergefasste kulturwissenschaftliche Fragestellungen bekunden.

Der Band ist interdisziplinär angelegt, insofern er historisch-biografische Analysen und diskursgeschichtliche Untersuchungen mit literatur-, kunst-, und filmwissenschaftlichen Perspektiven verknüpft. Die Beiträge erkunden, wie Heimat, Exil und Rückkehr mit Bezug auf migrierende Tiere in Literatur und Film figuriert werden (I), sie spüren Rhetoriken der Ausgrenzung durch Animalisierung im NS-Diskurs und ihren kritischen Subversionen nach (II) und sie beschreiben Konstellationen, in denen Tiere zu privilegierten Gefährten im Exil werden oder die Arbeit mit und über Tiere zu einer neuen Existenzgrundlage verhilft (III). Mehrere Aufsätze widmen sich dem Zoo als Schauplatz des Exils, an dem nicht nur ganz buchstäblich Menschen Unterschlupf vor Verfolgung fanden, sondern der auch von vielen Exilierten als besonderer Erfahrungs- und Reflexionsraum begriffen wurde. Etlichen (Foto-)Künstler*innen wurden Zoobesuche zum Anlass einer komplexen Auseinandersetzung mit dem Spannungsverhältnis von Freiheit und Gefangenschaft, Autonomie und Ausgeliefertsein, dem sie sich selbst als Exilierte ausgesetzt sahen, aus dem sie aber auch Bildsprachen des Widerstands und Subversion entwickelten (IV). Bestandteil des

---

5 Vgl. Garry Marvin und Susan McHugh: Routledge Handbook of Human-Animal Studies. London 2014; Roland Borgards: Tiere. Ein kulturwissenschaftliches Handbuch. Stuttgart 2015.
6 Vgl. Tierstudien 19 (2021): Tiere und Migration, hg. von Jessica Ullrich und Frederike Middelhoff.

Bandes sind außerdem vier bislang unveröffentlichte oder an entlegenen Stellen publizierte Kurztexte von Exilautor*innen (Hilde Domin, Alfred Polgar, Roda Roda und Lore Segal), die pointiert Mensch-Tier-Verhältnisse gestalten (V). Der einleitende Beitrag bietet einen Überblick über das Thema „Mensch und Tier in Reflexionen des Exils", indem er die verschiedenen Aspekte und Fragestellungen, die im Band verhandelt werden, mit Bezug auf die einzelnen Forschungsbeiträge sowie die mit aufgenommenen Primärtexte systematisch herausstellt. Dabei wird zudem auf ein breites, für diesen Kontext zusammengestelltes Korpus von Texten und Textpassagen aus der Exilpresse Bezug genommen.

Ein Großteil der hier versammelten Beiträge basiert auf Vorträgen, die auf der Jahrestagung der Gesellschaft für Exilforschung 2020: „Fährten. Mensch-Tier-Verhältnisse in Reflexionen des Exils" vom 20. bis 22. Oktober – wegen der Corona-Pandemie im virtuellen Raum – gehalten wurden. Konzipiert und organisiert wurde die Tagung von der Österreichischen Exilbibliothek im Literaturhaus Wien in Kooperation mit der Gesellschaft der Freunde der Österreichischen Exilbibliothek. Die Veranstaltung wurde durch den Nationalfonds der Republik Österreich für die Opfer des Nationalsozialismus, den Zukunftsfonds der Republik Österreich sowie die Gesellschaft für Exilforschung, repräsentiert durch ihre Vorsitzende Inge Hansen-Schaberg, unterstützt. Diesen Institutionen und Verantwortlichen sei an dieser Stelle ausdrücklich gedankt. Dank gilt außerdem Heike Klapdor und Christoph Fuchs für wesentliche Anregungen in der Konzeptionsphase der Konferenz, sowie Claudia Geringer (Österreichische Exilbibliothek, Wien) und Andreas Löhrer (Walter A. Berendsohn Forschungsstelle für deutsche Exilliteratur, Hamburg) für ihre Unterstützung bei der Tagungsorganisation beziehungsweise der Erstellung und Bearbeitung des Manuskripts für den Druck. Allen Rechteinhaber*innen von Bildern und Texten sei für die Gewährung der Abdruckgenehmigungen gedankt.

Ursula Seeber
# Fährten lesen: Mensch und Tier in Reflexionen des Exils

Eine Einleitung mit Bezug auf die Exilpresse

## 1 Warum Mäuse?

Schwarz-weiß, im Stil eines Undergroundcomics, fasste Art Spiegelman in *Maus*, die Geschichte eines Überlebenden des Holocaust mit ‚Tierstellvertretern' in Bilder und Worte.[1] Es ist die Geschichte seiner Eltern, der Vater hatte Auschwitz überlebt. Juden werden als Mäuse repräsentiert, Deutsche als Katzen, Polen als Schweine. Spiegelmans ästhetisches Verfahren war ein, von konfessionellen und nationalen Gruppen stark kritisiertes, mutiges und provozierendes Unterfangen, weil die verletzende Bildsprache des Nationalsozialismus, die Juden mit Schädlingen gleichsetzte, zwar „aus der Mainstreamkultur vertrieben worden war, aber im limbischen System eines jeden weiterlebte".[2] Indem Spiegelman sich dem Verdrängten stellt und das nationalsozialistische Stereotyp der Ratte durch einen positiven tierischen Helden, eine struppige Maus ersetzt, wird die kaum zu beschreibende Erfahrung, was es hieß, in einem entmenschten System ein Mensch zu sein, erzählbar.

Die – künstlerische und politische – Reflexion auf das ‚Tier' kann im Kontext von nationalsozialistischer Verfolgung, Vertreibung und Exil Berührungsängste hervorrufen, weil man, so die Sozial- und Kulturhistorikerin Mieke Roscher, „befürchtet, dass der Fokus auf die Tiere zu einer Bagatellisierung der menschlichen Opfer führe".[3] Gleichwohl steht die vielfach unsichtbar gebliebene oder vergessene Geschichte von Exilierten oft mit Tieren in Verbindung, und macht sich das Mensch-Tier-Verhältnis auf vielen Ebenen der Lebenswirklichkeit des Exils und der künstlerischen Verarbeitung der Exilsituation bemerkbar. Das Thema kann nicht als Kuriosum oder als Randerscheinung abgetan werden, die etwa nur das Kinderbuch oder die Karikatur betreffe. Gestützt wird diese An-

---
[1] Art Spiegelman: Maus. Die Geschichte eines Überlebenden. Übers. von Christine Brinck und Josef Joffe. 2 Bde. Reinbek 1989 und 1992.
[2] Art Spiegelman: Warum Mäuse? In: ders.: MetaMaus. Übers. von Andreas Heckmann. Frankfurt a. M. 2011, S. 111–163, hier S. 113.
[3] Mieke Roscher im Interview mit Jan Mohnhaupt, in: Jan Mohnhaupt: Tiere im Nationalsozialismus. München 2020, S. 17.

nahme durch die Menge an historischen, (auto-)biografischen und künstlerischen Quellen, durch die Bedeutung, die sie dem Thema beimessen, und die Ernsthaftigkeit, mit der es vorgebracht wird. Die Perspektive auf das Verhältnis von Vertriebenen bzw. Flüchtenden und realen oder imaginären Tieren unter dem Signet des Exils erweist sich als relevanter, als es auf den ersten Blick scheinen mag, und beweist eine existenzielle, psychologische und ethische, eine politische und ideologiekritische, sozial- und mentalitätsgeschichtliche, eine kulturelle und künstlerisch-ästhetische Relevanz.

## 2 Spurensuche in der Exilpresse

‚Fährten lesen' bedeutet zunächst eine Form der Suche und Deutung von Spuren, Spuren von Tieren. Die Re-Lektüre bekannter Quellen aus dieser neuen Perspektive ist mit Blick auf Exilzeitschriften besonders ergiebig.[4] Die Exilpresse diente der Information für die in alle Welt vertriebenen Menschen, förderte den Zusammenhalt der Community und bestärkte die Hoffnung auf ein besseres Leben nach dem Krieg. Abgeschnitten von den internationalen Nachrichtendiensten, einem gewohnten Korrespondentennetz und meist von der Möglichkeit, selbst zu recherchieren, war nicht die „brandneue Nachricht" das Feld des Exiljournalismus, sondern die „aufbereitende Zusammenfassung und der reflektierende Kommentar".[5] Als Sprachrohre politischer oder konfessioneller Gruppen und von Berufssparten[6] bilden die Exilzeitschriften die Pluralität und Heterogenität der Emigration ab. Die Exilpresse bietet ein breites Spektrum an rhetorischen und diskursiven Zugängen zur Grundfigur ‚Tier'. Das Tier nimmt Gestalt an im Leitartikel, in Kurzprosa und Fabel, in Karikatur und Fotografie, in Rezension, Glosse und Vermischten Meldungen. So macht etwa ein Leserbrief über das Leid, seinen Hund abgeben zu müssen, die Perfidie einer NS-Verordnung vom Mai 1942 anschaulich, die Juden Heimtierhaltung verbot.[7] Die Kulturhistorikerin Maren Möhring hat untersucht, wie sich das Tier-Mensch-Verhältnis

---

[4] Zugänglich über das Portal exilpresse digital des Deutschen Exilarchivs 1933–1945 an der Deutschen Nationalbibliothek, Frankfurt a. M., https://www.dnb.de/DE/Sammlungen/DEA/Exilpresse/exilpresse_node.html (Zugriff: 19.5.2021); *Zeitspiegel*, abrufbar über Zeitungsausschnitt-Datenbank, Literaturhaus Wien / Österreichische Exilbibliothek, www.literaturhaus.at (Zugriff: 19.5.2021).
[5] Lieselotte Maas: Thesen zum Umgang mit der Publizistik des Exils. In: Die Erfahrung der Fremde, hg. von Manfred Briegel und Wolfgang Frühwald. Weinheim u. a. 1988, S. 271–273, hier S. 271.
[6] Siehe Beitrag von Swen Steinberg in diesem Band.
[7] Das Halten von Haustieren ist Juden untersagt. In: Zeitspiegel 4 (1.8.1942), 31, S. 8.

durch die NS Propaganda signifikant verschoben hat.[8] Das Recht zu leben hing im NS-Staat von der so genannten ‚rassischen Höherwertigkeit' ab. Einerseits wurden Tiere, die im sozialdarwinistischen Sinn als nützlich galten, vermenschlicht, gar zu ‚Kameraden' erhoben. Andererseits wurden Menschen durch diffamierende und diskriminierende Gleichsetzung mit Schädlingen ‚bestialisiert', eine den Totschlag legitimierende Ent-Humanisierung. Beide Vorgänge folgten derselben rassistischen Logik. Sie unterschied nicht zwischen ‚Mensch' und ‚Tier', sondern zwischen ‚nützlichem' und ‚lebensunwertem' Leben.[9]

Die Exilpresse reagierte darauf mit der Waffe von Wort und Bild, indem sie diese menschenverachtende Propaganda aufgriff, kritisch re-formulierte, rückspiegelte. Unmittelbar nachdem im November 1933 in Deutschland das Reichs-Tierschutzgesetz eingeführt worden war, erschien etwa im *Neuen Vorwärts* ein Artikel, wo Paragrafen daraus mit Aufzählungen ungeahndeter Gewalt an Menschen in Deutschland parallel geführt werden.[10]

Formen der Kritik solcher Transformationen des Mensch-Tier-Verhältnisses, die sich durch Tiere als Spielfiguren zuspitzen ließ, waren vielfältig: Parallelisierung, Kontrastierung, Verschränkung, Vergleich, Montage,[11] uneigentliches Sprechen, metonymische Formen wie Fabel und Parabel; Witz; Zitat, das Spiel mit Redensarten[12] und Sprichwörtern.[13] Versatzstücke nationalsozialistischer Sprache, ihre Phrasen, schiefen Bilder, holprigen Vergleiche und schwerfälligen Versuche von Spracherneuerung galten den Journalist*innen der Exilpresse sprichwörtlich als ein ‚gefundenes Fressen': Sie kolportieren die ‚geistvolle' Idee des Zoo-Direktors von Schönbrunn, die Ställe aller (exotischen) Jungtiere, die nach dem ‚Anschluss' in Wien, also auf reichsdeutschem Boden, geboren wurden, mit dem Hakenkreuz zu schmücken.[14] Die Kreuzotter wird doppelsinnig zum nützlichen Tier der Heimat, weil sie sich von „schädlichen Mäusen" ernährt,[15] während ein tropisches Meerestier in die deutsche Emblematik auf-

---

**8** Vgl. Maren Möhring: „Herrentiere" und „Untermenschen". Zu den Transformationen des Mensch-Tier-Verhältnisses im nationalsozialistischen Deutschland. In: Historische Anthropologie. Kultur, Gesellschaft, Alltag 19 (2011), 2: Tierische (Ge)Fährten, hg. von Gesine Krüger und Aline Steinbrecher, S. 230–244.
**9** Siehe den Beitrag von Joela Jacobs in diesem Band.
**10** Das Tier ja, der Mensch nicht! Wie gut, in Hitlerdeutschland ein Tier zu sein! In: Neuer Vorwärts (3.12.1933), 25, Beil., S. 3.
**11** Vgl. auch Bild-Text-Montage des Typus „Gespräch im Berliner Zoo" von John Heartfield. In: Arbeiter-Illustrierte-Zeitung 13 (7.6.1934), 23, Umschlagrückseite. Zu Politiken der Tierfotografie siehe den Beitrag von Burcu Dogramaci in diesem Band.
**12** Typus: „Gut gewühlt, Maulwurf!" In: Zeitspiegel 5 (20.11.1943), 43, S. 3.
**13** Typus: Jenö Kostmann: Die Ratten fliehen noch nicht. In: Zeitspiegel 5 (25.9.1943), 35, S. 3.
**14** Die Schimpansin. In: Pariser Tageszeitung [im Folgenden PTZ] 3 (9.12.1938), 862, S. 4.
**15** Auch ein friedliches Tier. In: Die Zeitung 4 (12.1.1945), 410, S. 3.

rückt: Großadmiral Dönitz kreiert Anfang 1945, als sich der Niedergang der deutschen Seeflotte bereits abzeichnet, in Anerkennung der „schneidigen" Angriffe seiner Kampfverbände ein neues Abzeichen, den „gestickte[n] Sägefisch".[16] Von der unfreiwilligen Komik ist es nicht weit zum subversiven Witz, der z. B. rückgratloses Sozialverhalten („Kriechen statt Meckern') oder die Physiognomie der Mächtigen aufs Korn nahm.[17]

Bilder erwecken schneller Aufmerksamkeit als Texte. In Karikaturen werden als Nationaltiere tradierte Tiere wie der gallische Hahn, der britische Löwe, der amerikanische Adler oder der deutsche Dackel benutzt, um komplexe Sachverhalte der deutschen oder internationalen Politik auf den Punkt zu bringen, z. B. den Vier-Mächte-Pakt,[18] den Afrikafeldzug oder die Schlacht um die Aleuten im Pazifikkrieg.[19]

**Abb. 1:** Karikatur von Ludwig Wronkow im Aufbau 1943.

Die Komik dieser Dokumente täuscht nicht darüber hinweg, dass die Darstellung des Mensch-Tier-Verhältnisses vor dem Horizont der menschenverachtenden Gewaltherrschaft des Nationalsozialismus in den Texten von Widerstand und Exil mit Ernst und Genauigkeit betrieben wurde. Und mit dem Gestus des Widerstandes: Der satirische Bildkomplex von NS-Deutschland als Zirkus[20] und

---

16 Sägefisch in sieben Stufen ... In: Die Zeitung 4 (12.1.1945), 410, S. 3.
17 Das arische Pferd. In: PTZ 2 (18.8.1937), 431, S. 3; Die Ziege, die Schnecke und Paul Morgan. In: PTZ 2 (29.9.1937), 473, S. 4; Göring mit der Schildkröte. In: PTZ 2 (13.11.1937), 518, S. 2.
18 Im Zoo [Karikatur]. In: PTZ 2 (25.1.1937), 228, S. 4.
19 [Ludwig] Wronkow: Der Lenz ist da!: Ueber den Aleuten sind Zugvögel erschienen. Hitler sät den Apfel der Zwietracht. In Tunis hat die Regensaison eingesetzt. Der gallische Hahn hielt nie Winterschlaf. Butterblumen und „Butterflies" sind Butter fürs Gemüt [Karikatur]. In: Aufbau 9 (26.3.1943), 13, S. 32.
20 Vgl. Sebastian Haffner: Zirkus Goebbels. In: Die Zeitung 1 (24.9.1941), 168, S. 1 und 4, über die ‚gleichgeschaltete' Presse; weiters die bittere KZ-Satire: Wolfgang Langhoff: Zirkus Konzentrazani. In: Pariser Tageblatt [im Folgenden PTB] 3 (17.3.1935), 460, S. 3, Fortsetzung in: PTB 3

Zoo bzw. von Hitler und seinen Verbündeten als hinter Gitter zu bringende Tiere[21] ist auch ein Sinnbild für die Selbstermächtigung der Emigranten*innen.

## 3 Ästhetische und rhetorische Reflexionen des Mensch-Tier-Verhältnisses

Die Dokumente reflektieren die von der NS-Propaganda veränderten Definitionen dessen, was es hieß, ein Tier oder ein Mensch zu sein. Sie entwerfen Konstellationen des Mensch-Tier-Verhältnisses in den Dichotomien natürlich / unnatürlich, instinktiv / instinktlos, wild / zivilisiert, human / inhuman. Menschen werden als Tiere oder Tiere als (die besseren) Menschen begriffen.[22]

In der Glosse „Selbst die Störche"[23] etwa wird der deutsche Vogelforscher Kurt Kläre zitiert, der einen eklatanten Rückgang der Storchenbruten in Berlin diagnostiziert. Die Zugvögel bleiben wegen des guten Nahrungsangebots länger in Afrika und verweigern dann zuhause die Fortpflanzung. Fazit des Kommentators: Den Deutschen fehle die natürliche Gabe, die Zeichen der Zeit zu erkennen, also das sprichwörtliche Verschwinden der Störche als Unheilszeichen für das Land deuten zu können. Die Störche – und wir könnten ohne weiteres ergänzen: die Emigrant*innen – ziehen instinktiv dorthin, wo es ihnen besser geht. Soma Morgenstern erzählt in einer Fabel, wie die Nachbarländer 1938/1939 die Annexion durch Deutschland ideologisch vorbereiteten. Anstatt ihrem Naturell gemäß zu handeln, verhalten sich die Ziegen im Angesicht der Riesenschlange wie Kriechtiere und besiegeln so ihren Untergang:

> Bisher haben es mehr oder weniger alle Ziegen so gehalten: Österreich, die Tschechoslowakei, besonders aber das Mittelstück, die Slowakei. Was hat dieser Teil einer Ziege nicht alles getan, um der Boa Constrictor gleich zu werden! Judengesetze, Konzentrationslager, Raub, Terror – ein kleines, aber sehr giftiges Selbständigkeitsbedürftiges war es vor dem Rachen der Boa geworden.[24]

Das „Nibelungenmonster"[25] hingegen folgt ganz und gar seiner Natur.

---

(18.3.1935), 461, S. 4; sowie die Anekdote: Als Gorilla entkommen. In: Aufbau 9 (23.7.1943), 30, S. 28.
**21** Walter Trier: Erhoffter Zuwachs im Londoner Zoo [Karikatur]. In: Die Zeitung 2 (1.1.1943), 304, S. 3; Der Zoo von Nürnberg [Karikatur]. In: Aufbau 12 (8.3.1946), 10, S. 40.
**22** Zur Konzeption vom Menschen und der Differenz zwischen Mensch und Tier bzw. des Menschen als Tier in der Exilliteratur siehe den Beitrag von Carla Swiderski in diesem Band.
**23** Selbst die Störche. In: Neuer Vorwärts (24.7.1938), 266, Beil., S. 4.
**24** Soma Morgenstern: Die Boa Constrictor und die Ziege. In: PTZ 4 (18.3.1939), 947, S. 1.

Der kommentative Duktus von Alfred Polgars Skizze „Wie die Löwen", 1935 anlässlich des Abessinienkriegs geschrieben, weist über die Allegorie des Löwen als Sinnbild des Mutes hinaus. Polgar verweigert die Instrumentalisierung des Tiervergleiches und zeigt das Tier in seiner Eigengesetzlichkeit gegenüber dem Menschen:

> Der Löwe kämpft mit den Waffen, die ihm die Natur gegeben hat. Der Mensch mit künstlichen, die sein grausiger Scharfsinn aushecke und zu immer größerer Wirksamkeit im Sinne der Vernichtung entwickelte. [...] Menschen, gegen deren Kampfmethoden und -mittel die des Löwen ganz unvorstellbar human sind. Des Löwen, von dem wir dennoch, wenn wir ihn nicht gerade zum Aufputz unserer kriegerischen Phraseologie brauchen, als „Bestie" zu sprechen die heuchlerische Vermessenheit haben.[26]

Im Denkbild „Kapitulation" dekliniert Alfred Polgar die semantischen Variablen des Begriffspaares Kultur / Unkultur ironisch durch.[27] Polgar eröffnet die Benjamin'sche Einheit von Wahrnehmung und Reflexion mit einer in Wien spielenden Minimalerzählung, in der ein Kunde Handschuhe wegen Mangelhaftigkeit umtauschen will. Der Verkäufer verweigert dies mit dem Hinweis, dass die sichtbaren Narben und Unregelmäßigkeiten des Materials auf die wilde Lebensweise der Schweine zurückgehen, aus dem die Handschuhe gefertigt seien. Augenfällig ist die Assoziation mit dem antisemitischen Stereotyp, nach dem Juden mit Schweinen gleichgesetzt werden und sich wie ‚wilde Tiere' verhalten: ausschweifend, egoistisch, unverantwortlich. Die Pointe allerdings ist, dass das Leder nicht, wie von der Handschuh-Industrie lanciert, von Wildschweinen, sondern von Hausschweinen stammt, dem Käufer also falsche Tatsachen vorgespiegelt werden. Bettina Braun hat darauf aufmerksam gemacht, dass sich der reflexive Gestus des Textes nicht nur auf die realen zeitgenössischen Herrschaftsverhältnisse im Austrofaschismus, sondern auf Kultur im engeren Sinn übertragen lässt. Der nach 1933 ‚gleichgeschaltete' deutsche Kulturbetrieb ist demnach wie der Leder-Industrielle ausschließlich an der Verwertbarkeit seiner Produkte interessiert. Existenzberechtigung hat nur jene ‚Kultur', die politisch brauchbar oder zumindest affirmativ ist. Polgar reflektiere, so Bettina Braun, in „Kapitulation" seinen prekären Status als exilierter Schriftsteller und die restriktiven Konditionen, unter denen er produzieren muss.

---

25 Morgenstern: Boa Constrictor.
26 Alfred Polgar: Wie die Löwen. In: Die Nation 3 (21.11.1935), 46, S. 8.
27 Alfred Polgar: Kapitulation. In: National-Zeitung (16.3.1934), 124, S. 2. Die Skizze erschien kurze Zeit später mit einer aphoristischen Einleitung von Alfred Polgar in dem Band *In der Zwischenzeit* (Amsterdam 1935) und diente als Vorlage des in diesem Band abgedruckten Textes. Die Skizze wurde in spätere Polgar-Ausgaben nicht aufgenommen und war in der Forschung bis vor kurzem unbekannt.

Durch Exil und Vertreibung erfährt auch die Autorschaft eine Destabilisierung, indem die Autoren vermehrt gezwungen sind, ihre Texte anonym oder pseudonym zu veröffentlichen. Den Spuren des Autors wohnt jedoch ein Moment des Widerständigen inne, lassen sich die für das Leder charakteristischen Narben doch „durch keine Behandlung entfernen".[28]

Hermynia Zur Mühlens Skizze „Pferde-Mobilisierung" basiert auf einer Konstellation, in der den Tieren menschliche Qualitäten zugewiesen werden. Hier spiegelt sich menschliches Leid im Ausdruck der Tiere, die von ihren Besitzern zum Kriegseinsatz gebracht werden:

> Die Pferde blicken mit grossen runden erstaunten Augen auf die riesigen Transportwagen, die Soldaten an die Grenze bringen. Die Bauern sehen ihnen traurig nach, wissen sie doch, dass irgendwo auf solchen Wagen auch ihre Söhne sitzen, vielleicht dem Tod entgegenfahren.[29]

Die metonymische Verschiebung von Soldaten, die einem System verpflichtet werden, „das nach Krieg schreit"[30], auf rekrutierte Tiere, bedeutet nicht Hierarchisierung, sondern ist ein Zeichen von Solidarität mit der geschundenen Kreatur. Sie ist Teil der politischen Wirkungsästhetik dieses Textes und unterstreicht noch eindringlicher seinen anklagenden Gestus.

## 4 Tiere als Begleiter der Flucht

Geschichten und Formen menschlicher Migration lassen sich mit Tierfiguren darstellen. Dies gilt insbesondere dann, wenn Tiere Flüchtlinge begleiten, sich mit Geflüchteten im Exil einrichten oder von ihnen zurückgelassen werden müssen.[31] Durch die Re-Lektüre von autobiografischen und fiktionalen Texten des Exils kann der Blick auf reale Tiere das Bewusstsein dafür schärfen, was es hieß, ins Exil gehen zu müssen. Die nach Großbritannien emigrierte Schriftstellerin und Übersetzerin Hermynia Zur Mühlen war zeitlebens eine große Hundeliebhaberin,

---

**28** Bettina Braun: Das literarische Feuilleton des Exils in der Schweiz. Die Basler „National-Zeitung". In: Stefanie Leuenberger, Dominik Müller, Corinna Jäger-Trees und Ralph Müller (Hg.): Literatur in der Zeitung. Fallstudien aus der deutschsprachigen Schweiz von Jeremias Gotthelf bis Dieter Bachmann. Zürich 2016, S. 189–204, hier S. 203.
**29** Hermynia Zur Mühlen: Pferde-Mobilisierung. Skizze aus den Septembertagen 1938. In: Zeitspiegel 6 (9.9.1944), 36, S. 6.
**30** Zur Mühlen: Pferde-Mobilisierung.
**31** Vgl. Tierstudien 19 (2021): Tiere und Migration, hg. von Jessica Ullrich und Frederike Middelhoff.

eine Beziehung, die auch im zeitgenössischen Bildgedächtnis festgehalten ist, etwa in den Erinnerungen von Sandor Márai.[32] Mit Hunden teilten sie und ihr Mann Stefan Klein auch den beschwerlichen Fluchtweg. Während sie die Hunde bei der Ausreise aus Deutschland 1933 nach Österreich noch als Schutz empfanden, weil sie in Begleitung von Tieren weniger den Eindruck von Flüchtenden erweckten, wurden die Hunde bei der Weiterfahrt über die Tschechoslowakei nach Paris zum Problem, denn auch für sie brauchte man gültige Ausreisedokumente.[33] Die Schilderung existenzieller Fluchtsituationen wird durch den Bezug auf mitbetroffene Tiere nicht relativiert, sondern verdeutlicht.[34]

Kulturwissenschaftliche Ichnologie hat auch in den Archiven stattzufinden. Reisedokumente für den Hund der Familie Zuckmayer belegen, zu welchen Konditionen die Zuckmayers, weitaus privilegierter als Hermynia Zur Mühlen, 1938 mit dem Tier aus Wien ausreisen konnten.[35] Die veterinärmedizinischen Einreisebestimmungen beeinflussten sogar die Entscheidung für das Emigrationsland USA. Alice Herdan-Zuckmayer hat den Familienhund viele Jahre später in einem leichtfüßig daherkommenden Roman porträtiert.[36] Er ist aber keine ‚klassische' Hundegeschichte vom Typ ‚Der Hund als bester Freund des Menschen'. Im Gegenteil: Das geerbte, hässliche und verwöhnte „Scheusal" ist eine Last. Im Lauf der Zeit weicht die Last der Sympathie und der Hund wird zum Familienmitglied. Autobiografische Momente aus dem Migrantenleben seiner Besitzer – Fluchtbedingungen, Sorge um Affidavits, Quarantäne, Illegalität oder Assimilationsdruck – werden in der Figur des Tieres eklatant. Der vordergründig heitere Erzählton dieses Unterhaltungsromans überdeckt für die, die die Spuren lesen können, nicht die historische Dramatik des Erzählten. Das Tier als Begleiter des flüchtenden Menschen wird zum Medium menschlicher Selbstvergewisserung, es bezeugt und beglaubigt das Geschehene.[37]

---

**32** Vgl. Ulrich Weinzierl: Genosse Gräfin. Die kommunistische Katholikin Hermynia Zur Mühlen. In: Hermynia Zur Mühlen: Werke, hg. von Ulrich Weinzierl. Bd. 4: Geschichten und Feuilletons. Wien 2019, S. 615–667, hier S. 634–636.
**33** Vgl. Hermynia Zur Mühlen: Nachtrag. In: dies.: Werke, hg. von Ulrich Weinzierl. Bd. 1: Erinnerungen und Romane. Wien 2019, S. 224–238, hier S. 226, 229, 235.
**34** Siehe den Beitrag von Heike Klapdor in diesem Band.
**35** Reisedokumente für den Hund („Pinscher-Bastard") befinden sich in der Sammlung Zuckmayer, Robert-Musil-Institut für Literaturforschung / Kärntner Literaturarchiv (RMI / KLA), SIG 134/L1_3 und SIG 134/L1_4. Für die Erlaubnis zur Einsicht danken wir Katharina Guttenbrunner. Siehe auch das Affidavit für einen Hund im Nachlass der Juristin Clementine Zernik, Deutsches Exilarchiv 1933–1945 der Deutschen Nationalbibliothek, EB 97/056.
**36** Alice Herdan-Zuckmayer: Das Scheusal. Die Geschichte einer sonderbaren Erbschaft. Frankfurt a. M. 1972.
**37** Vgl. Carla Swiderski: Hunde als literarische Reflexionsfiguren von Flucht- und Exilerfahrungen. In: Tierstudien 19 (2021), S. 162–172.

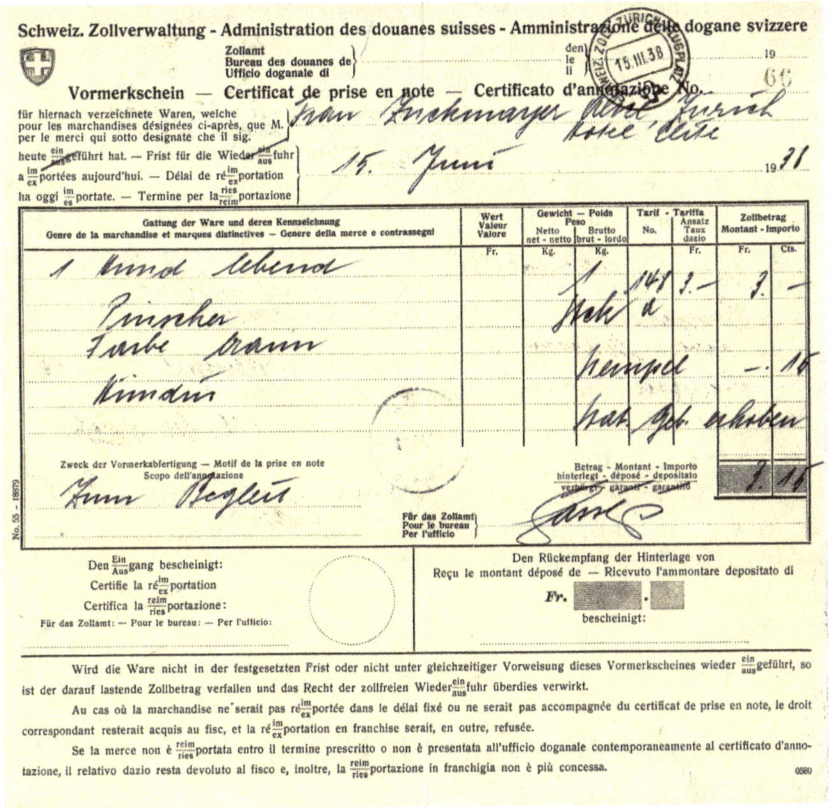
Schweiz. Zollverwaltung - Administration des douanes suisses - Amministrazione delle dogane svizzere

Zollamt / Bureau des douanes de / Ufficio doganale di … den / le / li 15.III.38 19

Vormerkschein — Certificat de prise en note — Certificato d'annotazione No. 66

für hiernach verzeichnete Waren, welche / pour les marchandises désignées ci-après, que M. / per le merci qui sotto designate che il sig. Frau Zuckmayer

heute ein/aus geführt hat. — Frist für die Wieder ein/aus fuhr / a im/ex portées aujourd'hui. — Délai de ré im/ex portation / ha oggi im/es portate. — Termine per la ries/reim portazione 15. Juni 19

| Gattung der Ware und deren Kennzeichnung / Genre de la marchandise et marques distinctives — Genere della merce e contrassegni | Wert / Valeur / Valore | Gewicht — Poids / Peso: Netto / net - netto | Brutto / brut - lordo | Tarif - Tariffa: No. | Ansatz / Taux / dazio | Zollbetrag / Montant - Importo | |
|---|---|---|---|---|---|---|---|
| | Fr. | Kg. | Kg. | | Fr. | Fr. | Cts. |
| 1 Hund lebend | | | 1 | | 3.– | 3.– | |
| Pinscher | | | | | | | |
| Farbe braun | | | | | | | |

Zweck der Vormerkabfertigung — Motif de la prise en note / Scopo dell'annotazione: Zum Begleit

Betrag - Montant - Importo / hinterlegt - déposé - depositato / verbürgt - garanti - garantito: 3.10

Für das Zollamt / Pour le bureau / Per l'ufficio

No. 55 - 18679

Den Ein/Aus gang bescheinigt: / Certifie la ré im/ex portation / Certifica la reim/ries portazione: / Für das Zollamt: — Pour le bureau: — Per l'ufficio:

Den Rückempfang der Hinterlage von / Reçu le montant déposé de — Ricevuto l'ammontare depositato di / Fr. . / bescheinigt:

Wird die Ware nicht in der festgesetzten Frist oder nicht unter gleichzeitiger Vorweisung dieses Vormerkscheines wieder ein/aus geführt, so ist der darauf lastende Zollbetrag verfallen und das Recht der zollfreien Wieder ein/aus fuhr überdies verwirkt.

Au cas où la marchandise ne serait pas ré im/ex portée dans le délai fixé ou ne serait pas accompagnée du certificat de prise en note, le droit correspondant resterait acquis au fisc, et la ré im/ex portation en franchise serait, en outre, refusée.

Se la merce non è reim/ries portata entro il termine prescritto o non è presentata all'ufficio doganale contemporaneamente al certificato d'annotazione, il relativo dazio resta devoluto al fisco e, inoltre, la reim/ries portazione in franchigia non è più concessa.

0580

**Abb. 2:** Schweizer Einfuhrbestätigung für den Hund der Familie Zuckmayer, 1938.

# 5 Tiere in der Lebenswelt des Exils: Der Zoo

Der Zoo wirkte nicht nur als Metapher in der antinationalsozialistischen Satire, sondern erscheint auch als Topos für das vom Krieg gezeichnete Europa insgesamt.[38] In der Geschichte von Verfolgung und Exil ist der Zoo darüber hinaus

**38** Vgl. Katharina Bauer: Zoo, Friedhof, Unterwelt. Europa- und Exiltopoi in ausgewählten Texten Aleksej N. Tolstojs und Viktor B. Šklovskijs. In: Exil interdisziplinär. Exilformen, Beweggründe und politisch-kulturelle Aspekte von Verbannung und Auswanderung, hg. von Julia Maria Mönig und Anna Orlikowski. Würzburg 2015, S. 119–130. Als pars pro toto für Nachkriegsdeutschland siehe: Arthur Gaeth: Besuch im Berliner Zoo. In: Aufbau 12 (16.8.1946), 33, S. 40.

als realer Ort von Bedeutung. Mutige Zoodirektoren in Warschau und Amsterdam retteten zahlreiche Verfolgte, indem sie ihnen die nicht sichtbare Infrastruktur hinter den Gehegen als Zufluchtsstätte anboten.[39] Der Zoo spielte im Alltagsleben der Emigration als Ort der Zerstreuung und Unterhaltung eine wichtige Rolle. In der Exilpresse erschienen zahlreiche Berichte und *stories of human interest* über Neuerwerbungen, Jungtiere, Umbauten und Kriegsmaßnahmen in europäischen und überseeischen Tiergärten.[40] Bemerkenswert ist die Meldung vom Mai 1939 über eine geplante Aktion des Londoner Zoos, Freikarten für Refugees zur Verfügung zu stellen.[41] Der Londoner Zoo, der Veza Canetti schon in den 1920er Jahren beindruckt hatte,[42] nimmt in diesem Zusammenhang eine Sonderstellung ein. Er war der erste Zoo, der die Bezeichnung Zoologischer Garten führte und damit auf die wissenschaftliche Ausrichtung der Institution verwies. Unter seinem für Forschung und Marketing aufgeschlossenen Direktor Julian Huxley bot der Zoo Emigrant*innen verschiedener Professionen eine berufliche Basis, darunter dem Fotografen und Kameramann Wolf Suschitzky, der in der Folge von Filmjobs im Zoo die Tierfotografie als eines seiner Spezialgebiete entwickeln konnte, oder der Illustratorin Erna Pinner, die in diesem Ambiente die Grundlagen für ihre weitere Laufbahn als Tierzeichnerin und Autorin von populärwissenschaftlichen Büchern erarbeitete.[43]

## 6 Tiere und Tierhaltung als Existenzgrundlage im Exil

Es gibt also auf dem Boden unseres Landes etwas, was man bisher nur in Palästina zu finden wähnte. Es gibt den jüdischen Bauern in Amerika, den Landwirt, der seinen Boden leidenschaftlich liebt, der ihn mit seinen Händen im Schweisse [!] seines Angesichts bebaut und sich an den Früchten seiner harten Arbeit erfreut.[44]

---

39 Siehe den Beitrag von Katja B. Zaich in diesem Band.
40 Gill: Im alten Pariser Zoo. Der „Jardin d'Acclimatition". In: PTB 2 (3.12.1934), 356, S. 3; Der modernste Zoo. Die Wunder des Tierparks Vincennes. In: PTB 4 (11.3.1936), 820, S. 3; Elefanten, Störche und Kanarienvögel. In: PTZ 3 (20.9.1938), 794, S. 3; Aus dem Haushalt eines Zoo. In: PTZ 4 (2.8.1939), 1063, S. 4; Kurt Lubinksi: Seltsame Launen der Natur. Ein kleiner Führer durch die Schätze des Bronx-Zoo. In: Aufbau 10 (21.7.1944), 29, S. 11.
41 Zoo-Freikarten für Fluechtlinge. In: PTZ 4 (20.5.1939), 1001, S. 2.
42 Veza Canetti: London. Der Zoo; dies.: Herr Hoe im Zoo. In: dies.: Der Fund. Erzählungen und Stücke. München, Wien 2001, S. 30–32 und S. 33–37.
43 Siehe die Beiträge von Julia Winckler und Barbara Weidle in diesem Band.
44 R. D. [d. i. Richard Dyck]: Jüdische Landwirte in Amerika. Steigendes Interesse der Einwanderer an Farm-Bewirtschaftung. In: Aufbau 13 (2.5.1947), 18, S. 13.

Aus dem Jahresbericht der Jewish Agricultural Society geht hervor, dass bis 1946 rund 5 000 europäische Hitler-Flüchtlinge, New Americans genannt, über die Gesellschaft landwirtschaftliche Schulungen und Kredite für Betriebsgründungen bekommen hatten, ein anderer Artikel spricht von 100 000 jüdischen Farmern in den USA, davon 3 000 aus Deutschland.[45] Die meisten dieser neuen Bauern waren ‚Quereinsteiger'. Der Umstieg von ‚städtischen' – medizinischen, juridischen, wissenschaftlichen oder künstlerischen – auf landwirtschaftliche Berufe zur Lebenssicherung war in den USA eine praktische individuelle Entscheidung, aber in anderen Exilländern eine Aufnahmebedingung, bekannt etwa die Siedlung Sosúa in der Dominikanischen Republik.[46] In Deutschland, vor allem in Süddeutschland, und in den europäischen Nachbarländern gab es bereits durchaus ein ländliches Judentum, das in Landwirtschaft, Veterinärmedizin, Tierzucht, Tierhandel und Schlachtung seine Existenzgrundlage fand.[47] Emigrant*innen aus diesem Kreis konnten ihr Know-how professionell im Fluchtland einsetzen, wie es etwa die Literaturwissenschaftlerin und Bürgerrechtsaktivistin Wilma Iggers überliefert, die in der Kompanie Abeles und Poppe, einem genossenschaftlich geführten Gutshof in Westböhmen, aufgewachsen war.[48]

Andere kamen als „Unerfahrene, Ungelernte"[49] wie die Zuckmayers, er Schriftsteller, sie Schauspielerin mit einem angefangenen Medizinstudium. Sie kauften 1939 in Vermont ein abgelegenes Haus und begannen dort eine Kleintierzucht mit Geflügel und Ziegen. Sie stellten sich vor, dass Carl Zuckmayer als Selbstversorger unabhängig von der „Zwangsarbeit" auf den „Galeeren Hollywoods" frei arbeiten könne.[50] Stattdessen wurde die Arbeit mit den Tieren für

---

[45] Hunderttausend jüdische Farmer in U. S. A. 3000 jüdische Familien aus Deutschland in der Landwirtschaft. In: Aufbau 12 (17.5.1946), 20, S. 14; weiters: Vera Craener: Feiertag auf der Refugee Training Farm. In: Aufbau 7 (22.8.1941), 34, S. 6.
[46] Marion Kaplan: Zuflucht in der Karibik. Die jüdische Flüchtlingssiedlung in der Dominikanischen Republik 1940–1945. Göttingen 2010.
[47] Die Gestalt des jüdischen Viehhändlers hat Niederschlag in der Gegenwartsliteratur gefunden: Thomas Strittmatter: Viehjud Levi und andere Stücke. Zürich 1992. Das Stück wurde mit Bruno Cathomas in der Titelrolle verfilmt: Viehjud Levi (D / Ö / CH 1999), Regie: Didi Danquart; Jacques Chessex: Ein Jude als Exempel [Un Juif Pour l'Exemple]. Übers. von Grete Osterwald. Zürich 2010. Der Roman wurde mit Bruno Ganz in der Titelrolle verfilmt: Un Juif Pour l'Exemple (CH 2016), Regie: Jacob Berger.
[48] Wilma Iggers: Böhmische Juden. Eine Kindheit auf dem Lande, hg. von Monika Richarz. Berlin, Leipzig 2021, S. 93–197; weiters: Therese Pol: Ein Achtzigjähriger erzählt. In: Aufbau 8 (24.7.1942), 30, S. 10.
[49] Alice Herdan-Zuckmayer: Die Farm in den grünen Bergen [1949]. Frankfurt a. M. 1968, S. 67.
[50] Herdan-Zuckmayer: Die Farm, S. 90.

das Paar zur professionell betriebenen Hauptbeschäftigung[51] und zur – alttestamentarisch konnotierten – Existenzrettung:

> Da saßen wir nun in unsrer Arche Noah, von Stürmen und Unwettern geschüttelt, von Plagen heimgesucht, von einer Kette kleiner Katastrophen verfolgt, und lernten dabei, wie man großen Katastrophen begegnet, Plagen abhilft und sich bei Sturm und Unwetter verhält.[52]

Alice Herdan-Zuckmayers unprätentiöse, selbstironische und unterhaltsame Autobiografie über das tatsächlich nicht leichte alltagpraktische Überleben im Exil mit Tieren erschien zuletzt in 48. Auflage.

Hühner züchten statt schreiben oder heilen: Berufswechsel, ‚Abstiege' in angewandte Bereiche zählen zu den Lebensbrüchen des Exils.[53] Oft konnten mitgebrachtes Wissen und erlernte Technologie im Fluchtland produktiv eingesetzt werden und auch Berufskarrieren im Exil befördern,[54] *odd jobs* waren aber im Exil oft keine Frage der Entscheidung, sondern eine Überlebensnotwendigkeit. Im September 1941 erschien im *Aufbau* die Kurzmeldung „Eine Schauspielerin trimmt Hunde".[55] Der Lebenstraum einer Schauspielerin aus Wien endet zwar in Hollywood, aber nicht am Filmset, sondern in einem Hundesalon an der Palm Avenue für die privilegierten Vierbeiner von Max Reinhardt, Thomas Mann, Berthold Viertel und anderen.

# 7 Tiere als Reflexionsfiguren in Identitätsverhandlungen des Exils

Der Topos Tier ist ein Medium der Wahrnehmung, auch des Exils. Tiere erscheinen in Identitätsverhandlungen des Exils als Figuren sowohl der Exklusion als auch der Inklusion. Da gilt die Solidarität einem eingesperrten Hund[56] oder einem herrenlosen Hund europäischer Rasse, der die Erinnerung an die Heimat

---

51 Mitgliedsbescheinigung der American Goat Association für Carl Zuckmayer in der Sammlung Zuckmayer, Robert-Musil-Institut für Literaturforschung / Kärntner Literaturarchiv (RMI / KLA), SIG 134/L1_2.
52 Herdan-Zuckmayer: Die Farm, S. 91.
53 Der Beitrag von Jennifer Taylor in diesem Band schildert den Berufsweg einer Künstlerin vom Design ins Kunsthandwerk und in die Spielzeugindustrie.
54 Vgl. die Biografie des Veterinärmediziners Wilhelm Marbach von Lisa Rettl in diesem Band.
55 E.: Eine Schauspielerin trimmt Hunde. In: Aufbau 7 (19.9.1941), 38, S. 25.
56 Berthold Viertel: Der Hund. In: ders.: Der Lebenslauf. Gedichte. New York 1946, S. 15.

triggert.⁵⁷ Max Zimmering gehörte zu jenen Emigranten in Großbritannien, die 1940 nach Australien deportiert und dort interniert wurden. Hinter Stacheldraht und Gittern sieht der Häftling nicht viel von dem Land, das jetzt seine Lebenswirklichkeit ist, aber er nimmt die Riesenschwärme von Papageien am Himmel wahr, „wir gefangen, sie im Freien"⁵⁸. Die frei fliegenden Vögel erinnern ihn schmerzlich an einen im Käfig gehaltenen Papagei in Deutschland und an die eigene verlorene Freiheit. Da ist schließlich die britische Katze, die ein anderes Leben als die Refugees führen kann: selbstbestimmt, eigenwillig.⁵⁹ Von – migrierenden, flüchtenden – Tieren ist oft aber auch dort die Rede, wo es um Identitätskonzepte menschlicher Emigrant*innen geht.⁶⁰ Die Paria-Existenz des Emigranten verkörpert der Wolf als Inbegriff des herumstreifenden, von der Gesellschaft verachteten Außenseiters: „Denn das Leben der Wölfe und Menschen ist groß und ohne Erbarmen."⁶¹ Das Deutungsmuster der Mythologie liegt nahe. Es dämonisiert und exkludiert den Fremden. Der Werwolf, ein Gestaltwandler, verkörpert das Suchen nach und das Finden von angenommenen, manchmal auch ‚gestohlenen' Identitäten, eine existenzielle Kondition von Flucht und Exil.⁶²

Konzepte von ‚Heimat' und ‚Fremde' werden mit Blick auf Tiere präzisiert. Sie verdichten sich etwa im Bild des Zugvogels, der die Hoffnung verkörpert, dass das Exil nur eine Zwischenstation ist, wo es bis zur Heimkehr zu ‚überwintern' gilt.⁶³ Auf die isolierte Wohnsituation der Exilierten in Untermietzimmern oder billigen Unterkünften mögen die Texte über Mäuse verweisen.⁶⁴ Die Nagetiere sind einerseits geduldet wie menschliche Mitbewohner, auch sie müssen sich um Essen und Nachkommenschaft kümmern, andererseits sind sie trotz al-

---

**57** Carl Zuckmayer: An einen braunen Setter, der im Green-Park seine Herrschaft sucht. In: Peter Hamm (Hg.): Welches Tier gehört zu dir? Eine poetische Arche Noah. München 1984, S. 53–54.
**58** Max Zimmering: Papageien. Geschrieben in einem Internment Camp in Australien. In: Die Vertriebenen. Dichtung der Emigration. Ausw. von Albert Fuchs. London 1941, S. 28–29, hier S. 28.
**59** Joe Lederer. Die Katze. In: Die Zeitung 1 (3.4.1941), 20, S. 3, Fortsetzung in: Die Zeitung 1 (4.4.1941), 21, S. 3; Fritz Friedmann: Die Stellung der Katze in England. Eine soziologische Studie. In: Zeitspiegel 6 (9.12.1944), 49, S. 9.
**60** Siehe den Beitrag von Frederike Middelhoff in diesem Band.
**61** Carl Zuckmayer. Die Wölfe. In: Peter Hamm (Hg.): Welches Tier gehört zu dir? Eine poetische Arche Noah. München, Wien 1984, S. 221–222; Jesse Thoor: Wolfssonett (im Februar 1944). In: ders.: Sonette, hg. von Alfred Marnau. Nürnberg 1948, S. 52.
**62** Siehe den Beitrag von Brigitte Mayr und Michael Omasta in diesem Band.
**63** Sebastian [d. i. Alice Penkala]: Fliegen fuer den kranken Vogel. In: Zeitspiegel 8 (20.4.1946), 16–17, S. 12. Siehe auch den Beitrag von Sanna Schulte in diesem Band.
**64** Fritz Lampl: An die Maus in meinem Zimmer. In: Die Zeitung 4 (23.2.1946), 416, S. 7.

lem Schädlinge. 1938 schrieb Franz Werfel den kurzen Prosatext „Anlässlich eines Mauseblicks",[65] in dem er von der Begegnung mit einer ihn aufmerksam anblickenden Maus in seinem Arbeitszimmer schreibt. Das Tier erscheint dem Erzähler einen Moment lang als Seelenverwandte. Er wird sich, wie John Berger formuliert, „indem er den Blick erwidert, seiner selbst bewußt".[66] Doch am Versuch, die Botschaft des Mäuseblicks „ins Menschenwort"[67] zu übersetzen, scheitert der Schriftsteller. Er erkennt zwar im Blick des Tieres dessen Ähnlichkeit mit sich selber, zugleich aber auch die artspezifische Andersartigkeit. Die Geschichte endet mit der Wiederherstellung der Mensch-Tier-Hierarchie durch den Plan, eine Mausefalle zu kaufen. Für die Protagonistin der Erzählung „Vitalias Huhn" von Hilde Domin[68] bedeutet die Aufnahme eines Tieres in ihren Haushalt, dass sie auch mental ein Stück weit in ihrem exotischen karibischen Fluchtland angekommen ist, ein befremdendes und zugleich stabilisierendes Moment. Eine Gemeinschaft, die über die Mensch-Tier-Grenze hinausgeht, wird in den *Mill Farm*-Geschichten von Elisabeth Castonier entworfen. Erst das symbiotische Zusammenleben mit Tieren ermöglicht der Emigrantin, mit ihrer Existenz im neuen Land einverstanden zu sein.[69] Ähnlich verhält es sich bei Mechtilde Lichnowsky: Mit der Isolation des Exils findet eine beinahe gleichwertige Koevolution von Mensch und Tier statt.[70]

Hilde Spiel hat in ihrem Essay „Psychologie des Exils" das sogenannte „Chez-nous-Syndrom" beschrieben. Einem prototypischen Tier-Witz schuldet dieses Phänomen die Bezeichnung „Bernhardiner-Syndrom":

> Man neigte also dazu, die eigene Bedeutung in der Heimat maßlos zu übertreiben, sie allen, mit denen man in Berührung kam, mit vielen erfundenen Einzelheiten auszumalen, solange, bis man selbst an sie zu glauben begann. Von Leuten dieser Art wurde gesagt, sie gäben sich als Bernhardiner aus, obschon sie in ihrem Herkunftsland nur Dackel gewesen wären.[71]

---

65 Franz Werfel: Anlässlich eines Mauseblicks. In: PTZ 3 (2./3.10.1938), 805, Beil., S. 3.
66 John Berger: Warum sehen wir Tiere an? In: ders.: Das Leben der Bilder oder die Kunst des Sehens [1981]. Übers. von Stephen Tree. Berlin 2003, S. 12–35, hier S. 13.
67 Werfel: Anlässlich eines Mauseblicks.
68 Erstabdruck in diesem Band.
69 Siehe den Beitrag von Anthony Grenville in diesem Band.
70 Siehe den Beitrag von Günter Häntzschel in diesem Band.
71 Hilde Spiel: Psychologie des Exils. In: Neue Rundschau 86 (1975), 3, S. 424–439, hier S. 431–432.

Es existierten viele Varianten dieses Witzes,[72] er wurde verbreitet als Karikatur und im Kabarett.[73] Paul Marcus beschrieb 1946 schließlich in dem Witz das gegenteilige Phänomen, die retrospektive Selbststilisierung der Remigrierten als wichtige Persönlichkeiten im Exil.[74]

## 8 Exilspezifische Gestaltung symbolischer Tier-Figuren

Wie wird eine ikonografisch überlieferte Praxis der Anthropomorphisierung exilspezifisch gestaltet, wie werden symbolische, allegorische oder emblematische Tier-Gestalten in den Kontext Exil übertragen? Die Adaption von Fabeln ist in diesem Zusammenhang naheliegend, verbindet sich doch hier die Personifikation von Tieren, die menschlich handeln, mit einem moralischen oder politischen Appell. Der Publizist Roda Roda nahm sich 1944 einer frühchristlichen Märtyrerlegende an, „Androclus und der Löwe",[75] möglicherweise inspiriert von G. B. Shaw, dessen 1912 entstandenes Drama „Androcles and the Lion" in der Spielzeit 1942/1943 am Arts Theatre im Londoner Westend gespielt wurde. Der letzte Akt verdeutliche, so der Kritiker, „wenn es wieder wirkliche Märtyrer gibt und geben muss (auch christliche), hört der Märtyrer auf, eine komische Figur zu sein – sofern er es je gewesen ist."[76] In der Ursprungsfassung befreit ein Sklave einen Löwen von einem Dorn und wird dann später, als er in der Arena dem Löwen vorgeworfen wird, von diesem verschont. Roda Roda überträgt das Motiv vom dankbaren Löwen auf den Naziterror des Jahres 1939 im jüdisch geführten slowakischen Kurort Pistyan und konstruiert darüber eine Geschichte von Uneigennützigkeit, Solidarität und Rettung, „eine dramatische Fabel – das Leben selbst hat sie gestaltet, ohne auf einen Autor zu warten".[77]

---

**72** Etwa im Haus der Brüder Mann, vgl. Helmut Koopmann: Thomas Mann – Heinrich Mann. Die ungleichen Brüder. München 2005, S. 396.
**73** Egon Larsen: Der Song vom Bernhardiner. Siehe: Institut für Zeitungsforschung, Dortmund, Nachlass Will Schaber, Beil. zum Briefbestand Ursula Lehrburger-Larsen, II AK 2003/75-21.
**74** PEM [d. i. Paul Marcus]: Der umgekehrte Bernhardiner. In: Aufbau 12 (16.8.1946), 33, S. 13–14.
**75** Roda Roda: Androclus und der Löwe. In: Aufbau 10 (15.9.1944), 37, S. 40; in diesem Band publiziert.
**76** P. B.: Donald Wolfits „König Lear", „Androklus und der Löwe". In: Die Zeitung 2 (5.2.1943), 309, S. 8.
**77** Roda Roda: Androclus und der Löwe.

Bei den Adaptionen biblischer Stoffe wurde naturgemäß oft zum Bild der „Arche Noah", der Rettungsgeschichte per se, gegriffen. So wie Mensch und Tier in Noahs Arche die Sintflut überstanden, sollte die Flucht aus dem NS-Machtbereich gelingen.[78] Auch eine jüdisch-politische Kleinkunstbühne gab sich den Namen „Arche". Sie wollte den vorwiegend mitteleuropäischen Emigrant*innen New Yorks die Tradition (ost-)jüdischer Kultur nahebringen und hatte prominente Mitwirkende wie Walter Mehring oder Ellen Schwanneke.[79]

## 9 Nicht nur im Kinderbuch

Tiere haben Spuren in der Literatur, im Sachbuch, in Film und Fotografie, in bildender und angewandter Kunst des Exils und Nachexils hinterlassen. Und im Kinderbuch. Anders als die heldischen ‚Tier-Kameraden' der nationalsozialistischen Propagandaliteratur sind die tierischen Kombattanten dieses Genres „Little Allies", so der Titel einer Märchensammlung von Hermynia Zur Mühlen[80], sie sind kleine Verbündete der Kinder, wie das titelgebende Spielzeug in dem kanonischen Kinderbuch von Judith Kerr *Als Hitler das rosa Kaninchen stahl*.[81] Nicht immer sind in den Texten augenfällige Verweise auf den Exilkontext vorhanden, wie das Beispiel Felix Salten zeigt. Mit der Waldgeschichte *Bambi*,[82] deren zeitgenössischer Ruhm heute neben dem Klassikerstatus der Disney-Verfilmung von 1942 verblasst ist, legte er den Grundstein für eine Reihe populärer Tierbücher (nicht nur für Kinder), deren Markenzeichen sprechende Tiere mit menschlichen Charakteren und Handlungsweisen sind. Die Gattungsgrenze zwischen Tier und Mensch wird programmatisch aufgehoben.[83]

Bambi, Rennie, Florian und die 15 Hasen wurden durch die Emigration ihres Schöpfers sozusagen zu Fluchttieren. Unter den restriktiven Arbeitsbedingungen für Flüchtlinge in der Schweiz von journalistischer Arbeit ausgeschlos-

---

**78** P. H. Frankel: Arche Noah. Kulturzentren der Vertriebenen. In: Die Zeitung 1 (30.1.1942), 256, S. 7; Paul Wegner: Arche Norwegen. In: Die Zeitung 5 (27.4.1945), 425, S. 4.
**79** Arche-Jubiläum. In: Aufbau 9 (9.4.1943), 15, S. 14.
**80** Hermynia Zur Mühlen: Little Allies. Fairy and Folk Tales of Fourteen Nations. London o. J. [ca. 1944].
**81** Judith Kerr: When Hitler Stole Pink Rabbit. London 1971 (dt.: Als Hitler das rosa Kaninchen stahl. Ravensburg 1973).
**82** Felix Salten: Bambi. Eine Lebensgeschichte aus dem Walde. Berlin 1923.
**83** Vgl. Daniela Strigl: Saltens Tierbücher als Dokumente der Zeitgenossenschaft. In: Marcel Atze unter Mitw. von Tanja Gausterer (Hg.): Im Schatten von Bambi. Felix Salten entdeckt die Wiener Moderne. Leben und Werk. Ausst.-Kat. Wienbibliothek im Rathaus und Wien Museum. Salzburg, Wien 2020, S. 318–345.

**Abb. 3:** Bettina Ehrlich: Entwürfe für *Cocolo Comes to America*. New York 1949.

sen, gab Salten dem Druck eines Schweizer Verlegers nach, weiter für den deutschsprachigen Markt Tierbücher zu produzieren. Manche Ausgaben wurden – künstlerisch wenig ambitioniert und der antimodernen NS-Produktästhetik angepasst – von dem Kriegsmaler Hans Bertle illustriert.[84] Das Konzept einer humanistischen Welt, in dem sich menschliches und tierisches Wissen in gegenseitigem Respekt vereinen, war auch zwischen solcherart gestalteten Buchdeckeln lesbar. Künstlerisch aufgewertet wurden Saltens Tierbücher in weiterer Folge durch Distribution in Exilverlagen.[85]

Zu kontextualisieren ist auch das Werk der 1938 nach England emigrierten Malerin und Textildesignerin Bettina Ehrlich. Unter dem Pseudonym Bettina schrieb und zeichnete sie ab 1943 zahlreiche Kinderbücher für britische und amerikanische Verlage. Die Protagonist*innen sind oft Tiere und agieren als Individuen oder als Mensch-Tier-Freundespaare. Bettina lässt ihre Figuren in de-

---

[84] Vgl. Ursula Seeber unter Mitarb. von Alisa Douer und Edith Blaschitz (Hg.): Kleine Verbündete. Little Allies. Vertriebene österreichische Kinder- und Jugendliteratur. Austrian Children's and Juvenile Literature in Exile. Wien 1998, S. 46–47.
[85] Z. B. Felix Salten: Bambi's Children. The Story of a Forest Family. Illustr. von Erna Pinner und Kurt Wiese. Übers. von Barthold Fles. New York 1939.

korativ aquarellierten, lichten Ambientes auftreten, die Geschichten dürfen im Schutzraum ihrer oft arkadischen Schauplätze gut ausgehen. Die Sujets sind jedoch nicht zufällig gewählt und reflektieren die historischen Verhältnisse. In der Trilogie *Cocolo, Cocolo Comes to America* und *Cocolo's Home*[86] verlassen ein kleiner Esel und sein junger Besitzer ein vom Weltkrieg zerstörtes mediterranes Land, um in den USA Geld für die Familie zu verdienen. *Cocolo* ist ein Tierbuch, es ist aber auch eine Erzählung von Migration, Fremdheitserfahrung und Heimweh, und von Solidarität und Assimilation in einem neuen Land.

## 10 Coda

„Wer einmal ins Exil getrieben wurde, kommt lebenslang nicht mehr davon ab."[87] Die existenzielle Dimension der Exilerfahrung, die der 92-jährige deutsch-französische Schriftsteller Georges-Arthur Goldschmidt 2020 beglaubigt, färbt die Reflexion des Mensch-Tier-Verhältnisses unter dem Aspekt des Exils womöglich ebenso unaufhebbar.

2019 schrieb Lore Segal, die 1920 in Wien geboren wurde und in New York lebt, die short story „Death of the Waterbug",[88] eine Parabel über das Eigene und das Fremde, über Exklusion und Dazugehören. Die Ich-Erzählerin hat einen Schädling in ihrer New Yorker Küche und eine Freundin, die auf ‚hässliche' Insekten wie Motten und Küchenschaben hysterisch reagiert: „Insects are the non-us, the un-human. They are our Other." Die Erzählerin plädiert, das Alte Testament und Shakespeare als Zeugen aufbietend, gegen die zerstörerische Ausgrenzung des ‚Anderen' und für das Recht der Kreatur auf einen Platz zum Leben. Die sarkastische Pointe des Textes allerdings schließt die Reminiszenzen an emphatische Rettung und kalte Vernichtung, an die „Bestialisierung", der Lore Segal 1938 entronnen war und die nun dem Tier widerfährt, kurz: „I wiped up the remains with the corner of a paper towel and put him in the garbage, a minor sample of the world's sadness."

---

**86** Bettina [Ehrlich]: Cocolo. New York 1945; Bettina [Ehrlich]: Cocolo Comes to America. New York 1949; Bettina [Ehrlich]: Cocolo's Home. New York 1950. Vgl. Rosamunde Neugebauer: Zur Metaphorik der Heimatlosigkeit. Eine vergleichende Betrachtung von Bettina Ehrlichs Kinderbuch „Cocolo's Home" und Axl Leskoscheks Graphikzyklus „Odysseus". In: Exilforschung 17 (1999): Sprache – Identität – Kultur: Frauen im Exil, hg. von Claus-Dieter Krohn, Erwin Rotermund, Lutz Winckler u. a., S. 183–197.
**87** Georges-Arthur Goldschmidt: Vom Nachexil. Göttingen 2020, S. 5.
**88** Erstabdruck in diesem Band.

# Abbildungsverzeichnis

Abb. 1: [Ludwig] Wronkow: Der Lenz ist da!: Ueber den Aleuten sind Zugvögel erschienen. Hitler sät den Apfel der Zwietracht. In Tunis hat die Regensaison eingesetzt. Der gallische Hahn hielt nie Winterschlaf. Butterblumen und „Butterflies" sind Butter fürs Gemüt [Karikatur]. In: Aufbau 9 (26.3.1943), 13, S. 32.
Abb. 2: Schweizer Einfuhrbestätigung für den Hund der Familie Zuckmayer, 1938 (Sammlung Zuckmayer, Robert-Musil-Institut für Literaturforschung / Kärntner Literaturarchiv (RMI / KLA), SIG 134/L1_4).
Abb. 3: Bettina Ehrlich: Entwürfe für *Cocolo Comes to America*. New York 1949. (Teilnachlass Bettina Ehrlich, Literaturhaus Wien / Österreichische Exilbibliothek).

# Literaturverzeichnis

Bauer, Katharina: Zoo, Friedhof, Unterwelt. Europa- und Exiltopoi in ausgewählten Texten Aleksej N. Tolstojs und Viktor B. Šklovskijs. In: Exil interdisziplinär. Exilformen, Beweggründe und politisch-kulturelle Aspekte von Verbannung und Auswanderung, hg. von Julia Maria Mönig und Anna Orlikowski. Würzburg 2015, S. 119–130.
Berger, John: Warum sehen wir Tiere an? In: ders.: Das Leben der Bilder oder die Kunst des Sehens [1981]. Übers. von Stephen Tree. Berlin 2003, S. 12–35.
Braun, Bettina: Das literarische Feuilleton des Exils in der Schweiz. Die Basler „National-Zeitung". In: Stefanie Leuenberger, Dominik Müller, Corinna Jäger-Trees und Ralph Müller (Hg.): Literatur in der Zeitung. Fallstudien aus der deutschsprachigen Schweiz von Jeremias Gotthelf bis Dieter Bachmann. Zürich 2016, S. 189–204.
Canetti, Veza: Herr Hoe im Zoo. In: dies.: Der Fund. Erzählungen und Stücke. München, Wien 2001, S. 33–37.
Canetti, Veza: London. Der Zoo. In: dies.: Der Fund. Erzählungen und Stücke. München, Wien 2001, S. 30–32.
Chessex, Jacques: Ein Jude als Exempel [Un Juif Pour l'Exemple]. Übers. von Grete Osterwald. Zürich 2010.
[Ehrlich], Bettina: Cocolo. New York 1945.
[Ehrlich], Bettina: Cocolo Comes to America. New York 1949.
[Ehrlich], Bettina: Cocolo's Home. New York 1950.
Goldschmidt, Georges-Arthur: Vom Nachexil. Göttingen 2020.
Herdan-Zuckmayer, Alice: Die Farm in den grünen Bergen [1949]. Frankfurt a. M. 1968.
Herdan-Zuckmayer, Alice: Das Scheusal. Die Geschichte einer sonderbaren Erbschaft. Frankfurt a. M. 1972.
Iggers, Wilma: Böhmische Juden. Eine Kindheit auf dem Lande, hg. von Monika Richarz. Berlin, Leipzig 2021.
Kaplan, Marion: Zuflucht in der Karibik. Die jüdische Flüchtlingssiedlung in der Dominikanischen Republik 1940–1945. Göttingen 2010.
Kerr, Judith: When Hitler Stole Pink Rabbit. London 1971 (dt.: Als Hitler das rosa Kaninchen stahl. Ravensburg 1973).
Koopmann, Helmut: Thomas Mann – Heinrich Mann. Die ungleichen Brüder. München 2005.

Maas, Lieselotte: Thesen zum Umgang mit der Publizistik des Exils. In: Die Erfahrung der Fremde, hg. von Manfred Briegel und Wolfgang Frühwald. Weinheim u. a. 1988, S. 271–273.

Mohnhaupt, Jan: Tiere im Nationalsozialismus. München 2020.

Möhring, Maren: „Herrentiere" und „Untermenschen". Zu den Transformationen des Mensch-Tier-Verhältnisses im nationalsozialistischen Deutschland. In: Historische Anthropologie. Kultur, Gesellschaft, Alltag 19 (2011), 2: Tierische (Ge)Fährten, hg. von Gesine Krüger und Aline Steinbrecher, S. 230–244.

Neugebauer, Rosamunde: Zur Metaphorik der Heimatlosigkeit. Eine vergleichende Betrachtung von Bettina Ehrlichs Kinderbuch „Cocolo's Home" und Axl Leskoscheks Graphikzyklus „Odysseus". In: Exilforschung 17 (1999): Sprache – Identität – Kultur: Frauen im Exil, hg. von Claus-Dieter Krohn, Erwin Rotermund, Lutz Winckler u. a., S. 183–197.

Polgar, Alfred: In der Zwischenzeit. Amsterdam 1935.

Salten, Felix: Bambi. Eine Lebensgeschichte aus dem Walde. Berlin 1923.

Salten, Felix: Bambi's Children. The Story of a Forest Family. Illustr. von Erna Pinner und Kurt Wiese. Übers. von Barthold Fles. New York 1939 (2. Auflage 1942).

Seeber, Ursula unter Mitarb. von Alisa Douer und Edith Blaschitz (Hg.): Kleine Verbündete. Little Allies. Vertriebene österreichische Kinder- und Jugendliteratur. Austrian Children's and Juvenile Literature in Exile. Wien 1998.

Spiegelman, Art: Maus. Die Geschichte eines Überlebenden. Übers. von Christine Brinck und Josef Joffe. 2 Bde. Reinbek 1989 und 1992.

Spiegelman, Art: Warum Mäuse? In: ders.: MetaMaus. Übers. von Andreas Heckmann. Frankfurt a. M. 2011, S. 111–163.

Spiel, Hilde: Psychologie des Exils. In: Neue Rundschau 86 (1975), 3, S. 424–439.

Strigl, Daniela: Saltens Tierbücher als Dokumente der Zeitgenossenschaft. In: Marcel Atze unter Mitw. von Tanja Gausterer (Hg.): Im Schatten von Bambi. Felix Salten entdeckt die Wiener Moderne. Leben und Werk. Ausst.-Kat. Wienbibliothek im Rathaus und Wien Museum. Salzburg, Wien 2020, S. 318–345.

Strittmatter, Thomas: Viehjud Levi und andere Stücke. Zürich 1992.

Swiderski, Carla: Hunde als literarische Reflexionsfiguren von Flucht- und Exilerfahrungen. In: Tierstudien 19 (2021): Tiere und Migration, hg. von Jessica Ullrich und Frederike Middelhoff, S. 162–172.

Thoor, Jesse: Wolfssonett (im Februar 1944). In: ders.: Sonette, hg. von Alfred Marnau. Nürnberg 1948, S. 52.

Tierstudien 19 (2021): Tiere und Migration, hg. von Jessica Ullrich und Frederike Middelhoff.

Viertel, Berthold: Der Hund. In: ders.: Der Lebenslauf. Gedichte. New York 1946.

Weinzierl, Ulrich: Genosse Gräfin. Die kommunistische Katholikin Hermynia Zur Mühlen. In: Hermynia Zur Mühlen: Werke, hg. von Ulrich Weinzierl. Bd. 4: Geschichten und Feuilletons. Wien 2019, S. 615–667.

Zimmering, Max: Papageien. Geschrieben in einem Internment Camp in Australien. In: Die Vertriebenen. Dichtung der Emigration. Ausw. von Albert Fuchs. London 1941, S. 28–29.

Zuckmayer, Carl: An einen braunen Setter, der im Green-Park seine Herrschaft sucht. In: Peter Hamm (Hg.): Welches Tier gehört zu dir? Eine poetische Arche Noah. München 1984, S. 53–54.

Zuckmayer, Carl: Die Wölfe. In: Peter Hamm (Hg.): Welches Tier gehört zu dir? Eine poetische Arche Noah. München, Wien 1984, S. 221–222.

Zur Mühlen, Hermynia: Little Allies. Fairy and Folk Tales of Fourteen Nations. London o. J. [ca. 1944].

Zur Mühlen, Hermynia: Nachtrag. In: dies.: Werke, hg. von Ulrich Weinzierl. Bd. 1: Erinnerungen und Romane. Wien 2019, S. 224–238.

I **Heimat und Rückkehr: (Zwangs-)Migration in Tieren gedacht**

Frederike Middelhoff
# Romantische Zugvogelfiktionen
## Auf den literarischen Fährten gefiederter Gefährten

„Ich lerne", versezte Heinrich, „meine Gegend erst recht kennen, seit ich weg bin und viele andre Gegenden gesehn habe. [...] Daher Menschen, die viel gereißt sind, Zugvögel und Raubthiere, unter den übrigen sich durch besondern Verstand und andre wunderbare Gaben auszeichnen [...].[1]

Zugvögel tauchen in den Texten der Romantik buchstäblich in Scharen auf. Insbesondere dort, wo das (z. T. imaginierte) Wandern in die Ferne, der Auszug von Zuhause oder unerfüllte Sehnsüchte adressiert werden, lassen romantische Texte Zugvögel fliegen. Der Romantikforschung gelten diese migrierenden Vogelfiguren vornehmlich als Chiffren romantischen Fernwehs, als zeitliche Signaturen und Identifikationsfiguren, in denen Jahreszeiten, Ereignisse und Emotionen verdichtet werden: Der fiktive Aufbruch ins Unbekannte, der Beginn einer neuen Leidenschaft, aber auch die Erinnerung an vergangenes (Liebes-)Leid können mit der Darstellung der Rückkehr gefiederter Wanderer im Frühjahr oder ihrem Auszug im Herbst mit neuen Bedeutungsqualitäten angereichert und semantisch konturiert werden.[2] Einendes Moment dieser Forschungsbetrachtung ist die Interpretation der gefiederten Figuren im Sinne eines „Zugvogelmotiv[s]"[3] – die Vögel werden somit in erster Linie als Zeichen oder „Bild",[4] als symbolische oder metaphorische Stellvertreterinstanzen für Konzepte wie Fern- und Heimweh, Endlichkeit und Transzendenz, Formen der Entgrenzung und (unendlicher) Annäherung ‚weginterpretiert' bzw. genauer: ‚weggezaubert'.[5] In ihrer Materialität und ‚Vogelhaftigkeit' mit spezifischen biologi-

---
1 Novalis: Heinrich von Ofterdingen [1800]. In: ders: Schriften, hg. von Paul Kluckhohn und Richard Samuel unter Mitarb. von Heinz Ritter und Gerhard Schulz. Bd. 1. Stuttgart 1960, S. 195–369, hier S. 328.
2 Vgl. Alexander Honold: Hölderlins Kalender. Astronomie und Revolution um 1800. Berlin 2005, S. 217.
3 Vgl. u. a. Michael Backes: Die Figuren der romantischen Vision. Victor Hugo als Paradigma. Tübingen 1994, S. 38 et passim; Hans Jürgen Balmes (Hg.): Novalis. Werke, Tagebücher und Briefe Friedrich von Hardenbergs. Darmstadt 1987, S. 64.
4 Sabine Karl: „Unendliche Frühlingssehnsucht". Die Jahreszeiten in Eichendorffs Werk. Paderborn, München u. a. 1996, S. 136.
5 Vgl. zu diesem „disappearing animal trick" u. a. Susan McHugh: *Animal Farm*'s Lesson for (Literary) Animal Studies. In: Humanimalia 1 (2009), 1, S. 24–39. McHugh macht darauf aufmerksam, dass literarische Tierfiguren (wie u. a. Orwells Farm-Tiere) zumeist nahezu automatisch als Allegorien oder Metaphern gelesen und somit gewissermaßen interpretativ ‚fortgezau-

schen Eigenschaften, an die ein historisch variables Wissen geknüpft ist, rücken die Vögel nur selten in den Blick.[6] Der folgende Beitrag möchte die primär allegorisch-anthropozentrischen Lektüren um wissensgeschichtlich reflektierte und tiertheoretisch fundierte Annäherungen an die Zugvögel der Romantik ergänzen[7] und dabei gleichermaßen die historische Semantik und die bildsprachlichen Dimensionen romantischer Mensch-Zugvogel-Relationen erweitern.

Was ich ausgehend von einem vergleichenden Blick auf zoologisch-ornithologische, philosophische und literarische Texte der Zeit um 1800 zu beleuchten versuche, sind folgende Aspekte: Erstens geht es mir um das Spannungspotenzial zwischen einem in der Romantik wirksamen anthropozentrisch-differentialistischen[8] Verständnis von Zugvögeln in der Ornithologie auf der einen Seite, das wandernde Vögel als instinktgeleitete Wesen und kategorial verschieden von menschlichen (Wander-)Motiven begreift, und literarischen Texten der Romantik auf der anderen Seite, die mobilitäts- und lebenspraktische Affinitäten zwischen menschlichen und tierlichen Wanderfiguren ausloten.[9] Damit komple-

---

bert' werden: Aus einem Text-Tier wird mit dem ‚allegorischen Zauberstab' im Handumdrehen eine menschliche Figur, die im Text mithilfe der ‚Tiermaske' einen menschlichen Bezugsrahmen (u. a. Sozial-, Politik- oder Beziehungssysteme) thematisiert und problematisiert. Als ‚Tiere' bzw. in ihrer ‚Tierlichkeit' werden Tierfiguren in solchen Lektüren selten wahr- und noch seltener ernstgenommen.

[6] Hervorzuheben ist an dieser Stelle Mottels gewinnbringende Zusammenschau von Zugvogel(un-)wissen, Erdwissenschaft und (Hölderlins) Poesie, allerdings stellt sich aus der Perspektive der Cultural and Literary Animal Studies die Frage, inwiefern seine Interpretation der Zugvögel als „Perzeptionsautomat[en]", die als solches dazu prädestiniert sind, „metaphorisiert zu werden" (Helmut Mottel: ‚Apoll envers terre'. Hölderlins mythopoetische Weltentwürfe. Würzburg 1998, S. 170), in allen Bereichen, in denen romantische Zugvögel im Spiel sind, haltbar ist.

[7] Zum methodologischen Unterschied zwischen einer „anthropozentrisch-allegorische[n]" Lesart und einer „theriozentrisch-animalistischen" Lektüre vgl. Roland Borgards: Märchentiere. Ein ‚animal reading' der Kinder- und Hausmärchen der Brüder Grimm („Katze und Maus in Gesellschaft", „Der Hund und der Sperling", „Der Zaunkönig und der Bär"). In: Harlinda Lox und Sabine Lutkat (Hg.): Macht und Ohnmacht im Märchen. Forschungsbeiträge aus der Welt der Märchen. Königsfurt 2017, S. 49–71, hier S. 52. Alexander Honolds am zeitgenössischen ornithologischen Wissen um 1800 orientierter Lesart von Hölderlins lyrischen Wanderern, denen die Lebens- und Mobilitätsform der Vögel als Vorbild gilt, sei hiervon explizit ausgenommen.

[8] Während Differentialist*innen mit der Annahme einer kategorialen Differenz zwischen Menschen und Tieren arbeiten, nehmen Assimilationist*innen bei einem Ähnlichkeitsprinzip zwischen menschlichen und nichtmenschlichen Tieren ihren Ausgangspunkt, um daran anschließend graduelle Unterschiede beleuchten zu können. Vgl. diesbezüglich Markus Wild: Anthropologische Differenz. Der Geist der Tiere in der frühen Neuzeit bei Montaigne, Descartes und Hume. Berlin, New York 2006.

[9] Dass mit der Rede über Zugvögel auch über politische und soziale Relationen verhandelt und dabei Fragen von Nationalität und Xenophobie ebenso wirksam wurden wie die Seman-

mentiert die literarische Romantik eine ebenfalls um 1800 entwickelte Migrationstheorie, die assimilationistisch[10] argumentiert, indem sie eine grundsätzliche Vergleichbarkeit der Beweggründe und Ausprägungen menschlicher und tierlicher Wanderungen behauptet. Romantische Texte sind auf diese Weise als Medien der Reflexion und Subversion eines anthropozentrischen Bewusstseins- und Migrationskonzepts lesbar. Doch die romantische Literatur geht über ein reflexiv-subversives Verhältnis zu anthropozentrischen Theorien der Migration noch hinaus. Denn die Zugvogel-Texte der Romantik führen zudem den imaginativen und konstruktivistischen Charakter *jeder* menschlichen Annäherung an die Motive tierlicher Mobilität vor. Einen epistemologisch schrankenlosen oder empirisch gesicherten Zugriff auf das ‚Wissen' der Vögel darüber, wann, wie und wohin gen Süden oder ‚nach Hause' zu fliegen ist, können die Theorien und Methoden der Naturwissenschaft nicht bieten. Phantasie, Imagination und Spekulation sind so unhintergehbare wie unabdingbare Zugangsweisen eines jeden Zugvogelwissens. Abschließend führt der Beitrag die zeitgenössischen Theorien vom interspezifischen Wandertrieb mit der Denkfigur der romantischen Zugvögel als *companion species* eng.

# 1 Vom (Un-)Wissen über den Vogelzug

Die Beschäftigung mit Zugvögeln erfuhr um 1800 eine bis dahin ungekannte Popularität und fällt mit der Genese der Ornithologie als eigenständiger wissenschaftlicher Disziplin zusammen.[11] Vogelbeobachtungen und darauf aufbauende empirische Daten über Flugrouten, Artenvorkommen und -verwandtschaften von Vögeln wurden nicht zuletzt durch illustrative Werke wie Georges-Louis Leclerc de Buffons achtzehnbändiger *Histoire naturelle des oiseaux* (1770–1785)[12] populär. Die Hypothesenbildung über die Wanderungen der Vögel wurde zu-

---

tisierung von Ehe und Ehre, sei hier nur angedeutet und müsste in einem separaten Beitrag erörtert werden.

10 Vgl. Anm. 8 und Wild: Anthropologische Differenz, S. 2: „Der Assimilationismus geht von den Gemeinsamkeiten zwischen Menschen und Tieren aus und versucht, unterschiedliche Arten oder Stufen von Geist zu differenzieren."

11 Vgl. u. a. Valérie Chansigaud: The History of Ornithology. London, Cape Town, Sydney, Auckland 2009, S. 57–96; die Verlaufskurven für das Lemma „Zugvogel" und „Zugvögel" im DTA-Gesamt- und DWDS-Kernkorpus zwischen 1600 und 1999, https://www.dwds.de/r/plot/?view=1&corpus=dta%2Bdwds&norm=date%2Bclass&smooth=spline&genres=0&grand=1&slice=10&prune=0&window=3&wbase=0&logavg=0&logscale=0&xrange=1600%3A1999&q1=Zugv%C3%B6gel (Zugriff: 28.02.2021).

12 Die deutsche Übersetzung *Naturgeschichte der Vögel* erschien ab 1772.

dem durch die Berichte internationaler Reisender und von den nach Europa zurücktransportierten Materialien und Aufzeichnungen kolonialistischer ‚Entdeckungs'-Fahrten befeuert.[13] Dass zahlreiche Zugvögel nicht nur den europäischen Süden, sondern auch Gebiete in Afrika, Ägypten und Arealen des Globalen Südens in den Herbst- und Wintermonaten aufsuchten, wurde schon im späten 17. Jahrhundert als wahrscheinlich diskutiert.[14] Ein letzter anschaulicher Beweis für die Flugroute nach Afrika konnte 1822 anhand eines in der Nähe von Wismar gefundenen Storches buchstäblich dingfest gemacht werden. Der Hals des Storches war von einem meterlangen Pfeil durchbohrt, dessen afrikanische Herkunft bald geklärt werden konnte. Der Vogel machte als „Pfeilstorch"[15] Geschichte und dokumentiert – taxidermisch konserviert – bis heute die Verstrickung transkontinentaler Vogelzüge und globaler, zumeist kolonialistisch fundierter, Wissensproduktion.[16]

Gängig war bereits in der Ornithologie um 1800 eine Unterscheidung zwischen Stand-, Strich- und Zugvögeln geworden,[17] also solchen Vögeln, die ihren Geburtsort zeitlebens nicht verlassen (den Standvögeln), denjenigen, die zu bestimmten Jahreszeiten auf der Suche nach Nahrungsquellen durch verschiedene Regionen streifen bzw. streichen (den Strich- oder Streichvögeln) und solchen, die – wie Lorenz Oken schreibt – „wegen Mangel an Wärme und Nahrung in ganz entfernte Länder [gehen]" und die „daher Zugvögel (*aves migratoriae*) [heißen]".[18] Dass diese auch als „Wandervögel (*Passeres*)"[19] bezeichneten Vogelarten sich über das Ohr ausgehend von magnetischen Anziehungsprozessen (und mithilfe ihres „*Magnetismsinns*"[20]) orientierten, galt zunehmend als Kon-

---

13 Paul Lawrence Farber: The Emergence of Ornithology as a Scientific Discipline. Dordrecht, Boston [u. a.] 1982, S. 27.
14 Zur Zugvogelforschung und ihrer zunehmend selbstreferentiellen Diskursstruktur trotz zunehmender globaler Beobachtungsberichte in der Frühen Neuzeit. Johannes Müller: Tierleben und globale Geographie. Vogelzüge in der deutschsprachigen Publizistik des 17. Jahrhunderts. In: Tierstudien 19 (2021): Tiere und Migration, hg. von Jessica Ullrich und Frederike Middelhoff, S. 31–40.
15 Ragnar K. Kinzelbach: Das Buch vom Pfeilstorch. Marburg 2005.
16 Der ausgestopfte Storch (inkl. Pfeil im Hals) ist in der Zoologischen Sammlung der Universität Rostock aufbewahrt.
17 Vgl. u. a. Johann Matthäus Bechstein: Naturgeschichte der Vögel oder Anleitung zur Kenntnis und Wartung derjenigen Vögel, welche man in der Stube halten kann. Gotha 1795, S. 24–25.
18 Lorenz Oken: Allgemeine Naturgeschichte für alle Stände. Bd. 7.1. Stuttgart 1837, S. 11. Vgl. auch Friedrich Tiedemann: Anatomie und Naturgeschichte der Vögel. Bd. 2. Heidelberg 1814, S. 589.
19 Lorenz Oken: Lehrbuch der Naturgeschichte. Bd. 3.2. Jena 1816, S. 372.
20 Lorenz Oken: Uebersicht des Grundrisses des Sistems der Naturfilosofie und der damit entstehenden Theorie der Sinne [1802]. In: ders.: Gesammelte Werke in vier Bänden, hg. von Thomas Bach, Olaf Breidbach und Dietrich von Engelhardt. Weimar 2007, S. 5–14, hier S. 12. Siehe

sens. Man diskutierte daher auch weniger kontrovers darüber, ob und wohin die Vögel fliegen, sondern vielmehr: welche Motive ihre Reise bedingen. Die Gründe und Mechanismen der periodischen Wanderungen der Vögel wurden im Rahmen der ornithologischen Diskussion dabei in Abgrenzung zu den politisch, ökonomisch und persönlich motivierten Wanderungsbewegungen des Menschen konstruiert. Zugespitzt formuliert: Zugvögel galten als triebgesteuerte Automaten-Wanderer, deren ‚innere Uhr' zu Frühjahrs- und Herbstzeit den Abflug dirigiert und determiniert. Dem entgegengesetzt erschienen Menschen als prinzipiell intentional (re-)migrierende Subjekte, die nicht einer triebartigen Empfindung folgen, sondern aus wohlüberlegten Gründen reisen. Hermann Samuel Reimarus' differentialistische Überlegungen können in diesem Sinne als paradigmatisch gelten. Ausgehend von dem Beispiel eines flügelbeschnittenen Hamburger Storches, der trotz seiner körperlichen Flugbehinderung im Herbst den Zug antrat, konstatiert Reimarus in seinen *Betrachtungen über die besondern Arten der thierischen Kunsttriebe* (1773):

> Hier bleibt nichts als eine innere Empfindung übrig, welche den Vogel zu der Zeit flüchtig gemacht, auch mit halbgelähmten ungeübten Schwingen, ohne Gesellschaft, ganz allein, eine so weite Reise anzutreten. Dergleichen innere Empfindung ist ja wohl den Umständen der Sache die gemäßeste und wahrscheinlichste; ob wir Menschen gleich keine gänzlich ähnliche Empfindung haben, wofern sich nicht etwa jemand auf die Analogie des schweizerischen Heimwehes berufen wollte.[21]

Menschliches Heimweh und tierlicher Heimattrieb betrachtet Reimarus als zwei Phänomene, die nur auf den ersten Blick verwandt erscheinen. Ein so unbegreiflicher wie körperlich überwältigender Zwang des Wanderns bei den Tieren kann seines Erachtens mit den Sehnsüchten und Wanderungen des Menschen nicht auf eine Ebene gestellt werden.

Dreh- und Angelpunkte des Sprechens über Zugvögel in der Naturforschung werden damit zum einen die Hypothesenbildung über die (inneren und äußeren) Gründe der Vogelwanderungen, zum anderen die Rede vom ‚Instinkt' oder ‚Trieb' ihres Wanderns, mit dem die Gründe verzahnt werden.[22] So schließt

---

zu diesen Annahmen in der Zoologie (u. a. bei Buffon und Naumann) insbesondere Mottel: ‚Apoll envers terre', S. 170–172.
**21** Hermann Samuel Reimarus: Angefangene Betrachtungen über die besondern Arten der thierischen Kunsttriebe. Aus seiner hinterlassenen Handschrift herausgegeben, mit einigen Anmerkungen und einem Anhang von der Natur der Pflanzenthiere begleitet durch Joh. Albert Hinrich Reimarus. Hamburg 1773, S. 57. Reimarus ordnet den Zugtrieb „den determinirten blinden Neigungen der thierischen Seelen" (S. 51) zu.
**22** Zur Funktion und (letztmöglichen) Erklärungsfigur ‚Trieb' siehe insbesondere den Band von Jan Niklas Howe und Kai Wiegandt (Hg.): Trieb. Poetiken und Politiken einer modernen

sich auch Georges-Louis Leclerc de Buffon in seiner wirkmächtigen *Naturgeschichte der Vögel* Reimarus' differentialistischen Axiomen an. Das Wandern der Vögel deutet er als triebgesteuertes „Verlangen, den Himmelsstrich zu verändern" und als ein „dringende[s] Bedürfniß, daß es auch bey den eingesperrten Vögeln durch die lebhafteste Unruhen sichtbar wird."[23] Für Buffon gilt es als ausgemacht, „daß eben dieses Verlangen einer der stärksten Triebe des Instinkts bey den Vögeln sey" und dass ein Zugvogel „in den erwähnten Jahreszeiten kein Mittel unversucht läßt, wodurch er sich in Freyheit zu setzen denket".[24] Wenngleich Buffon einräumt, dass von den „Umständen ihrer Wanderschaft"[25] noch immer zu wenig bekannt ist, bezweifelt er unter keinen Umständen, dass die Zugvögel ohne eigenen Willen und ihre Wanderung nach mechanischen Prinzipien funktionieren.

Da die Motive, die Vögel zum Abflug bewegen, jeweils nur spekulativ eruiert, aber keineswegs eindeutig beobachtet, erfragt und bewiesen werden konnten, lag die aus logischen Herleitungen evidente Begründung nahe, dass die „Ursache des Auswanderns"[26] von „*aves migratoriae*"[27] wohl im Nahrungsmangel, der Wahrnehmung sich verändernder Temperaturverhältnisse und Paarungsbereitschaft zu suchen sei; ähnliche Gründe seien Voraussetzungen der Remigration.[28] Zwar sprach man den Zugvögeln ein erstaunliches Gedächtnis zu,[29] das sie immer wieder an den Ort ihrer Abreise, genauer: in die

---

Letztbegründung. Berlin 2014; Myriam Bienenstock (Hg.) Trieb: tendance, instinct, pulsion. Paris 2002, https://journals.openedition.org/rgi/901 (Zugriff: 13.3.2021).
**23** Georges-Louis Leclerc de Buffon: Herrn von Buffons Naturgeschichte der Vögel. Erste Sammlung von 36 Abbildungen der Vögel, deren Nachlieferung versprochen worden. Berlin 1801, S. 14.
**24** Leclerc de Buffon: Naturgeschichte, S. 14.
**25** Leclerc de Buffon: Naturgeschichte, S. xxvii. In diesem Duktus hält noch der *Brockhaus* fest: „Die Gründe dieses Wanderns aber, so wie die nähern Umstände der Wanderungen selbst, sind noch ein Räthsel" (Allgemeine deutsche Real-Encyclopädie für die gebildeten Stände. (Conversations-Lexicon.). Bd. 10. Leipzig 1824 (6. Aufl.), S. 404).
**26** Friedrich Tiedemann: Anatomie und Naturgeschichte der Vögel. Bd. 2. Heidelberg 1814, S. 589.
**27** Tiedemann: Anatomie, S. 590.
**28** „Das Zurückwandern der Vögel im Frühjahr in der Richtung von dem Aequator gegen die Pole scheint theils durch Mangel an Nahrung, theils durch die erhöhte Temperatur der Luft und deren, veränderten electrischen Spannung, und endlich durch den Trieb zur Fortpflanzung bewirkt zu werden" (Tiedemann: Anatomie, S. 597).
**29** Vgl. u. a. Georg Simon Klügel: Encyclopädie, oder zusammenhängender Vortrag der gemeinnützigsten, insbesondere aus der Betrachtung der Natur und der Menschen gesammelten Kenntnisse. Berlin 1792 (2. Aufl.), S. 336; Conversations-Lexicon oder encyclopädisches Wörterbuch für gebildete Stände. Bd. 10. Stuttgart 1819, S. 403.

„Heymath",³⁰ in das Nest und den Nahbereich, in dem sie geboren wurden, zurückfinden lasse.³¹ Gleichzeitig mühte sich die Naturforschung allerdings rhetorisch und argumentativ daran ab, Gedächtnis und Motivation der Zugvögel als instinktgesteuert-mechanistisches und nicht als bewusstseins- oder sogar intentionsimplizierendes Prinzip zu profilieren: Der Ornithologe Frederik Faber ließ dieses beobachtete Wechselverhältnis von Migration und Remigration, Auswanderung und Heimkehr der Zugvögel in den Komplementärbegriffen von Wanderungs- und Heimwehtrieb aufgehen:³²

> Die Natur ertheilte nämlich jedem Individuum zwei unwiderstehliche Triebe: den *Wanderungstrieb* und den *Heimwehtrieb*. [...] Die *Heimath* eines Vogels ist von seinem *Brüteplatze* verschieden, jene faßt diesen in sich. [...] Nach seiner Heimath wird er durch den Heimwehtrieb getrieben.³³

Nicht die Vögel, sondern der Wander- respektive Heimat-/Heimweh-Trieb reguliert das Zugverhalten der Vögel. Der Rückgriff auf den Begriff des Triebs („Trieb des Auswanderns";³⁴ „Trieb zur Reise";³⁵ „instinktartige[r] Reisetrieb[]"³⁶) wird damit zum Signum der „Anthropologischen Differenz":³⁷ Menschen können reisen, weil sie sich bildungsrelevante, gesundheitliche oder unterhaltsame Vor-

---

30 „In der letzten Hälfte des Märzes kommen die Ausgewanderten wieder in ihrer Heymath an" (Bechstein: Naturgeschichte, S. 419).
31 Vgl. in diesem Duktus auch schon Herder: „So gewöhnet sich jeder auch an die schlechteste Speise, an die härteste Lebensart, an die roheste Sitte des rauhesten Klima und findet zuletzt in ihm Behaglichkeit und Ruhe. Selbst die Zugvögel nisten, wo sie gebohren sind" (Johann Gottfried Herder: Ideen zur Philosophie der Geschichte der Menschheit. Bd. 1. Leipzig, Riga 1784, S. 24–25.).
32 Zur Pathologisierung des Heimwehs im Untersuchungszeitraum siehe Simon Bunke: Heimweh: Studien zur Kultur- und Literaturgeschichte einer tödlichen Krankheit. Freiburg i. Br. 2009.
33 Frederik Faber: Über das Leben der hochnordischen Vögel, Leipzig 1826, S. 5, 44 (Hervorhebungen im Original). Vgl. in diesem Sinne auch Schleiermacher, der einen „Cohäsions- und heimathlichen Triebe" von einem „ganz entgegengesetzten zerstreuenden Entdekkungs- und Wanderungstrieb" unterscheidet (Friedrich Daniel Ernst Schleiermacher: Ueber die Auswanderungsverbote [1817]. In: ders.: Sämtliche Werke III, Bd. 2. Berlin 1838, S. 336).
34 Gottfried Reinhold: Biologie, oder Philosophie der lebenden Natur für Naturforscher und Ärzte. Bd. 2. Göttingen 1803, S. 196.
35 Klügel: Encyclopädie, S. 336.
36 Morgenblatt für gebildete Stände 157 (2. Juli 1825), S. 627.
37 Das Konstrukt der Anthropologischen Differenz „identifiziert ein bestimmtes (kognitives, soziales, moralisches, religiöses) Merkmal, das den Menschen vom Tier unterscheidet und zugleich grundlegend ist für alle weiteren Unterschiede zwischen Mensch und Tier" (Markus Wild: Anthropologische Differenz. In: Roland Borgards (Hg.): Tiere. Kulturwissenschaftliches Handbuch. Stuttgart 2016, S. 47–60, hier S. 47).

teile von einem (periodisch fundierten) Ortwechsel erhoffen bzw. diese Benefits antizipieren; Vögel fliegen, weil sie nicht anders können.[38]

## 2 Gemeinsame Umtriebigkeiten

Wenngleich das Gros der Naturforschung eine fundamentale Differenz zwischen wandernden Menschen und ziehenden Vögeln propagierte, wurden auch Gegenstimmen laut. Was dabei der vergleichende Blick auf eine zeitgenössische assimilationistische Migrationstheorie auf der einen sowie auf romantische Literaturen auf der anderen Seite zeigt, ist zweierlei: Zum einen schreiben romantische Texte, in denen Menschen und Vögel miteinander migrieren oder in ihrem Migrationsverhalten zueinander in Bezug gesetzt werden, an einem Migrationskonzept mit, das Wandern und Wandertrieb als interspezifisch geteilte Phänomene versteht. Zum anderen verunsichern die Zugvogel-Texte der Romantik eine Anthropologische Differenz nicht nur, sondern reflektieren gleichzeitig die Bedingungen und Grenzen eines nichtmenschlichen Migrationswissens im Modus der Selbstreflexion. Indem sie auf sich selbst rekurrieren und ihre Gemachtheit betonen, führen sie das Konstrukt der Anthropologischen Differenz und die prinzipielle Beschränkung menschlichen Wissens, nicht zuletzt auch hinsichtlich der Gründe und Motive tierlichen Verhaltens, vor Augen.

Der für die zoologische Diskussion und Popularisierung eines mehr-als-menschlichen[39] Migrationsverhaltens wohl wichtigste Gewährsmann ist William Smellie und seine zweibändige *Philosophie der Naturgeschichte* (engl. 1790 und

---

38 Damit soll selbstredend nicht behauptet werden, dass um 1800 (und in der Romantik) kein Bewusstsein für die Bedingungen und Bedrängnisse vorherrschte, die Menschen zur Migration nötigten (Stichwort: Zwangsmigration). Nicht zuletzt die revolutionären Ereignisse von 1789 und die damit zusammenhängenden Fluchtbewegungen französischer Adeliger und Klerikaler nach Deutschland, hatten dem Phänomen der unfreiwilligen Migration neue Aufmerksamkeit zukommen lassen, wie sich auch anhand von literarischen Texten, z. B. Clemens Brentanos *Godwi* (1801/02), Friedrich de la Motte Fouqués *Der Refugié* (1824) oder Bettina von Arnims *Clemens Brentanos Frühlingskranz* (1844) nachzeichnen lässt.

39 Der Begriff „more-than-human" ist zwar erst im 20. Jahrhundert bedeutsam geworden, die ihm zugrundeliegenden de-anthropozentrischen Perspektiven sind allerdings wesentlich älter. Das Konzept „more-than-human" versucht über den menschlichen Bezugspunkt hinausgehende Forschungsperspektiven, Phänomenologien und Kosmologien denk- und operationalisierbar zu machen und wurde insbesondere durch die Arbeit des Philosophen und Kulturökologen David Abram (*The Spell of the Sensuous: Perception and Language in a More-than-Human World*. New York 1996) bekannt. Mittlerweile werden in den Human-Animal Studies und den Multispecies Studies Methoden ausgelotet, die der „Perspektive von Akteuren der mehr-als-menschlichen-Welt" Rechnung zu tragen versuchen (Katharina Ameli: Multispecies-Ethnogra-

1799 als *Philosophy of Natural History* publiziert),[40] deren erster Band 1791 in zwei Teilen ins Deutsche übertragen wurde.[41] Smellie profiliert den Wandertrieb nicht als Ausnahmeerscheinung im Tierreich, sondern als wiederkehrendes Prinzip organischen Lebens, das bei ganz unterschiedlichen Arten zu beobachten sei. Im Kapitel „Von den Wanderungen der Thiere"[42] erläutert Smellie die systematische und historisch kontextualisierte Vergleichbarkeit der Motive menschlichen und tierlichen Wanderns:

> Die Vögel ziehen in der Absicht, um die Unbequemlichkeiten ihrer gegenwärtigen Lage zu verbessern, und in Ansehung des Futters, der Temperatur, der Begattung und des Schutzes, einen vortheilhaften Aufenthalt zu haben. Aus ähnlichen Bewegungsgründen sind die Menschen zuweilen in erstaunlichen Mengen von Norden nach Süden gezogen, haben aus dem Klima, das zuträglicher war als das ihrige, die Eingebornen vertrieben, und sich daselbst niedergelassen. Diese sind wieder eben so die Opfer von barbarischen Emigranten geworden. Unter den Bewohnern der nördlicheren Länder, als Norwegen, Schweden, Schottland etc. scheint ungeachtet einer sehr starken Zuneigung zum Vaterlande ein instinktmäßiger oder natürlicher Hang zu Wandern zu herrschen. Armuth, strenges Klima, Neugierde, Ehrgeiz, falsche Vorstellungen eigennütziger Individuen, Druck der Feudal-

---

phie: Zur Methodik einer ganzheitlichen Erforschung von Mensch, Tier, Natur und Kultur. Bielefeld 2021, S. 145).

**40** Ähnlich findet sich die Theorie eines Wander- bzw. Wanderungstriebs, den Menschen und Tiere teilen, auch z. B. bei Johann Friedrich Krüger: Geschichte der Urwelt. In Umrissen entworfen. Bd. 2. Quedlinburg, Leipzig 1823, S. 963: „In das Menschengeschlecht hat die Natur den Wanderungstrieb gelegt, den wir schon bei mehreren gesellschaftlich lebenden Thierarten [...] wahrnehmen"; siehe auch Carl Ritter: Die Erdkunde von Asien. Bd. 6. Berlin 1836, S. 1073; Hermann Hauff: Skizzen aus dem Leben und der Natur. Bd. 1. Stuttgart, Tübingen 1840, S. 245–248. Vgl. in diesem Sinne auch Gotthilf Heinrich von Schubert: Spiegel der Natur. Ein Lesebuch zur Belehrung und Unterhaltung. Erlangen 1845, S. 61: „Wir wollen noch ein andres Beispiel betrachten, welches uns lehren kann, daß der Antrieb der den Menschengeist, wie der Wandertrieb den Vogel fortreißt, und ihn aus der Heimath eines sinnlichen Wahrnehmens in die Welt eines geistigen Erkennens führt, durch alle Hindernisse und äußere Hemmungen sich hindurcharbeite, und sein fernes Ziel zuletzt eben so sicher erreiche, wie der Storch, wenn er aus Afrika zurückkehret, sein Nest".

**41** William Smellie: Philosophie der Naturgeschichte. Aus dem Englischen übersetzt und mit Erläuterungen versehen von E. A. W. Zimmermann. 2 Bde. Berlin 1791, 1799. Ich verwende im Folgenden die deutsche Übersetzung, die das Kapitel XX. „Of the Migration of Animals – More general than commonly believed" (William Smellie: The Philosophy of Natural History. Edinburgh, London 1790, S. 473–503) mit großer Invarianzbemühung ins Deutsche überträgt. Zu Smellies positiver Rezeption in Deutschland vgl. z. B. Anonym: Smellie, William: The Philosophy of Natural History [...]. In: Allgemeine Literatur-Zeitung 3, (4.8.1791), 211, S. 257–260, https://zs.thulb.uni-jena.de/receive/jportal_jparticle_00006328 (Zugriff: 11.03.2021)..

**42** William Smellie: Philosophie der Naturgeschichte. Aus dem Englischen übersetzt und mit Erläuterungen versehen von E. A. W. Zimmermann. Bd. 2. Berlin 1791, S. 235.

herren und ähnliche Umstände, haben ehemals Anlaß zu großen Wanderungen des Menschengeschlechtes gegeben.[43]

Ein empfundenes Ungenügen hinsichtlich der selbsterhaltenden und in diverser Hinsicht zufriedenstellenden Möglichkeiten des Lebens ist laut Smellie sowohl bei den Tieren als auch bei den Menschen ein vergleichbares Movens der Migration. Wenngleich der „Instinkt des Wanderns"[44] von der „Liebe zum Vaterland" komplementiert und in der Balance erhalten wird, und dafür sorgt, „daß fast Jeder, wenn er seine Neigung zum Reisen befriedigt hat, ein sehnliches Verlangen fühlt, zurückzukehren",[45] kann laut Smellie nicht von der Hand gewiesen werden, dass Vögel, vierfüßige und menschliche Tiere aus vergleichbaren Gründen und auf ähnlichen Routen wandern:[46]

> Aus den hier aufgezählten Thatsachen ergiebt sich, daß der Trieb zum Wandern, oder das Verlangen, die Lage zu verändern, nicht auf besondere Arten eingeschränkt ist; sondern sich fast durch das ganze System der belebten Wesen verbreitet. Menschen, Quadrupeden, Vögel, Fische, Gewürme, Insekten geben uns sämtlich auffallende Beispiele von dem Triebe zum Wandern.[47]

Das Verlangen zum Wandern ist laut Smellie ein interspezifisch geteiltes und universell fundiertes Moment des Lebens. In einem ähnlichen Duktus hält Oken fest, dass der Mesmerismus „die bisher so geheimnissvollen Phenomene bei Menschen und Thieren, wohin ich vorzüglich den Trieb der Zugvögel und der Zugfische [...] rechne, hervorbringt."[48] Die assimilationistische Theorie macht damit den Gedanken stark, dass Menschen und Tiere nicht nur ein geteiltes Bedürfnisspektrum besitzen, sondern auch in ein gemeinsames Spannungsfeld

---

43 Smellie: Philosophie der Naturgeschichte, S. 257–258.
44 Smellie: Philosophie der Naturgeschichte, S. 262.
45 Smellie: Philosophie der Naturgeschichte, S. 258.
46 Smellie betrachtet Menschen im Anschluss der um 1800 einschlägigen Vorstellung von einer ‚Kette der Wesen' als Mitglieder des Tierreichs, dem sie als höchstes Glied voranstehen. Assimilationistisch-gradualistisch argumentiert er daher: „Beobachtenden und nachdenkenden Menschen ist es einleuchtend, daß alle Wesen auf dieser Erde, sie mögen Thiere oder Pflanzen seyn, gegenseitig mit einander verbunden sind und von einander abhängen. [...] In der Kette der Thiere ist unstreitig der Mensch das Hauptglied, von dem alle übrigen Glieder durch beinahe unmerkliche Gradationen herabsteigen." (Smellie: Philosophie der Naturgeschichte, S. 288).
47 Smellie: Philosophie der Naturgeschichte, S. 271.
48 Lorenz Oken: Abriß des Systems der Biologie. Göttingen 1805, S. 68. Auch in Schellings dreistufiger Instinkt-Staffelung ist die Kontiguität zwischen menschlicher und tierischer Migration bereits in der „Stufen"-Formation angelegt, die von „Selbsterhaltung" über „Kunsttrieb" bis hin zu „Divination" reicht (Friedrich Wilhelm Joseph Schelling: Stuttgarter Privatvorlesungen [1810], hg. von Vicki Müller-Lüneschloss. Hamburg 2016, S. 40; s. dazu auch S. 106.).

aus anziehenden und abstoßenden Kräften der Welt eingelassen sind, das ihre Lebensweisen austariert und ihre Mobilität affiziert.

Vor diesem Hintergrund muss die Frage nach der Bedeutung von Zugvögeln in romantischen Texten noch einmal neu gestellt werden. Das Surplus ihrer Deutung ist dabei ein doppeltes: Zum einen sind wandernde Vögel in romantischen Texten nicht immer bzw. nicht nur Projektionsfiguren romantischer Sehnsucht, „ein mobiles Moment der Heimat" oder als „ein Leitbild" zu interpretieren, „indem sie Räume durchmessen und Verbindungen herstellen".[49] Neben „ihrem Status als Zeichen",[50] die ‚Heimat' bedeuten und raumzeitliche Relationen bezeichnen, sind Zugvögel und ziehende Menschen als Gefährten der Wanderung auch Teil eines naturgeschichtlichen Diskurses, der ihnen einen gemeinsamen Migrationstrieb zuschrieb. Dabei unterlaufen die Texte – ebenso wie die assimilationistische Zoologie – differentialistische Annahmen über die kategoriale Unterscheidung zwischen triebgeleiteten Zugvögeln und triebunabhängig wandernden Menschen. Wenn Eichendorffs Taugenichts meint, dass er mit „ein paar Kranichen, die eben hoch über uns durch die Luft zogen" ebenfalls „fort und immer fort, weit in die Ferne [müßte]",[51] ist dieses Müssen im Sinne einer Notwendigkeit, die sich als Trieb artikuliert, mit Blick auf Smellies Ausführungen zum geteilten Migrationstrieb ebenso signifikant wie das schwalbengleiche Wandern „von einem Frühling der Welt zum andern"[52], das Hölderlins Protagonist Hyperion im gleichnamigen Briefroman als Vergleichsbasis für den erzählten Traum einer raumzeitlich entgrenzenden Wanderung mit der Geliebten Diotima wählt, oder der Verweis der Tieck'schen Künstlerfigur Franz Sternbald darauf, dass ihn „jeder Pulsschlag […] vorwärts[treibt]" und ihm „die ziehenden Vögel […] Boten aus der Ferne [scheinen]".[53] Alle drei Erzähltexte sind in diesem Zusammenhang also auch als Teil einer zeitgenössischen Debatte um einen mehr-als-menschlichen Hang zur Wanderung lesbar.

---

**49** Heinrich Bosse und Harald Neumeyer: ‚Da blüht der Sommer schön'. Musensohn und Wanderlied um 1800. Freiburg i. Br. 1995, S. 15. Bosse und Neumeyer beziehen sich hier auf einen Brief von Uhland, in dem ein Wanderlied enthalten ist.
**50** Bosse, Neumeyer: Musensohn, S. 101.
**51** Joseph von Eichendorff: Aus dem Leben eines Taugenichts [1826]. In: ders.: Werke in einem Band, hg. von Wolfdietrich Rasch. München 2007, S. 747–832, hier S. 793.
**52** Friedrich Hölderlin: Hyperion oder Der Eremit in Griechenland [1797], hg. von Michael Knaupp. Stuttgart 2013, S. 88 („Da flogen wir, Diotima und ich, da wanderten wir, wie Schwalben, von einem Frühling der Welt zum andern, durch der Sonne weites Gebiet und drüber hinaus, zu den andern Inseln des Himmels, an des Sirius goldne Küsten, in die Geistertale des Arcturs").
**53** Ludwig Tieck: Franz Sternbalds Wanderungen [1798]. Studienausgabe, hg. von Alfred Anger. Stuttgart 1988, S. 54.

Es erscheint daher signifikant, dass Zugvögel in romantischen Texten gehäuft bzw. nahezu topisch zu genau dem Zeitpunkt auftauchen, als man in der zeitgenössischen Zoologie begann, den Wandertrieb von Vögeln, Menschen und anderen Tieren zueinander ins Verhältnis und als prinzipiell gleichwertig zu setzen: Zugvögel wurden zum Modell menschlicher Mobilitäts- und Lebensformen genau zu dem Zeitpunkt, als in der Zoologie über Migration bzw. Wandertrieb als Universalie nachgedacht wurde. Indem die romantischen Texte wandernde Vögel und Menschen zueinander in Bezug stellen, gehen sie über den assimilationistischen Diskurs allerdings noch hinaus. Als offenkundig fiktionale Texte, die über Zugvogelmigration sprechen, reflektieren sie den Konstruktcharakter menschlicher Annäherung an tierliches Erleben im Allgemeinen, ein naturgeschichtliches ‚Wissen' über tierliche Migrationsmotivationen im Speziellen.[54] Besonders frappant wird dieses Vor-Augen-Stellen der menschlichen Zuschreibung von Motiven für tierliche Verhaltensweisen und die konstruktivistischen Dimensionen menschlicher Deutung tierlichen Zugverhaltens in Clemens Brentanos *Godwi* (1801/02), einem Roman, der wiederholt das Verhältnis von Heimattrieb und Reiselust[55] mit der Rede von Störchen und Storchennestern oder der Verschränkung von pflanzlicher Sesshaftigkeit und zugvogelhafter Umtriebigkeit bespielt. Dabei arbeitet Brentano mit ironischen Brechungen der Fiktion und selbstreflexiven Verfahren, die den Text als solchen, aber auch das Reden über Zugvögel und ein Wissen über die Ursachen ihrer Migration als Konstrukt bewusst machen. Als der Protagonist Maria das erste Mal

---

[54] Dass ‚Fiktion' von Lat. ‚fingere' – machen, erdichten – abgeleitet ist und diegetische Welten (als Alternativen zu, Abbilder oder Gegenentwürfe von einer außersprachlichen Wirklichkeit) immer im Akt der Konstruktion entstehen und (v)erdichtet werden, sollte bei der Frage nach dem Verhältnis von Literatur und Migrationswissen nicht unterbelichtet bleiben. ‚Konstrukt' und ‚konstruktivistisch' wiederum verstehe ich im Zusammenhang dieses Beitrags als epistemologische Kategorie, die von der Annahme geleitet ist, dass „jedes Wissen und Erkennen seinen Gegenstand erst konstruiert und stets auch anders konstruieren könnte" (Remigius Bunia: Konstruktivismus. In: Metzler Lexikon Literatur. Begriffe und Definitionen, hg. von Dieter Burdorf, Christoph Fassbender und Burkhard Moennighoff. Stuttgart, Weimar 2010 (3. Aufl.), S. 397).

[55] Vgl. dazu gleich den Beginn des Romans, an dem Godwi an Römer schreibt und über Reisetrieb und Heimatsinn nachdenkt: „Es ist oft so, wie in diesem Augenblicke, und ich glaube, daß der Sturm in der Natur und dem Glücke, ja daß alles Harte und Rauhe da ist, um unsern unsteten Sinn, der ewig nach der Fremde strebt, zur Rückkehr in die Heimath zu bewegen. Wenn draußen der wilde Sturm in vollen Wogen braust, dann habe ich nie meinen so oft beklagten Drang nach Reisen empfunden." (Clemens Brentano: Godwi oder Das steinerne Bild der Mutter. Ein verwilderter Roman [1801/1802]. In: ders.: Sämtliche Werke und Briefe. Bd. 16, Prosa I, hg. von Walter Bellmann. Stuttgart, Berlin u. a. 1978, S. 15–16.).

Godwis Landhaus erspäht, fällt sein Blick unmittelbar auf das auf dem Schornstein befindliche Storchennest:

> An dem Ausgange des Waldes [...] bemerkte ich einen hohen Rauchfang, auf dem ein Storch sein Nest erbaut hatte, und vermuthete, daß dieses Gebäude zu dem Landgute gehöre. Der Storch war noch nicht wieder da, denn er hat eine weitere Reise zu machen, als der Frühling. [...] Ich schritt darum wacker zu, der Rauchfang mit dem Storchneste war mir wie ein Magnet: es liegt etwas heimliches, getreues und heimathliches in so einem Storchneste; denn ein gastfreies Dach bedeckt gastfreie Menschen. So reflectirte ich, denn ich war hungrig, und um mir diese Reflexion zu bemänteln, machte ich geschwind noch folgende über das Schreiten auf Schattenbeinen und hob, um der Anschauung willen, die Beine noch einigemal, den Schritt des Schattens beobachtend.[56]

Die Vorstellung, dass (re-)migrierende Vögel – insbesondere die Störche –[57] vom heimatlichen Nest magnetisch angezogen werden, diskutierte man in der zeitgenössischen Ornithologie z. B. im Kontext eines zugvogelspezifischen „Heimweh- oder Heimathstrieb[s]"[58] oder, spezifisch auf die heimische Fortpflanzung bezogen, als „Trieb der Liebe" oder „eigenthümliche Nestlust". Solche Anziehungsvorstellungen greift der Text hier auf, um sie gleich doppelt zu brechen und als Konstrukt vorzuführen: Zum einen ist hier nicht ein Zugvogel, sondern ein mobiler Mensch Gegenstand der heimisch-heimlichen Nest-Anziehung, womit die Vergleichbarkeit menschlicher und tierlicher Migration ins Spiel gebracht wird. Zum anderen wird die Rede über Vogelmigration, Heimattrieb, Nest-Attraktion und menschliche Hospitalität gegenüber mehr-als-menschlichen Gästen mit einem weiteren ‚Trieb' überblendet (dem Hunger) und führt die Rede über das Zusammenspiel von Storchenzug und Heimatverlangen

---

56 Brentano: Godwi, S. 282–283.
57 Vgl. z. B. Michael Gottlieb Fuchs: Was leitet die Zugvögel bei ihren Wanderungen? Königsberg 1801, S. 7: „Ich denke hier an die von den Naturforschern allgemein angenommene Meinung, daß viele unsrer Zugvögel, wie die Störche, am Nil überwintern, und an die Erfahrung, die jeder Landmann auf dessen Haus ein Storch nistet, hat, daß derselbe Storch wieder zu seinem Neste zurück kehrt."
58 Faber: Leben der hochnordischen Vögel, S. 9. Etwas anders angelegt ist das ironische Abbruch-Verfahren der Rede über Vogelmigration, als es im Roman um Fragen der gesamten Anschauung und Erkenntnis der Natur und gleichzeitiger Selbst-Erkenntnis, nicht zuletzt aber auch um das ‚Zugvogelmotiv' geht, das hier in seiner zur Schablone für Reiselust geronnenen Motivik des (romantischen) Fernwehs ausgestellt und als bildsprachlich ausgedienter Topos verhandelt wird. Maria berichtet von einer Art Erfahrung der Alleinheitsverschmelzung auf einem Baum, der den Rhein überblickt und mit dem er sich in der Anschauung der Gegend zunehmend körperlich verwachsen fühlt: „[D]a war mir wohl, und ich sah den Zugvögeln nach, die neben mir vorüberreisten, wie Freunden, die noch nicht zur Ruhe gekommen sind, und wünschte ihnen glückliche Reise." Godwi bricht das Bild ironisch: „Es ist recht hübsch, daß grade welche vorbei flogen, sagte Godwi" (Brentano: Godwi, S. 395).

im Moment der Selbstbespiegelung („So reflectirte ich") humoristisch als inszenierte Rede vor. Dass sich Maria dann auch noch selbst als Quasi-Storch in Szene setzt, der sich mit storchenartigen Bewegungen der Beine und mithilfe des Sonnenlichts buchstäblich selbst bespiegelt und in den Schatten stellt, lässt sich als ironische Bezugnahme des Textes auf die naturgeschichtlichen Debatten begreifen, in denen über das Wanderverhalten, die Zuginstinkte und das triebgeleitete (Heimkehr-)Begehren von Störchen spekuliert wurde und in denen man den Zug der Vögel zu den Wanderungen von menschlichen Akteuren in Bezug setzte. Noch expliziter verhandelt der Roman eine assimilationistische Theorie des Zugvogelflugs und die oben skizzierte Verschränkung von Storchen- und Menschenmigration, Heimat- und Reisetrieb, als am Ende des zweiten Bandes von Godwis Erzählung die verworrenen Identitäts- und Figurenkonstellationen der Geschichte aufgelöst und mit dem Flug der Störche überblendet wird:

> O es giebt nun bald einen herrlichen Zug, eine Völkerwanderung, die uns Luft machen wird! Sie erzählten mir, wie Sie auf einem hohen Berge am Rhein auf einem Baume saßen, und den Zugvögeln glückliche Reise wünschten, solche Zugvögel werden gleich an uns vorüber ziehen. [...] Nun geht es zu Ende, unterbrach sich Godwi freudig, nun sind wir gleich auf dem hohen Baume am Rhein, und aller Druck stürzet hinab, wir werden gleich der ganzen fatal verwickelten Geschichte los seyn, die Zugvögel regen schon ihre Schwingen –. [...] Mein Vater ging selbst nach Eichenwehen, um bey dem alten Edelmann die Tochter für Römer zu begehren. Sie ward ihm gegeben. – Römer aber übergab er seine Handlung, die dieser nach B. hinzog, damit Joduno näher bey ihrer Heimath sey –. Mir ward dieses Gut, und ein beträchtliches Vermögen zu Theil, und mit dem kleinen Eusebio an der Spitze, zog nun der Zug nach Italien. An der Spitze flog Eusebio, hinter ihm Franzesko und Otilie, und hinter diesen mein Vater nebst dem alten Joseph, in ihrer Mitte aber Molly von Hodefields, so piramidisch, wie die Störche fliegen – adieu –. Glückliche Reise, sage ich, kommt um Gotteswillen nicht wieder –![59]

Die Auswanderung der Figuren wird der beschwingten Reiseformation der Störche angenähert, gleichzeitig in der erzählten Rede aber immer wieder durch Störungselemente, wie die der Selbstunterbrechung oder Gegenrede, ironisch gebrochen und als Textkonstrukt der Fiktion präsentiert. Geht man – wie es die Vorstellung vom universellen Wandertrieb in der assimilationistischen Zoologie nahelegt – davon aus, dass Menschen und Tiere ein geteiltes Bedürfnis zur Wanderung besitzen, erscheint die Darstellung, dass Menschen wie Vögel ziehen, als nicht mehr nur metaphorische, sondern lässt die Annahme eines metonymischen Verwandtschafts- und Kontiguitätsverhältnisses erkennbar werden: Nicht vergleichbare Ähnlichkeit, sondern gleiche Anlagen definieren das Bild

---

**59** Brentano: Godwi, S. 482–483.

vom Wanderverhalten von Menschen und Vögeln. Doch mit den storchenartig ziehenden Menschen referenziert der Text eine assimilationistische Migrationstheorie nicht einfach. Durch die ironischen Brüche und selbstreflexiven Kommentare veranschaulicht er vielmehr auch, dass diese Theorie (wie jeder literarische Text) als Konstrukt zu betrachten ist. Die Rede von storchenhaft migrierenden Menschen, die sich durch Widerrede und Selbstreflexion als menschengemachtes, verbalisiertes Vorstellungsgebilde zu erkennen gibt, deutet die Grenzen menschlicher Erkenntnis über tierliches Erleben und die Beweggründe tierliche (E-)Motion jenseits imaginativer und sprachlicher Mittel an. Wie die Literatur muss auch die Ornithologie um 1800 ein Narrativ zum Vogelzug entwickeln und Aussagen verbalisieren, die nonverbale Ausprägungen und Motive des Vogelflugs zum Gegenstand haben. Während die Ornithologie ihren Konstruktivismus nur selten eingesteht, ihren perspektivischen Anthropozentrismus kaum reflektiert oder problematisiert, betont die romantische Literatur die blinden Flecken der Produktion und Konstruktion eines Wissens von den Verhaltensgründen der Tiere im Allgemeinen, von den Flugmotiven der Zugvögel im Besonderen.

Während Brentano mit dem Verfahren der Ironie und der Selbstreflexion arbeitet, um den Konstruktcharakter eines menschlichen Wissens von den Wandertrieben der Tiere (und anderer Menschen) zu reflektieren, erzielt Ludwig Tieck in *Franz Sternbalds Wanderungen* (1798) diesen Effekt mithilfe der rhetorischen Figur der Prosopopöie, „durch die dem Text ein sprechendes Gesicht gegeben, vor und hinter den Buchstaben ein Gesicht vorausgesetzt wird".[60] Die Prosopopöie personifiziert, was sonst nicht als Person (sprechend bzw. sprachfähig) erscheint. Der ebenfalls in verschiedener Hinsicht umtriebige Rudolf Florestan gibt hier aus dem Stegreif ein Wanderlied zum Besten, in dem nicht nur der menschliche „Pilgrim",[61] sondern auch die gefiederten Wandernden zu Wort kommen:

> Durch den Himmel zieht der Vögel Zug,
> Sie sind auf Wanderschaft begriffen,
> Da hört man gezwitschert und gepfiffen
> Von groß und klein der Melodien genug.
> Der Kleine singt mit feiner Stimm',
> Der Große krächzt gleich wie im Grimm,
> Und ein'ge stottern, andre schnarren,
> Und Drossel, Gimpel, Schwalbe, Staren,
> Sie wissen alle nicht, was sie meinen,

---

[60] Bettine Menke: Prosopopoiia. Stimme und Text bei Brentano, Hoffmann, Kleist und Kafka. München 2000, S. 8.
[61] Tieck: Sternbalds Wanderungen, S. 316 et passim.

> Sie wissen's wohl und sagen's nicht,
> Und wenn sie auch zu reden scheinen,
> Ist ihr Gerede nicht von Gewicht.
> – „Holla! warum seid ihr auf der Reise?" –
> „Das ist nun einmal unsre Weise."
> – „Warum bleibt ihr nicht zu jeglicher Stund'?" –
> „Die Erd' ist allenthalben rund." [...]⁶²

Der Text reflektiert drei zoologische Zugriffe auf Zug-/Singvögel und damit verbundene assimilationistisch ausgerichtete Rhetoriken: Erstens spiegelt Florestans prosopoietischer Gesang der Vögel die assimilationistische Überzeugung, dass der Gesang und die Lautäußerungen der (Zug-)Vögel als sprachanaloge Struktur zu verstehen sind: Vögel kommunizieren miteinander, indem sie sich mithilfe selbsterzeugter Töne austauschen. Vorstellbar wird dadurch, dass Zugvögel vor dem Abflug zusammenkommen, um „sich über die Reise zu berathen":⁶³ „Durch eigne Tönen scheinen sie sich wechselseitig zur Abreise einzuladen, und im Durchfluge andre zur Theilnahme an der Reise zu ermuntern".⁶⁴ Auch die Annahme, dass einige Wandervögel ihre „Sprache"⁶⁵ – die seitens des Menschen transkribiert und semantisch ausbuchstabiert werden kann⁶⁶ – dazu nutzen, Stand- in Zugvögel zu verwandeln, indem sie diese „zum Mitziehen an-

---

62 Tieck: Sternbalds Wanderungen, S. 317. Das Lied setzt sich im Anschluss (u. a. auch prosopopoietisch) mit der Verschränkung von (Sprach-)Gewalt, Jagd und (menschlicher) Raubtierartigkeit auseinander; die genauen Ausführungen und die an diese Verse anschließenden Diskurse spare ich in diesem Beitrag aus.
63 „Vögel". In: Johann Georg Krünitz (Hg.): Ökonomisch-technologische Encyklopädie [...] Bd. 262. Berlin 1855, S. 404. Vgl. in diesem Sinne auch Vollständige Geisteskunde oder auf Erfahrung gestützte Darstellung der geistigen und moralischen Fähigkeiten und ihrer körperlichen Bedingungen. Freie Uebersezung der sechs Bände von Gall's Organologie. Nürnberg 1829, S. 305: „Vor der Abreise finden stets Zusammenkünfte statt, um sich zu berathen, welches man aus dem vielfachen und mannichfaltigen Geschrei hört, wo durch Vorschriften den Jungen ertheilt werden, die deren bedürfen." Gall ging davon aus, dass der Zug und das Routenwissen der Zugvögel von Generation zu Generation tradiert und die Art der Migration somit nicht per se angeboren ist, sondern vielmehr erlernt wird.
64 Conversations-Lexicon oder encyclopädisches Handwörterbuch für gebildete Stände. Bd. 7. Leipzig, Altenburg 1816, S. 121.
65 Bechstein: Naturgeschichte, S. 24.
66 Vgl. Bechstein: Naturgeschichte, S. 24: „So lockt z. B. der gemeine Finke auf seiner Wanderung, um sich immer gesellschaftlich beysammen zu erhalten, *Jack, Jack*!, in der Freude einzeln *Fink! Fink!* wenn er zornig ist hastig *Fink, Fink, Fink!* und aus Zärtlichkeit und Traurigkeit *Trief! Trief!*" Vgl. zur Transkription und Deutung der Sprache des Finken auch Gottfried Immanuel Wenzel: Neue auf Vernunft und Erfahrung gegründete Entdeckungen über die Sprache der Thiere. Wien 1800, S. 151.

locken",⁶⁷ erschien daher nicht abwegig. Das Zwitschern, Pfeifen, Singen, Krächzen, Stottern, Schnarren, das Florestan als Rede-Analogon („zu reden scheinen") ins Spiel bringt, ist gleichwohl eine innerliche Vogel-Welt, die keinen für den Menschen verständlichen sprachlichen Ausdruck („Sie wissen's wohl und sagen's nicht") besitzt: Die „Melodien" der Vögel bleiben dem Menschen als Formen des Anderssprachlichen ein Rätsel oder werden – anthropozentrisch perspektiviert – als ‚ungewichtig' mit dem Index der Belanglosigkeit ‚weggeredet'.

Zweitens, und daran anschließend, setzt Florestans Lied das Unwissen menschlicher Erkenntnis über das Erleben der Zugvögel und die Motive ihrer Migration in der Rede der Vögel performativ in Szene: „Holla! warum seid ihr auf der Reise?", fragt der menschliche Wanderer, „Das ist nun einmal unsre Weise", antworten die Vögel; auf die Frage „Warum bleibt ihr nicht zu jeglicher Stund'?" entgegnen die Vögel nonchalant: „Die Erd' ist allenthalben rund." Die Vögel lassen die Fragen des menschlichen Sängers ins Leere laufen: Über die Gründe ihrer migratorischen Lebensweise geben die Vögel dem fragenden Menschen auch anthropomorph-prosopopoietisch keine Auskunft. Das menschengemachte Lied kann über die Reisemotive der Vögel ebenso wenig sagen, wie die zeitgenössische Zoologie über die Migrationsmotivation der Tiere. *Sternbalds Wanderungen* reflektiert hier die Grenzen menschlichen Wissens über tierliches Erleben und Migrieren.

Drittens deutet das Lied Florestans aber auch eine doppelte Vergleichbarkeit zwischen Mensch und Vogel an: Einerseits sind – von einem nicht näher bestimmbaren Trieb geleitet – sowohl Florestan als auch die Vögel auf Wanderschaft, wobei weder der eine noch die anderen genau sagen kann/können, warum; andererseits nähern sich Vogel und Mensch nicht nur im Modus ihrer Mobilität, sondern auch in der Form ihres (Selbst-)Ausdrucks an: Florestans Gesang, der vom Gesang der Vögel und dem scheiternden Versuch der Interaktion zwischen Mensch und Vogel erzählt, präsentiert sich als lautliches Geflecht, das menschlich und tierlich produzierte Melodien zueinander in Bezug und versuchsweise miteinander ins Gespräch bringt. Dass es in Florestans Lied nicht zuletzt um Fragen geht, die künstlerische Formen und rhetorische Figuren betreffen und die Florestan mit der Rede der Vögel zur Disposition stellt, deutet Ludovikos vorgeschaltete Bitte an, Florestan solle ein Gedicht präsentieren, das streng genommen ohne Inhalt auskomme: „[W]arum soll eben Inhalt den Inhalt eines Gedichts ausmachen?"⁶⁸

---

67 Allgemeine deutsche Real-Encyclopädie, S. 404.
68 Tieck: Sternbalds Wanderungen, S. 316.

Mit diesen Eingeständnissen (Menschen migrieren wie Vögel und migrieren mit Vögeln; Vögel singen/sprechen wie Menschen; Menschen können über die Bedeutung tierlicher Wanderung und tierlichen Selbstausdrucks nichts Letztgültiges wissen), die gleichzeitig den (Mehr-)Wert der fiktionalen Rede erkennen lassen, in der die Grenzlinien menschlicher Erkenntnis, zoologischen Wissens und wissenschaftlicher Darstellung vorgeführt werden, setzt sich die romantische Fiktion über die Zugvögel deutlich von der ornithologischen Forschung ihrer Zeitgenossen ab. Denn sie gesteht die Beschränkung menschlichen Wissens nicht allein als eine vorläufige ein, sondern betont, dass jedes Reden und jedes Wissen über tierliches Erleben mithilfe sprachlicher Repräsentation immer nur eine Annäherung und immer nur ein – mal mehr, mal weniger stark ausgeprägt projizierendes – Konstrukt ist und als Form der Fiktion anerkannt werden muss: Die ironische Brechung (Brentano) und die prosopopoietische Rede (Tieck) sind die rhetorischen Mittel, um die literarische Erkenntnis über die menschlichen Erkenntnisgrenzen zu demonstrieren und gleichzeitig auf die Möglichkeiten nie abzuschließender Annäherungen an das Unerreichbare (hier: ein Wissen über tierliches Empfinden) mithilfe von Literatur und Kunst zu verweisen. Denn genau von diesen Räumen imaginativer Annäherung und den alternativ-kreativen Formen der Begegnung mit den wandernden Tieren rückte die assimilationistische Zoologie, zumindest in ihrer rhetorischen Emphase, immer wieder ab. So räumte beispielsweise Smellie ein, dass über die genauen inneren Dispositionen der Tiere vor, während und nach der Wanderung keine verlässlichen Angaben gemacht werden können und es deshalb darüber Stillschweigen zu bewahren gelte (ein Appell, den er selbst de facto nicht immer ernst nahm):[69]

> Welche besonderen Gefühle aber von den wirklichen Auswanderungen der verschiedenen Thiere vorhergehen, und welche Ursachen sie alle antreibt, in der Richtung fortzuziehen, die sie zuletzt zu den für ihre Bedürfnisse und ihre Konstitution schicklichsten Oertern führen, ist für uns ein Geheimniß, bey welchem es, wie bei jedem anderen Theile der Oekonomie der Natur, die Pflicht der Philosophen erfordert, mit ihren Untersuchungen nicht über die Gränzen der menschlichen Fähigkeit hinaus gehen zu wollen, sondern ein ehrfurchtsvolles Schweigen zu beobachten.[70]

---

**69** Vgl. Smellie: Philosophie der Naturgeschichte, S. 256, Hervorh. F. M.: „[D]er Zaunkönig, das Rotkehlchen und mehrere kleine Vögel- oder Sperlingsarten, versammeln sich in den Gärten oder bey den Wohnungen der Menschen. Ihre *Absicht* ist klar: sie wollen nehmlich Nahrung und Schutz suchen. Es giebt drey verschiedene Gegenstände [engl. „objectives"; F. M.] der Wanderungen: Nahrung, Temperatur der Luft, und bequeme Oerter zum Hecken."
**70** Smellie: Philosophie der Naturgeschichte, S. 256. Dieser Aufruf zum Stillschweigen war dann auch einer derjenigen Gründe, warum Smellies Überlegungen zum interspezifischen Wandern als unzureichend erachtet wurden.

Die Literatur der Romantik beleuchtet und betont diese Grenzen, verweist aber gleichzeitig auch auf das produktive Potenzial der Literatur und Kunst, menschliche und tierliche Migration mithilfe imaginativer und ästhetischer Verfahren zueinander in Relation zu setzen. Nicht zuletzt akzentuieren sie die Gemeinsamkeiten zwischen literarischer und zoologischer Annäherung an Formen interspezifischer Migration: Literatur und Zoologie arbeiten mit geteilten theoretischen Prämissen, vor allem aber auch mit den gleichen rhetorischen Figuren und Zuschreibungsmodellen.

## 3 Gemeinsam wandern, *Companion Migrations*

Aus der Perspektive eines diskursanalytischen Ansatzes erschöpft sich das sogenannte Zugvogelmotiv der Romantik nicht in der Metapher für menschliche Wanderschaft, Fernweh und dem Gemeinplatz einer romantischen Sehnsucht nach Aufbruch in südlich verortete, respektive heimatlich konnotierte Gebiete. Wenn Zugvögel am fiktionalen Himmel eines romantischen Textes erscheinen, stehen Fragen der Identität, der Anthropologischen Differenz und der Vergleichbarkeit von Menschen, Tieren und ihren oftmals räumlich und zeitlich (und u. U. motivational vergleichbaren) synchronen Wanderungen im literarischen Text-Raum. Der Gefährtenstatus der romantischen Zugvögel, der, wie gezeigt wurde, von der Ebene des literarischen Textes in die zeitgenössische Ornithologie und wieder zurückführt, kann durch die Linse dessen, was Donna Haraway als „companion species"[71] bezeichnet, noch einmal geschärft werden. Denn die Zugvögel der Romantik sind sowohl gewöhnliche Akteure, die in und außerhalb von Texten in wechselnden Formationen und über Generationen hinweg ihre Wanderungen vollziehen, im Herbst und Frühjahr u. a. über Jena, Berlin und Heidelberg ein spektakuläres Schauspiel vollführen und die gleichzeitig als Projektionsfiguren für menschliche Sehnsüchte und Identitätskonflikte durch die Lande reisen und dann als Figuren buchstäblich in die Text-Landschaften migrieren. Sie sind daher immer auch tierliche Figuren, in denen sich menschliche Referenzsysteme, Symbolbedeutungen und Zuschreibungen verdichten. Romantische Zugvögel sind „creatures of imagined possibility and creatures of fierce and ordinary reality".[72] Saisonal migrierende Vögel, ornitho-

---

**71** Donna J. Haraway: When Species Meet. Minneapolis/MN, London 2008, S. 10: „To knot companion and species together in encounter, in regard and respect, is to enter the world of becoming with, where *who and what are* is preciesly what is at stake." (Hervorhebungen im Original).
**72** Haraway: When Species Meet, S. 4.

logisch beschriebene *aves migratoriae* und romantische Text-Zugvögel sind Teil eines gemeinsamen Wirklichkeits-, Wissens- und Lebensraumes. Haraway betont, dass Figurationen keine bloßen Abbildungen darstellen, sondern als Knotenpunkte von Körpern und Bedeutungen, materiellen und semiotischen Ebenen zu betrachten sind.[73]

In romantischen Texten begegnen sich Vögel und Menschen oder werden zueinander metonymisch in Bezug gesetzt. Dabei markieren die Texte durch die ästhetischen Verfahren der Ironie, der Selbstreflexion und der rhetorischen Fürsprache-Konfigurationen nicht nur die eigenen Bedeutungskonstruktionen und Projektionen auf tierliche Wanderungen, sondern deuten auch an, dass die Zoologie und Naturgeschichtsschreibung ebenfalls mit spekulativen Fiktionen und Projektionen über tierliche Wanderungen und deren Ursachen arbeiten. Weil die Vögel nicht ausbuchstabieren, warum sie auf Reisen gehen, muss die Ornithologie Migrations- und Verhaltenstheorien entwickeln, die jenseits der Empirie operieren und in die Fiktion verweisen. Teil dieser Zugvogelfiktionen sind dabei die Begründungsaxiome ‚Trieb' und ‚Instinkt', die wiederum, z. B. in der Form der Anekdote,[74] narrativ ausgestaltet werden müssen, um argumentative Schubkraft und Plausibilitätseffekte entfalten zu können.

Sich auf die Wanderung mit Zugvögeln und wie Zugvögel zu begeben, birgt für die Romantik nicht zuletzt den Reiz, dass hier ganz explizit die finale Erkenntnis über die Motivationen und Abgründe anderer Lebewesen sowie die Unterscheidung zwischen Tier und Mensch, Natur und Kultur in der materiell-semiotischen Figuration der Zugvögel verunsichert wird. Gleichzeitig geben sie zu bedenken, welche Modellhaftigkeit das Leben der Zugvögel und die geteilten Fährten des Wanderns besitzen. Mit Zugvögeln, denen die Dialektik zwischen Fremde und Heimat, Fern- und Heimweh paradigmatisch eingeschrieben ist, artikuliert die Romantik zudem ein fluides, ‚migrantisches' Konzept von Heimat, das Mobilität und Häuslichkeit, die Reise ins Unbekannte und die Rückkehr ins Vertraute als interdependent und ko-konstitutiv betrachtet. Ein solches Verständnis von ‚Heimat' steht quer zu einem ebenfalls aus der (politischen) Romantik bekannten nationalistischen Heimatbegriff und einer politisierten Ab-

---

[73] „Figures are not representations or didactic illustrations, but rather material-semiotic nodes or knots in which diverse bodies and meanings coshape one another. For me, figures have always been where the biological and literatry or artistic come together with all of the force of lived reality. My body is such a figure, literally" (Haraway: When Species Meet, S. 4).
[74] Vgl. hier z. B. das obige Beispiel des Hamburger Storchen, der trotz gestutzter Flügel fliegt; siehe zum Stellenwert der Anekdote im Bereich der assimilationistischen Tiertheorie auch: Frederike Middelhoff: Literarische Autozoographien. Figurationen des autobiographischen Tiers im langen 19. Jahrhundert. Berlin 2020, S. 68–81.

wertung von ‚Zugvogel-Menschen'.⁷⁵ Angedeutet ist damit ein weitreichendes Anschlusspotenzial für aktuelle Diskussionen sowohl in den Animal Studies als auch in der Exil- und Migrationsforschung. Denn mit der Romantik und den romantischen Zugvögeln ließe sich beschreiben, dass es nicht nur menschliche, sondern auch nichtmenschliche Lebewesen ‚nach Hause' zieht, dass ‚Heimat' pluriregional oder gar räumlich entgrenzt definiert sein kann und dass mit Zugvögeln mobile Welten und bewegliche Identitäten artikulierbar werden.

## Literaturverzeichnis

Backes, Michael: Die Figuren der romantischen Vision. Victor Hugo als Paradigma. Tübingen 1994.
Balmes, Hans Jürgen (Hg.): Novalis. Werke, Tagebücher und Briefe Friedrich von Hardenbergs. Darmstadt 1987.
Bechstein, Johann Matthäus: Naturgeschichte der Vögel oder Anleitung zur Kenntnis und Wartung derjenigen Vögel, welche man in der Stube halten kann. Gotha 1795.
Borgards, Roland: Märchentiere. Ein ‚animal reading' der Kinder- und Hausmärchen der Brüder Grimm („Katze und Maus in Gesellschaft", „Der Hund und der Sperling", „Der Zaunkönig und der Bär"). In: Harlinda Lox und Sabine Lutkat (Hg.): Macht und Ohnmacht im Märchen. Forschungsbeiträge aus der Welt der Märchen. Königsfurt 2017, S. 49–71.
Bosse, Heinrich und Harald Neumeyer: ‚Da blüht der Sommer schön'. Musensohn und Wanderlied um 1800. Freiburg i. Br. 1995.
Brentano, Clemens: Godwi oder Das steinerne Bild der Mutter. Ein verwilderter Roman [1801/1802]. In: ders.: Sämtliche Werke und Briefe. Bd. 16, Prosa I, hg. von Walter Bellmann. Stuttgart, Berlin u. a. 1978.
Brockhaus, Friedrich Arnold: Allgemeine deutsche Real-Encyclopädie für die gebildeten Stände. (Conversations-Lexicon.). Bd. 10. Leipzig 1824 (6. Aufl.).

---

75 Vgl. u. a. L. Tiecks *William Lovell*, in dem von „eine[r] Schaar von Zugvögeln" (gemeint sind menschliche Individuen) berichtet wird, die „von der Freigebigkeit" anderer Personen zehren (Ludwig Tieck: William Lovell. Bd. 1. Berlin, Leipzig 1795, S. 287). Die Vorstellung von den Zugvögeln als fremden ‚Zaungästen', die sich an einer Gastfreiheit nicht nur erfreuen, sondern Hospitalität und fremden Reichtum ausnutzen, steht im Wechselverhältnis zu einem zeitgenössischen ornithologischen Wissen von der Umtriebigkeit und Lästigkeit der Zugvögel ‚in der Fremde'. Deutlich wird auch in diesem Zusammenhang die Ambivalenz der Romantik in ihrer (bild-)sprachlichen Inanspruchnahme der Zugvögel. Die Unliebsamkeit migrierender Gäste, die sich ‚räuberisch' an fremden Gütern bereichern, um dann wieder fortzuziehen, wurde um 1800 mit und ausgehend von Zugvogelbeobachtungen virulent. Gleichermaßen deutlich wird die Abwertung einer als ‚vagabundisierend' gedachten Existenz im Kontrast zur (positiv deklarierten) Sesshaftigkeit – auch hier wären L. Tiecks Erzähltexte relevante Beispiele, auf die ich im Kontext und aufgrund der Umfangsbegrenzung dieses Beitrags leider nicht eingehen kann.

Bunia, Remigius: Konstruktivismus. In: Metzler Lexikon Literatur. Begriffe und Definitionen, hg. von Dieter Burdorf, Christoph Fassbender und Burkhard Moennighoff. Stuttgart, Weimar 2010 (3. Aufl.), S. 397–398.

Bunke, Simon: Heimweh: Studien zur Kultur- und Literaturgeschichte einer tödlichen Krankheit. Freiburg i. Br. 2009.

Chansigaud, Valérie: The History of Ornithology. London, Cape Town, Sydney, Auckland 2009.

Conversations-Lexicon oder encyclopädisches Handwörterbuch für gebildete Stände. Bd. 7. Leipzig, Altenburg 1816.

Conversations-Lexicon oder encyclopädisches Wörterbuch für gebildete Stände. Bd. 10. Stuttgart 1819.

Eichendorff, Joseph von: Aus dem Leben eines Taugenichts [1826]. In: ders.: Werke in einem Band, hg. von Wolfdietrich Rasch. München 2007, S. 747–832.

Faber, Frederik: Über das Leben der hochnordischen Vögel. Leipzig 1826.

Farber, Paul Lawrence: The Emergence of Ornithology as a Scientific Discipline. Dordrecht, Boston u. a., 1982.

Fuchs, Michael Gottlieb: Was leitet die Zugvögel bei ihren Wanderungen? Königsberg 1801.

Haraway, Donna J.: When Species Meet. Minneapolis/MN, London 2008.

Hauff, Hermann: Skizzen aus dem Leben und der Natur. Bd. 1. Stuttgart, Tübingen 1840.

Herder, Johann Gottfried: Ideen zur Philosophie der Geschichte der Menschheit. Bd. 1. Leipzig, Riga 1784.

Hölderlin, Friedrich: Hyperion oder Der Eremit in Griechenland [1797], hg. von Michael Knaupp. Stuttgart 2013.

Honold, Alexander: Hölderlins Kalender. Astronomie und Revolution um 1800. Berlin 2005.

Howe, Jan Niklas und Kai Wiegandt (Hg.): Trieb. Poetiken und Politiken einer modernen Letztbegründung. Berlin 2014.

Karl, Sabine: „Unendliche Frühlingssehnsucht". Die Jahreszeiten in Eichendorffs Werk. Paderborn, München [u. a.] 1996.

Kinzelbach, Ragnar K.: Das Buch vom Pfeilstorch. Marburg 2005.

Klügel, Georg Simon: Encyclopädie, oder zusammenhängender Vortrag der gemeinnützigsten, insbesondere aus der Betrachtung der Natur und der Menschen gesammelten Kenntnisse. Bd. 1. Berlin 1792 (2. Aufl.).

Krüger, Johann Friedrich: Geschichte der Urwelt. In Umrissen entworfen. Bd. 2. Quedlinburg, Leipzig 1823.

Krünitz, Johann Georg (Hg.): Ökonomisch-technologische Encyklopädie, oder allgemeines System der Staats- Stadt- Haus- und Landwirthschaft und der Kunstgeschichte. Bd. 262. Berlin 1855.

Leclerc de Buffon, Georges-Louis: Herrn von Buffons Naturgeschichte der Vögel. Erste Sammlung von 36 Abbildungen der Vögel, deren Nachlieferung versprochen worden. Berlin 1801.

McHugh, Susan: Animal Farm's Lesson for (Literary) Animal Studies. In: Humanimalia 1 (2009), 1, S. 24–39.

Menke, Bettine: Prosopopoiia. Stimme und Text bei Brentano, Hoffmann, Kleist und Kafka. München 2000.

Middelhoff, Frederike: Literarische Autozoographien. Figurationen des autobiographischen Tiers im langen 19. Jahrhundert. Berlin 2020.

Mottel, Helmut: ‚Apoll envers terre'. Hölderlins mythopoetische Weltentwürfe. Würzburg 1998.

Müller, Johannes: Tierleben und globale Geographie. Vogelzüge in der deutschsprachigen Publizistik des 17. Jahrhunderts. In: Tierstudien 19 (2021): Tiere und Migration, hg. von Jessica Ullrich und Frederike Middelhoff, S. 31–40.
Naumann, Johann Andreas: Naturgeschichte der Vögel Deutschlands nach eigenen Erfahrungen entworfen. Bd. 1. Leipzig 1820.
Novalis: Heinrich von Ofterdingen [1802]. In: ders: Schriften, hg. von Paul Kluckhohn und Richard Samuel unter der Mitarbeit von Heinz Ritter und Gerhard Schulz. Stuttgart 1960.
Oken, Lorenz: Abriß des Systems der Biologie. Göttingen 1805.
Oken, Lorenz: Allgemeine Naturgeschichte für alle Stände. Bd. 7.1. Stuttgart 1837.
Oken, Lorenz: Uebersicht des Grundrisses des Sistems der Naturfilosofie und der damit entstehenden Theorie der Sinne [1802]. In: ders.: Gesammelte Werke in vier Bänden, hg. von Thomas Bach, Olaf Breidbach und Dietrich von Engelhardt. Weimar 2007, S. 5–14.
Reimarus, Hermann Samuel: Angefangene Betrachtungen über die besondern Arten der thierischen Kunsttriebe. Aus seiner hinterlassenen Handschrift herausgegeben, mit einigen Anmerkungen und einem Anhang von der Natur der Pflanzenthiere begleitet durch Joh. Albert Hinrich Reimarus. Hamburg 1773.
Reinhold, Gottfried: Biologie, oder Philosophie der lebenden Natur für Naturforscher und Ärzte. Bd. 2. Göttingen 1803.
Ritter, Carl: Die Erdkunde von Asien. Bd. 6. Berlin 1836.
Schelling, Friedrich Wilhelm Joseph: Stuttgarter Privatvorlesungen [1810], hg. von Vicki Müller-Lüneschloss. Hamburg 2016.
Schleiermacher, Friedrich Daniel Ernst: Ueber die Auswanderungsverbote [1817]. In: ders.: Sämtliche Werke III, Bd. 2. Berlin 1838.
Smellie, William: Philosophie der Naturgeschichte. Aus dem Englischen übersetzt und mit Erläuterungen versehen von E. A. W. Zimmermann. 2 Bde. Berlin 1791, 1799.
Schubert, Gotthilf Heinrich von: Spiegel der Natur. Ein Lesebuch zur Belehrung und Unterhaltung. Erlangen 1845.
Tieck, Ludwig: Franz Sternbalds Wanderungen [1798]. Studienausgabe, hg. von Alfred Anger. Stuttgart 1988.
Tieck, Ludwig: William Lovell. Bd. 1. Berlin, Leipzig 1795.
Tiedemann, Friedrich: Anatomie und Naturgeschichte der Vögel. Bd. 2. Heidelberg 1814.
Vollständige Geisteskunde oder auf Erfahrung gestützte Darstellung der geistigen und moralischen Fähigkeiten und ihrer körperlichen Bedingungen. Freie Uebersezung der sechs Bände von Gall's Organologie. Nürnberg 1829.
Wild, Markus: Anthropologische Differenz. Der Geist der Tiere in der frühen Neuzeit bei Montaigne, Descartes und Hume. Berlin, New York 2006.
Wild, Markus: Anthropologische Differenz. In: Roland Borgards (Hg.): Tiere. Kulturwissenschaftliches Handbuch. Stuttgart 2016, S. 47–60.

Sanna Schulte
# Vom Schreiben als Fliegen und vom Flüchten mit Flügeln

Über „Vögel mit Wurzeln" in der Exilliteratur

## 1 Literarische Vögel

„Meine Worte sind Vögel / mit Wurzeln",[1] schreibt Hilde Domin und verdichtet damit ihr Schreiben als Ort, an dem sich scheinbar Widersprüchliches trifft. Das Schreiben wird zum Begegnungsraum zweier Orte, Luftraum und Erdreich,[2] und übertragen auf die Exilsituation: einem fernen Land im Kopf und einem anderen, nahen unter den Füßen. Wenn Worte Vögel mit Wurzeln sind, ist diese Distanz des Exils dem Schreiben mitgegeben. Da sind die existenzielle Angst und emotionale Zerrissenheit genauso denkbar wie der Spagat zwischen den Sprachen, Kulturen und politischen Rahmenbedingungen.

Das Motiv des Vogels ist – nicht nur bei Hilde Domin – eng verknüpft mit dem Schreiben einerseits und mit dem Exil andererseits. Der Vergleich von Schriftsteller*innen mit Vögeln hat eine lange Tradition und ist von diesen selbst praktiziert, ihnen aber auch von außen zugeschrieben worden. Abseits der Selbstzuschreibung diffamiert beispielsweise die in Österreich immer noch nicht aus der Mode gekommene Beschimpfung als Nestbeschmutzer*in Schreibende als (schräge) Vögel und Aasgeier, die sich gierig am verwesenden Österreich laben.[3]

---

[1] Hilde Domin: Vögel mit Wurzeln. In: dies.: Sämtliche Gedichte, hg. von Nikola Herweg und Melanie Reinold. Frankfurt a. M. 2009, S. 132.
[2] Neben Luftraum und Erdreich treffen sich in der Formulierung auch Pflanze und Tier. Zur Metapher der Wurzeln im Kontext von Vertreibung und Exil: Sanna Schulte: „entwurzelt & umgetopft". Das literarische Potential der Mehrsprachigkeit bei Julya Rabinowich. In: Studia Germanica Posnaniensia 40 (2019), S. 149–161. Anne Benteler weist darauf hin, dass „man die sprachbildlich erzeugte Spannung zwischen Reichweite und Verwurzelung von Sprache auch als Verhandlung von Mutter- und Fremdsprachen lesen" kann. Anne Benteler: Sprache im Exil. Mehrsprachigkeit und Übersetzung als literarische Verfahren bei Hilde Domin, Mascha Kaléko und Werner Lansburgh. Berlin 2019, S. 220. Vgl. hier auch: exilograph 25 (Herbst 2016): Wurzel- & Pflanzenmetaphern in der Exilliteratur, https://www.exilforschung.uni-hamburg.de/forschung/publikationen/exilograph/pdf/exilograph25.pdf (Zugriff: 10.5.2021).
[3] Vgl. Sanna Schulte: Nestbeschmutzung als Konstituierung einer Gedächtnistheorie. In: dies. (Hg.): Erschriebene Erinnerung. Die Mehrdimensionalität literarischer Inszenierung. Köln, Weimar, Wien 2015, S. 287–306.

Der Vogel hat ein großes Identifikationspotenzial – und sowohl Vogelflug als auch Vogelgesang wurden oft als Bilder für den Schreibprozess verwendet; zu finden ist es von der Antike bis ins Mittelalter und in der neueren deutschsprachigen Literatur etwa bei Hugo von Hofmannsthal, Heinrich Böll, Brigitte Kronauer, Marcel Beyer, Antje Rávic Strubel, Jan Wagner oder Silke Scheuermann. Von Papageien, Flamingos und Schwänen kann man bei Rilke lesen.[4] Heinrich Böll orientiert sich am Aberglauben und entwirft in seinem Roman *Fürsorgliche Belagerung*, der ursprünglich *Vogelflug* heißen sollte, die Eule als Bedrohung, deren Schrei vom Tod kündet.[5] In der Tradition der unheimlichen Vögel von Alfred Hitchcocks Film *Die Vögel* stehen auch die Gedichte von Silke Scheuermann, in deren Gedichtband *Der Tag, an dem die Möwen zweistimmig sangen* ebenso wie in dem Zyklus *Vogelflüge* die Vögel schon im Titel an prominente Stelle treten. Unheimliche „Vogel-Dämonen", die als gespenstisch-geisterhafte Nachtwesen beschrieben werden, wobei auch der Verweis auf Hitchcock nicht fehlt, lassen bei Scheuermann jegliche Sicherheiten, an die sich die Menschen klammern, verschwinden.[6] Ganz anders bei Antje Rávic Strubel, deren Protagonistin in *Sturz der Tage in die Nacht* Vogelforscherin ist, die sich mit den Tieren identifiziert, bis ihr Schicksal von dem der Tiere nicht mehr zu trennen ist.[7] Auch auf poetologischer Ebene entsteht eine Identifikation beispielsweise bei Ingeborg Bachmann, wenn in ihrem Gedicht *Mein Vogel* die Federn der Eule, die als Gefährtin angesehen werden kann, zur einzigen Waffe der Dichterin werden.[8] Angesichts der Vielfalt des Vogelvorkommens in der Literatur spricht Teresa Präauer von „poetischer Ornithologie", der ein Lehrstuhl zu widmen wäre, und ruft dazu auf, das Flugwesen in der Literatur zu sammeln, zu entdecken und mit „offenen Augen, Ohren und Schnäbel[n]" weiterzuschreiben.[9]

---

4 Vgl. Rainer Maria Rilke: Der Schwan. In: ders.: Neue Gedichte. Leipzig 1907, S. 44; Rainer Maria Rilke: Die Flamingos. In: ders.: Neue Gedichte, S. 103; Rainer Maria Rilke: Papageien-Park. In: ders.: Neue Gedichte, S. 137.
5 Vgl. Beate Schnepp: Vogelflug – Vertreibungen – Fürsorgliche Belagerungen. Studien zu Heinrich Bölls Roman *Fürsorgliche Belagerung*. Trier 1997, hier das Kapitel „Entwurf und Vertiefung des Leitmotiv-Komplexes: Vogelflug – Holzente – Eule", S. 170–178.
6 Vgl. Vera Viehöver: Invasion der Dämonen. Silke Scheuermanns Gedichtzyklus *Vogelflüge*. Liège 2014, S. 3, http://www.rosenfisch.de/download/Viehoever_Scheuermann.pdf (Zugriff: 21.3.2021).
7 Vgl. Antje Rávic Strubel: Sturz der Tage in die Nacht. Roman. Frankfurt a. M. 2011.
8 Vgl. Ingeborg Bachmann: Mein Vogel. In: dies.: Werke. Bd. I: Gedichte, Hörspiele, Libretti, Übersetzungen, hg. von Christine Koschel, Inge von Weidenbaum und Clemens Münster. München 1978, S. 96–97.
9 Teresa Präauer: Vorwort. In: dies. (Hg.): Poetische Ornithologie. Zum Flugwesen in der Literatur. Berlin 2017, S. 7–9, hier S. 9. Die Präsenz des Vogel-Motivs besonders in der neueren

Bei Jean Paul beispielsweise wird der Vogel zum Ausgangspunkt poetologischer Reflexionen, da er mit diesem Tier die Möglichkeit zu einem krassen Perspektivwechsel verbindet, die kennzeichnend ist für seine Idee von Ironie:

> Ich konnte nie mehr als drei Wege, glücklicher (nicht glücklich) zu werden, auskundschaften. Der erste, der in die Höhe geht, ist: so weit über das Gewölke des Lebens hinauszudringen, daß man die ganze äußere Welt mit ihren Wolfsgruben, Beinhäusern und Gewitterableitern von weitem unter seinen Füßen nur wie ein eingeschrumpftes Kindergärtchen liegen sieht. – Der zweite ist: – gerade herabzufallen ins Gärtchen und da sich so einheimisch in eine Furche einzunisten, daß, wenn man aus seinem warmen Lerchennest heraussieht, man ebenfalls keine Wolfsgruben, Beinhäuser und Stangen, sondern nur Ähren erblickt, deren jede für den Nestvogel ein Baum und ein Sonnen- und Regenschirm ist. – Der dritte endlich – den ich für den schwersten und klügsten halte – ist der, mit den beiden andern zu wechseln.[10]

Das Zitat offenbart die Bandbreite der Assoziationen, die mit dem Vogel verknüpft sind. Sein metaphorischer Spielraum reicht von Beschaulichkeit und Nestwärme bis hin zur Überheblichkeit und Übersicht des Raubvogels in höchsten Höhen. Jean Pauls Vogel verbindet sehr große Ferne und sehr große Nähe, Gefahr und Geborgenheit. Ihm gelingt ein Changieren und Oszillieren, das auch Hilde Domins „Vögel mit Wurzeln" ausdrücken.

Dieser Beitrag macht es sich zur Aufgabe, dieses Phänomen, dass der Vogel und seine Eigenarten als Metapher für Schriftsteller*innen und ihre Tätigkeiten fungieren, in Hinsicht auf die Exilliteratur zu betrachten. Der Vogel – ob Möwe, Taube, Flamingo, Papagei oder Fasan – findet mit seinen unterschiedlichen Symbolgehalten häufig im Kontext des Exils Verwendung und gibt Aufschluss über das Verhältnis von Fluchterfahrung und Schreibarbeit. Es zeigt sich, dass die Vogelbilder und -vergleiche ebenso wie die Metapher des Vogelflugs für den Schreibprozess in diesem Kontext ‚kontaminiert' sind von den lebensweltlichen Beeinträchtigungen, Ängsten und Hoffnungen, die an die Flucht geknüpft sind.

Im Folgenden werden hier drei verschiedene Varianten des Vogels und seines metaphorischen Gehalts in der Exilliteratur vorgestellt. Dabei sollen die positiven Assoziationsräume wie Freiheit und Fliegen als menschlicher Wunsch wie ästhetisches Ziel, aber auch die negativen, mit dem Vogel in diesem Kontext verknüpften Assoziationen, etwa der Verlust von Nestwärme durch die Flucht oder Schreibblockaden, die auch mit dem Verlassen des eigenen Sprachraumes zusammenhängen, ausgelotet werden.

---

Literatur und Gegenwartsliteratur reflektiert 2021 eine Tagung an der Universität Münster mit dem Titel „Vögel aus Federn: Verschriftlichungen des Vogels seit 1800".
**10** Jean Paul: Leben des vergnügten Schulmeisterlein Maria Wutz in Auenthal. Eine Art Idylle [1793]. Mit Anmerkungen und einem Nachwort von Jörg Drews. Stuttgart 2007, S. 10.

Zunächst soll mit Alice Penkalas kurzem Prosatext *Die Schwalbe* ein praktisch unbekannter Text vorgestellt werden. Der titelgebende Zugvogel ist eine charakteristische Metapher für die Situation der Vertriebenen, die das Exil als zeitweilige Zwischenstation wahrnehmen, die es zu überdauern gilt, um in die Heimat zurückzukehren. Der Blick auf zwei weitere Texte wird die Analyse von Penkalas *Die Schwalbe* ergänzen: Elisabeth Freundlichs *Der Seelenvogel* ist wie *Die Schwalbe* am Endes des Zweiten Weltkriegs zu verorten, kontrastiert allerdings mit diesem Text, indem er eine Perspektive entwickelt, die über das Exil hinausweist und die Aufgabe von Literatur nach 1945 neu bestimmt. Um die Präsenz des Vogels in der Exilliteratur zu unterstreichen, wird die Zusammenschau dieser beiden Texte ergänzt durch einen deutlich jüngeren Text, in dem sich die Perspektive umkehrt und Deutschland zum rettenden Ziel der Flucht aus Rumänien wird: Herta Müllers Erzählung *Der Mensch ist ein großer Fasan auf der Welt*.

## 2 Alice Penkalas Schwalbe

Alice Penkala wurde 1902 als Rosa Alice Krausz in Wien in einer bürgerlichen jüdischen Familie geboren. Sie begann früh zu schreiben. Unter meist männlichen Pseudonymen veröffentlichte sie Kurzgeschichten und Glossen in Wiener Zeitschriften und Zeitungen. Die ausgebildete Juristin spezialisierte sich auf sozialkritische Prozessberichterstattung und publizierte in den 1930er Jahren in Wiener und Berliner Tageszeitungen.[11]

Im März 1938 hörte sie – so formulierte sie es selbst in ihrem autobiografischen Roman *Anna und die Windmühlen* – „die Menge jubeln. Sie sah die Fackelzüge und die Hakenkreuzfahnen, und sie wusste, dass sie nicht länger bleiben konnte. [...] Wohin? Egal. Nur fort von hier."[12] Die Ausreise wurde zur Irrfahrt. Mit ihrem ersten Ehemann Richard Charas verließ sie am 28. April 1939 Hamburg mit dem Ziel Paraguay. In mehreren südafrikanischen Häfen wurden sie abgewiesen und waren gezwungen, den Rückweg anzutreten. Die Journalistin machte über Zeitungsartikel auf die Situation der Flüchtlinge an Bord aufmerksam, und durch die Unterstützung einer jüdischen Hilfsorganisation landeten sie in Tanger. Dort sorgte Alice Charas (wie so viele Frauen) für den Le-

---

11 Vgl. Heimo Halbrainer: Alice Penkala. Eine Wiener Journalistin in Tanger. In: Margit Franz und Heimo Halbrainer (Hg.): Going East – Going South. Österreichisches Exil in Asien und Afrika. Graz 2014, S. 121–130, hier S. 121.
12 Anneliese Meinert [d. i. Alice Penkala]: Anna und die Windmühlen. Schicksal in wirrer Zeit. Darmstadt 1967, S. 358–359.

bensunterhalt des Paares im Exil. Sie eröffnete ein Kaffeehaus, sie leitete ein Übersetzungsbüro, aber erfolgreich wurde sie als Kartenlegerin. Gleichzeitig verarbeitete sie den Überlebenskampf und die Erfahrungen im afrikanischen Exil in zahlreichen, meist unpubliziert gebliebenen Texten.[13] Nach dem Tod ihres Mannes 1941 heiratete sie 1943 den staatenlos gewordenen Polen Stany Penkala. Mit ihm ging sie 1946 nach Frankreich. Nach Wien wollte sie nicht zurückkehren. Ihr Vater war verstorben, ihre Mutter in Theresienstadt ermordet worden. Wien machte ihr Angst: „Ich werde in kein Kaffeehaus gehen können, ohne die Tafel ‚Juden ist der Eintritt verboten' zu suchen und an jeder Straßenecke wird eine Erinnerung sein, die weh tut."[14]

Alice Penkala nahm nach Kriegsende Kontakt mit Verlagen und Agenturen auf. Unter anderem wollte sie die kurze Geschichte *Die Schwalbe* veröffentlichen. Diese handelt von einem Vater, der im bereits sieben Jahre während Exil in Nordafrika eine Schwalbe rettet, die nicht mehr fliegen kann. Er versucht sie zu ernähren und am Leben zu erhalten, weil sie ihn an seinen Heimatort Wien erinnert, wo es üblich war, in Not geratenen Schwalben zu helfen. Seinen Sohn irritiert dieses Verhalten, das er aus dem Exilland nicht kennt, weshalb der Wunsch der Rückkehr nach Wien im Vater noch vergrößert wird. Er möchte seinem Sohn die „unendlichen Schätze, die diese Stadt so verschwenderisch über ihre Jugend giesst"[15] nicht vorenthalten und knüpft die Möglichkeit der Rückkehr an das Überleben der Schwalbe, diese allerdings stirbt am Ende der Geschichte.

Alice Penkala schickte dem Verleger und Buchhändler Martin Flinker am 16. Juli 1945 die Geschichte *Die Schwalbe*, die unter dem Titel *Fliegen fuer den kranken Vogel* im April 1946 auf Vermittlung des Agenten Joseph Kalmar in der Exilzeitschrift *Zeitspiegel* in London erschien.[16] Im Nachlass Alice Penkalas im Literaturhaus Wien finden sich drei Fassungen des Textes. Neben dem Abdruck im *Zeitspiegel* ist dort auch der Briefwechsel mit Martin Flinker samt maschinengeschriebenem Text als Beigabe sowie eine dritte Variante des Textes als Vorlage für eine Übersetzung ins Französische, ebenfalls mit der Schreibmaschine geschrieben, einzusehen. Die drei Varianten unterscheiden sich minimal, aber doch in nicht unerheblichen Details voneinander.

---

13 Vgl. Alice Penkala: Schokolade für das Afrika-Corps. Kommentiert und mit einer Einleitung von Nadine Dobler, hg. von Heimo Halbrainer, Ursula Seeber und Veronika Zwerger. Graz 2016.
14 Alice Penkala in einem Brief an Ernst Popovici vom 17. September 1946. Literaturhaus Wien / Österreichische Exilbibliothek, NL Alice Penkala: N1.EB-41/III. 2.3.1.
15 Sebastian [d. i. Alice Penkala]: Fliegen fuer den kranken Vogel. In: Zeitspiegel 8 (20.4.1946), 16/17, S. 12.
16 Sebastian: Fliegen.

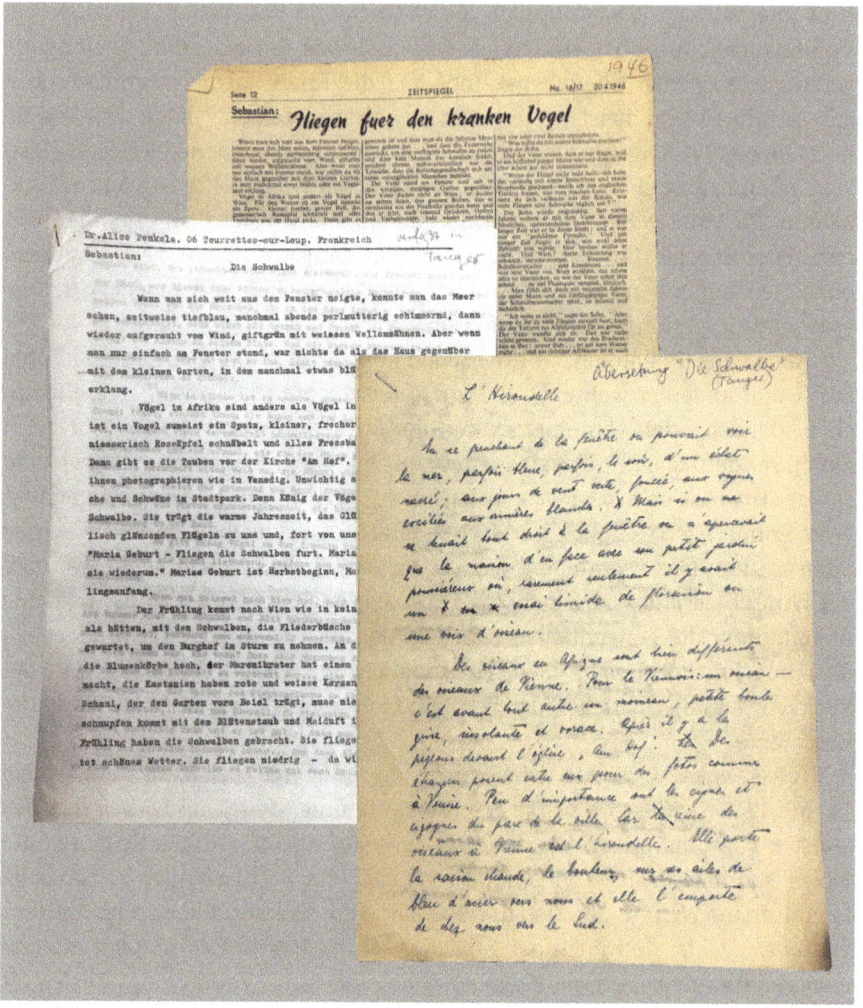

**Abb. 1:** Alice Penkala: *Die Schwalbe*, Tyoposkript, Tanger, 1940er Jahre; *L'Hirondelle*, französische Übersetzung, Handschrift, 1940er Jahre; Abdruck als *Fliegen fuer den kranken Vogel*, in: Zeitspiegel, London, 20. April 1946.

Zweifellos handelt es sich bei der Druckfassung um eine überarbeitete Version der dem Brief an Flinker beigelegten Fassung. Im Vergleich mit den beiden maschinengeschriebenen Varianten, die beide den Titel *Die Schwalbe* tragen, wurde die Druckfassung mit dem Titel *Fliegen fuer den kranken Vogel* gestrafft: „Und dann war die kleine Schwalbe tot." Diesem entscheidenden Satz der Geschichte fehlt beispielsweise die Ergänzung: „Kalt. Ohne Herzschlag." Die

Druckfassung ist um weitere Adjektive gekürzt: „Ich habe Heimweh", möchte der Vater zu seinem Sohn sagen, zuvor war es „schreckliches Heimweh". Andere kleine Veränderungen im Text sind gravierender. Spannend ist zum Beispiel das Verhältnis von Hier und Da in der Gegenüberstellung von Wien und Tanger. Während die Typoskripte Afrika als „Da" lokalisieren, heißt es in der Druckfassung – der Erzählperspektive des Vaters entsprechend – „Hier".[17]

Eine einschneidende Kürzung in der Druckfassung besteht in der Streichung eines Satzes, der die Gefühle des Vaters bei der Rettung des Vogels und seine ihm bis zum Tod der Schwalbe erhalten gebliebene „Liebesfähigkeit" und Zärtlichkeit gegenüber dem Tier erklären. In diesem eigentlich zentralen Satz wird das Exil als (vorläufiger) Tod charakterisiert, der nur durch die Rückkehr nach Wien aufgehoben werden kann:

> Man haelt eine Fliege hin. Man laesst einen Wassertropfen vom Finger in einen weit geoeffneten Schnabel gleiten. Man streichelt behutsam ueber ein warmes, stahlblaues Federkleid. Und man spuert: [dass man noch nicht gestorben ist.] Dass man morgen nachhause fahren und in Wien wieder zuhause sein kann.[18]

Der Vater beweist durch die Rettung des Vogels sein Mensch-Sein und versichert sich seiner Zugehörigkeit nach Wien. Seine Identifikation mit dem Tier beruht auf der Idee des Exils als Zwischenstation, die es zu überdauern gilt, um nach Hause zurückzukehren. Wie dem Zugvogel geht es ihm darum, zu überwintern, doch steht für den menschlichen Migranten eine Rückkehr im Sommer nach Wien in Frage. Einfache Dichotomien von Sommer und Winter, von Gut und Böse, von Heimatland und Exilland stehen auf dem Prüfstand.

Die kleine Erzählung von der Schwalbe beginnt mit einer Perspektivverschiebung am Fenster, die mit der Jean Pauls vergleichbar ist. Ein kleiner Garten wird mit dem Blick auf das weite Meer kontrastiert. Nähe und Ferne wechseln einander ab, wenn man am Fenster steht oder sich weit zum Fenster hinauslehnt:

> Wenn man sich weit aus dem Fenster beugte, konnte man das Meer sehen, zeitweise tiefblau, manchmal abends perlmutterig schimmernd; dann wieder, aufgerauht vom Wind, giftgrün mit weissen Wellenmähnen. Aber wenn man nur einfach am Fenster stand, war

---

[17] Zu bedenken ist bei dieser Verschiebung, dass sie nur im Sprachgebrauch der deutschen Standard-Variante eindeutig diametrale Positionen benennt. Im österreichischen Deutsch ist die Gegenüberstellung von Hier und Da in einer gleichsetzenden Verwendung der Wörter aufgehoben. Eintrag „da". In: Bundesministerium für Unterricht, Kunst und Kultur (Hg.): Österreichisches Wörterbuch. Wien 2012 (42. Aufl.), S. 154.
[18] Die in der Druckfassung gestrichene Passage ist hier in eckige Klammern gesetzt.

nichts da als das Haus gegenüber mit dem kleinen Garten, in dem manchmal etwas blühte oder ein Vogellaut erklang.[19]

Der Text macht aus der Schwalbe den „König der Vögel von Wien".[20] Die Szene, in der sich das Heimweh des Protagonisten abbildet, ist durchaus problematisch: Der sprichwörtlichen Tierliebe der Wiener wird stereotyp der brutale und sadistische Umgang der Araber mit den Tieren, die für sie höchstens „gefiederte Nahrung"[21] sind, gegenübergestellt. Der nostalgische Blick zurück in die Heimat wird allerdings durchkreuzt von der Einsicht, dass das erzwungene Exil ein Entrinnen aus Lebensgefahr war. Als Subtext wird deutlich: Das Wien, das die Schwalben liebt, hasst die Menschen, die dadurch selbst quasi zu Zugvögeln werden müssen. Der Vergleich der Tiere mit den Menschen und die Bilder von Migration und Wunschtopografie durchziehen den Text:

> Hier, in Afrika, ist es anders. Araberbuben fangen kleine fremde Vögel, stechen ihnen die Augen aus und lachen, wenn sie die armen, hilflosen Tiere verzweifelt herumflattern sehen. Man sitzt auf einer Kaffeehausterrasse und auf einmal, wie aus dem Boden gewachsen, steht ein grässliches, hexenhaft altes Weib da, eine [sic] Bündel winziger toter Vögel in der Hand, und bietet das grinsend zum Kauf.[22]

Nach der Gegenüberstellung der zwei Lebenswelten – die eine nostalgisch verklärt, die andere märchenhaft grausam – wird die Geschichte der Schwalbe erzählt. Der Vater rettet das offenbar verletzte Tier vor dem Sadismus der Kinder und den Kochtöpfen der Frauen und versucht, es durch Fütterung mit Wasser und Fliegen am Leben zu halten. Der Sohn, der sich im Exilland offenbar schon gut integriert hat und damit dem Vater fremd geworden ist, versteht diese Sentimentalität nicht. Der Vater dagegen braucht die Zärtlichkeit für den verletzten Vogel, um sich seiner Menschlichkeit zu vergewissern und um die Hoffnung zu spüren, „dass man morgen nachhause fahren und in Wien wieder zuhause sein kann". Die Sehnsucht gilt jedoch in erster Linie nicht einem realen Ort, sondern einem Wunschbild. Sie gilt einem Wien, das der Vergangenheit angehört, dem Wien, „das gewesen ist, ehe die braune Flut von Schmutz und Blut darüber geströmt ist."[23]

Am Ende ist die Schwalbe tot, und damit endet die Hoffnung auf Rückkehr. Der Zugvogel als Symbol der Migration wird zum Indikator menschlicher Existenz im Exil. Alice Penkala zeigt, dass unter den Bedingungen von Vertreibung

---

19 Sebastian: Fliegen.
20 Sebastian: Fliegen.
21 Sebastian: Fliegen.
22 Sebastian: Fliegen.
23 Sebastian: Fliegen.

und Flucht scheinbar eindeutige Zuordnungen – Heimat und Fremde, hier und dort – relativ werden. Einerseits gibt es die Identifikation mit dem Tier, der Mensch begreift sich selbst als Zugvogel. Andererseits schließen sich die Existenzen aus: Der Vogel stirbt, wo der Mensch leben darf – und umgekehrt.

## 3 Elisabeth Freundlichs Seelenvogel

Es lohnt sich, den Blick auf einen anderen Vogel-Text einer Exil-Schriftstellerin zu werfen, um zu zeigen, wie zur gleichen Zeit – der Zweite Weltkrieg ist gerade zu Ende – eine Autorin, die ebenfalls zu Beginn des Jahrhunderts geboren wurde und vor den Nazis aus Wien ins Exil geflohen ist, das Motiv des Vogels nutzt: Ihm kommt die Funktion zu, die Historizität der Situation nach dem Zweiten Weltkrieg bewusst zu machen, d. h. die Tragweite der Judenvernichtung für die eigene und gesellschaftliche Gegenwart und Zukunft nicht zu verkennen und damit die Aufgabe der Literatur zu diesem Moment neu zu verhandeln.

Elisabeth Freundlich wurde 1906 in Wien geboren und wuchs in einer sozialdemokratischen jüdischen Familie auf. Mit ihren Eltern emigrierte sie unmittelbar nach dem ,Anschluss' Österreichs nach Paris und von dort über Port-Bou[24] und Lissabon nach New York. 1950 kehrte sie mit ihrem Mann Günther Anders, den sie fünf Jahre zuvor geheiratet hatte, nach Wien zurück, in der Tasche ein Manuskript, das sie zwischen 1945 und 1948 geschrieben hatte: *Der Seelenvogel*.[25] Es handelt sich dabei – für die Exilliteratur nicht untypisch – um einen historischen Roman, der vor allem die Zwischenkriegszeit beleuchtet und durch chronologisches wie allwissendes Erzählen die Illusion eines Gangs durch die „Tiefe der Zeiten" erzeugt.[26] Dabei ist bemerkenswert, dass der Roman dennoch offenlegt, „wie das Wissen um die Judenverfolgung im Nationalsozialismus die Erinnerungen motiviert und organisiert":[27]

---

[24] In ihren Erinnerungen beschreibt Elisabeth Freundlich den beschwerlichen Weg ins Exil, der sie genau zu dem Zeitpunkt nach Port-Bou führt, an dem sich Walter Benjamin dort aufgrund der drohenden Auslieferung an die Nazis selbst tötete. Elisabeth Freundlich: Die fahrenden Jahre. Erinnerungen. Salzburg 1992, S. 112–113.
[25] Vgl. Barbara von Becker: Elisabeth Freundlich: Der Seelenvogel. In: Germanic Review 62 (1987), 3, S. 153–154, hier S. 153; Susanne Alge: Elisabeth Freundlich 1906–2001. In: Elisabeth Freundlich: Die Ermordung einer Stadt namens Stanislau. NS-Vernichtungspolitik in Polen 1939–1945 [1986], hg. von Paul Rosdy. Wien 2016, S. 258–265.
[26] Günther Scheidl: Wiener Familiengeschichten. Drei Romane im Vergleich. In: Études Germaniques 279 (2015), 3, S. 473–491, hier S. 488.
[27] Scheidl: Familiengeschichten, S. 474.

> Bei Paulus Diaconus heißt es, dass die Langobarden über ihren Familiengräbern eine lange Stange errichteten, auf deren Spitze ein geschnitzter Vogel saß, der sich in die Richtung drehte, in der die Länder lagen, wo die Verwandten verstorben waren, wo man sie verscharrt hatte; es war der Vogel, der ihre Seelen zurückrief, damit sie Ruhe und Frieden im Familiengrab fänden.[28]

Der Seelenvogel ruft zum Erinnern auf und gedenkt der Toten. Diese Programmatik des Grabschmucks, der wie ein Kompass für das Gedenken fungiert und das Augenmerk dorthin richtet, wo Menschen und ihre toten Körper verschwunden sind, lässt sich ebenso für das Buch geltend machen, das sich den toten Verwandten widmet und ihr Leben rekapituliert.[29] Den Finger in die Wunde zu legen und den Blick offen zu halten für die eigene Involviertheit, aber vor allem für die Verluste durch die Vernichtungsverbrechen, wird zur Aufgabe von Literatur nach 1945. Diese Programmatik weist über den Text hinaus und kann als literarische Standortbestimmung nach 1945 gelesen werden. Dazu passt auch die weitere literarische und wissenschaftliche Arbeit Elisabeth Freundlichs, die der im *Seelenvogel* entworfenen Programmatik folgt. Besonders ihre journalistischen Berichte über die deutschen und österreichischen NS-Prozesse und ihre materialreiche Dokumentation der Judenvernichtung in Galizien, die 1986 unter dem Titel *Die Ermordung einer Stadt namens Stanislau* veröffentlicht wurde, zeugen davon, wie ernst sie den im *Seelenvogel* artikulierten Anspruch des Gedenkens in ihren Arbeiten genommen hat.

> Der Seelenvogel ist lästig, er will erinnern, dem Vergessen entreißen, will keine „Gräben zuschütten", übersieht nicht höflich den österreichischen Antisemitismus, der der „Zäsur der Hitlerjahre" nicht bedurfte, einer Zäsur, die Österreich jubelnd zum „Opfer" gefallen war. Er schildert den Jubel, an den Österreich inzwischen nicht mehr erinnert werden wollte.[30]

Susanne Alge betont den eminent politischen Anspruch der Texte Elisabeth Freundlichs, allen voran von *Der Seelenvogel*. „Hinter der Beschäftigung mit der NS-Vernichtungspolitik stand die Überzeugung, daß man die Vergangenheit im Gedächtnis behalten muß, um sich nicht über sie zu belügen."[31] Sowohl das historische Aufarbeiten der Judenvernichtung in *Die Ermordung einer Stadt namens Stanislau* als auch das Aufschreiben der Familiengeschichte in *Der Seelenvogel*

---

28 Elisabeth Freundlich: Der Seelenvogel. Roman. Wien, Hamburg 1986, S. 9.
29 Die Programmatik des Seelenvogels auf den Text zu übertragen, ist eine Lesart, die der Roman (S. 9–10) selbst nahelegt.
30 Alge: Freundlich 1906–2001, S. 262.
31 Susanne Alge: Elisabeth Freundlich. In: John M. Spalek, Konrad Feilchenfeldt und Sandra H. Hawrylchak (Hg.): Deutschsprachige Exilliteratur seit 1933. Bd. 3: USA, Teil 1. München 2000, S. 109–130, hier S. 128.

ist in diesem Kontext zu sehen. Der Roman und seine Erzählerin treten dem Vergessen entgegen, „damit ihr nicht nur eine Handvoll der sechs Millionen seid, die, da fünfzig Millionen zu beklagen sind, bald vergessen sein werden."[32]

Stellt Alice Penkalas kurzer Text *Die Schwalbe* bzw. *Fliegen fuer den kranken Vogel* die Momentaufnahme einer Alltagssituation im Exil dar, so nimmt Elisabeth Freundlichs mehrere Jahrzehnte umspannender historischer Familienroman *Der Seelenvogel* eine politische Standortbestimmung von Literatur angesichts der Vernichtungsverbrechen vor. Beide Exil-Texte rücken das Motiv des Vogels ins Zentrum, das sie jeweils einzigartig gestalten. Rückführen auf einen vergleichbaren Symbolgehalt, wie etwa den der Freiheit, lassen sich die Vogel-Bilder dieser Texte nicht. Während die Schwalbe als Zugvogel ein Sinnbild des Exils ist und gleichzeitig eine Erinnerung an Wien, so ist sie auch ein lebendiges Wesen, das Zuwendung, Schutz und Nahrung beansprucht. Der Seelenvogel ist selbst schon eine Abstraktion; er weist eine Richtung, zeigt auf das, was betrauert und beklagt werden muss, und ruft zum Erinnern auf.

## 4 Herta Müllers Fasan

In Erzählungen von historisch jüngeren Fluchtbewegungen und Exilsituationen, in denen Deutschland und Österreich nicht Ausgangspunkt, sondern Fluchtziel sind, hat die Vogelmetapher nicht an Präsenz eingebüßt. So nennt beispielsweise Julya Rabinowich das Schreiben zwischen den Systemen einen Vogelschrei. Da sagt das zwischen zwei Ländern stehende Kind zu seiner ebenso gespaltenen Mutter: „Wir sind Zugvögel, Mama. [...] Und unsere Briefe sind Schreie."[33] Abbas Khiders *Die Orangen des Präsidenten* kann als Epos vom Taubenzüchten gelesen werden – Tauben sind ebenso wie Zugvögel bekannt für ihr Talent zur Rückkehr. Der Protagonist Khiders wird auch mit dem Spitznamen „Taube" geschmäht, von dem er sich jedoch nicht beleidigt fühlt.[34] Dem Roman ist das Gedicht „Versprechen an eine Taube" von Hilde Domin vorangestellt:

---

32 Freundlich: Der Seelenvogel, S. 10.
33 Julya Rabinowich: Spaltkopf. Roman [2008]. Wien 2011, S. 57. Rabinowichs Selbstzuschreibung „entwurzelt & umgetopft" ist der Verbindung Mobilität und Verwurzelung bei Domins „Vögeln mit Wurzeln" vergleichbar. Auch in Rabinowichs Jugendroman *Dazwischen: Ich* findet die Vogel-Metaphorik zur Veranschaulichung von Flucht und Exil Verwendung: Fledermausartige Vögel, die völlig desorientiert sind, stürzen sich mit Gewalt aus einer Schlucht, bleiben aber aufgrund ihrer Blindheit erfolglos und verletzen sich mehr und mehr. Hoffnungslosigkeit wird greifbar. Julya Rabinowich: Dazwischen: Ich. München 2016, S. 256.
34 Vgl. Abbas Khider: Die Orangen des Präsidenten. Roman. Hamburg 2011, S. 99.

Taube,
wenn mein Haus verbrennt
wenn ich wieder verstoßen werde
wenn ich alles verliere
dich nehme ich mit,
Taube aus wurmstichigen Holz,
wegen des sanften Schwungs
deines einzigen ungebrochenen Flügels.

Eines der eindrücklichsten Vogel-Motive der Exilliteratur findet sich in Herta Müllers *Der Mensch ist ein großer Fasan auf der Welt*. Die Erzählung wurde 1986 im Rotbuch Verlag veröffentlicht, also ein Jahr bevor Herta Müller selbst vor der Securitate von Rumänien nach Deutschland floh. Sie erzählt von der Enge eines Dorfes mit totalitären Strukturen und von dem Wunsch nach einem Neuanfang. Im Zentrum des Textes steht die Familie Windisch, die in einem Dorf lebt, deren rumäniendeutsche Einwohner*innen nach und nach das Land verlassen, und die selbst auf die Ausreisegenehmigung in den Westen wartet. Ihr Leben steht still und ist von Repression geprägt. Das Ausgeliefertsein der Familie an die Entscheidungsträger kulminiert in der erpressten Vergewaltigung der Tochter, an die die Aushändigung der ersehnten Papiere geknüpft wird.

Es wird eine archaische Dorfgemeinschaft geschildert. Der Amts- und Machtmissbrauch der Vertreter der Kirche wie der des Staates lässt die Zeit im Dorf stillstehen. In der Ausweglosigkeit fortwährender Enteignung des Lebens entsteht ein Aberglaube, der die Bedrohung in den Bereich der Natur verschiebt, zum Beispiel auf eine Eule, die bestimmt, wer stirbt, indem sie sich auf das Dach setzt. Die Eule – diese mächtige Herrscherin über Leben und Tod – ist krank, dadurch wird die Gefährdung unberechenbar: „Wenn sie krepiert, kommt eine andere Eule ins Dorf. Eine junge, dumme, die sich nicht auskennt. Die setzt sich auf alle Dächer. [...] Dann sterben wieder junge Leute. Dann ist es wieder wie im Krieg."[35]

Diese Verschiebung der Verantwortung aus der Politik in den Bereich der Natur stellt den Versuch einer Erklärung staatlicher Willkür dar. Die Macht, der man ausgeliefert ist, wird im Bild der Eule greifbar. Wie bei Böll fungiert sie als Todesbotin mit politischer Dimension, da sie eine Vorbotin politisch schwieriger Zeiten ist, in denen das Individuum „wie im Krieg" Gefahr läuft, ohne Rücksicht auf das Alter getötet zu werden. Die Eule ist ein Raubvogel. Der Fasan dagegen ist ein ohnmächtiger Vogel, traditionell Gejagter statt Jäger. Auch vor dem Hintergrund der Exilthematik ist tragisch, dass er nicht fliegen kann. Er kommt nicht fort. „Der Mensch ist ein großer Fasan auf der Welt" bezieht sich

---

35 Herta Müller: Der Mensch ist ein großer Fasan auf der Welt. Berlin 1986, S. 69.

auf ein rumänisches Sprichwort, das die Unbeholfenheit und Bewegungsunfähigkeit des flügellahmen Vogels auf das Leben und Schicksal der Menschen überträgt.[36]

Gegen Ende der Erzählung *Der Mensch ist ein großer Fasan auf der Welt* kommt die junge Eule ins Dorf. Es spitzt sich sowohl die politische Gewalt als auch die Ausweglosigkeit der Familie Windisch zu. Der Fluchtwunsch wächst und wird trotz der fehlenden Aussicht auf Erfüllung existenziell. Diese autobiografische Situation beschreibt Herta Müller auch in den Essays *Der König verneigt sich und tötet*: „Man sah in diesem Land nur den vorläufigen Ort seines Lebens. Der Glaube, daß sich früher oder später die Gelegenheit zur Flucht ergibt, war der einzige Halt."[37]

Die Menschen aus dem Dorf sterben auf der Flucht, sie sterben weit entfernt von ihrem Dorf bei dem Versuch, die Grenze zu überqueren:

> Die junge Eule ist irr geworden vom Glockenläuten. Sie ist zurückgeflogen ins Land. Sie ist in den Süden geflogen. Der Donau entlang. An den Wasserrausch ist sie geflogen, wo Soldaten stehn. [...]
> Die Kugel fliegt. Sie trifft.
> Der Tote ist der Sohn des Schneiders. Der Tote ist Dietmar.
> Der Pfarrer sagt: „Die junge Eule hat an der Donau gesessen und an unser Dorf gedacht."
> Windisch schaut sein Fahrrad an. Er hat die Nachricht von der Kugel aus dem Dorf in den Hof gebracht. „Jetzt ist es wieder wie im Krieg", sagt er.[38]

Bevor sie ausreisen kann, ist die Familie Windisch wie ein Fasan: bewegungsunfähig und ausgeliefert. Das Happy End der Ausreise ist keines, weil es viel gekostet hat. Die Familie ist drangsaliert, erpresst und gedemütigt, die Tochter zur Prostitution gezwungen und vergewaltigt worden. Nachbarn aus dem Dorf leiden ebenfalls, manche sind umgekommen. Die Gegenwart ist traumatisierend. Die Zukunft ist ungewiss: „Man geht und weiß nicht, ob und wie und wann man wiederkommt."[39]

Das Bild vom Fasan ist für Herta Müllers Prosa typisch: In ihren Texten häufen sich Figuren, in denen sich der Bewegungswunsch und die Unfähigkeit zur Bewegung treffen. Die charakteristischste Exilfigur ist die Reisende auf einem Bein aus der gleichnamigen Erzählung (1989). Sie ist schon unterwegs und

---

[36] Der Mensch kommt bei Herta Müller öfter in Gestalt eines Fasans daher, beispielsweise auch in den Collagen *Die blassen Herren mit den Mokkatassen*. Die Menschen sprechen „Fasanisch", und es ist auch die Rede vom „Fluchtfasan". Vgl. Herta Müller: Die blassen Herren mit den Mokkatassen. München 2005, Collagen Nr. 20 und 31.
[37] Herta Müller: Der König verneigt sich und tötet. München 2003, S. 168.
[38] Müller: Fasan, S. 93–94.
[39] Müller: Fasan, S. 104.

gleichzeitig im Fortkommen behindert. So spielen diese Erzählungen vom Exil immer in einer Zwischenstation und zeigen Protagonist*innen zwischen Weggehen und Ankommen. Der Fasan und die Reisende auf einem Bein zeichnen sich durch die Einschränkung ihrer Bewegungsfreiheit aus und verdeutlichen so das Exil als Stillstand, der in der Diktatur allerdings auf Bürokratie, Machtmissbrauch und Gewalt zurückgeführt werden kann. Das Warten auf die Ausreise wird abgelöst von einem Warten auf Bleiberecht, das wiederum gefolgt wird von einem Warten auf eine Veränderung der Umstände, die die Flucht erzwangen. Es ist eine körperliche und geistige Gefangenschaft zwischen zwei Stationen, aber auch ein Stillstand in einer Bewegung, die noch nicht abgeschlossen ist. In dieser Deutung des Exils finden Hilde Domins „Vögel mit Wurzeln" und ihre Taube mit einem einzigen ungebrochenen Flügel mit Alice Penkalas kranker Schwalbe und Herta Müllers flugunfähigem Fasan zusammen.

## Abbildungsverzeichnis

Abb. 1: Alice Penkala: *Die Schwalbe*, Typoskript, Tanger, 1940er Jahre; *L'Hirondelle*, französische Übersetzung, Handschrift, 1940er Jahre; Abdruck als *Fliegen fuer den kranken Vogel*, in: Zeitspiegel 8 (20.4.1946), 16/17, S. 12. (Nachlass Alice Penkala © Literaturhaus Wien / Österreichische Exilbibliothek).

## Literaturverzeichnis

Alge, Susanne: Elisabeth Freundlich. In: John M. Spalek, Konrad Feilchenfeldt und Sandra H. Hawrylchak (Hg.): Deutschsprachige Exilliteratur seit 1933. Bd. 3: USA, Teil 1. München 2000. S. 109–130.
Alge, Susanne: Elisabeth Freundlich 1906–2001. In: Elisabeth Freundlich: Die Ermordung einer Stadt namens Stanislau. NS-Vernichtungspolitik in Polen 1939–1945 [1986], hg. von Paul Rosdy. Wien 2016, S. 258–265.
Bachmann, Ingeborg: Mein Vogel. In: dies.: Werke. Bd. I: Gedichte, Hörspiele, Libretti, Übersetzungen, hg. von Christine Koschel, Inge von Weidenbaum und Clemens Münster. München 1978, S. 96–97.
Becker, Barbara von: Elisabeth Freundlich: Der Seelenvogel. In: Germanic Review 62 (1987), 3, S. 153–154.
Benteler, Anne: Sprache im Exil. Mehrsprachigkeit und Übersetzung als literarische Verfahren bei Hilde Domin, Mascha Kaléko und Werner Lansburgh. Berlin 2019.
Domin, Hilde: Vögel mit Wurzeln. In: dies.: Sämtliche Gedichte, hg. von Nikola Herweg und Melanie Reinold. Frankfurt a. M. 2009, S. 132.

exilograph 25 (Herbst 2016): Wurzel- & Pflanzenmetaphern in der Exilliteratur, https://www.exilforschung.uni-hamburg.de/forschung/publikationen/exilograph/pdf/exilograph25.pdf (Zugriff: 10.5.2021).
Freundlich, Elisabeth: Der Seelenvogel. Roman. Wien, Hamburg 1986.
Freundlich, Elisabeth: Die fahrenden Jahre. Erinnerungen. Salzburg 1992.
Halbrainer, Heimo: Alice Penkala. Eine Wiener Journalistin in Tanger. In: Margit Franz und Halbrainer, Heimo (Hg.): Going East – Going South. Österreichisches Exil in Asien und Afrika. Graz 2014, S. 121–130.
Jean Paul: Leben des vergnügten Schulmeisterlein Maria Wutz in Auenthal. Eine Art Idylle [1793]. Mit Anmerkungen und einem Nachwort von Jörg Drews. Stuttgart 2007.
Khider, Abbas: Die Orangen des Präsidenten. Roman. Hamburg 2011.
Meinert, Anneliese [d. i. Alice Penkala]: Anna und die Windmühlen. Schicksal in wirrer Zeit. Darmstadt 1967.
Müller, Herta: Der Mensch ist ein großer Fasan auf der Welt. Berlin 1986.
Müller, Herta: Der König verneigt sich und tötet. München 2003.
Müller, Herta: Die blassen Herren mit den Mokkatassen. München 2005.
Präauer, Teresa (Hg.): Poetische Ornithologie. Zum Flugwesen in der Literatur. Berlin 2017.
Penkala, Alice: Schokolade für das Afrika-Corps. Kommentiert und mit einer Einleitung von Nadine Dobler, hg. von Heimo Halbrainer, Ursula Seeber und Veronika Zwerger. Graz 2016.
Rabinowich, Julya: Spaltkopf. Roman [2008]. Wien 2011.
Rabinowich, Julya: Dazwischen: Ich. München 2016.
Rilke, Rainer Maria: Neue Gedichte. Leipzig 1907.
Scheidl, Günther: Wiener Familiengeschichten. Drei Romane im Vergleich. In: Études Germaniques 279 (2015), 3, S. 473–491.
Schnepp, Beate: Vogelflug – Vertreibungen – Fürsorgliche Belagerungen. Studien zu Heinrich Bölls Roman *Fürsorgliche Belagerung*. Trier 1997.
Schulte, Sanna: „entwurzelt & umgetopft". Das literarische Potential der Mehrsprachigkeit bei Julya Rabinowich. In: Studia Germanica Posnaniensia 40 (2019), S. 149–161.
Schulte, Sanna: Nestbeschmutzung als Konstituierung einer Gedächtnistheorie. In: dies. (Hg.): Erschriebene Erinnerung. Die Mehrdimensionalität literarischer Inszenierung. Köln, Weimar, Wien 2015, S. 287–306.
Sebastian [d. i. Alice Penkala]: Fliegen fuer den kranken Vogel. In: Zeitspiegel 8 (20.4.1946), 16/17, S. 12.
Strubel, Antje Rávic: Sturz der Tage in die Nacht. Roman. Frankfurt a. M. 2011.
Viehöver, Vera: Invasion der Dämonen. Silke Scheuermanns Gedichtzyklus *Vogelflüge*. Liège 2014, S. 3, http://www.rosenfisch.de/download/Viehoever_Scheuermann.pdf (Zugriff: 21.3.2021).

Heike Klapdor
# Verrat und Treue im US-amerikanischen Film *Lassie Come Home* (1943)

## Zur Matrix des Politischen

> What happens to Lassie?
> Joe, *Lassie Come Home*

> Tierfragen [sind] stets eine politische Angelegenheit.
> Roland Borgards[1]

## 1 Abstract

Angesiedelt im Norden des Vereinigten Königreichs, erzählt der Film *Lassie Come Home*[2] die Geschichte der Zwangsumsiedlung, der abenteuerlichen Flucht und der Rückkehr eines Colliehundes.

Die Re-Lektüre des Spielfilms deckt eine hohe politische und ethische Signifikanz des amerikanischen Abenteuer- und Familienfilms der 1940er Jahre auf. Die Revision des Films geht mit Maren Möhring erstens von der Annahme aus, dass die „Tier-Mensch-Beziehung als Schlüssel für eine neuartige Gesellschaftsanalyse"[3] genutzt werden kann, und zweitens von der Beobachtung, dass historische und kulturgeschichtliche Forschungen, die die „diskursive Matrix gesellschaftlicher Sinn- und Bedeutungskonstruktionen" analysieren, inzwischen insbesondere auch Spielfilme als „visuelle Quellen" verwenden. Der Quellenbegriff operiert dabei nicht mit Repräsentation: Das visuelle Medium bildet Realität nicht ab, sondern schafft Realität, es muss als Präsentation, als Artefakt und ‚Text' erschlossen werden. Das wird deutlich, wenn Möhring und ihre Koautoren – drittens – hervorheben, dass die Visualität des Erzählens eines Bildbegriffs bedarf, mit dem auch ein Potenzial kontingenter politisch, gesellschaft-

---

[1] Roland Borgards: Tiere und Literatur. In: ders. (Hg.): Tiere. Kulturwissenschaftliches Handbuch. Stuttgart 2016, S. 225–244, hier S. 242.
[2] Lassie Come Home (US 1943), Regie: Fred M. Wilcox. Drehbuch: Hugo Butler, mit: Pal (Lassie), Roddy McDowall (Joe Carraclough), Donald Crisp (Sam Carraclough), Elsa Lanchester (Mrs Carraclough), Elizabeth Taylor (Priscilla), Nigel Bruce (Duke), Edmund Gwenn (Mr Palmer), Dame May Whitty und Ben Webster (altes Paar).
[3] Maren Möhring, Massimo Perinelli und Olaf Stieglitz: Tierfilme und Filmtiere. Einleitung. In: dies. (Hg.): Tiere im Film. Eine Menschheitsgeschichte der Moderne. Köln, Weimar, Wien 2009, S. 3–10, hier und für die folgenden Zitate S. 5.

**Abb. 1:** Filmplakat, *Lassie Come Home* (US 1943), Regie: Fred M. Wilcox.

lich und kulturell wirksamer Prozesse sichtbar gemacht werden kann: Das „Register des Visuellen [...] entwickelt im Bereich der (phantasmatischen) Bildproduktion eine eigene ‚Sprache', die auch solche zeitgenössischen Entwicklungen aufnimmt und – durchaus auch unbewusst – darstellt, die (noch) nicht diskursiv erfasst bzw. erfassbar sind." Solche Bild-Inschriften lassen sich womöglich erst durch neuere Erkenntnisse in veränderten wissenschaftlichen Kontexten entziffern.

Unter der Signatur des Abenteuerfilms *Lassie Come Home* liegt ein zeitgeschichtliches Potenzial, dass sich aus zwei ineinander gespiegelten Perspektiven erschließen lässt: In der Perspektive der (Literary bzw. Media) Cultural Animal Studies führt der Film ein Beispiel für die medialen Inszenierungspraktiken der Begegnung von Mensch und Tier vor Augen. Das filmische Medium sei, so der Medienwissenschaftler Carlo Thielmann, der „Ort einer phantasmatischen Aussöhnung mit dem Animalischen"[4] und das Mensch-Tier-Verhältnis werde

---

4 Carlo Thielmann: Filmtiere erforschen. Einige Überlegungen zu den Voraussetzungen der filmanalytischen Annäherung an das Animalische. In: AugenBlick. Konstanzer Hefte zur Medi-

dort zu einer utopischen „Beziehung abseits von Differenz und Hierarchie".[5] Der Film *Lassie Come Home* gewinnt durch die Kontextualisierung von Vertreibung und Flucht aus dem nationalsozialistischen Deutschland und Europa, so meine These, eine exilgeschichtliche Dimension. In der Perspektive der Exilforschung bietet der Film eine modellhafte visuelle Erzählung der ‚Flucht'. Ihr tierlicher Protagonist ist hier ein Hund. Die immer als filmische Konstruktion zu denkende Tierfigur wird vor dem Hintergrund einer tradierten spezifischen Ikonografie modelliert, sie entspringt letztlich einer exemplarischen Analogie. Als Akteur handelt die Tierfigur, die ein Tier bleibt, im Netzwerk ‚Flucht' wie ein *human being* und wird von den Repräsentanten der anthropologischen Gattung als ein solches behandelt. Im Zusammenspiel mit ihnen weist die allegorische Tierfigur damit exemplarisch und idealisierend über die anthropologische Differenz hinaus. Im zeitgeschichtlichen Kontext tritt, so meine Lesart, die Tierfigur an die Stelle des Dislozierung ausgesetzten und Flucht wagenden Akteurs des Exils.

## 2 Krisen

Der in Kriegs- und Krisenzeiten entstandene Abenteuerfilm *Lassie Come Home* ist ein Krisenfilm. Er interpretiert gesellschaftspolitische und kulturelle Konflikte aus der Perspektive des ethischen Gegensatzes von Treue und Verrat. Die Konflikte bestehen zwischen Klassen, Generationen und den Gattungen Mensch und Tier. Der Hund fungiert als metonymische Figur der gesellschaftlichen Krise. Die programmatisch utopische Lösung der Krise, in der der Hund letztlich als „Stabilisator[...] einer prekären Ordnung"[6] wirkt, verdankt sich einem sozialen Ethos.

*Lassie Come Home* thematisiert zunächst vorrangig eine ökonomische Krise: Der Vorspann des Films macht die Zuschauer mit dem stolzen, arbeitslosen Yorkshireman und dem Collie bekannt: „Lassie is Sam's only sellable possession in dark prewar days of unemployment, empty pockets." Der teure Hund hat einen Marktwert, aber keinen Gebrauchswert. Der Vater verkauft nicht etwa ein Nutztier, sondern den treuen Gefährten des Sohnes, denn seine Haltung ist zu kostspielig: „You can't feed a dog when you can't feed a family." Der Käufer,

---

enwissenschaft 60 (Dezember 2014): Animalische Audiovisionen: Modellierungen des Tieres in Film und Fernsehen, hg. von Philipp Blum und Carlo Thielmann, S. 102–112, hier S. 105.
5 Thielmann: Filmtiere erforschen, S. 104.
6 Olaf Stieglitz: Citizen Lassie. Tiere als bessere Staatsbürger im US-Fernsehen der 1950er Jahre. In: Möhring u. a.: Tierfilme und Filmtiere, S. 223–236, hier S. 231.

ein Aristokrat und Hundezüchter, will mit dem schönen Tier seine Hundezucht in Schottland aufwerten und seiner Enkelin eine Freude machen.

Die ökonomische Krise ist zugleich eine Krise des Generationenverhältnisses: Die Story kritisiert die Korruption des Humanen, sie tadelt Gleichgültigkeit und Verrat, die die Erwachsenen verkörpern. Sie adelt demgegenüber die moralische Unverdorbenheit der Kinder. Ihre humane Gesinnung verbindet den Arbeitersohn, dessen treuer Gefährte die Collie-Hündin ist, und die herzogliche Enkelin. „Poor Lassie, poor girl": Das Mädchen leidet mit dem im schottischen Hundezwinger wie gefangen gehaltenen Tier mit, es verzichtet auf das Geschenk des Großvaters und lässt die leidende Kreatur frei.

Der Hund wird am Ende von Schottland nach Yorkshire zurückkehren: „She's come all the way from Scotland. She must have traveled hundreds of miles." Mit ihm kehrt das Glück in die Arbeiterfamilie zurück: Der Klassengegensatz wird harmonisiert, wenn der Eigentümer, gerührt von der Treue des Hundes und des Jungen, auf sein Eigentum verzichtet. Indem der Herzog zugleich den Vater als Aufseher einstellt, wird darüber hinaus die ökonomische Lage der Arbeiterfamilie restituiert.

Die Versöhnung der Klassen als eine utopische, der neuen Generation überantwortete Krisenlösung ist mindestens seit Erich Kästners Kinderroman *Pünktchen und Anton* (1931) bekannt. Wohin die Freundschaft des Arbeitersohnes und der höheren Tochter hier führen wird, zeigt die letzte Einstellung des Films: Die beiden Kinder führen gemeinsam Lassie mit ihren Welpen spazieren. Die ‚alleinerziehende' Hündin, die am Ende doch die in sie als Zuchttier gesetzte Erwartung erfüllt, signalisiert eine klassenübergreifende Familiengründung – Versöhnung der Klassen, der Generationen und Wiedervereinigung der „companion species"[7] (Donna Haraway) Mensch und Hund.

## 3 Bilder

Das Filmtier Lassie stellt in einem dreifachen Sinn „medial gemeisterte Natur"[8] dar. Erstens visualisiert jedes Filmtier als lebendig erscheinende Tierfigur einen immer anthropogenen und kulturell jeweils spezifischen Begriff der Natur etwa als das Monströse, das Anthropomorphe oder das ‚Andere'. Die Modellierung der Tierfigur Lassie tritt am Ende der US-amerikanischen Krisenepoche zwi-

---

**7** Donna Haraway: Das Manifest für Gefährten. Wenn Spezies sich begegnen – Hunde, Menschen und signifikante Andersartigkeit [The Companion Species Manifesto. Dogs, People and Significant Otherness, 2003]. Berlin 2016, S. 18, 21–23.
**8** Thielmann: Filmtiere, S. 105.

**Abb. 2:** Foto, *Lassie Come Home* (US 1943): Roddy McDowall (Joe), Pal (Lassie).

schen den Kriegen aus den medialen Konzepten der Dämonisierung[9] bzw. der Verniedlichung[10] der Natur aus. Sie unterliegt aber auch nicht ohne weiteres der anthropomorphisierenden Projektion, ein Mensch oder gar „der bessere Mensch"[11] zu sein. Lassie ist eine „zwar anthropomorphe[...], aber nicht-menschliche[...]"[12] Tierfigur. In der Einheit von natürlicher Differenz und kultureller Ähnlichkeit, die die Mensch-Tier-Verbindung charakterisiert, nimmt das mediale Tier Lassie artifiziell und idealisierend vorweg, was Donna Haraway in ihrem sozialethischen utopischen Konzept die „signifikante Andersartigkeit" nennen wird, die in der gleichwertigen Beziehung zwischen Mensch und Hund idealerweise gedeihe.[13]

Zweitens demonstriert der tierliche Darsteller des Filmtieres medial gemeisterte Natur. Die konzeptuelle und suggestive ‚Natürlichkeit' der filmischen Tier-

---

**9** Etwa Cat People (US 1942), Regie: Jacques Tourneur.
**10** Bambi (US 1942), Regie: Walt Disney. Der Begriff der ‚Bambification' oder ‚Bambifizierung' für ein verniedlichendes, infantilisierendes und moralisierendes Natur- bzw. Tierbild leitet sich von Disneys Transformation der Felix Salten-Erzählung (1923) als Animationsfilm her.
**11** Vorwort. In: Frauen und Film 47 (1989): Mann + Frau + Animal, S. 3.
**12** Anne Barker-Friedberg: Der vierbeinige Andere und die Projektion im Kino. In: Frauen und Film 47 (1989), S. 4–11, hier S. 7.
**13** Haraway: Manifest, S. 9.

gestalt verdankt sich dem Dressurakt des – dafür begabten – Tieres,[14] das „umso natürlicher [erschien], je stärker es im Vorfeld darauf trainiert wurde."[15] Die Beherrschung und Nachahmung der Natur allerdings will nicht nur durch die Dressur des Filmtieres hergestellt werden, auch ein Schauspieler bedient sich einer Technik, die etwa im US-amerikanischen Method Acting auf naturalistische Wirkungsabsichten zielt. Beide, der tierliche und der menschliche Darsteller, handeln als Akteure, die einen Auftrag professionell erfüllen.

Die mediale Meisterung der Natur stützt sich, drittens, auf die Geschichtswirksamkeit einer kulturgeschichtlichen Bildpolitik. In der Sozialgeschichte der Arbeit und in der Ikonografie des Hundes repräsentiert die Tierfigur des Hundes den Ausstieg des Nutztieres aus der Ökonomie und den Aufstieg als soziales Wesen: Der Begleiter des Jägers, der Gehilfe des Hirten und der Hüter des Hauses ist zum Topos des „besten Freundes" und „Gefährten" des Menschen geworden. Im medial eingebundenen historischen Prozess wurden die gattungsspezifischen Eigenschaften des Gefährtentieres aus dem utilitaristischen Mensch-Tier-Verhältnis auf die Beziehung des Menschen und eines menschenähnlichen Tieres als koevolutionär verbundene *companion species* übertragen. Der Hund ist ein Artgenosse, er wird individualisiert, er trägt wie der Mensch einen Namen. Der Hund spricht mittels Lauten und Gesten, Berührungen und Blicken. Das – vermeintliche – Verstehen dieser Signale schafft eine illusionistische Nähe und bindet den Beobachtenden zugleich an den tatsächlich fern und fremd bleibenden, in der abendländischen Ikonografie traditionell mit Melancholie verknüpften „Geheimnisträger" Hund.[16] Von ihm wird der fahrende Händler des Films *Lassie Come Home*, ein Philosoph, sagen, er bleibe dem Menschen ein geheimnisvolles Wesen. Ihm erweist er seine Reverenz: „(Mr. Palmer) You can understand a man's language, but man's not bright enough to understand thou, Mylady." Die Begegnung von Mensch und Tier wird für den Kunstkritiker John Berger geradezu von einer Philosophie des Blicks regiert: „Die Augen eines Tieres sind, wenn sie einen Menschen betrachten, aufmerksam und wachsam. [...] Der Mensch jedoch wird sich, indem er den Blick erwidert, seiner selbst bewußt."[17]

---

14 Für die Darstellung der Hündin Lassie (schottisch: Mädchen) ist der begabte, von Frank und Rudd Weatherwax abgerichtete und vielbeschäftigte Collierüde Pal mit einem Stern auf dem Walk of Fame am Hollywood Boulevard in Los Angeles geehrt worden.
15 Stieglitz: Citizen Lassie, S. 226–227.
16 W. G. Sebald: Wie Tag und Nacht – Über die Bilder Jan Peter Tripps (1993). In: ders.: Logis in einem Landhaus. Über Gottfried Keller, Johann Peter Hebel, Robert Walser und andere. Frankfurt a. M. 2000, S. 169–188, hier S. 188.
17 John Berger: Warum sehen wir Tiere an? In: ders.: Das Leben der Bilder oder die Kunst des Sehens [1981]. Berlin 1989, S. 13–38, hier S. 15.

Der domestizierte Hund bietet dem Menschen Schutz, Begleitung, Gesellschaft und Freundschaft. Die materiellen Kosten, die für die Haltung des Haustieres aufzubringen waren, sind nun der Preis für einen ideellen Nutzen bzw. eine soziale Leistung, für Affekt und Tugend. Vor dem kulturhistorischen Hintergrund einer durchaus ambivalenten Ikonografie setzt sich die „Idee vom Tier als dem Anderen"[18] als eines naturgemäß Verschiedenen, aber kulturell Ähnlichen durch. Das Verhältnis dieser *companion species* repräsentiert einen ethisch-sozialen Mehrwert, der, folgt man den tradierten sozialen und medialen Inszenierungspraktiken, im Falle der Krise menschliche Bindungen ersetzt und die Bindung von Mensch und Hund zur Alternative werden lässt: In der Perspektive des Menschen gibt der Hund dem menschlichen Gefährten im Unglück Halt, seine Loyalität wird als ‚moralische' Überlegenheit wahrgenommen. Diese konstruierte und inszenierte Bindung transponiert das in der Gefühlsgeschichte der Neuzeit und vor allem im 19. Jahrhundert kultivierte romantische Freundschaftsideal auf das Verhältnis von Mensch und Hund. „Im 17. und 18. Jahrhundert wurde die Liebe der Menschen zu ihren Tieren eine soziale und kulturelle Größe. Dies betrifft die exzessive Liebe für das Tier genauso wie die Vorstellung, das Tier würde diese erwidern."[19] Diese Idealisierung hebt allerdings die darin eingeschriebenen Paradoxien von Angleichung und Hierarchie, von Zuneigung und Kontrolle, von bedingungsloser Liebe und vorausgesetztem Gehorsam, von Freundschaft und Dienstbarkeit nicht auf.

## 4 Treue und Verrat

Die Lösung des dritten, zwischen Mensch und Hund etablierten Konflikts in *Lassie Come Home* basiert auf dem ethischen Dualismus von Treue und Verrat, mit dem die allegorische Begleitfigur des Menschen kulturgeschichtlich verknüpft wird: Repräsentieren Argos, der einzige, der den Rückkehrer Odysseus erkennt,[20] oder Rollo, der auf Effis Grab liegt,[21] unkündbare Treue, findet man

---

**18** Sabine Nessel: Tiere und Film. In: Borgards (Hg.): Handbuch, S. 262–269, hier S. 266.
**19** Katja Kynast: Geschichte der Haustiere. In: Borgards (Hg.): Handbuch, S. 130–138, hier S. 133.
**20** Homer: Odyssee, 17. Gesang, V 291–323. In: Homer: Ilias, Odyssee. In der Übertragung von Johann Heinrich Voss. Frankfurt a. M. 1990, S. 743–744. Die Amme Eurykleia bedarf eines Zeichens: sie erkennt Odysseus in dem Fremden an der Narbe.
**21** Der Neufundländerhund Rollo kehrt am Ende des Romans *Effi Briest* mit der geschiedenen und kompromittierten Effi nach Hohen-Cremmen zurück. Dass die junge Frau sterbenskrank ist, ahnt „das treue Tier" früher als die Eltern. Die Kreatur ist dem Menschen überlegen: „[Luise

auf „Abendmahl"-Darstellungen, etwa bei Paolo Veronese, den Hund an der Seite des Verräters Judas[22], und des „Pudels Kern" ist bekanntlich der Teufel.

In der Bindung von Mensch und Tier, die *Lassie Come Home* inszeniert, scheint der mittelalterliche rechtsgebundene Treuebegriff durch. Er regelte verbindlich das auf gegenseitiger Verlässlichkeit basierende dienst- und schutzverpflichtende Verhältnis von Herr und Vasall.[23] Loyalität stellt eine affektive und eine normative Bindung dar, sie ist eine soziale Kategorie.[24] Im relationalen Treuebegriff sind alle Beteiligten Akteure, auch das Tier. Als Relation verlangt die Treue Handeln, sie muss inszeniert werden: Stimmten im Idealfall juristische und ethische Bedeutung überein, wird Treue auch gegenüber einem moralisch fragwürdigen Herrn und Eigentümer verlangt. Die Belastbarkeit des Treueverhältnisses ist Teil des Vertrags, sie wird erprobt, sie hat sich zu beweisen gegenüber Gefährdung und Infragestellung. Der Hund Lassie ist – wie der Hund Krambambuli aus Marie von Ebner-Eschenbachs gleichnamiger Erzählung aus dem Jahr 1883 – als Eigentum seinem Herrn unterworfen. Der Eigentümerwechsel könnte das Tier – so die Erzählung „Krambambuli"[25] – in eine Treuekrise

---

Briest] Sieh, Briest, Rollo liegt wieder vor dem Stein. Es ist ihm doch noch tiefer gegangen als uns." Theodor Fontane: Effi Briest [1896]. Berlin 2008, S. 321, 327.

**22** Paolo Veronese: Convito in casa di levi (1573), Accademia, Venezia. „Judas Ischariot galt während des Mittelalters als der Niedrigste der Niedrigen und der Verrat seinetwegen als die schlimmste aller Sünden, als letzter Kreis der Hölle." Judith N. Shklar: Ganz normale Laster [Ordinary Vices, 1984]. Berlin 2014, S. 159. In der Bibel ist der Hund „überwiegend als negatives Symboltier belegt". Hannelore Sachs, Ernst Badstübner und Helga Neumann: Christliche Ikonographie in Stichworten. Berlin 1994, S. 186–187.

**23** Vgl. hierzu: Otfried Ehrismann: Ehre und Mut, Aventiure und Minne. Höfische Wortgeschichten aus dem Mittelalter. München 1995, S. 211–216. Die von ethischen Normen gestützte soziale Ordnung wird durch Meineid und Verrat torpediert.

**24** Auch die aus Riga stammende und nach Amerika emigrierte Liberalismustheoretikerin und Ideenhistorikerin Judith N. Shklar bezieht sich in ihrer Studie über *Ordinary Vices* (1984) historisch auf die „aristokratischen Ideen" (Ganz normale Laster, S. 186) der Einheit von privater Tugend und politischem Recht, unterscheidet aber für nachaufklärerische moderne Gesellschaften Loyalität [„loyality", S. 20] als irrationale, emotionale, private Bindung an eine soziale Gruppe (Familie, Herkunft) vom rationalen, regelgeleiteten und öffentlichen Charakter der Verpflichtung [„obligation", S. 16] gegenüber Staat und Gesellschaft; das Individuum praktiziere Loyalität durch Treue [„fidelity", S. 21] und Verpflichtung durch Gefolgschaft [„allegiance", S. 23]. Judith N. Shklar: Verpflichtung, Loyalität, Exil [1992], hg. von Hannes Bajohr. Berlin 2019.

**25** In Marie von Ebner-Eschenbachs Erzählung kostet der Loyalitätskonflikt den Hund am Ende das Leben: Der Hund führt den Jäger, seinen zweiten Herrn, zum Vagabunden, seinem ersten Herrn, zu dem er sich, als er im Wald auftaucht, treu bekennt und ihn auf diese Weise verrät. Der Jäger erschießt den Wilderer und verstößt den Hund. Beide Herren verstehen das Handeln des Hundes als Verrat: Der Vagabund, weil der Hund sich als Vasall dem Jäger unterworfen hat; der Jäger, weil der Hund loyal zu seinem ersten Herrn bleibt. Die Erzählung wurde

gegenüber dem ersten und dem zweiten Herrn bringen. Lassie hält an der Treuepflicht zu ihrem ersten Herrn fest und verweigert sich dem neuen Dienstverhältnis als Zuchttier, das mit dem Eigentümerwechsel besteht. Der Hund gerät juristisch und objektiv in eine Treue- bzw. Loyalitätskrise, nicht jedoch ethisch und subjektiv. Seine Flucht ist die – gelingende – Probe auf den Treuebeweis.

Die Filmerzählung *Lassie Come Home* arbeitet mit dem klassischen Motiv vom „treuen Hund". Sie akzentuiert das Ethos der Treue. Der Film gewinnt aus der Tugend der Treue und ihrer Negation im Verrat eine moralische Erzählung. Sam, der Vater des Jungen Joe und der Eigentümer des Hundes, gerät seinerseits in einen Loyalitätskonflikt zwischen Treue und Ehre. Das private Vertrauen auf den Schutz des tierlichen treuen Familienmitgliedes, den das Kind vom Vater erwartet, konkurriert mit dem öffentlichen Vertrauen auf die *honesty* des Geschäftspartners, von dem der Käufer des Hundes die Vertragserfüllung erwartet. In den Augen des Sohnes begeht der Vater Verrat, er kündigt Treue und Verlässlichkeit auf. Wenn der Junge den Hund versteckt, um ihn zu beschützen, verlangt der Vater von ihm einen Treuebruch, er liefert den Hund aus. Der aus widerstreitenden ethischen Pflichten hervorgehende Loyalitätskonflikt, in dem es „unweigerlich mindestens einen Verrat gibt"[26], ist tragisch, denn der Verrat ist in den Augen des Vaters notwendig, aber er ist – nicht nur für den Sohn, sondern auch für ihn selbst – unerträglich.

In der Inszenierung der Begegnung von Mensch und Tier verschiebt der Film *Lassie Come Home* die beiden moralischen Haltungen von Treue und Verrat auf die Spezies des Menschen und demonstriert die Wirkung auf den tierlichen Akteur, den hier mit bedingungsloser Treue assoziierten Hund. Er ist das Medium der Erkenntnis.

## 5.1 Flucht und Rettung: *Lassie Come Home* (1943)

In der für die amerikanische Literatur und den Film zeittypischen sozialkritischen Utopie steckt zugleich eine andere zeitgeschichtliche utopische Erzählung: Im Kontext des Exils 1933–1945 und in der Perspektive von Exklusion, Emigration und Genozid lässt sich der Film *Lassie Come Home* als eine Allegorie

---

1940 in Wien, also im ‚angeschlossenen' Österreich, als deutscher Film produziert. In dem Heimatfilm *Krambambuli. Die Geschichte eines Hundes* (DE 1940, Regie: Karl Köstlin), einem Propagandafilm über Treue und Verrat gegenüber Ordnung und Anarchie, ist der Hund die Stellvertreterfigur der Frau, die zwischen zwei Männern steht.
26 Shklar: Laster, S. 179.

auf die Ausgrenzung des Anderen lesen. Dessen behauptete Andersartigkeit legitimiert es, ihn aus der anthropologischen Gattung auszuschließen. Ein dem Menschen verwandtes *human being*, wird dem Hund als dem ‚Anderen' diese Eigenschaft jedoch aberkannt: „Der Hund ist wie ich, aber er ist nicht Ich."[27] In dieser Lesart der Erzählung, einer Projektion gleichzeitiger Vereinnahmung und Ausgrenzung, tritt der Hund an die Stelle des als der ‚Andere' denunzierten Juden. Die schon gegenüber Theodor W. Adorno und Max Horkheimer als gewagt bezeichnete Analogie, die der Kritischen Theorie für den Zusammenhang von Exklusion und totalitärer Politik diente,[28] kehrt in Giorgio Agambens Studie über die „Erzeugung des Humanen mittels der Opposition Mensch / Tier, human / inhuman" wieder, in der die Juden als die „im Menschen erzeugten Nichtmenschen" ausgeschlossen werden.[29]

Zwischen Deportation, im Sinne einer zwangsweisen Dislozierung, und Rettung folgt die Erzählung des Films räumlich und chronologisch der Flucht des Hundes. Der Hund handelt als Akteur der Loyalität: Eines Nachmittags ist der Hund, der jeden Tag um vier Uhr den Jungen von der Schule abholt, nicht mehr da. Ohne Wissen des Jungen wurde er ‚abgeholt' – eine mit der propagandistischen Semantik der Judenverfolgung im nationalsozialistischen Deutschland aufgeladene Initiationsszene. Die beiden Schlüsselfragen des Films, die der Junge stellt: „What happens to Lassie?" und „What's wrong with Lassie?" sind in historischen und autobiografischen Quellen nationalsozialistischer rassistischer Verfolgung vielfach belegt als Ausgangspunkt kindlicher Exklusionserfahrung, wenn von einem auf den anderen Tag jüdische Mitschüler fehlten und Nachbarskinder nicht mehr da waren. Gegen die Auflehnung und das Unverständnis des kindlichen Freundes und Gefährten wird der Hund in einen Zwinger verbracht. Zäune, schutzlose Kargheit und Ketten, an die man das leidende Tier nach mehrfachen Fluchtversuchen legt, rücken den Drahtverhau hier – und ähnlich in John Bergers Analogie des Zoos[30] – in den ikonischen Topos des Lagers. Im brutalen, das Tier hassenden Wärter in einer schwarzen Uniform, mit Schaftstiefeln und Peitsche begegnet der Typus des Lager-Aufsehers. Gegen ihn

---

27 Barker-Friedberg: Der vierbeinige Andere, S. 7.
28 Max Horkheimer und Theodor W. Adorno: Mensch und Tier. In: dies.: Dialektik der Aufklärung. Philosophische Fragmente [1947]. Frankfurt a. M. 1969, S. 219–227.
29 Giorgio Agamben: Das Offene. Der Mensch und das Tier [2002]. Zit. nach: Roland Borgards, Esther Köhring und Alexander Kling (Hg.): Texte zur Tiertheorie. Stuttgart 2015, S. 240–259, hier S. 257–258.
30 John Berger führt „Konzentrationslager" unter den „Orte[n] des erzwungenen Rückzugs" an; an Grandvilles Stich vom Hunde-Gehege bemerkt der Kunstkritiker, die Hunde „leiden wie Menschen unter der Gefangenschaft." Berger: Warum sehen wir Tiere an?, S. 37, 30.

wie später auf der Flucht gegen die Hundefänger von vergleichbarer Signifikanz der Gewalt wehrt sich der Hund mit den gattungseigenen Mitteln.

Der Hund bricht zweimal aus und kehrt zurück. Der Junge versteckt den Hund und formuliert einen Imperativ des Humanen, wenn er dem Gefährten verspricht: „We can always be together." Deportiert an den äußersten Rand des Landes, überwindet der Hund Zäune und Ketten und kann dank des Mitgefühls, das das Mädchen für die gequälte Kreatur empfindet, fliehen. Der einem humanen Impuls und der Tugend der Treue entspringende Wagemut zu retten ebenso wie im Gegensatz dazu Gleichgültigkeit und Verrat verweisen über das Tier-Mensch-Verhältnis der filmischen Erzählung auf die Erfahrungen rassistischer Verfolgung der deutschen und europäischen Juden.

Die filmische Narration des Fluchtwegs ist die zentrale Erzählung des Films. Die Flucht, eine „Standardsituation" filmischen Erzählens,[31] steht im Zeichen des Chronotopos Flucht: Er determiniert die Abhängigkeit von Zeit- und Raumerfahrung. Er prägt das Orientierungs- und Wahrnehmungsmuster des tierlichen Protagonisten und konstituiert seine Handlungsmöglichkeiten. Er wird ganz aus der Perspektive des Hundes visualisiert und führt das Tier zu symbolischen Schauplätzen und entlang dem narrativen Muster: Der Hund bewegt sich durch die schützende und die feindliche Natur abseits der Straßen, nächtlich, im Gewitterregen, durch unwegsames felsiges Gelände und durch kaum überwindliche Gewässer wie einen See und einen Wasserfall.

Die filmische Narration der Flucht lässt sich darüber hinaus im Konzept eines relationalen Handelns in einer Struktur von Abhängigkeiten verstehen: In der prototypischen Flucht-Konstellation von Verfolgtem und Verfolger ist der Hund Subjekt, nicht Objekt, er ist ein handelnder, aber nicht autonomer Akteur. Agency entfaltet sich zwischen dem tierlichen und den menschlichen Akteuren. Das Gelingen der Flucht hängt vom Netzwerk der Akteure ab.[32] Lassie gerät in die Zonen der hilfsbereiten und bedrohlichen Kultur in Gestalt von Schafshirten oder Dieben, die den Hund töten oder ihn wie die städtischen Hundefänger mit Drahtschlingen fangen wollen. Die Szene folgt einer genretypischen, aus Gangsterfilmen oder Politthrillern vertrauten Dramaturgie: Der Hund flieht vor seinen Verfolgern, biegt in eine Seitengasse ab, sucht Schutz in einem Hinterhofgebäu-

---

**31** Matthias Bauer: Flucht. In: Thomas Koebner, Norbert Grob und Anette Kaufmann (Hg.): Handbuch Standardsituationen im Film. Marburg 2016, S. 130–133.

**32** Die Akteur-Netzwerk-Theorie Latours, die von Akteuren ausgeht statt von einer Subjekt-Objekt-Dichotomie, lässt sich methodisch auf die Erschließung literarischer bzw. filmischer Tier-Texte übertragen. Bruno Latour: Eine neue Soziologie für eine neue Gesellschaft. Einführung in die Akteur-Netzwerk-Theorie. Frankfurt a. M. 2007; vgl. hierzu: Borgards: Tiere und Literatur, S. 234, 241.

**Abb. 3:** Filmplakat, *The Seventh Cross* (US 1944), Regie: Fred Zinnemann.

de und springt, als er keinen anderen Ausweg sieht, aus dem Fenster des obersten Stockwerks. Schwer verletzt, schleppt er sich in ein Versteck.[33]

Der verabscheuungswürdigen Grausamkeit, wenn sie „hilflosen Wesen" wie Kindern und Tieren zugefügt würde, stellt der Film die „Macht des Mitgefühls"[34] gegenüber. Ein altes Paar nimmt den durchnässten, abgemagerten und verletzten Hund auf, denn: „She might need some help." Die beiden pflegen den Hund gesund; als er wieder bei Kräften ist, lassen sie ihn gehen und wünschen ihm „good luck". Ein fahrender Händler, ein freundlicher Außenseiter, nimmt den Hund in seine Gesellschaft, bis sich ihre Wege wieder trennen. Der Hund vertraut der Freundlichkeit und dem Respekt, den Mr. Palmer der „Mylady" entgegenbringt. Lassie ‚bedankt' sich, indem sie Palmers ethische Maxime „A friend in need is a friend indeed" übernimmt und den Händler gegen den Angriff von Gaunern verteidigt. Der Hund überwindet den natürlichen Fluchtinstinkt, in freier Entscheidung handelt er im Zeichen der eigenen Gefährdung.

Der Hund übersteht die Flucht. Die Aufforderung zurückzukehren – dem englischen Titel *Lassie Come Home* folgend eher Wunsch und Bitte als Befehl[35] – erfüllt sich. Zurück kehrt ein verwahrloster, entkräfteter, verletzter Hund. Dessen Treue beschämt den Vater. Sie rührt den Aristokraten, der am Ende auf sein Eigentum verzichtet. Für die Dorfbewohner verkörpert das geschundene, treue Tier, als es sich wieder auf den Weg zur Schule macht, um den ihm verbunden gebliebenen Jungen abzuholen, die Restitution von Ethos und Nomos.

## 5.2 Flucht und Rettung: *Das siebte Kreuz* (1942) / *The Seventh Cross* (1944)

Die zielorientierte optimistische Wendung einer Gefahr, in der der Protagonist als Akteur handelt und zugleich als Katalysator dient, ist ein Topos der Exilliteratur.

---

33 In dem Film *Krambambuli. Die Geschichte eines Hundes* (DE 1940) hat die Flucht-Sequenz des Hundes eine ähnlich zentrale visuelle und narrative Funktion: Schafhirten verjagen den vagabundierenden Hund, er sucht Futter im Müll, er wird von Hundefängern verkauft, er darbt als Karrenhund, er entkommt aus einem Verschlag und trotzt dem Winter über eine große Entfernung, um am Ende vor dem Jägerhaus zu erfrieren.
34 Judith N. Shklar hebt mit dem Moralphilosophen und Aufklärer Michel de Montaigne die Grausamkeit als das ‚summum malum' heraus. Mitleidlosigkeit, die Innenseite der Tortur, ist für Adorno die Bedingung faschistischer Herrschaftspraxis. Shklar: Laster, S. 16, 33, 45.
35 Der deutsche Verleihtitel *Heimweh* (dt. EA: 1950) wechselte die Perspektive vom Menschen zum Tier. Zugleich wechselte die Perspektive auf ein Rückkehrerprogramm von der – alliierten – Aufforderung zum – exilischen – Remigrationstopos.

In Anna Seghers' Zeit-Roman *Das siebte Kreuz* (1942) provoziert die Flucht des Protagonisten Georg Heisler destruktive wie konstruktive Haltungen derjenigen, denen er begegnet. Im spezifischen Netzwerk ‚Flucht' ist der Akteur abhängig, er ist im Dreieck der antagonistischen Verfolger und Helfer der Gefahr ausgeliefert und auf Unterstützung angewiesen. Dramaturgie, Figuren und Konstellation des Romans stimmen mit der Fluchterzählung *Lassie Come Home* nahezu überein. Heislers Flucht gehorcht den spezifischen Raum- und Zeitbewegungen.

Heislers Fluchtweg ist ein multiperspektivisches Stationendrama. Der Flüchtling fordert Treue und Verrat heraus. Ihn gefährden Menschen, die wie die jetzt mit einem Nazi verheiratete ehemalige Freundin Leni, eine parteitreue Nachbarin oder die Hauswartsfrau bereit sind, ihn zu denunzieren. Ihm helfen sehr viel mehr Menschen, die, selber gefährdet, ihre Angst überwinden. Der jüdische Arzt Dr. Löwenstein behandelt Heisler, der, wie Lassie eine verletzte Pfote, eine verletzte Hand hat. Der Arbeiter und Schulfreund Paul Röder, von dem sich Heisler fragt, „warum soll denn gerade er alles für mich riskieren?",[36] nimmt den Erschöpften auf. Es sind Gesten der Menschlichkeit. Wie das Abendessen, das Röders Frau Liesel dem hungrigen Flüchtling überlässt. Die alte Landlady hatte mit dem Rest Milch den erschöpften Hund gefüttert. So wie es ihr am Ende schwerfällt, den als Gefährten lieb gewonnenen Hund gehen zu lassen, wünscht sich Toni, die Bedienung des Gasthofs, die Heisler dort versteckt, er würde bei ihr bleiben.

Heisler wird von der SS und ihren Hunden gejagt, nicht von Hundefängern. Diese Assoziation aber findet sich explizit in Anna Seghers' Exilroman *Transit*. Die Hundefänger werden dort den Flüchtlingen gefährlich, die wie Lassie „no licence on it" haben: „Eine unermüdliche Schar von Beamten war Tag und Nacht unterwegs wie Hundefänger, um verdächtige Menschen aus den durchziehenden Haufen herauszufangen."[37]

Heisler entkommt am Ende über den Rhein nach Frankreich. Seine Flucht gelingt mit Hilfe des Volkes als des eigentlichen, kollektiven Helden dieses programmatischen antifaschistischen Romans. Er ist nicht weniger idealistisch als *Lassie Come Home*. Der Film hat denselben kollektiven Helden: *Lassie Come Home* sei, heißt es im Prolog des Films, auch die Geschichte eines Volkes: „Lassie is a story of a dog. But it's also a story of a people. Strong and enduring and peace they are involved. The people of Yorkshire." In beiden Fällen unterscheiden sich die ethischen Haltungen der Menschen. Gegenüber der leidenden

---

36 Anna Seghers: Das siebte Kreuz. Roman [1942]. Berlin, Weimar 1971, S. 234.
37 Anna Seghers: Transit. Roman [1944]. Bibliothek Exilliteratur, hg. von Hans-Albert Walter. [Frankfurt a. M.] 1985, S. 42.

Kreatur Lassie, gegenüber dem gefährdeten Subjekt Georg Heisler verraten sie Menschlichkeit oder bewahren dem Ethos des tätigen Mitgefühls die Treue. In beiden Fällen geraten sie in eine Krise zwischen Verpflichtung und Loyalität. Die „Stimme des Gewissens"[38] löst die Krise, so die amerikanische Politologin Judith N. Shklar. Es sei der „Mut, der nötig ist, die Furcht vor wirklichen Gefahren zu überwinden".[39] Das ist der Kern einer gesellschaftspolitischen Utopie: Der Feind ist besiegbar – so der antifaschistische Roman, denn der Terror ist die Antithese einer nicht bezwingbaren und im solidarischen Handeln zum Ausdruck kommenden Humanität; der Feind ist gar kein Feind – so der amerikanische Film, denn im herzoglichen Körper schlägt gemäß der aristokratischen Tugendlehre ein gütiges Herz.

*Das siebte Kreuz* identifiziert das – moralische und politische – Ethos der Treue als dem Gattungswesen Mensch eigenes Potenzial, das ihn über die Natur, also das Tier hinaushebe. Die Fluchtgeschichte beweise, heißt es im Prolog der Romanverfilmung *The Seventh Cross* (1944), „dass etwas in der menschlichen Seele ist, das die Menschen von den Tieren trennt und sie über die Kreatur erhebt." Das Erzählprogramm besteht auf der anthropologischen Differenz zwischen dem vernunftbegabten, über die Freiheit der Entscheidung verfügenden überlegenen Menschen und dem der Natur unterworfenen Tier.

Allerdings determiniert nicht Instinkt, also Natur, das flüchtende Tier Lassie wie den flüchtenden Menschen Georg Heisler, über den das Voiceover des Films sagt, es treibe ihn „nichts als der blinde Lebenswille des gehetzten Tieres." Der Impuls, der Lassie veranlasst, aus dem Zwinger auszubrechen und „hundreds of miles" zu überwinden, entspringt einer menschenähnlichen treuen Bindung. Die Flucht ist also eine kulturelle Praxis der Treue. Sie wird als Gattungseigenart des Hundes interpretiert. Der wie der Mensch leidensfähige Hund kann ebenso entgegengesetzte moralische und ethische Haltungen wahrnehmen und darauf reagieren. Er kann Schutz und Gefahr, Güte und Bosheit, Respekt und Unterwerfung unterscheiden. Der natürliche Fluchtinstinkt, der Tier und Mensch im Angesicht der Gefahr bestimmt, ist rational und emotional überformt. Fluchtmotiv und Fluchtbewegung gehorchen der Einheit von Natur und Kultur.

---

38 Shklar: Verpflichtung, Loyalität, Exil, S. 46.
39 Shklar: Laster, S. 34.

## 6 Film und Politik

Zwischen Eric Knights Roman, der 1940 erschien, und seiner Verfilmung 1943 war Anna Seghers' Roman 1942 in englischer Sprache in Amerika erschienen, 1944 kam eine gekürzte Version für amerikanische Soldaten auf den europäischen Kriegsschauplätzen heraus. Im selben Jahr verfilmte Fred Zinnemann den „Bestseller".[40] *The Seventh Cross* (1944)[41] mit dem amerikanischen Filmstar Spencer Tracy gehört zu den so genannten Anti-Nazi Filmen, mit deren Produktion Hollywood den Eintritt der Amerikaner in den Zweiten Weltkrieg und das Engagement gegen den europäischen Faschismus filmpropagandistisch unterstützte. Diese Wirkung allerdings bezweifelte der nach Amerika emigrierte Journalist Manfred George. Der Herausgeber des New Yorker *Aufbau* bewunderte das „grossartige Bild einer Menschenjagd", das die „barbarische Kälte nazistischer Grausamkeit" zeige und eine „Manifestation des Freiheitswillens unterdrückter Kreaturen" sei. Gleichwohl sei die Wirkung des Films „schädlich[er]", denn er zeige „nur den Helden, nicht aber seinen Feind; jene Mehrheit, die Deutschland in den letzten acht Jahren ausmachte." Ein Film, der 1944 den „Glauben", es gebe „nur die Gestapo auf der einen Seite, und auf der anderen Seite Deutsche, die den Antifaschisten helfen", „durch das Bild bestätigt, macht sich einer großen Sünde schuldig: nicht durch das, was er gibt, aber durch das, was er weglässt." Das mache, so George, den Film vor allem für die amerikanischen Soldaten, zu einem „falschen und trügerischen Produkt."[42]

Wie die innenpolitisch fokussierte Fabel des ersten der sechsteiligen *Lassie*-Filmreihe (1943–1951) *Lassie Come Home* (1943) widmete sich drei Jahre später der zweite Film *Courage of Lassie* (1946)[43] innenpolitisch den vom Krieg gezeichneten US-amerikanischen Soldaten. Hier verkörpert der Kriegshund das Idealbild des hilfsbereiten, wachsamen und gehorsamen US-Bürgers. Zurückgekehrt von den überseeischen Schlachtfeldern, überwindet er allmählich seine

---

40 Alexander Stephan: Ein Exilroman als Bestseller. Anna Seghers' *The Seventh Cross* in den USA. Analyse und Dokumente. In: Exilforschung 3 (1985): Gedanken an Deutschland, hg. von Thomas Koebner u. a., S. 238–259, hier S. 239.
41 The Seventh Cross (US 1943/1944), Regie: Fred Zinnemann, Drehbuch: Helen Deutsch, mit: Spencer Tracy und den nach Hollywood emigrierten Schauspielern Alexander Granach, Felix Bressart und Helene Weigel. Vgl. zur Produktionsgeschichte die kurze Passage in: Christiane Zehl Romero: Anna Seghers. Eine Biographie. Bd. 1: 1900–1947. Berlin 2000, S. 402–403.
42 Alle Zitate aus Manfred George: Ein guter Film mit zweifelhafter Wirkung. „The Seventh Cross". In: Aufbau 40 (6.10.1944), S. 11. Deutsche Nationalbibliothek, Sammlung Exilpresse digital, https://portal.dnb.de/bookviewer/view/1026561825#page/11/mode/1up. (Zugriff: 15.9.2020).
43 Courage of Lassie (US 1946), Regie: Fred M. Wilcox, mit: Pal (Lassie), Elizabeth Taylor.

**Abb. 4:** Buchcover, Eric Knight: *Lassie come home* (1940).

Traumatisierung. Ein Kriegsflugzeug des amerikanischen 458$^{th}$ Bombergeschwaders trug im Übrigen den Namen „Lassie Come Home". Doch „she didn't come home", der Bomber stürzte 1944 über Norwich, Großbritannien, ab.[44]

*Lassie Come Home* (1943) interpretierte aber nicht allein die innenpolitische soziale und ökonomische Krise. Außenpolitisch transportierte der Film mit seiner „story of a people" die kulturelle Zusammengehörigkeit des republikanischen Amerika (die Figur des Arbeiters) und des monarchistischen Großbritan-

---

[44] Hidden History: Lassie come home, https://www.invisibleworks.co.uk/hidden-history-lassie-come-home/ (Zugriff: 15.9.2020).

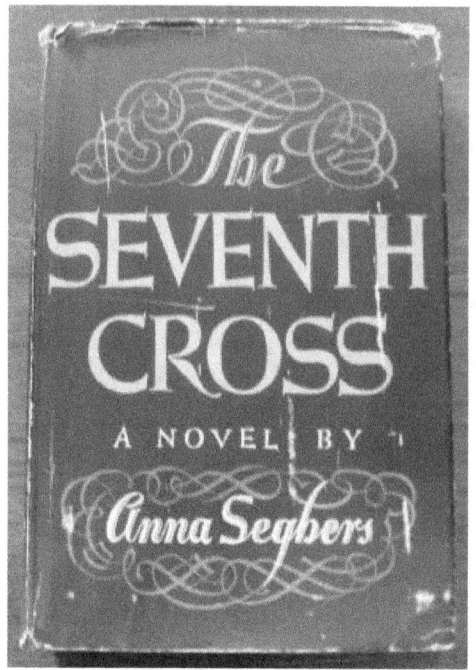

**Abb. 5:** Buchcover, Anna Seghers: *The Seventh Cross* (1942).

nien (die Figur des Herzogs) zu einem Zeitpunkt, an dem die Brudervölker auf den europäischen Kriegsschauplätzen gemeinsam agieren.[45] Vor allem aber lässt sich der Film als filmisches Statement gegen die eliminatorische Ausgrenzung des ‚Anderen' und für Empathie mit der leidenden Kreatur lesen. So gesehen, lässt sich der Film in einem erweiterten Sinn als Anti-Nazi Film verstehen, obwohl ihm die augenfälligen Zeichencodes dieses Propagandasubgenres fehlen: Mit etwa 180 so genannten Anti-Nazi-Filmen popularisierte die amerikanische Filmindustrie zwischen 1939 und 1946 das Feindbild des nationalsozialistischen Deutschland. Hollywood applizierte bewährten Genrefilmdramaturgien des Abenteuer-, Spionage-, Kriminal- und Heimatfilms ein politisch signifikantes Kostüm, holzschnittartige ideologische Attribute und schwarzweiß konstruierte Stories etwa vom patriotischen Widerstand gegen das nationalsozialistische Terrorsystem. *Lassie Come Home* verkehrt dieses Verhältnis: Der Dramaturgie des Abenteuerfilms ist die politische Matrix der Humanität / Inhumanität unterlegt. Das Leid, das dem Hund widerfährt, ist nicht im „Vergleich zu dem,

---

[45] Diesen Hinweis verdanke ich Christian Rogowski, University of Massachusetts Amherst, USA.

**Abb. 6:** Foto, amerikanischer Bomber mit dem Namenszug „Lassie Come Home", 458th Bomb Group B-24.

was Hunderttausende im letzten Jahrzehnt erlebt haben[,] wenig dramatisch"[46], so der Bühnenautor, Regisseur und Emigrant Kurt Hellmer im *Aufbau*, eine Relation, in der sich 1943 die kulturkritische Kontroverse von realem Leid und (medien)ästhetischer Praxis *avant la lettre* abzeichnet. Das Leid des Hundes relativiert aber nicht reales Leid, es ist ein allegorisches Leid. Die naturgesetzliche Andersartigkeit und Ähnlichkeit des Hundes, die in seinem Status als der ‚andere' Gefährte erhalten bleibt, lässt sich als Verschiebung identifizieren: Verschoben auf die denunzierte Andersartigkeit des Juden. Dieser Generalverdacht führt über die Varianten des kulturellen und rassistischen Antisemitismus in den Holocaust. „Als die Juden einmal in den Lagern waren, hätte ihnen nur noch eine äußere Macht zur Rettung eilen können – und keine stand in Aussicht."[47]

---

[46] k. h. [d. i. Kurt Hellmer]: Filmpanorama. „Lassie Come Home". In: Aufbau 42 (15.10.1943), S. 11. Deutsche Nationalbibliothek, Sammlung Exilpresse digital, http://d-nb.info/1039684807 (Zugriff: 15.9.2020).
[47] Shklar: Laster, S. 27.

Davon handelt *Lassie Come Home*. Der Film wagt eine mediale Rettung. Er erzählt eine dramatische Geschichte von Deportation und Flucht und plädiert engagiert für Treue und Mitgefühl mit der leidenden Kreatur, gegen Gleichgültigkeit und Verrat. Das ethische Plädoyer hat eine (film)politische Dimension. Das Mitgefühl entspringt aus der – stellvertretend für ein Publikum gestellten – Frage „What happens to Lassie?" Das Mitgefühl ist die Antithese der den Genozid ermöglichenden kalten Mitleidlosigkeit. Die Praxis des Mitgefühls beginnt mit dem – appellativen – Versprechen bedingungsloser Humanität im Zeichen der Gefahr: „We can always stay together." *Lassie Come Home* tritt in einer filmpolitischen Leerstelle auf, denn die Anti-Nazi-Filme sind – von Ausnahmen abgesehen wie *Jew Suess* (1934), *The Great Dictator* (1940) oder Ernst Lubitschs Inschrift „Schindler" in *To Be or Not To Be* (1942) – der nationalsozialistischen Judenverfolgung und der medialen Utopie der Rettung ausgewichen.

## Abbildungsverzeichnis

Abb. 1: Filmplakat, *Lassie Come Home* (US 1943), Regie: Fred M. Wilcox.
Abb. 2: Foto, *Lassie Come Home* (US 1943): Roddy McDowall (Joe), Pal (Lassie) (aus: Eintrag „Lassie komm zurück (1943)", IMDb, https://www.imdb.com/title/tt0036098/mediaviewer/rm2356405760/ (Zugriff: 3.5.2021)).
Abb. 3: Filmplakat, *The Seventh Cross* (US 1944), Regie: Fred Zinnemann.
Abb. 4: Buchcover, Eric Knight: *Lassie come home* (1940).
Abb. 5: Buchcover, Anna Seghers: *The Seventh Cross* (1942).
Abb. 6: Foto, amerikanischer Bomber mit dem Namenszug „Lassie Come Home", 458th Bomb Group B-24. (USAAF photo, Washington, out of copyright).

## Filmverzeichnis

Bambi (US 1942), Regie: Walt Disney.
Cat People (US 1942), Regie: Jacques Tourneur.
Courage of Lassie (US 1946), Regie: Fred M. Wilcox.
Jew Suess (aka Power) (GB 1934), Regie: Lothar Mendes.
Krambambuli. Die Geschichte eines Hundes (DE 1940), Regie: Karl Köstlin.
Lassie Come Home (US 1943), Regie: Fred M. Wilcox.
The Great Dictator (US 1940), Regie: Charles Chaplin.
The Seventh Cross (US 1943/1944), Regie: Fred Zinnemann.
To Be or Not To Be (US 1942), Regie: Ernst Lubitsch.

# Literaturverzeichnis

Agamben, Giorgio: Das Offene. Der Mensch und das Tier [2002]. Zit. nach: Roland Borgards, Esther Köhring und Alexander Kling (Hg.): Texte zur Tiertheorie. Stuttgart 2015, S. 240–259.
Barker-Friedberg, Anne: Der vierbeinige Andere und die Projektion im Kino. In: Frauen und Film 47 (1989): Mann + Frau + Animal, S. 4–11.
Bauer, Matthias: Flucht. In: Thomas Koebner, Norbert Grob und Anette Kaufmann (Hg.): Handbuch Standardsituationen im Film. Marburg 2016, S. 130–133.
Berger, John: Warum sehen wir Tiere an? In: ders.: Das Leben der Bilder oder die Kunst des Sehens [1981]. Berlin 1989, S. 13–38.
Borgards, Roland, Esther Köhring und Alexander Kling (Hg.): Texte zur Tiertheorie. Stuttgart 2015.
Borgards, Roland: Tiere und Literatur. In: ders. (Hg.): Tiere. Kulturwissenschaftliches Handbuch. Stuttgart 2016, S. 225–244.
Ebner-Eschenbach, Marie von: Krambambuli, https://www.projekt-gutenberg.org/ebnresch/krambamb/krambamb.html (Zugriff: 15.9.2020).
Ehrismann, Otfried: Ehre und Mut, Aventiure und Minne. Höfische Wortgeschichten aus dem Mittelalter. München 1995.
Fontane, Theodor: Effi Briest [1896]. Berlin 2008.
Frauen und Film 47 (1989): Mann + Frau + Animal.
George, Manfred: Ein guter Film mit zweifelhafter Wirkung. „The Seventh Cross". In: Aufbau, 40 (6.10.1944), S. 11. Deutsche Nationalbibliothek, Sammlung Exilpresse digital, https://portal.dnb.de/bookviewer/view/1026561825#page/11/mode/1up (Zugriff: 15.9.2020).
Haraway, Donna: Das Manifest für Gefährten. Wenn Spezies sich begegnen – Hunde, Menschen und signifikante Andersartigkeit [The Companion Species Manifesto. Dogs, People and Significant Otherness, 2003]. Berlin 2016.
[Hellmer, Kurt]: Filmpanorama. „Lassie Come Home". In: Aufbau 42 (15.10.1943), S. 11. Deutsche Nationalbibliothek, Sammlung Exilpresse digital, http://d-nb.info/1039684807 (Zugriff: 15.9.2020).
Hidden History: Lassie come home, https://www.invisibleworks.co.uk/hidden-history-lassie-come-home/ (Zugriff: 15.9.2020).
Homer: Ilias, Odyssee. In der Übertragung von Johann Heinrich Voss. Frankfurt a. M. 1990.
Kynast, Katja: Geschichte der Haustiere. In: Roland Borgards (Hg.): Tiere. Kulturwissenschaftliches Handbuch. Stuttgart 2016, S. 130–138.
Latour, Bruno: Eine neue Soziologie für eine neue Gesellschaft. Einführung in die Akteur-Netzwerk-Theorie. Frankfurt a. M. 2007.
Möhring, Maren, Massimo Perinelli und Olaf Stieglitz: Tierfilme und Filmtiere. Einleitung. In: dies. (Hg.): Tiere im Film. Eine Menschheitsgeschichte der Moderne. Köln, Weimar, Wien 2009, S. 3–10.
Nessel, Sabine: Tiere und Film. In: Roland Borgards (Hg.): Tiere. Kulturwissenschaftliches Handbuch. Stuttgart 2016, S. 262–269.
Sachs, Hannelore, Ernst Badstübner und Helga Neumann: Christliche Ikonographie in Stichworten. Berlin 1994.

Sebald, W. G.: Wie Tag und Nacht – Über die Bilder Jan Peter Tripps (1993). In: ders.: Logis in einem Landhaus. Über Gottfried Keller, Johann Peter Hebel, Robert Walser und andere. Frankfurt a. M. 2000, S. 169–188.
Seghers, Anna: Das siebte Kreuz. Roman [1942]. Berlin, Weimar 1971.
Seghers, Anna: Transit. Roman [1944]. Bibliothek Exilliteratur, hg. von Hans-Albert Walter. [Frankfurt a. M.] 1985.
Shklar, Judith N.: Ganz normale Laster [Ordinary Vices, 1984]. Berlin 2014.
Shklar, Judith N.: Verpflichtung, Loyalität, Exil [1992], hg. von Hannes Bajohr. Berlin 2019.
Stephan, Alexander: Ein Exilroman als Bestseller. Anna Seghers' *The Seventh Cross* in den USA. Analyse und Dokumente. In: Exilforschung 3 (1985): Gedanken an Deutschland, hg. von Thomas Koebner u. a., S. 238–259.
Stieglitz, Olaf: Citizen Lassie. Tiere als bessere Staatsbürger im US-Fernsehen der 1950er Jahre. In: Maren Möhring, Massimo Perinelli und Olaf Stieglitz: Tiere im Film. Eine Menschheitsgeschichte der Moderne. Köln, Weimar, Wien 2009, S. 223–236.
Thielmann, Carlo: Filmtiere erforschen. Einige Überlegungen zu den Voraussetzungen der filmanalytischen Annäherung an das Animalische. In: Philipp Blum und Carlo Thielmann (Hg.): Animalische Audiovisionen: Modellierungen des Tieres in Film und Fernsehen. AugenBlick. Konstanzer Hefte zur Medienwissenschaft 60 (Dezember 2014), S. 102–112.
Zehl Romero, Christiane: Anna Seghers. Eine Biographie. Bd. 1: 1900–1947. Berlin 2000.

## II Animalisierung und Ausgrenzung im NS-Diskurs

Joela Jacobs
# *Die lustige Kaninchenfibel:* Ideologische Mensch-Tier-Parallelen in der Rassekaninchenzucht des Dritten Reichs

Zwischen 1935 und 1942 erschien im Verlag Deutsche Landwerbung GmbH, Berlin, eine mehrbändige Reihe von dünnen DIN-A5-Heften unter dem Titel *Die lustigen Fibeln*. Jeweils in Zusammenarbeit mit Fachverbänden erstellt, widmen sie sich verschiedenen landwirtschaftlichen Themen, von der *Lustigen Kartoffelkäfer-Fibel* (1935) über *Die lustige Bienenfibel* (1939) bis hin zur *Lustigen Gemüsefibel* (1943). Dazwischen finden sich Fibeln zu Ackerfutterbau, Landmaschinen, Land- und Hausarbeit, zu Hornkäfern, Ziegen, Hühnern und Kaninchen, zu Milch, Hanf und Boden, und ein zusätzlicher, verwandter Band: *Richtig Füttern. Eine lustige Fibel* (1940). Bunt illustriert stellen diese Hefte auf etwa dreißig Seiten in gereimter Versform fachliche Anleitungen zum jeweiligen Thema vor. Ob es um Ackerfutterbau oder Hühnerzucht geht, die praktische Anwendung dieser Informationen ist von einer durch den Zweiten Weltkrieg immer stärker werdenden wirtschaftlichen Notwendigkeit geprägt. So heißt es am Ende des Vorworts zur *Lustigen Kaninchenfibel*: „Folge der Fibel, du hilfst dir und deinem Volk im Kampf um die Nahrungs- und Rohstoffreiheit."[1] Aus diesen Worten geht nicht nur ein Streben nach wirtschaftlicher Unabhängigkeit, sondern auch die starke ideologische Prägung dieser Hefte hervor. Am Beispiel der *Lustigen Kaninchenfibel* wird sich zeigen, wie sehr die nationalsozialistische Rassenideologie sich auf das Verständnis von Um- und Tierwelt niederschlug, bzw. dass soziale und biologische Diskurse über Mensch und Tier von einer sich gegenseitig bestimmenden Rassenlogik geprägt waren. Ob Zucht oder Reinlichkeit, Familie oder Bild der Frau, *Die lustige Kaninchenfibel* gibt nicht nur Antworten auf Fragen, die die alltäglichen Lebensbereiche der Tiere betreffen, sondern auch die der Menschen.

---

[1] Kurt Neelsen: Die lustige Kaninchenfibel, illustr. von F. von Lampe, hg. von Reichsverband Deutscher Kleintierzüchter e. V., Reichsfachgruppe Kaninchenzüchter e. V., mit Unterstützung des Reichsministeriums für Ernährung und Landwirtschaft. Berlin o. J., S. 3. Im Folgenden mit der Sigle Kf und der Seitenzahl direkt im Text zitiert.

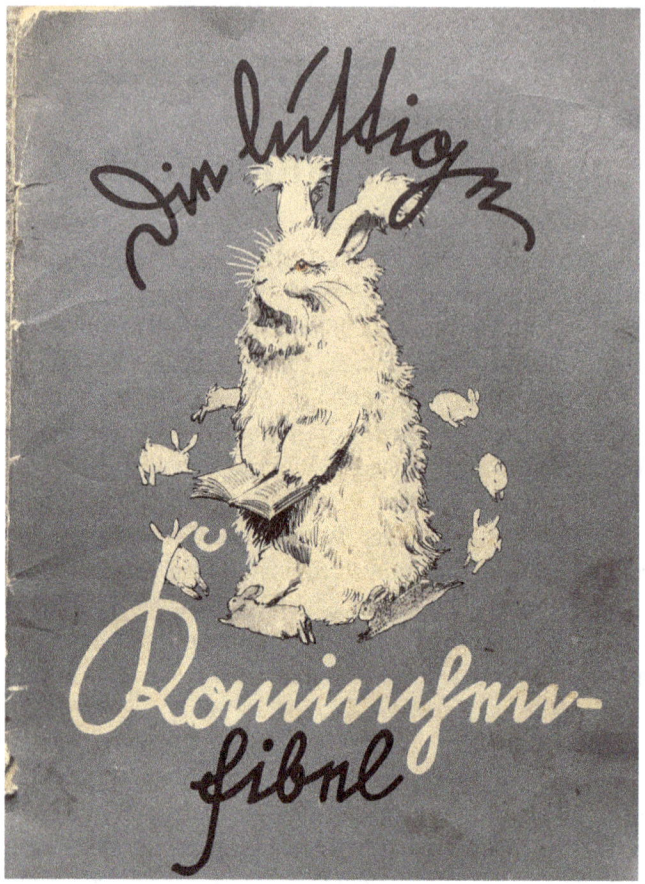

**Abb. 1:** Titelblatt der *Lustigen Kaninchenfibel*.

## 1 Kaninchenkapital in Wort und Bild: Eine Fibel für alle?

Als Beispiel für die Alltagspropaganda der Nazis ist sowohl die Rhetorik als auch die Bebilderung der *Lustigen Kaninchenfibel* aufschlussreich. Das Titelblatt, auf dem ein weißes Angorakaninchen mit roten Augen ein Buch in den Pfoten hält und von kleineren Kaninchen umkreist wird, entspricht grafisch dem typischen Design der Reihe, die den Gegenstand fast immer zentral abbildet und im Fall der nicht-tierischen Themen auch Objekte anthropomorphisiert

(z. B. eine lesende Milchkanne mit Gesicht). Dabei findet sich die im Titel angekündigte ‚Lustigkeit' auf der Bildebene oft in lachenden Mienen wieder und der erste Satz des Vorwortes der *Kaninchenfibel* macht sie gleich zum Programm: „Freundlich lächelnd stellt ‚Die lustige Kaninchenfibel' sich vor. Spielend, mit leichtfüßigen Reimen und lustig-listigen Bildchen gibt sie Anschauung und Lehre zugleich von den Dingen um die Kaninchenzucht" (Kf 3). Unterschrieben vom geschäftsführenden Präsidenten der „Reichsfachgruppe Kaninchenzüchter e. V. im Reichsverband Deutscher Kleintierzüchter e. V." (Kf 3), die „mit Unterstützung des Reichsministeriums für Ernährung und Landwirtschaft" (Kf 2) auch als Herausgeber genannt werden, kombiniert dieses Vorwort einen jovialen Ton und einfache Zugänglichkeit mit Autorität und Expertise: Zum einen vermittelt hier der Präsident der Kaninchenzüchter des Landes mit Unterstützung des Ministeriums eine wirtschaftspolitische Botschaft, zum anderen spricht er als passionierter Kleintierzüchter aus dem Verein über einen eher als Freizeitbeschäftigung ausgewiesenen Bereich, um interessierten Laien Insider-Tipps anzubieten.[2] Zu diesem spielerischen Zugriff trägt die Bebilderung des Bandes bei, auf die die Innenseiten des Umschlags eine Vorschau bieten: Durch die wabenartigen Maschen eines Kaninchengitters rahmenhaft abgetrennt, findet sich dort eine Auswahl der Illustrationen des Bandes, die von lächelnden Mohrrüben bis hin zu aufgespannt trocknenden Kaninchenfellen reicht. In der Mitte prangt das Logo der Reichsfachgruppe Kaninchenzüchter, mit Adler und Hakenkreuz.

In der Fibel ist kein Erscheinungsjahr abgedruckt, aber verschiedene Details im Heft deuten recht eindeutig auf 1940 hin. Die Verse des Bandes sind in Fraktur-Grotesk gesetzt, vermutlich in der Tannenberg-Schrift, die zwischen 1935 und 1937 entwickelt, kurzzeitig sehr weit verbreitet, aber ab dem Normalschrifterlass von 1941 kaum noch in offiziellen Dokumenten verwendet wurde. Die Überschriften sind dagegen in einer Sütterlinvariante gedruckt. Sütterlin war ab 1935 als ‚Deutsche Volksschrift' bekannt und wurde ab 1941 ebenfalls aus dem Schulunterricht verbannt.[3] Die Seiten kombinieren thematische Über-

---

[2] Im Gegensatz zum heutigen Verständnis der Kaninchenzucht als Hobby war dieser Bereich wirtschaftlich sehr viel relevanter und weiter verbreitet in diesen Jahren und bedeutete für viele Familien ein notwendiges Zubrot. 100 Jahre Kreisverband der Rassekaninchenzüchter Gütersloh e. V., hg. von Kreisverband der Rassekaninchenzüchter Gütersloh e. V., S. 15, https://www.rassekaninchenzuechter-guetersloh.de/fileadmin/images/chronik-kreisverband-rassekaninchen.pdf (Zugriff: 10.3.2021).
[3] Als Teil des Antiqua-Fraktur-Streits untersagte der Normalschrifterlass die Frakturschrift am 3. Januar 1941, damit Publikationen und Verordnungen für die Bevölkerung in besetzten Gebieten einfacher zu lesen waren. Am 1. September des gleichen Jahres erging der Erlass für die Schulen. Friedrich Beck: „Schwabacher Judenlettern". Schriftverruf im Dritten Reich. In: Botho

schriften und Bilder mit verschieden langen Strophen, die aus Zeilen ähnlicher Länge mit Paarreimen bestehen. An zwei Stellen sind Fußnoten mit technischen Details eingefügt, während die Seitenzahlen in roter Farbe abgesetzt sind. Insgesamt erscheint das bunte Heft daher wie ein lehrreiches Kinderbuch, eine Fibel eben, und so wurden die Hefte auch in Schulen verteilt.[4] Besonders Seiten, die beispielsweise personifizierte Pflanzen mit ausdrucksstarken Gesichtern als Kaninchenfutter vorstellen (vgl. Kf 14), richten sich mit ihrer optischen Aufmachung eindeutig an Kinder, wobei jedoch der sehr praktische und durchaus technische Inhalt Erwachsene anspricht. Diese doppelte Ausrichtung sowie die Präsenz von weit mehr Müttern als Vätern auf den Bildern weist subtil darauf hin, dass die familieneigene Kaninchenpflege in Kriegszeiten zumeist Frauen und Kindern zufiel. Dadurch wird auch die Notwendigkeit der Wissensvermittlung in Form dieser Hefte deutlicher: Nicht nur die wirtschaftliche Not durch Krieg und den erliegenden Importhandel bedingen den Bedarf nach solchen Fibeln, sondern auch der Verlust des Wissens der Väter. Zudem wird Kaninchenzucht hier auch für die betuchteren Gesellschaftsschichten und Menschen fernab vom Land als Einkommensquelle oder zumindest Konsumgut etabliert, da einige der Zeichnungen gegen Ende der Fibel eher die städtische Kleidung des Mittelstands abbilden, wie einen Vater im Anzug und eine Frau im Pelz (Kf 28).[5]

Die Aufgaben, die die Fibel beschreibt, sind nicht alle im heutigen Verständnis kindgerecht, bzw. es stellt sich die Frage, ab welchem Alter diese verstanden oder ausgeführt werden können. Gerade zu Beginn des Bandes kommen die wirtschaftspolitischen und ideologischen Stimmen stärker zu Wort: So geht es auf den ersten Seiten um die Erträge und Gründe der Kaninchenzucht und entsprechend zeigt die Bebilderung ein Kaninchen, dessen Köttel sich in immer größer werdende Münzen verwandeln, während das Grünzeug knabbernde Lebewesen selbst zu Rohstoffen wie Fell, Fleisch und Wolle verarbeitet wird. Auf der anderen Seite ist eine blutrote Karte des Deutschen Reiches, inklusive Österreichs und Polens, zu sehen, wodurch die Hypothese des Erscheinungsdatums von 1940 weiter bestätigt wird. Dort hockt ein anderes Kaninchen, das die Einfuhr von Kaninchenfellen und den damit verbundenen Verlust von Münzen mit Sorge betrachtet. Im Text wird vorgerechnet, dass die Kanin-

---

Brachmann, Helmut Knüppel, Joachim-Felix Leonhard und Julius H. Schoeps (Hg.): Die Kunst des Vernetzens. Berlin 2006, S. 251–269.
**4** 1941 – Die „Kartoffelkäfer-Fibel" wird in der Schule verteilt. In: Ottobeuren macht Geschichte, https://www.ottobeuren-macht-geschichte.de/items/show/283 (Zugriff: 10.3.2021).
**5** Für diesen Hinweis und die *Kaninchenfibel* selbst möchte ich meinen Eltern, Gerd und Irene Zeller, danken, die aus Erfahrung bestätigen, dass Kaninchenzucht auch noch in den 1950er und 1960er Jahren oft die einzige Fleischquelle (der Sonntagsbraten) einkommensschwächerer Dorffamilien war.

chenzucht pro Jahr etwa 120 Millionen Reichsmark einbringt, u. a. auch weil die Ernährung der Tiere aus „Küchenabfall, Unkraut nur" (Kf 4) bestritten werden kann. Deswegen propagiert die Fibel eine Realität, die gleichzeitig auch Vision zu sein scheint: „In Stall an Stall und Bucht an Bucht / wächst ein Millionenheer heran / und bringt Millionenwerte dann" (Kf 4). In Kombination mit der Landkarte und den vielen Münzen ist dieses ‚Millionenheer' gleichzeitig wirtschaftliches und politisches Kapital. Die beiden ‚Millionen' scheinen das ‚Heer' und die ‚Werte' gleichzusetzen und stehen damit in direkter Verbindung mit kriegerischem Erfolg. So werden aus Kaninchen Soldaten, und diese sind in ihrer auf dieser Seite so häufig vertretenen abgezogenen Form – blutig und nackt – wiederum Futter für den Krieg. Auf diesem Hintergrund wirkt der Hinweis des Vorworts auf die „Freude am niedlichen Tier" (Kf 3) fast perfide. So sehr die Fibel auch die privaten Vorteile der Kaninchenzucht betont, so ist doch von Anfang an klar, dass die Kaninchenzüchtenden einen Beitrag zur Kriegsmaschinerie leisten und der Gewinn nicht nur Einzelpersonen, sondern auch dem Reich zufällt.

## 2 Ideologische Mensch-Tier-Parallelen: Reinlichkeit und Gesundheit

Bereits die ersten Seiten der Fibel weisen auf die rassenideologische Aufladung der *Kaninchenfibel* hin. Direkt unter der roten Landkarte heißt es: „Darum laß nur leistungsvolle / Tiere noch im Stalle wohnen, / die das Futter bestens lohnen" (Kf 5). In einem auf Produktivität ausgelegten Kontext sind „nutzlose Esser",[6] so die Nazi-Terminologie der Euthanasie, nicht willkommen. Gleich zu Beginn macht die Fibel also deutlich, dass kein Alltagsverhalten unpolitisch ist. Kaninchen, mit denen man ansonsten vielleicht ein Haustier mit weichem Fell, viel Nachwuchs oder den Osterhasen und Zaubertricks assoziiert, werden in dieser Fibel nicht nur zu Beispielen für wirtschaftliches und menschliches Kapital im Krieg, sondern sie repräsentieren auf den folgenden Seiten auch ‚Rassenreinheit' im Kontext von Hygiene, Nachwuchs und Zucht. Die Themenführung beginnt mit dem Bau des Stalls, Pflege und Fütterung und beschreibt dann „[l]eistungsfähige Junge", „Aufzucht", einen Exkurs zu Angorakaninchen und kurz vor Schluss das „Schlachten" und „Erzeugnisse" (Kf 17, 20, 24, 26). Oft mit Kon-

---

6 Robert M. W. Kempner: Die Ermordung der „nutzlosen Esser". In: Kritische Justiz 17 (1984), 3, S. 336–337.

trastbildern untermalt, zeigt die Fibel sowohl wie die ideale Haltung aussehen soll, als auch was zu vermeiden ist.

Die Kapitel zur richtigen Unterbringung und Versorgung der Kaninchen sind weniger eindeutig ideologisch aufgeladen – bis auf die starke Betonung von Reinlichkeit und Ordnung, die sich mit der nationalsozialistischen Ideologie der ‚Rassenhygiene' und antisemitischer Propaganda von Jüdinnen und Juden als ‚Bazillus', ‚Parasit' und ‚Ungeziefer' verbinden lässt.[7] So rät der Text von der Tierhaltung im Keller oder auf dem Balkon ab und plädiert für weiträumige, luftige und helle Ställe im Garten, um Krankheiten zu vermeiden: „Ein Stall soll kein Gefängnis sein" (Kf 6). Die damit einhergehenden zwei Bilder stellen enge, ungleichmäßige Kisten in einer unordentlichen Gartenecke voller Unkraut, Lumpen und Brettern einem mehrstöckigen, symmetrischen Stall neben Sonnenblumen und Lupinen gegenüber, vor dem eine blonde Frau steht, die einen weißen Hasen im Arm hält (vgl. Kf 6–7). In einer anderen Ecke der Seite findet sich ein von Fliegen umschwirrtes totes Kaninchen. Weiter beschreibt die Fibel die Ausstattung des Stalles, um die Tiere vor Zugluft, Regen und Schnee zu schützen und mit genügend Futter und Wasser zu versorgen. Sie lehrt: „Offene Raufen mußt du meiden, / Schaden kannst du sonst erleiden; / leicht fällt hier ein Jungtier rein, / solch ein Selbstmord wär gemein" (Kf 9). An dieser Stelle wird die Verantwortung für andere Lebewesen zum ersten Mal deutlich, jedoch ist auch dieses Thema direkt mit wirtschaftlichem Gewinn und Verlust verbunden. In den nächsten Strophen gibt die Fibel genaue Anleitung, wie sich die Stallgröße zu den Subventionen des Reichsverbands verhält, und hier gibt die erste Fußnote den neuen Kaninchenzüchtenden die Adresse des Verbandes, um sich „eine Beihilfe" (Kf 9) auszahlen zu lassen.

Auch die Pflege widmet sich schon im ersten Satz der Verbindung von Hygiene und Gesundheit: „Willst du gesunde Tiere halten, / laß Reinlichkeit vor allem walten" (Kf 10). Wiederum kontrastieren die Bilder ein schlechtes mit einem guten Beispiel, diesmal unglücklich und schwach ausschauende braune Kaninchen in ihrem Mist im Gegensatz zu einem detaillierten Diagramm, das ein reinliches weißes Kaninchen zeigt. Die ideologisch grundierte Farbwahl der Tiere zieht sich fast durch den gesamten Band, ebenso wie die blonde Haarfarbe und weiße Haut aller abgebildeten Menschen. Mit Text und Bild verdeutlicht

---

[7] So schreibt Hitler in *Mein Kampf*: „Der Jude ist und bleibt der typische Parasit, ein Schmarotzer, der wie ein schädlicher Bazillus sich immer mehr ausbreitet, sowie nur ein günstiger Nährboden dazu einlädt." Adolf Hitler: Mein Kampf [1925]. München 1938 (306. Aufl.), S. 334. Siehe auch Jörg Meibauer: „Um den Schädling zu vernichten". Propaganda, Hass, Humor und Metapher im Kindersachbuch. „Die Kartoffelkäfer-Fibel" (1935) und „Karl Kahlfraß und sein Lieschen" (1952). In: Silvia Bonacchi (Hg.): Verbale Aggression. Multidisziplinäre Zugänge zur verletzenden Macht der Sprache. Berlin, Boston 2017, S. 295–310.

die Fibel, dass der Stall wöchentlich gesäubert werden soll und eine Unterlage aus Torfmull mit einer Strohschicht die richtigen Bedingungen bietet. Hinzu kommt eine halbjährliche Desinfektion, um „Krankheiten, Ungeziefer" (Kf 10) und den Tod der Tiere zu vermeiden: „Ein Mittel nimm, das keimfrei macht. // Hast du auf Krankheit nur Verdacht, / dann schlacht das Tier, weil sonst vielleicht / die Krankheit andere noch erreicht" (Kf 11). Die Fibel vermittelt viel Wissen, gibt aber keinen medizinischen Rat für das Vorgehen gegen typische Kaninchenkrankheiten. Fehlende Reinlichkeit steht in direktem Zusammenhang mit Krankheit, die wiederum den sofortigen Tod durch Schlachtung bedeutet, um Ansteckung zu vermeiden. Wer alles sauber und ordentlich hält, dessen Schützlinge leben (und Ungeziefer findet keinen Nährboden). Im Rückschluss heißt das aber auch, dass verwehrte Hygiene ein kalkuliertes Todesurteil bedeutet. Parallelen zur Vernichtungslogik von Ghettos und Konzentrationslagern drängen sich schon an dieser Stelle auf, auch wenn sie erst später im Band eindeutiger werden.

Die Fütterung ist von ähnlichen Themen bestimmt. Die Fibel beginnt mit dem Problem der Überfütterung und empfiehlt dann einen regelmäßigen Rhythmus und eine Platzierung des Futters im Trog, damit dieses nicht mit den Ausscheidungen der Kaninchen vermischt wird: „Oft kommt der Segen unerbeten / und wird dann in den Kot getreten" (Kf 12). Diese Ratschläge machen auch deutlich, dass diese Lebensbedingungen für Kaninchen nicht natürlich sind und sich eine unhygienische Haltung vom Menschen unter diesen Umständen nur eindämmen, aber nicht vermeiden lässt. Außerdem weisen diese Zeilen schon auf die Hauptaussage der nächsten vier Seiten hin: „Kaninchenfutter soll nichts kosten" (Kf 13). So gibt die Fibel im Folgenden Anleitung, welche Küchenabfälle, Wiesenerzeugnisse und welches Gartengrün sich zur Ernährung eignen. Lange Listen von Wegpflanzen, Ernteabfällen und Winterknollen füllen die nächsten Strophen und Illustrationen. Die Bilder dieser Seiten rangieren von erschrockenen Radieschen über verängstigten Löwenzahn und erboste Sonnenblumen bis zu wütenden Rüben (vgl. Kf 14). Jedes Familienmitglied, ob groß oder klein, zweibeinig oder auf vier Pfoten, schleppt Kaninchenfutter herbei oder trocknet Heu, um dem Rat der Fibel zu folgen, die Fülle des Sommers für den Winter anzulegen (vgl. Kf 12–13, 15). Selbst das Einlegen von wasserhaltigem Futter und seine Aufbewahrung unter der Erde wird mit einem Diagramm genauestens beschrieben (vgl. Kf 16). Damit verweist die Fibel erneut auf das kollektive Streben nach ‚Rohstofffreiheit' während der Kriegsjahre, wobei die Familie als Miniaturversion des Volkes verstanden wird. Die Geschichte zeigt, dass solches Kaninchenfutter in den fortschreitenden Kriegsjahren und v. a. in der Nachkriegszeit auch zur Nahrung der hungernden Menschen wurde.

## 3 Ideologische Mensch-Tier-Parallelen: Abstammung, Zucht und Nachwuchs

Die Abschnitte zum Thema Zucht und Nachwuchs sind von Beginn an mit der Wert-Thematik assoziiert. Während die Münzen auf den Bildern am Anfang des Heftes und auch neben der Anleitung zur Verbands-Beihilfe rollen, wird die Frage der Kosten und des Gegenwerts auf den dann folgenden Seiten eher qualitativ als quantitativ bemessen. So beginnt das Kapitel „Leistungsfähige Junge!" mit folgenden Worten: „Beim Jungtierkauf ist es verkehrt, / auf Preis zu schauen, statt auf Wert" (Kf 17). Danach werden die zu niedrigen Preise und Probleme mit solchen Tieren benannt, die oft zu jung sind und „frei von Rasse" (Kf 17). Dieser Umstand bedeutet: „X- oder O-bein', Hängebauch / und eingefallner Rücken auch, / spitz die Brust und schmal das Becken, / wo soll da die Leistung stecken? // Solche Tiere sind nichts wert / und sehr oft ein Seuchenherd" (Kf 17). Die Beschreibung geht mit dem Bild eines kränklich aussehenden braunen Kaninchens einher, das viele der beschriebenen Merkmale aufweist. Gleichzeitig erinnern diese Zeilen auch an antisemitische und andere Stereotype, die zu dieser Zeit als Teil der nationalsozialistischen Rassenideologie zirkulierten. Ebenso wie das schon gefallene Stichwort des ‚Ungeziefers' könnte diese Beschreibung auch auf eine antisemitische Karikatur aus einem Nazi-Propagandablatt passen. Rasse und Herkunft werden an dieser Stelle mit Wert und Gesundheit verknüpft und die eingeforderte Reinlichkeit dadurch mit ‚Rassenhygiene' gleichgesetzt.

Die nächsten Seiten beschreiben als Kontrastprogramm „anerkannte Wirtschaftsrassen" (Kf 18), die die gegenteiligen Charakteristika aufweisen: „Auf Leistung nur sind sie gezüchtet, / der Körperbau gut ausgerichtet, / das Becken breit, die Brust desgleichen, / für gute Fleischträger die Zeichen, / Felle, Wolle, stets begehrt, / werden gut bezahlt nach Wert" (Kf 18). Für die erfolgreiche Züchtung, so die Fibel, sind diese Rassen unerlässlich und werden deshalb auf der gegenüberliegenden Seite auch abgebildet und benannt. Dort findet sich der Deutsche Widder, der Deutsche Großsilber und der Wiener, aber auch der Französische Silber. Bis auf Angora- und Chinchillakaninchen mit Nationalbezeichnungen ausgestattet, verweisen die Namen dieser von weiß über silbergrau bis schwarzblau gefärbten Arten alle auf die von Nazi-Deutschland um 1940 besetzten Gebiete (vgl. Kf 10).

Die Kaninchen auf den nächsten Seiten folgen diesem Farbenspiel. Wieder einmal findet sich ein Kontrastpaar zum Thema Aufzucht: Der ‚schlechte' Stall ist von Müll und grauen Gegenständen umgeben, während der gute Stall offen im Grünen steht. Die Kaninchen im ‚schlechten' Stall sind eng eingesperrt und

**Abb. 2:** Aufzucht.

sitzen auf vielen Lagen verdreckten Strohs, das schon zu Beginn der Fibel humorvoll als „Kugellager" (Kf 10) zum Negativbeispiel gemacht wurde. Im ‚guten' Stall ist dagegen der Boden fast leer und eine Rampe führt aufs grüne Gras. Dort tummeln sich die sieben flauschigen Jungen eines schneeweißen Angorakaninchens und nippen an der vorab beschriebenen, vorbildlichen Futterschale. Im ‚schlechten' Stall dagegen drängt sich eine buntgescheckte Kaninchenfamilie mit zwei Elternteilen, bei der jedes Tier eine andere Farbkombination mit schwarzen oder braunen Flecken aufweist. Der Text beschreibt, wie der Lebenslauf der Kaninchen ‚ohne Rasse' im ‚schlechten' Stall abläuft: Viel zu jung hat die Häsin einen zu großen Wurf, „ohne Kraft und Mark, / [...] Die meisten Tiere gehen ein, / was übrig bleibt, kann nicht gedeihn, / und bringt nie ein des Futters Wert" (Kf 20). Erneut werden Gesundheit und Stärke mit Wert und Rasse assoziiert. Wer in die falsche Rasse investiert, dem ist der Misserfolg garantiert. Im Gegenzug, so geht es weiter, soll die Zucht bewusst gestaltet werden: „Junghäsinhaltung ist bewährt, / doch eigene Rammler sind verkehrt; / denn Zuchtrammler von guter Klasse / stellt nach des Vereines Kasse / gegen eine kleine Deckgebühr / der Ortsverein am Platze dir" (Kf 21). Zusätzlich enthält diese Strophe auch das richtige Fortpflanzungsalter für die maximal ertragreiche Zucht – und einen erneuten Hinweis auf Euthanasie: „Zu starke Würfe reduzier' / dann auf sechs Tier, rat ich dir!" (Kf 21) Auch wenn das Bild sieben weiße Junge zeigt, während im ‚schlechten' Stall tatsächlich nur sechs hocken, scheint die Assoziation von großen Würfen mit schwächeren, unterversorgten Tieren diesen Worten eingeschrieben. Dazu erinnert die Kontrolle der Fortpflanzung durch das Decken mit ‚Zuchtrammlern von guter Klasse' an Nazi-Projekte wie Lebensborn e. V. und die Bestimmung der idealen Wurfgröße an Konzepte wie das Mutterkreuz. Dagegen hat der ‚schlechte' Stall die Konnotation fehlender sexueller Kontrolle (‚es wie die Karnickel treiben'), dessen zu großer Kinderreichtum zu sogenannten ‚Schmarotzern' führt – nationalsozialistische Terminologie für von staatlicher Hilfe abhängige Menschen und ein weiteres antisemitisches Vorurteil.

## 4 Ideologische Mensch-Tier-Parallelen: Tätowieren und Scheren, Schlachten und Fellabziehen

Der nun folgende Exkurs zu Angorakaninchen kommt noch einmal auf das Thema der Reinlichkeit zurück: „Ist die Stallung nicht stets rein, / muß verschmutzt das Tier bald sein" (Kf 22). Die Passage gibt Anleitung zur Pflege, vor allem das regelmäßige Bürsten des Fells und die Schur, um einen möglichst hohen Ertrag für die Wolle zu erzielen. Wiederum werden Reinlichkeit, die Farbe der erneut sieben weißen Kaninchen auf dieser Seite und der (finanzielle) Wert miteinander verknüpft: „Doch müssen's weiße Tiere sein, / stell niemals farbige drum ein" (Kf 22). Auch hier investiert der Ortsverband und eine technische Fußnote erklärt die Antragstellung. Aber diesmal kommt noch eine weitere Eigenschaft hinzu: „Damit die Kasse garantiert, / sei jedes Tier auch tätowiert" (Kf 22). Und obwohl sich dies so eindeutig auf weiße Angorakaninchen bezieht, zeigt das Bild lediglich nicht tätowierte Beispiele dieser Art; die zwei tätowierten Kaninchen auf der Seite sind dagegen grau, nicht flauschig und haben keine roten Augen. Der Ausdruck des einen Kaninchens scheint besorgt oder – durch ein rötlich verfärbtes Ohr bestärkt – schmerzvoll, während das andere den Kopf gesenkt hält. An dieser Stelle scheint die Rassenideologie mit der Logik des Bandes zu kollidieren. Auch wenn die Tätowierungen von Auschwitz den Kaninchenzüchtenden zu dieser Zeit wohl noch unbekannt sein werden, ergibt die nachträgliche Lektüre ein beklemmendes Bild.

**Abb. 3:** Tätowierte Kaninchen.

Auch ohne diesen Kontext werden die nächsten Seiten von Blut und Tod bestimmt. Die Abbildungen zeigen an ihren Hinterbeinen aufgehängte Kaninchen, die Stelle, an der man zur Betäubung am besten zuschlägt, und das Abziehen und Trocknen des Fells in verschiedenen Stadien. Neben der Anleitung zur richtigen Tötungsmethode wird das Bild eines blutig beschmutzten Kaninchens einem blütenweißen, aber ebenso toten gegenübergestellt; auch wird die falsche Felltrocknung mit einem großen, blutroten Sütterlinschriftzug als „falsch" (Kf 27) ausgewiesen. Dennoch ist die Tötungsanleitung darauf bedacht, Qual zu vermeiden. Zum einen sollen die Kaninchen nicht „alt und steif" werden, sondern sind „schlachtreif bald, / sechs bis sieben Monat' alt" (Kf 24). Die vollständige Fellbildung bestimmt also die sehr kurze Spanne eines Kaninchenlebens. Im Sommer soll es deshalb auch Tieren mit schlechtem Fell an den Kragen gehen und im Winter den anderen, da man zu dieser Zeit den höchsten Preis damit erzielen kann (vgl. Kf 25). Wenn es zur Tötung kommt, soll man sie nicht „[w]ahllos greif[en ... und] läßt sie baumeln in der Luft, / dann wird geschlagen und geknufft, / unsachlich sticht man voller Wut, / besudelt wird das Fell mit Blut" (Kf 24). Im Gegensatz zu diesem unkontrollierten, unordentlichen Tod ist das richtige Vorgehen wie folgt: „Zum Schlachten auf den Tisch gesetzt, / wird dem Tier ein Schlag versetzt / mit einem Rundholz ins Genick, / dann ist's betäubt im Augenblick. / Die Halsschlagader öffne dann, / daß das Blut ablaufen kann" (Kf 25). Ein sauberer Mord ohne Gegenwehr.

Auf den folgenden Seiten ist das Kaninchen eindeutig vom Lebewesen zum „Erzeugnis[]" (Kf 26) geworden. Das Abziehen des Fells muss schnell und ohne viele Schnitte geschehen und die Galle soll entfernt werden, damit das Fleisch genießbar bleibt. Dann wird das Fell aufgespannt und draußen im Schatten „faltenfrei" (Kf 27) getrocknet. Die Bebilderung zeigt halbnackte Hasen, deren rosige Hinterbeine fast menschlich aussehen, während ihre Pfoten noch in weißen ‚Pantoffeln' stecken. Das Blut ist in den korrekten Bildern des Prozesses völlig ausgeblendet und das schneeweiße Fell wirkt wie ein edler Pelz, der sich noch auf dem Kaninchen in Schals und Fellborten zu verwandeln scheint. Dennoch sind die einzelnen Körperteile auch beim abgezogenen Fell noch klar zu sehen, auch wenn nur die ‚falschen' Fellbeispiele mit Blut verunreinigt sind. Das Fleisch wird im Text gleich in einen Braten verwandelt, der auf der nächsten Seite dann auf dem festlichen Familientisch zu sehen ist. Dort sitzen fünf blonde Kinder mit ihren Eltern um eine weiß gedeckte Tafel und antworten ihrem mit einem Anzug bekleideten Vater auf die Aufforderung „Nenn dein Leibgericht!" (Kf 28) mit verschiedenen (Kaninchen-)Fleischmahlzeiten von Gulasch bis Rouladen. Ebenfalls zeigt diese Seite eine gutgekleidete, blonde Dame im Stil der 1940er Jahre, die einen Pelzkragen und Muff zu ihrem Jägerhut trägt. Der Text hingegen konzentriert sich eher auf die Hausfrau mit ihrer Kinderschar (die sechs nicht überschreitet, wie in einem idealen Kaninchenwurf), wenn er erklärt, welche Teile des Kaninchens essbar sind. So heißt es danach: „Der Hausfrau Kunst liegt niemals brach, / hat sie Kaninchenfleisch im Masse, / das schont sehr ihre Wirtschaftskasse, / und vielerlei Gerichte gibt / dann ihre Kochkunst wohlgeübt" (Kf 28). Der Zusammenfall von Rasse und Wert, Zucht und Familie, Fleisch und stereotypen Genderrollen zeigt die Nazi-Ideologie in all ihren Facetten – und sogar einen von der attraktiven Dame im Pelz angedeu-

**Abb. 4:** Fleisch, Fell, Wolle.

teten Zusammenklang von Fleisch und Fleischeslust, den Carol Adams in *The Sexual Politics of Meat* mehrere Jahrzehnte später diagnostizierte.[8]

Der Schluss des Buches zeigt eine blonde, beschürzte Hausfrau auf einer grünen Wiese mit ausgebreiteten Armen.[9] Sie scheint mit verschiedenen Erzeugnissen der Kaninchenzucht zu jonglieren: „Fleisch, Fell, Wolle" (Kf 29). Die beiden Kaninchen an ihrer Seite sehen dagegen eher unglücklich aus. Der Text erinnert die Lesenden: „Doch nur aus eigenen Futterquellen, / gilt's diese Leistung zu erstellen! / Futtergetreide ist sehr knapp, / drum ziehe nichts vom Markte ab" (Kf 29). Schon ist der wirtschaftliche Kontext der Kriegsjahre wieder

---

[8] Dieses Buch zeigt, wie Frauen und Tiere gleichermaßen auf ihr Fleisch reduziert und von Männern konsumiert werden. Carol J. Adams: The Sexual Politics of Meat. A Feminist-Vegetarian Critical Theory. New York 1990.
[9] Diese Geste scheint das berühmte Poster des Films *The Sound of Music* (1965) vorwegzunehmen. Der Film basiert lose auf den Memoiren von Maria Augusta von Trapp, die ab 1935 in Österreich und nach ihrer Emigration 1938 in den USA und weltweit mit ihrem Familienchor sehr erfolgreich auftrat. Der Film ist dafür bekannt, besonders idyllische und stereotype Bilder österreichischer Kultur der 1930er Jahre zu zeigen. Vgl. Jacqueline Vansant: Austria Made in Hollywood. Rochester/NY 2019, S. 113–115.

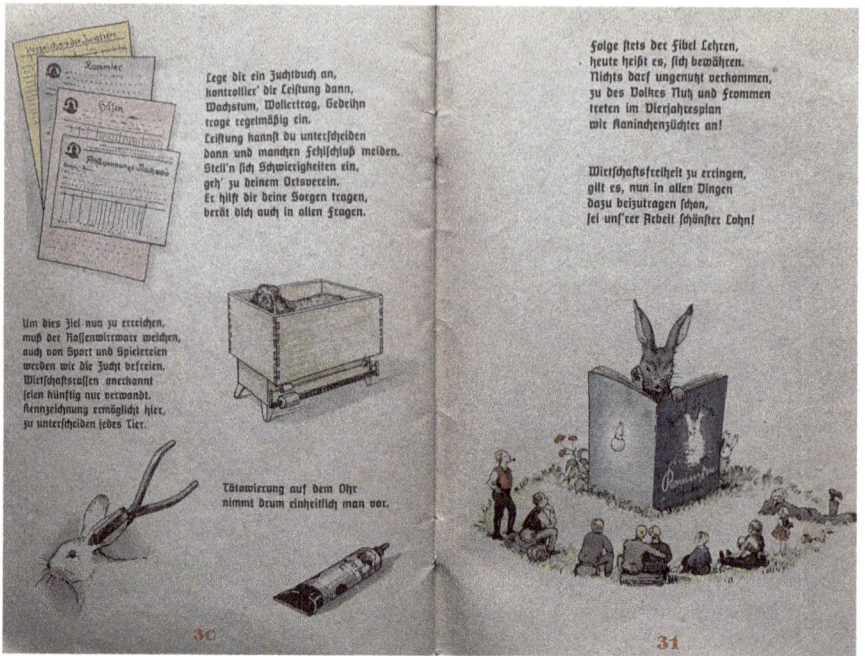

**Abb. 5:** Abstammungs-Nachweis und Tätowierung.

da, trotz der idyllischen Bilder. So führt die vorletzte Seite dann auch zurück zu den Tätowierungen und den damit einhergehenden Registrierungen der Abstammung in einem „Zuchtbuch" (Kf 30). Die Bilder zeigen einen „Abstammungs-Nachweis" (Kf 30), während der Text regelmäßige Einträge zur Kontrolle der Leistung und einheitliche Tätowierung anweist. An dieser Stelle des Bandes wird die Begründung noch einmal ganz deutlich genannt: „Um dieses Ziel nun zu erreichen, / muß der Rassenwirrwarr weichen" (Kf 30). Und so schließt sich der Kreis, da das Heft auf der letzten Seite diese Kontrolle wieder auf die Bevölkerung ausweitet und mit den wirtschaftlichen Drängnissen des Krieges verbindet: „Nichts darf ungenutzt verkommen, / zu des Volkes Nutz und Frommen / treten im Vierjahresplan / wir Kaninchenzüchter an! // Wirtschaftsfreiheit zu erringen" (Kf 31). Wieder ersteht ein Heer, das scheinbar ganz unironisch die Kaninchenzucht als Waffe gewählt hat. Ebenso unironisch liest ein überlebensgroßes Kaninchen darunter einer Gruppe blonder Menschen aus der Fibel vor, und im Umschlag findet sich zum Schluss ein Überblick der bisher im Verlag der Deutschen Landwerbung erschienenen lustigen Fibeln (der einige der 1940 erschienenen Fibeln zeigt, aber keine aus späteren Jahren) und eine Aufforderung zu ihrer scheinbar kostenlosen Bestellung.

## 5 Himmlers Häschen: Angorakaninchen im KZ

Die Kaninchenzucht ist nicht der einzige Bereich, in dem Nazi-Ideologie auf Tiere übertragen wurde. So zeigt Oliver Kohns in seinem Beitrag „Nordhühner und Südhühner. NS-Rassenideologie auf dem Hühnerhof" ähnliche Tendenzen in der Naturwissenschaft und Jörg Meibauer untersucht u. a. *Die Kartoffelkäfer-Fibel* in einem Beitrag zu „Propaganda, Hass, Humor und Metapher im Kindersachbuch".[10] Welche besonders wichtige Rolle die Kaninchenzucht allerdings in den Kriegs- und Nachkriegsjahren des Dritten Reichs spielte, offenbaren insbesondere die Unterlagen von Kaninchenzüchtervereinen.[11] In seiner hundertjährigen Chronik (1916–2016) beschreibt z. B. der Kreisverband der Rassekaninchenzüchter Gütersloh e. V., der in seinem Namen eine bestehende Betonung auf Rasse fortführt, die sich systematisierende Kaninchenzucht und Vereinsbildung seit Beginn des deutschen Kaiserreichs. „Die Kriegsjahre 1939–1945 waren gerade für die Kaninchenzüchter eine Zeit der Straffung in der Ausrichtung ihrer Zuchten. Förderungen und Zuschüsse des Staates trieben die Zucht von Wirtschaftsrassen rasant voran."[12] Die Fibel ist ein programmatischer Teil dieser

---

**10** Oliver Kohns: Nordhühner und Südhühner. NS-Rassenideologie auf dem Hühnerhof. In: Literaturkritik.de (8.2.2018), https://literaturkritik.de/nordhuehner-und-suedhuehner-ns-rassenideologie-auf-dem-huehnerhof,24134.html (Zugriff: 10.3.2021); Meibauer: „Um den Schädling zu vernichten".
**11** Die Wichtigkeit der Kaninchenzucht wird auch in späteren Filmen über die (Nach)Kriegszeit deutlich. Allerdings fungiert hier die Tötung der Tiere häufig als Symbol für die traumatischen Erfahrungen, die Kinder mit den Auswirkungen des Krieges machen. In Sönke Wortmanns *Das Wunder von Bern* (2003) schlachtet der nach langer Kriegsgefangenschaft heimgekehrte Vater die geliebten Haustiere seines Sohnes für einen Geburtstagsbraten, und in *Jojo Rabbit* (2019) erhält der Protagonist Johannes den Spitznamen „Jojo Hasenfuß", da er sich weigert, als Aufnahmeprüfung für die fiktionalisierte Hitlerjugend ein Kaninchen zu töten. Im wohl berühmtesten literarischen Text über Kaninchen und den Zweiten Weltkrieg geht es allerdings nicht um den Verlust eines echten Tieres: In Judith Kerrs autobiografisch inspiriertem Jugendroman *Als Hitler das rosa Kaninchen stahl* (1973 übersetzt von Annemarie Böll, Original 1971 auf Englisch, Verfilmungen 1978, 2019) bleibt das pinke Plüschkaninchen der jüdischen Protagonistin Anna in Berlin zurück, als sich die Familie auf die Flucht begeben muss, und wird zusammen mit anderen Besitztümern von den Nazis beschlagnahmt.
**12** 100 Jahre, S. 21.

**Abb. 6:** Angora-Zuchtstation der Waffen-SS Dachau.

‚Straffung'. In den Nachkriegsjahren setzte sich die aktive Zucht fort und besonders die Angoraproduktion stieg immer weiter an.[13]

Die Nazi-Eliten waren auch selbst an diesem Unterfangen beteiligt: Heinrich Himmler hielt ab 1941 Angorakaninchen in 31 Konzentrationslagern. Während Gefangene um ihr Überleben kämpften, wurden tausende Kaninchen in geheizten Ställen gepflegt – und regelmäßig geschoren. Die Parallelen zu den tätowierten und rasierten Menschen im KZ zeigt die menschenverachtende Werteskala der Nazi-Ideologie, in der Tiere besser behandelt werden: „Holocaust-Experte Harold Marcuse berichtete 2007 im Interview mit ‚Wisconsin Public Radio' von einem Fall im KZ Dachau, bei dem hungernde Insassen eines der Kaninchen gegessen hätten. Sie wurden hingerichtet. In anderen Fällen, so Marcuse, seien Gefangene sogar schon erschossen worden, wenn sie ein Kaninchen nur falsch behandelt hatten."[14] Getreu der Fibel zeigt Himmlers in Angorawolle

---

[13] 100 Jahre, S. 22, 24–25.
[14] Danny Kringiel: Kaninchenparadies im KZ. In: Spiegel Online (25.9.2013), https://www.spiegel.de/geschichte/ss-projekt-angora-himmlers-kaninchenzucht-im-konzentrationslager-a-951255.html (Zugriff: 10.3.2021); Brian Bull: Himmler's Angora. In: PRX (2009), https://beta.prx.org/stories/33453 (Zugriff: 10.3.2021).

eingeschlagenes und mit rund 150 Fotografien ausgestattetes Zuchtbuch, das von der *Chicago Tribune*-Korrespondentin Sigrid Schultz 1945 entdeckt wurde und heute im Besitz der Wisconsin Historical Society ist (wo es in seiner Gänze online einzusehen ist), die Ausmaße dieses Unternehmens, das zwischen 1941 und 1943 von 6 500 auf 25 000 Tiere anwuchs und Wolle für Soldatenkleidung lieferte.[15] Der gelernte Landwirt Himmler schien keinen Konflikt zwischen Tierfreundlichkeit und Menschenfeindlichkeit zu sehen. Bei einer Rede am 4. Oktober 1943 sagte er zu den versammelten SS-Gruppenführern in Posen: „Wir Deutsche, die wir als einzige auf der Welt eine anständige Einstellung zum Tier haben, werden ja auch zu diesen Menschentieren eine anständige Einstellung einnehmen."[16] Was ‚anständig' in diesem Kontext bedeutet, ist eine gute Frage. Jahrzehnte vor der Prägung des Begriffs des *human animal*, der aus tierrechtlicher Motivation die Nähe des Menschen zum Tier betont, signalisiert ‚Menschentier' hier im Gegensatz dazu die Entmenschlichung.

Die Kaninchen in der Fibel wechseln zwischen wertvollen, weißen Rasse-Kreaturen im Sinne Himmlers, die tätowiert werden und deren Herkunft in Abstammungspässen und Zuchtbüchern aufgeführt wird, und vernachlässigten, eingesperrten Wesen, die in ihrem eigenen Kot zu viel schwachen Nachwuchs werfen. Beide leben jedoch ein kurzes Leben und werden dann in Rohstoffe verwandelt. Auch wenn der ‚Rassenwirrwarr' in der Fibel abgelehnt wird, lässt sich nicht klar sagen, dass es den ‚reinrassigen' Kaninchen so viel besser ergeht. Insbesondere die Assoziationskette von Unreinheit, Krankheit und Tod geht auf die Versorgung der Tiere zurück und nicht auf angeborene Eigenschaften der Kaninchen. Auch wenn der Band die Rassenideologie der Nazis durch die Kaninchenzucht detailliert darlegt (und die Sprache der Tierzucht wiederum die Rassenideologie bedient), so bleibt doch eine weitere, wenn auch leise Botschaft, die das Prinzip der ‚Reinrassigkeit' subtil unterwandert: Ihre Abstammung schützt Kaninchen, die nicht gut gepflegt werden, nicht vor Krankheit und Tod. Diese Betonung von Umweltfaktoren und Pflege (*nurture*) scheint die Assoziation von Rasse mit angeborenen Eigenschaften zu durchbrechen und den Verantwortlichen Verpflichtung zuzuweisen. Jedoch ist Rasse im Gegensatz zu *nurture* nicht *nature*, sondern ein unnatürliches Konstrukt, das durch die Zucht bestimmter Merkmale erst entsteht. An dieser Stelle wird also die pseudo-

---

[15] Angora – Image Gallery Essay. Rabbit Raising in German Concentration Camps. In: Wisconsin Historical Society, https://www.wisconsinhistory.org/Records/Article/CS3952 (Zugriff: 10.3.2021).

[16] Heinrich Himmler: Auszug aus Himmlers Rede an die SS-Gruppenführer in Posen (4. Oktober 1943). In: Deutsches Historisches Institut (Hg.): Deutsche Geschichte in Bildern und Dokumenten, https://ghdi.ghi-dc.org/sub_document.cfm?document_id=1513&language=german (Zugriff: 10.3.2021).

biologische Rassenideologie durch sozial-ökonomische Umstände unterminiert und zieht implizit Regierung und Volk in die Verantwortung. Die Geschichte zeigt allerdings deutlich, dass diese Botschaft sich nicht durchsetzte – weder für die Kaninchen, noch für die Opfer des Dritten Reichs.

## Abbildungsverzeichnis:

Abb. 1: Titelblatt (aus: Neelsen, Kurt: Die lustige Kaninchenfibel, illustr. von F. von Lampe. Berlin o. J. [1940]).
Abb. 2: Aufzucht (aus: Die lustige Kaninchenfibel, S. 20–21).
Abb. 3: Tätowierte Kaninchen (aus: Die lustige Kaninchenfibel, S. 23).
Abb. 4: Fleisch, Fell, Wolle (aus: Die lustige Kaninchenfibel, S. 28–29).
Abb. 5: Abstammungs-Nachweis und Tätowierung (aus: Die lustige Kaninchenfibel, S. 30).
Abb. 6: Angora-Zuchtstation der Waffen-SS Dachau (Wisconsin Historical Society, WHS-45276).

## Literaturverzeichnis

100 Jahre Kreisverband der Rassekaninchenzüchter Gütersloh e. V., hg. von Kreisverband der Rassekaninchenzüchter Gütersloh e. V., https://www.rassekaninchenzuechter-guetersloh.de/fileadmin/images/chronik-kreisverband-rassekaninchen.pdf (Zugriff: 10.3.2021).
1941 – Die „Kartoffelkäfer-Fibel" wird in der Schule verteilt. In: Ottobeuren macht Geschichte, https://www.ottobeuren-macht-geschichte.de/items/show/283 (Zugriff: 10.3.2021).
Adams, Carol J.: The Sexual Politics of Meat. A Feminist-Vegetarian Critical Theory. New York 1990.
Angora – Image Gallery Essay. Rabbit Raising in German Concentration Camps. In: Wisconsin Historical Society, https://www.wisconsinhistory.org/Records/Article/CS3952 (Zugriff: 10.3.2021).
Beck, Friedrich: „Schwabacher Judenlettern". Schriftverruf im Dritten Reich. In: Botho Brachmann, Helmut Knüppel, Joachim-Felix Leonhard und Julius H. Schoeps (Hg.): Die Kunst des Vernetzens. Berlin 2006, S. 251–269.
Bull, Brian: Himmler's Angora. In: PRX (2009), https://beta.prx.org/stories/33453 (Zugriff: 10.3.2021).
Himmler, Heinrich: Auszug aus Himmlers Rede an die SS-Gruppenführer in Posen (4. Oktober 1943). In: Deutsches Historisches Institut (Hg.): Deutsche Geschichte in Bildern und Dokumenten, https://ghdi.ghi-dc.org/sub_document.cfm?document_id=1513&language=german (Zugriff: 10.3.2021).
Hitler, Adolf: Mein Kampf [1925/1926]. München 1938 (306. Aufl.).
Kohns, Oliver: Nordhühner und Südhühner. NS-Rassenideologie auf dem Hühnerhof. In: Literaturkritik.de (8.2.2018), https://literaturkritik.de/nordhuehner-und-suedhuehner-ns-rassenideologie-auf-dem-huehnerhof,24134.html (Zugriff: 10.3.2021).

Kringiel, Danny: Kaninchenparadies im KZ. In: Spiegel Online (25.9.2013), https://www.spie gel.de/geschichte/ss-projekt-angora-himmlers-kaninchenzucht-im-konzentrationslager-a-951255.html (Zugriff: 10.3.2021).

Meibauer, Jörg: „Um den Schädling zu vernichten". Propaganda, Hass, Humor und Metapher im Kindersachbuch. „Die Kartoffelkäfer-Fibel" (1935) und „Karl Kahlfraß und sein Lieschen" (1952). In: Silvia Bonacchi (Hg.): Verbale Aggression. Multidisziplinäre Zugänge zur verletzenden Macht der Sprache. Berlin, Boston 2017, S. 295–310.

Neelsen, Kurt: Die lustige Kaninchenfibel, illustr. von F. von Lampe, hg. von Reichsverband Deutscher Kleintierzüchter e. V., Reichsfachgruppe Kaninchenzüchter e. V., mit Unterstützung des Reichsministeriums für Ernährung und Landwirtschaft. Berlin o. J. [1940].

Vansant, Jacqueline: Austria Made in Hollywood. Rochester/NY 2019.

Swen Steinberg
# Das Verhältnis von Mensch und Tier in Publikationen politischer Flüchtlinge in der Tschechoslowakei (1933–1938)

> Die Mücke sprach zum Elefanten:
> „Du glaubst der Größere zu sein? –
> Das lügen nur die Emigranten!
> Nein, ich bin groß und du bist klein."[1]

Ende September 1934 erschien in der sozialdemokratischen Exilwochenzeitung *Neuer Vorwärts* in Karlsbad (Karlovy Vary) das Gedicht „Wert der Propaganda", das mit „Moderne Fabel" untertitelt war. Wie im oben zitierten ersten Vers bereits ersichtlich, unterhalten sich darin eine Mücke und ein Elefant über ihre Körpergröße. Als der Elefant die Behauptung der Mücke anzweifelt, „schwirrt" diese „straks zum Propaganda-Minister", welcher der Presse die neue Realität diktiert: „Daß unsre nationale Mücke / Das größte Tier der ganzen Welt." Die Mücke fliegt daraufhin „tief befriedigt" zum Elefanten zurück, der in ihren Augen nun „erniedrigt" war. Der Elefant aber dreht ihr nur verächtlich den Rücken zu mit den Worten: „Bleib, wo man Propagandamücken / Zu Geisteselefanten macht."[2]

Diese allegorische Referenz auf Tiere war in der politischen Widerstandstätigkeit deutscher Flüchtlinge in der Tschechoslowakei (ČSR) ab 1933 keineswegs eine Ausnahme.[3] Allerdings spielte das Verhältnis von Mensch und Tier gerade in dieser Gruppe nicht nur in der allgemeinen Kritik an den Zuständen nach der nationalsozialistischen Machtübernahme eine Rolle. Vielmehr waren etwa sozi-

---

1 Mucki [Irene Herzfeld]: Wert der Propaganda. (Moderne Fabel). In: Neuer Vorwärts [im Folgenden NV] (30.9.1934), 68, Beil., S. 2.
2 Mucki [Irene Herzfeld]: Wert der Propaganda.
3 Nach Frankreich war die Tschechoslowakei zusammen mit Holland das zentrale Land der Aufnahme von Flüchtlingen: Von den bis Ende 1933 aus dem Deutschen Reich geflüchteten ca. 65 000 Personen suchten ca. 5 000 bis 6 000 in der ČSR Schutz. Schätzungen zufolge migrierten bis 1938 bis zu 20 000 Personen in oder durch das Land. Vgl. Norman Bentwich: The Refugees from Germany, April 1933 to December 1935. London 1936, S. 44, 198; Peter Heumos: Tschechoslowakei. In: Claus-Dieter Krohn, Patrik von zur Mühlen, Gerhard Paul und Lutz Winckler (Hg.): Handbuch der deutschsprachigen Emigration. Darmstadt 1998, Sp. 411–426; Kateřina Čapková: Československo jako útočiště uprchlíků před nacismem!? In: Alena Mišková (Hg.): Exil v Praze a Ceskoslovensku 1918–1938. Prag 2005, S. 56–69; Kateřina Čapková und Michal Frankl: Unsichere Zuflucht. Die Tschechoslowakei und ihre Flüchtlinge aus NS-Deutschland und Österreich 1933–1938. Wien, Köln, Weimar 2012.

https://doi.org/10.1515/9783110729627-007

aldemokratische Autor*innen entsprechender Publikationen auch an Aspekten wie der Versorgung und Ernährung mit tierischen Produkten interessiert – im Deutschen Reich wie auch im Alltag der Flüchtlinge selbst –, die sich auf vielfältige Weise in politischen Exil-Zeitungen oder -Romanen wie auch in internen Veröffentlichungen und Zirkularen der politischen Flüchtlingsgruppen finden. Und diese Veröffentlichungen bilden zugleich einen biografischen Zugang zur Gruppe der politischen Flüchtlinge selbst – Verfasserin des eingangs zitierten Gedichts war Irene Herzfeld (1903–1972), die bis 1933 für die sozialdemokratische *Dresdner Volkszeitung* gearbeitet hatte und im Mai 1933 nach Prag entkam, wo sie für die Exilpresse schrieb und schließlich in London überlebte.[4] Und sie geben Auskunft über die Zielgruppen dieser Exilpublikationen, die deutlich über die in die Tschechoslowakei Geflüchteten hinausging. Letzteres wird im ersten Teil dieses Beitrags kurz eingeführt. Im zweiten Teil werden dann Perspektiven auf das Mensch-Tier-Verhältnis in Publikationen vor allem des deutschen sozialdemokratischen Exils in der Tschechoslowakei vorgestellt, die Schwerpunkte liegen hier auf sprachlichen und thematischen Aspekten, die vor allem mit der Realität des Flüchtlingsalltags in Verbindung standen – etwa dem Mangel an tierischen Produkten oder der Zirkulation von mit Tieren in Verbindung stehendem Wissen.

## 1 „Das lügen nur die Emigranten!"

Die eingangs zitierte Gedichtzeile von den ‚lügenden Emigranten' bezog sich auf die Aktivitäten vor allem politischer Gruppen, die im Verlauf des Jahres 1933 gezielt an der deutsch-tschechoslowakischen Grenze eine Widerstandsinfrastruktur errichteten: die Immobilien der Arbeiterbewegung der deutschen Minderheit in Nordböhmen nutzend, zu der bereits in den 1920er Jahren enge grenzübergreifende Kontakte bestanden hatten (Naturfreundehütten, Bauden der Arbeitersportler), bauten geflüchtete Sozialdemokrat*innen – und ebenso Kommunist*innen und linke Sozialist*innen – sogenannte Grenzsekretariate auf.[5] Diese fungierten als Umschlagplätze für Informationen aus dem Deutschen Reich, waren Anlaufpunkte für Geflüchtete und dienten der Weitergabe von in

---

[4] Vgl. Swen Steinberg: Karl Herschowitz kehrt heim. Der Schriftsteller-Journalist Edgar Hahnewald und die Heimkehr ins Exil. Berlin 2016, S. 99.
[5] Vgl. hierzu und zum Folgenden vor allem Swen Steinberg: „An der Schwelle." Die sozialdemokratische Flüchtlingszeitung „Neuer Vorwärts" und der Ausbruch des Krieges 1939. In: Krieg und Literatur / War and Literature XXVI (2020), S. 148–170, hier S. 151–157; Swen Steinberg: Grenz-Netzwerke, Grenz-Arbeit, Grenz-Exil: Der deutsch-tschechoslowakische Grenzraum als

der Tschechoslowakei hergestellten Drucksachen zur illegalen Verteilung etwa in Sachsen, Bayern oder Schlesien. Das Exil als Möglichkeit in Betracht ziehend, verhandelten die deutschen Sozialdemokraten schon im Spätherbst 1932 mit den Genossen in der Tschechoslowakei über die Nutzung der Verlagsanstalt „Graphia" in Karlsbad,[6] hier erschienen ab dem Frühjahr 1933 politische Drucksachen oder Tarnschriften sowie die Exilzeitungen *Neuer Vorwärts. Sozialdemokratisches Wochenblatt* (NV) und *Sozialistische Aktion*.[7] Alle diese Zeitungen konnten in der Tschechoslowakei bis in den Herbst 1937 unter „einer wohlwollenden Duldung"[8] hergestellt werden; der NV anfangs in einer Auflage von fast 28 000 Exemplaren wöchentlich, die allerdings bis Anfang 1935 auf 9 300 zurückging.[9] Durch ins Ausland gerettete Geldmittel des sozialdemokratischen Exilvorstands (Sopade) ermöglichten diese Zeitungen geflüchteten Redakteur*innen sowie Parteifunktionären und -angestellten ein Auskommen, galt Journalismus doch als künstlerische Betätigung und war in der Tschechoslowakei erlaubt.[10]

Diese Publikationen hatten verschiedene Zielgruppen: zum einen die Verfolgten des Nationalsozialismus in Ländern wie der Tschechoslowakei, Frankreich oder den Niederlanden, die sich allerdings nicht auf die vergleichsweise kleine Gruppe der vor allem aufgrund ihrer politischen Tätigkeit Geflohenen beschränkte (bspw. Funktionäre aus Gewerkschaften, Konsum oder Arbeitersport):[11] Laut dem Leiter der sozialdemokratischen Flüchtlingsfürsorge in Prag waren bis zum Januar 1938 etwa 2 300 deutsche Sozialdemokrat*innen sowie

---

politischer Ort, 1920–1938. In: Hermann Gätje und Sikander Singh (Hg.): Grenze als Erfahrung und Diskurs. Tübingen 2018, S. 175–192.
6 Vgl. Marlies Buchholz und Bernd Rother (Hg.): Der Parteivorstand der SPD im Exil. Protokolle der Sopade. Bonn 1995, S. XXVII, XXXVII.
7 Vgl. Steinberg: Grenz-Arbeit.
8 Schluss in Prag. Zum Verbot des „Neuen Vorwärts" in der Tschechoslovakei. In: NV (22.1.1939), 292, S. 1.
9 Vgl. Buchholz und Rother: Parteivorstand, S. XXXVII.
10 Die Arbeit von Schriftsteller*innen, Künstler*innen und Journalist*innen war die einzige Tätigkeit, die vom für Emigranten geltenden Verbot abhängiger Erwerbsarbeit in der Tschechoslowakei ausgenommen war. Vgl. hierzu Heumos: Tschechoslowakei, Sp. 414; Čapková und Frankl: Unsichere Zuflucht, S. 90–94.
11 Vgl. hierzu sowie generell zu der im Text benannten Gruppe Swen Steinberg: Der Blick von unten. Lokale und regionale Partei- und Gewerkschaftsfunktionäre im Exil der Tschechoslowakei. In: Rüdiger Hachtmann, Franka Maubach und Markus Roth (Hg.): Zeitdiagnose im Exil. Zur Deutung des Nationalsozialismus nach 1933. Göttingen 2020, S. 37–62; Swen Steinberg: Should I Stay or Should I Go? Regional Functionaries, Political Networks, and the German-Czechoslovakian Borderlands in 1933. In: Reinhard Andress (Hg.): Somewhere Between Home and Arrival: Preliminary Stage of Exile. Amsterdam 2020, S. 82–94; Swen Steinberg: How to Become Isolated in Isolation? Networks in the German Political and Trade Union Exile after 1933. In:

ihre Angehörigen unterstützt worden.[12] Zu dieser Zielgruppe gehörten vor allem auch Jüdinnen und Juden, deren Schicksal als Verfolgte in Deutschland wie auch als Flüchtlinge schon in den ersten Ausgaben 1933 und bis zur Einstellung des *NV* 1940 immer wieder thematisiert wurde.[13] Zum zweiten wurde der *NV* ab Sommer 1933 aber auch über die ‚grüne Grenze' in das Deutsche Reich geschmuggelt.[14] Letzteres Muster, das sich in allen politischen Exilgruppen bzw. parteipolitischen Richtungen findet, wurde unter erheblichen Gefahren organisiert und hatte teils drastische Konsequenzen für die Beteiligten.[15] Umgekehrt kamen auf dem Wege über Kuriere und Besucher*innen zahlreiche der in der Exil-Wochenzeitung wiedergegebenen und kommentierten Informationen und Nachrichten aus dem nationalsozialistischen Deutschland; diese Austauschprozesse finden sich auch in anderen Grenzgebieten des Deutschen Reiches.[16] Gerade aufgrund dieser Aktivitäten richtete sich der *NV* drittens an die Öffentlichkeit des Auslands: Die Artikel aus den Jahren 1933 bis 1940 warnten vor Faschismus und Autoritismus nicht allein im Deutschen Reich, sondern vor allem vor der deutschen Agression und einem möglichen Krieg. Gezielt unterstützt wurde diese Breitenwirkung durch die ab 1934 ebenfalls in Karlsbad und später bzw. bis April 1940 in Paris monatlich veröffentlichten, mehrsprachigen und teils mehr als 130-seitigen *Deutschland-Berichte* der Sopade, die Nachrichten aus dem Deutschen Reich sowie die deutsche Innen- und Außenpolitik wie auch Reaktionen hierauf dokumentierten.[17] Und letztere zeigen ebenso die bemerkenswerte Häufung der Bezugnahmen auf das Verhältnis von Mensch und Tier in der Berichterstattung über die politische Situation im Deutschen Reich und aus der

---

Helga Schreckenberger (Hg.): Networks of Refugees from Nazi Germany. Continuities, Reorientations, and Collaborations in Exile. Amsterdam 2016, S. 89–108.
**12** Vgl. [Wilhelm Sander]: Unsere Hilfe in der CSR. In: [ders. (Hg.)]: Emigranten-Briefe aus fünf Erdteilen, o. O. o. J. [Prag 1938], o. S.
**13** Vgl. hierzu vor allem Rainer Eckert: Emigrationspublizistik und Judenverfolgung. Das Beispiel Tschechoslowakei. Frankfurt a. M. 2000, sowie die exemplarische Untersuchung in Swen Steinberg: Dokumentierende Emigration. Die Berichte der sozialdemokratischen Exil-Zeitung „Neuer Vorwärts" über die Deportation polnischer Jüdinnen und Juden aus dem Deutschen Reich im Oktober 1938. In: Medaon – Magazin für jüdisches Leben in Forschung und Bildung 10 (2016) 19, http://www.medaon.de/pdf/medaon_19_Steinberg.pdf (Zugriff: 5.5.2021).
**14** Vgl. hierzu und zum Folgenden Steinberg: An der Schwelle.
**15** Vgl. Zuchthaus für „Vorwärts"-Verbreitung! Massenprozesse vor dem Dresdner Sondergericht. In: NV (18.3.1934), 40, S. 1.
**16** Vgl. Steinberg: Grenz-Netzwerke, S. 185–186.
**17** Vgl. Klaus Behnken (Hg.): Deutschland-Berichte der Sozialdemokratischen Partei Deutschlands (Sopade) 1934–1940, 7 Bde. Frankfurt a. M. 1980.

Perspektive des politischen Exils.[18] Deutlicher – und wohl auch breitenwirksamer – wurde dies aber in den Exilzeitschriften dargestellt.

## 2 „Die Großmutter des Windhunds"

Nachdem Felix Fechenbach (1894–1933) in Dachau „auf der Flucht erschossen" worden war, bezeichnete der *NV* seine Mörder als „wilde Tiere in Menschengestalt" und veröffentlichte Briefe aus dem Gefängnis an seine Frau. In diesen wiederum wählte auch Fechenbach selbst einen solchen Vergleich: sein Hin- und Herlaufen in der engen Zelle erinnerte ihn „an die Käfige im Zoo, in denen die Tiere auch unermüdlich am Gitter hin- und herstreichen".[19] Der Tier-Vergleich aus der Exil-Perspektive konnte folglich in zwei Richtungen weisen: Publikationen der politischen Emigration nutzten ihn einerseits, um das Unmenschliche der Verfolgung selbst herauszustellen. Man habe, so der *NV* im November 1933, „in Deutschland die Juden wie Tiere gehetzt".[20] Und im Juni 1934 – Anlass war das einjährige Parteiverbot der SPD in Deutschland – verwies ein Artikel auf „Männer und Frauen, Arbeiter und Angestellte, Betriebsarbeiter und Studenten, Arbeitslose und Zwangsarbeiter," die „schlimmer geschunden worden als Tiere hinter den Stacheldrähten der Konzentrationslager".[21] Insbesondere der Begriff „viehisch" wurde in der Beschreibung der Behandlung von Menschen in Deutschland in dieser Exilzeitung von 1933 bis 1939 immer wieder verwendet – Menschen allgemein, die „viehisch geschlagen" wurden, oder „Zehntausende unserer Funktionäre," die man „viehisch mißhandelte".[22] Auch nutzten ehemalige Inhaftierte aus Konzentrationslagern diese Beschreibung als Verdeutlichung der Entmenschlichung: Im 1934 bei „Graphia" in Karlsbad veröffentlichen Buch *Konzentrationslager. Ein Appell an das Gewissen der Welt* erinnerte sich ein ehemaliger Insasse des Konzentrationslagers Königstein in Sach-

---

**18** Vgl. exemplarisch den Bericht über „minderwertige Mischfutter" für Hühner und die „Panikstimmung" aufgrund von Wurst- und Fleischmangel im Deutschen Reich in: Deutschland-Berichte der Sozialdemokratischen Partei Deutschlands (14.6.1937), 5, S. 79.
**19** Ein Toter klagt an! Felix Fechenbachs Briefe aus dem Gefängnis. In: NV (1.10.1933), 16, Beil., S. 3.
**20** Alle Juden für Hitler! Schauerliche Komödie der Volksabstimmung. In: NV (12.11.1933), 22, S. 1.
**21** Der Sieg der Idee! Zum Jahrestag des Parteiverbots. In: NV (24.6.1934), 54, S. 1.
**22** Vgl. exemplarisch Wettrennen der Prinzen. In: NV (13.8.1933), 9, S. 4; Siegmund Crummenerl: Selbstkritik und Führung. In: NV (4.2.1934), 34, Beil., S. 2. Vgl. zudem für eine späte Verwendung im selben Kontext: Die Flagge der Schande. Fort mit Hitler, fort mit dem Hakenkreuz! In: NV (17.9.1939), 326, S. 2.

sen, er „fürchtete" sich „wie ein Tier vor neuen Schlägen" und sei von den SA-Mannschaften als „Hund" bezeichnet worden.[23]

Andererseits deutet der Begriff „viehisch" bereits darauf hin, dass Tiervergleiche auch als Ausdruck der Verrohung genutzt wurden, etwa mit Blick auf die immer wieder im *NV* oder den *Deutschland-Berichten* als „Bestien" oder „Tiere in Menschengestalt" bezeichneten nationalsozialistischen Verfolger und ihr „bestialisches Unterdrückungssystem"[24] oder hinsichtlich der militarisierten Gesellschaft. Die Nationalpolitischen Lehranstalten verglich ein *NV*-Artikel im Juli 1938 beispielsweise spöttisch mit einer „Dressuranstalt;" die nationalsozialistischen „Raubtierbändiger" verstünden, „dass es darauf ankommt, die Bestien in die Hände zu bekommen solange sie jung sind."[25] Schon im Juni 1933 hatte der *NV* eine Karikatur gebracht, die diese Mensch-Tier-Allegorie der Dressur bzw. animalischen Unterwerfung auf das Verbot von Parteien und Gewerkschaften wendete (Abb. 1).

Ein weiterer, immer wieder in den sozialdemokratischen Exilzeitungen thematisierter Sachverhalt war die tierbezogene Politik im Deutschen Reich. Diese blieb allerdings nicht auf Aspekte wie Tierschutz, Ernährung oder die Landwirtschaft als Teil der Kriegsmobilisierung beschränkt; letzteres wurde mit Blick auf die Folgen für die deutsche Bevölkerung immer wieder kritisiert.[26] Vielmehr nutzten die sozialdemokratischen Exil-Journalist*innen und Schriftsteller*innen Tier-bezogene Vorgänge auch, um diese satirisch zu überspitzen. Im Oktober 1933 brachte der *NV* beispielsweise den Artikel „Die Großmutter des Windhunds" über eine neue Hundesteuerverordnung in Leipzig, nach der „Mischehen unter den Vierbeinern der Stadt" sanktioniert werden sollten und für reinrassige Hunde eine geringere Steuer zu entrichten war – da „der Hunde-Adel, gewachsen aus Blut und Boden, nicht geschändet werden darf."[27] Nun beginne folglich „die Jagd nach der Großmutter auch im Tierreich" und man vermutete Hunde-Pranger und auch gesonderte Laternenpfähle. Allerdings zeige diese Verordnung, die tatsächlich im September 1933 in Leipzig erlassen wor-

---

**23** Max Tabatschnik: Königstein. In: Konzentrationslager. Ein Appell an das Gewissen der Welt. Karlsbad 1934, S. 90–112, hier S. 99, 101.
**24** Vgl. Das Recht zu morden. Greuelpropaganda eines Landesgerichtspräsidenten. In: NV (18.6.1933), 1, Beil., S. 2; Friedrich Stampfer: Treibt Deutschland zum neuen Krieg? Rettung nicht durch den Krieg, sondern vor dem Krieg! In: NV (8.4.1934), 34, S. 1; Deutschland-Berichte der Sozialdemokratischen Partei Deutschlands (4.7.1936), 6, S. 2.
**25** Napola. Dressuranstalt für künftige Unterführer. In: NV (17.7.1938), 265, Beil., S. 2.
**26** Vgl. exemplarisch Das Tier ja, der Mensch nicht! Wie gut, in Hitlerdeutschland ein Tier zu sein! In: NV (3.12.1933), 25, Beil., S. 3; Neue Fleischknappheit. In: NV (6.9.1936), 169, S. 4.
**27** Die Großmutter des Windhunds! Leipzig sorgt für Rassenreinheit im Hundereich. In: NV (8.10.1933), 17, Beil., S. 4.

‚Und damit, meine Herrschaften, ist die Revolution beendet'

**Abb. 1:** Karikatur von Hans Georg Trapp (1900–1977) im *Neuen Vorwärts* vom 23. Juli 1933, die Darstellung spielte auf die Auflösung von Parteien und Gewerkschaften im Deutschen Reich an.

den war,[28] zugleich den Charakter des nationalsozialistischen Reiches. Schließlich müssten nun ausgerechnet jene, die sich einen reinrassigen Hund leisten könnten, weniger Steuern bezahlen. Zeigte sich hierin bereits deutlich die sozialistische Interpretation des Zusammenhangs von Faschismus und Kapitalismus, so griff der namentlich nicht gezeichnete Artikel auch die Rasseideologie im Allgemeinen an: Es sei „wirklich ungerecht, von Göbbels und Hitler auf die Minderwertigkeit der Bastarde im allgemeinen zu schließen, nicht jede Hakenkreuzung muss derart mißglücken." Auch lieferten

> die Hohenzollernprinzen, die neuerdings bei allen SA-Aufmärschen als Paradepferde mitwirken, den Beweis dafür, daß auch ziemlich reine Rassen degenerieren und der Menschheit Schande bereiten können.[29]

---

**28** Vgl. 87. Nachtrag vom 27. September 1933 zur Steuerordnung für die Stadt Leipzig vom 22. Juni 1915, Bibliothek Stadtarchiv Leipzig. Nr. 1358/1, 1930–1933, S. 170. Ich danke Olaf Hillert in Leipzig für diese Auskunft. Es finden sich zur selben Zeit vergleichbare Verordnungen über eine „Vergünstigung" für nachweislich „ausschließlich rassereine Hunde" auch anderswo im Deutschen Reich. Vgl. Steuerermäßigung für Hunde. In: Ministerialblatt für die badische innere Verwaltung (21.6.1935), 26, S. 170.
**29** Die Großmutter des Windhunds!

Anhand von Artikeln wie diesem wird zum einen deutlich, warum die deutschen Behörden das Einschmuggeln von politischen Drucksachen aus der Tschechoslowakei unterbinden wollten.[30] Er zeigt aber zum anderen auch die Zirkulation von teils lokalem Wissen, das aus dem Deutschen Reich ins Ausland gelangte – und dann von dort mit einer spezifischen Interpretation zurückkam. Entsprechend finden sich vergleichbare Fälle immer wieder im *NV*, vor allem aus den grenznahen Regionen wie Bayern oder Sachsen. Im Artikel „Das Schwein von Königsbrück" berichtete beispielsweise der aus Dresden geflüchtete Journalist Edgar Hahnewald (1884–1961) im März 1935 von Unterschlagungen beim Dresdner Winterhilfswerk des Deutschen Volkes sowie über einen Bauern aus Königsbrück bei Dresden, welcher der Hilfswerk-Spendenaktion ein Schwein anbot – als es abgeholt werden sollte, entpuppte es sich als Meerschwein, der Bauer wurde umgehend „ins Konzentrationslager Sachsenburg" gebracht. Darüber hinaus berichtete Hahnewald in diesem Artikel, dass Sozialdemokraten in Dresden die anonymen Weihnachtspakete des Winterhilfswerks zur Verbreitung illegaler Drucksachen nutzten.[31] Nicht alle diese Artikel und Berichte lassen sich auf ihre Quellen hin nachvollziehen. Sie zeigen aber, dass nicht allein im Kontext der nationalsozialistischen Ernährungspolitik das Verhältnis von Mensch und Tier von Exilautor*innen bzw. -journalist*innen gezielt genutzt wurde, um das NS-Regime zu kritisieren. Bei Hahnewald kam allerdings noch ein weiterer Aspekt zum Tragen, der auf Integration hindeutet. In seinem 1936 in Prag im Verlag des Sozialdemokraten Josef Hellmich (1897–1972) veröffentlichten Exil-Roman *Karl Herschowitz kehrt heim* nutzte der begeisterte Wanderer und Naturfreund die Beschreibung von Tieren, um sein Ankommen in der neuen Heimat Tschechoslowakei zu unterstreichen: Hier wurden in „paradiesischer Unschuld" grasende Rehe auf dem Bergkamm Nordböhmens mit der durch den deutschen Wald marschierenden Hitlerjugend kontrastiert, der nur noch „Felddienstgelände" war.[32]

---

**30** Vgl. Steinberg: An der Schwelle, S. 152–153; Steinberg: Herschowitz, S. 123–125.
**31** Manfred [Edgar Hahnewald]: Das Schwein von Königsbrück. In: NV (3.3.1935), 90, Beil., S. 3; Manfred [Edgar Hahnewald]: Dunkle Elemente. In: NV (4.8.1935), 122, S. 2. Vgl. zur Wahrnehmung des Konzentrationslagers Sachsenburg in der ausländischen und vor allem in der Exilpresse Swen Steinberg und Mike Schmeitzner: Dokumentation und Zeugenschaft. Das Konzentrationslager Sachsenburg in der ausländischen Presse und Publizistik. In: Bert Pampel und Mike Schmeitzner (Hg.): Konzentrationslager Sachsenburg (1933–1937). Dresden 2018, S. 382–404.
**32** Steinberg: Herschowitz, S. 295, 331.

## 3 „Schweine-, Kaninchen- und Geflügelzucht"

Waren die Artikel über Vorgänge im Deutschen Reich teils humoristisch oder sarkastisch überspitzt, so gestaltete sich das Mensch-Tier-Verhältnis in der Lebenswirklichkeit der deutschen und später auch österreichischen politischen Flüchtlinge in der Tschechoslowakei wenig humorvoll: dem überwiegenden Teil war Erwerbsarbeit nicht erlaubt, was mit einem unmittelbaren Mangel an Waren des täglichen Bedarfs verbunden war – allen voran Nahrungsmittel und hier vor allem tierische Produkte, ebenso aber auch bestimmte Bekleidungsstücke etwa aus Wolle oder Leder. Willhelm Sander (1895–1978) – geflüchteter SPD-Funktionär aus Dresden und Leiter der sozialdemokratischen Flüchtlingsfürsorge in Prag – berichtete etwa im Januar 1938, zahlreiche von ihm betreute Flüchtlinge seien „unterernährt und ermangeln der notwendigen Kleidung."[33] Nur wenige der politischen Flüchtlingsgruppen waren mit solchen Ernährungsproblemen nicht direkt konfrontiert, etwa der von der Lebensreform und vom Vegetarismus beeinflusste Internationale Sozialistische Kampfbund.[34]

Die Unterbringung und die Versorgung waren die ersten und zentralen Aufgaben, der sich einerseits die Flüchtlingsselbstorganisationen annahm: Nahezu jede politische Richtung verfügte in der Tschechoslowakei über eine eigene Organisation bzw. ein Komitee, die weitaus größte Gruppe der jüdischen Flüchtlinge wurde von den jüdischen Gemeinden und ihren Organisationen unterstützt.[35] Anderseits erhielten vor allem die politischen Flüchtlingsgruppen in der Tschechoslowakei auch Unterstützung von den bestehenden politischen Parteien – den tschechoslowakischen wie jenen der deutschen Minderheit.[36] Im Zuge dieser Kooperationen enstanden, zumeist jenseits der urbanen Zentren,

---

33 [Sander]: Emigranten-Briefe, S. 88.
34 Vgl. Jörg Später: Vansittart: Britische Debatten über Deutsche und Nazis. Göttingen 2003, S. 379; Beatrix Herlemann: „Wir sind geblieben, was immer wir waren, Sozialdemokraten." Das Widerstandsverhalten der SPD im Parteibezirk Magdeburg-Anhalt gegen den Nationalsozialismus. Halle 2001, S. 251.
35 Vgl. Swen Steinberg: Kochen im Kollektiv. Selbstorganisation und Verpflegung in tschechoslowakischen Flüchtlingsheimen (1933–1938). In: Veronika Zwerger und Ursula Seeber (Hg.): Küche der Erinnerung – Essen und Exil. Wien, Hamburg 2018, S. 128–147, hier S. 129–130; Čapková und Frankl: Zuflucht, S. 104–114, 122–123; Bohumil Černý: Komitéty pro pomoc německé emigraci v ČSR (1933–38). In: Československý časopis historický 15 (1967) 2, S. 277–300.
36 Vgl. Martin K. Bachstein: Die Beziehungen zwischen sudetendeutschen Sozialdemokraten und dem deutschen Exil: Dialektische Freundschaft. In: Peter Becher und Peter Heumos (Hg.): Drehscheibe Prag. Zur deutschen Emigration in der Tschechoslowakei 1933–1939. München 1992, S. 41–52; Vojtěch Blodig: Die tschechoslowakischen politischen Parteien und die Unterstützung der deutschen und österreichischen Emigration in den 30er Jahren. In: Peter Glotz (Hg.): München 1938: Das Ende des alten Europa. Essen 1990, S. 251–270.

Flüchtlingsheime, die als Kollektive verwaltet wurden – und die gewissermaßen auch den Mangel an Nahrungsmitteln zu verwalten bzw. diesem subsistent zu begegnen hatten.[37] Im sozialdemokratischen Flüchtlingsheim Königssaal (Zbraslav), in dem im Spätsommer 1933 mehr als 80 sozialdemokratische Flüchtlinge untergebracht waren, wurde beispielsweise der Garten zum Anbau von Gemüse und Obst genutzt, hinzu kam die „Schweine-, Kaninchen- und Geflügelzucht".[38] Dies war, im Vergleich, keineswegs ungewöhnlich: Auch im selbstverwalteten kommunistischen Kollektiv Kornhaus (Mšec), in dem ab April 1934 68 Flüchtlinge aller Altersgruppen untergebracht waren,[39] wurde nicht nur Obst und Gemüse angebaut. Vielmehr berichtete im Dezember 1937 das diese Einrichtung unterstützende „Šalda-Komitee," es sei auch eine „Schweine- und Kleintierzucht" aufgebaut worden. Zudem plante man die Pacht von weiterem Land, um „unsere Hühnerzucht [zu] vergrößern" und das Halten von Ziegen zu ermöglichen, „damit wenigstens die Kinder immer Milch bekommen können." Dies alles leiste nicht nur einen Beitrag dazu, dass das Heim wirtschaftlich „bessergestellt werden" könne, sondern trage auch der „tiefen Sehnsucht dieser Menschen nach Arbeit Rechnung".[40] Der einstige Chefredakteur der kommunistischen Satirezeitschrift *Roter Pfeffer*, Fritz Erpenbeck (1897–1975) – 1933 flüchtete er aus Berlin in die ČSR – hat dieses Kollektiv auch literarisch porträtiert: Erpenbeck begann 1934 im tschechoslowakischen Exil die Arbeit an seinem später in Moskau veröffentlichten Roman *Emigranten* und schilderte darin einen Besuch in diesem Heim – und wie das Kollektiv dem Mangel begegnete.[41]

Auch für sozialdemokratische Flüchtlingsheime wie Königssaal oder Hörragrund bei Neumarkt (Úterý) sind entsprechende literarische Verarbeitungen erhalten, ebenso aber auch Lebenserinnerungen. Die prominenteste stammt dabei für ersteres von Philipp Scheidemann (1865–1939), der am 9. November 1918 in Berlin die demokratische Republik ausgerufen hatte. Scheidemann war von Anfang September bis Anfang November 1933 mit seiner Tochter in Königsaaal untergebracht und berichtete über die Versorgungslage, dass der Garten des Heims „unter der Leitung eines emigrierten Gärtners sehr gut instand gesetzt worden" sei, in der „Hauptsache mußten natürlich Kartoffeln und Gemüse ge-

---

**37** Vgl. hierzu und zum Folgenden vor allem Steinberg: Kochen.
**38** Čapková und Frankl: Zuflucht, S. 140–141.
**39** Vgl. hierzu ausführlich David Hubený: Němečtí emigranti na mšeckém zámku v letech 1934–1937. In: Slaný a Slánsko ve 20. století. Sborník z historické conference. Slaný 2008, S. 88–101; David Hubený: Němečtí emigranti ve Mšeci v letech 1934–1937 (1939). In: Rakovnický historický sborník 7 (2006), S. 5–24.
**40** Nationalarchiv Prag, Ministerium des Innern, MdI, Präsidium (225), 1936–40, K. 1118–5, Nachrichtenblätter des Šalda-Komitees Nr. 6, XII. 1937, unpag.
**41** Vgl. Fritz Erpenbeck: Emigranten [1939]. Berlin 1954 (2. Aufl.), S. 109–135.

zogen werden. Einige Apfelbäume spendeten reichlich Früchte." Dies deutet bereits auf die Abwesenheit tierischer Produkte, die man – wie bereits erwähnt – mit eigener Tierzucht zwar auszugleichen suchte. In der Zeit von Scheidemanns Anwesenheit war dies aber offenbar nicht gelungen: „Soweit Speisen mit homöopathischen Dosen von Fett ohne Eier und Fleisch hergestellt werden können, wurden sie verständig zubereitet." Aufgrund dieser Versorgungslage habe er

> jede Woche [...] mehr als zwei Pfund abgenommen, sodaß leicht auszurechnen war, wann ich spurlos verschwunden, sozusagen weggeschmolzen sein würde. Die einfachste Kost war mir mein Leben lang immer die Liebste gewesen, ich gebrauchte jedoch ein Minimum an Fett. Das zu beschaffen war nicht möglich.[42]

Dieser Mangel speziell an Fleisch verweist auf eine Begebenheit, mit der Scheidemann seine Beschreibung von Königssaal beendete. Schließlich traf er den Leiter der Flüchtlingsunterkunft – den aus dem sächsischen Freiberg geflüchteten sozialdemokratischen Redakteur Kurt Pittig – „einige Woche[n]" nach seiner Abreise 1933 noch einmal zufällig in Prag. Und dieser habe vor allem über das weihnachtliche Gansessen im Flüchtlingsheim berichtet, dass Scheidemann mit seiner Tochter verpasst habe. Auf die Frage, wieviele Gänse es denn gegeben habe, „schmunzelte" Heimleiter Pittig

> wie nur ein Sachse schmunzeln kann und dann kam es wonnesam und traut über seine Lippen: ‚Eene!' – ‚Eene? Was habt ihr dann damit angefangen?' – ‚Mir hammse in kleene Würfel geschnitten und dann in de Gullaschkanone gedahn, in die Gardoffelsuppe – een Stickchen wird sich wohl jeder gefischt ham!'[43]

Deutlich detaillierter als Fritz Erpenbeck schilderte der aus Dresden in die Tschechoslowakei geflüchtete sozialdemokratische Schriftsteller und einstige Chefredakteur der *Dresdner Volkszeitung* Robert Grötzsch (1882–1946) in seinem 1936 in Bratislava erschienenen *Wir suchen ein Land. Roman einer Emigration* die Flüchtlingskollektive Königssaal und Hörragrund,[44] letzteres stand von 1934 bis 1937 ebenfalls unter der Leitung von Kurt Pittig und dessen Frau Elsa.[45] Und

---

42 Philipp Scheidemann: Das historische Versagen der SPD. Schriften aus dem Exil, hg. von Frank R. Reitzle. Lüneburg 2002, S. 51–53.
43 Scheidemann: Versagen, S. 53.
44 Vgl. Robert Grötzsch: Wir suchen ein Land. Roman einer Emigration. Bratislava 1936. Vgl. zu Grötzschs Exilschaffen in der Tschechoslowakei Swen Steinberg: Tormann Bobby: Biografie, Netzwerke und Identität in Robert Grötzschs Exil-Arbeiterjugend- und -sportroman von 1938. In: Susanne Blumesberger und Jörg Thunecke (Hg.): Deutschsprachige Kinder- und Jugendliteratur während der Zwischenkriegszeit und im Exil. Frankfurt a. M. 2017, S. 231–275.
45 Vgl. Sozialistische Mitteilungen (Juni/Juli 1945), 75/76, S. 21; Steinberg: Kochen, S. 136.

auch in diesem Roman findet sich der Mangel an Fleisch bzw. tierischen Produkten – und deren Verfügbarkeit und Genuss als etwas Außeralltägliches für die politischen Flüchtlinge: ein „Brathühnchen" geriet hier zur regelrechten Sensation; und „Fisch in Gelee" war ebenso ungewöhnlich wie das Verzehren von „Kartoffelmus mit Leber" in einem Prager Restaurant und auf „Speisemarken der Flüchtlingshilfe".[46]

## 4 „Wenn ihr mich reiten sehen würdet"

Für viele politische Flüchtlinge – im Vergleich zu den aus dem Deutschen Reich und Österreich geflüchteten Jüdinnen und Juden war ihre Gruppe vergleichsweise klein – war die Tschechoslowakei eine Durchgangsstation. Im Verlauf des Jahres 1937 verschlechterten sich zudem generell die Arbeits- und Lebensbedingungen für politische Emigranten in der ČSR: Staatspräsident Edvard Beneš (1884–1948) wollte auf Druck der deutschen Regierung die Widerstandsarbeit in den Grenzregionen einschränken. Diese Entwicklung gipfelte im Dezember 1937 in einem „Pressefrieden" zwischen den beiden Ländern, der das Erscheinen der Exilpresse bzw. -publikationen innerhalb kurzer Zeit nahezu unmöglich machte.[47] Spätestens jetzt orientierten sich viele politische Flüchtlinge auf neue Ziele innerhalb und außerhalb Europas – die sozialdemokratische Flüchtlingsfürsorge in Prag bot hierfür Weiterbildungs- und Sprachkurse an,[48] Exil-Zeitungen wie der *NV* veröffentlichten zunehmend Berichte über Auswanderungsmöglichkeiten.[49]

---

46 Grötzsch: Land, S. 138.
47 Vgl. Herbert E. Tutas: Nationalsozialismus und Exil. Die Politik des Dritten Reiches gegenüber der deutschen politischen Emigration (1933–1939). München 1975, S. 37.
48 Vgl. [Sander]: Emigranten-Briefe, Anhang, o. S.
49 Der *Neue Vorwärts* brachte beispielsweise von Januar bis April 1939 die 13-teilige Serie „Auswandererziele in Uebersee", die *Pariser Tageszeitung* des liberal-demokratischen Exils von Januar bis Mai 1939 die 22-teilige Serie „Wohin auswandern?" Vgl. hierzu Swen Steinberg: Knowledge from Five Continents. Escape Destinations in Publications of German-speaking Political Refugees, 1933–40. In: Phillip Strobl und Susanne Korbel (Hg.): Mediations through Exile: Cultural Translation and Knowledge Transfer on Alternative Routes of Escape from Nazi Terror. London 2021, S. 49–65, hier S. 56–59. Vgl. zudem zur globalen Dimension der Flucht Swen Steinberg und Anthony Grenville: Forgotten Destinations? Refugees from Nazi-Occupied Europe in British Dominions, Colonies and Overseas Territories after 1933. An Introduction. In: The Yearbook of the Research Centre for German and Austrian Exile Studies 20 (2020): Refugees from Nazi-Occupied Europe in British Overseas Territories, hg. von dens., S. 1–17; Margit Franz und Heimo Halbrainer: Eine neue Landkarte der Vertreibung durch den Nationalsozialismus – eine Einleitung. In: dies. (Hg.): Going East – Going South. Österreichisches Exil in Asien und

Im Herbst 1937 bat der Leiter der sozialdemokratischen Flüchtlingshilfe in Prag, Willhelm Sander, um Weihnachtsgrüße von deutschen sozialdemokratischen Flüchtlingen aus aller Welt, die einst von seiner Organisation in der Tschechoslowakei unterstützt worden waren. Diese Grüße wurden auf der Weihnachtsfeier der Sozialdemokraten in der tschechischen Hauptstadt vorgelesen.[50] Die Flüchtlinge sandten jedoch nicht nur Grüße aus den Ländern, die sie erreicht hatten. Vielmehr berichteten sie in teils langen Briefen aus insgesamt 23 Ländern und fünf Kontinenten über ihre Erfahrungen – über Beschäftigungsmöglichkeiten, die Rolle der Sprache, Visabestimmungen oder das Klima. Und mehr noch: Anlässlich des „5. Jahres unserer Emigration" fasste Sander diese 59 Schreiben in der Broschüre *Emigranten-Briefe aus fünf Erdteilen* mit dem ebenfalls aus Dresden geflohenen Journalisten Edgar Hahnewald zusammen und schickte sie als hektografierte Broschüre an die sozialdemokratischen Flüchtlinge in aller Welt zurück.[51]

Neben den genannten Themen spielten dabei auch Tiere in unterschiedlichen Kontexten eine Rolle, angefangen bei der schon weiter oben angeführten Ernährung. Schließlich berichteten zahlreiche Briefe der sozialdemokratischen ‚Weitergeflüchteten' von der Verfügbarkeit und vor allem den Preisen für Lebensmittel, wobei die tierischen Produkte deutlich dominierten: die Briefschreiber*innen berichteten etwa über Fleischpreise in Bulgarien oder Bolivien,[52] die Butter-, Eier- und Fettpreise in Polen oder Argentinien,[53] auch kamen die landwirtschaftliche Produktion in Dänemark oder der Konsum tierischer Produkte in Palästina zur Sprache.[54] In einige Fällen wurden diese Informationen mit eigenen fluchtbezogenen Erfahrungen verglichen, in Südafrika war das Fleisch beispielsweise „etwas billiger" als in der Tschechoslowakei.[55] Seltener waren dagegen Beschreibungen tierbezogener Eigenheiten der Küche des neuen Gastlandes, in Schweden traf man beispielsweise auf „süssen Käse, süsse Wurst, süsses Fleisch, süssen Fisch" und „andere ungeheuerliche Dinge".[56] Dagegen wurde der Mangel bestimmter tierischer Produkte oder ihrer Qualität thematisiert: Aus

---

Afrika. Graz 2014, S. 11–17; Atina Grossmann: Remapping Relief and Rescue: Flight, Displacement, and International Aid for Jewish Refugees during World War II. In: New German Critique 39 (2012) 3, S. 61–79.
**50** Steinberg: Knowledge, S. 49.
**51** Vgl. zu solchen Schreibpraxen im Exil Jacqueline Vansant: Cohesive Epistolary Networks in Exile. In: Schreckenberger: Networks, S. 245–261.
**52** Vgl. [Sander]: Emigranten-Briefe, S. 5, 36, 51.
**53** Vgl. [Sander]: Emigranten-Briefe, S. 18, 47–48.
**54** Vgl. [Sander]: Emigranten-Briefe, S. 7–8, 85.
**55** [Sander]: Emigranten-Briefe, S. 40.
**56** [Sander]: Emigranten-Briefe, S. 25. Vgl. hierzu allgemein die Beiträge in Zwerger und Seeber: Küche der Erinnerung.

Chile empfahl ein sozialdemokratischer Flüchtling, man solle sich „anständig Schuhwerk" mitbringen, denn „hier kannst du kein gutes Leder haben, da sie scheinbar das Gerben nicht so raushaben." Der gleiche Schreiber beobachtete zudem die Notwendigkeit einer Margarinefabrik sowie fehlende Geflügelfarmen vor allem in der Nähe großer Städte wie Santiago.[57] Als nicht-alltäglich wurde auch hervorgehoben, hatte man aus Europa bekannte tierische Produkte für einen außergewöhnlichen Anlass erstehen können: in Indien konnten sozialdemokratische Flüchtlinge etwa 1937 einen Geburtstag mit „Prager Würstchen und Schinken" begehen.[58]

Die Geflügelfarmen in Chile verweisen bereits auf den Bereich der Landwirtschaft mit Tieren, die in den Briefen dieser politischen Flüchtlingsgruppe vor allem aus Mittel- und Südamerika überaus prominent vertreten war, aus Kolumbien hieß es etwa, in der Trockenzeit verbrenne das Gras. Dies sei eine

> schlimme Zeit für die tausendköpfigen Viehherden [...], die sich Tag und Nacht draussen ihre Nahrung suchen müssen. Ställe und Beifutter gibt es nicht. Die Milchpreise steigen und die Viehpreise sinken.[59]

Viel wichtiger als solche Beobachtungen war aber die Kommunikation der Möglichkeiten des Neuanfangs im Exil mit und durch Tiere, in mehreren dieser nach Prag geschickten Briefe sozialdemokratischer Flüchtlinge steht der Besitz von Tieren stellvertretend für den Erfolg dieses Neuanfangs. Derselbe sozialdemokratische Flüchtling berichtete nämlich aus Kolumbien, sein Pferd sei „mein Stolz, wenn es auch den hiesigen Verhältnissen nach ein grosser Schinder ist. Aber es ist ein Genuss mit ihm durch das Gestrüpp zu brechen." Auch beschrieb er andere „Trageteire", die sein Flüchtlingskollektiv besaß:

> Die Mulas sind heimtückisch und ich habe schon etliche Male eins gekriegt, bin auch schon oft runtergeflogen und liegengeblieben. Aber dennoch machen sie mir mit ihrer Schlauheit Freude.

Dieses Kollektiv in Kolumbien betrieb hauptsächlich Schweinezucht, der Schreiber schränkte hier ein: „Fleischer in unserem Sinne gibt es hier wenig," und ließ dem eine detaillierte Beschreibung einer Schweineschlachtung fol-

---

**57** [Sander]: Emigranten-Briefe, S. 58, 60. Vgl. zu Chile Irmtrud Wojak: Exil in Chile: die deutsch-jüdische und politische Emigration während des Nationalsozialismus 1933–1945. Berlin 1994.
**58** [Sander]: Emigranten-Briefe, S. 83.
**59** [Sander]: Emigranten-Briefe, S. 66. Vgl. zu Kolumbien Enrique Biermann: Fern und fremd. Die deutschen Emigranten in Kolumbien 1939–1945. Essen 2001.

gen.[60] In einem weiteren Brief, ebenfalls aus Kolumbien, berichtete ein anderer Farmer nahezu gleichlautend über das Roden für Farm- und Weideland, auch er lieferte ausführliche Beschreibungen der eigenen Pferde und Maultiere: „Wenn ihr mich reiten sehen würdet, dann würdet ihr sagen, das hätten wir einem ehemaligen Gewerkschaftssekretär nicht zugetraut."[61] In Paraguay startete ein sozialdemokratischer Flüchtling ebenso mit Viehzucht – „Jungschweine" sowie zehn Hühner und ein Hahn. „Hat man nach ein bis zwei Jahren genügend Wald urbar, so kann man mit Schweine- und Geflügelzucht sich halten."[62] Allerdings – und hier zeigten die Briefe in aller Deutlichkeit die Grenzen und die weiterhin bestehende Unwägbarkeit der Situation im Exil – kämen alle vier Jahre Wanderameisen und Heuschrecken „in Schwärmen [...] und die ganze Ernte ist total weg. Ebenso hat das Vieh vom Huhn bis zum Grossvieh zu leiden. Man sagt hier, dass die Viehzucht ein Lotteriespiel ist."[63]

Die angeführten Insekten deuten mit der sonstigen Fauna zudem ein weiteres Thema an, das die *Emigranten-Briefe aus fünf Erdteilen* für die sozialdemokratischen Leser*innen in der Tschechoslowakei und anderswo enthielten. Auffällig ist dabei, dass entsprechende Tierbeschreibungen lediglich aus jenen Ländern und Regionen stammten, die von Zentraleuropäer*innen als ‚exotisch' wahrgenommen wurden – in Briefen etwa aus Schweden oder England finden sie sich nicht in dieser Broschüre. Dagegen wurde aus Kolumbien berichtet: „Obwohl es nachts mitunter ziemlich laut zugeht, ist am Tage nichts von Tieren zu sehen. Die Geräusche in der Nacht sind wirklich uneuropäisch."[64] Derselbe Schreiber berichtete allerdings auch über Kolibris und Papageien, aus Paraguay erfuhr man mehr über Moskitos, Sandflöhe, Fleischmaden oder Tropenfliegen, zudem gebe es „Wildkatzen, auch Jaguare und Schlangen aller Art bis zu den schlimmsten. Ein Gewehr oder auch ein Revolver ist gut zu gebrauchen und bringt manchmal auch einen saftigen Braten ein."[65] Genau hier schränkte der zuvor genannte sozialdemokratische Flüchtling aber auch ein – und reflektierte bis zu einem gewissen Grad seine eurozentrische und verzerrte Sicht auf die Artenwelt Südamerikas. Denn die Vorstellung vom „Urwald," in dem „Schlangen und andere wilde Tiere hausen," stimme so nicht. Zwar sehe man ab und zu Schlangen, teils „sehr schön gemalte und bis 1½ Meter lange. Wilde Tiere sehen wir aber absolut keine."[66]

---

60 [Sander]: Emigranten-Briefe, S. 67.
61 [Sander]: Emigranten-Briefe, S. 70.
62 [Sander]: Emigranten-Briefe, S. 72.
63 [Sander]: Emigranten-Briefe, S. 73.
64 [Sander]: Emigranten-Briefe, S. 64.
65 [Sander]: Emigranten-Briefe, S. 73.
66 [Sander]: Emigranten-Briefe, S. 78.

## 5 Ausblick

Die Publikationen, die in diesem Beitrag über Mensch-Tier-Verhältnisse im Exil am Beispiel der sozialdemokratischen Flüchtlinge in der Tschechoslowakei vorgestellt wurden, erreichten fraglos nur ein eingeschränktes Publikum. Denn die *Emigranten-Briefe aus fünf Erdteilen* waren lediglich der Flüchtlingsgruppe selbst zugänglich; das in ihnen zirkulierende Wissen blieb auf diese beschränkt. Und auch die Zeitungen und anderen Veröffentlichungen der sozialdemokratischen Flüchtlinge in der Tschechoslowakei erreichten nur einen vergleichsweise kleinen Leserkreis. Sie spiegeln dennoch Aspekte des Mensch-Tier-Verhältnisses in emotionshistorischer, ernährungsgeschichtlicher sowie generell migrationsbezogener Hinsicht und weisen über den nationalsozialistischen Kontext hinaus. Denn das Zusammenspiel von Herabwürdigung ‚auf das Niveau' von Tieren oder die Darstellung der brutalen Verfolger als Tiere war kein Alleinstellungsmerkmal der Kritik am Nationalsozialismus aus dem Exil.[67] Tiermetaphern dürften deswegen generell ein lohnenswertes Untersuchungsfeld für Praktiken der Herabsetzung und Beleidigung sein.[68] Ebenso war das Problem mangelnder Verfügbarkeit von spezifisch tierischen Nahrungsmitteln in Fluchtsituationen kein allein für die Tschechoslowakei oder die frühen 1930er Jahre typisches, dies wird in der zuletzt analysierten Quelle evident. Diese Verfügbarkeit war in dieser Zeit an finanzielle Möglichkeiten und damit auch an den sozialen Status gebunden, dessen Verlust die sozialdemokratischen Flüchtlinge sprichwörtlich am eigenen Leibe erfuhren. Der Konsum tierischer Produkte mag aus zentraleuropäischer Perspektive eine Selbstverständlichkeit gewesen sein, der Mangel daran die eigene prekäre Lage als Flüchtling verdeutlicht haben. Die subsistenten und bis zu einem gewissen Grad auch alternativwirtschaftlichen Strategien der Geflüchteten, diesen Mangel etwa in Kollektiven zu überwinden – in der Tschechoslowakei und später auch in Südamerika und anderen Exilländern –, konnten an dieser Stelle nur ansatzweise reflektiert werden. Zu untersuchen wären in diesem Kontext auch die Wege der Solidarisierung mit jenen, die sich in den aufnehmenden Gesellschaften selbst in sozialen oder anderen Randlagen befanden. Dieser Gedanke verweist auf allgemeinere Konstellationen von Migration, in denen Flucht nur eine Form darstellt und in deren Geschichte das hier vorgestellte Beispiel nur eines von vielen ist. Gleiches gilt

---

67 Vgl. hierzu Jobst Paul: Das [Tier]-Konstrukt und die Geburt des Rassismus. Zur kulturellen Gegenwart eines vernichtenden Arguments. Münster 2004.
68 Vgl. hierzu Dagmar Ellerbrock und Silke Fehlemann: Beschämung, Beleidigung, Herabsetzung: Invektivität als neue Perspektive historischer Emotionsforschung. In: Anja Besand (Hg.): Politische Bildung mit Gefühl. Bonn 2019, S. 90–104.

für kulturell geprägte Vorstellungen vom Verhältnis zwischen Mensch und Tier, die durch Migration selbst bewegt und übersetzt oder aber verändert, ignoriert und vergessen wurden: Die oben zitierten Emigrantenbriefe verdeutlichen diese Transfers von Vorstellungen und die dann tatsächliche Wissensgenerierung in den neuen Umwelten bzw. der landwirtschaftlichen Tätigkeit, auch stehen sie für das nun nicht mehr relevante Wissen der einstigen politischen Funktionäre.[69] Solchen migrantischen Wissensbeständen gilt es zukünftig verstärkt nachzugehen und sie im Denken, Sprechen und Handeln der Zeitgenossen offenzulegen.

## Abbildungsverzeichnis

Abb. 1: Hans Georg Trapp: Und damit, meine Herrschaften, ist die Revolution beendet. In: Neuer Vorwärts (23.7.1933), 6, S. 1.

## Literaturverzeichnis

Bachstein, Martin K.: Die Beziehungen zwischen sudetendeutschen Sozialdemokraten und dem deutschen Exil: Dialektische Freundschaft. In: Peter Becher und Peter Heumos (Hg.): Drehscheibe Prag. Zur deutschen Emigration in der Tschechoslowakei 1933–1939. München 1992, S. 41–52.
Behnken, Klaus (Hg.): Deutschland-Berichte der Sozialdemokratischen Partei Deutschlands (Sopade) 1934–1940, 7 Bde. Frankfurt a. M. 1980.
Bentwich, Norman: The Refugees from Germany, April 1933 to December 1935. London 1936.
Biermann, Enrique: Fern und fremd. Die deutschen Emigranten in Kolumbien 1939–1945. Essen 2001.
Blodig, Vojtěch: Die tschechoslowakischen politischen Parteien und die Unterstützung der deutschen und österreichischen Emigration in den 30er Jahren. In: Peter Glotz (Hg.): München 1938: Das Ende des alten Europa. Essen 1990, S. 251–270.
Buchholz, Marlies und Bernd Rother (Hg.): Der Parteivorstand der SPD im Exil. Protokolle der Sopade. Bonn 1995.
Čapková, Kateřina: Československo jako útočiště uprchlíků před nacismem!? In: Alena Mišková (Hg.): Exil v Praze a Ceskoslovensku 1918–1938. Prag 2005, S. 56–69.
Čapková, Kateřina und Michal Frankl: Unsichere Zuflucht. Die Tschechoslowakei und ihre Flüchtlinge aus NS-Deutschland und Österreich 1933–1938. Wien, Köln, Weimar 2012.

---

69 Vgl. Simone Lässig und Swen Steinberg: Knowledge on the Move: New Approaches toward a History of Migrant Knowledge. In: Geschichte und Gesellschaft 43 (2017), 3: Knowledge and Migration, hg. von dens., S. 313–346.

Černý, Bohumil: Komitéty pro pomoc německé emigraci v ČSR (1933–38). In: Československý časopis historický 15 (1967) 2, S. 277–300.

Eckert, Rainer: Emigrationspublizistik und Judenverfolgung. Das Beispiel Tschechoslowakei. Frankfurt a. M. 2000.

Ellerbrock, Dagmar und Silke Fehlemann: Beschämung, Beleidigung, Herabsetzung: Invektivität als neue Perspektive historischer Emotionsforschung. In: Anja Besand (Hg.): Politische Bildung mit Gefühl. Bonn 2019, S. 90–104.

Erpenbeck, Fritz: Emigranten [1939]. Berlin 1954 (2. Aufl.).

Franz, Margit und Heimo Halbrainer: Eine neue Landkarte der Vertreibung durch den Nationalsozialismus – eine Einleitung. In: dies. (Hg.): Going East – Going South. Österreichisches Exil in Asien und Afrika. Graz 2014, S. 11–17.

Grossmann, Atina: Remapping Relief and Rescue: Flight, Displacement, and International Aid for Jewish Refugees during World War II. In: New German Critique 39 (2012) 3, S. 61–79.

Grötzsch, Robert: Wir suchen ein Land. Roman einer Emigration. Bratislava 1936.

Herlemann, Beatrix: „Wir sind geblieben, was immer wir waren, Sozialdemokraten." Das Widerstandsverhalten der SPD im Parteibezirk Magdeburg-Anhalt gegen den Nationalsozialismus. Halle 2001.

Heumos, Peter: Tschechoslowakei. In: Claus-Dieter Krohn, Patrik von zur Mühlen, Gerhard Paul und Lutz Winckler (Hg.): Handbuch der deutschsprachigen Emigration. Darmstadt 1998, Sp. 411–426.

Hubený, David: Němečtí emigranti ve Mšeci v letech 1934–1937 (1939). In: Rakovnický historický sborník 7 (2006), S. 5–24.

Hubený, David: Němečtí emigranti na mšeckém zámku v letech 1934–1937. In: Slaný a Slánsko ve 20. století. Sborník z historické conference. Slaný 2008, S. 88–101.

Lässig, Simone und Swen Steinberg: Knowledge on the Move: New Approaches toward a History of Migrant Knowledge. In: Geschichte und Gesellschaft 43 (2017), 3: Knowledge and Migration, hg. von dens., S. 313–346.

Paul, Jobst: Das [Tier]-Konstrukt und die Geburt des Rassismus. Zur kulturellen Gegenwart eines vernichtenden Arguments. Münster 2004.

[Sander, Wilhelm (Hg.)]: Emigranten-Briefe aus fünf Erdteilen, o. O. o. J. [Prag 1938].

[Sander, Wilhelm]: Unsere Hilfe in der CSR. In: [ders.]: Emigranten-Briefe, o. S.

Scheidemann, Philipp: Das historische Versagen der SPD. Schriften aus dem Exil, hg. von Frank R. Reitzle. Lüneburg 2002.

Später, Jörg: Vansittart: Britische Debatten über Deutsche und Nazis. Göttingen 2003.

Steinberg, Swen: Dokumentierende Emigration. Die Berichte der sozialdemokratischen Exil-Zeitung „Neuer Vorwärts" über die Deportation polnischer Jüdinnen und Juden aus dem Deutschen Reich im Oktober 1938. In: Medaon – Magazin für jüdisches Leben in Forschung und Bildung 10 (2016) 19, http://www.medaon.de/pdf/medaon_19_Steinberg.pdf (Zugriff: 5.5.2021).

Steinberg, Swen: How to Become Isolated in Isolation? Networks in the German Political and Trade Union Exile after 1933. In: Helga Schreckenberger (Hg.): Networks of Refugees from Nazi Germany. Continuities, Reorientations, and Collaborations in Exile. Amsterdam 2016, S. 89–108.

Steinberg, Swen: Karl Herschowitz kehrt heim. Der Schriftsteller-Journalist Edgar Hahnewald und die Heimkehr ins Exil. Berlin 2016.

Steinberg, Swen: Tormann Bobby: Biografie, Netzwerke und Identität in Robert Grötzschs Exil-Arbeiterjugend- und -sportroman von 1938. In: Susanne Blumesberger und Jörg Thunecke

(Hg.): Deutschsprachige Kinder- und Jugendliteratur während der Zwischenkriegszeit und im Exil. Frankfurt a. M. 2017, S. 231–275.

Steinberg, Swen und Mike Schmeitzner: Dokumentation und Zeugenschaft. Das Konzentrationslager Sachsenburg in der ausländischen Presse und Publizistik. In: Bert Pampel und Mike Schmeitzner (Hg.): Konzentrationslager Sachsenburg (1933–1937). Dresden 2018, S. 382–404.

Steinberg, Swen: Grenz-Netzwerke, Grenz-Arbeit, Grenz-Exil: Der deutsch-tschechoslowakische Grenzraum als politischer Ort, 1920–1938. In: Hermann Gätje und Sikander Singh (Hg.): Grenze als Erfahrung und Diskurs. Tübingen 2018, S. 175–192.

Steinberg, Swen: Kochen im Kollektiv. Selbstorganisation und Verpflegung in tschechoslowakischen Flüchtlingsheimen (1933–1938). In: Veronika Zwerger und Ursula Seeber (Hg.): Küche der Erinnerung – Essen und Exil. Wien 2018, S. 128–147.

Steinberg, Swen und Anthony Grenville: Forgotten Destinations? Refugees from Nazi-Occupied Europe in British Dominions, Colonies and Overseas Territories after 1933. An Introduction. In: The Yearbook of the Research Centre for German and Austrian Exile Studies 20 (2020): Refugees from Nazi-Occupied Europe in British Overseas Territories, hg. von dens., S. 1–17.

Steinberg, Swen: „An der Schwelle." Die sozialdemokratische Flüchtlingszeitung „Neuer Vorwärts" und der Ausbruch des Krieges 1939. In: Krieg und Literatur / War and Literature XXVI (2020), S. 148–170.

Steinberg, Swen: Der Blick von unten. Lokale und regionale Partei- und Gewerkschaftsfunktionäre im Exil der Tschechoslowakei. In: Rüdiger Hachtmann, Franka Maubach und Markus Roth (Hg.): Zeitdiagnose im Exil. Zur Deutung des Nationalsozialismus nach 1933. Göttingen 2020, S. 37–62.

Steinberg, Swen: Should I Stay or Should I Go? Regional Functionaries, Political Networks, and the German-Czechoslovakian Borderlands in 1933. In: Reinhard Andress (Hg.): Somewhere Between Home and Arrival: Preliminary Stage of Exile. Amsterdam 2020, S. 82–94.

Steinberg, Swen: Knowledge from Five Continents. Escape Destinations in Publications of German-speaking Political Refugees, 1933–40. In: Phillip Strobl und Susanne Korbel (Hg.): Mediations through Exile: Cultural Translation and Knowledge Transfer on Alternative Routes of Escape from Nazi Terror. London 2021, S. 49–65.

Tabatschnik, Max: Königstein. In: Konzentrationslager. Ein Appell an das Gewissen der Welt. Karlsbad 1934, S. 90–112.

Tutas, Herbert E.: Nationalsozialismus und Exil. Die Politik des Dritten Reiches gegenüber der deutschen politischen Emigration (1933–1939). München 1975.

Vansant, Jacqueline: Cohesive Epistolary Networks in Exile. In: Helga Schreckenberger (Hg.): Networks of Refugees from Nazi Germany. Continuities, Reorientations, and Collaborations in Exile. Amsterdam 2016, S. 245–261.

Wojak, Irmtrud: Exil in Chile: die deutsch-jüdische und politische Emigration während des Nationalsozialismus 1933–1945. Berlin 1994.

Zwerger, Veronika und Ursula Seeber (Hg.): Küche der Erinnerung – Essen und Exil. Wien, Hamburg 2018.

Carla Swiderski
# Das Experiment ‚Mensch' in Stephan Lackners Exildrama *Der Mensch ist kein Haustier*

Zwischen „behaarte[m] Mordaffen" und rationalem „Zukunftsmenschen"

Auf einem Gemälde von 1938 porträtiert Max Beckmann seinen Freund, Förderer und Kollegen Stephan Lackner. Das Porträt zeigt Lackner mit einem Buch in der Hand, dessen fast verdeckter Titel-Schriftzug auf das kurz zuvor erschienene Drama *Der Mensch ist kein Haustier* hinweist.[1] Während Beckmann nachhaltig zu großer Berühmtheit gelangt ist, hat der Porträtierte einen weitaus schmaleren Bekanntheitsgrad. So kommt es, dass Lackners Theaterstück nahezu vergessen wurde, die dazugehörigen Original-Lithografien von Beckmann es jedoch unter anderem ins Museum of Modern Art in New York und ins Fine Arts Museum of San Francisco geschafft haben.[2] Daher sollen hier zunächst einige Informationen zu Stephan Lackner vorangestellt werden, bevor das Drama *Der Mensch ist kein Haustier* betrachtet wird, unter besonderer Berücksichtigung der Darstellung des Mensch-Tier-Verhältnisses.

Stephan Lackner wurde 1910 als Ernest Gustave Morgenroth in Paris geboren. Als „Sohn eines süddeutschen Juden und einer norddeutschen Protestantin", waren ihm, wie er selbst in seinem *Kurzen Rückblick auf ein langes Leben* sagt, „zwei verschiedenartige Perspektiven von Anfang an mitgegeben."[3] Mit Ausbruch des Ersten Weltkriegs zog seine Familie nach Deutschland. Er studierte Philosophie und schloss das Studium 1933 mit einer Promotion ab. Nach dem

---

[1] Vgl. Max Beckmann. Gemälde und Aquarelle der Sammlung Stephan Lackner, USA. Gemälde, Handzeichnungen und Druckgraphik aus dem Besitz der Kunsthalle Bremen. Ausst.-Kat. Kunsthalle Bremen. Bremen 1966, S. 86. Zur Entstehungsgeschichte des Porträts vgl. Stephan Lackner: Bildnis des Bildnismalers Max Beckmann. In: Max Beckmann. Gemälde und Aquarelle, S. 23–24.
[2] Vgl. Max Beckmann: „Der Mensch ist kein Haustier" by Stephan Lackner. Fine Arts Museum of San Francisco, https://art.famsf.org/max-beckmann/der-mensch-ist-kein-haustier-man-not-domesticated-animal-stephan-lackner-paris-editions (Zugriff: 28.12.2020); Max Beckmann: Illustration from „Der Mensch ist kein Haustier" (Man Is Not a Domestic Animal) 1937 by Stephan Lackner, The Museum of Modern Art, https://www.moma.org/collection/works/illustratedbooks/9540?=undefined&page=&direction= (Zugriff: 28.12.2020).
[3] Stephan Lackner: Kurzer Rückblick auf ein langes Leben. In: ders.: Ein Mann mit blauen Haaren. Erzählungen, hg. von Thomas B. Schumann. Köln 1996, S. 220–223, hier S. 220.

Aufstieg der NSDAP im selben Jahr ging der beginnende Autor und Journalist jedoch zunächst zurück nach Paris und 1939 schließlich ins Exil in die USA nach Santa Barbara, Kalifornien. Kurz nach seiner Flucht begann er bei Publikationen das Pseudonym „Stephan Lackner" zu verwenden, um seine in NS-Deutschland zurückgebliebenen Angehörigen nicht zu gefährden. Denn Lackners Schriften, allen voran seine Beiträge in der Exilzeitschrift *Das Neue Tage-Buch*, sind laut Selbstaussage vom „Kampf gegen Hitler geprägt".[4]

Das Drama *Der Mensch ist kein Haustier*[5] gehört zu den drei eigenständigen Publikationen Lackners, die zwischen 1937 und 1939 im Exil gedruckt wurden. Ein Großteil der Romane, Dramen, Gedichte und Essays von Lackner, so stellt er 1996 im Alter von 86 Jahren fest, vier Jahre vor seinem Tod, „liegen eingesargt in Schubladen und harren der Auferstehung"[6] – ausgenommen seine Arbeiten über den ebenfalls in die USA geflohenen Künstler Max Beckmann. Lackner traf Beckmann 1927 in Frankfurt am Main und begann ab 1933 regelmäßig Gemälde von ihm zu kaufen, um ihn in den Jahren der Verfolgung und Flucht zu unterstützen.[7] 1936 sahen Lackner und Beckmann sich in Paris wieder. Lackner hatte 1934 mit ersten Aufzeichnungen zu seinem Stück *Der Mensch ist kein Haustier* begonnen, zu dessen Veröffentlichung Beckmann nun sieben Original-Lithografien anfertigen sollte. Die ersten zwanzig Exemplare der Pariser Erstausgabe von 1937 wurden auf echtem Japan-Papier gedruckt und von Autor und Künstler signiert, wie das Vorwort festhält (MH 2).

Lackner hat mit *Der Mensch ist kein Haustier* eine bildgewaltige utopische Groteske vorgelegt. Die Symbiose aus Lackners Dramentext und Beckmanns Zeichnungen geht über die schlichte Nebeneinanderstellung auf dem Papier hinaus. Theater und Malerei nähern sich in diesem Drama an: Statt Akten gibt es zehn Bilder und der grobe Strich der Lithografien spiegelt den kolportagearti-

---

4 Lackner: Kurzer Rückblick, S. 221.
5 Stephan Lackner: Der Mensch ist kein Haustier. Drama, illustr. von Max Beckmann. Worms 1977. Erstmals 1937 bei Editions Cosmopolites in Paris erschienen. Im Folgenden mit der Sigle MH und der Seitenzahl in Klammern direkt im Text zitiert.
6 Lackner: Kurzer Rückblick, S. 223.
7 Lackner berichtet später: „Damals jedoch, im Jahr 1933, war für den Maler wie auch für mich die Zukunft von Unsicherheit und Gefahren umwittert. Die Museumsleute, Kunsthändler, Sammler und Kunstschriftsteller, denen Beckmanns Kunst am Herzen gelegen hatte, wurden plötzlich machtlos oder in alle Winde verstreut. Im Ausland war diese Kunst noch fast unbekannt und unverstanden. Als Beckmann 1937 in die Emigration ging, war ich lange Zeit der einzige, der die Begeisterung und glücklicherweise auch die Mittel aufbrachte, Beckmanns Schaffen weiterhin zu fördern. Daß dies oft mit größten materiellen Schwierigkeiten verbunden war, braucht nicht betont zu werden." (Stephan Lackner: Die Entstehung meiner Sammlung. In: Max Beckmann. Gemälde und Aquarelle, S. 9–10, hier S. 9).

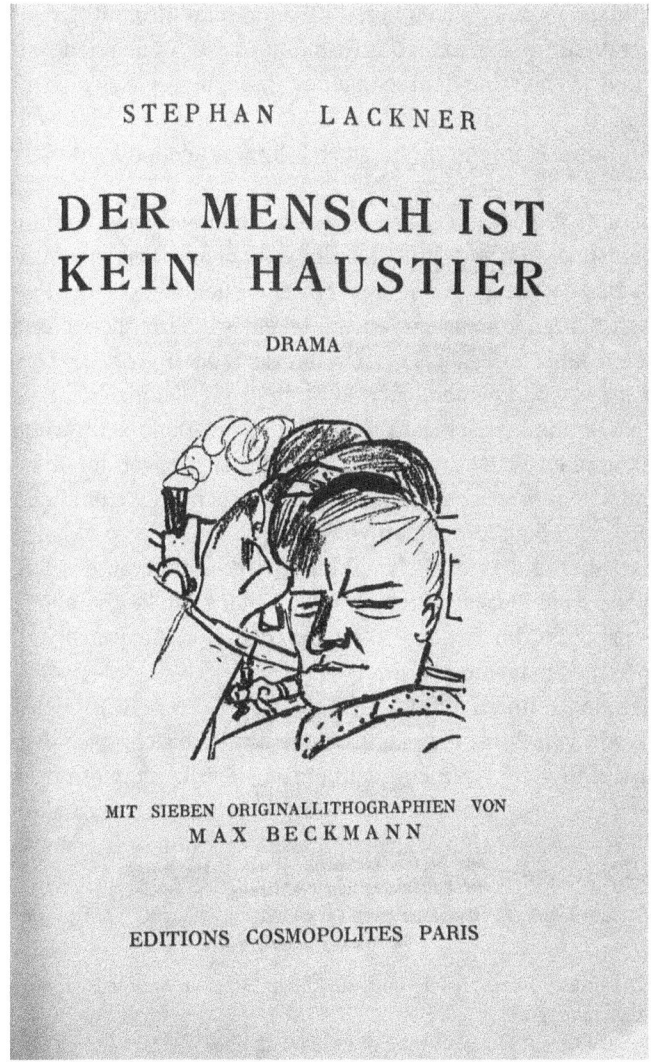

**Abb. 1:** Titelabbildung *Der Mensch ist kein Haustier.*

gen Handlungsaufbau wie die typenhafte Figurenzeichnung.[8] So bemerkt Beckmann in einem Brief an Lackner: „Im Drama selbst hat mich vieles überrascht,

---

**8** Gert Ueding stellt fest, dass Beckmanns Lithografien „das lustvoll Anarchische der Handlung, ihre kolportagehaften Elemente betonen" (Gert Ueding: „Die Wilden und die Vernünftigen". Hinweis auf ein vergessenes Drama. In: Hans Dietrich Irmscher und Werner Keller (Hg.): Drama und Theater im 20. Jahrhundert. Göttingen 1983, S. 242–251, hier S. 242).

was in gemeinsamen Ideen und Gedanken besteht. Sonderbare Affinität der Zustände".[9] Und Lackner erklärt wiederum: „Das Grundmotiv, der Widerstreit zwischen den ungezähmten Trieben und der rechnenden Ratio, bewegte sich ebenso in beckmannesken Gedankenbahnen, wie die Charaktere von seiner Bildwelt angeregt waren."[10] Bild und Wort verschränken sich hier miteinander zu einer unlösbaren Einheit.

Der Titel des Stücks wirft die zwingende Frage auf: Wenn der Mensch offensichtlich kein Haustier ist, was ist er dann? Und gibt es in dem Drama eine Antwort auf diese Frage? Das politische und philosophische Dilemma, das die Frage „Was ist der Mensch?" birgt, kommt hier im Mantel eines eindringlichen und provokativen Spektakels daher – das das Killy Literaturlexikon, obwohl die Dramenhandlung zu einer Zeit und in einem Land außerhalb der historischen Realität angesiedelt ist, als „antinazistisch[es] Drama"[11] erkennt. Denn auch wenn das Stück in einer fiktionalen Welt verortet ist, richtet es sich gegen totalitäre Staats- und Denkformen ebenso wie gegen biologistische Züchtungs- und Reinheitsfantasien, wie sie im NS-Staat propagiert wurden.[12]

Louise Hall, Felix Faber und Peter Giel sind die drei Hauptfiguren des Stückes. Sie sind weniger psychologisch durchgestaltete, individuelle Charaktere als überzeichnete Typen, die durch die Diskrepanz zwischen Anspruch und Wirklichkeit eine satirische Zuspitzung erfahren.

Die Fürstin Louise Hall – unten auf der Zeichnung zu sehen – wird gleich zu Beginn als Anhängerin von Kunst und Kultur eingeführt, die sich, nach dem revolutionären Sturm auf ihr Schloss, nicht recht entscheiden kann, worum sie mehr trauert: um ihren erschossenen Ehemann oder die zertrümmerte „archaische Apollostatue" (MH 7). Angesichts des zersplitterten Marmorkopfs bemerkt sie fassungslos: „Sie haben der Kultur den Kopf abgeschossen, die Untermenschen. Da gibt es kein Lächeln mehr. Sinnlos sich noch zu wehren." (MH 7–8)

---

**9** Brief von Max Beckmann an Stephan Lackner vom 4.8.1937. In: Stephan Lackner: Ich erinnere mich gut an Max Beckmann. Mainz 1967, S. 21–22.
**10** Stephan Lackner: Ein Schriftsteller im Exil. In: Exil 7 (1987), 2, S. 61–77, hier S. 68.
**11** Detlev Schöttker und Christine Henschel: Lackner, Stephan. In: Killy Literaturlexikon. Bd. 7: Kräm–Marp, hg. von Wilhelm Kühlmann. Berlin, Boston 2010 (2. Aufl.), S. 161.
**12** Diese Einschätzung teilt auch Ueding, der feststellt, es sei „kein politisches Drama im vordergründingen Sinne geworden, [...] sondern eine dramatische Parabel von großer Intensität und gleichzeitig spektakelhafter Farbigkeit, ein Argumentationsstück von immenser Bühnenwirksamkeit, das wohl nur deshalb keine Theatergeschichte gemacht hat, weil es eine provozierende These mit provozierenden dramatischen Mitteln, der Montage aus Expressionismus und Kolportage, aus Utopie und Unterhaltung ausdrückt, und weil das Theater in der Bundesrepublik Deutschland, eine Mixtur aus lauter Zufälligkeiten und eitlen Vorlieben, seine traditionsbildenden, die Kontinuität der Kultur bürgenden Möglichkeiten bislang noch nicht wieder entdeckt hat." (Ueding: „Die Wilden und die Vernünftigen", S. 243).

**Abb. 2:** Max Beckmann. 1. Bild: Schloss Hall.

Zu diesem Zeitpunkt geht Louise Hall davon aus, dass es eine „komplizierte und ausgewogene menschliche Ordnung" (MH 9) gibt, die sich in der Kultur manifestiert. Doch die Kultur- und Kunstwelt, in der sie sich bisher bewegt hat, konnte sich gegen den gewaltsamen Sturm der Revolutionsgarden nicht durchsetzen und kann auch Louise Hall nicht vor ihrem Sturz retten.

Felix Faber – links im Bild – und Peter Giel – rechts daneben – führen die Revolutionsgarden an. Felix Faber wird in den Regietexten als ein Mann mit „bartlosem, intelligentem Gesicht" eingeführt, der „schmal und nervös, aber sehnig und wohltrainiert" ist, während Peter Giel als „athletisch und brutal, mit rotem Gesicht und Zahnlücken" (MH 8) beschrieben wird. Schon in dieser ersten Beschreibung wird Peter Giel eine stärkere Körperlichkeit und damit Naturhaftigkeit zugeschrieben, die von Mängeln geprägt ist, während bei Felix Faber, der schon vom Erscheinungsbild her kultiviert und gepflegt wirkt, seine Intelligenz und sein Geist hervorgehoben werden. So resümiert Felix Faber über ihre Zusammenarbeit dann auch, ganz als würde jeder von ihnen einen Teil des Leib-Seele-Dualismus bilden: Peter Giels „Fäuste und mein Kopf ergänzen sich ausgezeichnet. Ohne meine Zügel würde er wildeste Tollheiten verüben. Ohne seine Muskelkraft hätte mein Intellekt keine Revolution fertiggebracht." (MH 10)

Auf ihre unterschiedliche Erscheinung verweist auch Louise Halls metaphorische Beschreibung des „entsetzliche[n] Paar[s]: die glatte Schlange und das Borstenschwein" (MH 16). Symbolisch steht hier das unreine (aber ehrliche) Tier dem listigen, unheilbringenden Tier gegenüber, entsprechend der christlichen Ikonografie.[13] Ist das „Borstenschwein" zwar wild und ungezähmt, so gilt es Louise gegenüber der Schlange dennoch als „unverfälscht[]" (MH 6). Ganz zu Beginn des Dramas kündigt sich somit über die Tier-Metapher subtil eine Skepsis hinsichtlich der berechtigten Herrschaft des Geistes über die Kreatur an. Die in der westlichen Denktradition historisch etablierte Ordnung, die den Geist vom Körper löst und ihn über diesen erhebt, wird auf diese Weise bereits angetastet.

Doch Felix Faber ist weit entfernt von dieser Einsicht. Nachdem die Revolutionsgarden die Aristokratie abgesetzt haben, will er einen neuen Staat gründen. Dieser Staat soll sich einem großen Experiment verschreiben: der Rationalisierung des Lebens. Stufte Louise Hall Felix Faber bis dahin als „zart und empfindsam" mit „dünne[n] Nerven" ein, betrachtet er sein „Nervengeflecht" selbst mit einer technoiden Metapher als „Stahlkonstruktion", die „elastisch und umso fester" (MH 11) ist. Und so soll auch sein Experimentalstaat „stählerne Schienen legen, auf denen die Menschheit sicher und zwangsläufig in die stahlblaue Zukunft rollen wird." (MH 11) Hier soll „für individuelle Lüste kein Spielraum bleiben" (MH 11).

---

**13** Vgl. Peter Riede: Schwein. In: Das wissenschaftliche Bibellexikon im Internet (2010), https://www.bibelwissenschaft.de/stichwort/27485/ (Zugriff: 28.12.2020); Henrike Frey-Anthes: Schlange. In: Das wissenschaftliche Bibellexikon im Internet (2008), https://www.bibelwissenschaft.de/stichwort/27148/ (Zugriff: 28.12.2020).

Um dieses Ziel zu erreichen, wird der bald schon führende neue Staatspräsident von Ärzt*innen, Biolog*innen und Chemiker*innen in ein „abstraktes Laboratorium der Seele" (MH 39) verwandelt. Durch die streng naturwissenschaftliche Planung seines Lebens und unter Ausschluss jeglicher Emotionen und unvorhergesehener körperlicher Triebe gilt Felix Faber schließlich „als erstes und reinstes Exemplar des Typus Zukunftsmensch", in dem „Natur und Technik erstmals zum harmonischen Zusammenklang gebracht" (MH 39) sind. Dabei gilt: „Der Mensch hat die Natur nach seinen Bedürfnissen einzurichten, nicht sich nach ihr." (MH 42) Persönliches Glück ist im Experimentalstaat eine „Frage zweiten Ranges", vielmehr kommt es auf die Nutzung und Verwertung der „einmaligen Existenz" (MH 40) für die Zukunft des Staates an. Oder, wie Felix Faber euphemistisch diese streng reduktionistisch-mechanistische Staatsrichtlinie formuliert: „Wir arbeiten daran, ein genormtes Glücksleben für den Durchschnittsmenschen zu erfinden." (MH 43)

Die gestürzte Fürstin Louise Hall wird von Felix Faber entsprechend biologistisch als „hochgezüchtetes Rassetier" betrachtet, „witternd mit gespannten Nüstern", um das es „schade" wäre, wenn es „ungenutzt zugrunde ginge[]" (MH 12). Dieser Blick gleicht dem eines Züchters auf seine beste Zuchtstute im Stall, was durch die Wortwahl unterstützt wird. Die von Faber propagierte Rationalisierung bedeutet demnach eine Reduktion der Menschen auf ihre biologischen Anlagen und ihren „Nutzen" in der Weiterentwicklung und „Züchtung" der Art. Sie führt zu einer rein utilitaristischen Beziehung unter allen Lebewesen, in der idealistische, ethische oder moralische Motive nicht vorgesehen sind. Ganz nach der Maxime: „Die Vernunft muss siegen, auch über den Menschen selbst, über den Urmenschen in uns." (MH 43)

Diesen sogenannten „Urmenschen" sieht Faber als inneres Relikt, das abgestoßen werden muss. Denn:

> Als wir, behaarte Mordaffen, in einem hoffnungslos wilden Kämpferparadies auftauchten: wer hätte damals auf Befriedung der Welt durch uns gesetzt? Wir waren die einzige Tierart, deren Exemplare sich sogar gegenseitig töteten. Aber dadurch entwickelten wir uns zu höchst gerüsteten Wesen, und heute erkennen wir: so geht es nicht weiter, Krieg ist für die Aufwärtsentwicklung unzweckmäßig. (MH 43)

Die angestrebte Rationalisierung in Fabers Experimentalstaat, die den genormten Einheitsmenschen zum höchsten Ziel erhebt, der keine individuellen Bedürfnisse mehr empfindet, sondern nach exakt berechneten, logisch erhobenen Regeln lebt, wird unter dem Deckmantel von „Frieden, Wahrheit und Weltoffenheit" (MH 46) eingeführt. Doch letztlich offenbart sich darin der Versuch, die von Sigmund Freud postulierte Darwin'sche Kränkung auszulöschen, die in der Abstammung des Menschen aus dem Tierreich besteht.[14]

Die eigene Kreatürlichkeit wird zu überwinden versucht, indem die Ratio zum alleinigen Maßstab erhoben wird. Um diesen Zweck zu erreichen, erhebt Felix Faber Freuds These zur Entstehung der Kultur zum Dogma und verkündet: „Kultur heißt Triebverzicht." (MH 95)

Die gestürzte Fürstin Louise Hall widersetzt sich den Rationalisierungsvorhaben von Felix Faber. Um im zuvor genannten Bild der Pferde-Metapher zu bleiben, bezeichnet sie sich selbst als „ungebändigten Mustang" (MH 81). Sie wendet sich von Felix Faber und seinen Ideen von einer neuen Gesellschaft und einem rationalistischen Staat ab und erinnert sich ihrer Naturverbundenheit: „Ich [...] liebe es, über neblige Heiden zu reiten, zwischen Hügeln und Büschen mich zu verlieren. Ich hasse gebahnte Wege." (MH 11) Louise Hall kann den anarchischen Revolutionär Peter Giel in einem unbeobachteten Moment zur gemeinsamen Flucht überreden. Der grobschlächtige Mann, der sich während des gewaltsamen Aufstands des vielfachen Mordes schuldig gemacht hat, verliebt sich in Louise. Es gelingt ihm, zusammen mit Louise das Land unbeschadet auf einem Auswandererschiff zu verlassen.

Auf der Überfahrt während der Flucht wird deutlich, dass Louise Hall bisher einem idealisierten Naturbegriff anhing und sich nicht mit den Gefahren und unangenehmen Seiten auseinandersetzen musste. Auf dem Schiff sieht sie sich erstmals mit blutsaugenden Insekten wie Läusen und Wanzen konfrontiert. Peter Giel stellt ungerührt fest: „Das ist die schlechte Gesellschaft auf Auswandererschiffen: Ungeziefer und Prediger." (MH 27) Die Verbindung der menschlichen und tierlichen Begleitung auf dem Schiff mit der Konjunktion „und" stellt beide auf eine Ebene, unterstützt durch ihre Zusammenfassung als „schlechte Gesellschaft". Dies kann als Hinweis darauf gelesen werden, dass Peter Giel mit dem sogenannten „Ungeziefer" nicht nur die im literalen Sinn benannten Insek-

---

14 Sigmund Freud hält drei große Kränkungen fest, die den Menschen aus seiner anthropozentrischen Selbstsicht aufgestört hätten. Als erste Kränkung betrachtet er die kopernikanische Wende, die eine Abkehr des geozentrischen Weltbildes bedeute, indem die Sonne in den Mittelpunkt gerückt und die Erde zu einem unvorstellbar winzigen Teil des Weltalls herabgestuft wird. Als zweite Kränkung sieht er die Darwin'sche Evolutionstheorie, die dem Menschen seine selbstkonstruierte Sonderstellung als Krone der Schöpfung abspricht und ihn ins Tierreich einordnet. Die dritte Kränkung besteht laut Freud schließlich in der von ihm selbst entwickelten Psychoanalyse, die das Unbewusste als wahrnehmungsstrukturierende Instanz einsetzt und das Ich dadurch dem vollständigen Zugriff der Ratio entzieht. Das Konzept vom Menschen als Vernunftwesen wird durch die psychoanalytische Betonung seiner Körperlichkeit und Irrationalität in Frage gestellt, was nach Freud zu heftiger Gegenwehr geführt habe. Vgl. Sigmund Freud: Vorlesung zur Einführung in die Psychoanalyse (1915–1917). In: ders.: Gesammelte Werke, hg. von Anna Freud u. a., Bd. XI. Frankfurt a. M. 1969 (5. Aufl.), S. 294–295.

**Abb. 3:** Max Beckmann. 2. Bild: Auswandererschiff.

ten meint, sondern im metaphorischen Sinn auch auf die Mitflüchtlinge verweist. Die Exilierung bedeutete für die gestürzte Fürstin einen Übertritt in eine niedere soziale Klasse, was hier durch sogenannte „niedere", „parasitäre" Tierarten verbildlicht wird.[15] Diese Verknüpfung wird auch auf Beckmanns Zeichnung deutlich, auf der die Wanzen und Läuse in Übergröße auftreten und mit menschenähnlichen Gesichtern über Louise Hall und Peter Giel herfallen. Zu der Zeit, als Lackner das Drama schrieb, machte sich zudem die NS-Propaganda den schlechten Ruf der als Parasiten und Ungeziefer betitelten Tierarten für antisemitische Hetze zunutze.[16] Darauf wird hier sicherlich, wenn auch nicht explizit, ebenfalls angespielt.

---

[15] Läuse, Wanzen und andere als Ungeziefer verbrämte parasitäre Insektenarten dienen sozialhistorisch der Markierung der unteren sozialen Schichten. Auch wenn die höheren Schichten nicht frei von Befall waren, wurden die blutsaugenden Insekten bereits im 19. Jahrhundert zur sozialen Differenzierung der armen, „schmutzigen" Unterschicht verwendet. Vgl. Sarah Jansen: „Schädlinge". Geschichte eines wissenschaftlichen und politischen Konstrukts 1840–1920. Frankfurt a. M., New York 2003, v. a. S. 78–80.
[16] In der NS-Ideologie und NS-Rhetorik wurde aktiv am Bild des ‚Juden' als Feindbild gearbeitet. Um eine bedrohliche und feindliche Kraft zu imaginieren, hinter der die realen Individuen als unbedeutend und austauschbar zurücktraten, wurde der Prototyp ‚des Juden' im Singular entworfen, der mit diffamierenden Beinamen wie „Schädling" oder „Parasit" belegt wurde. Vgl. ausführlicher Alexander Bein: „Der jüdische Parasit". Bemerkungen zur Semantik der

Hält Louise Hall weiterhin an den aristokratisch-hierarchischen Gesellschaftsregeln fest, versucht der verliebte Peter Giel sie für eine zwischenmenschliche Begegnung jenseits gesellschaftlicher Normen einzunehmen: „Hier steht ein Mensch vor Ihnen, Louise, mit Fleisch und Blut, kein Spielstein." (MH 29) Schließlich erkennt sie sowohl in der alten Aristokratie als auch im neuen Experimentalstaat eine Überzivilisiertheit, die den Menschen auf seinen „Hintergrund von Macht und Herkunft" (MH 21) reduziert und somit von einem Dasein entfremdet, das „wirklich und echt und aufregend" (MH 20) ist.

In der Folge überhöht sie die vernunftlosen Tiere und verflucht die sich ihrer selbst bewussten Menschen. Sie schwärmt:

> Ja! wenn man ganz von vorn anfangen könnte! Wenn die Erde gesund würde und ihre Weltgeschichte von vorn beginnen würde! Weite Urmeere. Wasserschleier über noch ungeborenem Land. Dann spriessen allmählich Schachtelhalmwälder. Riesenechsen, prachtvolle, mächtige, gigantisch unbekümmerte Wesen leben sich aus. Nicht diese kleinen, hilflosen, erbärmlichen Spätgeburten, diese Krüppel von Ursprung an, die Menschen. Kein Mensch ringsum. Kein Bewusstsein, das einen Sinn sucht und grübelt und sich ins Leere verschreit. Wozu müssen wir da sein und die Welt erfassen, warum ist nicht alles unbewusst? Jahrmillionen gings so, ohne uns. Und die Zukunft wird genauso wieder ohne uns auskommen. Wir sind der Mühe nicht wert, die man auf uns und unsre Erhaltung verwendet. (MH 30)

Der offenbar nur vermeintlich geistig weniger begabte Peter Giel holt Louise Hall aus ihren düsteren Zukunftsvisionen zurück und erinnert sie daran, dass die wichtige Frage lautet, „ob Sie aus dieser schäbigen und belanglosen Gegenwart was Schönes machen wollen." (MH 31) Dies führt Louise Hall zu einem recht plötzlichen Sinneswandel. Sie entscheidet sich, angesichts des vor ihr auftauchenden Land[es] „Unbekannt" das Schiff zu verlassen, da es ihr wie eine verheißungsvolle „goldgrüne Insel, emporgetaucht aus der schwarzen Nacht" (MH 31–32) erscheint. Sie beschließt, „als arme Ausgewanderte" ihr Glück unter „lauter guten, primitiven, naiven Menschenkindern" (MH 32) zu suchen. Peter Giel will mit ihr das Schiff verlassen und gemeinsam ein neues Leben beginnen. Er schwärmt: „Ein neues Reich will ich dir erkämpfen! Für dich die Wilden mit eigener Hand umbringen. Länder an mich reissen. Fetzen der Erde dir zu Füßen legen." (MH 32–33) Doch mit diesen martialischen Eroberungsplänen will Louise Hall nichts zu tun haben. Sie beschimpft ihn als „Verbrecher" und „Mörder"

---

Judenfrage. In: Vierteljahrshefte für Zeitgeschichte 13 (1965), 2, S. 121–149; Heiko Stullich: Parasiten, eine Begriffsgeschichte. In: Forum Interdisziplinäre Begriffsgeschichte 2 (2013), 1, S. 21–29; Carla Swiderski: Sprachliche Dehumanisierung in der NS-Ideologie. Eine Strategie zur Verkehrung der Bedrohungsverhältnisse. In: Tierstudien 12 (2017): Tiere und Krieg, hg. von Jessica Ullrich und Mieke Roscher S. 83–91.

(MH 33) und hält ihn davon ab, ebenfalls auszubooten. Peter Giel gesteht ihr erneut seine Liebe und versucht sie von einer gemeinsamen Zukunft zu überzeugen, doch sie verabschiedet sich, wenn auch wehmütig von ihm, aus Angst, dass ihre Liebe in der Realität keinen Bestand hat.

Die plötzliche Abkehr von der Zivilisation und die Überhöhung eines exotisierten Primitivismus resultieren bei Louise Hall aus dem Entsetzen über den gewaltsamen politischen Umsturz, der Flucht und der anschließenden Exilierung. Sie verkündet: „Ich will keine neue Heimat finden. Wie leicht schlägt alles um, und dann bleibt nur die Qual des Heimwehs." (MH 33) Jegliche Form des Nationalismus kritisierend fährt sie fort: „Jedes Land der Welt ist gut für kurze Zeit. Ich will keine Wurzeln mehr schlagen, die dann herausgewühlt oder abgerissen werden." (MH 34) Hat sie zwar die Schattenseiten der Zivilisation und der übersteigerten Ratio erkannt, so kommt ihr im Exil dennoch die Lebensfreude abhanden, da ihr ein Sinn des Lebens, ein Sinn hinter den Dingen fehlt. Nach einer ziellosen Reise kommt sie unter verdeckter Identität bei drei Pelzjägern unter, mitten in der Wildnis im „Nördliche[n] Urwald" (MH 54), wie es heißt. Von Heimweh und Sehnsucht nach Peter Giel zermürbt, „wird ihr das Leben provisorisch, sie wirft sich weg, sie säuft, sie zerlumpt" (MH 57). In der Ferne hat sie vergessen, wer sie ist und wofür es sich zu leben und zu überleben lohnt. Die Fixierung auf eine mögliche Rückkehr sowie die Hoffnung, „auf dem Heimatboden [zu] sterben" (MH 73), sind klassische Topoi der Exilliteratur.[17]

Durch Zufall stößt Peter Giel auf die untergetauchte Louise Hall und die Pelzjäger. Es sind bereits 15 Jahre vergangen, die im Stück übersprungen und nicht näher ausgeführt werden. Ausgerechnet an diesem Abend wird Louise Hall über das Weltradio angerufen und mit dem Versprechen der Amnestie zurück in die „Heimat" (MH 64) gelockt. Peter Giel will ihr die sogleich aufkeimende Hoffnung auf eine Heimkehr nehmen: Felix Faber, ruft er aus, „ist auf falschem Wege. Technisierung! Rationalisierung! Alles wird da berechnet und nach dem Schema zurechtgestutzt. Aber der freie Mensch geht dabei kaputt." (MH 62) Er selbst hegt dagegen den Plan einer baldigen Staatsgründung mit einem anarchischen Ideal, das jedem gewährt, „tun und lassen [zu] können, was er will" (MH 62). Doch wie schon zuvor verzichtet Peter Giel auf die Gründung eines eigenen Staates und begleitet Louise Hall, die beschließt, die Rückreise anzutreten, zum Hafen. Abermals ordnet er die politischen Ziele seinem persön-

---

[17] Vgl. u. a. Doerte Bischoff und Jasmin Centner: Rückkehr aus dem Exil: ein Paradigma transnationaler Literatur. In: Handbuch Literatur und Transnationalität, hg. von Doerte Bischoff und Susanne Komfort-Hein. Berlin 2019, S. 416–428; exilograph 28 (2020): Fernes Grab. Totengedenken angesichts von Exil und Migration.

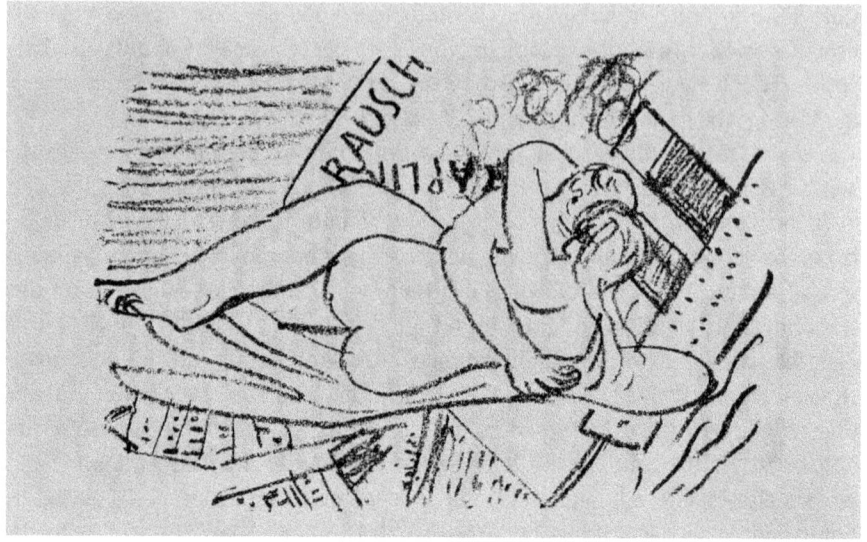

**Abb. 4:** Max Beckmann. 5. Bild: Nördlicher Urwald.

lichen Glück unter. Peter Giel, der Mann des Faustrechts und der „raue[n] Schale", weiß inzwischen: „Man lebt für die Liebe." (MH 71)
Dennoch verlässt Louise Hall ihn nach einer leidenschaftlichen Nacht in einer Mansarde am Hafen und unter Liebesversprechen erneut, um zu erfahren, aus welchem Grund sie zurück in ihr Herkunftsland gerufen wird. Felix Faber, Präsident des neuen Experimentalstaates, eröffnet ihr, aus seinen und ihren Anlagen „den höchsten Menschen züchten" (MH 87) zu wollen. Dabei scheint er jedoch komplett aus den Augen verloren zu haben, was das Menschsein überhaupt ausmacht. So fragt Louise Hall ihn nach ihrer Rückkehr, noch ungläubig, angesichts des Vorhabens: „Sie wollen doch wohl kein sterilisiertes Haustier aus mir machen?" (MH 88) Doch schon einige Wochen später, inzwischen mit Felix Faber verheiratet, was offiziell zur Prozedur gehört, und mit dem erwünschten Nachwuchs schwanger, muss sie feststellen: „Ich bin ein Zuchttier." (MH 91) Zwar wird sie fürsorglich umsorgt, dennoch weiß sie genau: „Ich werde ja nicht meinetwegen verwöhnt, sondern als Fortpflanzungsapparat. Dieses komplizierte und überaus empfindliche Wesen, das nun mal die einschlägigen Organe umgibt, ist hier nur geduldet." (MH 92)
  In der Fähigkeit des Menschen zur Vernunft erblickt Louise Hall keinen Selbstzweck, sondern ein Mittel zur Verbesserung und Verschönerung des Lebens. Dies bringt sie in Konflikt mit der Maxime des Experimentalstaats, mit Felix Faber, der sie heimlich doch zu lieben scheint, auch wenn er allen Gefühls-

Das Experiment ‚Mensch' in Stephan Lackners Exildrama — 145

**Abb. 5:** Max Beckmann. 6. Bild: Mansarde eines Hafenhotels.

regungen abgeschworen hat, sowie mit seinem Regierungsstab. Sie war geflohen und ins Exil gegangen, um ihr Leben zu retten. Was sie dort entdeckte, waren ihr Freiheitsdrang und die Erkenntnis, dass die Zivilisation in dem Moment gegen den Menschen arbeitet, in dem sie ihm seine Autonomie nimmt. Diese Erkenntnisse kann sie bei ihrer Rückkehr nicht einfach wieder vergessen. Durch die Begegnung mit Peter Giel lernte sie Liebe, Verlangen und Leidenschaft kennen. Auch das kann sie nicht wieder vergessen und sie bittet Felix Faber mehrfach, ihr die Freiheit zu schenken, damit sie zu Peter Giel zurückkehren kann.

Als Peter Giel erneut unerwartet in Louise Halls altem Schloss steht, in dem sie inzwischen wieder untergebracht ist, ist sie bereit, diesmal mit ihm ein neues Leben zu beginnen. Doch auf dem Bahnhof, gerade als sie in den rettenden Zug steigen wollen, der sie wieder außer Landes bringen kann, werden sie von Felix Faber und seinen Polizeigarden entdeckt. Es kommt zu einem dramatischen Höhepunkt: In dem Moment, in dem der Staatsverräter Peter Giel verhaftet und dem Schafott zugeführt werden soll, zieht Louise Hall ihre Pistole und zielt auf Felix Faber. Dieser hält die Polizeigarde zurück, da er die schwangere Louise und mit ihr sein ungeborenes Kind nicht verletzen will.

Louise Hall sieht sich in einer ausweglosen Lage: Sie könnte Felix Faber zwar erschießen, doch sein Tod würde den von ihm errichteten totalitären Staat nicht abschaffen und somit ihre Zwangslage nicht beenden. Im Experimentalstaat kann sie sich nicht als freier Mensch entfalten und daher kein würdiges Leben führen. Mit dem rationalen Vermögen und der darauf basierenden Fähigkeit, sich ein moralisches Gesetz zu geben, das einen aus dem Bereich der Mittel in den Bereich der Zwecke hebt, ist die Würde zwar in jedem Menschen angelegt, jedoch kann sie letztlich nur im autonomen Handeln verwirklicht werden.[18] Versteht man nun unter dem „Wesen des Menschen", dass der Mensch sich eben dadurch von anderen Tieren unterscheidet, dass er sich seiner selbst

---

**18** Wörtlich heißt es bei Immanuel Kant, einem der wichtigsten Denker der aufklärerischen Denktradition: „Handle so, daß du die Menschheit sowohl in deiner Person, als in der Person eines jeden andern jederzeit zugleich als Zweck, niemals bloß als Mittel brauchst." (Immanuel Kant: Grundlegung zur Metaphysik der Sitten [1785]. In: ders.: Gesammelte Schriften. Abt. 1: Werke. Bd. 4: Kritik der reinen Vernunft, Prolegomena, Grundlegung zur Metaphysik der Sitten, Metaphysische Anfangsgründe der Naturwissenschaft, hg. von der Königlich Preußischen Akademie der Wissenschaften. Berlin 1911, S. 385–463, hier S. 429). „Nun ist Moralität die Bedingung, unter der allein ein vernünftiges Wesen Zweck an sich selbst sein kann, weil nur durch sie es möglich ist, ein gesetzgebend Glied im Reiche der Zwecke zu sein. Also ist Sittlichkeit und die Menschheit, so fern sie derselben fähig ist, dasjenige, was allein Würde hat. [...] Und was ist es denn nun, was die sittlich gute Gesinnung oder die Tugend berechtigt, so hohe Ansprüche zu machen? Es ist nichts Geringeres als der Antheil, den sie dem vernünftigen Wesen an der allgemeinen Gesetzgebung verschafft und es hiedurch zum Gliede in einem möglichen Reiche der Zwecke tauglich macht, wozu es durch seine eigene Natur schon bestimmt war, als Zweck an sich selbst und eben darum als gesetzgebend im Reiche der Zwecke, in Ansehung aller Naturgesetze als frei, nur denjenigen allein gehorchend, die es selbst giebt und nach welchen seine Maximen zu einer allgemeinen Gesetzgebung (der es sich zugleich selbst unterwirft) gehören können. Denn es hat nichts einen Werth als den, welchen ihm das Gesetz bestimmt. Die Gesetzgebung selbst aber, die allen Werth bestimmt, muß eben darum eine Würde, d. i. unbedingten, unvergleichbaren Werth, haben, für welchen das Wort Achtung allein den geziemenden Ausdruck der Schätzung abgiebt, die ein vernünftiges Wesen

bewusst ist, wodurch er zu freien Handlungen fähig ist und sich selbst Regeln geben kann, nach denen er leben will, dann verstößt die von Felix Faber geforderte Rationalisierung des Lebens, die sich nach streng naturwissenschaftlich-mechanistischen Regularien richtet und den freien Willen des Menschen vollständig unterdrückt sowie der Logik als dem alles bestimmenden Prinzip unterordnet, gegen diese dem Menschen wesentliche Eigenschaft.

Louise Hall, die dieses Dilemma erkannt hat, zieht als Konsequenz daraus, dass sie sich am Ende des Dramas selbst erschießt und sich somit eigenhändig das Leben nimmt. Felix Faber, der im selben Moment erkennt, dass Louise Hall bei ihrem Selbstmord zum letztmöglichen Mittel gegriffen hat, um ihre Autonomie zu beweisen, verliert daraufhin den Verstand. So wird er dem eigens verhängten Dogma, sich ganz der Vernunft zu unterstellen, abtrünnig. Nur Peter Giel, der sich keiner Ideologie gebeugt, das Exil dem Experimentalstaat vorgezogen hat, seiner Körperlichkeit und Leidenschaft treu geblieben ist, zugleich aber Willensstärke bewiesen und zudem durch Louise Hall lieben gelernt hat, fährt einer unbestimmten, so doch hoffnungsvollen Zukunft entgegen.

In der Dreieckskonstellation Louise Hall, Felix Faber und Peter Giel wird also nichts Geringeres verhandelt als die Konzeption des Menschen und die Differenz zwischen Mensch und Tier beziehungsweise der Mensch *als* Tier. Es ist eine Inszenierung des Widerstreits zwischen unkontrollierter Triebauslebung, sozialer Kultivierung und autoritärer Vernunftherrschaft, zwischen willkürlicher Gewalt, gesellschaftlicher Norm und mathematisch-biologischer Regulierung – und in der Mitte von allem das Streben nach Freiheit, das Recht auf Glück und die Sehnsucht nach dem guten Leben.[19] Lackner selbst bezeichnet sein Stück als „Tragödie des unbedingten Freiheitswillens".[20] Ein Freiheitsdrang, so wird unter anderem in der Metapher des ungebändigten Mustangs deutlich, wird auch Tieren zugerechnet. Was nach der Logik des Stücks den

---

über sie anzustellen hat. Autonomie ist also der Grund der Würde der menschlichen und jeder vernünftigen Natur." (Kant: Grundlegung zur Metaphysik der Sitten, S. 435–436).
**19** Durch diese zentralen Konflikte steht Lackners Stück nach Ueding in einer Tradition gesellschaftlicher Parabeln von Gotthold Ephraim Lessing bis zu Bertolt Brecht. Vgl. Ueding: „Die Wilden und die Vernünftigen", S. 246.
**20** Lackner: Ein Schriftsteller im Exil, S. 68. Lackner nimmt damit in seinem Drama akute zeitgenössische Fragen auf, die auch in anderen Exiltexten verhandelt werden. So lotet etwa Hermann Broch in seinem Exilroman *Die Schuldlosen* (1950) den Spielraum des Menschen zwischen Freiheitstendenzen und autoritären Machtansprüchen anhand der literarischen Gestaltung von Mensch-Tier-Verhältnissen und im Speziellen Domestikationsstrukturen aus. Vgl. Carla Swiderski: Ethisch-ästhetische Schreibverfahren und das Mensch-Tier-Verhältnis in Hermann Brochs *Die Schuldlosen*. In: Lena Zschunke und Olivia Kobiela (Hg.): Himmlisch, irdisch, höllisch: Religiöse und anthropologische Annäherungen an eine historisierte Ästhetik. Würzburg 2019, S. 223–251.

Menschen jedoch von (anderen) Tieren zu unterscheiden scheint, ist seine Fähigkeit, den Freiheitswillen anderer wie auch den eigenen gewaltsam zu unterdrücken, gleichzeitig aber auch, sich für das eigene Glück, wie auch das anderer, durch seinen freien Willen und sein autonomes Handeln einsetzen zu können.

**Abb. 6:** Max Beckmann. 10. Bild: Bahnhofshalle.

# Abbildungsverzeichnis

Abb. 1: Max Beckmann: Titelabbildung Der Mensch ist kein Haustier (aus: Stephan Lackner: Der Mensch ist kein Haustier [1937]. Drama, illustr. von Max Beckmann. Worms 1977, S. 1).
Abb. 2: Max Beckmann: 1. Bild: Schloss Hall (aus: Lackner: Der Mensch ist kein Haustier, S. 9).
Abb. 3: Max Beckmann: 2. Bild: Auswandererschiff (aus: Lackner: Der Mensch ist kein Haustier, S. 27).
Abb. 4: Max Beckmann: 5. Bild: Nördlicher Urwald (aus: Lackner: Der Mensch ist kein Haustier, S. 55).
Abb. 5: Max Beckmann: 6. Bild: Mansarde eines Hafenhotels (aus: Lackner: Der Mensch ist kein Haustier, S. 71).
Abb. 6: Max Beckmann: 10. Bild: Bahnhofshalle (aus: Lackner: Der Mensch ist kein Haustier, S. 111).

# Literaturverzeichnis

Beckmann, Max: Brief an Stephan Lackner vom 4.8.1937. In: Stephan Lackner: Ich erinnere mich gut an Max Beckmann. Mainz 1967, S. 21–22.
Beckmann, Max: „Der Mensch ist kein Haustier" by Stephan Lackner. Fine Arts Museum of San Francisco, https://art.famsf.org/max-beckmann/der-mensch-ist-kein-haustier-man-not-domesticated-animal-stephan-lackner-paris-editions (Zugriff: 28.12.2020).
Beckmann, Max: Illustration from „Der Mensch ist kein Haustier" (Man Is Not a Domestic Animal) 1937 by Stephan Lackner, The Museum of Modern Art, https://www.moma.org/collection/works/illustratedbooks/9540?=undefined&page=&direction= (Zugriff: 28.12.2020).
Bein, Alexander: „Der jüdische Parasit". Bemerkungen zur Semantik der Judenfrage. In: Vierteljahrshefte für Zeitgeschichte 13 (1965), 2, S. 121–149.
Bischoff, Doerte und Jasmin Centner: Rückkehr aus dem Exil: ein Paradigma transnationaler Literatur. In: Handbuch Literatur und Transnationalität, hg. von Doerte Bischoff und Susanne Komfort-Hein. Berlin 2019, S. 416–428.
exilograph 28 (2020): Fernes Grab. Totengedenken angesichts von Exil und Migration.
Freud, Sigmund: Vorlesung zur Einführung in die Psychoanalyse (1915–1917). In: ders.: Gesammelte Werke, hg. von Anna Freud u. a., Bd. XI. Frankfurt a. M. 1969 (5. Aufl.).
Frey-Anthes, Henrike: Schlange. In: Das wissenschaftliche Bibellexikon im Internet (2008), https://www.bibelwissenschaft.de/stichwort/27148/ (Zugriff: 28.12.2020).
Jansen, Sarah: „Schädlinge". Geschichte eines wissenschaftlichen und politischen Konstrukts 1840–1920. Frankfurt a. M., New York 2003.
Kant, Immanuel: Grundlegung zur Metaphysik der Sitten [1785]. In: ders.: Gesammelte Schriften. Abt. 1: Werke. Bd. 4: Kritik der reinen Vernunft, Prolegomena, Grundlegung zur Metaphysik der Sitten, Metaphysische Anfangsgründe der Naturwissenschaft, hg. von der Königlich Preußischen Akademie der Wissenschaften. Berlin 1911, S. 385–463.
Lackner, Stephan: Der Mensch ist kein Haustier [1937]. Drama, illustr. von Max Beckmann. Worms 1977.

Lackner, Stephan: Bildnis des Bildnismalers Max Beckmann. In: Max Beckmann. Gemälde und Aquarelle der Sammlung Stephan Lackner, USA. Gemälde, Handzeichnungen und Druckgraphik aus dem Besitz der Kunsthalle Bremen. Ausst.-Kat. Kunsthalle Bremen. Bremen 1966, S. 23–24.

Lackner, Stephan: Kurzer Rückblick auf ein langes Leben. In: ders.: Ein Mann mit blauen Haaren. Erzählungen, hg. von Thomas B. Schumann. Köln 1996, S. 220–223.

Lackner, Stephan: Die Entstehung meiner Sammlung. In: Max Beckmann. Gemälde und Aquarelle der Sammlung Stephan Lackner, USA. Gemälde, Handzeichnungen und Druckgraphik aus dem Besitz der Kunsthalle Bremen. Ausst.-Kat. Kunsthalle Bremen. Bremen 1966, S. 9–10.

Lackner, Stephan: Ein Schriftsteller im Exil. In: Exil 7 (1987), 2, S. 61–77.

Max Beckmann. Gemälde und Aquarelle der Sammlung Stephan Lackner, USA. Gemälde, Handzeichnungen und Druckgraphik aus dem Besitz der Kunsthalle Bremen. Ausst.-Kat. Kunsthalle Bremen. Bremen 1966.

Riede, Peter: Schwein. In: Das wissenschaftliche Bibellexikon im Internet (2010), https://www.bibelwissenschaft.de/stichwort/27485/ (Zugriff: 28.12.2020).

Schöttker, Detlev und Christine Henschel: Lackner, Stephan. In: Killy Literaturlexikon. Bd. 7: Kräm–Marp, hg. von Wilhelm Kühlmann. Berlin, Boston 2010 (2. Aufl.), S. 161.

Stullich, Heiko: Parasiten, eine Begriffsgeschichte. In: Forum Interdisziplinäre Begriffsgeschichte 2 (2013), 1, S. 21–29.

Swiderski, Carla: Sprachliche Dehumanisierung in der NS-Ideologie. Eine Strategie zur Verkehrung der Bedrohungsverhältnisse. In: Tierstudien 12 (2017): Tiere und Krieg, hg. von Jessica Ullrich und Mieke Roscher, S. 83–91.

Swiderski, Carla: Ethisch-ästhetische Schreibverfahren und das Mensch-Tier-Verhältnis in Hermann Brochs *Die Schuldlosen*. In: Lena Zschunke und Olivia Kobiela (Hg.): Himmlisch, irdisch, höllisch: Religiöse und anthropologische Annäherungen an eine historisierte Ästhetik. Würzburg 2019, S. 223–251.

Ueding, Gert: „Die Wilden und die Vernünftigen". Hinweis auf ein vergessenes Drama. In: Hans Dietrich Irmscher und Werner Keller (Hg.): Drama und Theater im 20. Jahrhundert. Göttingen 1983, S. 242–251.

Brigitte Mayr, Michael Omasta
# Gezeichnet und ausgegrenzt: der Werwolf-Mythos in Curt Siodmaks *The Wolf Man*

Die amerikanische Postbehörde legte 1997, vier Wochen vor Halloween, fünf Sonderbriefmarken zu 32 Cent mit Motiven von klassischen Filmmonstern auf: *Das Phantom der Oper, Dracula, Frankenstein, Die Mumie* und *The Wolf Man*. Letztgenannter hatte 1941 bei Universal das Licht der Welt – oder vielmehr des Mondes – erblickt. Sein Schöpfer, der Autor Curt Siodmak, zeigte sich hocherfreut über die Ehrung seiner Leinwandkreation. In der Postfiliale von Three Rivers, dem kalifornischen Städtchen, in dem Curt und seine Frau Henrietta lebten, signierte der damals 95-jährige Siodmak hunderte Ersttagsbriefe. Durch die Briefmarke des Wolfsmenschen, war er überzeugt, würde er unsterblich: „Das bleibt!", sagte er. „Wenn ich tot bin, dann haben die Sammler immer noch die Marke."[1]

Albträume werden in seinen Filmen wahr. Die Hand eines Toten spielt Klavier, dann beginnt sie zu morden. Larry Talbot, der Spross eines alten Adelsgeschlechts, verwandelt sich Nacht für Nacht in einen Werwolf. Ein Agent, dank einer neuen Wunderwaffe unsichtbar geworden, kämpft im Auftrag des US-Geheimdienstes gegen die Nazis. Schließlich trifft Frankenstein den Wolfsmenschen, der unsichtbare Mann kehrt wider Erwarten zurück und der Sohn Draculas feiert seine Auferstehung.

Der Erfinder all dieser Albträume, die erstmals in den amerikanischen Horror- und Science-Fiction-Filmen der Forties und Fifties wahr wurden, war Curt Siodmak, 1902 geboren, im Jahr 2000 gestorben. Oft hat man ihn gefragt, woher in aller Welt er seine Ideen genommen habe. Die Antwort ist ihm, einem Meister des gespielten Understatements, immer leichtgefallen, er hatte sogar zwei Versionen parat. Die scherzhafte Kurzfassung lautete in etwa: „Von meinem wöchentlichen Lohnscheck. Was dachtet Ihr denn?"[2] Die ernsthafte Antwort nahm Bezug auf die eigene Biografie:

> Meine Psychoanalyse ist meine Schreibmaschine. Da schreib' ich alles rein, was mich quält und was es ist. Die Leute sagen, ich habe soviel Horrorgeschichten geschrieben, was eigentlich verständlich ist, denn die Zeiten, die wir durchgemacht haben, müssen wir ja

---

[1] Hans Helmut Prinzler: Ein Mensch, der reinen Herzens ist. Zwischen den Welten – zum Tod des Autors und Filmemachers Curt Siodmak. In: Süddeutsche Zeitung (5.9.2000), S. 17.
[2] Michael Omasta: Ein Meister der Spannung. Eine Passage durch das phantastische Werk des Autors Curt Siodmak. In: VISA Magazin 4 (1995), S. 38–39.

abreagieren. Und die kann man nicht abreagieren in einer schönen Liebesgeschichte, die kann man nur abreagieren, wenn man einen Monsterfilm macht wie *Wolf Man*.[3]

Bei unserem Symposium *Aufbruch ins Ungewisse*[4] durften wir Siodmak in Wien persönlich kennenlernen. Es fiel nicht schwer, ihn auf Anhieb zu mögen. Seinen jungenhaften Charme hatte er sich bis ins hohe Alter erhalten, genauso wie den sächselnden Tonfall seiner einstigen Heimat.

Gebürtig aus Dresden, als Sohn einer jüdischen Kaufmannsfamilie, studiert er im Berlin der 1920er Jahre Physik und Mathematik. Fast nebenbei erlernt er auch sein Handwerk als Autor, schreibt erste Beiträge für populäre Magazine und übersetzt die Zwischentitel amerikanischer Filmkomödien ins Deutsche. Letzteres übrigens gemeinsam mit seinem großen Bruder Robert, der schon bald ins Regiefach wechselt und in Hollywood zu einem Meister des Film noir wird.

Technik fasziniert Curt Siodmak. Ebenso das Makabre, Fantastische, das für ihn Teil seines „deutschen Erbes" ist und dessen Spuren sich in fast all seinen Büchern finden. Seine größten Erfolge, vor allem in Amerika, feiert er mit Science-Fiction- und Horrorgeschichten. Doch Emigranten, wie er sagt, „tragen schwer an der Vergangenheit, der Verfolgung durch Hitler", den furchtbaren Dingen, die sich in Deutschland ereignet haben: „Kein noch so großer Erfolg könnte sie uns vergessen machen."[5]

1933 verlassen Siodmak und seine Frau Henrietta de Perrot, eine Architektin, die er als Kiebitz am Set von *Metropolis* kennengelernt hat, ihre Heimat. Gemeinsam erfahren sie „das Schicksal der Emigration, die permanente Jagd nach Papieren, die den Aufenthalt in einem oder die Einreise in ein anderes Land ermöglichen", wie Stefan Weidle, Siodmaks deutscher Verleger, erzählt.[6] „Das Leben besteht aus Stempelfarbe. Als er einmal die nötigen Papiere nicht zusammenbekommt, muß er neun Tage lang auf einer Fähre zwischen England und Frankreich pendeln. Henrietta ist es, die schließlich die Einreisepapiere nach

---

3 Curt Siodmak im unveröffentlichten Material einer Fernsehsendung (Apropos Film) der Mungo-Film Wien, zit. nach Rolf Giesen: Lexikon des phantastischen Films, Bd. 2. Frankfurt a. M., Berlin, Wien 1984, S. 210.
4 *Aufbruch ins Ungewisse*, ein Symposium und eine umfassende Retrospektive zum Filmexil, fand im Herbst 1993 in Wien statt und war eine gemeinsame Veranstaltung von SYNEMA (vormals Gesellschaft für Filmtheorie), der Viennale und dem Österreichischen Filmmuseum.
5 Curt Siodmak: The Idea Man. Interview by Dennis Fischer. In: Pat McGilligan (Hg.): Backstory 2. Interviews with Screenwriters of the 1940s and 1950s. Berkeley 1991, S. 246–273, hier S. 257–258. Übersetzung: Michael Omasta.
6 Stefan Weidle: Angsterfüllte Träume auf Zelluloid gebannt. Am Anfang steht die Idee. Nachruf: Zum Tode des Filmautors Curt Siodmak. In: General-Anzeiger (Bonn) (5.9.2000), o. S.

England beschaffen kann."⁷ Spätestens jetzt muss Siodmak, will er weiter als Schriftsteller arbeiten, die Sprache wechseln. Er lernt Englisch, bei Tag und bei Nacht, tapeziert die Wände des engen Londoner Appartements „mit Zetteln [...], auf denen er Vokabeln notiert".⁸ Es dauert nicht lang, bis er wieder Arbeit beim Film findet. Unter anderem adaptiert er den utopischen Roman *Der Tunnel* für Gaumont-British.

Im Sommer 1937 kommen die Siodmaks in New York an: „Dieser Tag war wie der Tag meiner zweiten Geburt", sagt Curt später. „Emigrieren zu müssen, heißt, sein Leben noch einmal neu anzufangen."⁹ Sie lassen sich in Los Angeles nieder, und auch dort gelingt dem Autor rasch wieder der Einstieg in die Filmindustrie, vornehmlich arbeitet er in den Universal-Studios. Allerdings wird Siodmaks Erzählen zunehmend düster. Was ihn nun beschäftigt, ist die Gefährdung des Menschen durch sich selbst. Die Helden seiner Bücher drohen unter dem Einfluss irrationaler Kräfte ihre Identität zu verlieren: Verrückte Wissenschaftler, Zombies und bemitleidenswerte Monster stehen fortan im Mittelpunkt seines Werks.

In den 1940er und 1950er Jahren ringt Siodmak dem fantastischen Genre gleichsam im Monatsrhythmus immer neue Facetten ab. Universal, RKO und Republic, gleich mehrere Hollywoodstudios machen sich seinen unerschöpflichen Einfallsreichtum zunutze. Viele der Ideen, die er entwickelt, sind längst Allgemeingut geworden. Die Idee, so seine Überzeugung, ist das einzige, was zählt. Vor allem im Hollywood-Kino, das ohnehin dazu tendiert, alles zu zeigen, alles zu Ende zu erzählen; Spannung zu erzeugen, das Interesse des Publikums anderthalb Stunden wachzuhalten, funktioniert nur durch den Wechsel zwischen Andeutungen, Aussparungen und Überraschungsmomenten.

Der Film *The Wolf Man*¹⁰ erzählt die unglaubliche Geschichte von Larry Talbot (Lon Chaney jr.), der nach 18 Jahren in Amerika auf das Schloss seines Vaters nach Wales zurückkehrt. Sir John (Claude Rains), ein begeisterter Hobby-Astronom, zeigt sich erfreut, dass Larry nun anstelle seines bei einem Jagdunfall ums Leben gekommenen Bruders die Erbfolge antritt und sich um die Ländereien kümmern wird. Bei einem Blick durchs Teleskop in Sir Johns privatem

---

7 Weidle: Angsterfüllte Träume.
8 Weidle: Angsterfüllte Träume.
9 Siodmak: The Idea Man, S. 256. Übersetzung: Michael Omasta.
10 The Wolf Man (USA 1941). 35mm, s/w, 71 Min. Regie: George Waggner. Drehbuch: Curt Siodmak. Kamera: Joseph Valentine. Bauten: Jack Otterson, Robert Boyle. Requisite: Russell A. Gausman. Kostüm: Vera West. Maske: Jack Pierce. Ton: Bernard B. Brown, Joe Lapis. Musik: Hans J. Salter, Charles Previn, Frank Skinner. Schnitt: Ted J. Kent. Produzent: George Waggner. Produktion: Universal Pictures Company. Mit Lon Chaney jr., Evelyn Ankers, Claude Rains, Ralph Bellamy, Warren William, Maria Ouspenskaya, Bela Lugosi, Patric Knowles, Fay Helm.

**Abb. 1a & 1b:** Titelcredits aus *The Wolf Man* (USA 1941, Regie: George Waggner).

Observatorium entdeckt der Sohn die junge Gwen (Evelyn Ankers), die im Dorf in einem Antiquitätengeschäft arbeitet.

So heiter die Szenen ihres Kennenlernens sind, so klingen in ihnen bereits die erschreckenden Geschehnisse an, die folgen werden. Larry besucht Gwen im Geschäft, lässt sich nach allerhand Wortgeplänkel ein paar Spazierstöcke zeigen und entscheidet sich schließlich für ein Stück mit massivem Silberknauf. Nein, das sei kein Hund, sondern ein Wolf, klärt Gwen Larry auf, und gibt ihm

Der Werwolf-Mythos in Curt Siodmaks *The Wolf Man* —— 155

**Abb. 2a & 2b:** Der Spazierstock mit dem silbernen Wolfsknauf: Lon Chaney jr. mit Evelyn Ankers respektive mit Ralph Bellamy, Warren William und Claude Rains.

einen Schnellkurs in „Werwolfologie". Er ist eher amüsiert als beunruhigt, und man verabredet sich für den Abend. Gwen bringt, wie es sich für brave junge Frauen gehört, eine Freundin mit. Jenny (Fay Helm) möchte sich bei den im Wald lagernden „Zigeunern" die Zukunft weissagen lassen. Als ihr Bela (Bela Lugosi) aus der Hand liest, taucht das Unglückssymbol des Pentagramms auf und er weist sie forsch von sich. Er weiß, dass sie das nächste Opfer des Werwolfs sein wird, und was als vergnügtes Date zu dritt begonnen hat, endet tragisch. Jenny wird von einem Wolf angefallen, Larry eilt ihr zu Hilfe, erschlägt mit seinem neuen Spazierstock die Bestie, die niemand anderes als Bela ist – und wird dabei selbst gebissen. Fortan ist er dazu verdammt, sich jede Nacht im Mondlicht in eine wölfische Bestie zu verwandeln.

Zuerst also ein heiteres Boy meets Girl, ganz unbefangen, aber eben auch ein düsteres Boy meets Beast – zumindest in symbolischer Form, denn ab da ist Larry gefangen in seinem unentrinnbaren Schicksal.

## 1 Wärwolf, Wehr-Wolf, Loup Garou

Obgleich es keinen Schlüsseltext à la Percy Bysshe Shelley oder Bram Stoker gibt, hat der Wolfsmann alias Werwolf ein reges literarisches Vorleben. Dabei ist er zumeist eine mythenbildende Kraft der Vergangenheit, des Aberglaubens und der Hexerei, eine gebräuchliche Metapher für das Böse.

Besonders im 19. Jahrhundert werden in Sagen und Märchen Geschichten von Werwölfen mündlich oder schriftlich überliefert und in Sammlungen – die berühmteste wohl die der Brüder Grimm[11] – zusammengestellt, die in leicht zugänglicher Form Mythen aufgreifen und von der Verwandlung des Menschen in ein Tier, der Entlarvung der Bestie bis hin zu ihrer Tötung erzählen.[12] Annette von Droste-Hülshoff greift in einer ihrer späten Balladen eine Sage aus dem „Volksglauben in den Pyrenäen" – so der Kapiteltitel – auf und erzählt vom „Loup Garou", dem Werwolf, der „schielend", mit „ganz verdrehten" Augen und seinem „langen, langen, langen Zahn" an den Kreuzwegen lauert und herzlose Kaufleute, Säufer und unartige Kinder straft.

> Frommen Kindern geschieht kein Leid
> Drückt nur immer die Lippen zu!
> Denn das böse, das lacht und schreit,
> Holt die Eul' und der Loup Garou.[13]

Die Gottesfürchtigen müssen keine Angst vor dem Wesen haben, das des Nachts im Dunkeln umgeht, aber den Unfolgsamen wird richtiggehend gedroht, dass

---

[11] Der Werwolf. In: Jacob Grimm und Wilhelm Grimm: Deutsche Sagen [1816/1818]. Berlin 2015 (Neuausgabe), S. 202–205.
[12] Dazu detaillierter: Filomena de Vink: Der deutsche Werwolfmythos und -glaube: die Volkssagen des 19. Jahrhunderts. Unpubl. Bachelorarbeit (Universiteit Utrecht) 2019.
[13] Annette von Droste-Hülshoff: Letzte Gaben. Nachgelassene Blätter, hg. von Levin Schücking. Hannover 1860, S. 88–92, hier S. 89.

das dämonische Biest sie verschleppt. Ein altes hessisches Sprichwort – „Er frißt wie ein Werwolf" – nimmt sich Karl Gutzkow 1871 zum Vorwand für seine historische Erzählung *Der Wärwolf*, die auf den komischen Effekt der maßlosen Übertreibung setzt: „Das war ein Mensch, der nur eine gewisse verzauberte Schnalle an seinem Gürtel zu lösen brauchte, und er nahm die Gestalt eines Wolfes an und fraß Schafe und Füllen, ja vor Hunger sogar Menschen."[14]

Mit dem deutschen Dichter und Literaturhistoriker Wilhelm Hertz erhält die Sagenfigur sogar höhere akademische Weihen, denn der Privatdozent für deutsche Sprache an der Universität München trägt mit seiner Habilitationsschrift *Der Werwolf* ein Textkorpus zusammen und zeigt in dieser Pionierarbeit anhand des fundierten Vergleichs von Sagenmaterial weltweit und quer durch die Jahrhunderte die interkulturellen Unterschiede und Gemeinsamkeiten der Werwolf-Vorstellungen. Sein Resümee: „So wurde der Werwolf in düster poetischer Symbolik das Bild des thierisch Dämonischen in der Menschennatur, der unersättlichen gesammtfeindlichen Selbstsucht, welche alten und modernen Pessimisten den harten Spruch in den Mund legte: Homo homini lupus."[15]

Die Romantik handelt die Werwolf-Geschichten gerne als Gothic Novel ab, etwa die Episode „The White Wolf of the Hartz Mountains" aus dem Fliegenden-Holländer-Roman *The Phantom Ship* (1839) von Frederick Marryat. Zudem taucht er auch im viktorianischen Groschenroman auf, den allseits beliebten *penny dreadfuls*, so zum Beispiel in G. W. Reynolds *Wagner the Wehr-Wolf* (1847), einem Kompendium folkloristischer Motive. Zu den Höhepunkten der Werwolf-Literatur im 19. Jahrhundert darf man *Le meneur de loups* (1857) von Alexandre Dumas père zählen, dessen Protagonist, der Schuhmacher Thibauld, sich das ausschweifende Leben unter dem Wolfspelz durch einen Pakt mit dem Teufel erkauft. Ebenso den Kurzroman *Hugues le loups – Contes de la Montagne* (1860) der beiden elsässischen Erzähler Erckmann-Chatrian, in dem auf einem Adelsgeschlecht im Schwarzwald ein lykanthropischer Fluch der Vorfahren lastet; fasziniert vom Bestialischen im Menschen inszenieren die Autoren die Verwandlung der Hauptperson zum Tier als Rückfall in einen zivilisatorisch ungezähmten Zustand voll erotischer Implikationen. Ein besonderer Platz in der Geschichte des fantastischen Genres kommt der Frauenrechtlerin Clemence Housman dank ihrer Novelle *The Were-Wolf* (1896) zu, „einer Fassung des Stoffes, die als typisch für die (englische) Dekadenz(-Literatur) gelten darf. Es findet sich hier eines der seltenen Beispiele für einen weiblichen Werwolf, was aus der

---

14 Karl Gutzkow: Der Wärwolf. Historische Erzählung. Wien 1871, S. 121.
15 Wilhelm Hertz: Der Werwolf. Beitrag zur Sagengeschichte. Stuttgart 1862, S. 134.

Faszination zu verstehen ist, die die Femme fatale auf die Literaten des Fin de siècle ausübte."[16]

Während nach dem Ersten Weltkrieg der britische Journalist Gerald Biss den Werwolf in seinem fantastischen Schauerroman *The Door of the Unreal* (1920) als Fremden und Eindringling zeichnet, wird die mythologische Figur in den 1930er und 1940er Jahren zu einem beliebten Motiv bei den Pulp-Autoren und Okkultisten, etwa Seabury Grandin Quinn mit *The Wolf of Saint Bonnot* oder *The Gentle Werewolf*. Nicht selten ist sein Auftreten sexuell konnotiert, so beispielsweise findet sich im Englischen ab und an der Begriff „to wolf", der umgangssprachlich gern für anzügliches Nachpfeifen verwendet wird, den man aber durchaus auch als „übergriffig", „anlassig sein" übersetzen kann. Den klinischen Aspekt des Werwolf-Stoffes – Lykantrophie als Geistesstörung – verhandelt der US-amerikanische Schriftsteller und Drehbuchautor Guy Endore in seinem Roman *The Werewolf of Paris* (1933), der in späteren Jahrzehnten mehrmals „verhorrorfilmt" wird. Er erzählt von einem gewissen Bertrand Caillet, der behaart ist wie ein Hund, heult wie ein Wolf und in Paris seinem Jagdinstinkt freien Lauf lässt. Schließlich wird er festgenommen, vor Gericht gestellt und für verrückt erklärt. Er begeht Selbstmord in einer psychiatrischen Anstalt; Jahre später findet man in seinem Grab das Skelett eines Wolfes.[17]

Alte Quellen von der Fabelwelt bis zum Brehm'schen Nachschlagewerk nützt der Berliner Satiriker Walter Mehring für seine harsche Kritik an gesellschaftlichen Zuständen und gewinnt dadurch dem Stoff eine humoristische Note ab. Sein *Neubestelltes Abenteuerliches Tierhaus* wird 1925 vom Potsdamer Verlag Kiepenheuer in Inseraten als „die erste Zoologie der Fabeltiere" beworben:

> Enthält völlig neuartige Beiträge zu den Problemen der Drachen und Meerungeheuer, der bürgerlichen Fauna, des Dandysmus und Einhorntums, der Werwölfe, Basilisken, Kilometerfresser, des Phönix und anderer vorsündflutlicher Erdenviecher. [...] Unentbehrlich für Politiker aller Richtungen, Natur- und Seelenforscher, Pädagogen und Optimisten. Nicht geeignet für Kinder und alte Jungfern beiderlei Geschlechts.[18]

---

**16** Rein A. Zondergeld und Holger E. Wiedenstried: Lexikon der phantastischen Literatur. Stuttgart, Wien, Bern 1998, S. 175.
**17** Brian J. Frost: The Essential Guide to Werewolf Literature. Madison (Wisconsin) 2003, S. 145–149.
**18** Andreas Oppermann: Kiepenheuer wirbt in der Weltbühne für das Abenteuerliche Tierhaus (3.1.2012), http://walter-mehring.info/2012/01/03/kiepenheuer-wirbt-in-der-weltbuhne-fur-das-abenteuerliche-tierhaus/ (Zugriff: 2.1.2021).

## 2 Im Film heult der Werwolf jede Nacht

Von allen Geschöpfen Siodmaks ist Larry Talbot, der Wolfsmensch, das tragischste, ein Monster, das sich bewusst ist, welches Unheil es nächtens anrichtet, ohne etwas dagegen tun zu können. In seinem Drehbuch popularisiert der Autor etliche der – bis heute – gebräuchlichen Vorstellungen über Werwölfe: ihre Abwehr durch silberne Waffen, das Pentagramm als ihr Zeichen sowie den Mond und die Wolfsblume[19] als Auslöser für ihre Verwandlung. Es gibt eine Warnung in Gedichtform, die dem Film quasi als Prolog vorangestellt ist und im Verlauf der Handlung mehrmals an entscheidender Stelle rezitiert wird:

> Sogar ein Mann mit reinstem Geblüt,
> Der Gebete sagt jede Nacht,
> Kann zum Wolf werden, wenn die Wolfsblume[20] blüht
> Unter des Mondes goldener Pracht.

Die Werwolf-Legende, deren Fährten später noch genauer gefolgt werden soll, reicht zwar bis ins alte Griechenland zurück, dennoch hat Siodmak die meisten mythologischen Motive, die im Film vorkommen, nicht einfach recycelt, sondern etliche eigens für *The Wolf Man* erdacht. So beispielsweise geht das zitierte Gedicht nicht auf eine folkloristische Überlieferung zurück, wie oft gemutmaßt wurde, sondern stammt aus der Feder des Autors. Ursprünglich sollte der Film mit einer Seite aus *Cloisters Apokalypse*[21] beginnen, einer aufwändig illuminierten mittelalterlichen Bilderhandschrift, die um 1320/1330 in einem Scriptorium der Normandie entstanden ist. Eine ihrer Illustrationen zeigt eine stark behaarte wolfsähnliche Kreatur mit voluminösen Krallen in einer Art Lendenschurz, an der Menschen vorbeiziehen, die ihr ehrfürchtig huldigen. Über dieses Faksimi-

---

[19] In Wolfsblome (Schleswig-Holstein) oder Wolffelein (Ostpreußen) haben sich die Trivialnamen der echten Arnika erhalten, die trotz ihrer heilenden Wirkung zu den alten Zauber- und Giftpflanzen zählt und volkstümlich gerne als Donnerwurz oder Wolfsbanner bezeichnet wird.
[20] Erst der visuelle Verweis im Film – die Wolfsblume blüht am Weg zu Belas Wohnwagen und Jenny, das spätere Opfer des Werwolfs, pflückt sie nicht ahnend, welche Wirkung sie entfalten wird – gibt Aufschluss darüber, dass es sich bei der krautig-wuchernden, fast mannshohen Strauchpflanze und dem traubenartigen üppigen Blütenstand um den Wolfs-Eisenhut (Aconitum lycoctonum [!]) handeln muss, ein in Eurasien weitverbreitetes Hahnenfußgewächs, das in Auwäldern oder an feuchten Stellen in Schluchten beheimatet ist. Er enthält wie alle Aconitum-Arten ein Alkaloid, das auf Säugetiere neurotoxisch wirkt. Dazu Walther Hermann Ryff: Confect Büchlin und Hausz Apoteck. Frankfurt a. M. 1544, b.2ᵛ: „Luparia, Wolffswurzt, blawe und gelb Ysenhuetlin, ein giftig wurtzel, darmit man Wolffen und Fuechsen vergibt."
[21] Florens Deuchler, Jeffrey M. Hoffeld und Helmut Nickel: The Cloisters Apocalypse: An Early Fourteenth-Century Manuscript in Facsimile. 2 Bde. New York 1971.

le[22] sollten Siodmaks Verse in gotischer Schrift eingeblendet werden, als würde es sich dabei um die Übersetzung des lateinischen Originaltextes handeln. Leider hat es diese Idee nicht bis in den *final cut* des Films geschafft. Ebenso wenig der Mond, der im Vers zwar beschworen wird, im Film aber nicht zu sehen ist, sondern sich nur in seiner symbolischen Form – den Ohrringen von Larrys Love Interest Gwen – als Andeutung findet. Und genauso wenig deutet etwas auf den Monatszyklus der Metamorphose hin, die Verwandlung nur bei Vollmond: Im Film heult der Werwolf jede Nacht. Auch der ursprüngliche Plan Siodmaks, das Gesicht des Wolfsmenschen nie zu zeigen – „lediglich als Spiegelung im Wasser, gesehen mit Larrys Augen, wie er sich selbst imaginiert"[23] –, wird schließlich verworfen.

Stattdessen schlägt das Studio die entgegengesetzte Richtung ein und mobilisiert alle verfügbare Tricktechnik. Schon die Geschichte von Dr. Jekyll und Mr. Hyde hatte bewiesen, dass Verwandlungsszenen der wahre Stoff für spektakuläres Kino sind. Während sie in jeder Verfilmung[24] verlässlich zu den Höhepunkten zählen, hatte Robert Louis Stevenson in seiner Novelle diesem Geschehen eigentlich nur zwei kurze Passagen gewidmet. Dort lässt der Autor seinen Protagonisten, den Arzt Henry Jekyll, sinnieren:

> Formlos hing mir die Kleidung um die zusammengeschrumpften Glieder, die Hand, die auf meinem Knie lag, war knotig und behaart. Ich war erneut Edward Hyde. Eben noch war mir jedermanns Respekt sicher, wohlhabend, beliebt war ich gewesen […]. Und jetzt war ich für jeden die Jagdbeute, gehetzt, heimatlos, ein überführter Mörder, auf den der Galgen wartete.[25]

---

**22** Vgl. die halbseitige farbenfrohe und mit Gold illuminierte Illustration „The Worshipers of the Beast Receive his Mark" in: Deuchler: The Cloisters Apocalypse, S. „f.25r".
**23** Eintrag im Originaldrehbuch: „Ext. 295 – NOTE: The wolf-man's face is never seen – ONLY IN THE MIRROR OF THE WATER – AS SEEN THROUGH LARRY'S EYES – AS HE IMAGINES HIMSELF." In: The Wolf Man. The Original 1941 Shooting Script, ed. and comp. by Philip Riley. Absecon/NJ 1993, S. 128.
**24** Die berühmtesten Verfilmungen stammen von John S. Robertson (1920), Rouben Mamoulian (1931) und Victor Fleming (1941) mit John Barrymore, Fredric March und Spencer Tracy in der Doppelrolle. Auch der deutsche Stummfilm *Der Januskopf* (1920, Regie: Friedrich Wilhelm Murnau) mit Conrad Veidt basiert auf Robert Louis Stevensons Roman, allerdings tragen die Figuren absichtlich andere Namen, vermutlich um keine literarischen Rechte abgelten zu müssen: So entwickelt dort der englische Arzt Dr. Warren ein Serum, mit dem er das Gute vom Bösen im Menschen trennen will, und wird zum monströsen Mr. O'Connor, der in London scheußliche Verbrechen begeht.
**25** Robert Louis Stevenson: Der merkwürdige Fall von Dr. Jekyll und Mr. Hyde. Übers. von Mirko Bonné. Ditzingen 2020, S. 99.

Auch in *The Wolf Man* zählen die für damalige Verhältnisse äußerst überzeugenden Trickaufnahmen, in denen Larry zum Werwolf wird, zu den eindrücklichsten Momenten des Films – also, wenn Hände und Füße zu Krallen werden, der Körper vollständig behaart, um nicht zu sagen: von einem Pelz überwuchert ist, statt eines Lächelns die gebleckten Zähne das wildumwachsene Gesicht entstellen.

Lykanthropie – zusammengesetzt aus dem Altgriechischen für lýkos (Wolf) und ánthrōpos (Mensch) – bezeichnet die Verwandlung eines Menschen in einen Werwolf. Der Glaube an dieses Zwischenwesen nahm seinen Anfang offenbar bei frühmittelalterlichen Wolf-Clans, die ihre Totem-Götter in Wolfsgestalt verehrten. Dieser Brauch war allerdings schon Jahrhunderte zuvor bei den Völkern der griechisch-römischen Welt verbreitet gewesen. Vergil zufolge aber war der erste Werwolf der Gatte der dreifaltigen Schicksalsgöttin Moira, „von ihr habe er die Geheimnisse der Magie erlernt; darunter auch die nekromantische Kunst, die Toten aus ihren Gräbern zu rufen".[26]

Jede Kultur deutet die mythische Vorstellung, dass die Seele den Leib verlässt und das äußere Erscheinungsbild eines Tieres annimmt, anders: „in Europa und Nordasien die eines Wolfs, auch eines Bären, in Indien die eines Tigers, in Afrika eines Löwen, Leoparden oder einer Hyäne".[27] Damit gewinnen die Gestaltwandler die Stärke des Tieres, oft aber auch den Instinkt zu töten. Schon bei Ovid geht mit der Metamorphose – Zeus verwandelt den fliehenden arkadischen König Lykaon in einen Wolf – auch die Ausbildung negativer Charaktereigenschaften einher, die sehr plastisch geschildert werden:

> Heult er hinaus und versucht vergeblich zu reden; im Maule
> Sammelt die frühere Wut sich, und seine gewöhnliche Mordgier
> Richtet sich jetzt gegen Schafe: er freut sich noch immer am Blute.
> Zotteln werden die Kleider und Schenkel die Arme: ein Wolf ist
> Jetzt er geworden, und dennoch bewahrt er die früheren Züge;
> Noch ist er grau, von Gewalttat kündet die Miene wie vorher,
> Ebenso glühen die Augen; er bleibt ein Bildnis der Wildheit.[28]

Bekannt ist auch das Werwolf- oder Ambrassyndrom, das Menschen beschrieben hat, die von oben bis unten behaart sind, sogar auf der Stirn. Die Ursache der außergewöhnlichen Gesichts- und Körperbehaarung ist eine genetische Stö-

---

26 Barbara G. Walker: Das geheime Wissen der Frauen. Ein Lexikon. München 1999 (5. Aufl.), S. 1168.
27 Franz Irsigler und Arnold Lassotta: Bettler und Gaukler, Dirnen und Henker. Außenseiter in einer mittelalterlichen Stadt. Köln 1300–1600. München 1989, S. 155.
28 Ovid [d. i. Publius Ovidius Naso]: Metamorphosen: Epos in 15 Büchern. Erstes Buch: Lykaon, Vers 232–239, hg. und übers. von Hermann Breitenbach. Stuttgart 1971, S. 31.

rung, deren Folgen man heute unter dem Begriff Hypertrichose fasst.[29] Im 16. Jahrhundert wurden diese „Haarmenschen" zur Vorlage für einige berühmte Gemälde, zum Beispiel *Der Knabe Pedro Gonzales* von Agostino Carracci oder *Die junge Antonietta*, zugeschrieben Lavinia Fontana. Bis ins 20. Jahrhundert wurden diese Unglücklichen auf Jahrmärkten und den Sideshows von Zirkussen quasi als Missing Link zwischen Mensch und Tier gezeigt. Und natürlich hat „Der Wolfsmann"[30] in Wien, als eine von Freuds berühmtesten Fallstudien, auch noch eine ganz eigene psychoanalytische Geschichte.

## 3 Ins Exil gezwungen

Von der Psychoanalyse zum fantastischen Film ist es – wir bleiben im Metier – nur ein Katzensprung. Männer werden zu Wölfen, Frauen zu Raubkatzen, einem Verliebten wächst ein Eselskopf, ein Verwunschener wird durch die Kraft der Liebe aus dem biestigen Körper befreit.[31] Unter den Gestaltwandlern ist der Werwolf vermutlich der bekannteste. „Die äußere Veränderung zeigt auch an, wie es im Inneren um ihn steht", schreibt Norbert Grob über dieses kinematografische Bestiarium. „Monster-Thriller lassen – ganz direkt – die inneren Ängste äußerlich werden. [...] Es sind Filme einer nachdrücklichen Suggestion, die ihre Effekte bis an die äußerste Grenze ausspielen, um so tief wie nur möglich zu erschüttern und zu verunsichern."[32] Insgesamt dürfte es kein Zufall sein, dass nicht nur *The Wolf Man*, sondern viele andere Filme von exilierten Filmschaffenden im Hollywood der Kriegsjahre auch im übertragenen Sinn sogenannte *shapeshifters* als Protagonist*innen haben, und damit in ihren Verwandlungsphasen auch die eigene „Passage", das eigene Erleben des Exils, das Suchen, das Finden angenommener, manchmal auch „gestohlener Identitäten" zum Thema machen.

---

**29** Utz Anhalt: Der Werwolf. Ausgewählte Aspekte einer Figur der europäischen Mythengeschichte unter besonderer Berücksichtigung der Tollwut. Unpubl. Magisterarbeit (Universität Hannover) 1999.
**30** Sigmund Freud: Aus der Geschichte einer infantilen Neurose. Leipzig, Wien, Zürich 1924.
**31** Wir beziehen uns hier auf einschlägige Werke der Filmgeschichte wie *Cat People* (1942, Jacques Tourneur), *The Curse of the Cat People* (1944, Robert Wise, Gunther von Fritsch), *La Belle et la Bête* (1945, Jean Cocteau), *A Midsummer Night's Dream* (1935, Max Reinhardt, William Dieterle).
**32** Norbert Grob: Phantasie der Täuschungen. In: Wolfgang Jacobsen und Hans Helmut Prinzler (Hg.): Siodmak Bros. Berlin – Paris – London – Hollywood. Berlin 1998. S. 313–338, hier S. 330.

Um diese, unseres Erachtens nach, bedeutsame Chiffre noch weiter zu vertiefen, unterziehen wir den altnordischen Begriff „vargulfr", der sich aus einem „Doppel-Wesen" zusammensetzt – nämlich aus „vargr" (wolf) und „ulfr" (wolf) – auch von rechtssprachlicher Seite einer Befragung. Denn besonders die Deutung von Jakob Grimm, dass „der Wolf weit besser den Flüchtling, d. i. vargus = exsul bezeichnet, als den Verfolger",[33] zeigt in Hinblick auf das Exil eine Affinität der Begrifflichkeiten zwischen Mensch und Tier, die augenfällig klar die Verstoßenen, die Geächteten, die Verbannten beider Gattungen in eine Relation setzt, und zwar im ursprünglichen Sinne für „Exsul – der aus seinem Vaterlande vertrieben oder ausgewandert ist".[34]

Wer den Frieden brach, verfiel in der germanischen Frühzeit der Friedlosigkeit, galt als Feind des Volkes, konnte ungestraft getötet werden, „die Rechtsordnung ist für ihn nicht vorhanden, er ist exlex". Es ist „jedermann bei Strafe verboten, ihm Unterstützung zu gewähren, ihm Obdach oder Unterhalt zu geben, ihn zu speisen, zu hausen und zu hofen".[35] Sein Schicksal ist die Flucht in den Wald, gleich einem gehetzten Raubtier muss er sich in der Wildnis verbergen, das Dickicht fern der Städte als seine neue Heimat annehmen. „Vor allem aber erscheint der Friedlose unter dem Namen des Wolfes [...], er ist wolfsfrei [...] und heißt daher im ältesten salischen Volksrecht wie dieser: Wargus, Würger oder Wolf."[36] Eine nach dieser Rechtstradition verurteilte Person wird aus dem Frieden in den Unfrieden gesetzt, geht ihrer bürgerlichen und Vermögensrechte verlustig, ist geächtet, vogelfrei, ausgestoßen aus der Gemeinschaft. Die so Vertriebenen könnten – indem ihnen die Bindung an Orte, Menschen und ein soziales wie kulturelles Umfeld geraubt wurde – also auch als allegorische Gleichsetzung gelesen werden für die Wurzellosigkeit und Unbehaustheit der Exilant*innen, die aufgrund politischer Verfolgung gezwungen waren, das Land zu verlassen, die Heimat, Geld und Gut auf- und alles, was ein gedeihliches Leben ausmacht, herzugeben.

Anders als Dracula oder Frankensteins Monster, die beiden erfolgreichsten Horror-Stars der Universal Studios, basiert *The Wolf Man* nicht auf einem bereits existierenden Roman oder Stück. Siodmaks Drehbuch ist, wie die offizielle Bezeichnung ein wenig umständlich lautet, *a screenplay written directly for the screen*. Das populärkulturelle Vorleben der Figur mutet ein wenig verwildert an,

---

33 Jakob Grimm: Schwedische Volkssagen. In: Zeitschrift für deutsches Alterthum 4 (1844), S. 500–508, hier S. 503.
34 Georg Heinrich Lünemann: Lateinisch-deutsches und deutsch-lateinisches Handwörterbuch. Lateinisch-deutscher Theil, Bd. 1: A–L. Leipzig 1831, S. 986.
35 Heinrich Brunner: § 22. Friedlosigkeit und Opfertod. In: ders.: Deutsche Rechtsgeschichte. Bd. 1. Leipzig 1887, S. 166–176, hier besonders S. 166–167.
36 Brunner: § 22, S. 166–167.

**Abb. 3:** Das Schicksal des Friedlosen ist die Flucht in den Wald.

so treibt sie ihr Unwesen auf der Opernbühne als *Der Wärwolf*[37] und taucht bereits in den 1910er Jahren mehrmals auf der Leinwand auf. Unter anderem verwandelt sich 1913 in *The Werewolf* die Tochter eines Navajo-Häuptlings in einen Wolf, um gegen die weißen Siedler zu kämpfen.[38] Und 1917 wird der grimmige Titel *Der Wärwolf* mit dem zugkräftigen Zusatz *Sherlock Holmes auf Urlaub*[39] in den Kinos angepriesen, in dem Regisseur und Drehbuchautor Karl Schönfeld auch die Titelrolle spielt. Der berühmte Detektiv lüftet in diesem deutschen Lustspiel das Geheimnis des vermeintlichen Untiers – und bekehrt den heiratsunwilligen Junggesellen zur Eheschließung.

Nach dem erfolgreichen Tonfilm-Revival von Graf Dracula, Dr. Frankenstein und der Mumie nimmt sich Universal schließlich auch des Werwolfs an und produziert 1935 Stuart Walkers *Werewolf of London*. Dessen filmhistorische Bedeutung verdankt sich einzig und allein der Mitarbeit des Maskenbildners Jack

---

[37] Der Wärwolf. Romantische Oper in drei Aufzügen von Paul Frohberg. In Musik gesetzt von J. H. Franz. Breslau 1874.
[38] Aus einem zeitgenössischen Inserat einer Filmzeitung: „*The Werewolf*, two reel-drama, scripted by Ruth Ann Baldwin, directed by Henry MacRae, produced by Bison Film Company, and released by Universal Film Manufacturing Company in 1913." Zit. nach: Eintrag Wikipedia: The Werewolf (1913 film), https://en.wikipedia.org/wiki/The_Werewolf_(1913_film) (Zugriff: 2.1.2021).
[39] Sherlok [sic] Holmes auf Urlaub. In: Neue Kino-Rundschau (Wien) 11 (19.5.1917), S. 30–31.

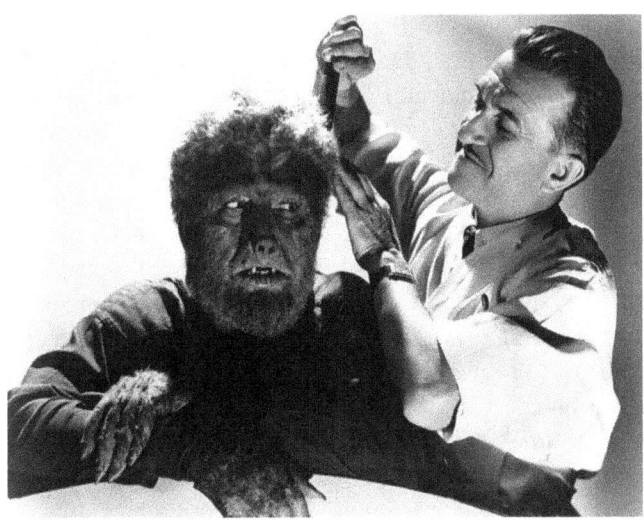

**Abb. 4:** Der Wolfsmensch in der Maske – Jack Pierce frisiert Lon Chaney jr.

Pierce, der für diesen Film den Look des Wolfsmenschen kreiert und später auch Lon Chaney jrs. wilde Mähne frisieren wird.

## 4 Schicksalsfragen, Destiny – Fügung oder Vorsehung?

Ob Siodmak einen dieser Filme gekannt hat, ist ungewiss. Zweifellos hatte er aber von Fritz Haarmann gehört, einem Serienmörder in der Weimarer Republik, auch Werwolf von Hannover genannt. Popularisiert wurden dieser Fall und dieses Wording durch Theodor Lessings aufsehenerregende Gerichtsreportage *Haarmann. Die Geschichte eines Werwolfs*, erschienen 1925. Im modernen Menschen, so Lessings Fazit, lauere ein mörderisches Tier, aggressiv wie Haarmann, gezähmt nur durch kulturelle Anstrengung. Gerate eine Gesellschaft – wie die nach dem Ersten Weltkrieg – aus den Fugen, komme die Bestie an die Oberfläche.

Auch Fritz Langs berühmter Kriminalfilm mit Peter Lorre *M – Eine Stadt sucht einen Mörder*, dessen Dreharbeiten Siodmak Anfang 1931 besucht hat,[40]

---

[40] Curt Siodmak: Tribute to Peter Lorre. In: Christian Cargnelli und Michael Omasta (Hg.): Aufbruch ins Ungewisse, Bd. 2: Lexikon Tributes Selbstzeugnisse. Wien 1993, S. 182–184.

bezieht sich unter anderem auf den Fall Haarmann. Und natürlich ist es kein Zufall, dass ausgerechnet die Szene, in der Lorre in der Rolle als getriebener Lustmörder vor dem Tribunal zusammenbricht, einige Jahre später als „Dokument" im Nazi-Propagandafilm *Der ewige Jude*[41] zitiert wird, in dem Schmutz, wimmelndes Ungeziefer und vor allem Rattenschwärme mit animierten Informationsgrafiken und Aufnahmen der Bewohner*innen des Warschauer Ghettos parallel montiert sind. In einer Analyse dieser menschenverachtenden Fake-Doku macht die Filmhistorikerin Régine Mihal Friedman auf die Metonymie zwischen Ratten und Juden aufmerksam – „genauer gesagt: die Synekdoche des Teils für das Ganze", also auf die Vertauschung des Namens, das Setzen eines Wortes für das Andere, „die Opposition von Arier-Schöpfer/Parasit-Jude", das bildhaft-anschauliche Sprechen und die Verwendung eines engeren Begriffs für einen umfassenderen.[42] Diese rhetorische Stilfigur, die in der heutigen politischen Diskussion als *framing* Verwendung findet, setzten die Nazis gezielt ein, indem etwa „die Juden" immer wieder im Kontext der Hygiene und von Infektionskrankheiten genannt wurden. Hitler bezeichnete sie in *Mein Kampf* als „Bazillenträger schlimmster Art", die „die Seelen vergiften",[43] Himmler verhöhnte sie in einer Rede vor SS-Korpsführern am 24. April 1943 als Parasiten: „Mit dem Antisemitismus ist es wie mit der Entlausung. Es ist keine Weltanschauungsfrage, daß man Läuse entfernt. Das ist eine Reinlichkeitsangelegenheit."[44]

Es ist mehr als fraglich, ob Curt Siodmak sein Judentum jemals als kulturelle oder familiäre Geborgenheit erlebt hat. Folgt man seinen eigenen Aussagen, steht eher das Gegenteil zu vermuten: dass er es vorwiegend als Negatives, als Projektionsfläche für Antisemitismus erfahren hat. „Ich selbst bin der Wolfsmann", eröffnet Siodmak bei der Präsentation seiner Autobiografie in Dresden[45] dem Publikum, „[ü]ber dem Leben selbst lastet der Fluch des Wolfsmannes: lei-

---

41 Der ewige Jude – Ein Dokumentarfilm über das Weltjudentum (D 1940). Regie: Fritz Hippler.
42 Detailliert dazu: Régine Mihal Friedman: Juden-Ratten – Von der rassistischen Metonymie zur tierischen Metapher in Fritz Hipplers Film *Der ewige Jude*. In: Frauen und Film 47 (1989): Mann + Frau + Animal, S. 24–35, hier S. 31. – Friedman zitiert aus dem gesprochenen Kommentar des Films: „Wo Ratten auch auftauchen, tragen sie Vernichtung ins Land […], verbreiten sie Krankheiten, Pest, Lepra, Typhus, Cholera usw. Sie sind hinterlistig, feige und grausam und treten meist in großen Scharen auf. Sie stellen von den Tieren das Element der heimtückischen und unterirdischen Zerstörung dar – nicht anders, als die Juden unter den Menschen."
43 Adolf Hitler: Mein Kampf [1925/1926]. München 1943 (851.–855. Aufl.), S. 62.
44 Heinrich Himmler: Geheimreden 1933 bis 1945 und andere Ansprachen, hg. von Bradley F. Smith und Agnes F. Peterson. Frankfurt a.M. 1974, S. 200.
45 Diese Veranstaltung hat Ralf Kukula in seinem – dem Autor sehr zugeneigten – Dokumentarfilm *Unter Wolfsmenschen – Unterwegs zu Curt Siodmak* von 1999 festgehalten.

den zu müssen, ohne selbst schuldig zu sein."[46] Zu dieser fatalistischen Einschätzung tragen seine Erfahrungen, die Vertreibung aus der Heimat und der Verlust der Muttersprache maßgeblich bei: „Ich wurde in ein Schicksal gezwungen, das ich nicht wollte: ein Jude in Nazi-Deutschland zu sein. Ich hätte das nicht als mein Schicksal gewählt."[47]

Einer der Arbeitstitel des Drehbuchs lautete denn auch *Destiny*, wie Siodmak das Making-of des Films beschreibt. Das Front Office hatte dem Regisseur George Waggner einen Titel vorgegeben: *The Wolf Man*. Eigentlich ein Film für Boris Karloff, der hatte aber keine Zeit. So kamen die Vertragsschauspieler zum Zug, „Claude Rains, Warren William, Madame Ouspenskaya, Ralph Bellamy, Bela Lugosi und Evelyn Ankers, ein Mädel aus Australien, das famos kreischen kann".[48] Lon Chaney wird den Wolfsmenschen spielen. Jetzt muss alles schnell gehen, bis der Film in zehn Wochen ins Studio geht, soll Siodmak ein drehfertiges Skript abliefern, und die Gewerke der Universal müssen aus dem Fundus des Studios geeignete Kulissen zusammentragen. Die Szenenbildner sind zu größter Sparsamkeit angehalten, weshalb Sets aus früheren Filmen rearrangiert und wiederverwendet werden. Das walisische Dorf hat seinen Ursprung im „German Village" aus Lewis Milestones *All Quiet on the Western Front* (1930),[49] das väterliche Schloss stammt aus James Whales *Frankenstein* (1931) und die Kirche aus Wallace Worsleys *The Hunchback of Notre Dame* (1923). Für den unheimlichen Wald, erinnert sich Art Director Robert Boyle, griff man auf einen Restposten schon geschlägerter Walnussbäume aus dem San Fernando Valley zurück, malte die Stümpfe mit schwarzer Farbe an und sorgte für Nebel, sehr viel Nebel.[50]

Obwohl er das Drehbuch mehrmals überarbeiten musste, erinnert sich Siodmak, dass

---

46 Gundolf S. Freyermuth: Er hat sein Gehirn nach Kalifornien verpflanzt. In: Berliner Zeitung (9.2.1998), S. 3.
47 Curt Siodmak: Introduction to My Screenplay, The Wolf Man. In: The Wolf Man. The Original 1941 Shooting Script, S. 13.
48 Curt Siodmak: Unter Wolfsmenschen, Bd. 2: Amerika. Übers. von Wolfgang Schlüter. Bonn 1997, S. 84.
49 „Auf dem Gelände der Universal entstand [...] der Nachbau eines deutschen Kasernenhofs und eines deutschen Mittelstädtchens, die bis in die 1940er Jahre in anderen Produktionen genutzt wurden." Hans-Jürgen Wulff: *All Quiet on the Western Front* – Ein Kriegsfilm zwischen den Fronten. In: Heinz-B. Heller, Burkhard Röwekamp und Matthias Steinle (Hg.): All Quiet on the Genre Front? Zur Praxis und Theorie des Kriegsfilms. Marburg 2007, S. 27–40, hier S. 28.
50 The Wolf Man. In: Tom Weaver, Michael Brunas und John Brunas (Hg.): Universal Horrors: The Studio's Classic Films, 1931–1946. Jefferson/NC, London 2007, S. 261–270, hier S. 262. Übersetzung: Michael Omasta.

die Geschichte sich wie ein Puzzle von selbst zusammen[setzte]. Ich sah darin den Kampf zwischen Gut und Böse um die Seele des Menschen und jenes unvermeidliche Walten des Schicksals, das auch mein Leben geformt hatte. Erst viele Jahre nach der Produktion des *Wolf Man* wurde ich mir über das Geheimnis seines Erfolges im klaren.[51]

Dazu gehört vielleicht, dass Larry Talbots Geschichte weder örtlich noch zeitlich konkret festzumachen ist. Die Handlung trägt sich auf europäischem Boden zu, in einem geschichtslosen Wales, wo man zwar im Cabrio vorfährt, doch Schloss und Dorf aussehen wie aus dem 19. Jahrhundert. Dazu gehört aber vielleicht auch die visuelle Symbolsprache, nämlich das Pentagramm, das sowohl den „Zigeuner" Bela als auch den Amerikaner Larry als „Opfer des Werwolf-Fluchs" stigmatisiert, und das man als metaphorische Entsprechung für den Davidstern sehen könnte. – Siodmak selbst schreibt Jahrzehnte später in seiner Autobiografie: „[I]ch wurde als Jude geboren und trug mein Leben lang den unsichtbaren Davidstern."[52]

Nicht zuletzt verhandelt *The Wolf Man* auch das Thema des Heimatverlustes, denn Larry ist seine Familie wie seine Herkunft fremd geworden.[53] Die Einheimischen sind auf der Hut, sie bleiben auf Distanz, sehen ihn viel eher als Gefahr, denn als einen der ihren. Zudem kann das „Werwölfische" auch übertragen werden. „Es ist", um mit dem amerikanischen Kulturhistoriker und Judaisten Jay Geller zu sprechen, „ansteckend, eine tödliche Plage, die toxischen Fantasien von jüdischem Einfluss auf die Menschheit (im Nazijargon ‚der Verjudung') neue Nahrung gibt."[54] Und die „Vertreibung" der Verfluchten und Ausgestoßenen, die nächtens als Tiere unter den Menschen wandeln müssen, erfolgt in einen Nebelwald, eine wilde, unbewohnte und unbeherrschte Natur, die als Heimat der Heimatlosen gilt.

Alles in allem ist die Entstehung von *The Wolf Man* ein Lehrbeispiel für das produktive Rencontre eines Schriftstellers mit Hollywoods industriellem Studiobetrieb. Es zeigt exemplarisch, „wie der Emigrant Siodmak einerseits seine eigenen Ideen und Erfahrungen einbringen konnte und wie er sich andererseits anpassen und die Forderungen des Studios erfüllen musste. Trotz der Kompromis-

---

51 Siodmak: Unter Wolfsmenschen, Bd. 2, S. 85.
52 Curt Siodmak: Unter Wolfsmenschen, Bd. 1: Europa. Übers. von Wolfgang Schlüter. Bonn 1995, S. 9.
53 1948 greift Siodmak in der Geschichte für den amerikanischen Trümmer-Film *Berlin Express* (Regie: Jacques Tourneur) die Thematik in realistischer Form wieder auf. Ein ehemaliger Führer des deutschen Widerstands und jetziger Leiter einer Fact-Finding-Mission (Paul Lukas) wird vom nationalsozialistischen Untergrund, den We(h)rwölfen, entführt.
54 Jay Geller: Bestiarium Judaicum. Unnatural Histories of the Jews. New York 2018, S. 218. Übersetzung: Michael Omasta.

se hat Siodmak mit *The Wolf Man* eine zum Kinomythos gewordene Figur geschaffen."[55]

## 5 Der Wolfsmensch darf nicht sterben

Und wieder fällt die Nacht herein über Talbot Castle. Larry, noch in Menschengestalt, bittet Gwen, sich vom Wald fernzuhalten, und seinen Vater, ihn zu fesseln, einzusperren und den Stock mit dem Silberknauf mitzunehmen. Das ganze Dorf ist auf den Beinen, um die Bestie zu jagen. Doch alle Vorsichtmaßnahmen fruchten nicht, Larry wird zum Werwolf, reißt sich los, läuft in den Wald und attackiert Gwen. Sir John eilt ihr zu Hilfe und erschlägt das vermeintliche Untier, das sich im Tod in seinen Sohn zurückverwandelt. Doch das Geheimnis bleibt gewahrt. Larry, so wird allseits vermutet, hat sein Leben gelassen, als er das von Gwen retten wollte.

Die Legende ist perfekt, aber dass der Wolfsmensch für immer stirbt, so Curt Siodmak in seiner Autobiografie, sei schlicht „ein Ding der Unmöglichkeit. Denn da diese Figur nach wie vor ein Geld einspielender Besitz ist, hat man sie viele Male wiederbelebt. Was beweist, daß in unserem kapitalistischen System die Jagd nach Profit sogar den Tod bezwingt".[56] Wie recht der Autor damit hat, kann man daran ersehen, wie oft der Wolfsmensch seither auf der Leinwand wieder auferstanden ist.[57] Das erste Mal noch im selben Jahr, bei der Konkurrenz: Twentieth Century-Fox betraute den deutschen Emigranten John Brahm mit der Regie des Horrorfilms *The Undying Monster*, dessen Hauptfigur niemand anderes als der Spross einer alten englischen Familie ist, die seit den Kreuzzügen unter dem Fluch des Werwolfs leidet. Doch auch Siodmak selbst hat wegen des großen Erfolgs noch zwei weitere Leinwandauftritte des Wolfsmenschen zu verantworten, nämlich in *Frankenstein Meets the Wolf Man* (1942/1943, Regie: Roy William Neill) und in *House of Frankenstein* (1944, Regie: Erle C. Kenton). Und noch 2010 machte sich Universal unter dem Titel *The Wolfman* mit Benicio del Toro und Anthony Hopkins an eine originalgetreue Neuverfilmung des klassischen Horrorstoffs, die Siodmaks Drehbuch durchaus prominent als Vorlage

---

55 Helmut G. Asper: Filmexilanten im Universal Studio 1933–1960. Berlin 2005, S. 122.
56 Siodmak: Unter Wolfsmenschen, Bd. 2, S. 87.
57 Von den hunderten Werwolf-Filmen sei nur Joe Dantes postmodernes Genrejuwel *The Howling* (1981) erwähnt: Schauplatz ist das Therapiezentrum eines gewissen Dr. George Waggner [!], das sich allerdings als Hauptquartier einer Werwolfskolonie erweist. Fun Fact am Rande: Im Fernsehen läuft dort gerade *The Wolf Man*.

**Abb. 5:** Das bleibt: 1997 wurde das Filmmonster als Sonderbriefmarke verewigt.

nennt. Das Budget betrug freilich nicht mehr 350 000 Dollar wie seinerzeit, sondern 150 Millionen.

Die erste öffentliche Vorführung von *The Wolf Man* fand zwei Tage nach Pearl Harbour, am 9. Dezember 1941, statt.[58] Auf der anderen Seite der Erdkugel war für diesen Tag eine andere ‚Premiere' anberaumt: Doch die Wannsee-Konferenz, das erste Treffen der NS-Nomenklatura zur Organisation der sogenannten „Endlösung der Judenfrage", wurde auf den 20. Januar 1942 verschoben.

---

58 Geller: Bestiarium Judaicum, S. 220.

# Abbildungsverzeichnis

Abb. 1a & 1b: Screenshots, *The Wolf Man* (USA 1941), Regie: George Waggner (filmexil@synema.at).
Abb. 2a & 2b: Screenshots *The Wolf Man* (USA 1941), Regie: George Waggner: Lon Chaney jr. mit Evelyn Ankers & mit Ralph Bellamy, Warren William und Claude Rains (filmexil@synema.at).
Abb. 3: Foto, *The Wolf Man* (USA 1941), Regie: George Waggner: Lon Chaney jr. (Sammlung filmexil@synema.at).
Abb. 4: Foto, *The Wolf Man* (USA 1941), Regie: George Waggner: Lon Chaney jr. und Jack Pierce. (Sammlung filmexil@synema.at).
Abb. 5: Briefmarke: Lon Chaney jr. (Sammlung filmexil@synema.at).

# Filmverzeichnis

A Midsummer Night's Dream (USA 1935), Regie: Max Reinhardt, William Dieterle.
Berlin Express (USA 1948), Regie: Jacques Tourneur.
Cat People (USA 1942), Regie: Jacques Tourneur.
Der ewige Jude – Ein Dokumentarfilm über das Weltjudentum (D 1940), Regie: Fritz Hippler.
Der Januskopf (D 1920), Regie: Friedrich Wilhelm Murnau.
La Belle et la Bête (F 1945), Regie: Jean Cocteau.
The Curse of the Cat People (USA 1944), Regie: Robert Wise, Gunther von Fritsch.
The Howling (USA 1981), Regie: Joe Dante.
Unter Wolfsmenschen – Unterwegs zu Curt Siodmak (D 1999), Regie: Ralf Kukula.

# Literaturverzeichnis

Anhalt, Utz: Der Werwolf. Ausgewählte Aspekte einer Figur der europäischen Mythengeschichte unter besonderer Berücksichtigung der Tollwut. Unpubl. Magisterarbeit (Universität Hannover) 1999.
Asper, Helmut G.: Filmexilanten im Universal Studio 1933–1960. Berlin 2005.
Brunner, Heinrich: § 22. Friedlosigkeit und Opfertod. In: ders.: Deutsche Rechtsgeschichte. Bd. 1. Leipzig 1887, S. 166–176.
de Vink, Filomena: Der deutsche Werwolfmythos und -glaube: die Volkssagen des 19. Jahrhunderts. Unpubl. Bachelorarbeit (Universiteit Utrecht) 2019.
Der Wärwolf. Romantische Oper in drei Aufzügen von Paul Frohberg. In Musik gesetzt von J. H. Franz. Breslau 1874.
Der Werwolf. In: Jacob Grimm und Wilhelm Grimm: Deutsche Sagen [1816/1818]. Berlin 2015 (Neuausgabe), S. 202–205.
Deuchler, Florens, Jeffrey M. Hoffeld und Helmut Nickel: The Cloisters Apocalypse: An Early Fourteenth-Century Manuscript in Facsimile. 2 Bde. New York 1971.

Droste-Hülshoff, Annette von: Letzte Gaben. Nachgelassene Blätter, hg. von Levin Schücking. Hannover 1860.

Freud, Sigmund: Aus der Geschichte einer infantilen Neurose. Leipzig, Wien, Zürich 1924.

Freyermuth, Gundolf S.: Er hat sein Gehirn nach Kalifornien verpflanzt. In: Berliner Zeitung (9.2.1998), S. 3.

Friedman, Régine Mihal: Juden-Ratten – Von der rassistischen Metonymie zur tierischen Metapher in Fritz Hipplers Film *Der ewige Jude*. In: Frauen und Film 47 (1989): Mann + Frau + Animal, S. 24–35.

Frost, Brian J.: The Essential Guide to Werewolf Literature. Madison (Wisconsin) 2003.

Geller, Jay: Bestiarium Judaicum. Unnatural Histories of the Jews. New York 2018.

Grimm, Jakob: Schwedische Volkssagen. In: Zeitschrift für deutsches Alterthum 4 (1844), S. 500–508.

Grob, Norbert: Phantasie der Täuschungen. In: Wolfgang Jacobsen und Hans Helmut Prinzler (Hg.): Siodmak Bros. Berlin – Paris – London – Hollywood. Berlin 1998. S. 313–338.

Gutzkow, Karl: Der Wärwolf. Historische Erzählung. Wien 1871.

Hertz, Wilhelm: Der Werwolf. Beitrag zur Sagengeschichte. Stuttgart 1862.

Himmler, Heinrich: Geheimreden 1933 bis 1945 und andere Ansprachen, hg. von Bradley F. Smith und Agnes F. Peterson. Frankfurt a. M. 1974.

Hitler, Adolf: Mein Kampf [1925/1926]. München 1943 (851.–855. Aufl.).

Irsigler, Franz und Arnold Lassotta: Bettler und Gaukler, Dirnen und Henker. Außenseiter in einer mittelalterlichen Stadt. Köln 1300–1600. München 1989.

Lünemann, Georg Heinrich: Lateinisch-deutsches und deutsch-lateinisches Handwörterbuch. Lateinisch-deutscher Theil, Bd. 1: A–L. Leipzig 1831.

Omasta, Michael: Ein Meister der Spannung. Eine Passage durch das phantastische Werk des Autors Curt Siodmak. In: VISA Magazin 4 (1995), S. 38–39.

Oppermann, Andreas: Kiepenheuer wirbt in der Weltbühne für das Abenteuerliche Tierhaus (3.1.2012), http://walter-mehring.info/2012/01/03/kiepenheuer-wirbt-in-der-weltbuhne-fur-das-abenteuerliche-tierhaus/ (Zugriff: 2.1.2021).

Ovid [d. i. Publius Ovidius Naso]: Metamorphosen: Epos in 15 Büchern. Erstes Buch: Lykaon, Vers 232–239, hg. und übers. von Hermann Breitenbach. Stuttgart 1971.

Prinzler, Hans Helmut: Ein Mensch, der reinen Herzens ist. Zwischen den Welten – zum Tod des Autors und Filmemachers Curt Siodmak. In: Süddeutsche Zeitung (5.9.2000), S. 17.

Ryff, Walther Hermann: Confect Büchlin und Hausz Apoteck. Frankfurt a. M. 1544.

Sherlok [sic] Holmes auf Urlaub. In: Neue Kino-Rundschau (Wien) 11 (19.5.1917), S. 30–31.

Siodmak, Curt: Introduction to My Screenplay, The Wolf Man. In: The Wolf Man. The Original 1941 Shooting Script.

Siodmak, Curt: The Idea Man. Interview by Dennis Fischer. In: Pat McGilligan (Hg.): Backstory 2. Interviews with Screenwriters of the 1940s and 1950s. Berkeley 1991, S. 246–273.

Siodmak, Curt: Tribute to Peter Lorre. In: Christian Cargnelli und Michael Omasta (Hg.): Aufbruch ins Ungewisse, Bd. 2: Lexikon Tributes Selbstzeugnisse. Wien 1993, S. 182–184.

Siodmak, Curt: Unter Wolfsmenschen, Bd. 1: Europa. Übers. von Wolfgang Schlüter. Bonn 1995.

Siodmak, Curt: Unter Wolfsmenschen, Bd. 2: Amerika. Übers. von Wolfgang Schlüter. Bonn 1997.

Stevenson, Robert Louis: Der merkwürdige Fall von Dr. Jekyll und Mr. Hyde. Übers. von Mirko Bonné. Ditzingen 2020.

The Wolf Man. The Original 1941 Shooting Script, ed. and comp. by Philip Riley. Absecon/NJ 1993.
The Wolf Man. In: Tom Weaver, Michael Brunas und John Brunas (Hg.): Universal Horrors: The Studio's Classic Films, 1931–1946. Jefferson/NC, London 2007, S. 261–270.
Walker, Barbara G.: Das geheime Wissen der Frauen. Ein Lexikon. München 1999 (5. Aufl.).
Weidle, Stefan: Angsterfüllte Träume auf Zelluloid gebannt. Am Anfang steht die Idee. Nachruf: Zum Tode des Filmautors Curt Siodmak. In: General-Anzeiger (Bonn) (5.9.2000), o. S.
Wulff, Hans-Jürgen: *All Quiet on the Western Front* – Ein Kriegsfilm zwischen den Fronten. In: Heinz-B. Heller, Burkhard Röwekamp und Matthias Steinle (Hg.): All Quiet on the Genre Front? Zur Praxis und Theorie des Kriegsfilms. Marburg 2007, S. 27–40.
Zondergeld, Rein A. und Holger E. Wiedenstried: Lexikon der phantastischen Literatur. Stuttgart, Wien, Bern 1998.

# III Tiere als Gefährten und Arbeitsgrundlage im Exil

Anthony Grenville
# Die Tierwelt als Hilfsmittel zur sozialen Integration der „Refugees" aus dem Dritten Reich

Erinnerungen und Erzählungen

Als der Krieg im Mai 1945 zu Ende war, befanden sich die damals zwanzigjährige Gina Bauer und ihre ältere Halbschwester Clare verwaist und fast vollkommen auf sich allein gestellt in London. Gina Bauer war am 10. Januar 1939 noch als halbes Kind allein aus Wien mit der Bahn nach Großbritannien geflohen, wo ihre Halbschwester einen Posten als Hausangestellte gefunden hatte. Obwohl alles völlig dagegen sprach, war es Clare gelungen, kurz vor Kriegsausbruch die Einreisebewilligung nach Großbritannien für die Eltern Gina Bauers zu erhalten. Sie hätten sofort mit der Bahn ausreisen können; aber sie hatten sich für den Luftweg entschieden und hielten an ihrer Reservierung am 6. September 1939 fest, ein Entschluss, der sie das Leben und Gina Bauer ihre engsten Familienmitglieder kostete.

Gina Bauer war im neunten Wiener Bezirk, in einer assimilierten, kultivierten, gutbürgerlichen jüdischen Familie aufgewachsen; vor dem ‚Anschluss' unterschied sich ihre Kindheit kaum von der Kindheit anderer Mädchen aus der Wiener Mittelklasse. Das sollte sich aber im März 1938 jäh ändern, als die Jüdinnen und Juden Wiens zu gesellschaftlich Ausgestoßenen wurden:

> I don't know what the occasion was, I can't remember, but I had occasion to have a little party, I don't suppose it was a party, just that I had invited a few of my school friends for tea, and to my utter astonishment, and I have to say horror, nobody turned up. Now, I couldn't understand it at all. I mean I was still the same girl I was a few weeks before, I thought my friends were still the same people, but they had changed or rather their attitude to me had changed, possibly influenced by their parents, I really don't know. But I was suddenly reminded that I was a pariah and life became very different and very difficult pretty well overnight, really.[1]

Nach dem Pogrom vom 9./10. November 1938 wurde die Lage der Familie Bauer noch verzweifelter; die Eltern beschlossen, ihre Tochter nach England zu schicken. Gina Bauer verabschiedete sich am Bahnhof von ihren Eltern und reiste

---

[1] Interview mit Gina Gerson, geb. Bauer, 25.3.2004. Refugee Voices: The Testimony Archive of the Association of Jewish Refugees, https://www.ajrrefugeevoices.org.uk/RefugeeVoices/Gina-Gerson (Zugriff: 17.3.2021).

https://doi.org/10.1515/9783110729627-010

allein und verängstigt nach London, an der Grenze unterzog man sie sogar einer Leibesvisitation. Auch in England fand sie zuerst keine Sicherheit, da sie nur kurzfristig bei Pflegeeltern und in Mädchenheimen untergebracht wurde. Erst 1940, im Krieg, kam sie von Southport (Merseyside) nach London zu ihrer Halbschwester. In London erlebte sie mit Clare den sogenannten ‚Blitz', die Luftangriffe, die Teile der Hauptstadt in Schutt und Asche legten.

Nach Kriegsende bot sich den beiden jungen Frauen ein Ausweg an, als ein Verwandter in New York die Schwestern zu sich nach Amerika einlud, aber diese Möglichkeit schlugen sie aus:

> My uncle, an uncle of mine, I think on my mother's side – he wasn't a real uncle, I think we just called him uncle [...] he had immigrated to America and he sent us an affidavit to join him in America. We thought seriously about it and then decided we couldn't uproot ourselves again. I think one of the reasons, believe it or not, was our cat. We doted on that cat.[2]

Die Katze, die Gina Bauer abgöttisch zu lieben („dote on") behauptete, steht hier für die Sicherheit, die wenngleich fragile und begrenzte Geborgenheit, die sie in Großbritannien im Laufe der Kriegsjahre allmählich gefunden hatte. Nach dem traumatischen Verlust von Heimat und Familie im Jahre 1939 weigerte sie sich 1945, das Land, das ihr zur neuen Heimat werden sollte, zu verlassen. Man kann wohl behaupten, dass hier das Verhältnis zu einem geliebten Haustier für einen Komplex an emotionalen wie materiellen Bindungen steht, die Gina Bauer in ihrer zur Wahlheimat gewordenen Umgebung verankerten. Dass sie sich in verhältnismäßig hohem Maße in die britische Gesellschaft eingebunden fühlte, geht klar aus ihrem Interview vom 25. März 2004 in der Sammlung *Refugee Voices* hervor, zum Beispiel aus der Schilderung ihrer Erfahrungen als Fabrikarbeiterin in Colindale im Nordwesten Londons:

> I do remember that my fellow workers were incredibly nice to me. They must have known my background because I remember my sister and I had managed to find a little furnished flat by then, and we were bombed there one day, and I had to take time off from work, I suppose. And one day one of my fellow workers arrived with a collection they had made for me and a little note which I have still got. They called me Jean in those days, not Gina [...] and there was a little note, „Please don't be too proud to accept this, it's from your fellow workers and we would do the same for anybody."[3]

Ihre Kolleg*innen hatten für sie Geld gesammelt, als sie ausgebombt worden war, eine einfache Geste der Menschlichkeit, die sie lebenslang in dankbarer Er-

---

2 Interview mit Gina Gerson.
3 Interview mit Gina Gerson.

innerung behielt; sie war von ihren britischen Kolleg*innen als ihresgleichen behandelt worden und konnte sich in diese Gemeinschaft bis zu einem gewissen Grade integriert fühlen. Nach dem Krieg wollte Gina Bauer Schauspielerin werden. 1948 erhielt sie vom London County Council ein Stipendium, um an der renommierten Central School for Speech and Drama zu studieren, obgleich sie die britische Staatsangehörigkeit noch nicht angenommen hatte. Aber 1958 gab sie ihre Karriere als Schauspielerin auf, als sie Frank Gerson, einen Emigranten aus Deutschland, heiratete. Sie zog nach Birmingham, wo sie ein angesehenes Mitglied der jüdischen Gemeinde wurde.

In literarischen und künstlerischen Zeugnissen von jüdischen Emigrant*innen aus dem Dritten Reich in Großbritannien spielen Tiere vielfach eine bemerkenswerte Rolle. Man denke nur an den Tiger, der zum Tee kam, an den Kater Mog, und an das angeblich von Adolf Hitler gestohlene rosa Kaninchen von Judith Kerr,[4] oder an den Band *Curious Creatures* von Erna Pinner.[5] In diesem Kontext interessieren vor allem Tiere als Mittel der Integration im Exilland.

Wie bei Gina Bauer waren Tiere auch an der sozialen Eingliederung von Ruth Barnett maßgeblich beteiligt. Ruth Barnett, geb. Michaelis, die im Februar 1939 im Alter von vier Jahren mit dem Kindertransport in Großbritannien angekommen war, erlebte ihre ersten glücklichen Tage in England auf dem Bauernhof einer Familie in der Grafschaft Kent. Ihre Erfahrungen mit Tieren und deren Auswirkungen auf ihr Leben schildert sie in ihrer Autobiografie *Person of No Nationality*.[6] Die Geschichte von Ruth Barnett wurde in Deutschland durch den 2017 vom ZDF verfilmten Roman *Landgericht* von Ursula Krechel in leicht fiktionalisierter Form bekannt.[7]

Wie im Falle von Gina Bauer fand Ruth Barnett zuerst kein stabiles Zuhause in England, das in ihrem Alter dringend notwendig gewesen wäre. Zusammen

---

4 Vgl. Judith Kerr: The Tiger Who Came to Tea. London 1968 (dt.: Ein Tiger kommt zum Tee. Ravensburg 1979); Judith Kerr: Mog the Forgetful Cat. London 1970 (dt.: Mog, der vergessliche Kater. Ravensburg 1977); Judith Kerr: When Hitler Stole Pink Rabbit. London 1971 (dt.: Als Hitler das rosa Kaninchen stahl. Ravensburg 1973); Gillian Lathey: A Child's View of Exile. Language and Identity in the Autobiographical Writings of Judith Kerr and Charles Hannam. In: Charmian Brinson u. a. (Hg.): Keine Klage über England? Deutsche und österreichische Exilerfahrungen in Großbritannien 1933–1945. München 1998, S. 190–199; Astrid van Nahl: Judith Kerr. Die Frau, der Hitler das rosa Kaninchen stahl. Darmstadt 2019.
5 Siehe den Beitrag von Barbara Weidle in diesem Band.
6 Ruth Barnett: Person of No Nationality: A Story of Childhood Separation, Loss and Recovery. London 2010; Ruth Barnett: Nationalität: Staatenlos. Die Geschichte der Selbstfindung eines Kindertransportkindes. Übers. von Lukas Guske. Berlin 2016.
7 Ursula Krechel: Landgericht. Roman. Salzburg 2016; Landgericht – Geschichte einer Familie (D 2017), Regie: Matthias Glasner.

mit ihrem um drei Jahre älteren Bruder Martin wurde sie zuerst bei Pflegeeltern untergebracht, deren Strenge manchmal an Grausamkeit grenzte, dann in einer von den Quäkern geleiteten Schule in Saffron Walden, Grafschaft Essex, und in einem Kinderheim in Richmond im Südwesten Londons. Dann kam sie zur Familie Goodricke, die auf dem Lande in der Nähe von Horsmonden, Grafschaft Kent, wohnte. Hier lernte sie zum ersten Mal das Leben auf einem englischen Bauernhof kennen. Ihre Liebe zu Tieren und zur Landschaft blühte aber erst völlig auf, als sie zur Familie Halting kam, die einen Bauernhof in East Harting, in der Nähe von Rogate, Grafschaft Sussex, besaß. In dem Kapitel „Arriving at the Haltings' Farm" beschreibt Ruth Barnett ihre Ankunft in dieser neuen Umgebung:

> And then I saw it! A beautiful range of hills with gentle, rolling curves on the horizon. A strange feeling of excitement stirred in me. We drove onwards, until there was only a row of fields between the road and these hills. I could hardly believe it when Mrs Halting told us these fields belonged to the farm. She stopped the car, and I jumped out and looked longingly at them, rising above me, so close, just as the sun was setting.[8]

Dieses instinktive Zugehörigkeitsgefühl übertrug sich bei Ruth Barnett fast sofort auf die Tiere, die mitten in dieser sanft hügeligen Landschaft lebten:

> That was my introduction to the South Downs. They never lost their magic for me. They became a very important part of my life on the farm. Mr Halting grazed sheep on these downs and, later on, I would ride up on horseback regularly to count them and check they were all right. Riding horseback on the Downs was a huge, exciting pleasure. [...] I loved the Downs, like I loved the farm animals.[9]

Ruth Barnett fühlte sich auch als Mitglied dieser Gemeinschaft. Endlich hatte sie eine menschliche Umgebung gefunden, zu der sie zu gehören glaubte. Im Kapitel „Living in a Farming Family" beschreibt sie ihr neues Leben auf dem Bauernhof und im Kapitel „Village Life" ihr bereitwilliges Engagement im Leben des kleinen Dorfes.[10]

1949 aber, vier Jahre nach Kriegsende, erschienen die verloren geglaubten Eltern von Ruth Barnett wieder; ihr Vater hatte den Krieg in Shanghai überlebt, ihre Mutter, die nicht jüdisch war, in Deutschland. Für Ruth Barnett waren sie jetzt vollkommen fremde Menschen, die sie seit ihrer frühen Kindheit nicht gesehen hatte und die sie nicht mehr erkannte. Die Eltern erzwangen mittels eines Gerichtsbeschlusses die Rückkehr ihrer Tochter nach Deutschland, wo sie ein

---

[8] Barnett: Person of No Nationality, S. 61.
[9] Barnett: Person of No Nationality, S. 61–62.
[10] Vgl. Barnett: Person of No Nationality, S. 65–70, 85–95.

Jahr lang blieb. In den 1950er Jahren studierte sie Gartenbau an der Universität Reading. Sie heiratete 1958 und konvertierte zum Judentum.[11] Sie wurde Lehrerin und später Psychotherapeutin. Nach der ersten „Reunion of Kindertransport" 1989 begann sie, Vorträge über ihre Erlebnisse als Kindertransportkind zu halten. 2020 erhielt sie einen hohen britischen Orden, den MBE, „for services to Holocaust education and awareness".

Die Repräsentation von Integrationsprozessen durch Beziehungen zwischen Menschen und Tieren kehrt in *Mill Farm* von Elisabeth Castonier auf einer allgemeineren Ebene wieder. Elisabeth Castonier, geboren 1894 in Dresden, stammte aus einer sehr wohlhabenden Familie, musste aber 1933 als ausgesprochene Gegnerin des Nationalsozialismus sowie aus „rassischen" Gründen Deutschland verlassen. Sie zog zuerst nach Wien; im März 1938 floh sie weiter nach Italien und im Herbst desselben Jahres erreichte sie Großbritannien. Castonier kam nur widerwillig nach England, aus dem rein praktischen Grunde, dass der bescheidene Rest ihres Vermögens in der Londoner City angelegt worden war. Aber im Laufe des Krieges lernte sie das Verhalten der Zivilbevölkerung Londons schätzen: sie bewunderte Mut und Gelassenheit der Engländer angesichts der täglichen Luftangriffe. Sie sah von der Tower Bridge aus zu, als Ende Mai 1940 die buntgemischte Flotte der sogenannten „little ships" die Themse hinunter in Richtung Dünkirchen fuhr, um an der Evakuierung der dort eingekesselten alliierten Truppen teilzunehmen. 1944 lud sie Audrey Mildmay, die Frau von John Christie, dem Gründer des Opernhauses Glyndebourne, ein, dem Bauernhof einer Bekannten, Jane Napier, einen Besuch abzustatten. In diesem Moment fasste Castonier den Entschluss, London zu verlassen, um sich auf Froyle Mill Farm ihren Lebensunterhalt als einfache Landarbeiterin zu verdienen. Sie blieb zehn Jahre lang auf der in der Grafschaft Hampshire gelegenen Farm, bis sie und Jane aus Alters- und Gesundheitsgründen die Farm aufgeben mussten.

Mitte der 1950er Jahre nahm sie ihre schriftstellerische Tätigkeit wieder auf. Ihre Erfahrungen mit dem Landleben schrieb sie 1959 in ihrem Erlebnisbericht *Mill Farm* nieder.[12] Im Untertitel *Menschen und Tiere unter einem Dach*, der in den Ausgaben ab 1973 verwendet wurde,[13] spiegelt sich die enge Verflechtung von Menschen- und Tierleben in Castoniers Text wider. Die Beschreibung des

---

11 Ruth Barnett war nicht von Geburt jüdisch, da ihre Mutter keine Jüdin war. In Nazideutschland aber, nach den Bestimmungen der Nürnberger Gesetze, galt sie als ‚Mischling', da ihr Vater Jude war. Sie konvertierte erst zum Judentum, als sie einen englischen Juden zu heiraten beabsichtigte.
12 Elisabeth Castonier: Mill Farm und ihre zwei- und vierbeinigen Originale. München 1959.
13 Elisabeth Castonier: Mill Farm. Menschen und Tiere unter einem Dach [1973]. Reinbek bei Hamburg 1976. Im Folgenden wird nach dieser Taschenbuchausgabe zitiert.

Lebens auf der Farm als von einer organischen Einheit von Landschaft, Tieren und Menschen geprägt, trägt deutlich idealisierte Züge. Sie vermittelt den Eindruck, dass hier so etwas wie ein Wunschbild des Zufluchtslandes geboten wird. Aus den Briefen Castoniers geht klar hervor, dass sie der Realität dieses Zufluchtslandes bedeutend kritischer gegenüberstand. So bezeichnet sie die Engländer als „die blöden Nebelländer"[14] und kritisiert die panische Angst der Engländer vor einem neuen Krieg: „Hier zittert alles vor einem Krieg, gräbt im Garten den eigenen Kopf mit der Petersilie ein (wo er hingehört – vegetables!)."[15]

Im ersten Kapitel, „Die Insel", bezeichnet Castonier Großbritannien als eine kleine Welt für sich:

> Ein durchsichtiger, opalfarbener Dom aus Nebel und Dunst wölbt sich schützend über der Insel Großbritannien und isoliert sie von den anderen Weltteilen. Denn England ist ein Weltteil für sich, auch wenn behauptet wird, dies wie ein zerfetztes Segel geformte Stück Erde inmitten des Meeres sei in Urzeiten einmal von Europa losgerissen worden.[16]

Noch einmal wird die Landschaft mit ihren Menschen und Tieren zu einem geradezu paradiesischen Ort stilisiert:

> Zuweilen scheint an manchen Orten die Zeit geruhsam stillzustehen, denn es gibt noch Dörfer und kleine Städte, die seltsam unberührt von der lauten Umwelt geblieben sind, Landschaften mit ihren vielhundertjährigen undurchdringlichen Wäldern und den alten Wasserstraßen, in denen Flora und Fauna ungestört von Kähnen ihre Daseinsfrist leben können, [...] Burgen und Schlösser mit Festungsgraben und Zugbrücken, stille, weltfremde Dörfer mit kleinen, strohgedeckten Cottages inmitten tropisch bunter Gärten stehen genauso unberührt in der stets leicht verschleierten Landschaft wie zu Zeiten der ersten Königin Elizabeth.[17]

Landschaft und Menschen sind in dieser Beschreibung auch entscheidend vom gemäßigten Klima geprägt, das Extreme nicht kennt und der Gesellschaft eine gewisse Immunität gegen Extremismus und Fanatismus verleiht:

> Wesen und Gestalt von Mensch und Tier sind vom Klima beeinflusst, in Rhythmus und Reaktion abwartend, gelassen, genau so, wie die Landschaft friedlich-geruhsam ist. Die Zartheit der Farben, die feuchtkühle Luft, die stets ein wenig verschleierte Sonne, die zu-

---

**14** Exil im Nebelland: Elisabeth Castoniers Briefe an Mary Tucholsky. Eine Chronik, hg. von Deborah Vietor-Engländer. Bern u. a. 2010, S. 14.
**15** Exil im Nebelland, S. 15.
**16** Castonier: Mill Farm, S. 10.
**17** Castonier: Mill Farm, S. 10.

rückhaltenden Menschen stehen in völligem Einklang mit dieser Insel, auf der jeder Engländer sein eigener Gärtner ist.[18]

Laut Castonier erinnern die eigenartigen Farben der englischen Landschaft an die „verbesserten Pastellfarben",[19] die im späten 19. Jahrhundert vom Maler Jean-François Raffaëlli erfunden wurden, „mit dem Unterschied, dass jene verfielen, diese aber haften bleiben, zugleich mit den insular stillen Gesichtern der Bewohner und der Tiere, der stets kühlfeuchten Luft, den Nebelschleiern, den sanften Hügeln und dunklen Wäldern, den schmalen Landstraßen zwischen hohen Hecken".[20] Nur allmählich enthüllt sich dem Beobachter der wahre Charakter von Landschaft und Volk: „Man muss Geduld haben, um das Gesicht dieser Landschaft zu erkennen, dann schweben die opalfarbenen Vorhänge, die sie verhüllen, empor, die weißen und gelben Schleier lichten sich, enthüllen die eigenartige, zurückhaltende Schönheit."[21]

„Hierzuinsel"[22] wird an der Tradition, „einer seit über tausend Jahren erprobte[n], gefestigte[n] Lebensform",[23] zäh festgehalten, Neuerungen werden fast prinzipiell abgelehnt, und gerade deshalb „können auch nirgends so viele Menschen trotz verschiedener Ansichten reibungslos nebeneinander leben".[24] Das Verhalten der Engländer unterscheidet sich eindeutig von dem der allzu leicht erregbaren Europäer:

> Inselbewohner reagieren auch anders als andere Menschen. Wo ein Nichtengländer sich aufregt, wird zunächst einmal keine Notiz genommen oder bloß lächelnd abgewartet, wie sich die Situation weiter entwickelt. Denn „wait-and-see" ist das Leitmotiv im Inselleben, und die Bewohner regen sich auch prinzipiell über nichts und niemanden auf, wenn es sich nicht gerade um Fußballmeisterschaften, Pferderennen oder das nationale Ritual-Spiel: Cricket, handelt.[25]

Die Gemeinschaft von Menschen und Tieren in *Mill Farm* entwickelt sich innerhalb des so beschriebenen Rahmens. Die Tiere treten als Persönlichkeiten hervor, die mit fast menschlichen Eigenschaften ausgestattet sind: der Hund Bimbo, der Kater Rum, der Papagei Pollykeye, die beiden stattlichen Schimmel Ma Belle und Fairy Queen, die Gänse Polonius und Molly und vor allem die vor-

---

18 Elisabeth Castonier: Stürmisch bis heiter. Memoiren einer Außenseiterin [1964]. München 1967, S. 289–290.
19 Castonier: Stürmisch bis heiter, S. 289.
20 Castonier: Stürmisch bis heiter, S. 289.
21 Castonier: Stürmisch bis heiter, S. 290.
22 Castonier: Mill Farm, S. 10.
23 Castonier: Mill Farm, S. 10.
24 Castonier: Mill Farm, S. 13.
25 Castonier: Mill Farm, S. 10–11.

nehm-zurückhaltende blaue Perserkatze Nana, genannt Herzogin Nana aufgrund ihrer wählerischen, quasi-aristokratischen Allüren.

Zentrum und Herz des Anwesens Mill Farm ist die Küche, die von Menschen und Tieren fast gleichermaßen bewohnt wird, ob es sich um Jane Napier und Elisabeth Castonier oder um italienische und deutsche Kriegsgefangene, die als Hilfsarbeiter nach Mill Farm gekommen sind, um ein krankes Kalb oder eine trächtige Katze handelt:

> Auf dem Küchentisch wurden Finger verbunden und Kater kastriert, Hunden wurden die Zähne unter Narkose gezogen und Autopsien an mysteriös verstorbenen Hühnern oder Enten vorgenommen. Und hinterher tranken wir alle Tee auf dem Rosenmuster. [...] Millionen Tassen Tee wurden im Lauf der Jahrzehnte in der Küche gebraut. Man trank ihn immer, bei Tag und bei Nacht, für und wider alles und mit jedermann: wenn ein Kind geboren oder wenn ein Kalb gestorben, um ein Problem zu lösen und wenn Jane besonders viel Wasserkresse verkauft hatte [...]. Das Wachstuch erlebte Freudentränen, Katzenzischen und Kummer, wie dies nun einmal zur bunten Wechselfolge des Lebens gehört.[26]

Oft ahmen die Tiere das charakteristische Verhalten der Engländer nach, als ob sie deren Werte und Gebräuche angenommen hätten. Der eingefleischte Konservatismus der Katzen z. B. zeigt sich in ihrer Ungeduld, als die Teestunde gekommen ist, denn „kein Geschöpf ist so zeitbewusst und so konservativ wie eine Katze".[27] So heilig ist die Teestunde, dass der Schwan Figaro, mit einer lockenden Schwanendame konfrontiert, es vorzieht, sich von „Romanze und Versuchung" zu entfernen, „denn er hatte sich bereits zur Teestunde verspätet".[28] Als es zu einem Streit zwischen der Henne Belinda und der Katze Fear kommt, schlichten Jane und Elisabeth auf ingeniöse Weise: „Und dann wurde ein Kompromiss geschlossen, wie dies in England nun einmal üblich ist."[29] Diese Kompromissbereitschaft spiegelt sich im friedlichen Zusammenleben einer ganzen Reihe verschiedener Tiere auf Mill Farm wider. Sie ist auch ein bezeichnendes Merkmal der englischen Gesellschaft überhaupt: „Schon Voltaire staunte vor zweihundert Jahren nicht nur über die schlechte englische Küche, sondern über die lächelnde Toleranz der Engländer Andersdenkenden gegenüber."[30]

Am Ende des Textes, nachdem die Frauen die Farm aufgegeben haben, weigert sich Castonier, ein untätiges Leben zu führen. Für sie behält das Leben seinen Wert gerade durch die Beziehungen zwischen Menschen und Tieren, die auch ihr zu ihrem Platz unter den Engländern verholfen haben:

---

26 Castonier: Mill Farm, S. 20.
27 Castonier: Mill Farm, S. 57.
28 Castonier: Mill Farm, S. 213.
29 Castonier: Mill Farm, S. 164–165.
30 Castonier: Mill Farm, S. 13.

Müßig herumsitzen, wenn immer wieder kleine Schicksale von Mensch und Tier auf dem Strom des Lebens zu uns getragen werden, an denen wir teilnehmen dürfen und die wir zuweilen erleichtern können? [...] Dann wäre dies köstlich bunte Leben umsonst gelebt, wäre nicht das Leben.[31]

Die Rolle der Tiere im Leben der Emigrant*innen aus dem Dritten Reich in Großbritannien ist bisher kaum als selbständiges Thema untersucht worden. Aber schon aus dieser kurzen Übersicht einiger Texte ersieht man, dass diese Rolle nicht unbedeutend gewesen ist. Die Beziehungen zwischen Menschen und Tieren laufen in gewisser Hinsicht parallel zu den zwischenmenschlichen Beziehungen, wenigstens in dem Sinne, dass die Tierwelt den Emigrant*innen bei dem Anpassungsprozess behilflich sein konnte, indem sie sich auf die fremden Zustände in einem unbekannten Lande einzustellen versuchten. Im Falle von Ruth Barnett bildeten die Tiere, die sie auf den beiden Bauernhöfen ihrer Pflegeeltern in Kent und Sussex zu lieben lernte, wohl zum Teil einen Ersatz für die menschliche Wärme und Zärtlichkeit, die sie als Kind in den ersten Jahren ihrer Emigration vermisste. In den Fällen von Gina Bauer und Elisabeth Castonier, so verschieden sie auch waren, verhalf die Tierwelt den beiden Frauen ganz deutlich zur Integration in die britische Gesellschaft. Das bedeutet aber auch, dass die Emigrant*innen bei diesem gesellschaftlichen Integrationsprozess mit gewaltigen Schwierigkeiten konfrontiert waren, die in ihren Beziehungen zu Tieren nicht auftraten. Diese Barrieren konnten erst nach vielen Jahrzehnten überwunden werden. In manchen Fällen, wo sie sich weiter als Außenseiter*innen unter den Einheimischen fühlten und betrachteten, blieb die vollständige Integration aus.

## Literaturverzeichnis

Barnett, Ruth: Person of No Nationality: A Story of Childhood Separation, Loss and Recovery. London 2010.
Barnett, Ruth: Nationalität: Staatenlos. Die Geschichte der Selbstfindung eines Kindertransportkindes. Übers. von Lukas Guske. Berlin 2016.
Castonier, Elisabeth: Mill Farm und ihre zwei- und vierbeinigen Originale. München 1959.
Castonier, Elisabeth: Stürmisch bis heiter. Memoiren einer Außenseiterin [1964]. München 1967.
Castonier, Elisabeth: Mill Farm. Menschen und Tiere unter einem Dach [1973]. Reinbek bei Hamburg 1976.
Exil im Nebelland: Elisabeth Castoniers Briefe an Mary Tucholsky. Eine Chronik, hg. von Deborah Vietor-Engländer. Bern u. a. 2010.

---

31 Castonier: Mill Farm, S. 252.

Interview mit Gina Gerson, geb. Bauer, 25.3.2004. Refugee Voices: The Testimony Archive of the Association of Jewish Refugees, https://www.ajrrefugeevoices.org.uk/Refugee Voices/Gina-Gerson (Zugriff: 17.3.2021).

Kerr, Judith: The Tiger Who Came to Tea. London 1968 (dt.: Ein Tiger kommt zum Tee. Ravensburg 1979).

Kerr, Judith: Mog the Forgetful Cat. London 1970 (dt.: Mog, der vergessliche Kater. Ravensburg 1977).

Kerr, Judith: When Hitler Stole Pink Rabbit. London 1971 (dt.: Als Hitler das rosa Kaninchen stahl. Ravensburg 1973).

Krechel, Ursula: Landgericht. Roman. Salzburg 2016.

Landgericht – Geschichte einer Familie (D 2017), Regie: Matthias Glasner.

Lathey, Gillian: A Child's View of Exile. Language and Identity in the Autobiographical Writings of Judith Kerr and Charles Hannam. In: Charmian Brinson u. a. (Hg.): Keine Klage über England? Deutsche und österreichische Exilerfahrungen in Großbritannien 1933–1945. München 1998, S. 190–199.

van Nahl, Astrid: Judith Kerr. Die Frau, der Hitler das rosa Kaninchen stahl. Darmstadt 2019.

Günter Häntzschel
# Mechtilde Lichnowsky und „dieser merkwürdige Überhund Mensch" im Exil

## 1 Die Autorin

Die aus dem gräflichen Geschlecht von und zu Arco-Zinneberg stammende und 1904 mit dem Fürsten Karl Max Lichnowsky vermählte Schriftstellerin Mechtilde Lichnowsky (1879–1958) war seit ihren frühsten Jahren von Tieren umgeben und mit Tieren vertraut. In ihrem 1934 erschienenen Buch *Kindheit* schildert sie liebevoll ihre Tierbegegnungen auf dem Gutshof des elterlichen Schlosses Schönburg im niederbayerischen Rottal. Sie suchte nicht nur täglich die Pferde-, Kuh- und Schweineställe auf, half den Knechten bei ihrer Arbeit, führte mit ihrem Vater Pferde auf die Weide, kannte sich mit dem Geflügel aus, spielte mit den Hunden und Katzen, sondern fühlte sich auch phantasievoll in das Leben der Tiere ein, selbst in das der kleinen und kleinsten wie Igel, Mäuse, Hummeln, Schnecken, Eidechsen und Fledermäuse. Im intimen Zusammenleben mit ihnen scheinen Tiere ihr etwas Geheimnisvolles, Unergründliches und Verlässliches zu verkörpern. Fasziniert von ihren Wesen, bekennt sie: „Alle Tiere [...] sind mir lieber als die meisten Menschen."[1]

Noch in ihren späten Aufzeichnungen erinnert Lichnowsky sich an die ihr Trost und Glück bringenden Erlebnisse mit Hasen, wilden Kaninchen, Bären, Füchsen, Kröten und Vögeln vieler Arten.

> Dem Umgang mit Tieren verdanke ich die wichtige, weil befruchtende Empfindung des Unnahbaren, des Rätselhaften, und insbesondere des Paradiesischen, das sonst mit Adam und Eva verloren gegangen wäre. [...] Man hat es mit Geschöpfen zu tun, die weder lügen, noch schwindeln; weder geldgierig, noch snobistisch sind; nicht rechthaberisch und nicht aufgeblasen; und Verrat ist ihnen so fremd wie Torheit.[2]

Ihr liebevolles Interesse an Tieren spiegelt sich in ihrem literarischen Werk von den Anfängen bis in die letzten Jahre. Im Buch über ihre Ägyptenreise von 1913 widmet sie den realen und den Fabeltieren besondere Aufmerksamkeit und erhebt sie in den Rang von Göttern und Königen. Der programmatische Titel lautet *Götter, Könige und Tiere in Ägypten*. Ihr 1914/1915 in dem pazifistischen *Zeit-Echo der Künste* veröffentlichtes Gedicht über den Ersten Weltkrieg gilt nicht

---
1 Mechtilde Lichnowsky: Kindheit. Berlin 1934, S. 188.
2 Mechtilde Lichnowsky: Mein Umgang mit Tieren. In: dies.: Heute und Vorgestern. Wien 1958, S. 94–101, hier S. 94.

wie die meisten Antikriegsgedichte dem Leiden der Menschen, sondern dem Leiden der geschundenen Pferde, die in der Kavallerie trotz zunehmender Verwendung von Lastkraftwagen immer noch neben Eseln und Maultieren zum Transport von Mannschaften und Materialien eingesetzt wurden und von denen viele Millionen elend zu Tode gekommen sind. Seine erste Strophe lautet:

> Aus Pferderücken fließt (wie von Tannen
> Der Frühlingsschweiß), halb sickernd, halb starr
> Ein Wundensaft über Felle von dannen,
> Und Eitermasse verklebt das Haar.

Und das Gedicht endet mit dem Vergleich

> Wie Menschen sind sie ins Leben gestellt,
> Wo sie, erstaunt auf zerlaufenen Füßen,
> Daß man ums Paradies sie geprellt
> Wie Menschen (nur schweigend) erkennen müssen.[3]

Ungewöhnlich ist es in diesem Kontext, die Befindlichkeit von Tieren mit der von Menschen zu vergleichen, das Tier also an die erste Stelle zu rücken und ihm menschliche Empfindungen zuzuschreiben. Diese auf das Tier zentrierte Perspektive bildet in ihrem frühen Werk noch eine Ausnahme, während sich konventionelle Tiervergleiche oder Analogiebildungen von Tier und Mensch in vielen Texten Mechtilde Lichnowskys häufen. In der 1927 veröffentlichten Erzählung *Das Rendezvous im Zoo* beschreibt sie das problematische Verhalten eines schwierigen Paars anhand des Verhaltens von Zootieren: Die beiden einander Liebenden bleiben in ihrem vergeblichen Verlangen nach Zuneigung und Verständnis ebenso voneinander getrennt wie die eingesperrten Tiere des Zoos in den einzelnen Käfigen.

Mit ihrem 1930 veröffentlichten Roman *An der Leine* schlägt die Autorin dagegen einen neuen Weg ein. Sie stellt ein ausgewogenes ethisches, beinah gleichwertiges Verhältnis zwischen Mensch und Tier her, indem sie dem Tier auch menschliche, dem Menschen auch tierische Empfindungen zuschreibt. Die anthropozentrische Differenz ist hier aufgehoben, indem das Tier als Lebewesen weit über seine übliche Funktion als Vergleichsmoment hinaus wahr- und ernstgenommen wird. In ihren Empfindungsvermögen und Verhalten überschneiden sich Mensch und Tier und bilden nach der Terminologie der Cultural Animal Studies eine Koevolution von Mensch und Hund. Ein derartiger Perspek-

---

[3] Mechtilde Lichnowsky: Aus Pferderücken fließt ... [Offener Brief und Gedicht]. In: Zeit-Echo. Ein Kriegstagebuch der Künstler 1 (1914/1915), 9, S. 126–128, hier S. 128.

tivenwandel erklärt sich aufgrund der veränderten Lebenssituation der Autorin in den Entstehungsjahren des Romans von 1926 bis 1930.

Seitdem die Gräfin durch ihre Heirat mit dem Fürsten Karl Max Lichnowsky 1904 nun selbst zur Fürstin avanciert war, führte das Paar auf den traditionsreichen Schlössern Kuchelna bei Ratibor und im mährischen Grätz ein hocharistokratisches, luxuriöses Leben mit allem Pomp und einer enormen Dienerschaft. Die zusätzliche Stadtwohnung in Berlin wird zum Treffpunkt für Künstler, Literaten und Theaterleute. Die von Vielen bewunderte Fürstin steht im Mittelpunkt eines großen Salons, als ihr Mann 1912 zum deutschen Botschafter in London berufen wird. Nach der Demissionierung Karl Max Lichnowskys 1914 wegen des Vorwurfs des Vaterlandsverrats, da er vergeblich versucht hatte, Kaiser Wilhelm II. von der deutschen Kriegserklärung an Russland abzuhalten, musste die Familie zwar wieder auf ihre fernen Schlösser zurückkehren. Aber mittlerweile war Mechtilde Lichnowsky durch ihre literarischen Veröffentlichungen, ihre lebhafte Anteilnahme am Theater und ihre künstlerischen Begabungen in der kulturellen Szene weithin bekannt geworden. Hugo von Hofmannsthal bewunderte sie, Verbindungen mit Rainer Maria Rilke, Annette Kolb, Harry Graf Kessler, Carl Sternheim, Emil Ludwig hatten sich eingestellt. Sie hatte eine enge Freundschaft mit Karl Kraus begonnen. Rezensionen von Alfred Kerr und anderen hatten ihren Namen in der literarischen Öffentlichkeit bekannt gemacht. Sie veranstaltete eigene Leseabende in der Berliner Sezession und hatte mit dem Vortrag ihrer Gedichte Erfolg.

In den späten 1920er Jahren verändert sich jedoch Mechtilde Lichnowskys Leben radikal. Die Distanzierung von Karl Kraus und dem Wiener Freundeskreis, Eheprobleme, ihre Erkrankungen, 1928 der Tod ihres Mannes und eine nicht näher bekannte Erbverfügung zu Gunsten ihrer drei Kinder zwingen sie, die heimatlichen Schlösser und den gewohnten Luxus zu verlassen. Die bis dahin allerseits Bewunderte, Verehrte und Gepriesene findet sich plötzlich allein und heimatlos. Aufgrund ihrer schweren Arthrose verlegt sie 1929 ihren Wohnsitz an die französische Riviera, wo sie gemeinsam mit einem anderen Interessenten ein altes Haus mit Garten in Cap d'Ail erwirbt, welches sie bis 1937 bewohnte. Hatte sie also zunächst krankheitshalber freiwillig ein Exil aufgesucht, so geht dieses im Laufe ihres achtjährigen Aufenthalts für sie, die Gegnerin des Nationalsozialismus, 1933 in ein politisches Exil über, und mit Recht steht ihr Name auf der ersten Emigranten-Tafel in Sanary-sur-Mer. In dieser bisher ungewohnten, einsamen und ganz auf sich allein gestellten Situation – denn die Hausgemeinschaft bricht bald auseinander – wird ihr der Dachshund Lurch zum einzigen verlässlichen Partner an ihrer Seite. Davon berichtet der als Roman bezeichnete Text *An der Leine*.

## 2 *An der Leine*

Dieses 1930 bei Samuel Fischer in Berlin erschienene literarische Werk ist eine Kombination von Autobiografie und Roman, genauer ein Wechsel zwischen einem persönlichen Tagebuch und einer fiktiven Romanhandlung. In dem datierten Tagebuch schildert Mechtilde Lichnowsky die symbiotische Gemeinschaft mit ihrem Hund, mit dem sie in den konfliktreichen heimatlosen und einsamen Jahren eine neue valide Bindung zu imaginieren sucht und darin Trost, Orientierung und Schutz findet, während der Romanteil als Kontrast dazu eine Geschichte von Eifersucht, Neid und Misstrauen einiger untereinander zerstrittener fiktiver Paare, die möglicherweise auf reale Vorbilder zurückgehen, erzählt.

Insofern ist der Titel doppeldeutig zu verstehen. Im Part des Tagebuchs bezieht sich *An der Leine* nicht nur auf die Darstellung eines angeleinten, gezügelten, in seiner Freiheit eingeschränkten Hundes, sondern symbolisiert die nahe liebevolle Verbindung von Mensch und Tier, in der nun beide fast wie ein vertrautes Paar verbunden sind. Der Name „Lurch" verleiht diesem Dachshund darüber hinaus die geheime Fähigkeit, nach Art der Lurche, die als Amphibien im Wasser und auf dem Land leben, eine ambige Existenz zwischen menschlicher und tierlicher Verhaltensweise zu führen. Die nahe Verbindung von Mensch und Tier kommt auch darin zum Ausdruck, dass Mechtilde Lichnowsky einmal eine wirkliche Amphibie, eine Kröte, durch regelmäßiges Füttern mit ihr vertraut hat werden lassen.[4] In seiner mit der Haupthandlung des Tagebuchs verbundenen romanhaften Parallelhandlung deutet der Titel *An der Leine* dagegen auf die enge, einschränkende Fesselung der Unglücklichen hin, die als Kontrast zur Haupthandlung diese in ihrer Singularität noch stärker hervorhebt. Der Kontrast zwischen Tagebuch und Roman entspricht dem Gegensatz zwischen der als glücklich erlebten Phase des Exils und der als zwanghaft empfundenen, in die nationalsozialistische Epoche übergehende Situation in Deutschland, die Mechtilde Lichnowsky später heftig kritisiert hat.

Die Autorin vermeidet die übliche anthropozentrische Differenz in der Darstellung von Mensch und Hund und findet eine neue Diktion für ihr tierlichmenschliches Zusammenleben. Sie spricht von

> eine[r] künstliche[n] Entmenschung meinerseits zugunsten einer natürlichen Tierhaftigkeit im idealen Sinn, das heißt einer Tierhaftigkeit, die alles ausschließt, was Menschen sich im Laufe von Jahrtausenden angeeignet haben: falsche Bewegungen, Lärm, Hast, Aufgeregtheit, Schlamperei, talentlose Herrschaft, was weiß ich.[5]

---

4 Lichnowsky: Mein Umgang mit Tieren, S. 97.
5 Mechtilde Lichnowsky: An der Leine. Roman. Berlin 1930, S. 48. Zitatnachweise daraus im fortlaufenden Text in Klammern.

Ihre Verhaltensweise und die aus ihr resultierende literarische Niederschrift entsprechen dem Konzept der Cultural Literary Animal Studies: Durch Abmilderung der anthropozentrischen Differenz zwischen Mensch und Tier ist der Hund aus seinem Objektstatus als bloßes Haustier befreit und der menschlichen Gesellschaft als fast gleichwertiger Partner angenähert, während die Erzählerin beziehungsweise Autorin ihre menschliche Existenz der Existenz des Hundes entgegenzubringen sucht, sodass sich beide einander auf einer dritten, hybriden Ebene begegnen, auf der menschliches und tierliches Verhalten in gegenseitigem Verstehen und Aufeinander-Angewiesensein konvergieren.

Da Mechtilde Lichnowsky in der sozialen Isolierung ihrer Exilsituation zwar von den zitierten negativen Verhaltensweisen der Menschen befreit ist, aber zugleich deren positive Qualitäten entbehrt, Verstand und Verständnis, Intellekt und Charakter, Humor und Witz, sucht sie vertrauensvoll dem ambigen Lurch als ihrem idealen Partner auch menschliche Fähigkeiten zuzuschreiben, ihn als ein artifizielles Mischwesen hervortreten zu lassen:

> Lurch, Dachshund, läuft vor mir her, nichts zu suchen ist sein Sinn, aber er findet beständig wichtige Annoncen, die er liest, einige liest er mehrmals, ernst und ohne sich viel dabei zu vergeben. Manchmal scheint es, daß er, so wie wir beim Lesen, eine Zeile übersprungen hatte und den Sinn nicht mehr versteht. Er muß dann zwei Zeilen zurückgehen, findet den Zusammenhang und macht eine Randbemerkung mit Unterschrift, zwei-, dreimal unterstreicht er mittels linker Hand und rechtem Fuß und rechter Hand und linkem Fuß, stark nach rückwärts schreibend, den Kopf aber sinnend erhoben, schon ins Weite riechend. (9–10)

Bald entwickelt sich ein immer intensiverer und intimerer Annäherungsprozess, in dem jegliche noch vorhandene Distanz zwischen Mensch und Hund in Frage gestellt ist und schließlich gänzlich schwindet: „Sein Vertrauen in mein Verständnis für ihn ist – mit Recht – unbegrenzt. Er weiß, daß ich hundisch spreche, aber er kann auch menschisch. Er umarmt mich regelrecht, ohne zu lecken, und sagt mir leise ins Ohr, was er will." (12) In gegenseitig unbegrenztem Vertrauen finden Mensch und Hund eine beiden gemeinsame Art der Kommunikation und entfernen sich damit von ihrem jeweils unterschiedlichen Milieu. Konstellationen stellen sich ein, in denen „der Hund [...] der Herr und ich sein Diener" (27) bin. In immer enger gewordener Bindung und Zuneigung mutieren beide zu hybriden Wesen. Der Hund im Exil erinnert Mechtilde Lichnowsky zugleich an die von ihr geliebten Tiere in der verlassenen Heimat.

Das Tier, in diesem Fall der Hund, ist als Akteur oder Compagnon des Menschen vergegenwärtigt, sodass das Mensch-Hund-Verhältnis in eine speziesübergreifende Gemeinschaft zweier aktiv Mitwirkender übergeht,[6] in der auch das Subjekt der Erzählerin beziehungsweise Verfasserin seinen rein menschlichen Status verliert und sich der Rolle des tierlichen Akteurs annähert. Mechtilde Lichnowsky empfindet sie als wohltuend, befreiend, ja göttlich:

> Diese Liebe ist weder animalisch noch ethisch – sie ist ein göttliches Spiel mit göttlichen Gewalten, ein Jonglieren mit unbekannten Größen, eine durchaus egoistische Angelegenheit mit benevolentem Ausdruck, eine gewollte Abhängigkeit von einer kindlichen Sphinx, ein Geben und Nehmen, das restlos in doppelter Buchführung aufgeht und nur den einen Unterschied zeigt: ich weiß oder glaube zu wissen, und er weiß nicht. – Und nie wird eine andere Brücke von Ufer zu Ufer führen als die meiner Phantasie. (35)

Szenen inniger Gemeinschaft folgen aufeinander, allerdings eben in der Phantasie, als Projektion der Erzählerin in bewusster Übertreibung der Zuneigung aus Kompensation fehlender menschlicher Nähe. Je einsamer und verlassener sich Mechtilde Lichnowsky fühlt, desto unbedingter wendet sie sich ihrem Liebling Lurch zu. Im Falle einer Krankheit legt er mitleidend „eine seiner Hände [!] aufs Auge fast ohne Druck, mit der präzisen Leichtigkeit, mit der ein Falter auf der Blume landet" (168–169). Gesten wie diese empfindet nicht nur sie als „Mysterium". „Auch ihn scheint das Mysterium meiner Zärtlichkeit zu überwältigen" (169). „[A]uf der gemeinschaftlichen Basis von Soll und Haben" (170) spricht sie, vermutlich in Anspielung an Friedrich Nietzsches Chiffre „Übermensch" vom „Überhund Mensch" (169) als einem hybriden Wesen, das über einen gewöhnlichen Hund ebenso hinausgeht wie über Menschen, mit denen sie bisher zu tun hatte, einschließlich ihres Ehemanns. Die Verbindung von Mensch und Tier „an der Leine" entspricht Nietzsches Position in *Also sprach Zarathustra*, die den zum Übermenschen hinstrebenden Menschen mit einem „Seil, geknüpft zwischen Thier und Übermensch"[7] darstellt.

In diesem Begriff konvergiert das Animalisch-Natürliche mit dem Menschlichen und animiert die vor kurzem Witwe gewordene Autorin zu phantasievollen Vorstellungen eines idealen Ehelebens, die sie zwar nicht direkt auf sich bezieht, hinter denen jedoch in humorvoller Zuspitzung und in Vertauschung der Genderrollen ihr Wunsch, einer derartigen harmonischen Gemeinschaft anzugehören, deutlich wird: „Ich komme mir vor wie eine gewisse Art Ehemann, Gatte einer reizenden, kleinen zärtlich geliebten Frau, die ihm vollkommen und aus-

---

[6] Vgl. Roland Borgards: Tiere und Literatur. In: ders. (Hg.): Tiere. Kulturwissenschaftliches Handbuch. Stuttgart 2016, S. 225–244, hier S. 235.
[7] Friedrich Nietzsche: Sämtliche Werke. Kritische Studienausgabe. Band 4: Also sprach Zarathustra I–IV, hg. von Giorgio Colli und Mazzino Montiari. München 1999, S. 16–17. Vgl. Giorgio Penzo: Übermensch. In: Henning Ottmann (Hg.): Nietzsche-Handbuch. Leben – Werk – Wirkung. Stuttgart, Weimar 2000, S. 342–345, hier S. 343.

schließlich zugetan ist [...]. Sie will ihn Tag und Nacht ‚für sich' haben." (191) Denn:

> Eins ist sicher – keine Treue auf Erden ist so unzerbrechlich, so fehlerlos dauernd wie die zwischen Mensch und Hund. Und diese Sicherheit vermindert nichts, wie es vielleicht zwischen Mensch und Mensch der Fall wäre, am Zauber der Beziehung, wahrscheinlich weil der Partner Hund dem Menschen das Geheimnis seines Daseins, seiner Hingabe, seines Vertrauens nie aufdeckt, nie aufdecken kann. (194)

Mehrfach ist im Text von den Reizen des Geheimnisses die Rede, die der Hund mit ins Grab nimmt, ein „Mysterium" (169), wie sie es in ihrer Ehe mit dem Fürsten Lichnowsky so oft hatte vermissen müssen.

Während Mechtilde Lichnowsky aus gebotener Diskretion ihre persönlichen ehelichen Probleme im autobiografischen Teil ihres Romans verschweigt oder allenfalls nur leise andeutet, entwirft sie in der kontrastiven Parallelhandlung im Zusammenspiel von fiktiven und realen Personen ein Szenarium, das der zweiten Bedeutung des Titels *An der Leine* entspricht, ein Bild von „Leinenzwang" (209), also von Unfreiheit, Abhängigkeit, Eifersucht, Koketterie, Liebesschmerz, Neid und Habsucht. Dieses der Wirklichkeit nähere Bild bestätigt ihre Maxime: „Der Mensch kann eines andern Menschen nie so sicher sein wie seines Hundes, nie ein Leben lang, nur zeitweise" (315).

In Unkenntnis der Exilsituation Mechtilde Lichnowskys beurteilen die Rezensenten ihren Roman eher verhalten in der Meinung, einen der üblichen Hunderomane vor sich zu haben. Rudolf Arnheim, Rezensent der *Weltbühne*, sieht in dem neuen Buch „gar kein[en] Roman, sondern eine moralische Veranstaltung. Es erzählt vom Hunde, wie er ist, und meint den Menschen, wie er sein sollte."

> Man könnte ärgerlich werden über die makellose Vollkommenheit der Ich-Figur, die, sozusagen als der einzige Hund unter lauter Menschen, anstellig, freundlich, geschmackvoll, die ungeschickte Welt betrachtet, wenn man nicht verstünde, daß die Dichterin ein erzieherisches Beispiel geben will.[8]

Positiver beurteilt Wolfgang v. Einsiedel in der *Neuen Rundschau* die Autorin: „Was aber über das Buch hinaus beglückt, das ist die Erscheinung der Mechtilde Lichnowsky selbst, die ihresgleichen nicht hat in Deutschland. Wo gibt es solche Anmut bei solcher Hellsichtigkeit?"[9] Ähnlich, aber einschränkend

---

8 Rudolf Arnheim: Mechtilde Lichnowsky: An der Leine. In: Die Weltbühne 26 (1930), 1, S. 972–973.
9 Wolfgang v. Einsiedel: Mechtilde Lichnowsky: An der Leine. In: Die neue Rundschau 42 (1931), S. 576.

spricht Erik-Ernst Schwabach in der *Literarischen Welt*: „Mechtilde Lichnowsky sieht mit offenen Augen und ohne alle Voreingenommenheit in die Welt" und sieht dabei „vor allem anderen jene kleinen, kaum spürbaren Geschehnisse in und um uns, jene Imponderabilien, die den Klang unseres Lebens bestimmen, wie die Musikvorzeichen eine Harmonie." Sie unterscheide aber nicht zwischen wichtigen, allgemeingültigen und unwichtigen, ganz privaten Begebenheiten.[10] Obwohl „die Leinen dieser Menschen [...] heillos durcheinander geraten" seien, hält Maria Prigge-Kruhöffer im *Literarischen Echo* Lichnowskys „Liebeserklärung an ihren Dackel Lurch" für wertvoll, „weil wir beim Lesen die lebendige Nähe und Wärme eines Menschen empfinden".[11] Und Franz Blei meint:

> Hier wird mit grösstmöglicher Nähe [...] berichtet, wie sich ein Mensch über alle Umwege weg, auch über Hund und Hunden und Katz und Katzen, selber begegnet, ohne sich sozusagen zu treffen, weil er aus dem Wenigen, das er von sich weiss, sich kein Vorurteil über sich macht, dem er mit Komplimenten erfreut begegnet.[12]

Golo Mann dagegen preist in seinem persönlich gehaltenen Porträt der mittlerweile verstorbenen Autorin dieses Buch wieder nur als einen Tierroman: „Ist je einem Hund ein schöneres, liebe- und verständnisvolleres Denkmal gesetzt worden, als sie es ihrem Dackel Lurch in dem Buch ‚An der Leine' setzte?"[13]

## 3 *An der Leine* im Vergleich mit anderen Hunderomanen

Das ist jedoch ein falscher Maßstab. Mit einem der üblichen Tierromane ihrer Zeit hat *An der Leine* tatsächlich wenig Gemeinschaft. Weder gleicht Lichnowskys Werk etwa dem 1924 erschienenen sentimentalen Dackelroman *Schnipp Fidelius Adelzahn* von Svend Fleuron noch dem älteren Roman *Krambambuli* von Marie von Ebner-Eschenbach, einem Kriminalroman um den Besitz eines Hundes aus ihren *Dorf- und Schloßgeschichten*. Aber auch von den sprechenden phantastischen Tieren in Volks- und Kunstmärchen oder Fabeln und literarischen Texten der Romantik wie Ernst Theodor Amadeus Hoffmanns *Lebens-An-*

---

**10** Erik-Ernst Schwabach: Mechtilde Lichnowsky: An der Leine. In: Die literarische Welt 6 (1930), 33/34, S. 10.
**11** Maria Prigge-Kruhöffer: Mechtilde Lichnowsky: An der Leine. In: Das literarische Echo 34 (1931/1932), S. 89–90.
**12** Franz Blei: Mechtilde Lichnowsky: An der Leine. In: Berliner Tageblatt 240 (Morgenausgabe, 23.5.1930), 1. Beiblatt.
**13** Golo Mann: Mechtilde Lichnowsky. In: Neue Rundschau 90 (1979), S. 554–560, hier S. 555.

*sichten des Katers Murr nebst fragmentarischer Biographie des Kapellmeisters J. Kreisler* und Jean Pauls *Hesperus oder 45 Hundsposttage* unterscheidet sich Lichnowskys Lurch gerade dadurch, dass er nicht spricht, dass er seine natürliche Hunde-Eigenschaft in einem als realistisch beschriebenen Milieu also beibehält und doch dem Menschen so nah ist.

Verwandtschaft zeigen dagegen Mechtilde Lichnowskys Einschätzungen ihres „Überhunds" mit entsprechenden Charakterisierungen und Wertungen des prominenten Hundeliebhabers Arthur Schopenhauer. Manche ihrer Äußerungen wirken fast als Zitate aus Schopenhauers Lebensphilosophie oder lassen zumindest vermuten, dass sie sein Werk gekannt hat. So wenn es heißt,

> daß sehr kluge Hunde, welche bekanntlich einen Theil der menschlichen Rede verstehen, wenn ihr Herr zu ihnen spricht und die sich anstrengen, den Sinn seiner Worte herauszubringen, den Kopf abwechselnd auf die eine und auf die andere Seite legen; welches ihnen ein höchst intelligentes und ergötzliches Ansehn giebt.[14]

Oder wenn er ähnlich wie Lichnowsky Hunde mit Menschen gleichsetzt und bekennt, „wie mich oft die Klugheit und bisweilen wieder die Dummheit meines Hundes in Erstaunen gesetzt hat; nicht anders ist es mir mit dem Menschengeschlechte gegangen."[15] Ein andermal lobt er „die vierbeinigen Freundschaften so vieler Menschen besserer Art: denn freilich, woran sollte man sich von der endlosen Verstellung, Falschheit und Heimtücke der Menschen erholen, wenn die Hunde nicht wären, in deren ehrliches Gesicht man ohne Mißtrauen schauen kann?"[16] Lichnowskys Gegenüberstellung von ehrlichem, gutem Tier auf der einen Seite und in Streit und Feindschaft verstricktem Menschen auf der anderen in den divergierenden Ebenen des Tagebuchs und des Romans korreliert mit Schopenhauers Antithetik: „Welchen eigenthümlichen Genuß gewährt doch der Anblick eines freien Thieres, wenn es ungehindert für sich allein sein Wesen treibt." Versus „Es giebt auf der Welt nur ein lügenhaftes Wesen: es ist der Mensch."[17]

Noch näher liegt ein Vergleich mit Thomas Manns *Herr und Hund*, denn beide Texte schildern einen persönlich erlebten Umgang mit einem Hund und sublimieren die autobiografische Basis mit fiktionalen Elementen. Thomas Mann gibt seiner Erzählung über eine Mensch-Hund-Beziehung den Untertitel *Ein Idyll*, Mechtilde Lichnowsky spricht von einer „Tierhaftigkeit im idealen Sinn"

---

14 Arthur Schopenhauer: Zur Philosophie und Wissenschaft der Natur. Parerga und Paralipomena. 2,6. In: ders.: Sämtliche Werke. Bd. 6. Leipzig 1939, S. 109–188, hier S. 183.
15 Schopenhauer: Zur Philosophie, S. 87.
16 Schopenhauer: Zur Philosophie, S. 224, vgl. auch S. 315, 400.
17 Schopenhauer: Zur Philosophie, S. 617.

(48). Insofern ist beiden das Idyllische in seiner Bedeutung des Idealen, des Vorbildlichen gemeinsam, wenn auch in ganz unterschiedlicher Gestaltung, zumal es sich bei Mechtilde Lichnowsky um einen Dachshund, bei Thomas Mann um einen Hühnerhund handelt. Aber wichtiger ist die Rolle, die jeder Hund der beiden im Leben des Menschen einnimmt.

Aus Thomas Manns anthropozentrischer Perspektive erscheint der Hund Bauschan zunächst in herkömmlicher Art und Weise als übliches Haustier. Schon der Titel offeriert eine nicht zu überbrückende, gar nicht in Frage gestellte Distanz in der Beziehung zwischen Menschen und Hund. Der Hund tritt nicht als gleichwertiger Partner auf, sondern ist von dem Menschen abhängig, wird von einem Menschen in seinem Verhalten beobachtet und beschrieben und nach dessen Willen erzogen. Er bietet nicht nur als Spielkamerad der Familie und vor allem seinem ‚Herrn' Freude und Unterhaltung, sondern dient auch als „Wächter"[18] und übernachtet nicht im Haus, sondern allein in einer Hundehütte im Garten. Seinem Besitzer wird er mehr und mehr zu einem geliebten Begleiter auf seinen täglichen Spaziergängen, zu denen er auf einen „Morgenpfiff" (600) freudig heranstürmt. Zu Gehorsam angeleitet, wird ihm „bestimmt, im Manne, im Haus- und Familienoberhaupt, unbedingt den Herrn, den Schützer des Herdes, den Gebieter zu erblicken und zu verehren, in einem besonderen Verhältnis ergebener Knechtsfreundschaft zu ihm seine Lebensfreude zu finden" (540). Er ist immer zur Stelle, bettelt um Aufmerksamkeit und kann manchmal auch lästigfallen. Als der Hund zum Beispiel einmal krankheitshalber in ein Tierhospital gebracht werden musste, fragt sich der Herr, ob nicht

> vielleicht der geheime Wunsch damit verbunden gewesen, mich seiner auf einige Zeit zu entledigen, eine gewisse Neugierde und Lüsternheit, mich von seiner inständigen Bewachung einmal frei zu machen [...]. Wirklich genoß ich einer gewissen und lange nicht mehr erprobten inneren Unabhängigkeit seit Bauschans Internierung. (598)

Im Grunde aber ist er froh, Bauschan als Attribut seiner Erscheinung, wenn nicht seiner Eitelkeit bei sich zu haben.

Undenkbar wäre für Mechtilde Lichnowsky eine ähnlich ironische Schreibweise, wie sie schon in den kurzen Zitaten Thomas Manns zum Ausdruck kommt und die eine Distanz zwischen Herrn und Hund voraussetzt. Ihre eigene hybride, auf eine gleichwertige Koexistenz von Hund und Mensch zielende Imagination verlangt nach einer intim-ernsten Diktion. Dem entspricht, dass Bauschan bei Thomas Mann als etwas Zusätzliches, nicht Notwendiges in eine in-

---

[18] Thomas Mann: Herr und Hund. Ein Idyll. In: ders.: Erzählungen. Stockholmer Ausgabe. Frankfurt a. M. 1958, S. 526–617, hier S. 534. Zitatnachweise daraus im fortlaufenden Text in Klammern.

takte Familie hineingekommen ist, während bei Mechtilde Lichnowsky Lurch die fehlende Familie ersetzt, so dass bei ihr aus dem Haustier ein kompaktes Wesen generiert, das einer gleichwertigen lebenswichtigen menschlichen Person ähnelt beziehungsweise diese noch übertrifft. Verursacht ihre Exilsituation existenziellen Ernst und Schwere, kann der „hochbürgerliche" (545) renommierte Erfolgsautor zu dieser Zeit, 1918, ein unbeschwertes Leben führen. Deutet sich auch bei Thomas Mann am Ende des geschilderten Beisammenseins mit Bauschan eine Art Zwiegespräch an, so bleibt dieses doch weit entfernt von den intimen Zwiegesprächen Mechtilde Lichnowskys mit ihrem Lurch, denn bei Thomas Mann geht es um heitere Abenteuer bei der Hasen- und Entenjagd Bauschans, während Lichnowsky über Eifersucht, Leidenschaft oder Neid spricht.

Damit zeigt sich, wie weit sich Lichnowskys *An der Leine* von anderen Hunderomanen unterscheidet und ein Unikum bildet.

## Literaturverzeichnis

Arnheim, Rudolf: Mechtilde Lichnowsky: An der Leine. In: Die Weltbühne 26 (1930), 1, S. 972.
Blei, Franz: Mechtilde Lichnowsky: An der Leine. In: Berliner Tageblatt 240 (Morgenausgabe, 23.5.1930), 1. Beiblatt.
Borgards, Roland: Tiere und Literatur. In: ders. (Hg.): Tiere. Kulturwissenschaftliches Handbuch. Stuttgart 2016, S. 225–244.
v. Einsiedel, Wolfgang: Mechtilde Lichnowsky: An der Leine. In: Die neue Rundschau 42 (1931), 1, S. 576.
Lichnowsky, Mechtilde: Aus Pferderücken fließt ... [Offener Brief und Gedicht] In: Zeit-Echo. Ein Kriegstagebuch der Künstler 1 (1914/1915), 9, S. 126–128.
Lichnowsky, Mechtilde: An der Leine. Roman. Berlin 1930.
Lichnowsky, Mechtilde: Kindheit. Berlin 1934.
Lichnowsky, Mechtilde: Mein Umgang mit Tieren. In: dies.: Heute und Vorgestern. Wien 1958, S. 94–101.
Mann, Golo: Mechtilde Lichnowsky. In: Neue Rundschau 90 (1979), S. 554–560.
Mann, Thomas: Herr und Hund. Ein Idyll. In: ders.: Erzählungen. Stockholmer Ausgabe. Frankfurt a. M. 1958, S. 526–617.
Friedrich Nietzsche: Sämtliche Werke. Kritische Studienausgabe. Band 4: Also sprach Zarathustra I–IV, hg. von Giorgio Colli und Mazzino Montinari. München 1999.
Penzo, Giorgio: Übermensch. In: Henning Ottmann (Hg.): Nietzsche-Handbuch. Leben – Werk – Wirkung. Stuttgart, Weimar 2000, S. 342–345.
Prigge-Kruhöffer, Maria: Mechtilde Lichnowsky: An der Leine. In: Das literarische Echo 34 (1931/32), S. 89–90.
Schopenhauer, Arthur: Zur Philosophie und Wissenschaft der Natur. Parerga und Paralipomena. 2,6. In: ders.: Sämtliche Werke. Bd. 6. Leipzig 1939, S. 109–188.
Schwabach, Erik-Ernst: Mechtilde Lichnowsky: An der Leine. In: Die literarische Welt 6 (1930), 33/34, S. 10.

Jennifer Taylor
# Stofftier-Design als Überlebenskunst im Exil: Charlotte Bondy in England

Charlotte Schmidt, Enkelin eines bayerischen Tierarztes, fuhr 1936 nach London, um ihren norddeutschen jüdischen Verlobten Paul Bondy zu heiraten. Sie war eine der schätzungsweise 70 000 deutschsprachigen Flüchtlinge, die in Großbritannien Asyl suchten. Bemerkenswert war aber, dass sie ihren Hund Lotka per Fracht nach London befördern ließ, zumal die wenigsten Emigrant*innen in der Lage waren, ihre Haustiere mit ins Exil zu nehmen. Es war (laut Charlottes Tochter Joanna) das erste Mal, dass die Lufthansa per Luftfracht ein Tier befördert hat. Die erste Seite eines illustrierten Hefts „Lottchen in der Fremde",[1] das Charlotte für ihre Eltern in München entwarf, zeigt die Ankunft Lotkas in England.

So kam diese tierliebende Designerin im Land der Tierliebenden an, wo der Entwurf und die Herstellung von Stofftieren für sie den Schwerpunkt eines beruflichen Neubeginns bilden sollte. Die Gestaltung ihrer Stofftiere entsprach in vielerlei Hinsicht der Art und Weise, wie in ihrem Gastland Tiere in Kinderbüchern dargestellt wurden. Trotz dieser Übereinstimmung kam es jedoch nicht zu dem gewünschten wirtschaftlichen Erfolg. So steht die Biografie dieser Exilantin exemplarisch für die Erfahrungen vieler Exilierter, besonders Frauen, die mit den Problemen des beruflichen Abstiegs und der Schaffung einer neuen Existenz im fremden Land konfrontiert waren.

Die folgende Schilderung der Ursachen für das Exil ihrer Eltern wurde später von Tochter Joanna verfasst:

> Mein Vater Peter Paul Bondy (geboren 1900 in Soest in Westfalen, gestorben 1980 in London) traf 1935 in Großbritannien ein, nachdem er aus der ‚Schutzhaft' der Gestapo entlassen worden war. Er war ein getaufter Jude. […] Obwohl mein Vater ein Intellektueller war und auf dem Gebiete der Philosophie promoviert hatte, war er dennoch ein erfolgreicher Geschäftsmann als Leiter der Exportabteilung der Aluminium-Walzwerke Singen am Hohentwiel. Zu seinen Aufgaben gehörten auch Dienstreisen ins Ausland, und aufgrund dieser Geschäftskontakte fand er 1935 in London Unterstützung und Arbeit, nachdem seine Lage in Deutschland unhaltbar geworden war. Leider verlor er jedoch bei Kriegsbeginn seine Arbeit, weil er Deutscher war, und war so doppelt benachteiligt.

---

[1] Charlotte Bondy: Lottchen in der Fremde (1936). Original Privatbesitz; hier abgebildet als Terminkalender, 2007. Nachlass Charlotte Bondy, Archive of Art and Design, Victoria & Albert Museum, London, AAS/2016/5/144.

https://doi.org/10.1515/9783110729627-012

**Abb. 1:** Ankunft in England: Charlotte besucht Lotka in der Quarantäne.

Meine Mutter (geboren 1907 in München, gestorben 1986 in London) [...] wuchs in einem kunstsinnigen christlichen Haus im Künstlerviertel Schwabing auf. Sie lernte meinen Vater in Singen kennen, wo sie im selben Betrieb wie er als Verpackungsdesignerin arbeitete. Nachdem mein Vater nach Bremen zurückgekehrt war, um bei der erzwungenen Auflösung des Familienunternehmens zu helfen, wurde die Gestapo 1935 auf den nazikritischen Briefwechsel meiner Eltern aufmerksam, schätzte ihn als ‚beleidigend für den nationalsozialistischen Staat' ein und nahm meine Eltern für kurze Zeit in ‚Schutzhaft'. Ihre Freilassung fiel zusammen mit der Verkündung der Nürnberger Rassegesetze, die [...] den Briefverkehr zwischen Juden und ‚Ariern' verboten. Folglich musste ihre Beziehung in der Öffentlichkeit geleugnet werden. Im Gegensatz zu anderen Mitgliedern ihrer Familie, die Anhänger des Nationalsozialismus waren, war meine Mutter (damals noch Lotte Schmidt) Gegnerin des Regimes. Nach vielem Hin und Her glückte es ihr, über die Grenze in die

Schweiz zu gelangen [...] und weiter nach London zu reisen, wo sie meinen Vater wieder traf und ihn 1936 heiratete.²

In den ersten Jahren des Exils wurde der Hund Lotka Bestandteil der Familie und Spielgefährte der 1937 geborenen Tochter Joanna, wie aus Charlottes Briefwechsel mit ihrem internierten Mann hervorgeht.³ Im Sommer 1940 berichtete sie in ihrer charakteristischen Mischsprache:

> Sie [...] tyrannisiert den armen *doggie!* Legt seine *biscuits* irgendwo hoch oben hin und kommandiert ‚get it down!' Und heut' abend ham sie sich richtig wie zwei 4-Beiner auf dem Bett gekullert und gebalgt. (10. August 1940)

Und als Joanna das Gehen lernte, half Lotka ihr dabei, indem sie sich auf den Hund stützte, um sich aufzurichten.

Zu dieser Zeit verkörperte Charlotte Bondy die traditionellen Rollen von Ehefrau und Mutter, wobei sie ihren Mann bei seinen journalistischen Arbeiten als unbezahlte Sekretärin unterstützte. Zugleich aber trug sie zum Unterhalt der Familie mit einfachen Näharbeiten bei. In den Kriegsjahren gab sie dieser ebenfalls traditionell weiblich konnotierten Tätigkeit eine künstlerische Form, die ihrer Tierliebe entsprach. Sie entwarf Schnittmuster für Stofftiere und stellte sie auch selber in Handarbeit her.

Eine ähnliche Entwicklung – von selbstgenähten Kleidungsstücken und Haushaltsartikeln hin zur Verfertigung von Stofftieren – hatte schon im 19. Jahrhundert die Schneiderin und Unternehmerin Margarete Steiff (die Designerin der Steiff-Bären) gemacht. Insofern ist dieser Schritt an sich nicht durch die Exilumstände bedingt. Für Charlotte Bondy trug aber die prekäre finanzielle Situation im Exil durchaus dazu bei, dass sie einen Weg suchen musste, um zum Familienunterhalt beizutragen. So verkaufte sie ihre Stofftiere an Freunde und Bekannte. Einer Liste aus den Jahren 1942 bis 1943⁴ ist zu entnehmen, dass ihrem Schaffen ein ganzheitliches Konzept der Tierwelt zugrunde lag, von den aus europäischer Sicht exotischen Großtieren (Elefant, Kamel, Affe, Giraffe, Löwe, Bär) über die domestizierten Gattungen (Pferd, Schwein, Lamm, Kaninchen) und die Haustiere (Katze, Hund) zu den Kleintieren (Frosch und Maus).

Für diese Untersuchung ist das 1926 in London veröffentliche Kinderbuch von Alan Alexander Milne *Winnie-the-Pooh* wichtig, nicht etwa weil man anneh-

---

2 Jo Bondy: Introduction. In: dies. u. a. (Hg.): Escaping the Crooked Cross. Peterborough 2013 (Ausgabe des Briefwechsels in englischer Übersetzung), S. xvi-xvii. Übersetzung: Michael Roeder.
3 Der Briefwechsel befindet sich in: Paul and Charlotte Bondy Papers, Institute of Modern Languages Research/Senate House Library, University of London, GB 0367 PCB.
4 Charlotte Bondy: My Toy Orders, 1942–1943. Privatbesitz.

men könnte, dass Charlotte Bondy das Buch kannte und es als Vorbild nahm, sondern weil die dort abgebildeten Tiere – Känguruh, Esel, Schweinchen und Tiger – im Kinderzimmer von Christopher Robin, dem Sohn des Autors, als Plüschtiere zu finden waren.[5] So sieht man, dass im Spielzeugrepertoire des Gastlandes eine Mischung von exotischen Großtieren und domestizierten Kleintieren nicht unüblich war.

Als das Land im Herbst 1946 den wirtschaftlichen Niedergang der Kriegszeit hinter sich ließ und die Industrie sich für die Produktion in Friedenszeiten rüstete, begann Charlotte daran zu denken, ihren Beruf wieder aufzunehmen. So nahm sie die Gelegenheit wahr, ihre Stofftiere als Kinderspielzeug bei der GMBH Peeky Toys[6] kommerziell produzieren zu lassen. Sie musste eine Auswahl treffen und wählte hauptsächlich Kleintiere (Hund, Kaninchen, Lamm, Ente); die Ausnahme bildeten zwei Esel, ein Teddy und ein Baby-Elefant. Sie verzichtete auf Löwe, Giraffe, Affe, Reh und Pferd – Großtiere, die sie (laut der Liste aus den Jahren 1942 bis 1943) schon früher angefertigt hatte.

Sie konnte zwar elf Stofftiere auf der Britischen Industriemesse in Olympia, London, ausstellen; bei dieser Peeky-Toy-Serie stellte sich aber der wirtschaftliche Erfolg nicht ein. Charlotte stand dem ewigen Problem aller Künstler gegenüber, die ihr Werk wirtschaftlich nutzen wollen: das Besondere der Entwürfe überlebte nicht den Übergang zur Massenproduktion. Diese Tatsache sah sie nicht ein und beharrte hartnäckig auf der Vision einer neuen Serie, die ihre ästhetischen Forderungen erfüllen würde. Mehr als ein Jahrzehnt später artikulierte sie diese Idee folgendermaßen: „A whole range in my style with a character of its own that might easily be recognised afterwards".[7] So konnte sie zwar weiterhin Entwürfe verkaufen, aber leider nur gelegentlich, so dass der Hauptteil ihrer Arbeit in privaten Aufträgen bestand. Die Herstellung mit der Hand erlaubte es ihr, den Tieren genau das von ihr gewünschte Aussehen zu geben. Es ist aber nicht zu leugnen, dass eben diese Charakteristik, die sie anstrebte, weniger von den Eigenarten der Tiere selbst als von den vom Menschen hinzugefügten Accessoires abhing, wie an den Abbildungen im Peeky-Toys-Katalog zu erkennen ist – Halsbänder mit Schleifen in verschiedenen Formen und sogar Kleider – ein Teddy trägt Jacke und Shorts.[8]

---

5 A. A. Milne: Winnie-the-Pooh. London, 1926. Mit Abb. von E. H. Shepard.
6 Peeky Toys Ltd., 11 Upper Grosvenor St., London W1.
7 Brief von Charlotte Bondy an Chad Valley Co., Wellington, Shropshire, 11.7.1959. Zit. nach Jennifer Taylor: Charlotte Bondy: A Graphic Designer in Exile. In: The Yearbook of the Research Centre for German and Austrian Exile Studies 18 (2017): Exile and Gender II. Politics, Education and the Arts, hg. von Charmian Brinson u. a., S. 143–153, hier S. 147.
8 Peeky Toys Have Arrived, Katalog, o. J [1947]. In: Scrapbook Diary 1947. Nachlass Charlotte Bondy, Archive of Art and Design, Victoria and Albert Museum, London, AAD/2016/5/7.

**Abb. 2:** Bambi (Nachlass).

Bei diesen Ausformungen der Anthropomorphisierung kann man mit einiger Gewissheit auf den Einfluss von Walt Disney schließen. Schon 1928 trat Micky Mouse im Film *Steamboat Willie* mit roten Shorts und gelben Schuhen vor das Publikum; ein Jahr später kamen die weißen Handschuhe dazu. Ab 1930 wurden Teile der Micky-Mouse-Comics gelegentlich in deutschen Zeitungen abgedruckt. So hatte Charlotte Bondy Gelegenheit, mit dieser Zeichentrickfigur schon vor dem Exil bekannt zu werden. Im Nachlass[9] befinden sich zwei Bambis (nach dem Disneyfilm von 1942), und die Peeky-Toys-Serie enthält ein Brer Rabbit (ursprünglich eine amerikanische Volkserzählung, 1946 von Disney verfilmt). Aber die Kleidung der Figuren war nicht allein amerikanischem Einfluss zuzuschreiben. Schon Anfang des 20. Jahrhunderts hatte die nordenglische Kinderbuchautorin Beatrix Potter eine ganze Welt von bekleideten Tieren geschaffen – Peter Rabbit (1901) mit blauer Jacke, Jemima Puddle-Duck (1911), eine Ente mit Haube und Umhang und die nähenden Mäuse in *The Tailor of Gloucester* (1903). In den darauffolgenden Jahren steigerte sich diese Tendenz bis hin zur völligen Bekleidung der Figuren: in den 1920er Jahren Rupert Bear (ursprünglich als Comic in der überregionalen Zeitung *Daily Express*) mit karierter Hose, kariertem Schal, rotem Pullover und weißen Schuhen und dann, nach dem Zweiten Weltkrieg, zu Paddington Bear, ursprünglich 1958 als Kinderbuch, 1972 als Stofftier, ebenso völlig bekleidet und mit Gummistiefeln von Dunlop.

---

9 50 Stofftiere aus dem Nachlass befinden sich noch in Privatbesitz.

**Abb. 3:** Dalmatiner (Nachlass).

**Abb. 4:** Eichhörnchen (Nachlass).

So könnte man argumentieren, dass Charlotte Bondys Tierkonzept mit der in der englischen Kinderliteratur abgebildeten Tierwelt vergleichbar war, obwohl

**Abb. 5:** Weihnachtsmann mit Esel.

es keinen Anhaltspunkt für einen direkten Einfluss der Kinderbücher des Gastlandes auf ihr Schaffen gibt.

Zwar ist eine so stark ausgeprägte Anthropomorphisierung bei Bondys Figuren nicht zu finden, aber wenn man die etwa 50 Stofftiere aus dem Nachlass betrachtet, sieht man, dass nicht alle so naturgetreu nachgebildet sind wie der hier abgebildete Dalmatiner.

Bei anderen Figuren kommen in der Gestaltung deutlich anthropozentrische Perspektiven zum Vorschein. Bei dem hier abgebildeten Eichhörnchen, zum Beispiel, fungiert der betont große buschige Schwanz als dekoratives Element, als Augenweide für den Betrachter. Zwei weitere Figuren, ein Bär und ein Dackel, sind so gestaltet, dass sie den Betrachter mit sehnsüchtigen Augen ansehen, als warteten sie auf den Befehl ihrer Herren, eine höchst unwahrscheinliche Einstellung für einen Bären. So treten die natürlichen Eigenschaften des Tiers zugunsten einer stark emotionalen Wirkung auf den Betrachter zurück.

Die Peeky-Toy-Serie der 1940er Jahre zeigt charakteristische Merkmale des Mensch-Tier-Verhältnisses dieser Zeit, die auch in der früheren englischen Kinderbuchliteratur vorkommen. Zum einen tragen die Esel Sättel. Der Sattel ist ein Symbol für Herrschaft. Das Tier ist als Eigentum dem Herrn unterworfen, und der Mensch übt seine Herrschaft über die Tiere aus. Diese Tiere werden also deutlich als Objekte des menschlichen Handelns betrachtet; ebenso wie auf dem schon in Deutschland entworfenen Muster: Der Weihnachtsmann hält den Esel am Strick, er leitet ihn.[10]

Hinzu kommt der Aspekt der Verkleinerung. Obgleich bei der Herstellung von Stofftieren eine Verkleinerung im Verhältnis zur realen Größe der Tiere nicht zu vermeiden ist, wählte Bondy das von Natur aus größte der Tiere der Peeky-Toy-Serie, den Elefanten, als Maskottchen, das man als Glücksbringer am Kinderwagen oder am Kinderbett aufhängen kann. Diese Degradierung des noblen Tieres bedeutet eine für die Kinderwelt passende Verharmlosung, mit dem Zweck, die Angst vor den Wildtieren abzubauen. Im Nachlass befinden sich ähnliche Verkleinerungen von Großtieren, wie zum Beispiel ein asiatischer Elefant und ein Polarbär, ein Ausdruck davon, wie der Mensch die Tierwelt beherrscht und wie er sie auf menschliche Maße reduziert.

So entsprechen Charlotte Bondys Stofftiere dem westlichen Blick auf Mensch und Tier, der in A. A. Milnes Kinderbuch *Winnie-the-Pooh* exemplarisch zum Ausdruck kommt. In der Welt des Kinderzimmers ist der kleine Mensch, das Kind, unwidersprochen der Herr der Plüsch-Tiere. Im Buch ist Christopher Robin seinen Spielgefährten, den Tieren, intellektuell überlegen. Pooh ist ein Bär von kleinem Verstand, Owl, die Eule, ist weise, wird oft um Rat gebeten, kann lesen, aber nicht schreiben. Nur Christopher Robin kann beides (ironischerweise aber macht er viele Rechtschreibfehler).

Zu bemerken ist, dass Charlotte Bondys Konzept der Tierwelt keine Spezialisierung zuließ. Obwohl es zu keinen weiteren Serien von kommerziell hergestellten Stofftieren kam, verkaufte Charlotte gelegentlich Schnittmuster an Fabrikanten, und es ist nicht zu bestreiten, dass ihre Schnittmuster von Hunden sich am besten verkaufen ließen – kein Wunder, weil der Hund (neben dem Pferd) das Lieblingstier im Gastland war. Ein solches sozio-ökonomisches Kalkül war ihr aber offenbar fremd, obgleich sie in den frühen Nachkriegsjahren bemüht war, mit der Produktion von Stofftieren ihren Lebensunterhalt zu verdienen. In den späten 1950er Jahren bot sie einem Kunden eine ganze Menagerie an: Dachshund, Löwe, Tiger, Elefant, Esel, Koala, Eisbär, Känguruh, Giraffe, Eichhörnchen.[11] Diesen Hang zum Universalismus, auf dem sie zu Lasten ihrer kommerziellen Interessen beharrte, kann man mit dem enzyklopädischen Konzept eines Zoologischen Gartens vergleichen: eine Sammlung vorzustellen, die alle Bereiche der Tierwelt umfasst, wobei die Tiere, außer wissenschaftlichen

---

**10** Charlotte Bondy: Entwurf für Lebensmittelverpackung auf Alufolie. Nachlass Charlotte Bondy: Archive of Art and Design, Victoria & Albert Museum, London, AAD/1983/7; hier abgebildet als Verpackungspapier, AAD/2016/5/147.

**11** Siehe Brief von Charlotte Bondy an Irving Tublinsky, 28.9.1959. Zit. nach Taylor: Charlotte Bondy, S. 146.

Zwecken zu dienen, auch als Unterhaltungs- und Betrachtungsobjekte für Menschen in ihren Mußestunden gedacht sind.

Da Charlotte Bondy es mit ihren Schnittmustern und Stofftieren nicht zu wirtschaftlichem Erfolg brachte, bemühte sie sich, Privataufträge zu erhalten. Weil ihr Ehemann Paul in den Nachkriegsjahren keinen festen Beruf ausübte, musste die Familie ein bescheidenes Exilleben führen. (Laut einer 1964 aufgestellten Liste verdiente sie in diesem Jahr mit verschiedenen Näh- und Gartenarbeiten eine Summe von £ 115 2s 6d, das sind heute in etwa 2500 Euro). Immerhin konnte sie für zwei Exilanten Aufträge ausführen, die für die Geschichte des Exils in Großbritannien von Bedeutung sind. Es handelte sich um zwei Hundefiguren, die als Menschenbegleiter und Trostspender dienten.[12]

Wie Charlotte wohnten die expressionistische Malerin Marie-Louise von Motesiczky und ihre Mutter Henriette in Nordlondon. Die Familie besaß mehrere Hunde. Auf den Bildern findet sich häufig ein Hund in Begleitung einer älteren Dame (für die ihre Mutter das Modell war); zwei Windhunde jedoch saßen selbst Modell für ein Porträt – Franzi, *Portrait ‚Franzi'* (1954)[13] und Bubi, *Hund mit Blumen* (1965).[14] Die Hunde dieser tierliebenden Familie betreute Charlotte gelegentlich; darüber hinaus fertigte sie für die Motesiczkys ein kleines Stofftier *Italienischer Windhund*,[15] das auf dem Fenstersims stand. Diese Figur diente als Zeichen des Willkommens und als Gewähr für Sicherheit in einer gefährlichen Welt.

Der zweite Auftrag war spektakulär. Als der Grafiker Arno Rothholz 1976 in den Ruhestand ging, eröffnete er an der Südküste Englands in der Nähe von Eastbourne eine Pension.[16] Vor dem Haus stand, sozusagen als Reklame, ein überlebensgroßer Liegestuhl. Auf diesem Stuhl saß normalerweise Tara, ein goldbrauner Labradorhund. Als sie aber neun Junge bekam und mit anderen Dingen beschäftigt war, musste man einen Ersatz finden. So fertigte Charlotte einen ‚Vater' an, Charlie, eine lebensgroße Figur, die seitdem den Platz im Liegestuhl einnahm und sogar Vorübergehenden und Vorüberfahrenden zuwinkte.

Heute, da wir auf die jüngsten Erkenntnisse der Wissenschaft zurückgreifen können, ist offensichtlich, dass die Lernfähigkeit und Wahrnehmungsfähigkeit vieler Tiere viel größer ist als früher angenommen wurde. So entsteht langsam eine Kultur, die die Tierwelt als autonom betrachtet und die Tierrechte respektiert. Charlotte Bondy blieb der Auffassung des 19. und frühen 20. Jahrhunderts

---

12 Handschriftliche Liste in Privatbesitz.
13 Siehe Ines Schlenker: Marie-Louise von Motesiczky 1906–1996. A Catalogue Raisonné of the Paintings. Manchester/VT, New York 2009, S. 246–247.
14 Siehe Schlenker: Marie-Louise von Motesiczky 1906–1996, S. 345.
15 In Besitz der Marie-Louise von Motesiczky Charitable Trust, London.
16 Wannock House Hotel, Polegate, Eastbourne, Sussex.

**Abb. 6:** Charlie auf dem Stuhl, Tara unten rechts im Bild.

verhaftet, wonach Tiere den Menschen unterlegen seien und als ihre Begleiter oder Diener fungierten. Außerdem wurden sie oft niedlich, manchmal sogar kitschig dargestellt, um sie zu verharmlosen, damit sie als Spielzeug für das Kinderzimmer geeignet waren. So bedeutete für Charlotte Bondy in dieser Hinsicht das Exil keine Entwicklung ihres Tierbildes, sondern eine Regression in die Kategorien der Vorkriegszeit, eine Bestätigung jener hierarchischen Mensch-Tier-Verhältnisse. Obgleich sich dieses Tierkonzept mit der Kinderbuchtradition des Gastlandes durchaus deckte und damit auch vermutlich den Erwartungen des Publikums an Spielzeug entsprach, blieb der wirtschaftliche Erfolg aus. Es entstand keine weitere Serie, geschweige denn solch eine Einzelfigur wie Paddington Bear, weil Charlotte Bondy mit ihren idealen Vorstellungen von Tierwesen die Qualitätsmängel der Massenproduktion nicht dulden konnte. Um ihre Qualitätsansprüche zu wahren, blieb sie bei der Handarbeit, einer typisch weiblichen Form des künstlerischen Ausdrucks. Unangetastet dabei blieb ihre Tierliebe, die sich wie ein roter Faden durch ihr Leben und Schaffen zog und ihr beim Überleben im Exil half. Erst jetzt, wie es bei vielen Frauen der Fall ist, kommen ihre künstlerischen Leistungen im Exil zum Vorschein.

## Dank

Ich möchte Michael Roeder und Dr. Ines Schlenker danken für ihre Hilfe bei der Vorbereitung dieses Beitrags, sowie den Erben Charlotte Bondys für die Abdruckgenehmigung der Abbildungen.

## Archive

Archive of Art and Design. Victoria & Albert Museum. London.
Senate House Library, University of London.

## Abbildungsverzeichnis

Abb. 1: Charlotte Bondy: Ankunft in England (© Estate of Charlotte Bondy).
Abb. 2: Charlotte Bondy: Bambi, Estate of Charlotte Bondy (© Foto Ines Schlenker).
Abb. 3: Charlotte Bondy: Dalmatiner, Estate of Charlotte Bondy (© Foto Ines Schlenker).
Abb. 4: Charlotte Bondy: Eichhörnchen, Estate of Charlotte Bondy (© Foto Ines Schlenker).
Abb. 5: Charlotte Bondy: Weihnachtsmann mit Esel (© Estate of Charlotte Bondy).
Abb. 6: Foto: Charlie und Tara (© Estate of Charlotte Bondy).

## Literaturverzeichnis

Bondy, Jo u. a. (Hg.): Escaping the Crooked Cross. Internment Correspondence between Paul and Charlotte Bondy during the Second World War, Peterborough 2013.
Milne, A. A.: Winnie-the-Pooh. London, 1926. Mit Abb. von E. H. Shepard.
Schlenker, Ines: Marie-Louise von Motesiczky 1906–1996: A Catalogue Raisonné of the Paintings. Manchester/VT, New York 2009.
Taylor, Jennifer: Charlotte Bondy: A Graphic Designer in Exile. In: The Yearbook of the Research Centre for German and Austrian Exile Studies 18 (2017): Exile and Gender II. Politics, Education and the Arts, hg. von Charmian Brinson u. a., S. 143–153.

Lisa Rettl
# Wilhelm Marbach: Studium, Flucht und Neuanfänge eines Wiener Veterinärmedizinstudenten

## 1 Die Wiener Tierärztliche Hochschule und ihre jüdischen Studierenden

Die Wiener Tierärztliche Hochschule (TiHo) feierte 2015 ihr 250-jähriges Jubiläum. Vor dem Hintergrund dieses Jubiläumsjahres kam es zur Konzeption eines Projekts des Fonds zur Förderung der wissenschaftlichen Forschung,[1] das sich erstmals im Detail mit der nationalsozialistischen Hochschulgeschichte der TiHo auseinandersetzen sollte. Im Jubiläumsjahr 2015 konstatierte man universitätsintern folgerichtig noch eine veritable Forschungslücke.[2] Die Frage nach jüdischen Studierenden und Lehrenden bildete in diesem Projekt naturgemäß

---

[1] Vgl. Lisa Rettl: Die Vetmeduni Vienna und der Nationalsozialismus – ein ungeklärtes Verhältnis. Anmerkungen und Ausblick zum Projekt „Die Tierärztliche Hochschule im Nationalsozialismus". In: zeitgeschichte 43 (2016) 3, S. 167–179. FWF-Projektteam (2014–2019): Lisa Rettl (Projektleitung, Key Research), Claudia Kuretsidis-Haider (Key Research), Linda Erker (Research) und Johannes Laimighofer (Assistenz). 2019 wurde das Projekt mit einer umfassenden Publikation zu verschiedenen Aspekten der NS-Geschichte abgeschlossen: Lisa Rettl: Die Wiener Tierärztliche Hochschule und der Nationalsozialismus. Eine Universitätsgeschichte zwischen dynamischer Antizipation und willfähriger Anpassung. Göttingen 2019.
[2] Vgl. Florian Dandler und Daniela Haarmann: Die Tierärztliche Hochschule im Nationalsozialismus. Status Quo und Lücken der Forschung. In: Veterinärmedizinische Universität Wien (Hg.): 250 Jahre Veterinärmedizinische Universität Wien. Verantwortung für Tier und Mensch. Wien 2015, S. 46–52. Bis dahin gab es erst drei unveröffentlichte von Tierärztinnen und einem Tierarzt verfasste Dissertationen, die sich thematisch Nationalsozialismus und Austrofaschismus an der Wiener Tierärztlichen Hochschule zuwandten, dabei allerdings kaum an den kultur- und geisteswissenschaftlichen Forschungsstand und Diskurs anschließen konnten: Stephanie Fischer: „grüßt die Tierärztliche Hochschule Wien ihre Brüder in deutscher Treue [...]." Die Tierärztliche Hochschule Wien im Schatten des Nationalsozialismus unter Berücksichtigung des klinischen Lehrkörpers. Wien 2011, https://www.vetmeduni.ac.at/hochschulschriften/dissertationen/AC07810749.pdf (Zugriff: 8.5.2021); Theresa Maria Kuen: Studien zu Geschichte und politischer Orientierung des Lehrkörpers an der Tierärztlichen Hochschule Wiens während der Zeit des „Austrofaschismus" (1933–1938). Wien 2012, https://www.vetmeduni.ac.at/hochschulschriften/dissertationen/AC07813881.pdf (Zugriff: 8.5.2021); Thomas Wiebogen: Otto Krölling (1891–1965). Eine Karriere an der Wiener Tierärztlichen Hochschule im ständestaatlichen und faschistischen Österreich. Unpubl. Dissertation (Veterinärmedizinische Universität Wien) 2015.

https://doi.org/10.1515/9783110729627-013

einen Schwerpunkt, allerdings schien ein solches Kapitel zunächst überschaubar: Im Jahr 1938 hatte an der TiHo, anders als an anderen Wiener Hochschulen, keine Entlassungswelle stattgefunden, da ohnehin kein jüdisches Personal angestellt war. Darüber hinaus hatte die einzige Forschungsarbeit, die sich bis dahin mit dem Thema Nationalsozialismus beschäftigt hatte, für das Jahr 1937/1938 lediglich drei und für das Sommersemester 1938 nur noch zwei jüdische Studierende festgestellt.³ Gemessen an der Anzahl der inskribierten Hörer*innen entsprach dies einem jüdischen Studierendenanteil von 0,9 Prozent im Wintersemester 1937/1938 bzw. einem Anteil von 0,4 Prozent im Sommersemester 1938.⁴

Diese geringen Zahlen korrespondierten allerdings keineswegs mit dem Befund, von dem man an der Veterinärmedizinischen Universität über Jahrzehnte ausgegangen war: Nämlich, dass „von Anfang an vergleichsweise wenige jüdische Hörer inskribiert gewesen"⁵ waren. Vielmehr zeigte eine nähere Analyse im Rahmen des Projekts, dass – analog zur Entwicklung an der Universität Wien – die Zahl jüdischer Studierender stieg, je weiter man vom Jahr 1938 in der Geschichte zurückblickte: Im Wintersemester 1915/1916 lag der jüdische Studentenanteil immerhin noch bei 5,7 Prozent.⁶ Dieser seit Ende der Monarchie stark und stetig sinkende Anteil an jüdischen Studierenden ist natürlich nicht monokausal zu erklären, allerdings gehörte die seit den 1920er Jahren stark antisemitisch ausgerichtete Hochschulpolitik⁷ auch an der TiHo zu den markanten Schlüsselfaktoren für den signifikanten Rückgang. Wie stark die antisemitische

---

3 Vgl. Fischer: Schatten, S. 37.
4 Vgl. Lisa Rettl: Jüdische Studierende an der Wiener Tierärztlichen Hochschule. Ein Werkstättenbericht. In: Dokumentationsarchiv des österreichischen Widerstandes (Hg.): Forschungen zu Vertreibung und Holocaust. Wien 2018, S. 101–116, hier S. 105.
5 Fischer: Schatten, S. 37.
6 Vgl. Lisa Rettl: Drei Leben. Über die jüdischen Studierenden an der Tierärztlichen Hochschule im Wintersemester 1937/38. In: Johann Schäffer (Hg.): Veterinärmedizin und Nationalsozialismus in Europa: Stand und Perspektiven der Forschung. Berlin 2018, S. 76–89, hier S. 80. Frauen waren an der TiHo Wien seit 1919 zum Studium zugelassen, tatsächlich dauerte es jedoch bis zum 14. November 1922, dass mit der aus Galizien stammenden Marie Chalupinka die erste Frau inskribierte. Bis zum Wintersemester 1930 studierten an der TiHo insgesamt zwölf Frauen, davon drei Jüdinnen.
7 Exemplarisch: Herbert Posch, Doris Ingrisch und Gert Dressel: „Anschluß" und Ausschluss 1938. Vertriebene und verbliebene Studierende der Universität Wien. Emigration – Exil – Kontinuität. Schriften zur zeitgeschichtlichen Kultur- und Wissenschaftsforschung. Münster, Wien, Berlin 2008; Birgit Nemec und Klaus Taschwer: Terror gegen Tandler. Kontext und Chronik der antisemitischen Attacken am I. Anatomischen Institut der Universität Wien, 1910 bis 1933. In: Oliver Rathkolb (Hg.): Der lange Schatten des Antisemitismus. Kritische Auseinandersetzungen mit der Geschichte der Universität im 19. und 20. Jahrhundert. Göttingen 2013, S. 147–171, hier S. 150–151.

Grundstimmung an der TiHo war, lässt sich unter anderem an den Ergebnissen der Studentenwahlen ermessen. Hier waren die Nationalsozialisten neben den katholischen Studierenden (mit zwei Mandaten) und der Völkischen Front (mit drei Mandaten) rasch zur stärksten politischen Kraft avanciert: Im Jahr 1931 hielt der 1926 gegründete Nationalsozialistische Deutsche Studentenbund an der TiHo mit insgesamt sieben von zwölf Mandaten die absolute Mehrheit.[8] Tatsächlich ist festzustellen, dass in keinem anderen gesellschaftlichen Bereich antisemitische, antirepublikanische und österreichfeindliche Tendenzen extremere Formen annahmen als auf dem Boden der österreichischen Hochschulen und Universitäten,[9] wo österreichische Studierende als politische Wegbereiter des Nationalsozialismus eine herausragende Rolle spielten.

Dies zeigt sich an der TiHo in besonders drastischem Ausmaß: Hier hatte nämlich die erste Vertreibung bereits vor dem ‚Anschluss' 1938 stattgefunden – de facto auf Initiative der Studentenschaft. Das erste Opfer war der jüdische und in politischer Hinsicht sozialistisch orientierte Student Edmund Weissberg (1914–1973), dessen Liebesbeziehung zu einer verheirateten Frau in Verbindung mit einer Abtreibung zum Ausgangspunkt einer beispiellosen antisemitischen Hetzkampagne werden sollte, die in zwei Disziplinarverfahren mündete. Das Ende seines zweiten Disziplinarverfahrens wartete er aufgrund der erlebten Prügelexzesse nicht mehr ab: Am Tag des ‚Anschlusses' floh er zu seinem Onkel nach Bratislava, von wo aus ihm die Flucht nach Großbritannien gelang. 1950 nahm Edmund Weissberg die britische Staatsbürgerschaft an und kehrte allem Anschein nach nie wieder nach Österreich zurück.[10]

Mit Weissbergs Flucht waren an der Tierärztlichen Hochschule im Sommersemester 1938 nur noch zwei jüdische Studierende verblieben: Wilhelm Marbach, dessen Leben uns im Folgenden beschäftigen wird, und Vilko Gostl, der aus Kroatien stammte und für ein Studienjahr nach Wien gekommen war. Mit den Ereignissen rund um den ‚Anschluss' blieb auch Gostls Inskription lediglich ein Formalakt: Gostl kehrte fluchtartig an die Hochschule nach Zagreb zurück. Mit dem Überfall des Deutschen Reiches auf Jugoslawien gehörte er jedoch auch in seiner Heimat zu den Verfolgten: Am 15. September 1942 wurde Vilko

---

8 Neue Freie Presse (6.2.1931), S. 10.
9 Elisabeth Klamper: Die Studenten und der „Anschluss". In: Museum der Stadt Wien (Hg.): Wien 1938. Wien 1988, S. 179–185, hier S. 180.
10 Ausführlicher: Lisa Rettl: Vertreibung vor dem „Anschluss". Edmund Weissberg und die Dynamik antisemitischer Verleumdung. In: dies.: Jüdische Studierende und Absolventen der Wiener Tierärztlichen Hochschule. 1930 bis 1947. Wege – Spuren – Schicksale. Göttingen 2018, S. 33–64; Lisa Rettl: Zur politischen „Säuberungswelle" an der Tierärztlichen Hochschule im Jahr 1938. In: dies.: Universitätsgeschichte, S. 189–233.

Gostl im Frauen- und Jugendkonzentrationslager Stara Gradiska um sein junges Leben gebracht.

De facto war im Sommersemester 1938 Wilhelm Marbach der einzige verbliebene jüdische Student, der unter dramatischen Umständen noch versuchte, sein tierärztliches Studium zu Ende zu bringen.

## 2 Wilhelm Marbach an der Tierärztlichen Hochschule

1931, als die nationalsozialistischen Studierenden an der TiHo Wien ihre absolute Mehrheit feierten, besuchte der am 12. April 1915 in Wien geborene Wilhelm Marbach noch die fünfte Klasse im Gymnasium Vereinsgasse – unweit der elterlichen Wohnung an der Adresse Am Tabor 13 im 2. Wiener Bezirk, wo er von seiner Geburt bis zum Zeitpunkt seiner Flucht gemeldet blieb.

Der finanzielle Hintergrund der Familie war bescheiden: Wilhelms Vater Friedrich Marbach arbeitete zeit seines Lebens bei der Post, wo er langsam die Karriereleiter nach oben geklettert war: Bekleidete er bei seiner Eheschließung mit Elsa Pollack im Jahr 1900 noch die Position eines „Postassistenten", so trat er 1924 als „Postamtsdirektor" in den Ruhestand.[11]

Die Matura seines Sohnes Wilhelm – der jüngste von drei Brüdern – erlebte Friedrich Marbach ebenso wenig wie die Ausschaltung des österreichischen Parlaments und das Ende der Ersten Republik: Er verstarb am 22. Februar 1933 im Alter von nur 60 Jahren an Tuberkulose.

Die Finanzierung des Studiums, das Wilhelm Marbach im Wintersemester 1934/1935 an der TiHo begann, bedeutete für die „Postamtsdirektors-Witwe"[12] Elsa Marbach eine große finanzielle Belastung. Dies dokumentiert sich in den von Wilhelm Marbach regelmäßig eingereichten Anträgen auf Unterrichtsgeldermäßigung, wobei seine ersten beiden Ansuchen noch abgewiesen wurden.[13]

---

[11] Wilhelm Marbach: Schreiben an Dr. Egon Steinbach, Mosman, 5. Januar 1987. DÖW 60.000/M 384/Sammlung Rechtsanwaltskanzlei Dr. Hugo Ebner.
[12] Wilhelm Marbach: Nationale, Wintersemester 1934/35. Veterinärmedizinische Universität Wien / Historisches Archiv, im Folgenden: VUW/HA. Die folgenden Ausführungen werden immer unter Hinweis auf die Originalquellen zitiert. Eine ausführlichere, bereits publizierte Darstellung der Biografie Marbachs siehe: Lisa Rettl: „By Genotype Viennese." Flucht, Vertreibung und Neuanfang am Beispiel von Wilhelm Marbach und seiner Familie. In: dies.: Wege – Spuren – Schicksale, S. 65–120.
[13] Vgl. Hauptkatalog, Eintrag zu Wilhelm Marbach, Übersicht bei Sommersemester 1938. VUW/HA.

**Abb. 1:** Wilhelm Marbach in einer Porträtaufnahme anlässlich der Inskription an der Tierärztlichen Hochschule, Wien, Oktober 1934.

Vom Wintersemester 1935/1936 bis zum Sommersemester 1937 wurde ihm schließlich eine „halbe Befreiung" von der Bezahlung des Semestergeldes gewährt, allerdings schien sich die familiäre und finanzielle Situation stetig zu verschlechtern: „Meine Mutter ist seit dem Tode meines Vaters Nerven leidend u. bedarf ständiger Behandlung. [...] Im VII. Sem. wurde mir eine Notstandsunterstützung gewährt",[14] hielt Wilhelm Marbach in seinem letzten Gesuch vom 7. Februar 1938 fest. Diesem letzten Antrag war keine positive Erledigung mehr beschieden: Fünf Tage nach seiner Inskription begannen sich die politischen Ereignisse zu überschlagen. Am 12. Februar 1938 unterzeichneten Bundeskanzler Kurt Schuschnigg und der österreichische Staatssekretär für Äußeres, Guido Schmidt, auf Hitlers Berghof das sogenannte Berchtesgadener Abkommen. Damit waren die Nationalsozialisten ab 13. Februar 1938 als Partei wieder zugelassen und konnten sich wieder offen deklarieren.

---

**14** Wilhelm Marbach: Antrag auf Unterrichtsgeldermäßigung an das Professorenkollegium der Tierärztlichen Hochschule, 7. Februar 1938. VUW/RA (Rektoratsarchiv), Rektoratsakt 171/1938.

## 3 Vom Numerus Clausus zum Numerus Nullus

Wie Wilhelm und seine Mutter Elsa Marbach den 12. März 1938 und die eskalierende Gewalt der Folgewochen erlebten, ist unbekannt. Unwahrscheinlich ist, dass Wilhelm angesichts der pogromartigen Ausschreitungen im März die TiHo in der Linken Bahngasse aufsuchen konnte: „Man hat sich buchstäblich allein fast nicht auf die Straße getraut, weil man nicht sicher war, wie es dann enden wird",[15] berichtete etwa Otto Vogel, der wie Wilhelm Marbach aus dem zweiten Bezirk stammte.

Für jüdische Studierende hatte sich zudem rasch abgezeichnet, dass der ‚Anschluss' einen drastischen Einschnitt im Studienalltag bedeutete. Der erste diesbezügliche Erlass erreichte die Hochschulen bereits Ende März 1938. Dieser von Unterrichtsminister Oswald Menghin herausgegebene Erlass vom 29. März legte für jüdische Studierende fest, dass für das laufende Sommersemester 1938 keine weiteren Inskriptionen mehr zulässig seien bzw. dass bereits erfolgte Inskriptionen nur noch bedingt gültig und jederzeit widerrufbar waren. Ferner wurde hinsichtlich der Zulassung zu Prüfungen festgelegt, dass „bis zur Erlassung weiterer Weisungen [...] inländische Juden nicht zugelassen werden".[16]

Wie dieser Erlass im Professorenkollegium der TiHo diskutiert wurde, lässt sich aufgrund fehlender Sitzungsprotokolle nicht mehr rekonstruieren. „Studienfortsetzung bewilligt, als Jude",[17] wurde bezüglich Wilhelm Marbach im Hauptkatalog der TiHo vorerst noch vermerkt.

Was wir aus den Studienunterlagen ablesen können, ist, dass Wilhelm Marbach nun versuchte, sein Studium schnellstmöglich abzuschließen. Hatte sich in den vorangegangenen Semestern das Ausmaß der von ihm belegten Lehrveranstaltungen zwischen 22 und maximal 34 Wochenstunden bewegt, so stieg sein Pensum in diesem Sommersemester 1938 nun sprunghaft an: Insgesamt 46,5 Wochenstunden waren es, über die Wilhelm Marbach in diesem Sommersemester 1938 noch Prüfungen ablegte.

Am 11. Juli 1938 war Wilhelm Marbachs Mutter Elsa gezwungen, einen Erfassungsbogen über das vorhandene Familienvermögen auszufüllen. Ein Sparguthaben von 218 Reichsmark und eine bescheidene Rente von jährlich 1980 Reichsmark – die Kinderbeihilfe bereits miteingerechnet – war alles, worauf die

---

**15** Otto Vogel [Pseudonym]: [Zeitzeugenbericht]. In: Dokumentationsarchiv des österreichischen Widerstandes (Hg.): Jüdische Schicksale. Berichte von Verfolgten. Wien 1993, S. 159–163, hier S. 160.
**16** Erlass des Österreichischen Unterrichtsministeriums, Zl. 10039-I/1, 29. März 1938. VUW/RA, Rektoratsakt 273/1938.
**17** Hauptkatalog, Eintrag zu Wilhelm Marbach (4903). VUW/HA.

Marbachs verweisen konnten.[18] In dieser Phase war die Familie nicht nur von der Erfassung ihrer bescheidenen Besitztümer, sondern auch von anderen Terrormaßnahmen betroffen: Als am 14. Juni 1938 Wiens Vizebürgermeister Thomas Kozich die Kündigung jüdischer Mieter*innen in den Gemeindebauten veranlasste,[19] war von der Delogierungswelle auch Wilhelms ältester Bruder Otto Marbach betroffen: Am 8. Juli 1938 erfolgte seine Abmeldung an seiner bisherigen Wohnadresse im Heimhof mit kurzfristiger Anmeldung an der Übergangsadresse in der Lothringergasse 4/3/6, wo er mit Frau und Kind noch bis zum 27. Juli 1938 gemeldet blieb: Mit diesem Tag heißt es in den Akten der Meldebehörde nur noch „abgemeldet: ,unbekannt'".[20] Für Wilhelm gestaltete sich die Lage im Sommer 1938 noch völlig unklar.

Atmosphärisch hatte sich im Sommer die Situation im Vergleich zur Pogromstimmung des Frühjahrs zunächst wieder etwas beruhigt. Hinzu kam, dass der Erlass vom 23. April 1938, mit welchem das Bundesministerium für Unterricht für inländische jüdische Studierende einen Numerus Clausus von zwei Prozent festgelegt hatte,[21] die TiHo nicht betraf. Anders als an der medizinischen Fakultät, wo viele jüdische Studierende durch die Numerus-Clausus-Regelung über Nacht zum sofortigen Studienabbruch gezwungen waren, lag der Prozentsatz jüdischer Studierender an der TiHo mit 0,37 Prozent im Sommersemester 1938 bzw. mit 0,93 Prozent im vorangegangen Wintersemester ohnehin weit unter der festgelegten Grenze.[22] Dieser Umstand ließ Wilhelm noch hoffen, sein Studium im Herbst abschließen zu können. Doch dazu sollte es nicht mehr kommen: Am 21. Oktober 1938 legte das Reichsministerium fest, dass „die Immatrikulation von Juden deutscher Staatsangehörigkeit" nicht mehr zulässig und die Zulassung jüdischer Studierender zu den „abzuhaltenden akademischen Prüfungen einschließlich der Promotion" nicht mehr möglich seien.[23] Mit 9. November 1938, jenem Datum, das für Jüdinnen und Juden des Deutschen Reiches untrennbar mit den gewaltsamen Ereignissen des Novemberpogroms verbunden ist, endete offiziell auch Wilhelms Studienzeit an der TiHo: An die-

---

**18** Elsa Marbach: Verzeichnis über das Vermögen von Juden nach dem Stand von 27. April 1938. ÖStA/AdR/VVST/VA, Zl. 09611.
**19** Vgl. Dieter J. Hecht, Eleonore Lappin-Eppel und Michaela Raggam-Blesch: Topographie der Shoah. Gedächtnisorte des zerstörten jüdischen Wien. Wien 2015, S. 49.
**20** Meldedaten, Anfragebeantwortung des Wiener Stadt- und Landesarchivs (WStLA) an Lisa Rettl betreffend Otto Marbach, 20. Juni 2016. WStLA/MA 8/B-MEW-489211/2016. Tatsächlich gelang ihm und seiner Familie die Flucht nach Frankreich.
**21** Friedrich Stadler, Herbert Posch und Werner Lausecker: „Arisierung", Berufsverbote und „Säuberungen" an der Universität Wien. Wien 2003, S. 32.
**22** Vgl. Fischer: Schatten, S. 37.
**23** Erlass des Reichsministeriums für Wissenschaft, Erziehung und Volksbildung, IV-2-39810-a, 24. Oktober 1938. VUW/RA, Rektoratsakt 273/1938.

sem Tag besiegelte Rektor Franz Benesch Wilhelm Marbachs Ausschluss und Hinauswurf mit einem „Abgangszeugnis". Wenige Stunden später brannten in Wien die Synagogen und aus dem 23-jährigen Studenten Wilhelm Marbach war ein recht- und schutzloser Mensch geworden.

## 4 „abgemeldet: Hongkong"

In knappen Worten gab Wilhelm Marbach Jahrzehnte später im Rahmen seines Antrags auf eine österreichische Pension an, bis zu seiner erzwungenen Emigration „arbeitslos ohne Beschäftigung in Wien"[24] gewesen zu sein. In dieser Situation begegnen wir einem der letzten behördlich dokumentierten Schritte von Wilhelm Marbach in Wien: Er heiratete am 7. Dezember 1938 die Kaufmannstochter Rosa Schön.[25] Wie Wilhelm war sie zum Zeitpunkt der Eheschließung 23 Jahre alt und in unmittelbarer Nachbarschaft der Marbachs in der Kleinen Pfarrgasse aufgewachsen.[26]

Mit dem in den Unterlagen der Meldebehörden eingetragenen Vermerk „abgemeldet: Hongkong" endete am 29. März 1939 Wilhelm Marbachs Leben in Österreich.[27] Tatsächlich war es Shanghai und nicht Hongkong, wo die Marbachs im Jahr 1939 landeten – kurz bevor auch hier im August 1939 die Einreisebestimmungen für jüdische Flüchtlinge aus dem Deutschen Reich verschärft wurden.

Organisiert wurden die Fluchtwege von Wien nach Übersee üblicherweise von Reisebüros, die die Anreise in die jeweiligen Hafenstädte mit finanzieller Unterstützung der Israelitischen Kultusgemeinde ermöglichten. Für das Ehepaar Marbach gab es im März oder April 1939 im Wesentlichen zwei Möglichkeiten nach China zu gelangen: entweder über Genua an Bord der Conte Biancamano oder über Triest mit der Conte Verde bzw. Conte Rosso. Etwa vier Wochen dauerte die Überfahrt auf den Passagierschiffen, welche die Flüchtlinge über die Stationen Suez, Mumbai, Colombo, Singapur und Hongkong nach Shanghai brachten. Wilhelm und Rosa Marbach dürften Anfang oder Mitte Mai 1939 in

---

**24** Wilhelm Marbach: Antrag auf Alterspension an die Pensionsversicherungsanstalt der Angestellten, Mosman, 19. März 1987. DÖW 60.000/M 384/Sammlung Rechtsanwaltskanzlei Dr. Hugo Ebner.
**25** Meldedaten, Anfragebeantwortung des WStLA an Lisa Rettl betreffend Wilhelm Marbach, 20. Juni 2016. WStLA/ MA 8/B-MEW-489184/2016.
**26** Vgl. Geburtsanzeige Rosa Schön. Archiv IKG Wien/I/MA/Geburtsanzeigen/100, Zl. 1627/1915.
**27** Meldedaten, Anfragebeantwortung des WStLA an Lisa Rettl betreffend Wilhelm Marbach, 20. Juni 2016. WStLA/ MA 8/B-MEW-489184/2016.

der ostasiatischen Metropole, in der bereits in den 1930er Jahren mehr als 6,5 Millionen Menschen lebten, eingetroffen sein. Der Pensionsantrag von Wilhelm Marbach erlaubt uns eine grobe Einschätzung seiner Situation: Die Frage der Pensionsbehörde nach dem Zeitpunkt „der ersten bezahlten Arbeit im ausländischen Exil" beantwortete Marbach mit „Mai 1940 – Shanghai China", leider ohne näher auf die Art seiner Beschäftigung einzugehen.[28]

Allgemein lässt sich demnach festhalten, dass es seit seiner Ankunft in Shanghai ein Jahr dauerte, bis er einer bezahlten Tätigkeit nachgehen konnte. Welche Rückschlüsse lässt diese Angabe auf seine Lebensverhältnisse zu und wie sahen die Rahmenbedingungen bei seiner Ankunft in China aus?

Geflohen waren Rosa und Wilhelm mittellos: Zehn Reichsmark und ein Koffer – dies gestatteten die NS-Behörden den Flüchtlingen auf ihrer Flucht mitzunehmen. Üblicherweise enthielten die Koffer der Flüchtenden etwas Kleidung, kleine Erinnerungsstücke und manchmal auch einige Utensilien, die beruflich von Nutzen sein konnten. Vielleicht hatte Wilhelm Marbach, wie andere österreichische Ärzte und Zahnärzte, kleine chirurgische Instrumente im Gepäck, um diese in der Emigration zu nutzen.[29]

Generell gestaltete sich die Akklimatisierung der europäischen Flüchtlinge in Shanghai als schwierig. Zum einen, weil die soziale Interaktion mit der ansässigen verarmten chinesischen Bevölkerung aufgrund der japanischen Besetzung sowie der sprachlichen und kulturellen Barrieren auf besonders viele Hindernisse traf. Zum anderen waren die wenigsten Flüchtlinge auf einen längeren Aufenthalt in Shanghai vorbereitet – bei kaum jemanden galt China als Zielland der Flucht, wo man sich längerfristig einzurichten gedachte.[30] Hinzu kam, dass sich mit Fortdauer des Krieges die Flüchtlingssituation insofern verschlechterte, als die japanische Besatzung ab 1943 den nördlich gelegenen Stadtteil Hongkou, in dem sich die jüdischen Flüchtlinge aus Europa aufhielten, in ein abgeriegeltes Ghetto verwandelte und die Menschen kasernierte. In Hongkou verbrachten aller Wahrscheinlichkeit nach auch die Marbachs ihre ersten Shanghaier Jahre.

---

**28** Fragebogen zur Beurteilung des Pensionsanspruches. Beil. zum Schreiben Marbachs an Rechtsanwalt Dr. Egon Steinbach, 10. Dezember 1986. DÖW 60.000/M 384/Sammlung Rechtsanwaltskanzlei Dr. Hugo Ebner.
**29** Vgl. Françoise Kreissler: Emigrierte Ärzte in Shanghai (1933–1945): Aufnahmebedingungen, Ausgrenzung, Ghettoisierung. In: Albrecht Scholz und Caris-Petra Heidel (Hg.): Emigrantenschicksale. Einfluss der jüdischen Emigranten auf Sozialpolitik und Wissenschaften in den Aufnahmeländern. Frankfurt a. M. 2004, S. 175–188.
**30** Vgl. Guy Miron: Jewish Refugees in Shanghai. In: Jerusalem Post (4.6.2013), http://www.jpost.com/Opinion/Op-Ed-Contributors/German-Jewish-refugees-in-Shanghai-308922 (Zugriff: 29.5.2021).

## 5 In der Kavallerie Chiang Kai-Sheks

Wilhelm Marbach ist es allem Anschein nach nicht nur rasch gelungen, das Flüchtlingsviertel von Hongkou hinter sich zu lassen, vielmehr gelang ihm in China ein abenteuerlicher, wenngleich nur rudimentär rekonstruierbarer Aufstieg.

Puzzleteilchen seines Exillebens ergaben sich aus einem Interview mit Wilhelm Marbachs österreichischem Geschäftspartner Florian Fritsch – heute Mehrheitseigentümer der Welser Unternehmensgruppe Richter Pharma. Er lernte Wilhelm Marbach als junger Mitarbeiter in der Firma seines Vaters kennen, mit dem Marbach 1971 in Australien die Firma Ausrichter, ein bis heute bestehendes Unternehmen, gründete.

> Wann der Bill [Wilhelm Marbach] genau nach China gekommen ist, kann ich nicht sagen. Aber dass er dort war, ist ganz sicher, weil wir darüber mehrmals gesprochen haben. Es muss ziemlich abenteuerlich gewesen sein, weil er ist hier zum Cheftierarzt der Kavallerie vom Chiang Kai-Shek geworden. Wie das gegangen ist, kann ich nicht sagen – da habe ich damals leider viel zu wenig nachgefragt! Aber ich kann mich gut erinnern, dass er eine ganze Menge schöne Exponate aus China hatte: Möbel vor allem – kunstvoll geschnitzt und verziert. Seine Wohnung in Mosman [Australien], wo ich einige Male gewesen bin, war voll damit. Eigentlich war es ziemlich düster, diese wertvollen, aber sehr dunklen chinesischen Möbel, an denen er sehr gehängt ist. Was ich noch weiß, ist, dass er von China nach Taiwan weitergezogen ist – keine Ahnung, was er da genau gemacht hat. Und von Taiwan ist er dann irgendwann einmal nach Australien gekommen.[31]

Wie sind die Details dieses Interviews, einer wichtigen Oral-History-Quelle, einzuschätzen? Allen voran die Frage, wie es einem Flüchtling gelungen sein soll, Zugang zu höchsten politischen und militärischen Kreisen in China zu erhalten? Tatsächlich gibt es für die Historizität dieser zunächst unglaublich anmutenden Geschichte ein plausibles Indiz, das zunächst zur Geschichte von Wilhelms Bruder Otto Marbach zurückführt.

Der Germanist Otto Marbach hatte in den frühen 1930er Jahren eine Arbeit als Sekretär bei einem katholischen Missionswerk, dem Pauluswerk,[32] angenommen: eine Organisation, die ursprünglich die Missionierung von Juden zum

---

[31] Interview mit Florian Fritsch, Wien, 6. September 2016. Transkription nach digitaler Aufnahme von Lisa Rettl. Privatarchiv Lisa Rettl. Ihm und seinen Erzählungen verdanken sich nicht nur viele lebensgeschichtlich relevante Details, sondern auch wichtige Kontakte in Australien, mit deren Hilfe Wilhelm Marbachs Exilleben grob rekonstruiert werden konnte.
[32] Vgl. Otto Marbach, Antragsformular an den Fonds zur Hilfeleistung an politisch Verfolgte (Hilfsfonds), Paris, 15. November 1956. ÖStA/AdR/06/BMF/NHF, Zl. 10865.

Ziel hatte und sich ab 1938 als katholische Gemeinschaft gegen Hitler richtete.[33] Wann und wie Otto Marbach mit dem Pauluswerk in Berührung kam, ist unklar: Den Indizien nach war er bereits in seinen Studienjahren in Kontakt mit der in Genf ansässigen, schweizerischen „Ostasienmission" gekommen, in deren Umfeld es auch zu seiner eigenen Missionierung gekommen sein dürfte.[34]

1928 unternahm Otto Marbach seine erste Ostasienreise, die ihn nach Japan und China führte.[35] Im Rahmen dieser Reise verfasste er zwei Biografien, die zehn Jahre später in der Schweiz publiziert wurden. Eine der beiden Arbeiten sollte sich für seinen nach China geflohenen Bruder als hilfreich erweisen: *Marschall Chiang Kai-Shek und Frau. Zwei Führergestalten aus dem fernen Osten* lautete der Titel jener Biografie, die kurz vor Weihnachten 1938 im Paulus Haupt Verlag in Bern herausgegeben wurde.

Obwohl keine persönlichen Beziehungen zur chinesischen Staatsführung bestanden, hatte Otto Marbachs Buch über Chiang Kai-Shek offensichtlich ausgereicht, um seinem jüngeren Bruder Wilhelm in Shanghai einige Türen zu öffnen. Vor diesem Hintergrund bleibt also festzuhalten, dass die Geschichte von Wilhelm Marbachs Tätigkeiten im Dienste Chiang Kai-Sheks angesichts des christlich-chinesischen Netzwerks seines Bruders tatsächlich ein hohes Maß an Historizität für sich beanspruchen kann. Mit den vorliegenden Quellen nicht klären lässt sich hingegen die Frage, ob Wilhelm Marbach tatsächlich als „Cheftierarzt" der chinesischen Kavallerie fungierte. Der Hinweis, dass Wilhelm Marbachs Weg über Taiwan nach Australien führte, spricht dafür: 1945 wurde das militärische Zweckbündnis zwischen Kai-Sheks Kuomingtang und Mao Zedongs Kommunistischer Partei beendet. Den chinesisch-japanischen Kriegsereignissen folgte ein überaus gewaltsamer, blutiger Bürgerkrieg, den Maos Truppen 1949 endgültig für sich entschieden. Als Folge dieser Niederlage zog sich Chiang Kai-Shek mit seinem nächsten Umfeld nach Taiwan zurück, wo er ein autoritäres Regime etablierte und bis 1975 offiziell als Präsident der Republik China fungierte. Ob Wilhelm Marbach es bevorzugt hätte, in Shanghai zu bleiben und am Ende aufgrund seiner Nähe zu Kai-Shek vor den chinesischen Kommunisten ein weiteres Mal flüchten musste, bleibt offen. Der von der österreichischen Gesandtschaft in China ausgestellte Opferausweis belegt jedenfalls, dass Wilhelm

---

**33** Vgl. Elias H. Füllenbach: Das katholisch-jüdische Verhältnis im 20. Jahrhundert. Katholische Initiativen gegen den Antisemitismus und die Anfänge des christlich-jüdischen Dialogs in Deutschland. In: Reinhold Boschki und Albert Gerhards (Hg.): Erinnerungskultur in der pluralen Gesellschaft. Neue Perspektiven für den christlich-jüdischen Dialog. Paderborn 2010, S. 143–163.
**34** Otto Marbach: Neue Siege unserer Japanmission. Berlin 1921.
**35** Otto Marbach: Marschall Chiang Kai-Shek und Frau. Zwei Führergestalten aus dem fernen Osten. Bern, Leipzig 1938, S. 9.

**Abb. 2:** Buchcover, Otto Marbach: *Marschall Chiang Kai-Shek und Frau. Zwei Führergestalten aus dem fernen Osten* (1938).

Marbach im Januar 1950 noch in Shanghai in der Kiangsu Road gemeldet war. Dies verweist auch darauf, dass die Marbachs das im Norden Shanghais gelegene Armenviertel Hongkou hinter sich gelassen hatten und gegen eine bessere Wohnadresse in der auch damals schon noblen Innenstadt von Shanghai getauscht hatten.

Taiwan blieb im Gegensatz zu Shanghai eine Zwischenstation von maximal zwei bis drei Monaten. Was wir über Wilhelm Marbachs dortiges Leben wissen, bleibt dürftig. Nach der Erinnerung eines australischen Kollegen und Freundes betrieb er eine „small animal practice. He was highly connected and looked after Chiang Kai-Shek's dogs."[36]

## 6 Sydney: Von Wilhelm zu Bill

Am 24. Mai 1950 erreichten Wilhelm und Rosa Marbach die letzte Station ihrer gemeinsamen Flucht: Sydney im australischen Bundesstaat New South Wales.[37] Im Alter von knapp 24 Jahren waren die beiden unter dramatischen Umständen aus Wien geflohen und hatten im Exil elf blutige und brutale Kriegsjahre – den japanisch-chinesischen Krieg und den darauffolgenden chinesischen Bürgerkrieg – erlebt und überlebt. Im Mai 1950 endete diese kriegsgeprägte Lebensphase und erforderte wieder einen Neuanfang. Denn was in China unter den Vorzeichen des Krieges möglich war – nämlich ohne formalen Abschluss als Tierarzt zu arbeiten –, funktionierte im australischen Exil nicht mehr: Wilhelm Marbach, der in Wien kurz vor Beendigung seines Studiums gestanden hatte und mittlerweile auch über vielfältige Arbeitserfahrung als Veterinärchirurg verfügte, stand wieder ganz am Anfang: „Ich habe hier das Tierärztliche Studium an der hiesigen Universität wiederholt[,] wobei mir 4 Semester vom Wiener Studium accreditiert wurden. Also ein weiteres Studium von 3 Jahren an der hiesigen Universität für das Degree",[38] fasste Wilhelm Marbach Jahrzehnte später die damalige Lage für seinen Rechtsanwalt in Wien zusammen.

Wilhelm Marbachs Immatrikulation an der Veterinary School in Sydney erfolgte 1951 im Alter von 36 Jahren. Gravierende Veränderungen prägten diese Lebensphase: Aus dem praktizierenden und im Beruf stehenden Veterinär mit Kontakten zur chinesischen Exilregierung wurde wieder ein Student und aus Wilhelm wurde Bill. Eine Porträtaufnahme in der jährlich erscheinenden Zeitschrift *Centaur* zeigt ihn im Jahr 1953. Beigefügt ist dem Bild eine Charakterisierung, in der auf sein bewegtes Vorleben Bezug genommen wird. Dort wird er als „true man of the world" beschrieben: „by genotype Viennese" und „modified by environment to Chinese". Niemanden würde es wundern, so heißt es, wenn

---

**36** Greg Nash: Erinnerungen an Wilhelm Marbach. Beil. zur Mailkorrespondenz mit Lisa Rettl, 30. September 2016. Privatarchiv Lisa Rettl.
**37** Dieses Datum nennt Wilhelm Marbach in seinem Antrag an den Hilfsfonds, 7. April 1957. ÖStA/AdR/06/BMF/NHF, Zl. 18438.
**38** Wilhelm Marbach: Schreiben an Dr. Egon Steinbach zur Frage eines allfälligen Pensionsanspruches, Mosman, 3. Februar 1987. DÖW 60.000/M 384/Sammlung Rechtsanwaltskanzlei Dr. Hugo Ebner.

W. MARBACH: A true man of the world, Bill is by genotype Viennese but has been modified by environment to Chinese. He was educated at the University of Vienna where he graduated in 1938. He took up an appointment in China in 1939, stayed there through the war years under the Japs, and left for Aust. in 1950. Joined us in 1951. Bill hopes to enter Government Service but it would be no surprise if he ended up in Greece or Nova Scotia.

**Abb. 3:** Bill Marbach als Student an der Veterinärmedizinischen Fakultät der Universität Sydney, 1953. Foto und Text erschienen in der von der Sydney University Veterinary Society jährlich herausgegebenen Zeitschrift *Centaur*.

Wilhelm statt in dem von ihm erhofften „Government Service" am Ende in Griechenland oder im kanadischen Nova Scotia enden würde.[39]

Das für Bill so wichtige „Degree", seine Eintrittskarte in ein geregeltes Berufsleben als Tierarzt, erhielt er drei Jahre nach seiner Inskription: Am 27. Januar 1954,[40] 20 Jahre, nachdem er sein Studium an der Wiener Tierärztlichen Hochschule im Oktober 1934 begonnen hatte, konnte er es in Sydney beenden. Damit war der Weg frei in den australischen Staatsdienst, konkret das Department of Agriculture, wo er im Bereich der Veterinary Medicines Registrations

---

**39** Centaur. The Journal of the Sydney University Veterinary Society, 15 (1953), S. 56.
**40** E-Mail-Korrespondenz zwischen Paul John Canfield, Professor Emeritus (Faculty of Veterinary Science, University of Sydney) und Dr. Greg Nash, Sydney, 30. September 2016. Privatarchiv Lisa Rettl.

tätig wurde.[41] Wie sein Vater hatte Bill den Weg einer Beamtenkarriere gewählt, wo er als „veterinary officer"[42] bis zu seiner Pensionierung am 14. August 1975 eine Phase der Sicherheit und des Aufstiegs erlebte: eine Zeit der materiellen Konsolidierung, verbunden mit dem Aufbau eines bescheidenen finanziellen Wohlstandes, nicht zuletzt durch die Gründung der Firma Ausrichter, in der Bill bis zu seinem Tod am 31. Juli 1994 aktiv war.

Mitte der 1950er Jahre hatten Bill Marbach und seine Frau Rosa die australische Staatsbürgerschaft angenommen,[43] wenige Jahre später erfolgte die Trennung des Paares. Beruflich blieb Bill Marbach vielseitig engagiert, sowohl als Beamter wie auch als Unternehmer. Greg Nash, ein Kollege und Freund, beschrieb ihn als aktives Mitglied in der Australian Veterinary Association, wo er für New South Wales auch im Vorstand tätig war.[44] Mehrere Publikationen, die er im Rahmen seiner Tätigkeit für das Department of Agriculture verfasste, dokumentieren nicht nur sein berufliches Engagement, sondern auch seine thematische Vielseitigkeit: Über die Aufzucht von Enten[45] hatte er ebenso publiziert wie über Seuchen von Käfigvögeln[46] oder Pferdekrankheiten.[47]

# 7 Lebensabend

Eine Fotografie von Wilhelm Marbach, aufgenommen im Wohnzimmer seines Bungalows in Mosman (NSW) lässt vermuten, dass Verfolgung und Vertreibung ihn nie losgelassen haben: Die Aufnahme zeigt ihn telefonierend in seinem Lehnstuhl neben einem Bücherregal. In der obersten Reihe des Bücherboards steht das Buch *Zwischen den Zeiten*,[48] die Autobiografie des ehemaligen öster-

---

41 Vgl. Nash: Erinnerungen.
42 New South Wales, Public Service Lists 1858–1960, hier: 1960, https://www.ancestry.com/search/collections/2387/?name=Wilhelm_Marbach&birth=1915-4-12&name_x=1_1 (Zugriff: 29.5.2021).
43 Vgl. Wilhelm Marbach: Antrag auf Alterspension, Mosman, 19. März 1987. DÖW 60.000/M 384/Sammlung Rechtsanwaltskanzlei Dr. Hugo Ebner.
44 Vgl. Nash: Erinnerungen.
45 Wilhelm Marbach und W. M. Wilkins: Duck Raising. In: Division of Animal Industry 4 (1962), o. S.
46 Wilhelm Marbach und M. Lindtner: Management and Diseases of Cage Birds. In: Agricultural Gazette (1963) S. 470–477.
47 Wilhelm Marbach: Common Internal Parasites of Horses – their Recognition and Treatment. In: Agricultural Gazette (1963) S. 514–521. Wilhelm Marbach: Skin Diseases of Horses. In: Agricultural Gazette (1967), S. 738–741.
48 Bruno Kreisky: Zwischen den Zeiten. Erinnerungen aus fünf Jahrzehnten. Wien, Berlin 1986.

reichischen Bundeskanzlers Bruno Kreisky, der ebenfalls vor dem NS-Regime geflüchtet war. Ferner drei Bände der vom Dokumentationsarchiv des österreichischen Widerstandes herausgegebenen Reihe *Widerstand und Verfolgung* in den Bundesländern[49] sowie der Sammelband *NS-Herrschaft in Österreich*:[50] Von dieser Lektüre abgesehen, beschreibt Florian Fritsch Wilhelm Marbach als einen humanistisch gebildeten Menschen, der gerne las und dessen Lieblingsbuch Heimito von Doderers *Strudlhofstiege* war, aus der er immer wieder Textpassagen zitiert haben soll.[51]

Diese Beschreibung entsprach wohl auch Wilhelm Marbachs Selbstverständnis: „Mein ganzes Leben war ich stolz auf meine Kenntnisse der Deutschen Sprache. In der Mittelschule einschliesslich der Matura habe ich immer ‚Ausgezeichnet' gehabt und bis heute sind mir die meisten Gedichte Goethes und Grillparzers und Raimunds Theater Stücke geläufig, obwohl ich mit Ausnahme der Korrespondenz mit der Firma Richter in Wels nur Englisch schreibe und spreche",[52] hielt er 1988 in der Korrespondenz mit seinem Wiener Anwalt Egon Steinbach über sich fest.

Wilhelm Marbachs Exil-Biografie kann als exemplarisch angesehen werden. Als Jude vom akademischen Abschluss an einer renommierten österreichischen Universität ausgeschlossen und 1938 ins Exil vertrieben, kam Marbach dennoch nicht ‚mit leeren Händen' in Asien an. Er hatte an einer Institution studiert, in deren Forschungstradition seit dem 18. Jahrhundert die Entwicklung der Pferde- und Nutztiermedizin gefördert worden war, nicht zuletzt, um ausgebildetes Personal für die Tiermedizin in Militär und Landwirtschaft zu gewinnen. Der angehende Veterinärmediziner Marbach scheint den Ausbildungsstandard aus Europa, den schwiegen Lebensumständen des Exils zum Trotz, mit Gewinn im Exilland eingesetzt zu haben, wie die Tätigkeit als Arzt in der Kavallerie Chiang Kai-Sheks nahelegt. Pferdemedizin, im speziellen „equine haematology"[53] war einer der Schwerpunkte seiner späteren Tätigkeit als Beamter, Praktiker, Publizist und Geschäftsmann in Australien, ein Lebenswerk, dessen Konstanten – die Tiere – Wilhelm Marbach über die Brüche des Exils begleiteten.

---

[49] Dokumentationsarchiv des österreichischen Widerstandes (Hg.): Widerstand und Verfolgung in Wien. 1934–1945. Eine Dokumentation. Wien 1984.
[50] Emmerich Tálos, Ernst Hanisch und Wolfgang Neugebauer (Hg.): NS-Herrschaft in Österreich. Wien 1988.
[51] Interview mit Florian Fritsch.
[52] Wilhelm Marbach: Schreiben an Rechtsanwalt Dr. Egon Steinbach, Mosman, 27. Dezember 1987. DÖW 60.000/M 384/Sammlung Rechtsanwaltskanzlei Dr. Hugo Ebner.
[53] RM Watts: Wilhelm Marbach. In: Australian Veterinary Journal 71 (1994), 11, S. 392, https://www.readcube.com/articles/10.1111%2Fj.1751-0813.1994.tb00947.x (Zugriff: 28.4.2021).

# Abbildungsverzeichnis

Abb. 1: Wilhelm Marbach, Porträtaufnahme, Tierärztliche Hochschule, Wien, Oktober 1934 (© Veterinärmedizinische Universität Wien / Historisches Archiv / Fotobuch 4903).
Abb. 2: Buchcover, Otto Marbach: Marschall Chiang Kai-Shek und Frau. Zwei Führergestalten aus dem fernen Osten (1938).
Abb. 3: Bill Marbach, Porträt, 1953 (aus: Centaur. The Journal of the Sydney University Veterinary Society, 15 (1953), S. 56).

# Literaturverzeichnis

Centaur. The Journal of the Sydney University Veterinary Society, 15 (1953).
Dandler, Florian und Daniela Haarmann: Die Tierärztliche Hochschule im Nationalsozialismus. Status Quo und Lücken der Forschung. In: Veterinärmedizinische Universität Wien (Hg.): 250 Jahre Veterinärmedizinische Universität Wien. Verantwortung für Tier und Mensch. Wien 2015, S. 46–52.
Dokumentationsarchiv des österreichischen Widerstandes (Hg.): Widerstand und Verfolgung in Wien. 1934–1945. Eine Dokumentation. Wien 1984.
Fischer, Stephanie: „grüßt die Tierärztliche Hochschule Wien ihre Brüder in deutscher Treue [...]." Die Tierärztliche Hochschule Wien im Schatten des Nationalsozialismus unter Berücksichtigung des klinischen Lehrkörpers. Wien 2011, https://www.vetmeduni.ac.at/hochschulschriften/dissertationen/AC07810749.pdf (Zugriff: 8.5.2021).
Füllenbach, Elias H.: Das katholisch-jüdische Verhältnis im 20. Jahrhundert. Katholische Initiativen gegen den Antisemitismus und die Anfänge des christlich-jüdischen Dialogs in Deutschland. In: Reinhold Boschki und Albert Gerhards (Hg.): Erinnerungskultur in der pluralen Gesellschaft. Neue Perspektiven für den christlich-jüdischen Dialog. Paderborn 2010, S. 143–163.
Hecht, Dieter J., Eleonore Lappin-Eppel und Michaela Raggam-Blesch: Topographie der Shoah. Gedächtnisorte des zerstörten jüdischen Wien. Wien 2015.
Klamper, Elisabeth: Die Studenten und der „Anschluss". In: Museum der Stadt Wien (Hg.): Wien 1938. Wien 1988, S. 179–185.
Kreisky, Bruno: Zwischen den Zeiten. Erinnerungen aus fünf Jahrzehnten. Wien, Berlin 1986.
Kreissler, Françoise: Emigrierte Ärzte in Shanghai (1933–1945): Aufnahmebedingungen, Ausgrenzung, Ghettoisierung. In: Albrecht Scholz und Caris-Petra Heidel (Hg.): Emigrantenschicksale. Einfluss der jüdischen Emigranten auf Sozialpolitik und Wissenschaften in den Aufnahmeländern. Frankfurt a. M. 2004, S. 175–188.
Kuen, Theresa Maria: Studien zu Geschichte und politischer Orientierung des Lehrkörpers an der Tierärztlichen Hochschule Wiens während der Zeit des „Austrofaschismus" (1933–1938). Wien 2012, https://www.vetmeduni.ac.at/hochschulschriften/dissertationen/AC07813881.pdf (Zugriff: 8.5.2021).
Marbach, Otto: Neue Siege unserer Japanmission. Berlin 1921.
Marbach, Otto: Marschall Chiang Kai-Shek und Frau. Zwei Führergestalten aus dem fernen Osten. Bern, Leipzig 1938.

Marbach, Wilhelm und W. M. Wilkins: Duck Raising. In: Division of Animal Industry 4 (1962), o. S.

Marbach, Wilhelm und M. Lindtner: Management and Diseases of Cage Birds. In: Agricultural Gazette (1963) S. 470–477.

Marbach, Wilhelm: Common Internal Parasites of Horses – their Recognition and Treatment. In: Agricultural Gazette (1963) S. 514–521.

Marbach, Wilhelm: Skin Diseases of Horses. In: Agricultural Gazette (1967), S. 738–741.

Miron, Guy: Jewish Refugees in Shanghai. In: Jerusalem Post, 4. Juni 2013, http://www.jpost.com/Opinion/Op-Ed-Contributors/German-Jewish-refugees-in-Shanghai-308922 (Zugriff: 29.5.2021).

Nemec, Birgit und Klaus Taschwer: Terror gegen Tandler. Kontext und Chronik der antisemitischen Attacken am I. Anatomischen Institut der Universität Wien, 1910 bis 1933. In: Oliver Rathkolb (Hg.): Der lange Schatten des Antisemitismus. Kritische Auseinandersetzungen mit der Geschichte der Universität im 19. und 20. Jahrhundert. Göttingen 2013, S. 147–171.

Posch, Herbert, Doris Ingrisch und Gert Dressel: „Anschluß" und Ausschluss 1938. Vertriebene und verbliebene Studierende der Universität Wien. Emigration – Exil – Kontinuität. Schriften zur zeitgeschichtlichen Kultur- und Wissenschaftsforschung. Münster, Wien, Berlin 2008.

Rettl, Lisa: Die Vetmeduni Vienna und der Nationalsozialismus – ein ungeklärtes Verhältnis. Anmerkungen und Ausblick zum Projekt „Die Tierärztliche Hochschule im Nationalsozialismus". In: zeitgeschichte 43 (2016) 3, S. 167–179.

Rettl, Lisa: „By Genotype Viennese." Flucht, Vertreibung und Neuanfang am Beispiel von Wilhelm Marbach und seiner Familie. In: dies.: Jüdische Studierende und Absolventen der Wiener Tierärztlichen Hochschule. 1930 bis 1947. Wege – Spuren – Schicksale. Göttingen 2018, S. 65–120.

Rettl, Lisa: Drei Leben. Über die jüdischen Studierenden an der Tierärztlichen Hochschule im Wintersemester 1937/38. In: Johann Schäffer (Hg.): Veterinärmedizin und Nationalsozialismus in Europa: Stand und Perspektiven der Forschung. Berlin 2018, S. 76–89.

Rettl, Lisa: Jüdische Studierende an der Wiener Tierärztlichen Hochschule. Ein Werkstättenbericht. In: Dokumentationsarchiv des österreichischen Widerstandes (Hg.): Forschungen zu Vertreibung und Holocaust. Wien 2018, S. 101–116.

Rettl, Lisa: Vertreibung vor dem „Anschluss". Edmund Weissberg und die Dynamik antisemitischer Verleumdung. In: dies.: Jüdische Studierende und Absolventen der Wiener Tierärztlichen Hochschule. 1930 bis 1947. Wege – Spuren – Schicksale. Göttingen 2018, S. 33–64.

Rettl, Lisa: Die Wiener Tierärztliche Hochschule und der Nationalsozialismus. Eine Universitätsgeschichte zwischen dynamischer Antizipation und willfähriger Anpassung. Göttingen 2019.

Rettl, Lisa: Zur politischen „Säuberungswelle" an der Tierärztlichen Hochschule im Jahr 1938: In: dies.: Die Wiener Tierärztliche Hochschule und der Nationalsozialismus. Eine Universitätsgeschichte zwischen dynamischer Antizipation und willfähriger Anpassung. Göttingen 2019, S. 189–233.

Stadler, Friedrich, Herbert Posch und Werner Lausecker: „Arisierung", Berufsverbote und „Säuberungen" an der Universität Wien. Wien 2003.

Tálos, Emmerich, Hanisch Ernst und Neugebauer Wolfgang (Hg.): NS-Herrschaft in Österreich. Wien 1988.

Vogel, Otto [Pseudonym]: [Zeitzeugenbericht]. In: Dokumentationsarchiv des österreichischen Widerstandes (Hg.): Jüdische Schicksale. Berichte von Verfolgten. Wien 1993, S. 159–163.
Watts, RM: Wilhelm Marbach. In: Australian Veterinary Journal 71 (1994), 11, S. 392, https://www.readcube.com/articles/10.1111%2Fj.1751-0813.1994.tb00947.x (Zugriff: 28.4.2021).
Wiebogen, Thomas: Otto Krölling (1891–1965). Eine Karriere an der Wiener Tierärztlichen Hochschule im ständestaatlichen und faschistischen Österreich. Unpubl. Dissertation (Veterinärmedizinische Universität Wien) 2015.

# IV Schauplatz Zoo: Perspektiven aus dem Exil

Katja B. Zaich
# Versteckt im Affenfelsen: Untergetauchte im Amsterdamer Zoo

## 1 Der Zoo als lebensrettendes Versteck

Nach der nationalsozialistischen Machtergreifung in Deutschland waren die Niederlande für viele in Deutschland Verfolgte als Zufluchtsland attraktiv: Zu diesem Zeitpunkt gab es keine Visumspflicht, die Menschen galten als tolerant und offen, die Sprache war leicht erlernbar. Zudem boten die Häfen gute Möglichkeiten einer weiteren Emigration in die USA. Ein anderer Aspekt war, dass die Niederlande im Ersten Weltkrieg neutral geblieben waren und ihre Neutralität damals auch vom Deutschen Reich respektiert worden war. Die Mehrheit der niederländischen Bevölkerung und ihrer Regierung glaubte daran, dass man sich weiterhin auf diese Neutralität verlassen könne. Zwar wurde zu Kriegsbeginn 1939 mobilisiert, aber die militärische Ausrüstung war veraltet und hatte den einmarschierenden deutschen Truppen im Mai 1940 wenig entgegenzusetzen. Bereits nach fünf Tagen wurde kapituliert. Verzweifelte deutsche und österreichische Exilierte und niederländische Jüdinnen und Juden versuchten noch zu fliehen, aber der Weg über die Nordsee war durch versenkte Schiffe in den Häfen versperrt. Zahlreiche Selbstmorde in den ersten Tagen nach der Kapitulation waren die Folge. Da die niederländische Regierung samt Königin nach London geflohen war, installierte die deutsche Besatzung eine Zivilregierung. Flucht war jetzt kaum noch möglich, da Belgien und Frankreich gleichzeitig mit den Niederlanden angegriffen worden waren. Zugleich schien sich die Lage in den Niederlanden vorläufig zu stabilisieren, da antijüdische Maßnahmen erst nach und nach eingeführt wurden und der Anschein erweckt wurde, man laufe nicht unmittelbar Gefahr, so lange man sich an alle Vorschriften halte. Für Menschen, die sich direkter Bedrohung oder Verfolgung ausgesetzt sahen, blieb nur die Möglichkeit, sich zu verstecken oder eine andere Identität anzunehmen. Vor dem Beginn der systematischen Judendeportationen im Sommer 1942 betraf das vor allem Mitglieder des Widerstands.

Der Amsterdamer Zoo ist nicht der einzige, in dem sich während des Zweiten Weltkriegs Menschen versteckten. Bekannt ist die Geschichte vom Zoo in Warschau, der allerdings vorher bombardiert und geplündert worden war, sodass es kaum noch Tiere im Zoo gab. Hier waren der Zoodirektor Jan Żabiński und seine Frau Antonina die treibenden Kräfte, die sowohl in ihrer Villa als auch in den verlassenen Tiergehegen über 300 Jüdinnen und Juden versteckten,

https://doi.org/10.1515/9783110729627-014

die zuvor aus dem Ghetto geschmuggelt worden waren. Die amerikanische Schriftstellerin Diane Ackerman hat diese Geschichte in ihrem Buch *The Zookeeper's Wife* dokumentiert; 2017 wurde er mit Jessica Chastain und Daniel Brühl verfilmt.[1] Die Villa der Żabińskis im Warschauer Zoo kann seit 2015 als Gedenkstätte besichtigt werden.[2] Auch im Zoo von Antwerpen soll es Untergetauchte gegeben haben, allerdings fehlt dafür bisher ein Beleg. Dieser Zoo wurde ebenfalls vom Krieg schwer getroffen – zuerst durch die präventive Tötung der Raubtiere und dann durch Bombardierungen. Der Zoo von Amsterdam blieb dagegen sowohl in den Kriegstagen 1940 als auch bei den späteren Angriffen der Alliierten beinahe vollständig intakt und funktionierte den ganzen Krieg über als Zoo mit täglichen Besucher*innen. Im Krieg bekomme, so der Literaturwissenschaftler Ewout van der Knaap in seinem Artikel über Robert Menasses Erzählung „Das Ende des Hungerwinters",[3] „die Diskongruenz zum friedlichen Alltag eine neue Dimension dadurch, dass ein besetztes Volk sich im Zoo zu erholen versucht, aber auch vor die Gitter hinstellen kann und, mit der eigenen Situation vor Augen, sich mit den Tieren identifizieren kann."[4] Das Leben und Überleben im Amsterdamer Zoo wurde 2013 von Maarten Th. Frankenhuis, selbst von 1990 bis 2003 Direktor des Zoos, in dem Buch *Overleven in de dierentuin. De oorlogsjaren van Artis en andere parken*[5] (Überleben im Zoo. Die Kriegsjahre von Artis und anderen Parks) dokumentiert, auf das sich dieser Beitrag hauptsächlich stützt. Bereits 1980 schrieb Roel Twijnstra an der Katholischen Universität Nijmegen eine Magisterarbeit über Direktor Sunier und Artis, in der auf die Untergetauchten hingewiesen wird.[6] Wie war es für die Menschen, ihre Zuflucht zwischen den Zootieren zu suchen, unter welchen Umständen haben sie dort gelebt und was weiß man über die Versteckten im Amsterdamer Zoo? Das soll Gegenstand dieses Aufsatzes sein.

---

[1] Diane Ackerman: Die Frau des Zoodirektors. Eine Geschichte aus dem Krieg [The Zookeeper's Wife. A War Story, 2007]. München 2016; Die Frau des Zoodirektors (D 2017), Regie: Niki Caro.
[2] Vgl. Villa Żabiński, https://warsawtour.pl/de/villa-zabinski/ (Zugriff: 23.3.2021).
[3] Robert Menasse: Das Ende des Hungerwinters. In: ders.: Ich kann jeder sagen. Frankfurt a. M. 2009, S. 24–44.
[4] Ewout van der Knaap: Versteckte Juden im Affenkäfig. Zu einer Erzählung von Robert Menasse im Negativbild Franz Kafkas. In: Sprache und Literatur 47 (2018), 2, S. 195–214, hier S. 199.
[5] Maarten Th. Frankenhuis: Overleven in de dierentuin. De oorlogsjaren van Artis en andere parken. Rotterdam 2013.
[6] Diese Arbeit wird zitiert in: Leonard de Vries: Het boek van Artis. Utrecht 1981, S. 118–121.

## 2 Der Zoo Artis

Der Amsterdamer Zoo ist einer der ältesten Zoos Europas. 1838 wurde er von der zoologischen Gesellschaft mit dem Namen *Natura Artis Magistra* gegründet. Aus dem Namen ergab sich bald der Kurzname des Zoos: Artis. Das Gelände lag bei der Gründung am Stadtrand, aber schon schnell befand sich der Zoo mitten in der Stadt am Rande eines Viertels, in dem traditionell viele jüdische Familien wohnten und das von der deutschen Besatzung zum ‚Judenviertel' erklärt wurde. Das Theater Hollandsche Schouwburg, in dem 1941/1942 nach dem Vorbild des Jüdischen Kulturbunds Theatervorstellungen und Konzerte jüdischer Künstler*innen für ein jüdisches Publikum stattfanden und das 1942 zur zentralen Sammelstelle für die Deportationen umfunktioniert wurde, befindet sich schräg gegenüber dem Zoo und ist einst das Wohnhaus eines seiner Gründer gewesen.

Ende der 1930er Jahre stand es so schlecht um den Zoologischen Garten, dass nur ein Rettungskomitee und die Übernahme von Grund, Gebäuden und Inventar durch die Stadt und die Provinz Noord-Holland die Schließung verhindern konnte. Der Zoo war veraltet und lockte nicht genügend Besucher*innen. Mit dem Geld des Rettungskomitees konnte endlich in dringende Erneuerungen investiert werden; unter anderem sollte ein Streichelzoo eingerichtet werden und ein Affenfelsen dafür sorgen, dass Besucher*innen die Affen nicht nur durch Gitterstäbe betrachten konnten. Die Beteiligung der Stadt bedeutete, dass ein Teil der Gebäude von dieser genutzt wurde. So wurde das Einwohnermeldeamt dort untergebracht.

## 3 Artis unter der deutschen Besatzung

Bevor im Mai 1940 der neue Affenfelsen feierlich eröffnet werden konnte, wurden die Niederlande von deutschen Truppen angegriffen.[7] Während die Zoos im Osten schwer unter den Kämpfen zu leiden hatten und der Rotterdamer Zoo durch deutsche Bomben zu einem großen Teil zerstört wurde, kam der Amsterdamer Zoo glimpflich davon. Nur einige Giftschlangen wurden am zweiten Kriegstag präventiv getötet, denn wenn sie bei einer Bombardierung entkommen wären, hätte man sie nicht mehr auffinden können. Ansonsten notierten die Tierpfleger im täglichen Morgenrapport lediglich Stresssymptome bei einigen Tieren. Orang-Utan Piet „reagiert ängstlich auf Schüsse als auch auf Sire-

---

[7] Vgl. Gerhard Hirschfeld: Fremdherrschaft und Kollaboration: Die Niederlande unter deutscher Besatzung 1940–1945. Stuttgart 1984.

**Abb. 1:** Werbung für den Zoo mit dem Streichelzoo und dem neuen Affenfelsen, 1940.

nengeheul, lässt dann das Futter stehen",[8] Hirsche reagierten mit Fluchtverhalten, dem Nilpferd Bibi brach der Angstschweiß aus. Dem Zoodirektor Armand Sunier war es zu verdanken, dass keines der Raubtiere vorsorglich getötet wurde. Außerdem hatte er vorausschauend für den Kriegsfall große Vorräte an Futter und Heizmaterial angelegt. Durch die Schweizer Herkunft seiner Eltern (selbst war er 1886 in Rotterdam geboren worden und nach damals geltendem

---

8 Morgenrapport, 11.5.1940 und 13.5.1940. Stadsarchief Amsterdam, Artis-Archiv 395_4597.

Recht niederländischer Staatsbürger)[9] sprach er perfekt Deutsch. Er beherrschte auch den richtigen militärischen Ton, der ihn zum vertrauenswürdigen Ansprechpartner für die neuen Machthaber machte. Zudem spielte er eine bedeutende Rolle im Zuchtprogramm des europäischen Wisents, einem Projekt, das den deutschen Zoologen sehr am Herzen lag.[10]

In der wissenschaftlichen Rechtfertigung der nationalsozialistischen Rassentheorie spielten Tiere und damit auch Zoos eine wichtige Rolle, sowohl als Forschungseinrichtungen als auch als Orte der Entspannung. So gab es direkt hinter den Mauern des KZ Buchenwald einen kleinen Tierpark, den Kommandant Karl Koch für seine Mitarbeiter eingerichtet hatte.[11] Lutz Heck, Direktor des Berliner Zoos, eröffnete 1936 in einem Erweiterungsstück seines Zoos einen „Deutschen Zoo" mit ausschließlich heimischen Tieren.[12] Er und sein Bruder Heinz, Direktor des Münchener Zoos Hellabrunn, beschäftigten sich auch mit der Nachzucht ausgestorbener und als „urgermanisch" empfundener Arten wie des Auerochsen.[13] Für viele Zoos in besetzten Gebieten bedeutete dieses Interesse der Nationalsozialisten allerdings vor allem, dass ihre besten Zuchttiere beschlagnahmt und nach Deutschland abtransportiert wurden. Auch in Amsterdam waren Konfiszierungen geplant, jedoch konnte Sunier alle Anordnungen und Angebote abwehren.[14]

Während der Besatzung der Niederlande lief der Betrieb im Zoo Artis weiter wie gewohnt. Der Zoo wurde zu einem Lieblingsort der deutschen Soldaten. Die Kriegsmarine gab ihr Maskottchen, einen Bären,[15] in die Obhut des Zoos und lieferte als Gegenleistung die Brot- und anderen Essensreste aus ihrer Küche als Tierfutter. Deutsche Soldaten besuchten regelmäßig den Zoo und ließen sich gern dabei fotografieren, um sich dem niederländischen Volk als sympathische Tierfreunde zu präsentieren.[16]

---

**9** Vgl. Eintrag Armand Louis Jean Sunier, Biografisch Woordenboek van Nederland, http://resources.huygens.knaw.nl/bwn1880-2000/lemmata/bwn2/sunier (Zugriff: 23.3.2021).
**10** Vgl. Frankenhuis: Overleven, S. 54, 171.
**11** Vgl. Jan Mohnhaupt: Tiere im Nationalsozialismus. München 2020, S. 9.
**12** Vgl. Ackerman: Frau, S. 90.
**13** Vgl. Ackerman: Frau, S. 92–93.
**14** Vgl. Frankenhuis: Overleven, S. 62–64.
**15** In den niederländischen Quellen wird von dem Bären als Maskottchen der deutschen Marine gesprochen. Möglicherweise war er das Maskottchen eines bestimmten Schiffs; Kriegsschiffe hatten oft ein Tier als Maskottchen, auch Bären gab es. Siehe Foto unter https://www.alamy.de/fotos-bilder/zwei-deutsche-kriegsschiffe.html (Zugriff: 26.4.2021).
**16** Innerhalb der nationalsozialistischen Ideologie stellte Tierschutz und -liebe keinen Widerspruch zu Verbrechen gegen die Menschlichkeit dar. Vgl. zur Neukonfiguration der Mensch-Tier-Grenze im Nationalsozialismus: Maren Möhring: „Herrentiere" und „Untermenschen". Zur Transformation des Mensch-Tier-Verhältnisses im nationalsozialistischen Deutschland. In: His-

Aber nicht nur die deutschen Soldaten gingen gern in den Zoo, auch die Bevölkerung sollte den Zoo besuchen. Bis zum Zeitpunkt der Besatzung galt ein Zoobesuch in Amsterdam noch als etwas ziemlich Exklusives, jetzt wurde es vom *Departement van Volksvoorlichting en Kunsten* (Ministerium für Volksaufklärung und Kunst) ausdrücklich gefördert. Tausende Amsterdamer Schulkinder, die noch nie im Zoo gewesen waren, wurden dorthin geführt.[17] Da im Laufe der Besatzungszeit immer mehr Möglichkeiten der Freizeitgestaltung wegfielen, erfreute sich der Zoo immer größerer Beliebtheit. Die Besucherzahlen stiegen von knapp 300 000 im Jahr 1940 auf 425 000 im Jahr 1942. Allein in der Osterwoche 1944 empfing der Zoo 10 000 Besucher*innen mehr als in der Osterwoche des Vorjahres[18] – und das, obwohl dem jüdischen Teil der Bevölkerung, von dem besonders viele Mitglieder der Artis-Gesellschaft waren, ab September 1941 das Betreten des Zoos untersagt war.

Trotz der angelegten Vorräte erforderte die Futterbeschaffung für den Zoo schon 1940 besonderes Geschick. Die Lebensmittelversorgung für die Bevölkerung wurde direkt zu Beginn der Besatzung rationiert, und schnell waren bestimmte Dinge nur noch schwer erhältlich, zum Beispiel Futter für Haustiere. Eine Futterzuteilung für Hunde oder Katzen gab es nur, wenn diese Tiere einen praktischen Nutzen hatten (z. B. Wachhunde oder Katzen, die in Lagerräumen wegen der Mäuse gehalten wurden).[19] Das Halten von Brieftauben wurde jedoch untersagt, weil das Kommunikationsnetz für Widerstandsaktivitäten hätte genutzt werden können.[20] Vielen Tierbesitzer*innen blieb nichts anderes übrig, als ihr Haustier beim Zoo abzugeben, wo es zumeist Teil der Futterkette wurde. Später, als die Lebensmittelsituation wirklich prekär wurde, landeten viele Haustiere direkt auf dem Teller ihrer Besitzer*innen oder von anderen, die die Tiere eingefangen hatten.

---

torische Anthropologie 19 (2011), 2: Tierische (Ge)Fährten, hg. von Gesine Krüger und Aline Steinbrecher, S. 229–244, hier S. 243.
**17** Vgl. Liesbeth van der Horst: Artis in oorlogstijd. Brood jatten bij de beren. In: Ons Amsterdam 54 (2002), https://onsamsterdam.nl/artis-in-oorlogstijd (Zugriff: 23.3.2021).
**18** Entsprechende Auflistungen von Besucherzahlen befinden sich in Unterlagen des Vorstands. Stadsarchief Amsterdam, Artis-Archiv 395_4601.
**19** Vgl. Paul Arnoldussen: Poes in verdrukking en verzet. Amsterdam 2013, S. 28.
**20** Vgl. Frankenhuis: Overleven, S. 111–112

## 4 Untertauchen

Spätestens seit der Veröffentlichung von Anne Franks Tagebuch ist „Untertauchen" (*onderduiken*) ein gängiger Begriff in den Niederlanden. Untertauchen mussten alle, die von der deutschen Besatzung gesucht wurden – Jüdinnen und Juden, Mitglieder des Widerstands, Deserteure. Allerdings besteht die Geschichte der niederländischen Untergetauchten bis heute aus einer Sammlung vieler individueller Berichte und Schicksale. Seit einigen Jahren gibt es an der Vrije Universiteit Amsterdam ein Projekt, das versucht, Untertauchadressen zu kartografieren und die Gründe und Umstände des Untertauchens zu kategorisieren. Wie die Leiterin des Projekts, die Historikerin Dienke Hondius, schreibt, sieht es zwar so aus, „als ob wir alle zu wissen glauben, wie das Untertauchen vor sich ging. Das ist allerdings keineswegs der Fall. Es wurde [...] keine größere Übersicht, keine integrale Studie über das Untertauchen und die Hilfe für Untergetauchte geschrieben."[21] Es ist sogar die Frage, ob die Untertauchgeschichte von Anne Frank, bei der zwei ganze Familien gemeinsam untertauchten, besonders typisch ist. Oft tauchten Familienmitglieder getrennt voneinander unter, oder nur die Kinder wurden zum Beispiel bei Bauernfamilien auf dem Land versteckt, wo sie unter falschem Namen als Neffe oder Nichte aus der Großstadt vorgestellt wurden; Babys wurden teilweise als eigenes Kind ausgegeben. Untertauchorte konnten ganze Wohnungen sein, wenn man einen falschen Ausweis besaß wie die aus Österreich geflohene Tänzerin Cilli Wang, die mit ihrem Mann Hans Schlesinger in der Wohnung eines Kollegen untertauchen konnte,[22] oder der deutsche Musiker Eberhard Rebling, der als Deserteur galt, weil er dem Einberufungsbefehl der Wehrmacht nicht gefolgt war, aber unter falschem Namen für sich und seine Familie eine abgelegene Villa in der Nähe des Ortes Naarden mieten konnte, wo dann auch die jüdische Familie seiner Frau und zeitweise verschiedene andere Verfolgte Unterschlupf fanden.[23] Viele Untertauchstellen waren jedoch Dachböden, Zwischendecken, Kellerräume und Schränke, wo die Verfolgten sich meist nur bei Gefahr versteckten. Ansonsten lebten sie möglichst unauffällig im Haus der aufnehmenden Familie. In Jakov Linds Erzählung „Auferstehung" ist die äußerst beengte Untertauchstelle etwa

---

21 Vgl. Dienke Hondius: Nieuw onderzoek naar de joodse onderduik: verborgen geschiedenissen en herinneringen. Initiatief vanuit de Vrije Universiteit Amsterdam. In: Stichting Wiesenthal Fonds (Hg.): Bulletin 2020. Alphen aan de Rijn, 2020, S. 7–11, hier S. 7. Diese und alle folgenden Übersetzungen aus dem Niederländischen in diesem Beitrag von der Autorin.
22 Vgl. Hanny Alkema: De wondere wereld van Cilli Wang. Amsterdam 1996, S. 43.
23 Vgl. Roxane van Iperen: 't Hooge Nest. Amsterdam 2019, 134–136.

der Hohlraum zwischen zwei Wänden.[24] Daneben gab es viele Untertauchadressen, wo Menschen sich nicht längerfristig verstecken konnten, sondern lediglich für kürzere Zeit, um direkter Gefahr zu entgehen. Eine Untertauchstelle war dann einfach ein sicherer Ort. Dies war wohl bei den meisten Verstecken in Artis der Fall.

Mehrere hundert Menschen sollen zwischen 1942 und 1945 im Zoo untergetaucht sein. Es gibt nur Schätzungen, weil die meisten Untergetauchten nicht darüber berichtet haben. Das Untertauchen im Zoo wurde nicht zentral organisiert, d. h., dass niemand wusste, wo sich überall Menschen versteckten. Denn je weniger Personen Bescheid wussten, desto sicherer war das Versteck. Als Verstecke in Artis werden genannt: das Affenhaus, das Vogelhaus, der Affenfelsen, das Wolfshaus, die Ibis-Volière, das Bärenhaus, der Steinbockfelsen, der Keller des Aquariums, das Verwaltungsgebäude und auch die Direktorenvilla.

Die ersten Untergetauchten waren Mitarbeiter von Artis selbst. Ab 1942 wurden Männer zwischen 18 und 45 Jahren zum Arbeitsdienst in Deutschland verpflichtet. Zwar gelang es Sunier zunächst, seine Mitarbeiter als unentbehrlich von der Liste streichen zu lassen, dennoch mussten sich viele von ihnen nachts verstecken, denn dann war die Gefahr von Razzien am größten. Tagsüber arbeiteten sie einfach weiter. Ein beliebtes Versteck war der Heuboden oberhalb der so genannten Raubtiergalerie, einem langgestreckten Gebäude, in dem mehrere Raubtierkäfige aneinandergereiht waren. Letztendlich wurden nur zwei von dreizehn arbeitseinsatzpflichtigen Mitarbeitern nach Deutschland abtransportiert.[25] Der Löwenpfleger Cor Wiers berichtet:

> Natürlich bekam ich genau wie die anderen Aufforderungen, mich für die Arbeit in Deutschland zu melden, aber es gelang Sunier immer wieder, für einen Ausweis zu sorgen. Es waren weiß ich wie viele Tierpfleger unentbehrlich. Aber im Laufe von 1943 mussten wir dennoch untertauchen. Ich saß mit etwa zwanzig Mann oberhalb der Raubtiere. Wir hatten aus den Heuballen ein richtiges Haus gemacht, wo wir endlos Karten gespielt haben.[26]

Mit den Löwen, die unter ihnen schliefen, hatten die Untergetauchten nichts zu tun, wohl aber mit jeder Menge Ratten. Ein Untergetauchter berichtet: „Es sind nämlich sehr neugierige Tiere. Wenn man sie verscheuchen wollte, rannten sie weg, aber später kamen sie wieder zurück. [...] Ich habe keine Angst vor Ratten,

---

**24** Vgl. Jakov Lind: Auferstehung. In: ders.: Eine Seele aus Holz. Erzählungen. Neuwied, Berlin 1962, S. 217–256, hier 220.
**25** Vgl. Frankenhuis: Overleven, S. 57.
**26** Zit. in: van der Horst: Artis in oorlogstijd.

**Abb. 2:** Untergetauchte auf dem Heuboden über der Raubtiergalerie.

aber man schläft doch nicht so ruhig."[27] Offenbar sprach sich trotz aller Diskretion die Versteckmöglichkeit im Zoo herum, sodass sich auch andere junge Männer im Arbeitsdienstalter nachts einfanden, schreibt Frankenhuis: „Im Interesse des Tierparks musste Sunier dieser Gruppe die nötige Disziplin auferlegen. So wurde zum Beispiel schon mal auf dem Heuboden geraucht."[28]

Mitglieder des Widerstands mussten zeitweise untertauchen, wenn man ihnen auf den Fersen war, und suchten vor allem nachts ein sicheres Versteck. Einer von ihnen war der Biologiestudent Henk Blonk,[29] der sich schon früh dem Widerstand angeschlossen hatte, wo er seine Chemie-Kenntnisse für die Waffenherstellung nutzte. 1942 entkam er nur ganz knapp einer Verhaftung. Durch frühere ehrenamtliche Arbeit kannte er einen Tierpfleger, über den er an verschiedenen Stellen Unterschlupf im Zoo fand. Als er im Affenhaus neben dem Käfig eines Gorillas namens Japie untergebracht war, zeigte dieser sehr großes Interesse für seinen Käfignachbarn und beobachtete ihn durch ein kleines Loch, sodass Henk Blonk in ständiger Angst lebte, durch das Verhalten des Affen entdeckt zu werden.[30] Ein anderes Mal übernachtete er auf dem kahlen Betonboden des Wolfshauses: „Die Hyänen, die auch im Wolfshaus waren, pro-

---

27 Frankenhuis: Overleven, S. 89.
28 Frankenhuis: Overleven, S. 59.
29 Zu Henk Blonk siehe auch: Meindert van der Kaaij: Henk en Fenna Blonk: Een leven lang gek op gekke beesten. In: Trouw (7.5.2018), https://www.trouw.nl/nieuws/henk-en-fenna-blonk-een-leven-lang-gek-op-gekke-beesten~b72d0a41/ (Zugriff 26.3.2021).
30 Vgl. Frankenhuis: Overleven, S. 52–53.

bierten die ganze Nacht auszubrechen. Das war furchtbar. Die haben die ganze Nacht an den Schiebetüren und Toren gerüttelt, an einem Stück."[31]

Sowohl das Affenhaus als auch der neue Affenfelsen befanden sich nicht weit vom Eingang. Hier sorgte der für die Affen zuständige Tierpfleger van Schalkwijk für das Verstecken von Jüdinnen und Juden sowie anderen Schutzsuchenden. Er berichtet später über die jungen Männer, denen er während der Razzien Unterschlupf gewährte:

> Bei einer Razzia [...] ließ ich die Jungen durch die Hintertür ins Affenhaus. Wir gingen danach direkt zum Affenfelsen, wo ich ein Brett über das Wasser legte. Sie saßen dann im Felsen bei den Affen. Durch das Wasser um den Felsen herum bemerkten die Deutschen natürlich nicht, dass dort Juden saßen. Die Soldaten kamen bei einer Razzia selber auch in den Zoo, aber wir wurden vom Büro alarmiert, wenn sie beim Eingang standen [...].[32]

Im Inneren des Affenfelsen konnten sich Schutzsuchende nur so lange verstecken, bis die unmittelbare Gefahr vorüber war, denn das Verstecken von Menschen bedeutete, dass man die Tiere aussperren musste. Dagegen waren auf dem Heuboden über der Raubtiergalerie, bei der Volière der Ibisse und im Nachtgehege der Eisbären feste Untertauchplätze eingerichtet. Bei den Eisbären tauchte der Bildhauer Arie Teeuwisse unter. Er berichtet, es hätten dort drei oder vier Leute übernachtet und er habe sogar gut arbeiten können. Weniger begeistert von den Gästen war der alte Eisbär, der nachts in sein Innengehege wollte und unablässig an der Schiebetür kratzte.[33] Das ist eine der wenigen beschriebenen Szenen, in denen die Tiere, bei denen die Verfolgten Schutz suchten, durchaus als Gefahr dargestellt wurden. Ansonsten wird das Verhältnis zwischen Tier und Mensch eher als pragmatisch dargestellt. Niemand wurde an einer Stelle untergebracht, wo ein Tier ihn oder sie hätte bedrohen können. Teeuwisse schuf zu Ehren der Widerstandskämpfer, die in Artis sicheren Unterschlupf gefunden hatten, 1980 die Fuchs-Skulptur, die heute vor dem früheren Bärenhaus (heute: Kleine Säugetiere-Haus) steht.

Besonders mysteriös ist die Geschichte der jüdischen Untergetauchten Duif van der Brink. Laut Tierpfleger van Schalkwijk versteckte sie sich vier Jahre lang im Zoo und hatte einen festen Schlafplatz im Wolfshaus. Im Affenhaus wurde sie von van Schalkwijk mit Essen und Trinken versorgt, und tagsüber saß sie auf einer Bank im Zoo und unterhielt sich mit den Besucher*innen, sehr

---

31 Frankenhuis: Overleven, S. 89.
32 Frankenhuis: Overleven, S. 89–90.
33 Vgl. Frankenhuis: Overleven, S. 79.

**Abb. 3:** Der Affenfelsen heute – mit Brett.

gern auch mit Deutschen. Außerdem half sie bei kleineren Arbeiten im Zoo. Wer diese Frau war, weiß man bis heute nicht, sie ist in keinem Archiv zu finden.[34]

Heute nimmt man an, dass die Untergetauchten im Zoo vor allem Arbeitseinsatzflüchtlinge und Mitglieder des Widerstands waren und dass trotz der unmittelbaren Nähe zum jüdischen Viertel und zum Sammellager Hollandsche Schouwburg wenige Jüdinnen und Juden im Zoo untergetaucht sind. Henk Blonk berichtet, er habe während seiner Untertauchzeit im Zoo jüdische Besucher*innen wiedererkannt, die sich tagsüber unter das Publikum mischten:

> Aber man fragt nicht: „Hallo gnädige Frau, sind Sie hier untergetaucht?" Außerdem – wenn ich sie etwas frage, könnten auch sie mich so etwas fragen. Und das muss man nun gerade verhindern. Das ist am sichersten für alle Beteiligten. Was man nicht weiß, kann man auch nicht erzählen.[35]

Auch ein junger Untergetauchter, der sein Versteck im Rinderstall hatte, erzählt, dass er tagsüber im Zoo herumlief und den Tierpflegern half, zum Beispiel bei der Verteilung des Futters. Im Winter war das Reptilienhaus ein Ort, an dem man sich aufwärmen konnte. Essen habe man von Vertrauten von außerhalb des Zoos bekommen.[36] So boten die Tiere und die durch sie anfallende

---

34 Vgl. Joodsamsterdam. Joodse sporen in Amsterdam en omgeving, https://www.joodsamsterdam.nl/duif-van-der-brink/ (Zugriff 26.3.2021).
35 Frankenhuis: Overleven, S. 53.
36 Frankenhuis: Overleven, S. 59.

Arbeit Beschäftigungsmöglichkeiten für die Versteckten. Zudem bot der Zoo tagsüber durch die zahlreichen Besucher*innen genügend Schutz, sich außerhalb des Verstecks zu bewegen.

Frankenhuis schätzt die Anzahl der Untergetauchten auf 200 bis 300, wobei einige nur Tage blieben, andere Monate und Jahre. Seiner Erkenntnis nach handelte es sich vor allem um junge Männer, die dem Arbeitseinsatz zu entkommen versuchten, daneben „fanden viele jüdische Einwohner Amsterdams dort einen sicheren Zufluchtsort."[37] Es tauchten einige Widerstandskämpfer*innen unter und am Kriegsende sogar noch alliierte Piloten und ein deutscher Deserteur. Jedoch kennt man von wenigen Untergetauchten die Namen oder gar ihre persönliche Geschichte. Einen jüdischen Untergetauchten konnte Maarten Frankenhuis 2009 interviewen.[38] Es handelt sich um einen gewissen Hartog W., dessen gesamte Familie bereits 1942 deportiert worden war. Sein Name kam jedoch auf keiner Liste vor, und so blieb er zurück. Anfang 1944 kam er über seinen Cousin, der bei Artis arbeitete, in den Zoo. Insgesamt drei Mal blieb er für einige Zeit im Zoo und half tagsüber seinem Cousin bei der Arbeit. Er war in der Küche des Vogelhauses untergebracht, wo er auf einer Liege schlief.

Möglicherweise war der Bericht von Hartog eine Inspirationsquelle für Robert Menasses Erzählung „Das Ende des Hungerwinters". Es geht um eine jüdische Familie, die in den besetzten Niederlanden, versteckt in einem Affenkäfig in Artis, überlebte. Die Erzählung beginnt folgendermaßen:

> „Der Affe brachte uns das Essen", sagte mein Vater, machte eine Pause, „und ein Buch." Jetzt wie immer die längere Kunstpause. „Das war meine erste bewusste Erinnerung." Und meine. Denn ich selbst habe keine anderen Erinnerungen als die des Vaters und der Großeltern – nach ihren Erfahrungen und Erzählungen hatte alles, was ich selbst erlebte, nie eine bleibende Bedeutung haben können.[39]

Schon in der Eröffnung ist angelegt, was Menasse in seiner Erzählung verhandelt: die Verschiebung der Grenze von Mensch und Tier unter den extremen Verfolgungsbedingungen des „Hungerwinters" 1944 und wie sich die Erinnerung daran in der familiären Generationenfolge abbildet.

Der Großvater des Protagonisten, von Beruf Kürschner, hat Frau und Sohn vor dem Gang ins Versteck gegen die Kälte mit Fellmänteln ausgestattet. Derart ‚verkleidet', werden sie den Tieren, mit denen sie eingesperrt sind, im Lauf der

---

37 Frankenhuis: Overleven, S. 57. Die Quellen scheinen sich zu widersprechen, eine genaue Zahl der untergetauchten Jüdinnen und Juden ist nicht zu ermitteln.
38 Vgl. Frankenhuis: Overleven, S. 94–97.
39 Menasse: Hungerwinter, S. 24.

Zeit physiognomisch immer ähnlicher. Sie nehmen ihre Körpersprache und -haltung an, erlernen die Affenlaute.

Menasses Erzählung setzt Jahrzehnte später ein, als die Betroffenen mit dem Trauma dieses Überlebens umzugehen gelernt haben oder daran zerbrechen. Der Großvater stirbt, re-traumatisiert durch das Papageiengeschrei aus der Nachbarwohnung. Für den Vater ist seine extreme Überlebensgeschichte nur erzählbar als eine auf Pointe gearbeitete Anekdotensammlung. Der Enkel, der Icherzähler, erlebt sich in dieser dominanten Kollektiverinnerungskapsel gefangen.

Einige Momente der Erzählung scheinen sich direkt auf den Bericht des Zeitzeugen Hartog zu beziehen, etwa die Passage über das Lesen. Das nur der Affensprache mächtige Tier bringt das Essen für alle, das Buch aber, dessen Titel wir nicht erfahren, wirft es zum menschlichen Mitbewohner. Auch von Hartog wird überliefert, dass er im Versteck Lesestoff bekam: „Die Tante [Mutter des Cousins, KBZ] kaufte Bücher für Hartog, und beim Licht einer improvisierten Öllampe wurde in der Küche gelesen."[40]

Ein weiterer Hinweis für Hartogs Bericht als Referenz für Menasse ist die Beschreibung des Essens. Der Vater in Menasses Erzählung holt seine traumatische Lebensgeschichte wieder einmal hervor. Im Setting eines Totenmahls assistiert die Ehefrau als Stichwortgeberin, der Sohn verfolgt mit ironischer Distanz das altbekannte Ritual:

> Futter! Das kam ihm wohl kess vor. Ironisch. Aber es war lächerlich. Vor allem als Einleitung zu seinem blöden Wortspiel, das jetzt unvermeidlich folgte. „Kugel und Knedl" wird er gleich sagen [...]. „Was? Kugel und Knedl? Jiddische Spezialitäten im Affenhaus?" [...] „Ja, Kugel", sagte mein Vater, „das hatten wir täglich. Im Grunde war es ein Eintopf. In der Küche gab es einen großen Kessel, in den alles hineinkam, was es an Essbarem gab, Gemüse, Fleisch, Kräuter und Pflanzen, zum Beispiel auch Brennnesseln, Getreide, alles kam hinein, was gerade da war, und wurde zusammen gekocht. Das wurde breiig, stockte, wurde eine dicke Masse, in der alles vermischt war. Das ließen sie abkühlen, und dann haben die Wärter mit den Händen einfach Kugeln daraus geformt und gepresst, so wie Knödel. [...] Aber nicht nur für die Affen, auch die Wärter selbst haben davon gegessen, und natürlich auch wir. Max [der Tierpfleger, KBZ] hat solche Kugeln auch mit nach Hause genommen, für seine Familie. Es gab ja damals nichts, im Hungerwinter 44!"[41]

Über Hartog wird berichtet:

> Cousin Andries machte Essen für ihn auf dem Salamander (eine Art Ofen) in der Küche. Das Essen bestand hauptsächlich aus Möhren, Zwiebeln, Resten von selbst gebackenem

---

40 Frankenhuis: Overleven, S. 96.
41 Menasse: Hungerwinter, S. 35.

Brot und Sirup von auf dem Ofen ausgekochten Zuckerrüben. Andries nahm Reste vom Schweinefutter mit Rattenkot mit nach Hause und davon backte seine Tante Brot.[42]

In Menasses Erzählung entgleist die Situation beinahe, als die Runde in einem übersteigerten Vergleich über ein – historisch verbürgtes – Verhalten des Zoodirektors diskutiert: Um den bei den deutschen Besatzern beliebten Zoo zu erhalten, habe dieser einen Teil der Tiere (Huf- und Weidetiere) als Futter geopfert, um das Überleben des anderen Teils (Wildtiere und die bei ihnen versteckten Menschen) zu sichern:

> „Dieser Zoodirektor hat gehandelt wie der Judenrat", sagte Paul. „Eine Karikatur des Judenrats. Er war verantwortlich für die Tiere im Zoo und musste, in Kollaboration mit den Nazis, entscheiden: Diese werden auf die Schlachtbank geschickt, um jene vielleicht zu retten [...]."[43]

Durch Zufall war Menasse die als ‚Legende' kursierende Geschichte von den Versteckten im Amsterdamer Zoo zu Ohren gekommen. Er befragte daraufhin einen Gewährsmann und recherchierte. Mit den Mitteln von Ironie und Groteske, gleichzeitig mit empathischer Fantasie, wie er selbst in einem Interview sagt,[44] baute er seine Erzählung auf dem historischen Substrat auf. Es ist nicht unwahrscheinlich, dass Hartogs erst Jahre später publizierter Bericht unter den Quellen war und so in das literarische Gedächtnis der Gegenwart eingegangen ist.[45]

## 5 Versorgungslage und Hungerwinter

Da die Versorgung des Zoos mit Futter von Anfang der Besatzung an eine große Herausforderung war, experimentierten die Tierpfleger mit dem, was man zur Verfügung hatte. So mussten sich z. B. die Löwen an Stockfisch gewöhnen, die Seelöwen bekamen Süßwasserfisch und für die Huftiere wurden Kastanien und Eicheln gesammelt.[46] Im Oktober 1944 war im Morgenrapport zu lesen, es gebe kein Fleisch, daher müssten die großen Raubtiere heute fasten. Für die nächs-

---

42 Frankenhuis: Overleven, S. 96.
43 Menasse: Hungerwinter, S. 39.
44 Vgl. Thomas Rothschild: Ein Jahr im Affenkäfig. Streng, kunstfertig: Menasses „Ende des Hungerwinters". In: Die Presse (10.1.2009), Beil., S. 5.
45 Menasses Erzählung erschien zuerst als Hörbuch, von ihm selbst gelesen. Robert Menasse: Das Ende des Hungerwinters. Hamburg 2008 (Hörbuch). Die CD enthält als Track 8 ein Interview mit dem Autor über die Entstehungsgeschichte.
46 Vgl. van der Horst: Artis in oorlogstijd.

ten Tage stehe aber ein halbes Pferd in Aussicht, das jemand gespendet habe.[47] Kurze Zeit später gab es kein Brot, da der Bäcker statt für den Zoo für die Wehrmacht backen musste. Das Brot wurde unter anderem durch Rüben, Futterrüben und Hafer ersetzt.[48] Regelmäßig ist in den täglichen Rapporten notiert, dass ein gestorbenes Tier zur Verfütterung vorgesehen sei. Auch Tiere, die sich schnell vermehren, wurden an andere verfüttert.

Trotz allem war die Versorgungslage im Winter 1944/1945, der als Hungerwinter in die niederländische Geschichte einging, im Zoo besser als unter der Bevölkerung. Während die südlichen Niederlande von den Alliierten befreit wurden, hatte die deutsche Besatzungsmacht für die westlichen Niederlande eine Blockade für Lebensmitteltransporte verhängt, was zu einer großen Hungersnot führte.[49] Auch das Zoopersonal hungerte, ihm war strengstens verboten worden, vom Tierfutter zu essen.[50] Immer wieder wurde nachts im Zoo gewildert – es verschwanden Enten, Schafe[51] und einmal sogar das Schwein aus dem Streichelzoo. Daraufhin entschied Direktor Sunier angesichts der nahenden Weihnachtstage, dass das zweite Schwein geschlachtet und unter dem Personal verteilt werden sollte: „Eine Sau Streichelzoo geschlachtet und an Personal verfüttert",[52] meldet der Verfasser des Morgenrapports am 22. Dezember 1944.

Der Untergetauchte Hartog berichtet vom zähen Fleisch eines toten Wisents,[53] von dem das Personal essen durfte. Einmal bekamen Untergetauchte Fleisch von einem alten und ebenfalls sehr zähen Büffel.[54] Verteilt wurde auch die Milch der Kühe und einmal selbst das Ei eines Laufvogels.[55] Die Untergetauchten wurden teilweise von Kontaktpersonen außerhalb des Zoos versorgt, aber vermutlich auch vom Personal durchgefüttert, sofern man das Teilen der mageren Rationen noch so nennen kann. Mensch und Tier konkurrierten um die letzten Nahrungsmittel. Laut Maarten Frankenhuis „schien irgendwie doch jeder in Artis, legal arbeitend oder untergetaucht, zum Zuge zu kommen, indem er in bestimmten Mitarbeiterkreisen verkehrte oder Menschen für ihn sorgten".[56] Für die hungernden Zoobesucher*innen waren sogar die Futterrationen

---

47 Vgl. Morgenrapport 15.10.1944. Stadsarchief Amsterdam, Artis-Archiv 395_4601.
48 Vgl. Morgenrapport 11.11.1944. Stadsarchief Amsterdam, Artis-Archiv 395_4601.
49 Vgl. Frankenhuis: Overleven, S. 117.
50 Vgl. Frankenhuis: Overleven, S. 120.
51 Zum Beispiel meldet sowohl der Morgenrapport vom 20.1.1945 als auch vom 22.1.1945 ein vermisstes Schaf. (Stadsarchief Amsterdam, Artis-Archiv 395_4601).
52 Morgenrapport 22.12.1944. Stadsarchief Amsterdam, Artis-Archiv 395_4601.
53 Vgl. Frankenhuis: Overleven, S. 96.
54 Vgl. Frankenhuis: Overleven, S. 122.
55 Vgl. Frankenhuis: Overleven, S. 122.
56 Frankenhuis: Overleven, S. 124.

der Tiere noch verführerisch. Kinder versuchten, durch das Gitter hindurch den Bären ihr Brot zu stehlen.[57]

## 6 Der Anschlag auf das Einwohnermeldeamt

Von direkten Kriegshandlungen ist der Zoo Artis, wie erwähnt, fast völlig verschont geblieben. Einmal jedoch entging der Zoo knapp einer Katastrophe: In der Nacht vom 13. auf den 14. Juli 1941 verfehlten die für einen nahe gelegenen Güterbahnhof bestimmten Bomben ihr Ziel und verursachten im Zoo ein enormes Feuer. Das Personal von Artis half der Feuerwehr, sodass die Tiere gerettet werden konnten, der Sachschaden war jedoch erheblich.[58] Im Morgenrapport ist zu lesen: „Wegen des erstickenden Rauchs in den Tiergehegen mussten einige Tiere freigelassen werden, der junge Puma Minka, ein bengalischer Tiger, eine Giraffe und die Nilpferde. Sie konnten später allerdings einfach wieder eingefangen werden."[59]

Nur mittelbar indes wurde der Zoo von dem Anschlag auf das Einwohnermeldeamt, das seit 1939 in einem den Zoo umgebenden Gebäude untergebracht war, am 27. März 1943 getroffen. Ob die im Zoo untergetauchten Widerstandskämpfer*innen Kontakt zu jener Gruppe hatten, die unter Leitung des Bildhauers Gerrit van der Veen einen Anschlag auf das Einwohnermeldeamt verübte, ist nicht bekannt. Auf jeden Fall zielte der Anschlag darauf, dort die Karteikästen mit den Daten jüdischer Bürger*innen zu zerstören, da das perfekte Registrierungssystem den deutschen Besatzern die Deportationen erheblich erleichterte. Acht Männer des Wachpersonals des Einwohnermeldeamts wurden überwältigt und geknebelt im Garten des Zoos zurückgelassen. Im Gebäude selbst wurde Sprengstoff gelegt. Der ausgelöste Brand richtete zwar eine große Verwüstung an, zerstörte aber nur einen kleinen Teil der Personenkarten.[60] Die Attentäter konnten zunächst fliehen, wurden jedoch schnell gefasst und zum Tode verurteilt. Für den Zoo hatte der Anschlag lediglich zur Folge, dass jetzt den Beamt*innen des Einwohnermeldeamts der sogenannte „Kaffeesaal" zur Verfügung gestellt werden musste. Sunier war offenbar nicht sehr glücklich mit dieser Lösung, zumal sie länger dauerte als ursprünglich vereinbart. Am 29. April 1943 schrieb er an den Leiter des Amtes, dass er nicht nur Mietzahlungen erwarte, sondern auch eine Entschädigung dafür, dass ein neuer Film über Artis

---

57 Vgl. Frankenhuis: Overleven, S. 124–125.
58 Vgl. Frankenhuis: Overleven, S. 98–99.
59 Zit. nach Frankenhuis, Overleven, S. 98.
60 Vgl. Frankenhuis: Overleven, S. 104–106.

nicht gezeigt werden könne, da der Raum als Filmvorführsaal verwendet werde. Zudem beklagte er sich darüber, dass am Ostersonntag verbrannte Bretter und schwere Balken vom beschädigten Gebäude in den Garten gefallen seien, und zwar direkt neben einige Kinder, die in der Schlange für das Kamelreiten standen.[61]

## 7 Ein sicheres Versteck

Wenn man heute in den Zoo gehen will, steigt man direkt vor dem ehemaligen Sammellager Hollandsche Schouwburg – jetzt Gedenkstätte für die 102 000 aus den Niederlanden deportierten und ermordeten Jüdinnen und Juden – aus der Straßenbahn, die noch genau dort hält, wo sie während der Besatzungszeit die Deportierten zum Bahnhof beförderte, von wo aus sie weiter ins Durchgangslager Westerbork transportiert wurden. Gegenüber befand sich die Kinderkrippe, über die es Walter Süskind und seinen Helfer*innen gelang, etwa 1 000 Kinder vor der Deportation zu bewahren und sie bei Familien im ganzen Land unterzubringen. Daneben ist heute das neu gegründete Holocaust-Museum. Man kommt an der Gedenkplakette für den Anschlag auf das Einwohnermeldeamt vorbei, und direkt gegenüber dem Eingang von Artis befindet sich das Widerstandsmuseum. Im Zoo gibt es keine explizite Gedenkstätte für die Untergetauchten und die zahlreichen Helfer, aber der Zoo ist umgeben von Gedenkorten.

Trotz der widrigen Umstände in Tiergehegen und der mangelhaften Nahrungsversorgung bot der Zoo für die Untergetauchten ein sicheres Versteck. Vor den Tieren mussten sie sich hüten, sie lebten nicht mit ihnen, sondern im sicheren Abstand zu ihnen. Der neugierige Affe konnte einen ebenso verraten wie der randalierende Eisbär, der in sein Gehege wollte.

Sicher spielt der Amsterdamer Zoo in Bezug auf die Versteckmöglichkeiten keine ähnlich große Rolle wie der Warschauer Zoo mit seinem im Widerstand sehr aktiven Direktorenpaar. Zoodirektor Sunier und seine Mitarbeiter waren keine aktiven Widerstandskämpfer, sondern nutzten gerade das Vertrauen und die Beliebtheit des Tiergartens bei den deutschen Behörden, um Verfolgten zu helfen. In der gesamten Besatzungszeit wurde kein einziger Untergetauchter im Zoo gefunden, es wurde niemand verraten, und es ist nach bisherigem Kenntnisstand trotz Hungerwinters keiner der Untergetauchten im Zooversteck ge-

---

[61] Brief von Armand Sunier an das Einwohnermeldeamt, 29.4.1943. Stadsarchief Amsterdam, Artis-Archiv 395_5022.

storben. In Amsterdam hat es in der ganzen Stadt zahlreiche Verstecke gegeben und immer noch werden z. B. bei Renovierungsarbeiten neue gefunden.[62] Das sind oft Verstecke, wie Jakov Lind sie in seiner Erzählung „Auferstehung" beschreibt: Hohlräume zwischen Wänden und Decken oder unter einer Treppe, Kellerräume und Dachböden.

Der Großvater in Menasses Erzählung verbringt seine Tage im Gehege, eingehüllt in einen Fellmantel, wie

> ein krankes Tier, seitlich zusammengerollt mit angezogenen Beinen und den beiden Fäusten vor dem Gesicht, so dass über dem schwarzen Pelz nur sein grindiger Bart und der verfilzte Haarschopf zu sehen war. [...] Mutter sagte zu den Affen immer nur: die Tiere, aber nie hat sie gesagt: wir Menschen. Also waren wir alle Tiere.[63]

Das Überleben als Menschen gelingt, indem sie in einen tierähnlichen, beinahe vegetativen Zustand wechseln.

Das Versteck im Tierkäfig, wie es in den zeitgeschichtlichen Quellen überliefert ist und auch zum literarischen Sujet wurde, mag im Nachhinein demütigend und unmenschlich erscheinen. Im Moment des Untertauchens jedoch war es eine Rettung.

## Abbildungsverzeichnis

Abb. 1: Werbeschrift für den Zoo Artis, Amsterdam, 1940 (Stadsarchief Amsterdam, Artis-Archiv 395_5022).
Abb. 2: Fotografie, Untergetauchte, Zoo Artis, Amsterdam, o. J. (Aufschrift Rückseite: „Versteck Artis Personal im Krieg 1940–1945" in Denekamp/Schutten; aus: Maarten Th. Frankenhuis: Overleven in de dierentuin. De oorlogsjaren van Artis en andere parken. Rotterdam 2013, S. 58).
Abb. 3: Katja B. Zaich: Der Affenfelsen im Zoo Artis, Amsterdam, 2020 (© Katja B. Zaich).

## Archiv

Artis-Archiv: Stadsarchief Amsterdam, Inventarnummer 395

---

[62] Vgl. Sander van Walsum: Nog steeds worden er onderduikplekken gevonden: twee bijzondere verhalen. In: Volkskrant (4.5.2017), https://www.volkskrant.nl/nieuws-achtergrond/nog-steeds-worden-er-onderduikplekken-gevonden-twee-bijzondere-verhalen~bfbc55cc/ (Zugriff: 26.3.2021).
[63] Menasse: Hungerwinter, S. 28–29.

# Literaturverzeichnis

Ackerman, Diane: Die Frau des Zoodirektors. Eine Geschichte aus dem Krieg [The Zookeeper's Wife. A War Story, 2007]. München 2016.
Alkema, Hanny: De wondere wereld van Cilli Wang. Amsterdam 1996.
Arnoldussen, Paul: Poes in verdrukking en verzet. Amsterdam 2013.
Denekamp, Nienke und Jan Paul Schutten: Ik hou van Artis. Het park, de dieren, mensen. Amsterdam 2013.
Die Frau des Zoodirektors (D 2017), Regie: Niki Caro.
Frankenhuis, Maarten Th.: Overleven in de dierentuin. De oorlogsjaren van Artis en andere parken. Rotterdam 2013.
Hondius, Dienke: Nieuw onderzoek naar de joodse onderduik: verborgen geschiedenissen en herinneringen. Intiatiatief vanuit de Vrije Universiteit Amsterdam. In: Stichting Wiesenthal Fonds (Hg.): Bulletin 2020. Alphen aan de Rijn, S. 7–11.
van der Horst, Liesbeth: Artis in oorlogstijd. Brood jatten bij de beren. In: Ons Amsterdam 54 (2002), https://onsamsterdam.nl/artis-in-oorlogstijd (Zugriff: 23.3.2021).
van der Kaaij, Meindert: Henk en Fenna Blonk: Een leven lang gek op gekke beesten. In: Trouw (7.5.2018), https://www.trouw.nl/nieuws/henk-en-fenna-blonk-een-leven-lang-gek-op-gekke-beesten~b72d0a41/ (Zugriff: 26.3.2021).
van der Knaap, Ewout: Versteckte Juden im Affenkäfig. Zu einer Erzählung von Robert Menasse im Negativbild Franz Kafkas. In: Sprache und Literatur 47 (2018), 2, S. 195–214.
van Iperen, Roxane: 't Hooge Nest. Amsterdam 2019.
Lind, Jakov: Auferstehung. In: ders.: Eine Seele aus Holz. Erzählungen. Neuwied, Berlin 1962, S. 217–256.
Menasse, Robert: Das Ende des Hungerwinters. Hamburg 2008 (Hörbuch).
Menasse, Robert: Das Ende des Hungerwinters. In: ders.: Ich kann jeder sagen. Frankfurt a. M. 2009, S. 24–44.
Mohnhaupt, Jan: Tiere im Nationalsozialismus. München 2020.
Möhring, Maren: „Herrentiere" und „Untermenschen". Zur Transformation des Mensch-Tier-Verhältnisses im nationalsozialistischen Deutschland. In: Historische Anthropologie 19 (2011), 2: Tierische (Ge)Fährten, hg. von Gesine Krüger und Aline Steinbrecher, S. 229–244.
Rothschild, Thomas: Ein Jahr im Affenkäfig. Streng, kunstfertig: Menasses „Ende des Hungerwinters". In: Die Presse (10.1.2009), Beil., S. 5.
de Vries, Leonard: Het boek van Artis. Utrecht 1981.
van Walsum, Sander: Nog steeds worden er onderduikplekken gevonden: twee bijzondere verhalen. In: Volkskrant (4.5.2017), https://www.volkskrant.nl/nieuws-achtergrond/nog-steeds-worden-er-onderduikplekken-gevonden-twee-bijzondere-verhalen~bfbc55cc/ (Zugriff: 26.3.2021).
Joodsamsterdam. Joodse sporen in Amsterdam en omgeving, https://www.joodsamsterdam.nl/duif-van-der-brink/ (Zugriff 26.3.2021).

Burcu Dogramaci
# Animal Camera: Medien und Politiken der Tierfotografie im Londoner Exil (1933–1945)

Tiere waren ein beliebtes Sujet von Exilfotograf*innen, die nach 1933 auf der Flucht vor nationalsozialistischer Verfolgung nach London kamen. Damit wurde ein Genre weitergeführt, das bereits in der Weimarer Republik Erfolg hatte – beispielhaft sind etwa die Tier- und Zoofotografien von Friedrich Seidenstücker, der den Berliner Zoologischen Garten in zahlreichen Aufnahmen als Kontaktzone zwischen Menschen und Tieren verbildlichte.[1] Auch in Großbritannien fanden Tierbilder Zuspruch und wurden zahlreich in Zeitschriften oder in der fotografischen Ratgeberliteratur reproduziert. So konnten emigrierte Fotograf*innen ein Betätigungsfeld finden, das ihnen ein (zusätzliches) Auskommen in Aussicht stellte: Während sich Wolf Suschitzky gerade in jungen Jahren auf Tierfotografie spezialisierte, konnten Edith Tudor-Hart oder Tim N. Gidal gelegentlich Tieraufnahmen in der Zeitschrift *Lilliput* veröffentlichen.[2] Für Tierfotograf*innen war der Londoner Zoo ein wichtiger Bezugspunkt; es entstanden Arbeitsbeziehungen, die zu erstaunlichen medienübergreifenden Ergebnissen führten wie das Sound book *Animal Language* (1938) von Julian Huxley, Ludwig Koch und Ylla.

Dieser Beitrag wird jenseits der vielfältigen Medienpräsenz von Tierfotografie und der Marktfähigkeit des Motivs auch die politische Bedeutung der Tierfotografie im Kontext von Exil und Flucht diskutieren. Denn das Tierbild wurde in Zeitschriften wie *Lilliput* oder *Picture Post* auch politisch eingesetzt. Die Politisierung des Tierbildes erfolgte durch Verfremdung bereits im Bild selbst – etwa in Montagen von John Heartfield für *Picture Post* – und mittels Bildunterschriften, die dem Fotografierten durch die Bild-Text-Relation eine andere, besondere Bedeutung gaben. Dabei ist bemerkenswert, dass an *Picture Post* und *Lilliput* ein ganzes Netzwerk an Emigrant*innen beteiligt war: Der Herausgeber beider Magazine war der emigrierte Journalist Stefan Lorant; viele Aufnahmen wurden von emigrierten Fotograf*innen wie Wolf Suschitzky, Edith Tudor-Hart, Tim N.

---

[1] Vgl. Florian Ebner: Vertraute Begegnungen. Zu Seidenstückers fotografischen Zootierparabeln. In: Friedrich Seidenstücker. Von Nilpferden und anderen Menschen. Fotografien 1925–1958, Ausst.-Kat. Berlinische Galerie. Landesmuseum für Moderne Kunst, Fotografie und Architektur, Berlin, Ostfildern 2011, S. 114–159.
[2] Zu Suschitzky als Tierfotografen siehe Julia Wincklers Beitrag in diesem Band. Tierfotografien von Tudor-Hart finden sich in u. a. in Lilliput 2 (1938), 3, S. 136, von Tim N. Gidal in: Lilliput 3 (1938), 6, S. 597.

https://doi.org/10.1515/9783110729627-015

Gidal, Kurt Hutton und Felix H. Man geliefert. Es lässt sich also die These formulieren, dass das Tierporträt in seinem medialen Einsatz als Zeitschriftenbild auch ein Mittel politischer Artikulation wurde. Dies geschah freilich erst im medialen Transfer: aus dem Tierporträt wurde durch redaktionelle Bearbeitung – Texte und Bild-Bild-Relationen – ein politisches Sujet.

## 1 Tiere in Londoner Zeitschriften und Büchern: ein Genre prosperiert

Das Genre der Tierfotografie ist eng mit der fotografischen Emigration nach England nach 1933 verbunden, oder anders gesagt: insbesondere mit Tierfotografien konnten viele Emigrant*innen an der Buch- und Zeitschriftenlandschaft ihres Exillandes partizipieren.

So publizierte der Emigrant Andor Kraszna-Krausz in seinem 1938 in London gegründeten Fotofachverlag Focal Press Bücher wie *Phototips on Cats and Dogs. Not for Beginners Only* (1938), *Nature and Camera* (1943) und *All About Dogs and Puppies and Your Camera* (1949).[3] Diese Ratgeber gaben Anleitung für das ‚richtige' Fotografieren von Tieren zu Hause und in freier Natur und wandten sich gleichermaßen an ein Amateur- und Fachpublikum. Schritt für Schritt führten die Bücher im Text und in zahlreichen Bildbeispielen anschaulich an die Tierfotografie heran, behandelten Techniken, Lichtverhältnisse und Interaktion mit den tierlichen Modellen. Mit seinen Fotoratgebern war Kraszna-Krausz äußerst erfolgreich; allein zwischen 1938 und 1945 erschienen 140 Titel, die freilich auch andere Genres wie das Fotografieren von Kindern, Porträts oder Landschaften behandelten.[4]

Vereinzelt wurde Ratgeberliteratur zur Tierfotografie auch von englischsprachigen Verlagen wie Fountain Press oder The Studio produziert. Dort erschien 1941 auch Wolf Suschitzkys Ratgeber *Photographing Animals*, in dem er ein anderes Mensch-Tier-Verhältnis als Grundlage für eine erneuerte Tierfotografie einforderte.[5] In seinem Buch regte der Fotograf an, sich bei kleinen Tieren

---

3 Edwin Smith und Oswell Blakeston: Phototips on Cats and Dogs. Not for Beginners Only. London 1938; Oliver Pike: Nature and Camera. London 1943; Philipp Ernest Johnson: All About Dogs and Puppies and Your Camera. London 1949.
4 Zahl der Einträge zu Focal Press im Online-Katalog der British Library inkl. Auflagen bereits publizierter Bücher. Der Verlag existiert noch immer und gehört heute zu Taylor & Francis.
5 Bei Fountain Press erschien 1937 *How to Photograph Animals and Birds* von John Wells, und The Studio brachte 1941 Wolf Suschitzkys *Photographing Animals* heraus.

auf den Boden zu legen, um die Distanz zu dem tierlichen Modell zu verringern und abzuwarten, bis sich die Individualität und Persönlichkeit des Tieres im Sucher manifestierte.[6] Damit wurde das Tier als Gegenüber auf Augenhöhe wahrgenommen, das – ähnlich wie das Porträt eines Menschen – Sensibilität, Empathie und Respekt von den Fotograf*innen verlangte. Mit Blick auf die Ratgeberliteratur, ihre Autor*innen und ihr Publikum lässt sich konstatieren, dass Tierfotografien sowohl von Amateur*innen als auch von professionellen Fotograf*innen produziert wurden und damit ein ergiebiges Betätigungsfeld für Emigrant*innen waren.

Dabei war das Thema der Tierfotografie kein genuin emigrantisches Genre: In England existierte eine weit zurückreichende Tradition der Verbildlichung von Tieren in Malerei, Grafik und Fotografie. Für Tiermaler und -illustratoren des 19. Jahrhunderts wie Joseph Wolf, Edward Lear oder Edwin Landseer war der Londoner Zoo, der Tiere aus dem gesamten Commonwealth ausstellte, ein wichtiger Studienort.[7] Zugleich firmierte die Zoological Society of London als Auftraggeberin, für die Edward Lear 1832 farbenreiche Studien von Papageien anfertigte und Joseph Wolf 1852 naturnahe kolorierte Zeichnungen von seltenen Tieren als *Zoological Sketches* produzierte.[8] Seit den 1890er Jahren schuf Gambier Bolton Tierfotografien im Londoner Zoo, die als Postkarten weite Verbreitung fanden. Bolton fotografierte mit einer schweren Plattenkamera. Die lange Belichtungszeit war eine Herausforderung, galt es doch abzuwarten, bis ein Tier lang genug vor der positionierten Kamera verweilte, damit es nicht unscharf erfasst wurde. Bolton führte seine Linse durch die Gitterstäbe, um den

---

**6** Suschitzky schreibt über „individuality" des Tieres – „they have wills of their own", von „photograph the animal from its own level" und von „return to the subject of the animal's point of view". Wolf Suschitzky: Photographing Animals. London, New York 1941, S. 17–18. Suschitzky publizierte auch Bildbände zu Tieren: Wolf Suschitzky: Faithfully ours. Cats and Dogs photographed by W. Suschitzky. Text by Cécile Smythe. Norwich 1950; ders.: Animal Babies. London 1957. Zu Suschitzky siehe Julia Winckler: „Quite content to be called a good craftsman" – an Exploration of some of Wolf Suschitzky's Extensive Contributions to the Field of Applied Photography between 1935 and 1955. In: The Yearbook of the Research Center for German and Austrian Exile Studies 19 (2018): Applied Arts in British Exile from 1933. Changing Visual and Material Culture, hg. von Marian Malet, Rachel Dickson, Sarah MacDougall und Anna Nyburg, S. 67–92.
**7** Vgl. J. Barrington-Johnson: The Zoo. The Story of the London Zoo. London 2005, S. 67.
**8** Lears Studien erschienen 1832 als handkolorierte Lithographien in dem Band *Illustrations of the family of Psittacidae, or parrots, the greater part of them species hitherto unfigured*. Zu Lear siehe John Lehman: Edward Lear and His World. London 1977. Zu Wolf Diana Donald: Picturing Animals in Britain 1750–1850. New Haven/CT, London 2007, S. 188.

**Abb. 1:** Julian Huxley und Ludwig Koch: Animal Language. Photographs by Ylla. London 1938, Cover.

Tieren möglichst nahe zu sein, wobei Helfer die wilderen Tiere mit Stangen bändigten oder ihre Aufmerksamkeit mit Fleischstücken fesselten.[9]

Auch für Exilierte der 1930er und 1940er Jahre hatte der Londoner Zoo eine Schlüsselrolle und war ein Knotenpunkt im Netzwerk des künstlerischen und fotografischen Exils: die Zeichnerin Erna Pinner,[10] der Architekt Berthold Lubet-

---

[9] Zur langen Belichtungszeit äußerte sich der Fotograf 1892 in der Zeitung Globe: „Did a puff of wind move mane or tail or feather, a slight sound cause a twitching of the ear, or even the movement necessary in breathing mar the perfect reproduction of every little detail, the plates were thrown away." Bolton, zit. nach Barrington-Johnson: The Zoo, S. 67.
[10] Siehe den Beitrag von Barbara Weidle in diesem Band.

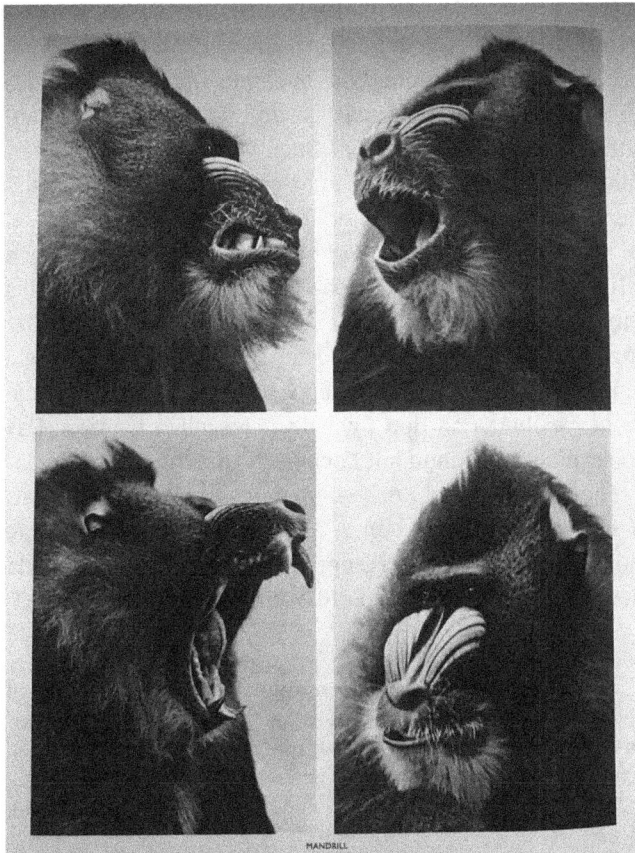

**Abb. 2:** Julian Huxley und Ludwig Koch: Animal Language. Photographs by Ylla. London 1938, S. 14: Mandrill.

kin,[11] Fotograf*innen wie Ylla oder Wolf Suschitzky, aber auch der Bioakustiker Ludwig Koch oder die Medizinerin und Chirologin Charlotte Wolff[12] waren dem Zoo und insbesondere dem Zooleiter und Secretary der Zoological Society of

---

**11** Berthold Lubetkin und sein Büro Tecton entwarfen für den Londoner Zoo seit 1934 avantgardistische Bauten, darunter das Gorilla House, den Penguin Pool, ein Künstleratelier. Vgl. John Allan: Berthold Lubetkin: Architecture and the Tradition of Progress. London 2012, S. 199–251.
**12** Charlotte Wolff führte seit 1936 im Auftrag von Julian Huxley Untersuchungen an Primaten im Londoner Zoo durch, denen sie aus der Hand las. Vgl. Charlotte Wolff: Augenblicke verändern uns mehr als die Zeit. Eine Autobiographie. Weinheim, Basel 1982, S. 171. Wolff publizierte ihre Forschungsergebnisse 1938 in den *Proceedings of the Zoological Society*.

London, Julian Huxley, eng verbunden. Bemerkenswert ist in diesem Kontext eine interdisziplinäre und medienübergreifende Zusammenarbeit: 1938 erschien im Londoner Verlag Country Life das Sound book *Animal Language* (Abb. 1, 2) mit Texten von Julian Huxley, Fotografien von Ylla und Audioaufnahmen auf beigelegten Schallplatten von Ludwig Koch. Das Buch widmet sich den unterschiedlichen Tönen und Geräuschen von Tieren aus dem Londoner Zoo und seiner ländlichen Dependance Whipsnade, darunter Kamele, Wölfe und Seehunde. Ludwig Koch gab den Impuls für das Buch.[13] Vor seiner Emigration hatte Koch gemeinsam mit Lutz Heck, dem Direktor des Zoologischen Gartens Berlin, das „Tönende Buch" erfunden: 1933 erschien im Verlag Knorr & Hirth *Schrei der Steppe*, 1934 folgte dann *Der Wald erschallt*. Für beide Bücher besorgte Ludwig Koch die Tonaufzeichnungen mit einem Phonographen, von denen je eine Auswahl auf Schallplatte gespeichert und den Büchern beigegeben wurde.[14] Das Konzept der Sound books emigrierte dann mit Koch nach London. In dem Biologen und Zoodirektor Julian Huxley fand Koch einen aufgeschlossenen Partner, der stets um neue Wege der Verbreitung von Wissen bemüht war.[15] Die dritte Urheberin war die aus Wien stammende Fotografin Ylla (eigentlich Camilla Henriette Koffler), die seit 1933 in Paris ein Studio für Tierfotografie führte.[16]

---

[13] „Mr. Koch, to whom the idea of this book is due, is a real enthusiast in this branch of work." Huxley, Koch: Animal Language, S. 1. Zu *Animal Language* vgl. Marianne Sommer: Tierstimmen gegen den Lärm von Krieg und Moderne. Julian Huxley und das akustische Erbe in Soundbook, Film und Comic. In: Marianne Sommer und Denise Reimann (Hg.): Zwitschern, Bellen, Röhren. Tierlaute in der Wissens-, Medientechnik- und Musikgeschichte. Berlin 2018, S. 113–143.

[14] Lutz Heck und Ludwig Koch: Schrei der Steppe. Tönende Bilder aus dem ostafrikanischen Busch. München 1933; dies.: Der Wald erschallt! Das tönende Buch von Frühling und Herbst des deutschen Waldes. München 1934. Vgl. Andreas Fischer und Judith Willkomm: Der Wald erschallt nicht wie der Schrei der Steppe. Tierlaute im NS-ideologischen Kontext in Lutz Hecks tönenden Büchern. In: Sommer, Reimann: Zwitschern, S. 73–111.

[15] Zu Huxley und seinen Vermittlungskonzepten als Zoodirektor – Einrichtung eines Kinderzoos und von Künstlerateliers auf dem Zoogelände, Beteiligung an einer BBC-Radioserie, Publikation von Büchern – siehe Julian Huxley: Ein Leben für die Zukunft. Erinnerungen. München 1974; Daniel J. Kevles: Huxley and the Popularization of Science. In: C. Kenneth Waters und Albert van Helden (Hg.): Julian Huxley. Biologist and Statesman of Science. Houston/TX 1992, S. 238–251. Zu Huxley, Ylla und *Animal Language* siehe das digitale Archiv des Forschungsprojekts METROMOD, https://metromod.net (Zugriff: 16.7.2021).

[16] Ylla publizierte 1937 im Londoner Verlag Methuen die beiden Bücher *Ylla's Dog Fancies* und *Ylla's Animals*. 1938 folgte im Londoner Verlag Country Life das Buch *Big and little*. Im selben Jahr veröffentlichte sie im von Julian Huxley herausgegebenen *Animal and Zoo Magazine*. Ylla war also eine in London sichtbare Tierfotografin, als es zur Zusammenarbeit für *Animal Language* kam. Eine kurze biografische Würdigung findet sich in: Vienna's Shooting Girls – Jüdische Fotografinnen aus Wien, hg. von Iris Meder und Andrea Winklbauer, Ausst.-Kat. Jüdi-

Ihre Aufnahmen zeigen die Tiere in Momenten der Kommunikation und des ‚Sprechens'. In Einzelporträts oder in Bildsequenzen verfolgt Ylla die Mimik und Gebärden bei der Erzeugung der tierlichen Töne. Ihre nahsichtigen Porträts visualisieren die Bandbreite der begleitenden Körperhaltungen und physischen Ausdrucksformen. Damit übersetzt Ylla die Akustik in eine Bildsprache, Töne werden sichtbar.

Reflektiert werden im Buch die Herausforderungen der phonetischen Aufzeichnung, da einige Tiere kaum und andere in seltenen Momenten und mit spezifischer Absicht kommunzierten:

> Not only does one species often produce a great range of different sounds at different times, but many animals seem very chary of letting us hear some of the sounds of which they are capable, or even their most characteristic utterances. [...] As with animal photography, however, technique alone is not sufficient: the greatest patience, skill, and determination are needed to make the technique effective.[17]

Geduld, Ausdauer und Einfühlungsvermögen sind sowohl für den Bioakustiker als auch die Tierfotografin die notwendigen Grundlagen, um Tiertöne aufzuzeichnen und Tiere in den Momenten ihrer Artikulation zu fotografieren.

Yllas Bilder zeigen eine unmittelbare Begegnung mit den Tieren, deren Ausdruck und Haltung eingefangen wurde und die mit derselben Sorgfalt aufgenommen wurden, die ihre Fotografie auch menschlichen Modellen entgegenbrachte. Zugleich lassen Yllas Fotografien eine Kritik am Zustand der Gefangenschaft weitgehend vermissen, denn die Tiere werden primär als Persönlichkeiten mit Ausdrucksfähigkeit, eigenem Charakter aufgenommen, ohne ihre begrenzten Freiräume oder oft auch trostlose Umgebung offensiv zu thematisieren. Es ist in Yllas Fotografien also keine Kritik an Zootieren als eingesperrte und zum Objekt gemachte Lebewesen zu finden, wie sie sich in dem 1981 publizierten Text „Warum sehen wir Tiere an?" des englischen Bildtheoretikers John Berger findet. In seinem Text diskutiert Berger die emotionale Separierung zwischen Mensch und Tier, und er argumentiert, dass Tiere zwar – als Stofftier oder im Comic – andauernd angesehen, doch kaum als eigenständige Lebewesen wahrgenommen werden. Im Zoo wiederum wird das angesehene Tier zum ausgestellten Objekt, das nur noch erinnert wird, aber kaum als lebendiges Gegenüber auf Augenhöhe in Erscheinung tritt.[18]

---

sches Museum Wien. Wien 2012, S. 208. Siehe auch Ylla, Ausst.-Kat. Musée Nicéphore Niépce, Chalon-sur-Saône 1983.
**17** Huxley, Koch: Animal Language, S. 1.
**18** Vgl. John Berger: Warum sehen wir Tiere an? In: ders.: Das Leben der Bilder oder die Kunst des Sehens [1981]. Berlin 1989, S. 13–38.

Sicherlich muss *Animal Language* in seinen Zeitkontext eingeordnet werden. Das Buch entstand im Kontext eines wachsenden wissenschaftlichen Interesses am Zootier, neuer technischer Möglichkeiten der Fotografie und Audioaufzeichnung, der sich etablierenden Tierwohl- und Tierschutzbewegung, aber auch einer tiefgreifenden Veränderung des Mensch-Tier-Verhältnisses im Vergleich zu den vorigen beiden Jahrhunderten. Das Mensch-Tier-Verhältnis veränderte sich durch Industrialisierung und Verstädterung: die Fertigung entwickelte sich unabhängig von tierischer Produktionskraft (Stichwort Dampfmaschine), hinzu kam ein neues Verhältnis zum Tier durch die urbane Distanz zur ländlichen Nutztierhaltung und die Haustierhaltung.[19] Zugleich erlebte der städtische Zoo als beliebter Ort der Erholung und Unterhaltung immer größeren Besucherzulauf. In dem Kontext ist auffällig, dass sich die Tierschutzbewegungen dem Zoo in der ersten Hälfte des 20. Jahrhunderts kaum widmeten bzw. ihn als Institution nicht in Frage stellten.

Die rahmenden Kategorien der Zoofotografien der 1930er und 1940er Jahre, wie sie auch von exilierten Fotograf*innen praktiziert wurde, waren Empathie, Wissensvermittlung und Unterhaltung. Gefangenschaft, Leid und Tierhaltungsbedingungen wurden nicht oder nur selten thematisiert.[20]

## 2 Exil, Zeitschriften und ihre politische Agenda

Das Haustier als Begleiter und Akteur im Alltag des Menschen ist Thema der insgesamt 147 Titelblätter des monatlich erscheinenden Londoner Pocket-Magazins *Lilliput*, die der Illustrator Walter Trier von 1937 bis 1949 gestaltete. Das Bildmotiv Paar mit Hund (Abb. 3) wird durch Jahreszeiten, Tätigkeiten und Befindlichkeiten in einer Art „Bildtagebuch"[21] visualisiert, welches das politische

---

**19** Vgl. Mieke Roscher: Ein Königreich für Tiere. Die Geschichte der britischen Tierrechtsbewegung. Marburg 2009, S. 62–64. 1824 gründete sich in Großbritannien die Tierschutzorganisation Royal Society for the Prevention of the Cruelty to Animals (RSPCA). Roscher: Ein Königreich, S. 12.
**20** Eine zookritische Ausnahme ist Wolf Suschitzkys 1958 entstandene Fotografie *Guy the Gorilla*, in der sich die Schatten der Käfiggitter über das Antlitz des Affen legen. Suschitzky erwähnt, dass die Tierschützerin Virginia McKenna das Foto für ihre zookritischen Bücher verwendete. https://www.theguardian.com/artanddesign/2009/jul/15/photography-best-shot-wolf-suschitzky (Zugriff: 27.12.2020). McKenna gründete 1984 die Zoo Check Campaign und 1998 die Born Free Foundation, die sich u. a. für die Abschaffung von Zoos einsetzt. https://www.bornfree.org.uk (Zugriff: 27.12.2020).
**21** Antje Neuner-Warthorst: Walter Trier. Politik. Kunst. Reklame. Zürich 2006, S. 234.

**Abb. 3:** Lilliput 4 (1939), 5, Cover von Walter Trier.

Tagesgeschäft, Krieg und Tyrannei auf dem europäischen Kontinent ignoriert. Im Mittelpunkt steht die Interaktion zwischen Mann, Frau und Haustier.

Dass Trier nicht nur ein humorvoller Zeichner mit einem Faible für Mensch-Tier-Darstellungen war, zeigt sich an seinen Arbeiten für die politische Tageszeitung *Die Zeitung*, die von und für Emigrant*innen in London erschien. Dort agierte Trier als politischer Zeichner und karikierte die nationalsozialistische politische Elite, ihre Eitelkeiten, ihre Gewissen- und Kulturlosigkeit.²² Dieses politische Selbstverständnis zeigte sich auch in seiner Illustration für die 1946 erschienene Anthologie *The Pen is Mightier. The Story of the War in Cartoons*,²³ dessen Titel von Francisco de Goyas *Der Stift ist mächtiger als das Schwert* inspiriert war. Das Titelmotiv lieferte Trier. Es zeigt einen Künstler mit einer riesigen Zeichenfeder, die wie ein Gewehr gehalten wird, während Mussolini, Hitler, Göring und Lavar wie Trophäen an dem Zeichengerät hängen. Der Einband des im Verlag Lindsay Drummond erschienenen Buches wurde von John Heartfield gestaltet.

Auftraggeber und Förderer von Heartfield und Trier war der Journalist Stefan Lorant, der ehemalige Chefredakteur der *Münchner Illustrierten Presse*, der 1934 nach London emigriert war und im Exil bildbasierte Magazine wie *Weekly Illustrated* (1934), *Lilliput* (1937) und *Picture Post* (1938) gründete. Mit *Picture Post* konnte Lorant mit Erfolg ein fotografisch illustriertes Magazin auf dem englischen Markt platzieren, denn „Essays mit der Kamera zu schreiben, wie auf dem Kontinent, war hier unbekannt".²⁴ Bereits nach wenigen Monaten überschritt die Auflage der Zeitschrift die Millionengrenze.²⁵ *Picture Post*, deren erste Ausgabe am 1. Oktober 1938 erschien und die sich in ihrer Konzeption an der 1936 gegründeten amerikanischen Zeitschrift *Life* orientierte,²⁶ bildete ein neues Format in England, da hier mit visuellen Mitteln unterhaltsam Geschichten aus der Mitte des Lebens erzählt wurden. Lorant entwickelte ein Seitenlayout, das vom Bild ausging und sich auch ohne Lektüre des kurzen Textes erschließen konnte. Auf dem Cover erschien ein ganzseitiges Foto als Blickfang, das auf eine Geschichte im Innenteil verwies. Zu sehen waren Prominente, Politiker*innen, Menschen aus der Mitte der Gesellschaft, oftmals attraktive junge Frauen,

---

22 Zu *Die Zeitung*, ihren politischen Künstler*innen und Karikaturen siehe Burcu Dogramaci: Der Stift als Seziermesser im englischen Exil. Politische Zeichnungen von Richard Ziegler und Walter Trier für „Die Zeitung". In: Hiltrud Häntzschel, Inge Hansen-Schaberg, Claudia Junk und Thomas F. Schneider (Hg.): Exil im Krieg (1939–1945). Göttingen 2016, S. 99–110.
23 Insgesamt war Trier mit acht Karikaturen vertreten. Entwürfe für den Umschlag von *The Pen is Mightier* finden sich im grafischen Nachlass von Heartfield in der Akademie der Künste, Berlin, https://heartfield.adk.de (Zugriff: 23.12.2020).
24 Felix H. Man: Photographien aus 70 Jahren. München 1983, S. 128.
25 *Picture Post* begann mit einer Startauflage von 250 000 Exemplaren. Nach zwei Monaten wurden eine Million, nach vier Monaten 1,35 Millionen Exemplare verkauft. Vgl. Tom Hopkinson: Of this our time. A Journalist's Story, 1905–50. London 1982, S. 165; vgl. auch Amanda Hopkinson: Picture Post: ‚Strongly political and anti-Fascist'. In: Monica Bohm-Duchen (Hg.): Insiders Outsiders. Refugee from Nazi Europe and their Contribution to British Visual Culture. London 2019, S. 121–127.
26 Vgl. Thomas Willimowski: Stefan Lorant – Eine Karriere im Exil. Berlin 2005, S. 335–337.

**Abb. 4:** Picture Post 2 (7. Januar 1939), 1, Cover: A Day in the Life of a Dog.

Kinder und Tiere – ein Tiger in Nahaufnahme oder ein Hund (Abb. 4) –, also Motive, die eine potenzielle Leserschaft adressierten.

Aufbauen konnte der Journalist auf bewährten Netzwerken, was ihm ermöglichte, gleich drei der bedeutendsten *Münchner-Illustrierte-Presse*-Fotografen zur *Picture Post* zu holen.[27] Sie prägten von Anbeginn das visuelle Gesicht der Zeitschrift: Kurt Hutton (vormals Hübschmann), Felix H. Man und Tim Gidal. Gidal war auf Lorants Einladung aus seinem palästinensischen Exil nach

---

[27] Siehe ausführlich Burcu Dogramaci: Der Kreis um Stefan Lorant. Von der Münchner Illustrierten Presse zur Picture Post. In: dies. und Karin Wimmer (Hg.): Netzwerke des Exils. Künstlerische Verflechtungen, Austausch und Patronage nach 1933. Berlin 2011, S. 163–183.

London gekommen,[28] die anderen hatten bereits für die *Weekly Illustrated* fotografiert. Obgleich *Picture Post* viele unterhaltsame Geschichten und Personen aus dem britischen Alltag brachte, war eine politische Haltung ebenso sichtbar; dies betraf die Kommentierung gesellschaftlicher Missstände wie Arbeitslosigkeit und Armut, meinte jedoch auch die politische Positionierung gegenüber NS-Deutschland, dessen Verfolgungspraktiken, den verübten Gräueltaten und der außenpolitischen Expansionspolitik. Mehrseitige Reportagen in der *Picture Post* exponierten die gewaltbereite NS-Elite, zeigten ins Exil gedrängte Intellektuelle und Schauspieler*innen sowie Erniedrigungsaktionen gegen die jüdische Bevölkerung.[29] Lorant publizierte zudem ein Titelbild, das der zunächst in Prag und später in London exilierte Künstler John Heartfield bereits für die *Arbeiter Illustrierte Zeitung* entwickelt hatte und nun – den politischen Gegebenheiten angepasst – für die *Picture Post* variierte. Zu sehen ist Hitler als Wiedergänger des deutschen Kaisers mit aggressiven territorialen Ansprüchen.[30]

Kritisiert wurde in *Picture Post* aber auch die lange Zeit defensive britische Außenpolitik. Am 15. Oktober 1938 erschien Heartfields Montage *Happy Elephants* (Abb. 5), die zwei geflügelte Elefanten in einer Landschaft zeigen. Während der eine Dickhäuter bereits mit erhobenem Kopf und Rüssel in den Himmel fliegt, befindet sich der andere noch im Abflug. Die Bildunterschrift lautet: „The elephants are happy. They are flying about in the sky. The elephants are happy because they have got peace. For how long have the elephants got peace? Ah, that alas! no one can say." Obgleich die Arbeit zunächst als humorvolle Tiermontage in Erscheinung tritt, verbirgt sich doch eine politische Referenz: Die Appeasement-Politik des Premierministers Neville Chamberlain beabsichtigte zwar die Befriedung des angespannten Verhältnisses zu Hitler-Deutschland.[31] Doch das Münchner Abkommen vom September war fragil und zudem besonders folgenreich für die nach Prag Emigrierten wie John Heartfield, da die

---

**28** Noch aus Palästina hatte Gidal seine Geschichte „War in the Holyland" an die *Picture Post* verkauft. Picture Post 1 (5.11.1938), 6, S. 18–22.

**29** Anonym: Back to the middle ages. In: Picture Post 1 (26.11.1938), 9, S. 14–19. Der reich bebilderte Artikel widmet sich den Leistungen der deutschen Juden – etwa Auszeichnungen mit dem Nobelpreis –, aber auch der Ausgrenzungs- und Diffamierungspolitik des NS. So zeigt er Schilder wie „Judentum ist Verbrechertum" oder eine Fotografie von Wiener Juden, die die Straße mit der Zahnbürste reinigen müssen.

**30** John Heartfield: Kaiser Adolf. The Man Against Europe. In: Picture Post 4 (9.9.1939), 19, Cover.

**31** Vgl. Anna Schultz: Uncompromising Mimikry. Heartfield's Exile in London. In: John Heartfield. Photography Plus Dynamite, Ausst.-Kat. Akademie der Künste, Berlin, München 2020, S. 196.

**Abb. 5:** Picture Post 1 (15. Oktober 1938), 3, S. 9: „The Happy Elephants" von John Heartfield.

Tschechoslowakei für die Besänftigungspolitik ‚geopfert' wurde.³² Deutschland wurde das Sudetenland zugesprochen, die Besetzung erfolgte zum 1.10.1938, also zwei Wochen, bevor *Picture Post* die Montage Heartfields publizierte. Letztlich führte dieser Deal, der England eben nur temporären Frieden brachte, zur erneuten Emigration Heartfields, diesmal nach Großbritannien. Unter Berücksichtigung dieses Kontexts ist *The Happy Elephants* nicht nur eine politische Montage, sondern birgt auch Referenzen auf das Schicksal ihres Urhebers.

## 3 Juxtapositionen gegen den Faschismus: Gegenüberstellung von Mensch und Tier

Auch in *Lilliput* wurden politische Bilder reproduziert. *Lilliput* war eine 1937 von Stefan Lorant in Zusammenarbeit mit Alison Blair³³ gegründete Zeitschrift im

---

32 Vgl. Peter Becker: Metropole des Exils – Prag 1933–1939. In: Exilforschung 20 (2002): Metropolen des Exils, hg. von Claus-Dieter Krohn und Lutz Winckler, S. 159–177, hier S. 172.
33 Zumeist bleibt Alison Blairs Anteil an *Lilliput* unbenannt. Beide trafen sich wohl im südfranzösischen Bandol und entwickelten gemeinsam die Idee für das Pocket-Magazin, während sie die ähnlich kleinformatige neue Zeitschrift *Coronet* durchblätterten. Vgl. James Fergusson:

Pocket-Format, ein satirisches Magazin mit literarischen Beiträgen von Upton Sinclair und Liam O'Flaherty und einem visuellen Schwerpunkt auf der Fotografie. Lorants visuelle Strategie für *Lilliput* war die Juxtaposition.

Juxtaposition meint, dass eng Nachbarschaftliches oder Nebeneinanderliegendes in Beziehung gesetzt werden kann, obgleich es teils auch inhaltlich weit voneinander entfernt ist. Juxtaposition kommt vom lateinischen *iuxta* für „nebenan" und *positio* für „Lage oder Stellung".[34] In *Lilliput* wurden vermeintlich entfernte Bildinhalte auf einer Doppelseite zusammengestellt: *Lilliput* arbeitete mit Bildpaaren, in denen neue und oftmals komische Verbindungslinien zwischen zwei Fotografien hergestellt wurden. Vermutlich adaptierte Lorant die Ideenfindung zu den Juxtapositionen aus der deutschen Kulturzeitschrift *Der Querschnitt* und entdeckte ihr Potenzial für den englischen Markt.[35] Das kleine Format (19 x 12 cm), das sich am neu gegründeten US-amerikanischen Magazin *Coronet* (20 x 14 cm) orientierte, mag den Erfolg der Juxtapositionen erklären. *Lilliput* war ein Mitnahmemagazin, das unterwegs – in öffentlichen Verkehrsmitteln – genauso wie beim Ausflug gelesen werden konnte. Inhalte mussten kurzweilig sein, der Bildwitz in einem kurzen Augenblick vermittelt werden. Die Juxtaposition funktionierte über formale Analogien – eine ähnliche Körperhaltung oder Gesichtsausdruck – und eine knappe Bildunterschrift, die Verwandtschaften exponierte. Dieses Mittel kennen wir auch aus der Gegenwart, etwa aus der Rubrik „Gemischtes Doppel" im Magazin der *Süddeutsche Zeitung*.

Besonders interessant ist die Juxtaposition als Mittel, um politisch zu argumentieren, wobei dem Tierbild eine besondere Funktion zukommt: Auf einer Doppelseite in *Lilliput* stehen sich Bild und Bild gegenüber (Abb. 6): wo zum Beispiel dem Porträt des britischen Premierministers Neville Chamberlain die Aufnahme eines Lamas mit ähnlichem Gesichtsausdruck zur Seite gestellt wurde, ergaben sich überraschende, komische und durchaus auch bösartige Gegenüberstellungen.

Dabei geht es in den Bildpaaren nicht um einen Anthropomorphismus,[36] also die Vermenschlichung von Tieren und die Suche nach menschlichen Eigenschaften oder Verhalten im Tierbild. Es geht auch nicht darum, die Menschen in ihrem Verhalten als ‚wie bei den Tieren' zu charakterisieren und sie damit auf ein vermeintlich niedriges tierisches Niveau herabzusetzen. Denn die herange-

---

Obituary: Alison Blair. In: Independent, (30.5.1995), https://www.independent.co.uk/news/people/obituary-alison-blair-1621850.html (Zugriff: 29.12.2020).
**34** Hans Jürgen Wulf: Juxtaposition, 2012. In: Lexikon der Filmbegriffe, https://filmlexikon.uni-kiel.de/index.php?action=lexikon&tag=det&id=6634 (Zugriff: 17.12.2020).
**35** Vgl. Willimowski: Stefan Lorant, S. 314.
**36** Siehe dazu Kai Artinger: Von der Tierbude zum Turm der blauen Pferde. Die künstlerische Wahrnehmung der wilden Tiere im Zeitalter der Zoologischen Gärten. Berlin 1995, S. 35–48.

**Abb. 6:** Lilliput 3 (1938), 1, S. 10: „The Beautiful Llama" und S. 11: „Mr. Neville Chamberlain".

zogenen Tierbilder waren in den meisten Fällen differenziert, nahbar, genau beobachtet. Vielmehr dienten die Tierbilder (ebenso wie Mensch-Mensch-Vergleiche) dazu, eine Person in ihrem Gehabe zu entlarven, den Pomp, das Machtgebaren, die Exklusivität in Zweifel zu ziehen. Stefan Lorant äußerte sich 1940 über die Idee hinter der Technik der Juxtaposition:

> We wanted to debunk. We wanted to use this simple technique to show how stupid pomposity, how silly self-importance is. Why take yourself so seriously, why think you are so important – when there is an animal which looks exactly like you? These juxtapositions showed more clearly than anything else that everyone – even a Prime-Minister – is only a tiny part of nature.[37]

Das Ziel der Entzauberung und Entlarvung war mit Blick auf die nationalsozialistischen und faschistischen Politiker von besonderer Relevanz. Mussolini und der ungarische Premierminister stehen sich einander zugewandt gegenüber (Abb. 7), während auf der anderen Seite zwei Kaninchen in einem zärtlichen Zueinander zu sehen sind. Der untersetzte Besitzer des NS-Hetzblattes *Der Stür-*

---

[37] Stefan Lorant: Introduction. In: ders.: Chamberlain and the Beautiful Llama and 101 more Juxtapositions. London 1940, S. 9–10.

**Abb. 7:** Lilliput 3 (1938), 4, S. 438: „Mussolini and the Hungarian Premier" und S. 439: „I hear they are going to put us into uniforms too".

mer, Julius Streicher, der selbstbewusst und bildfüllend posiert, ist einem kleinen Hund gegenübergestellt, der an die Kette gelegt ist (Abb. 8). Wenn Adolf Hitler einem wütenden Gorilla zur Seite gestellt wird (Abb. 9), dann wirken seine sorgfältig einstudierten Gesten übertrieben und lächerlich, so als imitiere er das tierliche Auftreten. Heute ist durch Heinrich Hoffmanns Fotografien bekannt, wie sehr Hitler an seinem gestischen Apparat laborierte.[38]

Die Bild-Bild-Juxtapositionen waren ein Mittel der Verspottung, der Häme und der Relativierung von faschistischen Politikern, deren Selbstbild auf der Abwertung der Anderen basierte. Rein formal erreichte Lorant sein Ziel, indem er die Fotografien einander auf gleicher Höhe gegenüberstellte, und die Bildunterschrift war ein zusätzliches Instrument, um die Pointe hervorzuheben – „The Ruler of Germany", heißt es unter Hitlers Bild, während unter der Gorilla-Foto-

---

[38] Vgl. Hoffmann & Hitler. Fotografie als Medium des Führer-Mythos, Ausst.-Kat. Münchner Stadtmuseum, München 1994.

Animal Camera: Medien und Politiken der Tierfotografie im Londoner Exil —— 269

**Abb. 8:** Lilliput 3 (1938), 2, S. 226: „This little dog is so dangerous that it has to be chained up" und S. 227: „,We are free to pursue our policy' Julius Streicher. German Jew-Baiter".

grafie „The Terror of the Zoo" zu lesen ist. Zudem arbeitete Lorant mit Bildausschnitten und Vergrößerungen oder Verkleinerungen.

Dazu Lorant:

> There is, however, just one trick – that is in the cutting of the pictures. The most important thing in Juxtaposition is to have, for instance, the head of an animal just as large as the head of a politician; or, if the politician makes a gesture, the gesture of the animal must look identical. The hand of the man and the paw of the animal must be on the same level. The eye must seize the similarity at a glance.[39]

Diese Bildmanipulationen waren Voraussetzung, um die Bildwahrnehmung des lesenden Publikums zu leiten. Fotografien wurden jedoch nicht in Auftrag gegeben, sondern Vorgefundenes verarbeitet.[40]

Wie sehr die Juxtapositionen in *Lilliput* als kreativ und ungewöhnlich wahrgenommen wurden, zeigt sich an der künstlerischen Auseinandersetzung mit

---

39 Lorant: Introduction, S. 13.
40 Lorant: Introduction, S. 11.

**Abb. 9:** Lilliput 3 (1938), 2, S. 222: „The Ruler of Germany" und S. 223: „The Terror of the Zoo".

dem erwähnten Doppelpaar Hitler–Gorilla: „A Protector is Haunting Bohemia!" (Abb. 10) lautet der Titel einer Fotomontage John Heartfields für *Reynold's News*, in der ein aufgebrachter Gorilla in NS-Uniform und mit weit geöffneten Armen zu sehen ist. Hintergrund ist Hitlers Annexion der Tschechoslowakei, womit er das Münchner Abkommen brach. Der scheinbare Protektor – Hitler wird mit den Worten zitiert „I shall not touch a single hair of any Czech" – wird von Heartfield als wildgewordene Mensch-Tier-Bestie ins Bild gebracht. Anna Schultz hat überzeugend nachgewiesen, dass sich Heartfield mit der Doppelseite in *Lilliput* auseinandergesetzt haben könnte und beide Themen – Hitler und Gorilla – in einer Montage zusammenführte; die Juxtaposition in *Lilliput* befindet sich im Nachlass des Künstlers, der das Bildpaar also besonders schätzte.[41]

Juxtapositionen waren eine unterhaltsame Argumentationsstrategie mit großem Publikumserfolg, über die politische Inhalte transportiert und die Erin-

---

[41] Vgl. Schultz: Uncompromising Mimikry, S. 197. Allerdings verwendete Heartfield nicht die Doppelseite aus *Lilliput* für seine Montage, ließ sich aber von dem Doppelpaar für eine neue Bildfindung motivieren.

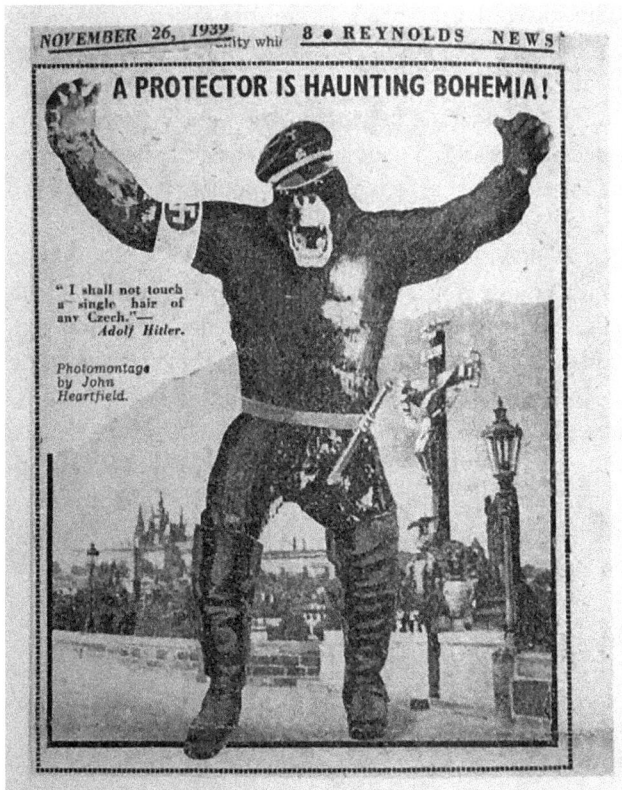

**Abb. 10:** John Heartfield: „A Protector is Haunting Bohemia!" In: Reynold's News, 26. November 1939.

nerung an die Täter auf dem europäischen Kontinent wachgehalten wurden – selbst in der Zeit von Neville Chamberlains Appeasement-Politik, d. h. Beschwichtigungspolitik gegenüber dem NS, mit der der britische Premierminister 1938 unmittelbar zum Münchner Abkommen beitrug. Es lässt sich also behaupten, dass die Juxtapositionen und die Tierbilder in *Lilliput* auch ein Weg waren, um die vom NS und seinen faschistischen Verbündeten ausgehende Gefahr in steter Präsenz zu halten.

Dieser Beitrag reflektierte über Tierfotografie als äußerst vielseitigem und beliebtem Genre im London der 1930er und 1940er Jahre, das emigrierten deutschsprachigen Fotograf*innen umfassende Absatzmöglichkeiten bot. Der Bedarf an Bildern war groß – der boomende Zeitschriftenmarkt benötigte Material, das unterhielt, Neugier befriedigte, die Leserschaft mit Wissen und Informationen versorgte. Auch die Verlagsbranche differenzierte sich stetig weiter aus, wobei gerade die Einreise von Emigrant*innen für die Etablierung neuer Genres wie dem Kunst- und Fotobuch oder der Fotoratgeberliteratur sorgte.[42] Ähnliches lässt sich für die Tierfotografie behaupten, die mit emigrierten Fotograf*innen wie Wolf Suschitzky oder Ylla neue Impulse erhielt, indem eine empathische, eng mit Tieren und am Tier arbeitende Kamerakunst eingeführt wurde.

In der redaktionellen Weiterverwertung wurden Tierbilder durch Bild-Bild-Kombinationen und Hinzufügung von Bildunterschriften politisiert. Die Aufnahmen erhielten in diesen Sinnzusammenhängen neue Bedeutung; die politische, anti-nationalsozialistische Tierfotografie erlebte insbesondere im Magazin *Lilliput* und unter dem Chefredakteur Stefan Lorant umfassende Verbreitung. Bereits die erste Ausgabe der Zeitschrift mit 75 000 Exemplaren war rasch ausverkauft.[43] *Lilliput* wurde 1938, also ein Jahr nach Erscheinen, von Edward Hulton erworben und seinem Medienunternehmen Hulton Press einverleibt, wobei Lorant das Pocket-Magazin noch bis zu seiner Emigration in die USA 1940 leitete. Dieser Ankauf des Magazins zeigt, dass *Lilliput* als besonderes, erfolgreiches Produkt wahrgenommen wurde, das mit den Juxtapositionen und den Tierfotografien in besonderer Weise seine Inhalte transportierte.

## Abbildungsverzeichnis

Abb. 1: Julian Huxley und Ludwig Koch: Animal Language. Photographs by Ylla. London 1938, Cover (Foto: Burcu Dogramaci).
Abb. 2: Julian Huxley und Ludwig Koch: Animal Language. Photographs by Ylla. London 1938, S. 14: Mandrill (Foto: Burcu Dogramaci).
Abb. 3: Lilliput 4 (1939), 5, Cover von Walter Trier (Foto: Literaturhaus Wien / Österreichische Exilbibliothek).
Abb. 4: Picture Post 2 (7.1.1939), 1, Cover: A day in the life of a dog (Foto: Burcu Dogramaci).
Abb. 5: Picture Post 1 (15.10.1938), 3, S. 9: „The Happy Elephants" von John Heartfield (Foto: Burcu Dogramaci).
Abb. 6: Lilliput 3 (1938), 1, S. 10: „The Beautiful Llama", Foto: Spohr, Cape Town, und S. 11: „Mr. Neville Chamberlain", Foto: Wide World, London (Foto: Literaturhaus Wien / Österreichische Exilbibliothek).

---

42 Siehe u. a. Anna Nyburg: Émigrés. The Transformation of Art Publishing in Britain. London 2014, die von Emigrierten begründete Verlage wie Phaidon Press oder Thames & Hudson behandelt.
43 Vgl. Fergusson: Obituary.

Abb. 7: Lilliput 3 (1938), 4, S. 438: „Mussolini and the Hungarian Premier", Foto: Keystone, London und S. 439: „I hear they are going to put us into uniforms too", Foto: Livingstone, London (Foto: Literaturhaus Wien / Österreichische Exilbibliothek).

Abb. 8: Lilliput 3 (1938), 2, S. 226: „This little dog is so dangerous that it has to be chained up", Foto: B. I. P., London und S. 227: „'We are free to pursue our policy'. Julius Streicher, German Jew-Baiter", Foto: Wide World, London (Foto: Literaturhaus Wien / Österreichische Exilbibliothek).

Abb. 9: Lilliput 3 (1938), 2, S. 222: „The Ruler of Germany", Foto: Keystone, London und S. 223: „The Terror of the Zoo", Foto: A. P., London (Foto: Literaturhaus Wien / Österreichische Exilbibliothek).

Abb. 10: John Heartfield: A Protector is Haunting Bohemia! In: Reynold's News (26.11.1939) (John Heartfield. Photography Plus Dynamite, Ausst.-Kat. Akademie der Künste, Berlin, München 2020, S. 196).

# Literaturverzeichnis

Allan, John: Berthold Lubetkin: Architecture and the Tradition of Progress. London 2012.
Artinger, Kai: Von der Tierbude zum Turm der blauen Pferde. Die künstlerische Wahrnehmung der wilden Tiere im Zeitalter der Zoologischen Gärten. Berlin 1995.
Baratay, Eric und Elisabeth Hardouin-Fugier: Zoo. Von der Menagerie zum Tierpark. Berlin 2000.
Barrington-Johnson, J.: The Zoo. The Story of the London Zoo. London 2005.
Becker, Peter: Metropole des Exils – Prag 1933–1939. In: Exilforschung 20 (2002): Metropolen des Exils, hg. von Claus-Dieter Krohn und Lutz Winckler, S. 159–177.
Berger, John: Warum sehen wir Tiere an? In: ders.: Das Leben der Bilder oder die Kunst des Sehens [1980] Berlin 1989, S. 13–38.
Dogramaci, Burcu: Der Kreis um Stefan Lorant. Von der Münchner Illustrierten Presse zur Picture Post. In: dies. und Karin Wimmer (Hg.): Netzwerke des Exils. Künstlerische Verflechtungen, Austausch und Patronage nach 1933. Berlin 2011, S. 163–183.
Dogramaci, Burcu: Der Stift als Seziermesser im englischen Exil. Politische Zeichnungen von Richard Ziegler und Walter Trier für „Die Zeitung". In: Hiltrud Häntzschel, Inge Hansen-Schaberg, Claudia Junk und Thomas F. Schneider (Hg.): Exil im Krieg (1939–1945). Göttingen 2016, S. 99–110.
Donald, Diana: Picturing Animals in Britain 1750–1850. New Haven, London 2007.
Ebner, Florian: Vertraute Begegnungen. Zu Seidenstückers fotografischen Zootierparabeln. In: Friedrich Seidenstücker. Von Nilpferden und anderen Menschen. Fotografien 1925–1958, Ausst.-Kat. Berlinische Galerie. Landesmuseum für Moderne Kunst, Fotografie und Architektur, Berlin, Ostfildern, 2011, S. 114–159.
Fergusson, James: Obituary: Alison Blair. In: Independent (30.5.1995), https://www.independent.co.uk/news/people/obituary-alison-blair-1621850.html (Zugriff: 29.12.2020).
Fischer, Andreas und Judith Willkomm: Der Wald erschallt nicht wie der Schrei der Steppe. Tierlaute im NS-ideologischen Kontext in Lutz Hecks tönenden Büchern. In: Marianne Sommer und Denise Reimann (Hg.): Zwitschern, Bellen, Röhren. Tierlaute in der Wissens-, Medientechnik- und Musikgeschichte. Berlin 2018, S. 73–111.

Heck, Lutz und Ludwig Koch: Schrei der Steppe. Tönende Bilder aus dem ostafrikanischen Busch. München 1933.
Heck, Lutz und Ludwig Koch: Der Wald erschallt! Das tönende Buch von Frühling und Herbst des deutschen Waldes. München 1934.
Hoffmann & Hitler. Fotografie als Medium des Führer-Mythos, Ausst.-Kat. Münchner Stadtmuseum, München 1994.
Hopkinson, Amanda: Picture Post: ‚Strongly political and anti-Fascist'. In: Monica Bohm-Duchen (Hg.): Insiders Outsiders. Refugee from Nazi Europe and their Contribution to British Visual Culture. London 2019, S. 121–127.
Hopkinson, Tom: Of this our time. A Journalist's Story, 1905–50. London 1982.
Huxley, Julian: Ein Leben für die Zukunft. Erinnerungen. München 1974.
Huxley, Julian und Ludwig Koch: Animal Language. Photographs by Ylla. London 1938.
Johnson, Philipp Ernest: All about Dogs and Puppies and your Camera. London 1949.
Kevles, Daniel J.: Huxley and the Popularization of Science. In: C. Kenneth Waters und Albert van Helden (Hg.): Julian Huxley. Biologist and Statesman of Science. Houston/TX 1992, S. 238–251.
Lehman, John: Edward Lear and His World. London 1977.
Lilliput. London 1937–1960.
Lorant, Stefan: Introduction. In: ders.: Chamberlain and the Beautiful Llama and 101 more Juxtapositions. London 1940, S. 7–13.
Man, Felix H.: Photographien aus 70 Jahren. München 1983.
Neuner-Warthorst, Antje: Walter Trier. Politik. Kunst. Reklame. Zürich 2006.
Nyburg, Anna: Émigrés. The Transformation of Art Publishing in Britain. London 2014.
Picture Post. London 1938–1957.
Pike, Oliver: Nature and Camera. London 1943.
Roscher, Mieke: Ein Königreich für Tiere. Die Geschichte der britischen Tierrechtsbewegung. Marburg 2009.
Schultz, Anna: Uncompromising Mimikry. Heartfield's Exile in London. In: John Heartfield. Photography Plus Dynamite, Ausst.-Kat. Akademie der Künste, Berlin, München 2020, S. 195–202.
Smith, Edwin und Oswell Blakeston: Phototips on Cats and Dogs. Not for Beginners Only. London 1938.
Sommer, Marianne: Tierstimmen gegen den Lärm von Krieg und Moderne. Julian Huxley und das akustische Erbe in Soundbook, Film und Comic. In: Marianne Sommer und Denise Reimann (Hg.): Zwitschern, Bellen, Röhren. Tierlaute in der Wissens-, Medientechnik- und Musikgeschichte. Berlin 2018, S. 113–143.
Suschitzky, Wolf: Photographing Animals. London, New York 1941.
Suschitzky, Wolf: Faithfully ours. Cats and Dogs photographed by W. Suschitzky. Text by Cécile Smythe. Norwich 1950.
Suschitzky, Wolf: Animal Babies. London 1957.
Vienna's Shooting Girls – Jüdische Fotografinnen aus Wien, hg. von Iris Meder und Andrea Winklbauer, Ausst.-Kat. Jüdisches Museum Wien, Wien 2012.
Willimowski, Thomas: Stefan Lorant – Eine Karriere im Exil. Berlin 2005.
Winckler, Julia: „Quite content to be called a good craftsman" – an Exploration of some of Wolf Suschitzky's Extensive Contributions to the Field of Applied Photography between 1935 and 1955. In: The Yearbook of the Research Center for German and Austrian Exile Studies

19 (2018): Applied Arts in British Exile from 1933. Changing Visual and Material Culture, hg. von Marian Malet, Rachel Dickson, Sarah MacDougall und Anna Nyburg, S. 67–92.

Wolff, Charlotte: Augenblicke verändern uns mehr als die Zeit. Eine Autobiographie. Weinheim, Basel 1982.

Ylla, Ausst.-Kat. Musée Nicéphore Niépce, Chalon-sur-Saône 1983.

Julia Winckler
# *Making Friends:* Wolf Suschitzkys Tierfotografien im Prisma des Exils

> Des bêtes avec leur faim leur soif leur joie et leur détresse
> et puis le même mystère la même simplicité que les vagues de la mer les arbres de la forêt.
> Des bêtes comme des pauvres avec leur misère
> des enfants avec leurs secrets
> ou des femmes avec leur beauté.
> Des bêtes avec un cœur comme le vôtre et le mien [...]
> Des bêtes
> Avec des yeux des pattes et même des mains.
> Comme celles de cet enfant gorille
> seul
> en exil.
> Dans une des grandes singeries du monde civilisé
> et qui ressemble aux jeunes saltimbanques bleus
> que peignait Picasso il y a des années.
> La même détresse
> les mêmes mains crispées
> les mêmes secrets
> la même beauté.
>
> Jacques Prevert, *Des Bêtes*

## 1 Einführung

Häufig, wenn ich den bekannten österreichischen Emigranten, Fotografen und Kameramann Wolf Suschitzky und seine Lebensgefährtin Heather Anthony in ihrer Wohnung in Maida Vale in London besuchte, zeigte Wolf Suschitzky mir auch seine Tierfotos, wobei es ihm stets wichtig war zu betonen, dass sie *Porträts* seien. Er hatte diese Fotodrucke in zahlreichen A3-Fotopapierboxen in einem Wandschrank aufbewahrt; es handelte sich fast ausschließlich um Schwarzweißaufnahmen, die zwischen 1937 und 1992 entstanden waren und die er über mehr als ein halbes Jahrhundert auf hochwertigem Fotopapier selbst in der Dunkelkammer gedruckt hatte.

An den Wänden in Wolf Suschitzkys Wohnzimmer hingen, neben Gemälden und Zeichnungen von befreundeten Künstlern wie Gerd Arntz, Masken und Skulpturen, die er auf Arbeitsreisen in Asien und Afrika erstanden hatte, auch ein paar seiner eigenen Fotos in schwarzen Rahmen. Sein populärstes Porträt, „Guy the Gorilla", aus dem Jahr 1958, das Suschitzky für eines seiner besten

https://doi.org/10.1515/9783110729627-016

**Abb. 1:** Wallis & Winckler: Wolf Suschitzky, 2015.

Porträts überhaupt hielt, hing direkt neben einem Porträt von zwei kleinen Jungen, das er 1957 bei Filmarbeiten in Burma, dem heutigen Myanmar, gemacht hatte. Eine Fotografie aus der berühmten *Charing Cross Road*-Serie hing gegenüber dem wohl bekanntesten Foto seiner Schwester Edith Tudor-Hart. Es zeigt ein junges Mädchen, das vor einer Bäckerei hungrig die ausliegenden Backwaren ansieht. Das Foto war 1932 in London entstanden und wurde von dem National Unemployment Worker's Movement in einem Pamphlet mit dem Untertitel „On her way to collect garbage after market has closed" 1935 gedruckt, um auf die große finanzielle Not von Londoner Arbeiterfamilien hinzuweisen.

Rechts daneben hing ein Kinderbild des jungen Wolf Suschitzky. Er erzählte, dass er nicht weit vom Wiener Zoo aufgewachsen war und als kleines Kind den Ruf der Gibbons hören konnte. Mit viel Humor pflegte er hinzuzufügen, dass er damals die Affensprache noch genau so wenig verstehen konnte wie die der Menschen. Sowohl sein Tierverständnis als auch seine Menschenkenntnis waren zeit seines Lebens stark von der sozialkritischen Weltanschauung seines bürgerlichen Elternhauses geprägt. Sein Vater Wilhelm und dessen Bruder Philipp hatten in Wien 1901 die erste Buchhandlung im Arbeiterviertel Favoriten eröffnet und den Anzengruberverlag gegründet.[1]

---

[1] Julia Winckler: Gespräch mit Wolfgang Suschitzky, Fotograf und Kameramann. In: Exilforschung 21 (2003): Film und Fotografie, hg. von Claus-Dieter Krohn, Erwin Rotermund u. a., S. 254–279, hier 256–257.

**Abb. 2:** Wallis & Winckler 2015: Im Wohnzimmer von Wolf Suschitzky, 2015.

Es ist im Rückblick erstaunlich, dass es Wolf Suschitzky innerhalb von weniger als zehn Jahren gelang, in Großbritannien sowohl als Auftragsfotograf von Tier- und Kinderbildern wie auch als Kameramann im britischen Dokumentarfilm große Anerkennung zu finden. Seine Fotoarbeiten trugen dazu bei, dass der Kunsthistoriker und Emigrant Helmut Gernsheim Suschitzky bereits 1948 in dem Buch *The Man Behind the Camera* als einen von neun Fotografen präsentierte und insbesondere seine eindrucksvollen Tier- und Kinderfotografien hervorhob:

> In Suschitzky's hands the camera has become a most sensitive instrument for recording the expression and emotion of children and animals, and it is with photographs of these two subjects that he has established his fame.[2]

Es gibt bisher aber weder eine systematische akademische Forschung zu der Rolle und Bedeutung von Suschitzkys Tierfotos in der britischen Fotografiegeschichte der 1940er und 1950er Jahre noch den Versuch, diese Fotos im Prisma des Exils und im Zusammenhang mit Suschitzkys eigenen Lebenserfahrungen zu beleuchten und zu interpretieren. Suschitzky selbst hatte in späteren Jahren immer noch die große Hoffnung, dass eine Auswahl seiner Tierporträts in einem Fotoband veröffentlicht werden könnten, um ihnen innerhalb seines Gesamt-

---

2 Helmut Gernsheim: The Man Behind the Camera. London 1948, Umschlagrückseite.

werkes die entsprechende Anerkennung zu verleihen.³ Warum waren diese Aufnahmen von Tieren für ihn selbst so wichtig? Was kann man über Suschitzkys Tier- und Menschenverständnis lernen, wenn man diese Bilder heute betrachtet und welchen Platz nimmt er in der englischen Tierfotografie seiner Zeit ein? Und inwieweit ist es möglich, diese Bilder auf seine Lebenserfahrungen als Exilant und auch mit Bezug zu den Brüchen in seinem Leben hin zu lesen? Mit diesen Fragen beschäftigt sich dieser Beitrag, für den ich auf persönliche Gespräche mit Wolf Suschitzky aus den Jahren 2001 bis 2016 zurückgreife, sowie auf frühere Veröffentlichungen, in denen ich mich mit anderen Aspekten seines fotografischen Werks beschäftigt habe.⁴

Suschitzky selbst war davon überzeugt, dass die Erfahrung des Exils in jungem Alter und die gesellschaftliche und kulturelle Entwurzelung sein Interesse dafür geweckt habe, das tägliche Leben in seinem Gastland zu dokumentieren: „einem Ausländer fallen Sachen auf, die für Einheimische ganz alltäglich sind".⁵ Zunächst hatte Suschitzky in Wien Zoologie studieren wollen, entschied sich dann aber, angeregt von seiner vier Jahre älteren Schwester Edith, die nach einer Ausbildung als Kinderpädagogin bei Maria Montessori ab 1929 Fotografie am Bauhaus in Dessau studiert hatte, gleichfalls für ein Fotografiestudium an der Graphischen Lehr- und Versuchsanstalt in Wien. Edith war bereits während ihrer Sekundarschulzeit in einer Organisation sozialistischer Studierender aktiv. Mit ihren Fotoarbeiten wollte sie auf gesellschaftliche Missstände hinweisen. Frühe Arbeiten von ihr waren in *Der Kuckuck*, einer illustrierten Zeitschrift der österreichischen Sozialdemokratie, erschienen. Wegen ihres politischen Engagements musste sie im Herbst 1933 ins Londoner Exil emigrieren, wo sie ihre fotografische Tätigkeit fortführte. Wolf Suschitzky besuchte sie dort 1934, erhielt aber nicht die Erlaubnis zu bleiben. Deshalb folgte er zunächst seiner ersten Frau, der Holländerin Puck Voute, die er während des gemeinsamen Foto-

---

3 Wenige Monate vor Suschitzkys Tod im Alter von 104 Jahren im Oktober 2016 wurde eine erste Ausstellung seiner Tierfotografien, *Animal Logic*, in der Lucy Bell Gallery in St. Leonards realisiert. https://www.lucy-bell.com/exhibition/animal-magic (Zugriff: 12.3.2021).
4 Vgl. Winckler: Gespräch; Julia Winckler: The Photography of Wolf Suschitzky. In: LIP: London Independent Photography 18 (Winter 2004/5), S. 4–9; Julia Winckler: The First Rule of Photography is Patience: the Photographs of Wolf Suschitzky. In: Michael Omasta und Brigitte Mayr (Hg.): Wolf Suschitzky. Seven Decades of Photography. Wien 2014, S. 9–13; Children are the Future. Interviewfilm mit Wolf Suschitzky von Julia Winckler und Tony Wallis (GB 2016); Julia Winckler: „Quite content to be called a good craftsman" – an Exploration of some of Wolf Suschitzky's Extensive Contributions to the Field of Applied Photography between 1935 and 1955. In: The Yearbook of the Research Center for German and Austrian Exile Studies 19 (2018): Applied Arts in British Exile from 1933. Changing Visual and Material Culture, hg. von Marian Malet, Rachel Dickson, Sarah MacDougall und Anna Nyburg. S. 67–92.
5 Winckler: Gespräch, S. 276.

studiums kennengelernt hatte, nach Amsterdam, wo er ein Jahr lang versuchte, als Porträt- und Landschaftsfotograf zu arbeiten. Sein Vater nahm sich, kurz nachdem sein Sohn Wien verlassen hatte, das Leben. Die Familie war jüdischer Herkunft und der Vater hatte, wie Wolf Suschitzky später erzählte, sehr „unter dem Faschismus in Österreich und den Schwierigkeiten, unter diesen Umständen weiter eine sozialistische Buchhandlung zu führen", gelitten.[6] Wolf Suschitzkys Ehe wurde bereits 1935 geschieden. Suschitzky zog mit einem Studentenvisum nach London, wo er zunächst bei seiner Schwester Edith wohnen konnte und schnell Kontakte zu anderen Emigrant*innen fand wie dem Schriftsteller und Historiker Peter de Mendelsohn, mit dem er ein Buch zu der *Charing Cross Road*-Fotoserie plante.[7] Durch Fotoprojekte mit seiner Schwester Edith sowie durch eigene Portfolioarbeiten knüpfte Wolf Suschitzky wertvolle Kontakte zu anderen Foto- und Filmschaffenden in London. 1938 folgte seine Mutter Adele ihren beiden Kindern nach London. Ein Jahr später lernte Suschitzky durch Edith seine zukünftige zweite Frau, Ilona Donat, kennen.[8]

## 2 Dokumentarfotografie und Film in Großbritannien

Die Großstadt London war ein Zentrum der internationalen Medien; das öffentliche Leben lief durch den Filter der Presse. London war ein Magnet für die Akkumulation von Reichtum und zugleich ein Ort großer gesellschaftlicher und wirtschaftlicher Gegensätze.

Don Macpherson sagt über diese Zeit:

> In the 1920s and 1930s, during an era of imperial disintegration, economic crisis and political unrest in Britain, the idea of a ‚nation' re-emerged as one of the few solid, all embracing social elements. It was reinforced for the first time by the development of the new radio and film technology [...]. As an aesthetic counterpart to political enfranchisement, the 1930s style of ‚realism' variously developed in Grierson's state-sponsored documentary films, the Mass Observation photos and the photojournalism of Picture Post, created

---

6 Winckler: Gespräch, S. 258.
7 Suschitzky hatte diese Fotoserie schon bei seinem ersten Londonaufenthalt 1933 begonnen; das Buch *Charing Cross Road in the Thirties* kam wegen der hohen Druckkosten erst viele Jahre später, 1988, ohne einen Text von de Mendelsohn zustande (siehe Winckler: Gespräch, S. 263).
8 Donat hatte eine Ausbildung als Pädagogin absolviert und konnte nach der Flucht aus Ungarn kurz bei Suschitzkys Schwester Edith wohnen. (Persönliches Gespräch mit Suschitzky, 15. Februar 2015).

a ‚democracy of reality'. Reality seen in this way was fundamentally something shared by all classes which minimised the gap between observer and observed in society.⁹

Die 1934 nach Großbritannien emigrierte Fotografin und Autorin Lucia Moholy konstatierte 1939, welche immense Bedeutung das fotografische Medium für die britische Kultur und Gesellschaft in den Zwischenkriegsjahren gewonnen habe, und zwar in allen Bereichen des öffentlichen Lebens. Wegen der wachsenden Nachfrage nach Bildmaterial und Fotoreportagen (*„pictorial reading"*¹⁰), mussten sich die Medienunternehmen an die internationalen Netzwerke der Fotografen, an die Nachrichtenagenturen sowie die Fotoagenturen wenden, um den stetigen Zufluss an fotografischen Bildern zu gewährleisten.¹¹

Neue Fototechniken hatten seit Mitte der 1920er Jahre zunächst in Deutschland, Ungarn und Österreich zu einer rasanten Entwicklung von Fotozeitschriften und -büchern geführt.¹²

Nach Hitlers Machtergreifung 1933 wurden viele der besten Fotojournalist*innen und Bildredakteur*innen gezwungen, in die Emigration zu gehen.¹³ Irme Schaber beschreibt den beträchtlichen Einfluss, den emigrierte Redakteur*innen und Fotograf*innen auf den britischen Journalismus und das Verlagswesen ausübten.¹⁴ Die exilierten Verleger*innen, Schriftsteller*innen und Fotograf*innen brachten Sensibilität, Wissen und ein ausgeprägtes Bewusstsein für Innovationen in die Verlagswelt mit ein. Stefan Lorant, der 1934 immigrierte,

---

**9** Don Macpherson: Nation, Mandate, Memory. In: Jessica Evans (Hg.): The Camerawork Essays. London 1997, S. 145–152; hier 148–149.
**10** Lucia Moholy: A Hundred Years of Photography. 1839–1939. Harmondsworth 1939, S. 176.
**11** Moholy erklärte, dass sich Fotos besonders gut in britischen Zeitungen abdrucken ließen, da das britische Zeitungspapier fast zehnmal weicher als das französische und mehr als doppelt so weich sei wie das deutsche Papier (Moholy: A Hundred Years, S. 173). 1936 betrug die tägliche Auflage aller britischen Zeitungen 19 Millionen mit insgesamt etwa 13 Milliarden Pressefotos pro Woche.
**12** Wichtige Voraussetzung dafür waren bahnbrechende Verbesserungen in der Foto- und Filmtechnik, mit der kommerziellen Entwicklung der kleinformatigen Leica im Jahr 1923 und ab 1928 der Standard Roleiflex Mittelformatkamera. Austauschbare Objektive für Leicas machten es ab 1930 möglich, schnell und mit wenig Aufwand zwischen Landschafts-, Porträt- und Nahaufnahme-Motiven zu wechseln, unter allen Lichtverhältnissen auch ohne Blitzlicht zu fotografieren. Die kleine tragbare Leica und die Roleiflex hatten dafür gesorgt, dass die illustrierten Zeitschriften und Bildbände im deutschsprachigen Raum eine Spitzenstellung einnahmen.
**13** Vgl. Ute Eskildsen: Germany: The Weimar Republic. In: Liz Heron und Val Williams (Hg.): Illuminations: Women Writing on Photography from the 1850s to the Present. Durham/NC, 1996, S. 53–64, hier 64.
**14** Vgl. Irme Schaber: Pioniere mit Langzeitwirkung. In: The Yearbook of the Research Centre for German and Austrian Exile Studies 3 (2001): German-speaking Exiles in Britain, hg. von J.M. Ritchie, S. 73–86.

hatte den größten Einfluss auf die britische Zeitschriftenlandschaft.[15] Kurz nach seiner Ankunft in London arbeitete er als Redakteur für Odham's *Weekly Illustrated*; 1937 gründete er die Zeitschrift *Lilliput*, deren Auflagezahlen von Juli 1937 bis Mai 1939 von 75 000 auf 260 000 anstiegen. Von 1938 bis 1940 war er der Chefredakteur der neuen *Picture Post*, deren Auflage sich innerhalb eines Jahres auf 1,7 Millionen steigerte.[16]

Die größere Lebensähnlichkeit und der Sozialrealismus, die die neuen Fototechniken und die schnellen Verschlusszeiten ermöglichten, entsprachen den Ansprüchen dieser Zeitschriften. Gavin Weightman beschrieb die *Picture Post* als eine sozial engagierte Zeitschrift, deren Hauptthema von Anfang an die soziale Transformation Großbritanniens war.[17] Tom Hopkinson, der 1940 die Redaktion von Stefan Lorant übernahm, erinnerte sich an die einfühlsame Fotografie, die lebensnahe Berichterstattung und das große Interesse der Zeitschrift für „human interest stories".[18]

Ausschlaggebend für Suschitzkys schnellen Erfolg sowohl als Fotograf wie auch als Kameramann im Londoner Exil war seine Bekanntschaft mit Paul Rotha, mit dem er schon ab 1937 – anfangs noch als unbezahlter Kameraassistent – bei Strand Film Unit im Londoner Zoo arbeiten konnte. Diese war Teil der aufstrebenden Bewegung des sozial engagierten britischen Dokumentarfilms, die von John Grierson, Paul Rotha, Paul Burnsford und dem Produzenten und Dokumentarfilmregisseur Basil Wright angeführt wurde. Sie sahen es als ihre Aufgabe an, mit Hilfe ihrer Filme das zeitgenössische soziale und politische Leben darzustellen und zu kommentieren. John Roberts beschreibt die frühe Dokumentarfilmbewegung als klassenübergreifende Antwort auf die Kommerzialisierung der Kultur. Es sei ihr erklärtes Ziel gewesen, sich in den Dienst eines erzieherischen Gemeinschaftsideals zu stellen.[19] Roberts weist auf die wichtige Rolle Griersons hin, der 1930 zusammen mit Paul Rotha die Empire Marketing Board (EMB) Film Unit gegründet hatte. Seit 1933 arbeiteten sie zusammen mit Basil Wright und der General Post Office (GPO) Film Unit. Wright gründete 1937 die

---

**15** Lorant hatte bereits für Zeitschriften in Wien und als Chefredakteur der *Münchner Illustrierten Presse* (1928–1933) gearbeitet. Er musste Ende 1933 Deutschland verlassen, nachdem er sieben Monate in sogenannter ‚Schutzhaft' war. Nach einigen Monaten in Budapest als Redakteur von *Pesti Naplo* (1933–34) floh er 1934 nach England (vgl. hierzu Michael Berkovitz: Jews and Photography in Britain. Austin/TX 2015, S. 114).
**16** Vgl. Berkovitz: Jews and Photography, S. 116. Berkovitz hält fest: ‚In just a few years Lorant proved himself to be one of the leading entrepreneurs in British publishing!' (S. 116).
**17** Gavin Weightman: Picture Post Britain. London 1991, S. 7.
**18** Tom Hopkinson: Picture Post 1938–50. London 1970, S. 19.
**19** John Roberts: The Art of Interruption: Realism, Photography and the Everyday. Manchester 1998, S. 61.

Realist Film Unit. Im gleichen Jahr wurde Strand Films als unabhängige Gruppe gegründet. Zu dieser Zeit gab es vier Dokumentarfilmunternehmen, die alle den Dokumentarfilm als „Stimme der Vernunft" betrachteten.[20]

Suschitzky erinnert sich, dass sowohl Rotha und Grierson sozial stark engagiert waren: „Sie machten Dokumentarfilme über [prekäre] Wohnverhältnisse, Ernährung, Erziehung [und] wollten durch ihre Filme die Menschen aufklären und das damalige Elend zeigen".[21] Er selbst beteiligte sich an der Entwicklung der sozialdokumentarischen und realistischen Fotografie und des Films zu einer Zeit, als viele dieser Praktiken wie z. B. das Filmen vor Ort, um das Leben und die Nöte entrechteter Bürger darzustellen, noch neu in Großbritannien waren.

In einem gemeinsamen Gespräch mit dem Fotografen Tony Wallis, das wir 2014 aufzeichneten, beschreibt Wolf Suschitzky seine Bekanntschaft mit Basil Wright und Paul Rotha, die er 1937 kennenlernte. Rotha hatten Suschitzkys Aufnahmen von Londoner Buchhandlungen und Straßenszenen gefallen. Er lud ihn ein, als Kameraassistent bei Strand Film Production mitzuarbeiten, allerdings zunächst ohne Bezahlung, da Suschitzky noch keine Arbeitserlaubnis hatte.

> Someone gave me an introduction to Basil Wright, a very good documentary film maker, but he had a very small outfit, only two or three people and he said you might do better if you go to Paul Rotha, and that I did. And Paul Rotha said I can't employ you because you don't have a work permit, but if you want to learn something, why don't you watch how to make films, I have a young chap in the zoo at the moment, who is doing a series of zoo films; why don't you watch him a bit. And that was right up my street because originally, when I was still in Vienna I had wanted to study zoology, but I saw no future of earning a living with it, staying in Austria. We had Austro Fascism, the parliament was dissolved and trade unions forbidden. It was very difficult to stay in Austria for me.[22]

Der junge Kameramann war Paul Burnsford. Die Dreharbeiten fanden sowohl im Londoner Zoo wie auch in Whipsnade Park Zoo statt. Dieser war 1931 als Teil des Londoner Zoos nördlich von London mit Freigehegen für Tiere angelegt worden. Bei Rotha und Burnsford lernte Suschitzky neue Kameratechniken. Die ästhetischen, sozialrealistischen und pädagogischen Ansätze beeindruckten ihn und er lernte insbesondere, wie man Drehaufnahmen *on location* machen konnte. Ihm gefiel die Möglichkeit, anders als bei Studioaufnahmen, vor Ort zu filmen und eine weniger verstellte Wirklichkeit einzufangen.

---

20 Roberts: The Art of Interruption, S. 59.
21 Winckler: Gespräch, S. 269.
22 Persönliche Mitteilung von Wolf Suschitzky, 2014.

## 3 Tierporträts

Suschitzkys Tierbilder gehören in den kritischen Kontext des britischen Dokumentarfilms und der School of Humanist Photography. Er konnte hier seine Erfahrungen aus dem Film und sein eigenes zoologisches Interesse und Wissen einbringen. Als Kameraassistent durfte Suschitzky bei den Filmaufnahmen selber auch fotografieren, was es ihm ermöglichte, eindrucksvolle Nahaufnahmen der Tiere sowie der Filmcrew zu machen. Unterstützt von den Zoowärtern durfte die Crew direkt in Tierkäfigen und Gehegen arbeiten.

Dass der Londoner Zoo zu einem Brennpunkt geworden war, an dem von den Schlüsselpersonen der Bewegung engagierte soziale Dokumentarfilme gedreht wurden, war das Verdienst des Zoodirektors Julian Huxley, der diese Filme in Auftrag gegeben hatte. Der Biologe war 1935 zum Sekretär der Zoologischen Gesellschaft ernannt worden und leitete von 1935 bis 1942 den Londoner Zoo und Whipsnade Park Zoo. Er war selbst einer der Direktoren von Strand Film Zoological Productions. Huxleys Bruder war der berühmte Schriftsteller Aldous Huxley. Ihr Großvater, Thomas Henry Huxley, war Biologe und mit Charles Darwin befreundet.

Der Londoner Zoo wurde 1828 von der London Zoological Society gegründet. Seine Entstehungsgeschichte ist eng verknüpft mit der Expansion des British Empire. Die Ansammlung von sogenannten exotischen Tieren aus dem Empire, die in Käfigen gehalten wurden, hat die neuere Forschung problematisiert. So stellt John Berger in seinem Aufsatz „Why Look at Animals" fest, dass die Zoos während des 19. Jahrhunderts vor allem dazu dienten, die Rolle der Kolonialmächte zu bestätigen:

> In the 19th century, public zoos were an endorsement of modern colonial power. The capturing of the animals was a symbolic representation of the conquest of all distant and exotic lands.[23]

Er beschreibt eindringlich und mit großer Empathie, wie die Zoos zur Marginalisierung und Ausgrenzung von Tieren führten und vergleicht sie mit Ghettos und Konzentrationslagern:

> However you look at these animals, even if the animal is up against the bars, less than a foot from you, looking outwards in the public direction, *you are looking at something that has been rendered absolutely marginal*; and all the concentration you can muster will never be enough to centralize it.[24] [...] All sites of enforced marginalization – ghettos,

---

23 John Berger: Why Look at Animals [1977]. London 2009, S. 31.
24 Berger: Why Look at Animals, S. 34.

shanty towns, prisons, madhouses, concentration camps – have something in common with zoos.²⁵

Die Käfighaltung, so Berger, habe tiefgreifende Folgen für das Verhalten der Tiere. Sie würden abhängig, mutlos, depressiv, lethargisch oder hyperaktiv.²⁶

Utz Anhalt beruft sich in seiner Studie zur Entstehung von Zoos, *Tiere und Menschen als Exoten* (2007) auf Theodor W. Adorno, der darauf hingewiesen hatte, dass „Tiere symbolische Tribute der kolonisierten Länder darstellten, deren Wert die schwere Erreichbarkeit der Länder darstellte".²⁷ Direkt auf den Londoner Zoo übertragen, schreibt Anhalt, dass sich dies um die letzte Jahrhundertwende „konkret anhand der gehaltenen Arten, die jeweils mit einem Aspekt des englischen Kolonialismus zusammenhingen",²⁸ zeigen lässt:

> Die Flachlandgorillas lebten in den für die britischen Kolonialherren nach wie vor unzugänglichen Regenwäldern Zentral- und Westafrikas. [...] Für die Zoobesucher war aber nicht nur der Aspekt der kolonialen Aneignung der Fauna, sondern auch die Nähe zu den „Tieren ihrer Stadt" von Bedeutung.²⁹

In den sieben Jahren, in denen Julian Huxley die Führung der Londoner Zoos innehatte, versuchte er, diesen im Sinne einer artgerechten Haltung zu modernisieren und kinderfreundlicher zu machen. So verwandelte er die sogenannte Fellows Lawn (den Bereich des Zoos, der für die Mitglieder der konservativen Zoological Society reserviert gewesen war) in eine Streichelwiese für Kinder und stellte Kuratoren ein, die Zooführungen für Kinder veranstalteten. 1936 gründete er die Tierzeitschrift *Zoo and Animal Photography* (ab 1937 *Animal and Zoo Magazine*), deren Ziel es war, durch wissenschaftliche Studien die Tierwelt besser zu verstehen und der kulturellen und sozialen Trennung von Menschen und Tieren entgegenzuwirken, indem Tiere als Freunde der Menschen dargestellt wurden. In dieser Zeitschrift, die bis 1941 monatlich veröffentlicht wurde, gab es Beiträge zu Zoo-, Farm- und Haustieren. Die Kinderbuchautorin Lorna Lewis trug Texte bei; es gab Bilderserien des britischen Fotografen Eric Hosking

---

25 Berger: Why Look at Animals, S. 36.
26 Berger: Why Look at Animals, S. 33.
27 Utz Anhalt: Tiere und Menschen als Exoten – Exotisierende Sichtweisen auf das „Andere" in der Gründungs- und Entwicklungsphase der Zoos. Dissertation (Universität Hannover) 2007, S. 271, https://edocs.tib.eu/files/e01dh07/524261350.pdf (Zugriff: 17.7.2021).
28 Anhalt: Tiere und Menschen, S. 271.
29 Anhalt: Tiere und Menschen, S. 271.

(1909–1991) und der ungarisch-österreichischen Fotografin Ylla (1911–1955).³⁰ Wie Suschitzky war Ylla jüdischer Herkunft und hatte einen Teil ihrer Kindheit in Wien verbracht. Suschitzky schätzte Yllas Tierfotografie; ihr Einfluss auf seine eigenen Tierporträts und deren Bildästhetik und Perspektiven ist deutlich zu erkennen. Er hatte Ylla persönlich im Londoner Exil bei einer Einladung im Haus des Architekten Ernő Goldfinger kennengelernt.³¹ In einem 1956 verfassten Essay bezeichnet Suschitzky Ylla als „most outstanding animal photographer of our time".³²

1938 erhielt Suschitzky die Erlaubnis als freiberuflicher Fotograf zu arbeiten, konnte nunmehr für seine Arbeit bezahlt werden und Fotoreportagen annehmen. Von da an wurden seine Tier- und Kinderfotografien in Fotozeitschriften und seit 1939 in Fotohandbüchern, Kinder- und Tierbüchern veröffentlicht.³³ Julian Huxley gefielen Suschitzkys ausdrucksvolle Tierfotos und ab Juli 1938 erschienen sie in seiner Zeitschrift *Animal and Zoo Magazine*.

Im Juli 1938 wurde Suschitzkys erster Foto-Essay über den Haupttierpfleger des Whipsnade Park Zoo gedruckt. Die Aufnahme des Tierpflegers mit zwei Geparden macht bewusst auf das große Vertrauen zwischen Mensch und Tier aufmerksam. Suschitzky versuchte zunächst die Tatsache der Gefangenschaft der Tiere durch bestimmte fotografische Techniken zu umgehen, indem er z. B.

---

30 *Animal and Zoo Magazine* June 1936–June 1941. Ylla war 1931 nach Paris gezogen, wo sie zunächst als Assistentin bei der ungarischen Fotografin Ergy Landau (1896–1967) arbeitete. Mit Landau gründete sie 1933 zusammen mit Brassai, Charles Rado und Nora Dumas die Photo Press Agency Rapho. 1937 erschienen in Paris Yllas erste Tierbücher *Yllas Dog Fancies, Chats par Ylla, Chiens par Ylla*.
31 Persönliche Mitteilung von Wolf Suschitzky, 2014.
32 W[olf] Suschitzky: Animal Photography. In: Julian Huxley: Kingdom of the Beasts [1956]. London 1957, S. 45–51, hier S. 50.
33 In dem 2019 erschienenen Aufsatz zu Suschitzkys Kinderfotografien verweise ich auf den engen Zusammenhang und die große Beliebtheit von Kinder- und Tierfotografien in der englischen Literatur der 1930er und 1940er Jahre (vgl. Winckler: „Quite content to be called a good craftsman"). Irme Schaber zitiert den Verleger und Emigranten Andor Krazna-Krausz, der sein britisches Verlagsprogramm 1938 mit einem Buch startete, „welches erläuterte, wie man Hunde und Katzen fotografiert", da er wusste, dass dies „bei den Engländern ankäme" (Schaber: Pioniere mit Langzeitwirkung, S. 84). Mehrmals wurden Suschitzkys Fotos in unterschiedlichen Büchern und Zeitschriften wieder abgedruckt oder etwa ein anderes Negativ mit ähnlichem Blickwinkel gewählt. Auch Bildtitel wurden verändert, wie zum Beispiel der eines Fotos von einem Mädchen mit Antilope. Es erschien zuerst in *The Children's Zoo* (1939), dann in *Photographing Children* (1940) mit dem Untertitel „Making Friends". 1951 wurde es in der Zeitschrift *Photography* mit dem Titel „The Vital Moment" erneut gedruckt. Ein genauer Vergleich zeigt, dass 1951 der Hintergrund wegretuschiert wurde. Bibliografie der Fotobücher von Wolf Suschitzky in: Michael Omasta, Brigitte Mayr und Ursula Seeber (Hg.): Wolf Suschitzky Photos. Wien 2006, S. 205.

**Abb. 3a & 3b:** *Animal and Zoo Magazine*, Titelbilder für September 1938 & Dezember 1938.

keine Gitter zeigte. Im September 1938 war Suschitzkys Foto von einer Kamelmutter und ihrem Kind, das er im Whipsnade Park Zoo aufgenommen hatte, das Titelbild der Zeitschrift. Schon im Dezember 1938 bekam er das zweite Cover, diesmal mit dem Porträt eines Kätzchens. Huxley veröffentlichte 1938 mit Ylla und Ludwig Koch (1881–1974) den Bildband mit Tondokument *Animal Language*. Es war das erste Buch, das es sich zum Ziel gesetzt hatte, „to bring us to a clearer understanding of the sounds and cries of animals and the part they play in animal life".[34]

1939 erschienen gleich zwei Tierbücher mit Suschitzkys Porträts. In *The Children's Zoo* von Lorna Lewis wurde Suschitzky als Fotograf von 25 Aufnahmen genannt, die er auf der Streichelwiese des Londoner Zoos gemacht hatte. Im gleichen Buch wurde auch ein Foto Yllas von einem Jungen zusammen mit zwei Tigerbabys veröffentlicht sowie mehrere Fotos von Eric Hoskins. In Suschitzkys Bildern sieht man Kinder beim Füttern von jungen Tieren: Ziegen, Antilopen, Wölfen und jungen Bären. Einige dieser Aufnahmen sind von großer Ausdruckskraft und erinnern an Porträts aus der *Charing Cross Road*-Serie. Nah-

---

[34] Julian Huxley und Ludwig Koch: Animal Language. Photography by Ylla. London 1938, S. VII.

 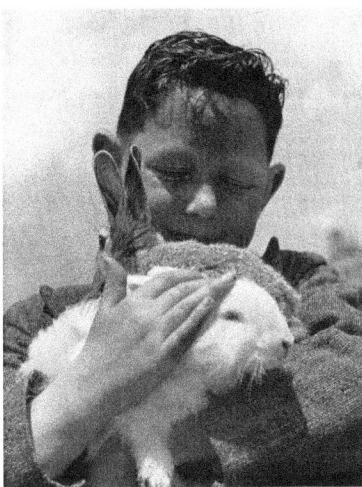

**Abb. 4a & 4b:** Wolf Suschitzky: Mädchen mit nubischer Ziege, 1939, Junge mit Kaninchen, 1939.

aufnahmen und ungewöhnliche Perspektiven zeichnen die Aufnahmen aus. Häufig machte Suschitzky sie auch aus der Perspektive eines Kinderblickes. So fotografierte er Kleintiere von unten, wodurch sie größer wirkten. Den typischen Gesichtsausdruck jedes einzelnen Tieres studierte er sorgfältig, um im richtigen Moment auf den Auslöser zu drücken. Suschitzky beschrieb den Kinderzoo als ein Paradies für Fotografen. Er erinnerte sich an die Freude der Kinder, die jungen Tiere so nah zu erfahren und auch, wie sanft sie miteinander umgingen.[35]

Schon bei diesen Fotos fällt der präzise Blick auf, mit dem Suschitzky seine Umwelt darstellte; ein Blick, der sowohl von der sozialkritischen Fotografietradition wie von der aufstrebenden Dokumentarbewegung geprägt war. Charakteristisch für seine Tieraufnahmen sind die Porträts auf Augenhöhe. Sie verzichten auf visuelle Stereotype wie Wildheit, Grausamkeit, Verspieltheit und entsprechende Bildkommentare. Diese Fotografien, wie auch die von Ylla, trugen dazu bei, den Blick der Öffentlichkeit auf Tiere, insbesondere auf Zootiere, zu verändern. Sowohl Ylla als auch Wolf Suschitzky stellten Tiere als eigenständige Wesen dar, denen man mit demselben Respekt wie Menschen begegnen sollte.

In Suschitzkys mit 16 Tierbildern illustriertem Buch *Animals as Friends and How to Keep Them* (1939) wurde er wiederum nur als Fotograf der Fotos im Text genannt. Das Buch mit einem Vorwort von Julian Huxley und Texten von Mar-

---

[35] Wolf Suschitzky: Photographing Children. London, New York 1940, S. 70.

garet Shaw und James Fisher, die beide als Zooangestellte arbeiteten, konzentriert sich darauf, die Leserschaft auf die Bedürfnisse und besonderen Eigenschaften der unterschiedlichsten Tierarten aufmerksam zu machen, und verbindet damit die Hoffnung, dass die Tierhalter ihre Haustiere nicht als Gefangene, sondern als Freunde behandeln würden.[36] In diesem Buch gab es Hinweise auf die Haltung, Pflege und Bedürfnisse von sogenannten exotischen Tieren wie z. B. Reptilien, Affen und anderen Säugetieren, aber auch von Vögeln, Katzen und Hunden.

Geoffrey Holmes vom Studio Limited Verlag, dem Suschitzkys Aufnahmen sehr gefallen hatten, lud ihn ein, zwei Fotohandbücher in der *How to do it*-Serie zu gestalten: *Photographing Children* (1940, Nr. 26) und *Photographing Animals* (1941, Nr. 29). Hier war er nun selbst Buchautor und konnte sein bereits großes technisches Wissen und fotografisches Feingefühl mit interessierten Leser*innen und Amateurfotograf*innen teilen.[37] Seine Tierbilder waren erfolgreich, weil er einzelne Tierporträts machte, die sehr viel lebendiger und, wie Duncan Forbes es an anderer Stelle beschrieben hat, „zwanglos entspannter"[38] waren als herkömmliche Tieraufnahmen.

Suschitzky war der einzige Fotograf, der zwei Bücher in dieser *How to do it*-Serie veröffentlichen konnte. Er verfasste beide Bücher mit Hilfe eines befreundeten Journalisten, Harry J. Deverson, der für die Zeitschrift *Picture Post* als Bildredakteur arbeitete. Für beide Ratgeber konnte Suschitzky auf sein wachsendes Portfolio von Tier-, aber auch von Kinderaufnahmen zurückgreifen, die er teilweise im Bekannten- und Familienkreis aufgenommen hatte. Ein Porträt seines kleinen Neffen Tommy, dem Sohn von Edith Tudor-Hart, das Suschitzky 1936 aufgenommen hatte, wurde 1940 als Titelbild von *Photographing Children* verwendet. Unter den insgesamt 35 Kinderporträts war auch ein Foto von der Streichelwiese im Zoo dabei.

Kinder und Tiere waren ein beliebtes fotografisches Motiv sowohl in der Zwischenkriegszeit als auch in den Kriegsjahren. Für die Beliebtheit gerade von Kinderbildern in Konfliktzeiten liefert Matthew Thomson eine einleuchtende Er-

---

[36] Margaret Shaw und James Fisher: Animals as Friends and How to Keep Them. London 1939, S. xvi.

[37] Irme Schaber erklärt, dass die *How to do it*-Fotoserien noch bis in die 1960er Jahre ein lukratives Einkommen für zahlreiche Emigranten darstellten. Schaber: Pioniere mit Langzeitwirkung, S. 81. Vgl. hierzu auch Colin Osman: Der Einfluss deutscher Fotografen im Exil auf die britische Pressefotografie. In: Kunst im Exil in Grossbritannien 1933–1945, hg. von Neue Gesellschaft für bildende Kunst, Ausst.-Kat. Berlin 1986, S. 83–87, hier S. 83.

[38] Duncan Forbes: Wolf Suschitzky in Vienna and London. Photographic Exchange and Continuity / Wolf Suschitzky in Wien und London. Kontinuität und Transfer in der Fotografie. In: Omasta, Mayr, Seeber: Wolf Suschitzky Photos, S. 16–29, hier S. 23.

klärung. Kinder stellen, so Thomson, in ihrer Verletzlichkeit ein starkes Symbol in einer verwüsteten Welt dar, zugleich aber repräsentieren sie die Hoffnung auf eine bessere Zukunft.[39] Dies könnte ein wesentlicher Grund für Suschitzkys Auftragsarbeiten gewesen sein. Wichtig war sicherlich zudem, dass sein Co-Autor Harry Deverson zu diesem Zeitpunkt gerade angefangen hatte, in der Fotoabteilung des Ministry of Information zu arbeiten.[40]

Das Buch *Photographing Animals* (1941) enthält 44 Fotografien, z. B. von dem Gorillababy Meng, einem Alligator, einer nubischen Ziege, Schafen und Kaninchen. Es ist in neun Abschnitte gegliedert, die sich mit der Beziehung zwischen dem Fotografen und seinem Motiv sowie der Bildkomposition beschäftigten. Suschitzky beschreibt u. a. die Streichelwiese im Zoo als den Ort, an dem die beiden attraktivsten Fotomotive, junge Kinder und Tiere, zusammenkommen. Hier machten sowohl die Kinder wie die Jungtiere im Spiel miteinander wichtige Erfahrungen.

Ein Bildredakteur hatte von Suschitzky Fotos von Tieren verlangt, die bei den Betrachter*innen den Wunsch erwecken sollten, die Tiere am liebsten zu streicheln. Das waren insbesondere Fotografien von Kätzchen und Welpen, die sich gut an Zeitungen, Zeitschriften und die Werbung verkaufen ließen. Auch diesen Hinweis gibt Suschitzky an die Leser*innen seines Buches weiter.[41]

Der letzte Abschnitt seines Ratgebers beschäftigt sich mit der Frage, ob man von Tierfotografie leben kann. Hier berichtet Suschitzky von einigen seiner

---

39 Matthew Thomson: Lost Freedom: The Landscape of the Child and the British Post-War Settlement. Oxford 2013, S. 34.
40 Denn während des Krieges machte Suschitzky nicht nur Tier- und Kinderfotos, sondern arbeitete auch für das Ministry of Information und dokumentierte in eindringlichen Bildern die massiven Kriegsschäden, die deutsche Bomber seit 1940 bei ihren Angriffen auf London verursacht hatten. In seinen Aufnahmen von gleichfalls beschädigten Zoogebäuden wird die Bedrohung der Tiere durch die Außenwelt deutlich. So sieht man z. B. über den Affengehegen die Sperrballone, die sie vor den feindlichen Angriffen schützen sollten. Diese Fotos waren 2020 in der Suschitzky-Ausstellung *No resting place* im Fotohof Salzburg zu sehen, der seit 2018 Suschitzkys fotografisches Archiv digitalisiert. Vgl. auch Winckler: Gespräch, S. 263.
41 Wolf Suschitzky: Photographing Animals. London, New York 1941, S. 78. Wie viele andere Emigrant*innen machten auch Wolf Suschitzky und seine Schwester als Freiberufler professionelle Porträts von Kindern mit ihren Haustieren, insbesondere Katzen und Hunde. Einige dieser Porträts sind vom Ansatz her recht ähnlich. Edith Tudor-Hart machte Studioporträts, während Suschitzky Tiere und Kinder *on location* aufnahm. Es ist auffallend, dass in Suschitzkys Aufnahmen die Kinder meistens ganz konzentriert die Tiere betrachten, während in Edith Tudor-Harts Porträts die Kinder direkt in die Kamera blicken. Rückblickend auf ihre Arbeit in einem Artikel für *Amateur Photography*, Juni 1956, erklärte Tudor-Hart, dass ihr eigentliches Interesse den Kindern galt, da die Tiere aber entspannend auf die Kinder wirkten, fotografierte sie beide gerne zusammen.

Aufträge, vom Fotografieren von Labormäusen bis zum Fotografieren von Englands größter Bienenfarm.

> Very soon I discovered that my most successful pictures were not necessarily those which gave a complete representation of an animal, a perfect record, but they were those which showed some of the animal's character and some expression, its ‚essential qualities' as Professor Huxley has defined it elsewhere.[42]

So präzisierte Suschitzky das Konzept seiner Tierfotografie im Gemeinschaftsprojekt mit Julian Huxley. Dieser hob in seinem Vorwort die Qualität von Suschitzkys Tierporträts, die sie als Individuen darstellten, besonders hervor. Er war überzeugt, dass sie das menschliche Verständnis für die Tierwelt positiv beeinflussen könnten.[43] In ähnlicher Weise sollte Steffen Pross später die Wirkung von Suschitzkys Tierbildern charakterisieren: „Fotografiert er ein Tier, so sieht sich der Betrachter nicht mit dem beliebigen Exemplar einer zoologischen Gattung, sondern mit einem konkreten Gegenüber konfrontiert".[44]

Suschitzkys Tierbilder verweisen auf eine Welt, in der den Tieren größeres Verständnis und mehr Respekt entgegengebracht wird. Dazu gehörte auch, die Gitter und Käfige, in denen die Zootiere gefangen waren, sowie die nicht der Natur entsprechenden Hintergründe so wenig wie möglich zu zeigen.[45] Diese Inszenierung hatte durchaus kritische Funktion. Sie unterstrich die Forderung, die Tiere in ihrer ursprünglichen Lebenswelt zu zeigen. So riet Suschitzky seinen Leser*innen, beim Fotografieren im Zoo zu vermeiden, dass Schatten der Gitter auf die Tiere fallen:

> Most satisfactory are those [zoos] without bars [...] But every zoo houses a number of animals which can be photographed without showing the bars; the main difficulty in the more conventional zoos being the unnatural backgrounds [...]. Avoid having the shadows of the bars falling across the animal.[46]

Ganz wesentlich ist für ihn zudem, sich den Tieren stets mit Geduld, Respekt und großer Empathie zu nähern:

---

42 Suschitzky: Animal Photography, S. 45.
43 1941 gestaltete Huxley zusammen mit Tom Hopkinson, der die Chefredaktion von Lorant übernommen hatte, eine Ausgabe von *Picture Post* als Gastredakteur, in der die Autoren Pläne für eine Neugestaltung Großbritanniens auf der Basis sozialer Gerechtigkeit entwickelten.
44 Steffen Pross: Der Ethiker an der Kamera. In: Kunst & Kultur 1 (2001), S. 18–20, hier S. 19.
45 Er beschreibt dies eindrücklich: „Cages and bars are never beautiful, and unless you want to show them for dramatic effect they are better avoided [...]. I try to photograph animals against the sky, against the grass or against rocks, or use a selective focus or dark background". Wolf Suschitzky: Animal Babies. London 1957, S. 48.
46 Suschitzky: Photographing Animals, S. 70.

**Abb. 5a & 5b:** Wolf Suschitzky: Gepard und Braunbär, [1956] 1957.

[Animals] have wills of their own and it will cost you some effort to persuade them to react in the way you wish. And that brings you right back to the first rule of good photography – patience. If you wait for it, you'll get along far better than the man or woman who tries to force the picture, tries to bully or goad the animal. You must begin, where it is possible, by putting the animal at its ease. [...] *never ridicule the animal.* Above all, do not dress it up. I find it very hard to appreciate this kind of humour – which puts the animal at once at a disadvantage and makes it a figure of fun. Animals have their own sense of humour and do not need to be travestied in the trappings of humans to have it brought out. I definitely do not smile when I see a picture of a pup peeping out of a boot, or a kitten hanging suspended in a sock from the clothes line, or a dog in spectacles and a bowler hat.[47]

Suschitzky lehnte jede Form der Anthropomorphisierung, der Verniedlichung und Verkindlichung von Tieren in der Werbung oder in illustrierten Kinderbüchern ab. Er sah den Akt des Fotografierens nie allein aus der Perspektive des Fotografen, sondern versuchte sich in die Situation des fotografierten Tieres zu versetzen, wobei er sich stets an seine Maxime hielt: „Animals have their own dignity which one ought to respect".[48] So sind seine Tierporträts Ausdruck von großer Toleranz und dem Versuch, sich den Tieren zu nähern, sie als autonome Wesen zu verstehen, sie weder als das Andere noch als das Fremde aus- oder einzugrenzen.

---

47 Suschitzky: Photographing Animals, S. 16, 18. Hervorhebung im Original.
48 Suschitzky: Animal Babies, S. 49.

## 4 Der Bärenzwinger im KZ Buchenwald

Im dritten Teil der Ausstellung *Orte des Exils*, die von Juli bis November 2020 im Museum der Moderne in Salzburg gezeigt wurde, waren auch Fotografien von Wolf Suschitzky ausgestellt. Zusätzlich wurde ein Dokumentarfilm aus dem Jahre 1993 vorgeführt, der den Fotografen im Gespräch mit Michael Omasta und Christian Cargnelli zeigte. Suschitzky berichtet von seinem Besuch in der Gedenkstätte Buchenwald. Dort waren seine beiden Vettern Joseph und Wilhelm (Willy) Suschitzky, die zusammen mit seinem Vater und dessen Bruder in der Wiener Buchhandlung gearbeitet hatten, 1938 bis 1939 inhaftiert gewesen.

> Ich bin dann später mal in Leipzig gewesen, und da hat man mich nach Buchenwald genommen, um mir das anzusehen. Dort war der Bärenzwinger, den meine Vettern betreuen mussten für den Kommandanten, der hat zwei Bären gehalten.[49]

Es stimmt nachdenklich, dass Wolf Suschitzky zur selben Zeit im Londoner Zoo Tiere fotografiert hatte, während seine Vettern in Buchenwald inhaftiert waren, in dem Lagerzoo arbeiten und dort Bären versorgen mussten.

Die Leiterin des Archivs Stiftung Gedenkstätten Buchenwald und Mittelbau-Dora, Sabine Stein, teilte mir mit, dass der sogenannte Lagerzoo und der Bärenzwinger 1938 eingerichtet und von Häftlingen erbaut wurden: ein Arbeitskommando von sechs bis zehn Häftlingen war mit dem Füttern der Tiere und Reinigen der Käfige beauftragt. Stein erklärte, dass es zum Arbeitskommando „Zoo" bzw. „Bärenzwinger" in den Beständen des Archivs keine Überlieferung gibt. Allerdings lässt sich anhand der Archivunterlagen der Verlauf der Inhaftierung von Joseph Suschitzky (1902–1975) und seinem Bruder Wilhelm (1904–1978) nachvollziehen. Die beiden kamen am 24. September 1938 im selben Transport aus dem KZ Dachau, wo sie schon kurz nach dem ‚Anschluss' Österreichs an Deutschland inhaftiert worden waren. Sie wurden als jüdische Häftlinge mit der Nummer 9723 und 9724 registriert und in den Block 15 eingewiesen. Von September 1938 bis Mitte Mai 1939 waren sie in Buchenwald inhaftiert. Am 10. Mai 1939 erfolgte die Entlassung der Brüder nach Wien 10, Erlachgasse 10.

Suschitzky erzählte mir in einem Gespräch, dass Karla Suschitzky, die Schwester von Joseph und Wilhelm, die selbst 1938 nach Paris emigriert war, sie freikaufen und im August 1939 mit einem Visum in die englische Emigration retten konnte. Im Juni 1940 wurden die Brüder als *enemy aliens* interniert

---

**49** Wolfgang Suschitzky im Gespräch mit Christian Cargnelli und Michael Omasta anlässlich des Symposiums Aufbruch ins Ungewisse, Wien, Oktober 1993. Interviewfilm (A 1993). Ich habe das Zitat verbatim übernommen. Es reflektiert Suschitzkys Status als Emigrant, der in zwei Sprachwelten lebt.

**Abb. 6:** Postkarte Bärenzwinger, Buchenwald, Gedenkstätten Buchenwald und Mittelbau-Dora.

(Joseph auf der Isle of Man, Wilhelm in Australien, von wo er 1946 nach England zurückkehrte). 1945 eröffneten sie das Antiquariat Libris auf der Boundary Road in Nordlondon.

## 5 Guy der Gorilla

An einem letzten Beispiel möchte ich noch zeigen, dass Suschitzky den Widerspruch zwischen Autonomie und Gefangenschaft, zwischen der Präsentation wilder Tiere als Verkörperungen des Natürlichen und der Voraussetzung solcher Bilder, nämlich ihre Gefangenschaft im Zoo, ganz bewusst thematisierte. In Huxleys und Suschitzkys gemeinsamen Buch *Kingdom of the Beasts* ist ein Foto des Gorillas Guy enthalten, in dem er im Profil durch die Gitter hindurch aufgenommen wurde, so dass man weder Gitter noch den Käfig sehen konnte.[50]

1958 machte der Fotograf, der sich mit subtiler Ironie seines aus dem Tierreich stammenden Vornamens Wolf bewusst war, ein weiteres – später veröf-

---

50 Huxley: Kingdom of the Beasts, S. 159.

**Abb. 7:** Wolf Suschitzky: Guy the Gorilla, 1958.

fentlichtes – Foto des Affen, den seine Wärter mit dem menschlichen Vornamen Guy bedacht hatten.

Der Gorilla, der seit frühster Kindheit sein Leben hinter Gittern hatte verbringen müssen,[51] war ein Liebling der Zoobesucher*innen. Es war eine fatale Folge ihrer Zuneigung und der vielen ihm zugeworfenen Süßigkeiten, dass Guy 1978 wegen einer schweren Zahnentzündung operiert werden musste und während des chirurgischen Eingriffs an einem Herzinfarkt verstarb. Suschitzky hatte den Gorilla häufig während seiner Arbeiten im Zoo besucht. Guy galt als intelligenter Affe, sanft und voller Neugier. Verflog sich ein Vogel in seinen Käfig, so fing er ihn vorsichtig mit seiner Hand und betrachtete ihn aufmerksam.

Entgegen der in Kolonialzeiten verbreiteten Ansichten, dass Gorillas besonders aggressive Tiere seien, die man bedenkenlos jagen und töten dürfe, betont der renommierte Primatologe Prof. Vernon Reynolds (Universität Oxford) in seiner Studie *The Apes*, dass diese Tiere freundschaftliche, liebenswerte, schüchterne und sanfte Tiere seien.[52] Der Gorilla Guy scheint all diese Eigenschaften in

---

[51] Das knapp einjährige Affenkind war in Kamerun eingefangen worden und 1947 an den Londoner Zoo verkauft worden. Um die Nachfrage von Zoohandlungen nach exotischen und mit großem Gewinn zu verkaufenden Tieren zu befriedigen, kam es häufiger vor, dass Gorillamütter von Jägern erschossen wurden, damit sie ihre Babys gefahrlos fangen konnten.

[52] Vernon Reynolds: The Apes: The Gorilla, Chimpanzee, Orangutan, and Gibbon – Their History and Their World. London 1968, S. 149.

Suschitzkys eindrucksvollem Porträt zu verkörpern.[53] Neugierig, leicht skeptisch, doch zugleich vertrauensvoll schaut er dem Fotografen entgegen. Das Tier und der Mensch begegnen sich auf Augenhöhe und auf scheinbar gleicher Ebene. Entscheidendes Merkmal der Aufnahme ist jedoch die Distanz, die den Fotografen und das gefangene Tier trennt.

Das Gorilla-Porträt ist kein Schnappschuss, sondern Teil eines längeren Dialogs. Im Blick des Gorillas wird der Fotograf anwesend. Suschitzky konnte sich später immer an den Moment dieser besonders intensiven Begegnung mit Guy erinnern. Die im Bild festgehaltene unmittelbare Kommunikation macht den großen Reiz der Aufnahme aus, gerade auch weil sie auf den Gegensatz der „Freiheit" des Fotografen und der Gefangenschaft des abgelichteten Tieres verweist: ein unauflösbarer Widerspruch. Gegen seine eigenen Regeln verstoßend hat der Fotograf den Gorilla diesmal hinter Gittern fotografiert. Es sind vor allem die dunklen Schatten des Käfiggitters auf dem Gesicht des so menschenähnlich wirkenden Zootieres, einem Nachkommen unserer ältesten Vorfahren, die seine unmenschliche Gefangenschaft überdeutlich zeigen – und den Protest der Betrachter erregen sollten. Die mit Suschitzky befreundete Schauspielerin Virginia McKenna, Gründerin und Aktivistin der Born Free Foundation, benutzte deswegen gern dieses Foto in ihren zookritischen Büchern.

In diesem wie in anderen Fotos von Suschitzky wird das Verhältnis von Mensch und Tier, Nähe und Ferne neu austariert und die Vorstellung des Exotischen, die für das Verständnis wilder Tiere und ihrer Präsentation im Zoo historisch bestimmend war, unterlaufen. Die Frage aber bleibt offen, wie unter den Bedingungen der Gefangenschaft ein „menschliches" Verhältnis von Fotograf und Tier überhaupt hergestellt werden kann. Suschitzkys Fotografien können als ein erster Schritt auf diesem Weg gelesen werden.

Das Bild des Gorillas hat Suschitzky über ein halbes Jahrhundert begleitet. Es hing – wie eingangs erklärt – neben anderen wichtigen Erinnerungsfotos an prominenter Stelle in seinem Wohnzimmer und setzte gleichsam den Dialog zwischen dem Primaten und dem Fotografen kontinuierlich fort. Suschitzkys Lebenserfahrungen, seine Jugend in Wien, die Verfolgung seiner Familie, der Tod des Vaters, die Ermordung enger Verwandter in Auschwitz haben sein Werk entscheidend geprägt.[54] Seine Dokumentarfotografie wie seine Tierfotos

---

53 Vernon Reynolds, ein Exilant wie Suschitzky, schätzt dieses Porträt sehr, zumal er als junger Mann den Gorilla selbst oft im Londoner Zoo aufgesucht hatte. Als Dreijähriger hatte Reynolds 1939 zusammen mit seiner Mutter aus Nazi-Deutschland nach Großbritannien fliehen können. Im Gespräch erklärt er, dass er sich für das Studium der Affen entschieden habe, um die Menschen besser zu verstehen. (Persönliche Mitteilung, Vernon Reynolds, 2010, 2021).
54 Suschitzkys Onkel Philipp (1875–1942) und seine Tante Olga Suschitzky (1882–1942) wurden 1942 in Auschwitz ermordet.

zeigen die Resilienz des Exilierten: sein soziales Engagement, seine große Empathie und Parteinahme für die Ausgeschlossenen. Das Porträt des Gorillas steht gleichnishaft für alle, die nicht an ihrem Ort sind, sondern auf der Flucht, in Gefangenschaft, in der Fremde.

## Dank

Die Autorin dankt Anke und Lutz Winckler für den anregenden Gedankenaustausch. In Erinnerung an Wolf Suschitzky (1912–2016) und Tony Wallis (1938–2016).

## Abbildungsverzeichnis

Abb. 1: Tony Wallis und Julia Winckler: Wolf Suschitzky, 2015 (© Wallis & Winckler).
Abb. 2: Tony Wallis und Julia Winckler: Im Wohnzimmer von Wolf Suschitzky, 2015 (© Wallis & Winckler).
Abb. 3a & 3b: *Animal and Zoo Magazine*, Titelbilder für September 1938 & Dezember 1938.
Abb. 4a & 4b: Wolf Suschitzky: Mädchen mit nubischer Ziege (aus: *The Children's Zoo*, 1939, S. 4) und Wolf Suschitzy: Junge mit Kaninchen (aus: *Animals as Friends*, 1939, S. 74).
Abb. 5a & 5b: Wolf Suschitzky: Gepard und Wolf Suschitzky: Braunbär (aus: Julian Huxley: *The Kingdom of the Beasts*, [1956] 1957, S. 88, 101.
Abb. 6: Postkarte Bärenzwinger, Buchenwald, Gedenkstätten Buchenwald und Mittelbau-Dora
Abb. 7: Wolf Suschitzky: Guy the Gorilla, 1958 (© Estate of Wolf Suschitzky).

## Filmverzeichnis

Children are the Future. Interviewfilm mit Wolf Suschitzky von Julia Winckler und Tony Wallis (GB 2016).
Wolfgang Suschitzky im Gespräch mit Christian Cargnelli und Michael Omasta anlässlich des Symposiums Aufbruch ins Ungewisse, Wien, Oktober 1993. Interviewfilm (A 1993).

## Literaturverzeichnis

Anhalt, Utz: Tiere und Menschen als Exoten – Exotisierende Sichtweisen auf das „Andere" in der Gründungs- und Entwicklungsphase der Zoos. Dissertation (Universität Hannover) 2007, https://edocs.tib.eu/files/e01dh07/524261350.pdf (Zugriff: 17.7.2021).

Berger, John: Why look at Animals [1977]. London 2009.
Berkovitz, Michael: Jews and Photography in Britain. Austin/TX 2015.
Eskildsen, Ute: „Germany: The Weimar Republic". In: Liz Heron und Val Williams (Hg.): Illuminations: Women Writing on Photography from the 1850s to the Present. Durham/NC 1996, S. 53–64.
Forbes, Duncan: Wolf Suschitzky in Vienna and London. Photographic Exchange and Continuity / Wolf Suschitzky in Wien und London. Kontinuität und Transfer in der Fotografie. In: Michael Omasta, Brigitte Mayr und Ursula Seeber (Hg.): Wolf Suschitzky Photos. Wien 2006, S. 16–29.
Gernsheim, Helmut: The Man behind the Camera. London 1948.
Hopkinson, Tom: Picture Post 1938–50. London 1970.
Huxley, Julian und Ludwig Koch: Animal Language. Photographs by Ylla. London 1938.
Huxley, Julian: Kingdom of the Beasts [1956]. London 1957.
Lewis, Lorna: The Childrens' Zoo. London 1939.
Macpherson, Don: Nation, Mandate, Memory. In: Jessica Evans (Hg.): The Camerawork Essays. London 1997, S. 145–152.
Moholy, Lucia: A Hundred Years of Photography. 1938–1939. London 1939.
Omasta, Michael, Brigitte Mayr und Ursula Seeber (Hg.): Wolf Suschitzky Photos. Wien 2006.
Osman, Colin: Der Einfluss deutscher Fotografen im Exil auf die britische Pressefotografie. In: Kunst im Exil in Grossbritannien 1933–1945, hg. von Neue Gesellschaft für bildende Kunst, Ausst.-Kat. Berlin 1986, S. 83–87.
Pross, Steffen: Der Ethiker an der Kamera. In: Kunst & Kultur 1 (2001), S. 18–20.
Reynolds, Vernon: The Apes: The Gorilla, Chimpanzee, Orangutan, and Gibbon – Their History and Their World. London 1968.
Roberts, John: The Art of Interruption: Realism, Photography and the Everyday. Manchester 1998.
Schaber, Irme: Pioniere mit Langzeitwirkung. In: The Yearbook of the Research Centre for German and Austrian Exile Studies 3 (2001): German-speaking Exiles in Britain, hg. von J. M. Ritchie, S. 73–86.
Shaw, Margaret und James Fisher: Animals as Friends. London 1939.
Suschitzky, Wolf: Photographing Children. London, New York, 1940.
Suschitzky, Wolf: Photographing Animals. London, New York, 1941.
Suschitzky, Wolf: Animal Babies. London 1957.
Suschitzky, W[olf]: Animal Photography. In: Julian Huxley: Kingdom of the Beasts [1956]. London 1957, S. 45–51.
Thomson, Matthew: Lost Freedom: The Landscape of the Child and the British Post-War Settlement. Oxford 2013.
Weightman, Gavin: Picture Post Britain. London 1991.
Winckler, Julia: Gespräch mit Wolfgang Suschitzky, Fotograf und Kameramann. In: Exilforschung 21 (2003): Film und Fotografie, hg. von Claus-Dieter Krohn, Erwin Rotermund, Lutz Winckler, Irmtrud Wojak und Wulf Koepke, S. 254–279.
Winckler, Julia: The Photography of Wolf Suschitzky. In: LIP: London Independent Photography 18 (2004/5), S. 4–9.
Winckler, Julia: The First Rule of Photography is Patience: the Photographs of Wolf Suschitzky. In: Michael Omasta und Brigitte Mayr (Hg.): Wolf Suschitzky. Seven Decades of Photography. Wien 2014, S. 9–13.

Winckler, Julia: „Quite content to be called a good craftsman" – an Exploration of some of Wolf
　　Suschitzky's Extensive Contributions to the Field of Applied Photography between 1935
　　and 1955. In: The Yearbook of the Research Center for German and Austrian Exile Studies
　　19 (2018): Applied Arts in British Exile from 1933. Changing Visual and Material Culture,
　　hg. von Marian Malet, Rachel Dickson, Sarah MacDougall und Anna Nyburg, S. 67–92.

Barbara Weidle
# „Im Stromgebiet der Zoologie":
# Erna Pinners Neuanfang im englischen Exil

War es ein künstlerischer Neuanfang in London? Ja und nein. Denn im Wesentlichen bleibt sich die Frankfurter Zeichnerin und Illustratorin Erna Pinner (1890–1987) treu. Dennoch fordern die Umstände des Exils in England eine Umorientierung, eine Richtungsänderung, von der freien Kunst zur Naturwissenschaft.

Erna Pinner war schon in den späten 1910er und 1920er Jahren in Frankfurt und Berlin als Tierzeichnerin und Illustratorin hervorgetreten. Ihre Zeichnungen von Landschaften, Menschen und Tieren begleiteten ihre eigenen Bücher und die Publikationen ihres Reisegefährten Kasimir Edschmid. 1927 hat sie das schlanke Büchlein *Tierskizzen aus dem Frankfurter Zoo* veröffentlicht und auch Zeitungsartikel über Tiere, zum Beispiel Windhunde oder Warzenschweine, geschrieben und mit eigenen Zeichnungen versehen. Ihr Buch *Ich reise durch die Welt* war 1931 bei Erich Reiss in Berlin erschienen.[1] In Ausstellungskritiken verglich man sie mit Renée Sintenis. Sie war eine durchaus erfolgreiche und bekannte Figur in der Weimarer Republik. Befreundet u. a. mit Annette Kolb, Renée Sintenis, Erich Reiss, Else Lasker-Schüler, Gottfried Benn.[2] Der Rundfunk der frühen 1930er Jahre sendete ihre Berichte über „Die Indianer von Peru", „Frauen in Afrika und im Orient", ihre Reise durch Syrien, „Frauenreiche des Altertums".[3]

In Frankfurt hatte sie in ihrem Elternhaus in der Bockenheimer Landstraße 72 ein Atelier gehabt. Dorthin kehrte sie stets von ihren zahlreichen Reisen zurück: „Ihre Eltern gestatteten ihr, ein völlig selbständiges Leben in ihrem Haus zu führen. Sie war eine emanzipierte Frau, noch bevor das ein weitläufiger Be-

---

[1] Erna Pinner: Ich reise durch die Welt. Mit 104 Federzeichnungen der Verf. Berlin 1931.
[2] 1997 fand die erste monografische Ausstellung nach dem Zweiten Weltkrieg über Erna Pinner im Bonner August Macke Haus statt. Diese konzentrierte sich dem Auftrag des August Macke Hauses gemäß auf das in Deutschland entstandene Frühwerk der Künstlerin: Ich reise durch die Welt. Die Zeichnerin und Publizistin Erna Pinner, hg. von Verein August Macke Haus Bonn (Konzeption und Realisation: Barbara Weidle), Ausst.-Kat. August Macke Haus Bonn, Bonn 1997.
[3] Deutsches Rundfunkarchiv. Schriftsteller im Rundfunk – Autorenauftritte im Rundfunk der Weimarer Republik 1924–1932, Eintrag Erna Pinner, http://dienste.dra.de/schriftsteller/autoren.php?buchst=P&aname=Erna%20Pinner (Zugriff: 14.12.2020).

https://doi.org/10.1515/9783110729627-017

griff war", erinnerte sich ihr Vetter Rudolph S. Joseph.[4] Der Vater Oscar Pinner war ein angesehener Chirurg und Kunstsammler, die Eltern führten ein offenes Haus, in dem sich Künstler, Autoren, Ärzte und Vertreter der Frankfurter Gesellschaft trafen. Erna Pinner war eine glamouröse Erscheinung, Typ „Neue Frau", unverheiratet in einer Liebes- und Arbeitsbeziehung mit Kasimir Edschmid verbunden, dem damals sehr bekannten Schriftsteller. Die Wintermonate verbrachte sie in Berlin.

Als sie im Oktober 1935 nach London emigrierte, weil sie als Jüdin keine Möglichkeit mehr hatte, in Deutschland zu leben, konnte sie ihre Bücher und viele ihrer Zeichnungen mitnehmen. 24 Werke hatte sie bis dahin illustriert, darunter zahlreiche von Kasimir Edschmid und drei eigene. Auch die gesammelten Zeitungskritiken zu ihren Ausstellungen in Deutschland sowie viele ihrer eigenen Artikel nahm sie mit. Ihrem früh angelegten, sorgfältig geführten Archiv von Zeitungsausschnitten und Zeichnungen verdanken sich viele unserer heutigen Kenntnisse: Erna Pinner hatte in Deutschland elf Einzelausstellungen in Frankfurt, Darmstadt, Köln und Berlin gezeigt und war bis zu ihrer Emigration an 34 Gruppenausstellungen beteiligt gewesen, darunter in den Galerien Flechtheim in Berlin und Düsseldorf, auf der Darmstädter Mathildenhöhe, im Verein Berliner Künstlerinnen und im Frankfurter Zoo.[5] Ihre frühen Gemälde musste sie im Atelier zurücklassen. Von der kleinen Gouache *Ziele im Nebel* von Paul Klee, die ihr Vater 1919 für 35 Reichsmark gekauft hatte, trennte sie sich bis zu ihrem Tod 1987 nicht.[6]

In London lebten Verwandte mütterlicherseits, Leopold und Helene Joseph mit ihren vier Söhnen. Oskar Joseph, der Bankier, wurde schon in den 1920er Jahren, als er ein Praktikum bei einer Frankfurter Bank machte, ein guter Freund. Mit ihm hatte sie auch in London den intensivsten Kontakt.[7] Die Familie Joseph half in der Anfangszeit. Doch es war klar, dass die Künstlerin wirtschaftlich sehr bald unabhängig werden musste. Natürlich wollte sie das auch. Erna Pinner war 45 Jahre alt. Für einen beruflichen Neuanfang war das eine schwierige Ausgangslage. Die Fähigkeit, auf Englisch Bücher zu schreiben, musste sie sich erst noch aneignen. Es war also zunächst einfacher, das zu tun, was sie schon in Deutschland getan hatte: Tiere zeichnen. Die Beschäftigung

---

4 Rudolph S. Joseph: Erinnerungen an Erna Pinner und ihre Familie. In: Ich reise durch die Welt, S. 20–24, hier S. 22.
5 Von ihrer Sammlung von Zeitungsausschnitten konnte ich Mitte der 1990er Jahre im Stadtarchiv Frankfurt, das einen Teil ihres Nachlasses aufbewahrt, Kopien machen.
6 2014 wurde Paul Klees Gouache *Ziele im Nebel* bei Sotheby's für rd. 87 000 Euro versteigert. Die Autorin dankt Marion Scharmann vom Auktionshaus Van Ham, Köln, für die Auskunft vom 13. Dezember 2020.
7 Joseph: Erinnerungen an Erna Pinner, S. 23.

mit Tieren zieht sich wie ein roter Faden durch ihr überaus langes Künstlerleben. In den 1920er Jahren ist der Blick Erna Pinners noch romantisch:

> Die Maultiere Korsikas, der ewig schreiende kleine andalusische Esel, die wolligen Hammel Montenegros, sowie die edlen kleinen flinken Pferde von Marokko, sie alle erschienen mir auf meinen Reisen in geheimnisvoller und pflanzenhafter Weise mit ihren Ländern verbunden, und bedeuten für mich weit mehr Ursprüngliches wie die Menschen.[8]

In England interessiert sie sich zunehmend mehr dafür, wie funktionieren die einzelnen Tierarten? Wie hat die Natur sie ausgestattet? Welche Eigenheiten, Kuriositäten zeichnen sie aus? Wie vermehren sie sich? Wie leben sie? Pinner widmet sich mit niemals aufhörendem Staunen dem unerschöpflichen Variantenreichtum im Tierreich. Und doch sind ihre Zeichnungen eben nicht nur sachlich. Die Informationen, vergleicht man ihre Illustrationen mit Fotografien der Tiere, stimmen immer ziemlich genau. Aber die Art und Weise der Darstellung bleibt künstlerisch. Sie entwickelt ihre eigene Handschrift weiter. Niemals überschreitet die Zeichnerin die Grenze zum Kitsch, zur Gefühligkeit. Und doch bringt sie sehr viel Gefühl für das Erfassen der Tiere auf.

Ein Glücksfall, dass Tierillustration in England zu dieser Zeit gefragt war. Doch natürlich konnte sie nicht einfach so weitermachen als Künstlerin, denn nun musste sie sich zunächst auf die Anforderungen der Autoren, der Verlage, der Bücher jeweils neu einstellen. Es waren nicht mehr zumeist selbst gewählte Aufgaben und literarische Werke, mit denen sie sich befassen konnte, sondern Auftragsarbeiten. Die Freiheit, zu zeichnen, wie sie es in Deutschland getan hatte, hatte sie so nicht mehr. Ihre frühen Zeichnungen waren sparsam formulierte skizzenhafte Notate von Tieren, die sie sehr genau beobachtet hatte – in den Zoos von Frankfurt, Berlin und anderswo, aber vor allem auch auf ihren Reisen in Afrika und Südamerika. Elegante, manchmal arabeske, hingehaucht wirkende Impressionen. Für diese kleine Form in Tusche oder mit der Radiernadel war sie bekannt. Sogar in London, wie sich herausstellte, wenn auch nur einem Spezialisten.

# 1 Frühe Kontakte zur Zoological Society London

Julian Huxley, seit 1935 Generalsekretär der Zoological Society London und Leiter des Londoner Zoos, war 1936 in den zoologischen Gärten von Paris, Lüttich,

---

[8] Erna Pinner: Vom Anschauen der Tiere. In: dies.: Tierskizzen aus dem Frankfurter Zoo. Frankfurt a. M. 1927, o. S.

Bremen, München und Frankfurt unterwegs, um Trends auf dem Kontinent zu beobachten.⁹ Es ist gut möglich, dass Huxley 1936 bei seinem Besuch in Frankfurt Erna Pinners *Tierskizzen aus dem Frankfurter Zoo* zu sehen bekam. Jedenfalls kannte er das Buch, bevor er Erna Pinner persönlich begegnete.¹⁰ Er führte sie in die Zoological Society ein und gab ihr bald den Auftrag, an einem Führer durch den Londoner Zoo mitzuarbeiten, der 1937 erschien. Lange glaubte man, sie habe den ganzen *ZOO Guide* illustriert. In der von ihr selbst zusammengestellten Bibliografie schreibt sie allerdings klar: „1937 ‚ZOO' Official Guide. Map of geographical distribution, illustrated by Erna Pinner. London. Zoological Society." Diese Beschreibung ist eindeutig, wenn man den *ZOO Guide* kennt. Erst jetzt konnte jedoch durch die Bemühungen von Burcu Dogramaci ein Exemplar aus dem Archiv der Zoological Society London eingesehen werden.¹¹ In Erna Pinners Nachlass blieb keines erhalten.

Tatsächlich hat sie eine einzige Doppelseite in der 132 Seiten umfassenden Broschüre gestaltet. Auf diesen beiden Seiten geht es um die grobe geografische Verteilung von Elchen, Walen, Eisbären, Lemuren, Albatrossen, Seeelefanten u. a. auf der Welt. Im Zentrum steht eine rechteckig eingefasste Weltkarte, der die Tiere ringsum zugeordnet sind. Durch Fluchtlinien, die die einzelnen Tierarten voneinander trennen, entsteht eine räumliche Wirkung, die an einen Guckkasten erinnert. An dem *ZOO Guide*, der sich insgesamt durch eine etwas disparate Gestaltung auszeichnet, haben insgesamt neun Zeichner*innen mitgearbeitet, darunter Walter Trier und Francis Marshall sowie mehrere Fotograf*innen. Es ist für Erna Pinner wichtig gewesen, dazu zu gehören. Denn diesen *Zoo Guide* bekamen viele Leute in die Hand, und die Zusammenarbeit mit der Zoological Society London war eine ausgezeichnete Referenz für sie.

Es gibt Belege dafür, dass Erna Pinners Kontakt mit dem Londoner Zoo schon 1936 durchaus intensiv war. G. M. Vevers, einer der Kuratoren des Zoos, dem sie ihre Arbeiten gezeigt hatte, berichtet ihr in einem Brief von Oktober 1936, dass Julian Huxley von ihren Zeichnungen sehr angetan sei und vorschlage, sie um einen Entwurf für den Eingang des Aquariums zu bitten, der diesen attraktiver machen solle.¹² Die Künstlerin setzte sich intensiv mit den technischen Anforderungen an einen solchen Auftrag auseinander und kam zu dem Schluss, dass sie für die Haltbarkeit eines Wandbildes an der Fassade nicht ga-

---

**9** Julian Huxley: Memories [1970]. Harmondsworth 1972, S. 222.
**10** Gespräch der Autorin mit Lutz Becker am 5. Mai 1997 in London.
**11** Die Autorin dankt Burcu Dogramaci, Institut für Kunstgeschichte der LMU München, für die Zusendung eines PDFs des *ZOO Guide* aus dem Archiv der London Zoological Society am 28. Dezember 2020.
**12** G. M. Vevers an Erna Pinner am 19. Oktober 1936. Deutsche Nationalbibliothek Deutsches Exilarchiv 1933–1945, Frankfurt a. M. EB 2005 / 33.

rantieren könne. Stattdessen schickte sie einige kleine Gipsmodelle von Wassertieren, um zu erläutern, wie ihr Alternativvorschlag, ein Tonrelief, aussehen könnte:

> My idea of carrying out the work would be to put several of the figures on both sides of the door (I enclose sketch [sic] of the Entrance of the Aquarium) and I think some of the fish would look well combined with waterplants on the right space under the window.[13]

Im Januar 1937 erhält sie Nachricht, dass ihre Modelle von Seepferdchen sowohl von Julian Huxley als auch von G. M. Vevers für gut befunden wurden.[14] Weiter gibt die Korrespondenz darüber Aufschluss, dass die Seepferdchen vor dem 10. März bereits geliefert werden sollen. Als Honorar werden 25 £ vereinbart.[15] Zwar wissen wir bisher nicht, ob es tatsächlich zur Ausführung des Auftrags kam, es ist aber eher unwahrscheinlich. Wenn der Auftrag realisiert worden wäre, hätte Erna Pinner diese Arbeit sicher in ihren biografischen Übersichten erwähnt. Es ist aber durchaus interessant, wie intensiv und professionell die Künstlerin sich hier für eventuelle Aufträge engagiert.[16]

Erna Pinners Fähigkeiten als Tierzeichnerin waren ihre Eintrittskarte in die Welt der Zoologie, auch die der Zoological Society of London, die sie Schritt für Schritt für sich eroberte. Die Grundlage ihrer beruflichen Existenz. Von daher hatte das Thema „Tiere" für ihr Exil in England eine tatsächlich existenzielle Funktion. Das war neu. Zwar hatte sich Erna Pinner schon während des Ersten Weltkriegs bei ihren Studien im Frankfurter Zoo für die Tiere sehr interessiert, doch reichte ihr Wissen noch nicht aus, um populäre naturwissenschaftliche Werke zu illustrieren. Hätte sich Julian Huxley nicht für bildende Kunst interessiert, wäre es vermutlich schwieriger gewesen, in diesem eher naturwissenschaftlichen Feld tätig zu werden. Ihre künstlerische Herangehensweise war aber vermutlich in der Zusammenarbeit mit Huxley und seinen Kollegen ein Vorteil.

---

**13** Erna Pinner an G. M. Vevers am 18. November 1936. Deutsche Nationalbibliothek Deutsches Exilarchiv 1933–1945, Frankfurt a. M. EB 2005 / 33.
**14** G. M. Vevers an Erna Pinner am 16. Januar 1937. Deutsche Nationalbibliothek Deutsches Exilarchiv 1933–1945, Frankfurt a. M. EB 2005 / 33.
**15** Undatierter Briefentwurf von Erna Pinner an G. M. Vevers. In einem Brief vom 20. Januar 1937 bestätigt G. M. Vevers diese Konditionen. Beide Deutsche Nationalbibliothek Deutsches Exilarchiv 1933–1945, Frankfurt a. M. EB 2005 / 33.
**16** Dazu auch Annette Bußmann: „Das Leben ist eine Metamorphose": Erna Pinner als Mittlerin zwischen den Kulturen im britischen Exil. In: Zeitschrift für Museum und Bildung 86–87 (2019), S. 76–90, hier S. 79.

In einem Brief an Kasimir Edschmid schreibt Pinner 1946, sie habe in England „Biologie nachstudiert".[17] Was das genau heißt, ist etwas unklar. Belege gibt es dazu bisher nicht. Ihr Vertrauter Lutz Becker glaubt nicht, dass sie ein Universitätsstudium aufgenommen hat. Sie besuchte allerdings regelmäßig die anspruchsvollen wissenschaftlichen Vorträge der Zoological Society London und studierte ihr Leben lang Fachliteratur zu Fragen der Zoologie, Biologie und Paläontologie.[18] Auch ihre Bildrecherchen in Bibliotheken, Naturhistorischen Museen und Zeitschriften waren beachtlich.

Dass ihre Arbeit die große Konstante war, auch oft Stabilisator, in ihrem Leben, daran lässt sie in ihren Briefen keinen Zweifel. Ihre persönliche Situation in London war gerade in den ersten Jahren schwierig. Die Liebesbeziehung mit Kasimir Edschmid zerbrach, denn er blieb in Deutschland. Auch wenn sich die Trennung noch bis 1938/1939 hinzog. Ein melancholischer Grundton durchzieht ihren nach dem Krieg 1946 wieder aufgenommenen und bis zu Edschmids Tod 1966 geführten Briefwechsel. London war damals auch nicht der attraktive Ort, der es heute ist. Wenn Künstler*innen auf der Höhe der Zeit sein wollten, dann gingen sie damals nicht nach London, wie die Malerin Marie-Louise von Motesiczky, selbst im Exil in London, sagte.[19] Die Stadt sei „zu groß, um menschlich zu sein", schrieb Edith Hofmann 1949. Viele Künstler seien arm und sehr allein.[20] Der Kunsthistoriker Ernst Gombrich, der ebenfalls 1935 nach London emigrierte, nannte London eine „grimmige, schmutzige und stinkende" Stadt.[21] Zunächst wohnte Erna Pinner kurze Zeit in Green Croft Gardens, Hampstead, bevor sie in die Cleve Road in Hampstead zog. In eine winzige Zweizimmerwohnung in einem Neubau, ebenerdig mit Garten.[22] Ihr soziales Netzwerk in London bestand aus neuen englischen Kontakten, zumeist verbunden mit ihrer Arbeit, und vielen alten und neuen Freund*innen. Zu ihnen gehörten die Bildhauerin Anna Mahler, Elias Canetti, Oskar Kokoschka, Bertha Geismar, Hilde Spiel und Gabriele Tergit. Sie führte umfangreiche Korrespondenzen, die während des

---

17 Ulrike Edschmid: Wir wollen nicht mehr darüber reden. Erna Pinner und Kasimir Edschmid. Eine Geschichte in Briefen. München 1999, S. 38. Dieser Briefwechsel ist von Ulrike Edschmid bearbeitet worden, bis in die Formulierungen hinein, wie einige Stichproben ergeben. Er ist aber eine Quelle, was Fakten angeht, die Autorin hat sich „vom Original gerade so weit entfernt, dass die Frage nach Authentizität nicht zur Frage nach Wahrheit wird", wie sie im Vorwort schreibt (S. 13).
18 Lutz Becker in einer E-Mail an die Autorin vom 20. November 2020.
19 Edith Hofmann: Foreign Artists in London. In: George Weidenfeld (Hg.): People on the Move. London 1949, S. 65–69, hier S. 65. Übersetzung: Barbara Weidle.
20 Hofmann: Foreign Artists in London, S. 66. Übersetzung: Barbara Weidle.
21 Zit. nach: Jill Lloyd: The Undiscovered Expressionist. A Life of Marie-Louise von Motesiczky. New Haven, London 2007, S. 105. Übersetzung: Barbara Weidle.
22 Gespräch der Autorin mit Lutz Becker am 5. Mai 1997 in London.

Krieges abrissen, danach aber wieder aufgenommen wurden. Die Begegnung mit Henry Moore, der ihre Zeichnungen schätzte, war für sie eine Ermutigung.[23] Über ihre Ausstellungsbeteiligung in der Londoner Ward Gallery 1937 gibt es bisher keine genaueren Informationen.

## 2 *Animal Favourites* 1936

Erna Pinners erste Veröffentlichung im Londoner Exil ist bemerkenswert: Bereits ein Jahr nach ihrer Emigration erscheint *Animal Favourites*[24] von David Seth-Smith, dem Kurator für Säugetiere und Vögel der Zoological Society of London, mit 62 großformatigen Illustrationen. Die Zeichnungen dieser „Lieblingstiere" – Bären, Elefanten, Giraffen – sind wegen ihrer künstlerischen Kraft bemerkenswert. Sie sind es aber auch, weil sie die Künstlerin an der Schwelle zu einem neuen Weg zeigen. Seth-Smith nennt die Zeichnungen in diesem Buch in einem Brief an Erna Pinner „herrlich".[25]

Erna Pinner ist in diesen Illustrationen noch ganz deutlich mit ihrem früheren Werk in Deutschland verbunden. Einige Motive, wie zum Beispiel der Eisbär, die jungen Löwen, die Giraffen und der Elefant, sind Übernahmen nach früheren Arbeiten aus den 1920er Jahren. Der Umgang mit ihren Motiven erinnert in der raffinierten Flächentechnik an das mit Kasimir Edschmid gemeinsam publizierte Antilopenbuch,[26] das 1923 im Darmstädter Verlag Die Dachstube erschienen war. Stilistisch kündigt sich hier aber auch gelegentlich schon an, wie es mit mehr Plastizität und mehr Strich, also letztlich mit mehr Realismus, weitergehen sollte. Doch die Veränderung vollzog sich allmählich. Erna Pinners Auftreten ist in diesem Buch entschieden künstlerisch. Selbstbewusst stehen ihre ganzseitigen Zeichnungen mit viel Weißraum neben den Textseiten von Seth-Smith: absolut gleichberechtigt.

Dass Erna Pinner Motive in verschiedenen Zusammenhängen mehrfach verwendet, kommt in den folgenden Jahren immer wieder vor. Das genau gleiche kleine afrikanische Nashorn, das sich in *Animal Favourites* so neugierig um den Buchstaben R [für Rhinoceros] windet, treffen wir in der 1938 erschienenen Ge-

---

23 Lutz Becker: The Art of Erna Pinner. Book Illustrations, Puppets and the Study of Animals. In: AJR Information 42 (1987), 5, S. 8.
24 D[avid] Seth-Smith: Animal Favourites. Illustrated by Erna Pinner. London 1936.
25 Brief an Erna Pinner vom 12. Oktober 1936. Deutsche Nationalbibliothek. Deutsches Exilarchiv 1933–1945. Frankfurt a. M. EB 2005 / 33.
26 Kasimir Edschmid: Zur Naturgeschichte der Antilopen. Mit Originallithographien von Erna Pinner. Darmstadt 1923.

**Abb. 1:** Erna Pinner: Rhino, 1936.

schichtensammlung *Ways of the Veld Dwellers* von H. W. D. Longden wieder. In der Geschichte „Katete – The Tale of a Baby Rhino" wird über den Fang eines jungen Nashorns am Sambesi-Fluss im damals zweigeteilten Rhodesien berichtet. Erna Pinner zeichnet den dramatischen Moment, in dem die das Baby begleitende mütterliche Nashornkuh angeschossen wird, um das Kleine zu erbeuten und in einen Zoo zu expedieren.[27] Die Künstlerin zeigt sich in dieser Zeit als effiziente Verwerterin ihres eigenen Archivs, als Pragmatikerin im Umgang mit enormer Arbeitsbelastung.

# 3 Entscheidend für ihre weitere Entwicklung ist das Jahr 1940

Bis 1940 illustriert Pinner sechs weitere Bücher, darunter *Bambi's Children* von Felix Salten.[28] Der malerische Schutzumschlag der Originalausgabe ist auf einen kommerziellen Erfolg angelegt. Zwei ‚süße' Rehkitze auf einer Waldlichtung, auch ein Eichhörnchen, ein Hase und ein Schmetterling sind mit von der Partie. Man sieht die stilistisch sehr entfernte Verwandtschaft mit den 1923 entstandenen Antilopen[29] – und auch, dass die Künstlerin einen breiten Publikumsgeschmack treffen konnte. 1942 sollte Walt Disney Felix Saltens *Bambi*, den ersten Teil der Geschichte, der bereits 1923 erschienen war, als Zeichen-

---

**27** H. W. D. Longden: Ways of the Veld Dwellers. Pen-and-ink sketches by the author and plates by Erna Pinner. London 1938, Plate VI.
**28** Felix Salten: Bambi's Children. The Story of a Forest Family. Illustrated by Erna Pinner. London, Toronto 1940. Cover https://www.abebooks.co.uk/first-edition/Bambis-Children-Story-Forest-Family-FIRST/22532461707/bd#&gid=1&pid=1 (Zugriff: 20.12.2020).
**29** Edschmid: Zur Naturgeschichte der Antilopen.

**Abb. 2:** Erna Pinner: A Stork Migrating, 1940.

trickfilm zu einem Welterfolg machen. Es ist nicht auszuschließen, dass Erna Pinners Zeichnungen der Rehe auf dem Schutzumschlag von *Bambi's Children* (1940) eine Anregung für die Zeichentrickfiguren des Disney-Films waren. Der später entstandene Schutzumschlag ist in der Zeichnung der Rehkitze dem ersten verwandt. Für die Schwarzweiß-Darstellung der Rehe im Innenteil des Buches entwickelt Pinner eine eigene, vergleichsweise strenge Schraffurtechnik, die viel Plastizität ermöglicht und sich doch zur Buchfläche bekennt.

1940 ist ein entscheidendes Jahr für ihr weiteres Werk, denn Erna Pinner illustriert das Buch des Verhaltensforschers Johann A. Loeser: *Animal Behaviour*. Die Tatsache, dass sie weit gereist war und viele Tiere selbst beobachtet hatte, sprach sehr für die Vergabe des Auftrags an sie. Im Vorwort zu diesem Buch wird das ausdrücklich erwähnt.[30] Auch die enge Zusammenarbeit mit dem Forscher, der 1938 aus Berlin als Emigrant nach London gekommen war. Seine schon in Deutschland formulierte These, dass Tiere keinen Instinkt hätten, stieß auch in Großbritannien auf großes Interesse. Man kann sich ihre Dialoge lebhaft vorstellen. Die 41 Illustrationen Pinners sind in ihrer Konzentration auf die Linie noch mit ihrem frühen Zeichenstil verbunden, doch auch hier spielt die Behandlung der Fläche eine größere Rolle. Durch mehr Fülle und starke Kontraste erzeugt sie einen plastischeren und damit etwas realistischeren Eindruck.

---

30 Johann A. Loeser: Animal Behaviour. Impulse – Intelligence – Instinct. With Illustrations by Erna Pinner. London 1940, S. VII.

**Abb. 3:** Erna Pinner: Tetuan, [1931].

Und die Linien sind kräftiger als in ihrem Frühwerk. Doch auch hier geht sie nicht eindeutig in eine neue Richtung.

Interessant ist zum Beispiel die Zeichnung eines Storches, der nach Süden aufbricht. Bei dieser ganzseitigen Illustration ist die frühe Erna Pinner, also ihr Stil von vor 1935, noch sehr deutlich. Nicht nur in der eleganten, auf die Linie bezogenen Zeichnung des Storches, sondern auch in der Landschaftsdarstellung. Die Landschaft ist hier aus Kürzeln, Punkten, Schraffuren, waagerechten und senkrechten Strichen zusammengesetzt, so, wie Erna Pinner in den 1920er und 1930er Jahren zeichnete. Zum Vergleich eine Illustration aus ihrem 1930 erschienenen Buch *Ich reise durch die Welt*. Die Zeichnung gehört zu ihrem Text über Marokko und zeigt die Stadt Tetuan.

Der Strich ist 1940 direkter, nicht mehr so fein, nicht mehr so – „[wie] durch einen Handschuh" gezeichnet, wie Benno Reifenberg es in der *Frankfurter Zeitung* beschrieben hatte.[31]

Anhand des tauchenden Kormorans aus dem gleichen Buch lässt sich ihre spätere Entwicklung gut zeigen: Bei Loeser ist er vergleichsweise grob gezeichnet, mit vielen Kontrasten.

Das gleiche Motiv verwendet sie in ihrem eigenen Buch *Curious Creatures* elf Jahre später: und da sieht es viel eleganter aus, auch natürlicher, mit dem

---

[31] Zit. nach: Erna Pinner im Spiegel der zeitgenössischen Kritik. In: Ich reise durch die Welt, S. 91–97, hier S. 95.

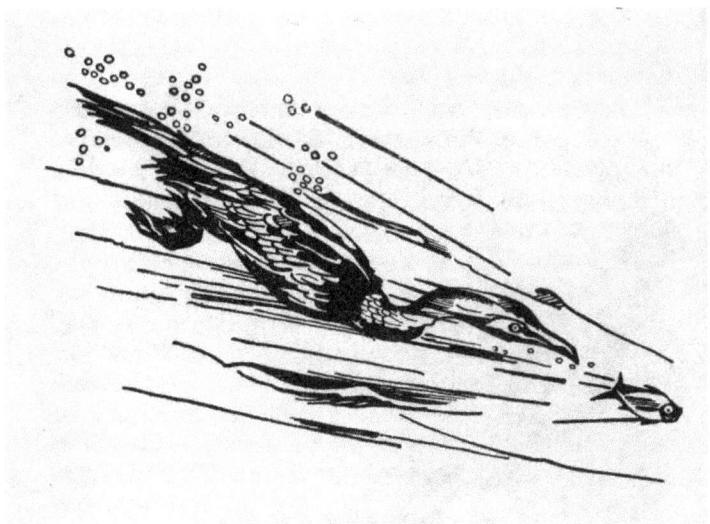

**Abb. 4:** Erna Pinner: A Cormorant Diving, [1940].

Bleistift nuancenreich durchgezeichnet. Doch auch hier formuliert Erna Pinner sehr künstlerisch. Platter Realismus interessierte sie nie. Hier zeigt sich, welche Virtuosität im Zeichnen sie in England entwickelt hatte, man sieht ihre Erfahrung und ihre immense Übung.

Es ist gut möglich, dass Loesers *Animal Behaviour* Erna Pinner sogar dazu inspiriert hat, über das Verhalten der Tiere in populärer Form ein eigenes Buch zu schreiben.[32] Die von Loeser vorgestellten Themen „Brutpflege" und „Symbiose und Parasitentum" behandelt auch sie in ihrem ersten auf Englisch geschriebenen Buch *Curious Creatures*,[33] das 1951 bei Jonathan Cape erschien, in eigenen Kapiteln.

Doch bis dahin war noch ein weiter Weg, denn zunächst bestimmte der Krieg ihr Leben. Während des Blitzkriegs hält sie Brandwache mit ihrer Freundin Anna Mahler. Mit Oskar Joseph engagierte sie sich für Flüchtlinge vom Kontinent. 1941 wurde Erna Pinner Mitarbeiterin der neu gegründeten deutschsprachigen Exilzeitung *Die Zeitung*, für die u. a. auch Peter de Mendelsohn und Sebastian Haffner schrieben. In der Osterausgabe vom 12. April 1941 war eine

---

32 Diese Vermutung habe ich bereits am 5. Februar 2005 in meinem unveröffentlichten Vortrag in der Deutschen Nationalbibliothek Frankfurt a. M. im Zusammenhang mit meiner Erna-Pinner-Ausstellung dort (November 2004 bis März 2005) geäußert.
33 Erna Pinner: Curious Creatures. London 1951.

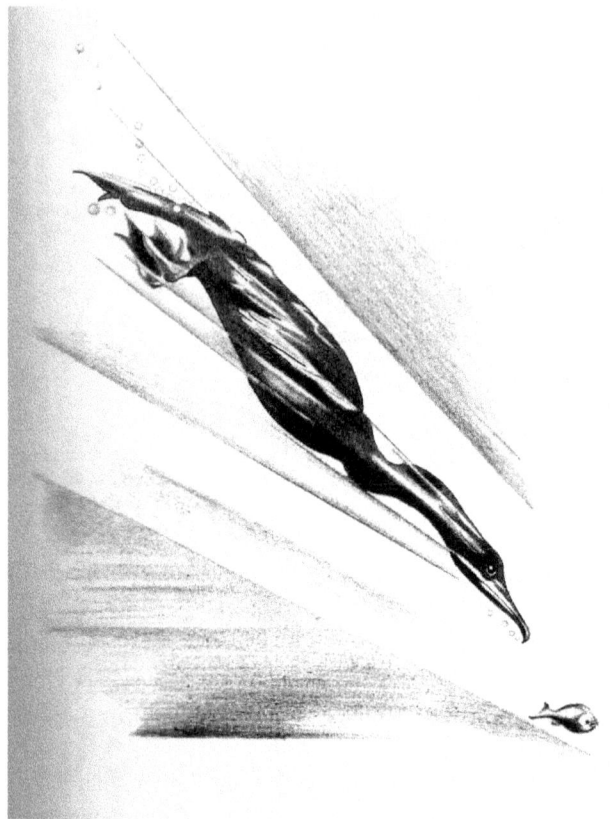

**Abb. 5:** Erna Pinner: Cormorant Diving, [1951].

Gruppe dreier Hasen von ihr zu sehen.[34] Im Mai desselben Jahres blickte sie auf ihre Reise nach Kreta in den 1920er Jahren zurück. „Einst in Kreta"[35] ist der Artikel überschrieben. Pinner schreibt über die minoische Kultur, die Rätselhaftigkeit der Sprache und über die Räume im Palast von Knossos, die mit Tieren, Pflanzen und Figuren dekoriert waren. Sie konnte ja aus dem Vollen schöpfen, sie hatte das alles gesehen. Nun erinnerte sie sich, 1941, in London, hinter ihr lagen die deutschen Luftangriffe, der Krieg wütet in Europa. Das gibt dem Ganzen etwas besonders Melancholisches. Denn Kreta, auch ein Synonym für ihr früheres Leben, war nun unerreichbar.

---

34 Erna Pinner: Osterhasen. In: Die Zeitung 27 (12.4.1941), S. 3. Für die Kopien der Artikel aus der *Zeitung* danke ich Rosa von der Schulenburg.
35 Erna Pinner: Einst in Kreta. In: Die Zeitung 62 (23.5.1941), S. 3.

Von ihren Illustrationen und ihren Zeitungsartikeln konnte die Künstlerin in dieser Zeit nicht leben. Wie sie in einem Brief an Erich Reiss, den Verleger ihres Buches *Ich reise durch die Welt*, das 1931 erschienen war, im November 1946 schreibt, ernährte sie sich während des Krieges zweieinhalb Jahre lang „mit der Herstellung ausgestopfter Wachstuchtiere".[36] Leider haben sich bisher keine Exemplare gefunden.[37] Auch Post- und Grußkarten gehörten zu ihrem Repertoire. Geholfen hat ihr in dieser Zeit ihre nüchterne, praktische Art: „Ich bin der Ansicht, dass es für einen geistigen Menschen keine Subalternität des Lebens gibt", kommentiert sie Edschmids Klage über die „Subalternität des Lebens", der er nicht mehr gewachsen sei, in ihrem Brief an Erich Reiss.[38]

Was ihre Arbeit angeht, war Erna Pinner zwar durchaus selbstkritisch, aber sie hatte eben auch den Mut, kommerziell Ansprechendes zu wagen, wie man etwa im Falle des Schutzumschlags von *Bambi's Children* sieht. Allerdings blieb ihr auch nichts anderes übrig, denn sie musste Geld verdienen. Im Deutschen Exilarchiv 1933–1945 der Deutschen Nationalbibliothek Frankfurt haben sich vier attraktive Zoo-Hefte erhalten, die 1944 bis 1947 als Bantam Picture Books erschienen und sich eher an Kinder richteten.[39] In jedem Heft beschreibt sie 13 oder 14 Tierarten in jeweils einem Satz. Hier probiert sie sehr malerische illustrative Formen aus, kombiniert sie aber mit eher grafisch aufgefassten Tierzeichnungen. Wenn man will, kann man die Bilder in Verbindung mit den Texten zu den Pandas, Tigern und Jaguars als Beginn ihrer eigenen englischen Buchproduktion sehen.

## 4 *Curious Creatures*

1948 begann Erna Pinner ihre wissenschaftsjournalistische Tätigkeit für zwei Zürcher Zeitschriften: *Die Tat* und *Die Weltwoche*. Eine Recherche im Online-Archiv der *Tat* ergab 53 Artikel. Ab 1960 kam noch die *Naturwissenschaftliche Rundschau*, Stuttgart, hinzu. Im WDR hielt sie in den 1960er Jahren Vorträge zu Fragen der Zoologie. Und hier erhebe ich keinen Anspruch auf Vollständigkeit. Im Gegenteil, gerade die Tätigkeit für Zeitschriften wäre noch genauer zu untersuchen.

---

**36** Brief von Erna Pinner an Erich Reiss vom 14. November 1946. Deutsches Literaturarchiv Marbach. A: Reiss, Erich 86.10142,1-5 HS008515437.
**37** Auch in ihrem Nachlass fand sich kein Beispiel. Auskunft von Frances Kitson, Großnichte Erna Pinners, London, vom 12. Oktober 2020.
**38** Brief von Erna Pinner an Erich Reiss vom 14. November 1946.
**39** Erna Pinner: Zoo I, II, II, IV. London 1944, 1945, 1946, 1947.

Mit den bereits erwähnten *Curious Creatures*, ihrem ersten eigenen Buch in England, das 1951 erschien, gelang Pinner ein Meisterstück. Der Vertrag für die Illustrationen war bereits 1946 abgeschlossen worden, wie Erna Pinner in einem Brief an Erich Reiss berichtete.[40] Es ist möglich, dass die Mitarbeit an *Animal Behaviour* von Loeser sie dazu anregte, auch den Text selbst zu schreiben. Es gibt aber noch eine andere Begründung dafür, dass sie das Buch selbst schrieb: In den Briefen, die Erna Pinner mit Kasimir Edschmid in der Entstehungszeit, also 1949, wechselte, berichtet Erna Pinner von einem Zusammenbruch des Autors G. M. Vevers, der den Text, auf den sie acht Monate gewartet habe, nun nicht schreiben könne.[41] Worauf ihr Edschmid vorschlägt, den Text selbst zu schreiben. Am 22. März 1949 antwortet sie dann:

> Jetzt schreibe ich das Buch „Curious Creatures" wirklich selbst und es frißt mich vollkommen auf. Bin bei Kapitel sieben. Das ist fast die Hälfte, etwa achtzig Seiten und siebzig verschiedene Tiere, darunter die Schnecke und ihr Hermaphroditismus ... und alles auf englisch.[42]

Doch worum geht es in dem Buch? Es geht um seltsame Geschöpfe der Tierwelt, Merkwürdigkeiten der Natur. Es geht um „Vierfüßler, die fliegen", „Camouflage", „Insekten mit sonderbaren Körperformen und Lebensgewohnheiten" und vieles mehr. In ihrem Vorwort schreibt Erna Pinner:

> Die Kuriositäten des Tierreiches zeigen in bemerkenswerter Weise die Verspieltheit der Natur in ihren Entwürfen und ihre mannigfachen Neigungen und Einfälle. Diese vielseitige und eigenartige Schau, die ein besonderes künstlerisches Interesse besitzt, hat mich von jeher angezogen, und ausgedehnte Reisen gaben mir die Möglichkeit, viele der im Buch beschriebenen und dargestellten Tiere in ihrer natürlichen Umgebung zu beobachten.[43]

Die Arbeit an *Curious Creatures* sei viel Recherchearbeit,[44] berichtete Pinner im Januar 1947. Und dass sie nur langsam vorankomme, der Verlag (Jonathan Cape) aber sehr angetan sei von den bisherigen Resultaten.[45] Im November 1949, also fast drei Jahre später, schreibt sie Edschmid, dass sie ihr Buch noch einmal überarbeite, und zeigt sich selbst überrascht von der Qualität ihres

---

40 Brief von Erna Pinner an Erich Reiss vom 14. November 1946.
41 Edschmid: Wir wollen nicht mehr darüber reden, S. 89.
42 Edschmid: Wir wollen nicht mehr darüber reden, S. 90.
43 Erna Pinner: Wunder der Wirklichkeit. Seltsame Geschöpfe der Tierwelt. [Curious Creatures, 1951]. Einführung von Jean Rostand. Mit 61 Illustrationen der Autorin. Hamburg, Wien 1955, S. 10.
44 Edschmid: Wir wollen nicht mehr darüber reden, S. 52.
45 Edschmid: Wir wollen nicht mehr darüber reden, S. 54.

Schreibens. Es müsse aber noch einmal alles inhaltlich kontrolliert werden, da es ständig neue wissenschaftliche Erkenntnisse gebe.[46] Im Februar 1951, also noch vor Erscheinen in England, erhielt Erna Pinner eine Absage für die deutsche Ausgabe vom Claassen Verlag.[47] Im April 1951 war ihr englisches Buch endlich in der Herstellung, und mit einem gewissen Sarkasmus sinniert die Künstlerin darüber, dass sie in einem Land lebe, „wo alles eine Frage ist, ob man sein Ziel vor dem ersten Schlaganfall erreicht".[48] *Curious Creatures* oder *Wunder der Wirklichkeit. Seltsame Geschöpfe der Tierwelt* erscheint in Frankreich, Dänemark, Deutschland, Schweden, den Niederlanden, Österreich und den USA. „Erna Pinner hat so hinreißende Illustrationen gezeichnet, wie ich sie in Büchern dieser Art noch nie gesehen habe", heißt es zum Beispiel in der Londoner Zeitschrift *Time and Tide*, die auf dem Schutzumschlag zitiert wird. Und das will im tierbegeisterten Großbritannien etwas heißen.

Tatsächlich sind ihre 170 Zeichnungen sehr qualitätvoll und zeigen ganz deutlich, wie sich Erna Pinner als Illustratorin und Autorin neu erfindet. Ihr gelingt ein Spagat zwischen Kunst und Anschaulichkeit. Sie zeichnet präzise und doch künstlerisch. Ihre Schraffuren sind perfekt, sie bekennt sich immer zum Zeichnerischen, auch wenn der Realitätsgrad groß ist. Sie übersetzt das Gesehene mit großer Sicherheit, setzt ihre Motive aus Punkten, Schraffuren, Kreisen zusammen. Im Grunde denkt sie sogar reproduktionstechnisch. Gelegentlich arbeitete sie nach Fotografien, manchmal auch nach Zeichnungsvorlagen. Sie studierte in Zoologischen Gärten, in der Natur, in wissenschaftlichen Publikationen. Und sie griff auf ihr umfangreiches Archiv aus den 1920er Jahren zurück. Ihre zoologischen Kenntnisse vermittelt die Autorin im Text elegant und leichtfüßig, scheinbar nebenbei.

Gelegentlich berichtet sie auch von ihren Erlebnissen auf Reisen nach Südamerika und Afrika, wo sie die Tiere in freier Wildbahn oder in Nationalparks beobachtet hatte.

Häufig nennt sie Forscher, deren Texte sie gelesen hat. Auch Zitate aus der Literatur, zum Beispiel Shakespeare, streut sie gelegentlich ein. Sie kennt das Werk des französischen Biologen und Verhaltensforschers Jean Henri Fabre, der im 19. und frühen 20. Jahrhundert so literarisch über seine Beobachtungen von Insekten geschrieben hat. Sie erwähnt ihn im Zusammenhang mit ihrer Beschreibung der Gottesanbeterin (Mantis).

Hier fasziniert Erna Pinner „das kannibalische Fest am Ende der Paarung, die nicht öfter als ein einziges Mal stattfindet, da die Mantis nur einen Sommer

---

[46] Edschmid: Wir wollen nicht mehr darüber reden, S. 95.
[47] Edschmid: Wir wollen nicht mehr darüber reden, S. 108.
[48] Edschmid: Wir wollen nicht mehr darüber reden, S. 110.

**Abb. 6:** Erna Pinner: Praying Mantis Capturing A Black Widow Spider, [1951].

lang lebt."[49] (Das Weibchen frisst bekanntermaßen das Männchen.) Diese Zeichnung entstand nach einem Foto von Edwin W. Teale.[50] Teale hatte 1949 in den USA das Buch *The Insect World of J. Henri Fabre* veröffentlicht.

*Curious Creatures* wird auch in der naturwissenschaftlichen Zeitschrift *The Quarterly Review of Biology* durchaus wohlwollend besprochen:

> This is not a profound book; yet on the other hand, it is not uninteresting. In popular fashion, the author ranges the world in search of the curious, grouping these into various categories such as feeding habits, flight structures, or camouflage. The descriptions are

---

49 Pinner: Wunder der Wirklichkeit, S. 206.
50 Pinner: Wunder der Wirklichkeit, S. 10.

well turned, with no overt attempt to amaze the reader any more than these creatures by themselves are apt to do, and the black-and-white pen drawings assist nicely in complementing the text.[51]

In Deutschland erscheint *Wunder der Wirklichkeit* 1955 im Paul Zsolnay Verlag, in der Übersetzung von Erna Pinner. Von den 150 Illustrationen übernimmt Zsolnay nur 61, was für die Wirkung des Buches schade ist. Auch die weniger großzügige Gestaltung des im Format etwas kleineren Buches. Es fehlt in der deutschen Ausgabe zum Beispiel der außerordentlich gelungene Tieflandgorilla.[52] Die deutschsprachige Presse nimmt *Wunder der Wirklichkeit* sehr positiv auf. Was die Zeitgenossen 1955 empfinden, ist auch heute noch nachvollziehbar, obwohl natürlich manches von der Forschung überholt ist. Die Lektüre lohnt nicht nur wegen der Zeichnungen. Auch der Text vermittelt immer noch viel Grundwissen, auf charmante Art, das man heute mit ein, zwei Klicks im Internet selbst ergänzen kann mit neueren Erkenntnissen.

## 5 *The Corridor of Life*

Während der beginnenden Arbeit an *Curious Creatures,* die sich, wie gezeigt, über Jahre hinzog, war Erna Pinner parallel mit den Recherchen und Zeichnungen für *The Corridor of Life* von W. E. Swinton beschäftigt. Dieses Buch konnte schon 1948 erscheinen.[53] Für das auch in Bezug auf ihre Zeichnungen bemerkenswerte Werk arbeitete sie sich in die Paläontologie ein. Im Vorwort dankt ihr der Autor ausdrücklich für die Ausstrahlung, die ihre Zeichnungen seinem Buch verleihen.[54] Tatsächlich sind die Bilder der vielen Dinosaurier außerordentlich gelungen. Die Schwierigkeit, Tiere zu zeichnen, von denen es nur Rekonstruktionen an Hand von Überresten ihrer Knochen und Abdrücken gibt, umschifft Erna Pinner durch gründliche und effektive Bildrecherche. Ihre Arbeitsweise legt sie klar offen, indem sie ihre Bildquellen aufführt.[55] Im Falle der Dinosaurier nennt sie verschiedene Quellen. Fünf Zeichnungen basieren zum Beispiel auf Rekonstruktionen von Charles R. Knight.[56] Charles R. Knight (1874–

---

51 C. P. Swanson: The Young Naturalist. In: The Quarterly Review of Biology 29 (Juni 1954), 2, S. 150.
52 Pinner: Curious Creatures, S. 141.
53 W. E. Swinton: The Corridor of Life. Illustrations by Erna Pinner. London 1948.
54 Swinton: The Corridor of Life, S. 7.
55 Swinton: The Corridor of Life, S. 6.
56 Swinton: The Corridor of Life: Dinichthys, Fig. 35; Demetrodon, Fig. 41; Mosasurus, Fig. 62; Rhamphorhynchus, Fig. 65; Wolly Mammoth, Fig. 80.

**Abb. 7:** Erna Pinner: Tyrannosaurus, [1948].

1953) war ein in den USA sehr bekannter Maler und Illustrator, der prähistorische Tiere anhand von Knochen und wissenschaftlichen Erkenntnissen zu ihrem Aussehen malerisch rekonstruierte.[57] Als Grenzgänger zwischen Wissenschaft und Kunst arbeitend, war er eine Inspirationsquelle für Erna Pinner. Ein Vergleich des Wollhaarmammuts von Erna Pinner mit Darstellungen von Charles R. Knight zeigt diesen Zusammenhang deutlich.[58] Bei Knight sind die Urtiere in üppige Landschaften eingebettet.[59] Bei Erna Pinner sind es eher feine

---

[57] Eintrag Charles R. Knight, https://en.wikipedia.org/wiki/Charles_R._Knight (Zugriff: 27.12.2020).
[58] Swinton: The Corridor of Life, S. 216.
[59] Photo Archives – Charles Knight Collection, https://www.fieldmuseum.org/node/5071 (Zugriff: 21.3.2021).

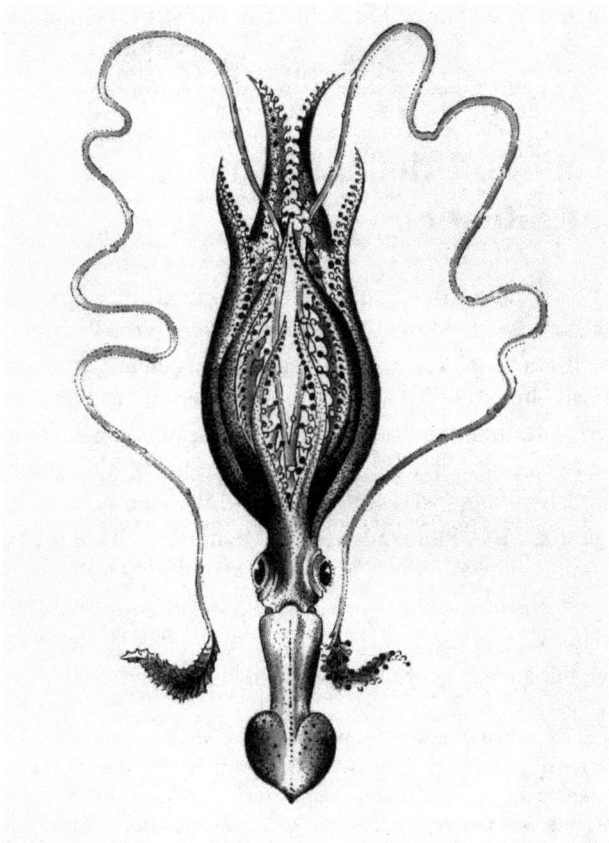

**Abb. 8:** Erna Pinner: Chiroteuthis Veranyi, [1948].

Chiffren für Landschaften, Andeutungen. Hier ist ihr Stil der 1920er Jahre wiederzuerkennen.

Es ist richtig zu vermuten, dass für die Illustrationen dieses Buches auch Ernst Haeckels Zeichnungen in *Kunstformen der Natur* als Inspirationsquelle dienten.[60] Etwa der zarte, symmetrisch gezeichnete Chiroteuthis Veranyi[61] deutet darauf hin.

---

60 Bußmann: „Das Leben ist eine Metamorphose", S. 86.
61 Swinton: The Corridor of Life, S. 81.

Übrigens erinnert auch die Zeichnung der Kolibris in *Curious Creatures* an Haeckel.[62]

## 6 Briefwechsel mit Gottfried Benn und wirtschaftliche Situation

Das Interesse an Biologie verband Erna Pinner sehr mit ihrem alten Freund Gottfried Benn. Sie hatte sich 1946 bei Erich Reiss nach seinem Verbleib erkundigt und begann, obgleich nach wie vor kritisch gegenüber seinem Verhalten während der frühen NS-Zeit eingestellt, wieder einen Briefwechsel mit ihm, der bis zu seinem Tod 1956 anhielt. In ihrem Kondolenzbrief an Ilse Benn macht sie deutlich, dass sie eine tiefe Freundschaft mit ihm verbunden hatte, die „unterbrochen, aber nie abgebrochen war."[63] Der intellektuelle briefliche Austausch war rege, Erna Pinner ging auf alle Publikationen, die Benn ihr schickte, ein. Benn gratulierte ihr zur Publikation von *Curious Creatures*,[64] und Pinner fand in dem ihr zugesandten Buch *Ausdruckswelt* seine „Assoziationen gewaltig". Besonders sein Essay „Die Insekten gegen Pallas", in dem es um das Mutterrecht bei Bienen in Verbindung mit antiker Mythologie geht, hat sie beeindruckt:

> Das blieb lange haften. Es ist ja eine merkwürdige Analogie, dass viele der Probleme, die Du anschneidest, mir jedenfalls, was das ‚Gegenständliche' betrifft, so sehr vertraut sind, und dass ich in den 14 Jahren der Emigration den kleinen Nachen bestieg, der mich auf das, Dich stets so anziehende, Stromgebiet der Biologie, Zoologie und Palaeontologie hinaustrieb.[65]

Dass sie für ihre neue Tätigkeit das poetische Bild des „Nachens" benutzt, spricht Bände. Ein kleines Boot, das ausschließlich durch die eigene Körperkraft bewegt wird, beschreibt ihren einsamen beruflichen und privaten Existenzkampf in England diskret, aber eindrücklich.

Tatsächlich war die Künstlerin zwar durchaus erfolgreich im Sinne von Publikationen und Aufträgen. Sie arbeitete fast ununterbrochen. Doch ihre wirt-

---

62 Pinner: Curious Creatures, S. 89.
63 Erna Pinner an Ilse Benn am 10. Juli 1956. Deutsches Literaturarchiv Marbach. A: Benn, Gottfried/Kondolenz 91.114.958 HS008515366.
64 Gottfried Benn an Erna Pinner am 16. Juli 1949. Zit. nach: Immer Dein Bellealliancestraßengefährte. Der Briefwechsel Erna Pinners mit Gottfried Benn 1946–1956. In: Ich reise durch die Welt, S. 39–157, hier S. 140.
65 Erna Pinner an Gottfried Benn am 22. August 1949. Zit. nach: Immer Dein Bellealliancestraßengefährte, S. 142.

schaftlichen Verhältnisse, über die sie außer mit Edschmid wenig kommunizierte, blieben bis weit in die 1950er Jahre sehr bescheiden. Von 1955 bis 1965 erhielt Erna Pinner auf Initiative des Germanisten Wilhelm Sternfeld, des Vertrauensmanns des Süddeutschen Rundfunks (SDR) in London, jährliche Zahlungen aus dem Künstlerfonds[66] des SDR, sogenannte „Ehrengaben". Das waren mal 600 DM, mal 300 oder 400 DM, einmal sogar 1 000 DM. Insgesamt erhielt sie in diesem Zeitraum 5 200 DM. Diese Mittel wurden vom SDR relativ unbürokratisch im Sinne einer „Würdigung der künstlerischen Lebensleistung" vergeben.[67] Im Falle Erna Pinners war solche Hilfe dringend nötig, wie ein Schreiben Sternfelds an SDR-Verwaltungsdirektor Friedrich Müller vom 15. Mai 1955 zeigt:

> Durch die Erkrankung an spinaler Kinderlähmung ist Erna Pinner zu 50 % Invalidin. Erna Pinner ist heute vermögenslos. Da sie noch keine 60 Jahre alt und bisher immer gerade soviel verdient hat, um ihre sehr bescheidenen Lebensansprüche befriedigen zu können, so hat sie bis heute auch keine Entschädigung für die erlittenen Verluste erhalten. Ihr wöchentliches Einkommen beträgt etwa 5 £.[68]

Im Januar 1957 schrieb Erna Pinner an Kasimir Edschmid, dass sie nun eine Berufsentschädigungsrente von monatlich 429 DM aus Deutschland erhalte.[69] Das waren damals 35 £.[70] Wegen ihrer Krankheit war die Künstlerin immer auf eine Hilfe angewiesen, sie bewegte sich an zwei Stöcken und hatte oft Schmerzen.

---

**66** Matthias Pasdzierny: „Der Ozean, der mich seit jener Zeit von dem Geburtslande trennte, hat wieder zwei Ufer ...". Der Künstlerfonds des Süddeutschen Rundfunks und das deutschjüdische Musikerexil. In: Exilforschung 26 (2008): Kulturelle Räume und ästhetische Universalität. Musik und Musiker im Exil, hg. von Claus-Dieter Krohn u. a., S. 195–231.
**67** Matthias Pasdzierny: Der Ozean, S. 196.
Für die elektronische Zusendung der Dokumente, die eine genaue Angabe der Zahlungen ermöglichen, danke ich Tobias Fasora, HA Information, Dokumentation und Archive des Südwestrundfunks und des Saarländischen Rundfunks (SWR Historisches Archiv: Bestand SDR). Zu den einzelnen Summen bzw. Zuweisungen: 49 / 65: Künstlerfonds: Ehrengabenempfänger – Schriftwechsel mit Ehrengabenempfängern 01.01.1956 – 31.12.1958; 49 / 66: Künstlerfonds: Ehrengabenempfänger – Schriftwechsel mit Ehrengabenempfängern 01.01.1958 – 31.12.1961; 49 / 71: Künstlerfonds: Ehrengabenempfänger – Schriftwechsel mit Ehrengabenempfängern 01.01.1961 – 31.12.1963; 49 / 72: Künstlerfonds: Ehrengabenempfänger – Schriftwechsel mit Ehrengabenempfängern 01.01.1963 – 31.12.1966.
**68** SWR Historisches Archiv: Bestand SDR: 49 / 63: Künstlerfonds: Einzelfälle und Vertrauensleute 01.01.1955 – 31.12.1955.
1955 waren 5 £ umgerechnet 59,70 DM wert. Also betrug Pinners monatliches Einkommen ca. 238,80 DM. Das jährliche Durchschnittseinkommen in Westdeutschland betrug 1955 ca. 4 548 DM, ihres lag bei ca. 2 876 DM.
**69** Edschmid: Wir wollen nicht mehr darüber reden, S. 165.
**70** Eva Becker: Erna Pinners halbes Leben im Exil. In: Exil 24 (2004), 2, S. 61–74, hier S. 71.

Diese Haushaltshilfe musste sie selbst finanzieren.[71] Das englische Klima tat ihr nicht gut, so dass die jährlichen Reisen nach Ronchi in Italien unbedingt notwendig waren. Mindestens zwei Mal erwähnt Erna Pinner in ihren Briefen an Edschmid, dass ihr das Reisegeld von einer ehemaligen Patientin ihres Vaters geschenkt wurde. Lange kämpft sie für eine Wiedergutmachung ihrer in Deutschland erlittenen materiellen Verluste, zum Beispiel ihres Frankfurter Hauses in der Bockenheimer Landstraße. Im Mai 1956 vermeldete sie Edschmid, dass sie eine „vorläufige Anzahlung von siebentausend Mark" erhalten habe.[72] Aber neun Jahre später schrieb sie, dass die Wiedergutmachung „immer noch nicht erledigt" sei.[73] Bis zu ihrem neunzigsten Lebensjahr publizierte Erna Pinner in Zeitschriften. Mit *Born Alive* (1959), deutsch *Panorama des Lebens* (1961), und *Unglaublich und doch wahr* (1964) schrieb und illustrierte sie in einem „siamesischen Zwillingsvorgang",[74] wie sie ihre Arbeit selbst humorvoll charakterisiert, zwei weitere sehr gelungene Bücher über Besonderheiten der Tierwelt. 32 Bücher mit ihren Illustrationen sind seit ihrer Emigration nach England insgesamt erschienen.

Was macht diese Autorin und Künstlerin, insbesondere auch die Werke ihrer Zeit im englischen Exil, noch interessant und lesenswert? Zunächst einmal ihre hervorragenden Zeichnungen, die von einer zeitlosen Qualität sind. Doch auch ihre Texte. In ihrem Essay *Flieger, Krabbler, Kriechlinge* beschäftigt sich Sibylle Lewitscharoff mit Insekten und auch mit dem Schreiben Jean Henri Fabres. Ausführlich zitiert die Schriftstellerin genau die Stelle bei Fabre über die Gottesanbeterin, auf die sich auch Erna Pinner in *Curious Creatures* bezog.[75] Erna Pinners Werk, das passagenweise durchaus auch schon eine Ahnung von der Bedrohung der Natur enthält, ist aktuell, weil es den Blick empathisch, aber sachlich auf die – nun gefährdete – Tierwelt richtet. Schreiben über Natur hat heute Konjunktur. Und Lesen auch. Man denke nur an die sehr erfolgreiche Reihe der von Judith Schalansky herausgegebenen „Naturkunden", an *Kat Menschiks und des Diplombiologen Doctor Rerum Medicinalium Mark Beneckes illustriertes Thierleben* (2020), Tom Krausz' Bildband *Aves Vögel* mit Texten von Elke Heidenreich und Urs Heinz Aerni (2020). An den Boom des Nature Writing allgemein.

---

**71** Gespräch der Autorin mit Lutz Becker am 5. Mai 1997 in London.
**72** Edschmid: Wir wollen nicht mehr darüber reden, S. 158.
**73** Edschmid: Wir wollen nicht mehr darüber reden, S. 228.
**74** Erna Pinner an Gabriele Tergit am 4. Juli 1967. Deutsche Nationalbibliothek Deutsches Exilarchiv 1933–1945, Frankfurt a. M. EB 93/178 – B.01.0102.
**75** Sibylle Lewitscharoff: Flieger, Krabbler, Kriechlinge. Ein Essay über Sechsbeiner. Marbacher Magazin 168 (2020), S. 43.

Vieles ist noch zu entdecken, zu vertiefen. Erna Pinners Nachlass befindet sich in Teilen in Frankfurt: Im Deutschen Exilarchiv 1933–1945 der Deutschen Nationalbibliothek; im Institut für Stadtgeschichte; und seit einigen Jahren auch im Jüdischen Museum. Dort ist für die kommenden Jahre eine Ausstellung mit ihren Werken geplant.[76]

## Abbildungsverzeichnis

Abb. 1: Erna Pinner: Rhino, 1936 (aus: D. Seth-Smith: Animal Favourites. Illustrated by Erna Pinner. London 1936, S. 10).
Abb. 2: Erna Pinner: A Stork Migrating, 1940 (aus: Johann A. Loeser: Animal Behaviour. Impulse – Intelligence – Instinct. With Illustrations by Erna Pinner. London 1940, Fig. 40).
Abb. 3: Erna Pinner: Tetuan (aus: Erna Pinner: Ich reise durch die Welt. Mit 104 Federzeichnungen der Verf. Berlin 1931, S. 87).
Abb. 4: Erna Pinner: A Cormorant Diving (aus: Johann A. Loeser: Animal Behaviour. Impulse – Intelligence – Instinct. With Illustrations by Erna Pinner. London 1940, S. 14).
Abb. 5: Erna Pinner: Cormorant Diving (aus: Erna Pinner: Curious Creatures. London 1951, S. 15).
Abb. 6: Erna Pinner: Praying Mantis Capturing A Black Widow Spider (aus: Erna Pinner: Curious Creatures. London 1951, S. 207).
Abb. 7: Erna Pinner: Tyrannosaurus (aus: W. E. Swinton: The Corridor of Life. Illustrations by Erna Pinner. London 1948, S. 139).
Abb. 8: Erna Pinner: Chiroteuthis Veranyi (aus: W. E. Swinton: The Corridor of Life. Illustrations by Erna Pinner. London 1948, S. 81).
© für die Zeichnungen von Erna Pinner: Frances Kitson.

## Archive

Deutsches Literaturarchiv Marbach.
Deutsche Nationalbibliothek Deutsches Exilarchiv 1933–1945, Frankfurt a. M.
Deutsches Rundfunkarchiv Potsdam und Frankfurt a. M. https://www.dra.de/
Dokumentation und Archive des Südwestrundfunks und des Saarländischen Rundfunks: (SWR Historisches Archiv: Bestand SDR) Stuttgart.
Jüdisches Museum, Frankfurt a. M.
Institut für Stadtgeschichte, Frankfurt a. M.
Weidle Verlag Bonn, Archiv.

---

76 Auskunft von Dr. Eva Atlan, Jüdisches Museum Frankfurt, vom 12. Mai 2020, der ich für die freundliche Unterstützung mit Archivmaterialien danke.

# Literaturverzeichnis

Becker, Eva: Erna Pinners halbes Leben im Exil. In: Exil 24 (2004), 2, S. 61–74.
Becker, Lutz: The Art of Erna Pinner. Book Illustrations, Puppets and the Study of Animals. In: AJR Information 42 (1987), 5, S. 8.
Bußmann, Annette: „Das Leben ist eine Metamorphose": Erna Pinner als Mittlerin zwischen den Kulturen im britischen Exil. In: Zeitschrift für Museum und Bildung 86–87 (2019), S. 76–90.
Edschmid, Kasimir: Zur Naturgeschichte der Antilopen. Mit Originallithographien von Erna Pinner. Darmstadt 1923.
Edschmid, Ulrike: Wir wollen nicht mehr darüber reden. Erna Pinner und Kasimir Edschmid. Eine Geschichte in Briefen. München 1999.
Hofmann, Edith: Foreign Artists in London. In: George Weidenfeld (Hg.): People on the Move. London 1949, S. 65–69.
Huxley, Julian: Memories [1970]. Harmondsworth 1972.
Ich reise durch die Welt. Die Zeichnerin und Publizistin Erna Pinner, hg. von Verein August Macke Haus Bonn (Konzeption und Realisation: Barbara Weidle), Ausst.-Kat. August Macke Haus Bonn, Bonn 1997.
Lewitscharoff, Sibylle: Flieger, Krabbler, Kriechlinge. Ein Essay über Sechsbeiner. Marbacher Magazin 168 (2020).
Loeser, Johann A.: Animal Behaviour. Impulse – Intelligence – Instinct. With Illustrations by Erna Pinner. London 1940.
Lloyd, Jill: The Undiscovered Expressionist. A Life of Marie-Louise von Motesiczky. New Haven, London 2007.
Longden, H. W. D.: Ways of the Veld Dwellers. Pen-and-ink sketches by the author and plates by Erna Pinner. London 1938.
Pasdzierny, Matthias: „Der Ozean, der mich seit jener Zeit von dem Geburtslande trennte, hat wieder zwei Ufer…". Der Künstlerfonds des Süddeutschen Rundfunks und das deutsch-jüdische Musikexil. In: Exilforschung 26 (2008): Kulturelle Räume und ästhetische Universalität. Musik und Musiker im Exil, hg. von Claus-Dieter Krohn u. a., S. 195–231.
Pinner, Erna: Ich reise durch die Welt. Mit 104 Federzeichnungen der Verf. Berlin 1931.
Pinner, Erna: Osterhasen. In: Die Zeitung 27 (12.4.1941), S. 3.
Pinner, Erna: Einst in Kreta. In: Die Zeitung 62 (23.5.1941), S. 3.
Pinner, Erna: Zoo I, II, II, IV. London 1944, 1945, 1946, 1947.
Pinner, Erna: Curious Creatures. London 1951.
Pinner, Erna: Wunder der Wirklichkeit. Seltsame Geschöpfe der Tierwelt. Mit 61 Illustrationen der Autorin [Curious Creatures, 1951]. Hamburg, Wien 1955.
Seth-Smith, D[avid]: Animal Favourites. Illustrated by Erna Pinner. London 1936.
Swanson, C. P.: The Young Naturalist. In: The Quarterly Review of Biology 29 (Juni 1954), 2, S. 150.
Swinton, W. E.: The Corridor of Life. Illustrations by Erna Pinner. London 1948.

V  **Aus den Archiven: Tiererzählungen von Exilautor*innen**

Hilde Domin
# Vitalias Huhn

Ich hatte Vitalia ausdrücklich verboten, das Huhn im Hause zu behalten. Schliesslich musste sie verstehen, dass ich nicht so weit vom Dorf weggezogen war, damit ihr Huhn morgens um fünf unter meinem Bett sein Ei legte.

Denn die Hühner in den Tropen haben nun einmal die fatale Neigung, es sich unter dem Fussboden bequem zu machen, in dem windgeschützten Dunkel, das dadurch entsteht, dass das Haus auf kleinen Stelzen ruht (täte es das nicht, die Dielen würden gleich vermodern). So aber hat man ungeladene Gäste unter sich, Schlangen, Ratten, oder eben Vitalias Huhn. Ganz abgesehen davon, dass auch Vitalia selbst sich des schummerigen Raums gelegentlich bedient, um ein paar entfremdete Wollsocken dort unterzubringen – eine Art Quarantänestation zwischen Mein und Dein, von wo sie auf beinah natürliche Weise wieder hervorkommen können, falls der Eigentümer nach ihnen verlangt.

Im übrigen hätte ein Einheimischer kaum etwas gegen das Huhn einzuwenden gehabt. Das Hühnervolk ist auf den Antillen der Gegenstand besonderer Zärtlichkeit, wenn es auch nachts, statt in einem ordentlichen Stall, auf den Rizinusbäumen schlafen muss, die meist gleich hinter der Latrine wachsen. Niemand belästigt es, dass der grosse Tropenmond die Hähne weckt, die sich die ganze Nacht lang, oft über Kilometer hinweg, zurufen, bis das Dorf unter einer klingenden Glocke aus Mondlicht und Hahnenschreien liegt.

Wäre also Vitalia meine Nachbarin gewesen, so hätte ich auf kein Verständnis zählen können, ja meine Beschwerde wäre leicht zu einem Kriegsgrund geworden. Vitalia ist aber nicht meine Nachbarin, sondern meine Köchin. Daher konnte ich geradeheraus zu ihr sagen: „Vitalia, ich will morgens schlafen. Dein Huhn stört mich. Schaff es woanders hin!", und den Fall als erledigt betrachten. In der Tat, der nächste Morgen verlief ungestört. Als ich aufwachte, stand die Sonne schon hoch, und man härte nur das Zirpen der Zikaden und, bisweilen, den raschen Hufschlag eines Indianerpferdchens auf der Landstrasse. Danach vergass ich das Huhn.

Ein paar Tage später – ich lag auf der Terrasse vor dem Haus in meiner Hängematte aus roten und grünen Agavenstricken – hörte ich kleine, leichte Schritte im Zimmer, ein regelmässiges Tappen auf dem Holzboden, das näher kam. Und da erschien auch schon das Huhn in der Zimmertür. Vitalias Huhn – nur sich selber gleich. Unvergesslich. Es war eine kleine, aber doch sehr schwere Zwerghenne, mit so kurzen Beinen, dass die Füsse kaum unter dem schwarzen Gefieder hervorsahen. Dafür war der Hals umso länger, fast wie bei einem Truthahn, dazu so knallrot und nackt, als sei er frisch gerupft. (Man hat mir später gesagt, es habe sich um eine sogenannte Geierhenne gehandelt.) Was die Federn angeht, so war jede einzelne gesträubt und in eine Art widerborstigen Kringel gerollt, sodass man versucht war, das Tier zunächst einmal glatt zu bürsten. Das also war Vitalias Huhn.

Meine erste Regung, als ich seinen roten Hals sah, war Ärger, dass es noch immer da war. Denn an seine unglückliche Erscheinung war ich bereits gewöhnt. Aber wie es nun auf die Terrasse kam und auf ihr herumpickte, war etwas so Merkwürdiges und geradezu Unheimliches an dem Tier, dass mir der Ärger zerlief. Ich starrte wie gebannt auf das Huhn. Plötzlich wurde mir klar, was daran so unnatürlich war: es gackerte, sein Schnabel ging auf und zu – aber es brachte keinen Laut hervor. Vor Schrecken fiel ich fast aus der Hängematte, wie ich aufsprang, um um das Haus herum in die Küche zu laufen und Vitalia zur Rede zu stellen.

Vitalia war ganz gekränkt. „Aber Señora", sagte sie, „mein Huhn hat sie doch gestört. Da habe ich es eben stumm gemacht."

Ich sah in Gedanken schon, wie Vitalia dem armen Vogel die Zunge herausschnitt, und mir wurde übel. Alle Schaudergeschichten, die ich je von Hexen, Messern und herausgeschnittenen Zungen gelesen hatte, kamen mir hoch. Klemens war wenige Tage zuvor in die Stadt gefahren. Ich war alleine mit Vitalia und dem verstümmelten Huhn. Völlig alleine. Zwei Kilometer im Umkreis nichts als Weideland. Mir blieb nichts übrig als mich zusammenzunehmen. Mit soviel Gleichmut, wie ich aufbringen konnte, sah ich in Vitalias ledernes, dunkelrot geschminktes Gesicht. Nach europäischen Begriffen, am ehesten ein Zigeunergesicht. Denn obwohl sie aus dem Süden der Insel stammte, hatte sie keinerlei negroide Züge. Mit ihrem strähnigen Haar, den funkelnden dunkeln Augen und der gelben Haut war sie in ihrer Jugend gewiss eine Art Teufelsschönheit gewesen. Aber die Jahre und die Armut, die auch in einem Lande, wo dem Menschen das ganze sonnige Jahr über die Bananen und der Mais in den Mund wachsen, schwer zu tragen ist, hatten ihr stark zugesetzt. Man durfte diesem Gesicht wirklich allerlei zutrauen. Ich sah sie also streng an und erkundigte mich so sachlich wie möglich nach den Einzelheiten der abscheulichen Operation. Jedoch Vitalia lehnte es entrüstet ab, das Huhn verletzt zu haben. „Aber Señora", sagte sie, „ich wollte es doch so gerne hier behalten, der Eier wegen. Zwerghennen sind so gute Leger. Und damit es Sie nicht stört, habe ich eben ein altes Rezept benutzt, das ich von meiner Mutter habe. Es ist ein ganz einfaches weisses Pulver. Wer es nimmt, verliert die Stimme."

Ihre schwarzen Augen blickten mich flackernd und etwas schuldbewusst an, wie ich ihr ungläubig und mit wachsendem Misstrauen zuhörte, und es entging ihr nicht, dass meine Zuneigung zu ihr einer starken Probe ausgesetzt war. Hastig fuhr sie fort: „Sie glauben mir nicht? Ich bin bereit, es Ihnen zu beweisen, Doña Dionisia. Wollen wir das Pulver einem Hund geben? Oder möchten Sie, dass ich es an den beiden Eseln ausprobiere, die nebenan auf der Wiese grasen? Sie werden sehen, es macht den Tieren nichts. Es ist ein völlig schmerzloses Mittel."

Ich kann nicht behaupten, dass mich ihr Angebot getröstet hätte. Mit einer Handbewegung nahm ich die Redefreiheit meiner langohrigen Nachbarn in Schutz.

Während dieses Verhörs hatte das Huhn seinen scheusslich nackten Hals zur Küchentür hineingestreckt und pickte nun emsig die Körner auf, die seine Herrin ihm hinwarf, um mir zu beweisen, wie gesund und gut bei Appetit es sei.

„Wie stellst Du denn das weisse Pulver her?"[,] fragte ich. Nein, es war viel einfacher. Vitalia kaufte es schlechtweg in der Apotheke. Sie erinnerte sich nicht an den Namen des Pulvers. Er stand auf einem Zettelchen, das sie in dem geheimnisvollen „Buch der Natur" aufbewahrte, das sie von ihrer Mutter geerbt hatte. („Eine viel weisere Frau als ich. Sie wusste wirklich mancherlei.") Auf jeden Fall schien der Apotheker sich keine Rechenschaft über die Wunderkraft des Pulvers zu geben, dass er zu irgend einem ganz alltäglichen Zweck verkaufen mochte.

„Funktioniert es auch bei Menschen?"[,] war meine nächste Frage. Vitalia wurde es sichtlich ungemütlich. Sie protestierte aufgeregt. Sie sei eine gute Frau. Sie habe nie jemand Schaden zugefügt. War sie nicht kürzlich spät abends bei strömendem Regen die dunkle Landstrasse hinab ins Dorf gelaufen, um mir meine Medizin zu holen?

Ungeachtet dieser Beteurungen ihres guten Charakters konnte ich es nicht lassen, sie weiter zu fragen, bis sie schliesslich zugab – und dabei lächelte sie ein wahres Hexenlächeln – dass wirklich einmal ein Nachbar eine kleine Dosis genommen hatte, „aus Irrtum, versteht sich. Er hielt es für Magnesia", und ein halbes Jahr lang nicht sprechen konnte, bis seine Stimme ihm nach und nach zurückgekommen sei.

Trotz dieses reichlich fragwürdigen Geständnisses brachte es Vitalia doch irgendwie fertig, mich zu beruhigen oder doch zumindest meinen Glauben an ihre Ergebenheit wieder zu festigen, und ich ging am Abend jenes Tages mit sehr geteilten Gefühlen zu Bett. Halb war ich entsetzt über ihre bösen Künste, halb war ich entzückt, eine Art wirklicher Hexe in meinem Dienst zu haben. Auf jeden Fall, und damit tröstete ich mich, hatte sie bisher keine übermenschlichen Dimensionen angenommen, wie der Flaschenteufel, als er erst einmal aus der Flasche heraus war, und ich konnte sie entlassen, genau wie jede andere Köchin auch.

Am nächsten Nachmittag gingen zufällig Bekannte auf der Landstrasse vorbei, ein französischer Arzt mit seiner Frau, die für ein paar Tage in dem kleinen

Hotel im Dorf zur Erholung waren. Kaum sah ich sie, so lud ich sie ein, auf meiner Terrasse mit mir Kaffee zu trinken. Vitalia machte einen besonders guten Kaffee. Von ihr habe ich den Trick gelernt, eine Prise Zimt darauf zu streuen. Während sie den Kaffee bereitete, beeilte ich mich, meinen Gästen das stumme Huhn vorzustellen und ihnen die Geschichte von dem weissen Pulver zu erzählen. Insgeheim hoffte ich dabei natürlich, sie würden mich und meine Leichtgläubigkeit auslachen. Vorsichtig, zwischen Ernst und Scherz, erkundigte ich mich bei dem Arzt, ob er zufällig ein Pulver kenne, dass die Stimmbänder zerstöre, ohne andere Organe zu beschädigen.

Aber meine Bekannten sahen mit unverhohlenem Entsetzen auf den gefiederten Beweis von meiner Köchin geheimen Kräften. Und kaum kam Vitalia mit dem Tablett mit den Kaffeetassen auf die Terrasse, barfüssig und ehrerbietig, wie es die Landbevölkerung dort den Fremden gegenüber ist, da sprangen beide von den Schaukelstühlen auf und wiesen empört ihren Kaffee zurück. Nein, sie liessen mir nicht den kleinsten Zweifel darüber, dass sie keine Lust hatten sich von einer Hexe bewirten zu lassen. Und im übrigen waren sie fest entschlossen, auch in Zukunft nie wieder etwas bei mir zu essen oder trinken. Im Dorf nicht und auch in der Stadt nicht. Wie konnte ich eine solche Person auch nur eine Nacht länger im Hause behalten? Noch dazu, wo ich ganz alleine mit ihr war und so abgelegen wohnte?

Vielleicht bildete ich es mir nur ein, aber es kam mir vor – und ich fühlte, wie ich ganz rot wurde dabei –, dass sie auch mich mit Misstrauen betrachteten, als sie sich in einer geradezu unhöflichen Eile verabschiedeten.

Ich schämte mich für uns Europäer. Darf die Vernunft vor einem stumm klappernden Hühnerschnabel so die Flucht ergreifen? Ich beschloss, Vitalia zu behalten.

Ich habe es nicht bereut. Aber als wir ein paar Tage später eine jener unbedeutenden Meinungsverschiedenheiten über den Preis gewisser Einkäufe gehabt hatten, wie sie sich mit Köchinnen überall bisweilen ergeben – Vitalia widerstand manchmal nicht der Versuchung zu mogeln – und als wir uns dann des Abends nicht gerade sehr herzlich getrennt hatten, wachte ich mitten in der Nacht mit Unbehagen auf. Es kratzte mich seltsam im Hals, und ich konnte einfach nicht wieder einschlafen, ehe ich meine Stimme laut ausprobiert hatte. Ich sprach noch völlig normal.

Da wusste ich, wie erleichtert Odysseus gewesen sein muss, wenn er nachdem Circe eingeschlafen war, sich heimlich die Wade abtastete und sie noch glatt und frei von Schweineborsten fand.

Hilde Domin: Vitalias Huhn. In: Hilde Domin [unter dem Pseud. Denise Brühl]: Antillenge-
   schichten. Deutsches Literaturarchiv Marbach: A: Domin. Prosa. Sammlungen. Listen zu
   Guanabana-Stories. HS.2007.0002, HS004938168.

Alfred Polgar
# Kapitulation

*Tiere sind Lebewesen, endgültig steckengeblieben in einem mehr oder minder vorgeschrittenem Stadium der Entwicklung zum Menschen. Darum sind wir, wenn das Tier sich menschlich benimmt, so gerührt, wie wir es sind, wenn der Mensch, das in der Entwicklung zur Gottheit steckengebliebene Lebewesen, sich anders, (etwa: edel) benimmt, als es seiner gemeinen Mensch-Natur entspräche. In beiden Fällen ist es das Hinüberlangen der Kreatur in eine ihr doch für alle Ewigkeit verschlossene höhere Sphäre, was den rührenden Eindruck macht.*

Dem Ansinnen, ein Paar neugekaufter Handschuhe, die bei näherer Betrachtung sich als schadhaft erwiesen hatten, umzutauschen, begegnete der Wiener Verkäufer mit Bedauern, sowie mit dem Hinweis auf einen bedruckten Zettel, der jedem Handschuh-Paar beilag und folgendes mitteilte:

„Diese Handschuhe sind aus dem Leder wilder Tiere erzeugt. Die sichtbaren Narben und Ungleichheiten sind durch die wilde Lebensweise der Tiere erzeugt und lassen sich durch keine Behandlung entfernen."

Durch das ungestüme und achtlose Leben, das die wilden Tiere führen, ruinieren sie ihre Haut. Der Handschuhmacher steht ratlos. Keine Behandlung vermag aus dem Leder die Spuren der Exzesse und Ausschweifungen zu entfernen, die sich sein natürlicher Besitzer, als er es noch ungegerbt am Leibe trug, erlaubt hat.

Die Sache scheint hoffnungslos. Oder glaubt jemand, es könnte möglich sein, die wilden Tiere herumzukriegen, daß sie ihre unverantwortliche Lebensweise aufgeben? Egoisten, in des Wortes Sinn: eingefleischte Egoisten, scheren sie sich einen Dreck darum, was man nach ihrem Tode für Ärger mit ihnen ausstehen wird, weil sie bei Lebzeiten nicht besser auf sich achtgegeben haben. Edelrassig und tapfer wie sie sind, begeben sie sich unbedenklich in Situationen, aus denen sie nicht mit heiler Haut (und auf diese kommt es der Handschuh-Industrie an) herausfinden können. Logisch muss [!] ja Verachtung der Gefahr zur Verachtung der Sicherheit führen, in dem einen Grundsatz ist der andere so selbstverständlich enthalten wie in der Verachtung des Todes die Verachtung des Lebens. Sie leben sich aus, die Bestien, ohne Rücksicht und Vorsicht. Unterliegend den Anreizen ihres heftigen Temperaments, verschleudern sie die Handelswerte, die in ihnen stecken, und treiben – wie ja oft auch der maßlose Mensch mit seinen Talenten es tut – Schindluder mit ihrer angeborenen Begabung, später einmal zu Handschuhen verarbeitet zu werden. Knirschend muß der Leder-Fabrikant zusehen, wie die wilden Tiere ihren Besitz an schönem Industrie-Material einfach verjuxen. Hier, in jenem den Handschuhen beigelegten Zettelchen, haben wir schwarz auf weiß nichts Geringeres als ein Schwächezeugnis des menschlichen Geistes, ausgestellt von ihm selber. Die Kultur bekennt ihre Ohnmacht wider die Natur. Sie kapituliert. Und wir lebten doch, betäubt von Siegesnachrichten, eine stolzer als die andere, wir lebten doch dahin im festen Glauben an die Unaufhaltsamkeit ihres End-Triumphes!

Zu erwähnen wäre vielleicht noch, daß die Handschuhe, deren Umtausch unter Hinweis auf die Lebensführung der wilden Tiere verweigert wurde, aus Schweinsleder waren.

Alfred Polgar: Kapitulation. In: ders.: In der Zwischenzeit. Amsterdam: Allert de Lange 1935, S. 133–136. © Mit freundlicher Genehmigung des Rowohlt Verlags, Hamburg.
Erstmals erschienen: Alfred Polgar: Kapitulation. In: National-Zeitung (Basel) 124 (16.3.1934), S. 2. In der Buchausgabe erweiterte Polgar den Text um ein von ihm verfasstes Motto.

Roda Roda
# Androclus und der Löwe

Ich bin der Legende von Androclus nachgegangen. Sie entstammt dem Buch „Ueber Aegypten" des Apion Pleistonikes – und dieser Apion ist Zeitgenosse Jesu Christi gewesen. Zwei antike Autoren – Gellius, Aelian – haben die Legende ausgebaut, ein Dritter, Apius, behauptet gar, die Zirkusszene mitangesehen zu haben:

Androclus, erzählen sie, war ein junger Sklave, hart behandelt von seinem grausamen Herrn. Eines Nachts, verzweifelt, floh Androclus ins Gebirge und verbarg sich in einer Höhle. Die Höhle aber gehörte einem Löwen. Am Morgen kehrte der Löwe heim und hätte den Eindringling sicherlich überfallen – doch er konnte nicht vor Schmerzen: er hatte sich einen Dorn tief in die Klaue getreten. Androclus zog den Dorn aus. Der Löwe schonte dafür den jungen Sklaven.

Die Häscher schonten ihn nicht; stöberten Androclus auf, ergriffen ihn – und er ward für seine Flucht verurteilt: man wird ihn im Zirkus von Raubtieren zerfleischen lassen.

Androclus hatte das unwahrscheinliche Glück, eben vor seinen Löwen zu geraten. Das Tier erinnerte sich der Wohltat, frass Androclus nicht auf, nein, es stellte sich schützend vor ihn und rettete ihn vor den übrigen Bestien.

So weit die Legende.

... Und nun eine Geschichte, worin sich das Motiv vom dankbaren Löwen zwei oder gar drei Mal wiederholt, gleichsam überschlägt. Geschehnis von Anfang bis zu Ende – keineswegs Erfindung. „Wahre Geschichten" pflegen schal zu enden, der Pointe zu ermangeln. Diese sorgt mit drei Aktschlüssen für zukünftige Dramatisierung. Man höre:

Es gibt einen berühmten Kurort in der Slowakei, Pistyan, Pöstyén. Der Besitzer, ein Graf Erdödy[,] hat die Quellen einem Herrn Winter verpachtet, auf 99 Jahre; im Frühling 1914 waren vierzehn davon abgelaufen. Winter war ein tüchtiger Mann, seine ganze weitverzweigte Familie arbeitete klug und emsig in der Verwaltung – die vierzehn Jahre hatten genügt, die Stadt auf das üppigste zu verschönern, den Ruhm der Quellen über alle bewohnte Erde zu tragen.

Damals, knapp vor dem Ersten Weltkrieg, war ein vornehmes junges Paar aus Russland im Badeort zu Gast: Herr von Ljuboschinskij mit Gemahlin. Reizende Leute. Wer Jushny gekannt hat, den Conferencier des „Blauen Vogels" – ihm brauche ich jenen andern Russen nicht zu beschreiben, er hat die zutreffende Vorstellung von ihm.

Arzt des russischen Paars in Pistyan war ein Dr. Veres. Dem künftigen dichterischen Bearbeiter des Geschehnisses bleibe vorbehalten, auch diesen Doktor mit allen denkbaren vortrefflichen Eigenschaften auszustatten, und er wird von der Wahrheit nicht abweichen. Ljuboschinskijs freundeten sich mit ihrem Doktor auf das innigste an.

Da bricht, im Hochsommer 1914, Krieg aus. Ljuboschinskij, Gardeoffizier, muss Hals über Kopf heim nach Russland; Dr. Veres rückt als Oberarzt der Reserve ins österreichische Heer.

Nach Artikel IX der Genfer Konvention (von 1864) durften Leute der Sanität, wenn sie in Feindeshand fielen, nicht als Gefangene zurückgehalten werden. In den ersten drei, vier Wochen Kriegs 1914 befolgte man die Konvention. Da ergriffen am 25. August bei Kamionka Strumilowa die Oesterreicher einen Kosakengeneral. Er war schwer verwundet; zwei russische Aerzte begleiteten ihn freiwillig, um ihn zu pflegen. Der General starb – die beiden Aerzte – unter Berufung auf den Genfer Artikel IX – verlangten ihre Freilassung, fanden aber bei den Oesterreichern taube Ohren. Von nun an übten die Russen Repressalien an Feindes Aerzten, deren sie waren habhaft worden – und eins der ersten Opfer der Repressalien war Dr. Veres; man brachte den blutig Zerschossenen nach Moskau und Tula.

Aus dem Lager der Kriegsgefangenen in Tula wandte sich Dr. Veres an Herrn von Ljuboschinskij. Der Russe zog dem leidenden Löwen Veres den Dorn aus der Klaue; nahm ihn zu sich auf sein Gut. Noch mehr: Der vornehme Russe, Adelsmarschall des Moskauer Gouvernements, hatte Einfluss genug – Dr. Veres konnte bald als Austauschinvalide nach Hause zurückkehren, in seinen Kurort. Eine Tochter des Hauses Winter pflegte ihn gesund und heiratete ihn. So wurde Dr. Veres Chefarzt an den berühmten Quellen.

Da kam, März 1917, in Russland der Umsturz – „Februar-Revolution" genannt, denn man rechnete damals noch nach altem Kalenderstil. Grauenvolle Stürme folgten. Zu Weihnachten las Dr. Veres einen Brief aus Konstantinopel von Ljuboschinskij: „Wir sind hier am Verhungern – helfen Sie, retten Sie uns!"

Das Dornausziehen war nun an Veres; und er machte es kunstgerecht, war ja, als Arzt, vom Fach: der elegante Herr von Ljuboschinskij wurde Direktor des slowakischen Badeortes; seine Frau Leiterin der vielen Hotels; Schwestern, Schwäger, Nichten, Brüder, Neffen Ljuboschinskijs – sie alle fanden Unterkommen in der weitläufigen Verwaltung. Und die sprachkundigen, soignierten, gebildeten Russen bewährten sich auf das beste.

Im März 1939 kam der Maharadja von Bhopal als Kurgast her. Fand solches Gefallen an Ljuboschinskij, dass wirkliche Freundschaft daraus wurde.

Es ist seit jenem März in der Slowakei Schreckliches geschehen. Der Erbpächter von Pistyan, Winter[,] war Jude; ich höre, er wurde getötet. Auch der Maharadja von Bhopal erfuhr es. Als er seinen lieben Ljuboschinskij in Not sah, engagierte er ihn als Obersthofmeister. Die Familie ist nach Indien übergesiedelt.

Dr. Veres, Winters Schwiegersohn? Man wird ihm in Hitlers Slowakei hart genug zugesetzt haben.

Ob nun der Oberhoflöwe von Bhopal seinen Androclus rechtzeitig zu sich nach Indien gerufen hat? Ich weiss nicht; mir fehlen neue Nachrichten. Der Film der Begebenheiten aber verlangt dringend nach diesem glückhaften Ende. Sollte das Leben den letzten Akt der Vergeltung schuldiggeblieben sein, wird der Dramatiker ihn aus eigener Eingebung hinzuzufügen haben.

Roda Roda: Androclus und der Löwe. In: Aufbau (New York) 10 (15.9.1944) 37, S. 40.
    Die Besonderheiten der Typografie wurden beibehalten, offensichtliche Druckfehler bereinigt. Unleserliche Stellen wurden nach dem Originaltyposkript ergänzt: Alexander Roda Roda: Androclus. Typoskript mit eh. Korr., 3 Bl. Wienbibliothek im Rathaus (WBR), Handschriftensammlung, Teilnachlass Roda Roda, ZPH 670, Archivbox 3.
Wir danken dem Leiter der Handschriftensammlung Marcel Atze für die Bereitstellung.

## Lore Segal
# DEATH OF THE WATER BUG

I called Eddy, my favorite handyman, and he came up, got rid of the water bug and closed the hole by which the thing must have got into my kitchen.

ONE WEEK LATER, as they say in the movies, my friend Bessie was in town and came over and went to get herself a glass of water. That scream would, in an audition for a Miss Marple episode, have landed her the character who trips over the corpse. Another water bug. Bessie grabbed her handbag and was out the front door.
 "Bessie, come back!" I followed her into the hallway. "*I'll* get rid of him. Come on in! Have a drink." "I *hate* that!" Bessie pale and visibly shuddering escaped down the elevator.

My promise to "get rid of him" turned out to have been over-confident. The water bug sat on the kitchen floor. I couldn't keep calling Eddy, so I prepared for that crunching sound, raised my right leg and brought my shoe down where the insect was no longer sitting.
 It put me in mind of the Robert Frost poem in which the poet's pencil point fails to eliminate a spot on his paper because the spot has run away and continues running with such frantic intentionality, the poet comments that it's not on every page one has the good fortune to meet with such an active intelligence. The water bug had chosen not to be stepped on. His abhorrence of being dead gave his six legs a surely admirable burst of speed into the black region behind the sink where he knew – yes, the animal knew that I could not get at him.

The next time Bess was in town, I made her watch Microcosmos, the exquisite French film that says it is about "the people of the grass."
 "Bugs, you mean," said Bessie, but she sat down and we watched two lady bugs on a stalk that bends under their combined weight while they drink from opposite sides of the same dew drop.
 "Ladybirds are okay," said Bessie.
 "My favorite is the dung beetle," I told her.
 "I *hate* this," said Bessie and reached for her handbag.
 "Bessie, watch!" The dung beetle is transporting its ball of dung from somewhere to somewhere else by walking on its front legs using the superior strength of the two back legs with the assistance of the middle pair to do the pushing. Because it is walking backwards perhaps, or because of so much nerv-

ous urgency, it takes the animal a moment to understand that the dung ball has got hoisted on to the point of an upright twig. Now what? If it is not the operation of thinking that tells the beetle that pushing at the side of the ball is not working? The animal starts to push from the bottom upward and dislodges the ball of dung from what it was stuck on.

Here is where the camera backs away and up to a height from which we overview the terrain across which our beetle needs (oh, reason not the need!) to transport its ball of dung it alone knows where.

"I *HATE* it!" Bessie said.

"Bessie, don't go!" I begged her." Look, I've turned it off. Sit down. I want to argue with you."

Bessie sat back down.

"Why is it," I asked her, "that you, a five foot nine human, cannot – and I totally believe that you can really not be in the same room – would rather not be in the same apartment with this creature that is little more than one inch long, stands three-quarters of an inch off the floor, and whose instinct is to run away and hide because he has no apparatus to do you harm? And what accounts for my instinct to call Eddy?"

Bessie thought that when God decreed enmity between the human and the snake he was also thinking of these creeping things with six legs and sectioned bodies, who have their plumbing on the outside, and no fur or feather covering. Imagine a water bug walking over your bed, or crawling up the leg of your pants because that is the true nightmare …

"I grant you that he's not an attractive animal – curious how I never think of a water bug as a she – but I've seen him hold his head between his two antennae. And, Bessie, don't you love the housefly when it does that thing as if it's washing its hands?"

"Cute bugs doing people things in kiddie books. No!" cried Bessie. "Insects are the non-us, the un-human. They are our Other."

"Which, perhaps," I said, "is my problem. Did Pharaoh think of the hated Israelites as the other, as non-human when he said they 'swarmed' in Goshen? Swarmed is the word."

Bessie was silent a moment.

I said, "While these others resemble the none-others in not wanting to be stepped on, wanting not to be squashed underfoot – wanting so immensely not to be dead. Shakespeare," I continued …

"How did Shakespeare get into this act?" Bessie said irritably.

"He said we were 'mere usurpers, tyrants and what's worse, to fright the animals and to kill them up in their assigned and native dwelling place.'"

"In the Forest of Arden!" cried Bessie, reconnecting with her argument. "You're not going to say the house fly, the pantry moth and the cockroach have rights in your New York apartment?"

"In my student days in London," I remembered, "I shared my room with a little velvet mouse. In the quiet middle of the night, you could hear it racketing around in the waste paper basket; it left little poops behind my illicit hotplate. One time I put on the light and the mouse was sitting up in a gap between two broken parquet tiles. It turned its little pointy face this way, that way, this way."

"And what will you do when you have your next infestation – an army of cockroaches?"

"Call Eddy," I said, "and Eddy will call the exterminator."

Bessie said that she *HATED* cockroaches. Bessie has left.

SOME DAYS LATER. The water bug is back. He has come out from behind the sink. There's no running now. He carries his head low to the ground and slouches forward with a sideways limp as if his foot hurt. Nothing easier than to bring my shoe down on a senescent water bug. At the end of Kafka's story, the house maid's broom sweeps the dead bug out the kitchen door. I wiped up the remains with the corner of a paper towel and put him in the garbage, a minor sample of the world's sadness.

Erstabdruck, © Lore Segal, 2018.
Wir danken Roy Fox (Wien) für das Lektorat.

VI **Rezensionen**

**Andreas Kossert: Flucht. Eine Menschheitsgeschichte.** München: Siedler 2020. 432 S.

Wie der Titel *Flucht. Eine Menschheitsgeschichte* ankündigt, befasst sich der Historiker Andreas Kossert mit den globalen Phänomenen von Flucht und Zwangsmigration. Dagegen konzentrierte sich seine Studie *Kalte Heimat* (2008) auf die um 1945 aus den Ostgebieten vertriebenen Deutschen. Trotz der Erweiterung des Blicks in *Flucht* gibt es vielfältige Kontinuitäten zwischen beiden Studien.

So handelt es sich auch bei *Flucht* um ein Sachbuch, das nicht den Anspruch hat, neue Forschungsergebnisse vorzustellen, sondern eine große Anzahl von Einzelschicksalen zu präsentieren. Den Anspruch einer „Menschheitsgeschichte" erfüllt es dabei nicht, denn der Schwerpunkt liegt auf Europa und dem Nahen Osten (22) und auf historischen Konstellationen des 20. und 21. Jahrhunderts. Wiederholt liest man von Geflüchteten aus Griechenland, der Türkei, aus Schlesien, dem Sudetenland und Polen, aus Myanmar, Vietnam, Afghanistan und Syrien. Kossert greift dabei auf ein breites Spektrum von Quellen zurück, angefangen von publizierten Gesamtdarstellungen und Selbstzeugnissen bis zu mündlichen Gesprächen und Augenzeugenberichten sowie zahlreichen Auszügen aus Belletristik und Lyrik. Letztere werden aber genauso wenig wie andere Diskurse analysiert, sondern dienen der Illustration eines übergreifenden Opfernarrativs.

Diese Fülle an Zeugnissen wird im Hauptteil der Studie entlang der typischen Stationen einer Fluchtgeschichte präsentiert („Weggehen", „Ankommen", „Weiterleben", „Erinnern"). Im Einleitungsteil finden sich Überlegungen zur Begriffsgeschichte und Begriffsverwendung. Kossert bezieht sich auf die Definition der Genfer Flüchtlingskonvention, grenzt aber die Bezeichnung „Flüchtling" kaum von „Vertriebenen" ab, sehr wohl aber vom Begriff des Migranten. Darauf folgt eine knapp bemessene „Weltgeschichte der Flucht". Der letzte und kürzeste Teil der Studie trägt den Titel „Was war, endet nicht" und berichtet u. a. kritisch von der unhaltbaren Situation von Geflüchteten im heutigen Europa sowie von persönlichen Begegnungen mit der Kurdin Widad Nabi und der Griechin Kalliope Lemos, die ihre Fluchterfahrungen künstlerisch verarbeiten. Die Studie schließt mit Quellenangaben, Index und einem umfassenden Literaturverzeichnis, das auch weiterführende wissenschaftliche Forschung berücksichtigt. Der gesamte Band ist mit zahlreichen Schwarz-Weiß-Fotografien versehen, die Fluchtszenen, Betroffene und Erinnerungsobjekte darstellen.

Im Vordergrund der Studie stehen bewegende Zeugnisse der anhaltenden psychischen und sozialen Auswirkungen von Flucht und Heimatverlust. Dagegen werden die jeweiligen historischen Umstände von Zwangsmigration sowie deren gesellschaftliche Folgen nur sparsam erwähnt. Nicht nur hätte der „Fokus auf Fakten, Kontroversen und Folgen" den Rahmen der Studie gesprengt, diese Aspekte seien bereits umfassend erforscht, so die Begründung des Autors (361). Die Entscheidung auf kontextualisierende Information weitgehend zu verzichten, hat zur Folge, dass man mit einer Unmenge oft ähnlich klingender Selbstzeugnisse aus vielen Ländern und Zeiten konfrontiert wird, ohne dass sich diese genauer einordnen ließen. Vielmehr legt die emotionale Intensität dieser Berichte eine universale Opfergeschichte nahe. Dabei bleibt nicht aus, dass es zu einem problematischen Nebeneinander von grundlegend unterschiedlichen Schicksalen kommt. So stehen etwa die Aussagen des österreichischen Juden Jean Améry über den Heimatverlust neben Kommentaren zum anhaltenden Fremdheitsgefühl unter deutschen Vertriebenen (331–332). Unerwähnt bleibt, dass Améry nicht nur aus seiner Heimat vertrieben wurde, sondern nur knapp der Ermordung in Auschwitz entkam. Man wird angesichts dieser nivellierenden Zusammenstellung an die Kritik erinnert, mit der auf die vom Bund der Vertriebenen initiierte Ausstellung „Erzwungene Wege. Flucht und Vertreibung im Europa des 20. Jahrhunderts" (2006) reagiert wurde – sowie auf den nicht realisierten Plan für ein *Zentrum gegen Vertreibungen*. Dieser universalisierende Umgang mit Opfernarrativen steht quer zu jüngeren transnationalen Forschungsansätzen zum Thema Vertreibung sowie zu Versuchen, die Migrationsforschung mit der Exilforschung in Dialog zu bringen. In beiden Fällen geht es um die Auseinandersetzung mit sich überschneidenden Narrativen von Flucht und (Zwangs-)Migration bei gleichzeitiger Berücksichtigung unterschiedlicher historischer Kontexte.

Zudem fällt auf, dass in *Flucht* ein unverhältnismäßig großer Anteil der Quellen das Schicksal der aus den Ostgebieten vertriebenen Deutschen behandelt. Vermutlich hängt dieses Ungleichgewicht mit einem doppelten Anliegen des Autors zusammen. Ähnlich wie in *Kalte Heimat* geht es Kossert wohl darum, in der deutschen Öffentlichkeit mehr Empathie für deutsche Vertriebene und ihre Nachfahren zu erwecken. Dies gelingt durch das Aufzeigen vielfältiger Korrespondenzen zu anderen Flüchtlingsschicksalen. Ein zweites Anliegen des Autors ist es, unser Verständnis für die aus weltweiten Krisengebieten nach Europa Flüchtenden zu stärken. So heißt es am Ende von *Flucht*: „Am Umgang mit Flüchtlingen lässt sich ablesen, welche Welt wir anstreben" (355). Angesichts weltweit wachsender Flüchtlingszahlen (der UN zufolge waren es 2019 über 70 Millionen) hat diese ethisch motivierte Mahnung – und damit auch die Publikation von *Flucht* – große Aktualität.

Friederike Eigler

**Barbara Stambolis (Hg.): Flucht und Rückkehr. Deutsch-jüdische Lebenswege nach 1933.** Gießen: Psychosozial-Verlag 2020. 219 S.

Nach dem Ende der NS-Diktatur und dem Bekanntwerden des Ausmaßes der Shoah erschien vielen Jüdinnen und Juden, die sich ins Exil hatten retten können, die Vorstellung einer Rückkehr als höchst problematisch. Fragen nach der eigenen Herkunft, ‚Heimat' und Zugehörigkeit, die sich bereits mit Blick auf Verfolgung und Exil gestellt hatten, wurden nun, angesichts der (Un-)Möglichkeit zurückzukehren, umso deutlicher formuliert. Wo ist man beheimatet nach einer gewaltvollen Entortung, zu wem oder was fühlt man sich zugehörig und wie lässt sich in diesem Kontext ein emotionaler Lebensmittelpunkt finden?

Diesen Fragen widmet sich der von Barbara Stambolis herausgegebene Sammelband. Er geht auf eine Konferenz in Münster zurück, die im November 2018 anlässlich des Gedenkens an die Novemberpogrome 1938 stattfand. Der Fokus der Veranstaltung lag laut der Herausgeberin auf „jüdische[n] Emigranten und Remigranten, die sich im Adoleszenzalter in deutsch-jüdischen Vergemeinschaftungen Heranwachsender engagiert, dort Freunde und Gleichgesinnte gefunden und mit den ‚typisch deutschen' Traditionen jugendbewegter beziehungsweise jugendbündischer Gruppierungen in Berührung gekommen waren und für die diese Bindungen auch später bedeutsam blieben." (9) Formen der Zugehörigkeit würden laut Stambolis ein Leben lang über die Anbindung an derartige Jugendbewegungen, aber auch über Freundschaften, das Engagement in politischen Gruppierungen und familiären Halt hergestellt (vgl. 9).

Der Konferenzband versammelt elf Beiträge, die methodisch sehr heterogen sind. Historische Aufsätze wechseln sich ab mit philosophischen, soziologischen, psychoanalytischen und autobiografischen Beiträgen, denn einige der Autorinnen und Autoren sind selbst vertrieben worden und blicken auf ihren eigenen Lebensweg zurück. Auch thematisch sind die Abhandlungen heterogen. Anders als es der Titel zunächst nahelegt, versammelt der Band auch einige wenige Biografien von Menschen, die keiner deutsch-jüdischen Jugendbewegung zugehörten oder in denen die Rückkehr keine zentrale Rolle einnahm.

Der erste Beitrag stammt von Micha Brumlik, der ein philosophisches und kulturgeschichtliches Panorama des Exils entfaltet. Am Beispiel u. a. von Odysseus, Ovid und Karl Wolfskehl exemplifiziert er seine These, dass die Erfahrung des Exils ein „Gründungsnarrativ der europäischen Kultur" darstellt (27). Guy Stern legt einen autobiografischen Bericht vor, in dem er von der amerikanischen Hilfsorganisation German Jewish Children's Aid Committee (GJCAC) berichtet, die 1 200 deutsch-jüdischen Jugendlichen, darunter dem Autor selbst, das Leben rettete. Der dritte Beitrag von Julius Schoeps nimmt seinen Ausgang von einem Fund: Im Teilnachlass seines Vaters Hans-Joachim Schoeps entdeckte er ein noch unveröffentlichtes Manuskript mit dem Titel *Wie alles sein wird*, in dem dieser von seiner 1946 erfolgten Rückkehr von Schweden ins kriegszerstörte Berlin berichtet. Dieser kurze autobiografische Erinnerungstext wird hier erstmals abgedruckt. Claus-Dieter Krohn setzt sich u. a. am Beispiel von Arthur Eloesser, Erich Auerbach und Karl Wolfskehl mit „intellektuelle[n] Verarbeitungsweisen eines schmerzlichen Heimat- und Identitätsverlustes sowie existenzielle[n] Identitäts-Neufindungsprozesse[n]" (20) auseinander. Moshe Zimmermann untersucht den „kulturellen Beitrag der Jeckes" (90) zum Erziehungs- und Schulwesen Palästinas/Israels, u. a. anhand der 1941 gegründeten Ma'ale-Schule in Jerusalem, die der Autor selbst besuchte. Die Herausgeberin trägt zwei Aufsätze zum Konferenzband bei: Zum einen beleuchtet sie das jüdische Auswanderergut Groß-Breesen in Schlesien, das zwischen 1935 und 1942 deutsch-jüdische Jugendliche auf die Auswanderung nach Palästina vorbereitete. Zum anderen verfolgt sie den Lebensweg des Psychologen und Sozialforschers Curt Bondy, der Leiter dieses Guts war. Die Schwierigkeiten und Chancen einer Rückkehr in die SBZ bzw. DDR lotet Sabine Hering am Beispiel ausgewählter Biografien aus, während sich Elke-Vera Kotowski „drei Repräsentantinnen der Berliner Kulturszene" und „deren Motivlage hinsichtlich der Frage einer Remigration nach Deutschland" (139) zuwendet. Norbert Elias und seine Zugehörigkeit zum jüdischen Wanderbund Blau-Weiß, einer zionistischen Jugendbewegung, ist Thema des Aufsatzes von Bernhard Schäfer. Der Historiker und Psychoanalytiker Peter J. Loewenberg schließt den Band mit einem Beitrag, in dem er von prägenden Abschnitten seiner eigenen Exilgeschichte und deren Auswirkungen auf seine Familie und Kinder berichtet. Darin schärft er den Blick für transgenerationelle Folgen von Vertreibungserfahrungen, die sich nicht durch eine geografische Rückkehr aufheben lassen.

Aufgrund der methodischen und thematischen Vielfalt der Beiträge erscheint der Sammelband recht inkohärent. Die von der Herausgeberin in Vorwort und Einleitung formulierten Leitfragen nach den „haltgebenden Ressourcen" (9) und der Rolle der Jugendbewegungen für Exilierte und Zurückkehrende gerät so bisweilen aus dem Blick. Dennoch versammelt der Konferenzband Aufsätze zu exemplarischen Lebenswegen und leistet damit einen bedeutsamen Beitrag zur historischen Remigrationsforschung.

---

Jasmin Centner

**Robert Kelz: Competing Germanies. Nazi, Antifascist, and Jewish Theater in German Argentina, 1933–1965.** Ithaca, London: Cornell University Press 2019. 356 S.

P. Walter Jacob hat in der Geschichte des Exiltheaters etwas Einzigartiges geleistet: Er gründete in Buenos Aires eine deutschsprachige Bühne, die 1940 eröffnet wurde und die er bis zu seiner Rückkehr nach Europa Anfang 1949 leitete. Die „Freie Deutsche Bühne", das waren zehn Jahre Theaterarbeit unter schwierigsten Bedingungen, mit einem kleinen Ensemble und unter Jacobs Leitung 215 Premieren.

Seinen umfangreichen Nachlass hat P. Walter Jacob der Universität Hamburg anvertraut, wo er in der Berendsohn Forschungsstelle für deutsche Exilliteratur verwahrt und betreut wird. Auf diesen Archivalien beruhend sind inzwischen zahlreiche Arbeiten entstanden, die Jacobs Arbeit untersuchen und würdigen. Schon 1985 wurde Jacobs Leben und Wirken in einer Ausstellung dokumentiert, die zuerst in Hamburg gezeigt wurde und danach durch viele deutsche Städte wanderte. Ihre wichtigsten Bilder und Dokumente sind in einem Katalog festgehalten.

Auch der in Memphis/TN lehrende Germanist Robert Kelz hat den Jacob-Nachlass ausgewertet. Sein Blickwinkel aber unterscheidet sich von den bisherigen Analysen: Kelz zieht zum Vergleich mit der „Freien Deutschen Bühne" die Geschichte des „Deutschen Theaters" heran, das zeitgleich mit Jacobs Bühne unter Leitung von Ludwig Ney eine nazifreundliche Kulturarbeit in Buenos Aires etablierte. Daher erklärt sich der Titel des Buches „Competing Germanies".

Argentinien war lange vor 1933 ein Einwanderungsland, vor allem für Deutsche. Es gab regelrechte „Kolonien" von deutschsprachigen Menschen, mit zum Teil eigenen Medien wie dem *Argentinischen Tageblatt* oder der *Deutschen La Plata Zeitung*. Nach der Machtergreifung Hitlers kamen zehntausende Flüchtlinge dazu, viele von ihnen jüdischen Glaubens.

Das Spektrum der politischen und religiösen Haltungen in den deutschsprachigen Kreisen war breit, es gab zum Teil heftige Auseinandersetzungen zwischen den verschiedenen Strömungen und Gruppen. Kelz kann überzeugend und differenziert zeigen, wie sich die Bühnen von Jacob und Ney in dieser Gemengelage positionierten. Sein Fazit: Neys Theaterarbeit propagierte, wie die zeitgenössischen Medien spiegeln, „Nazi tropes, such as anti-urbanism, the leader cult, mania for Aryans and Teutons, the glorification of war, and racial anti-Semitism". Jacobs Bühne dagegen sei „throughout World War II the only professional, anti-Nazi, exilic theater worldwide" gewesen, so Kelz unter Berufung auf Jacques Arndt, einen Mitspieler der „Freien Deutschen Bühne" und Weggefährten Jacobs.

Kelz hat Arndt und einige andere Zeitzeugen interviewt und ihre Aussagen in sein Buch eingearbeitet. Aber das zunehmende Problem der Forschung heute, dass kaum noch Überlebende des Exils Auskunft geben können, gilt für die Geschichte des Theaters in besonderem Maße: der transitorische Charakter von Bühnenkunst macht es schwer, die Leistungen einzelner Theater zu rekonstruieren.

Bei Robert Kelz wird diese Lücke gefüllt vor allem durch eine genaue Untersuchung der Spielpläne beider Bühnen und der von ihnen dargebotenen Stücke. Eine erstaunliche Gemeinsamkeit ergibt sich dabei: Jacob wie Ney sahen sich gezwungen, durch viele unterhaltsame, komödiantische Stücke ihr Publikum zu gewinnen und zu halten. „Comedy is king", lautete das oberste Motto. Auch eine Reihe von Klassiker-Inszenierungen diente beiden Bühnen zum kommerziellen Überleben.

Die das jeweilige Profil prägenden Stücke waren dann beim „Deutschen Theater" denkbar andere als bei der „Freien Deutschen Bühne". Ney setzte zum Beispiel auf Werner Hoffmanns Drama *Utz Schmidl*, die Geschichte eines Landsknechts-Helden im 16. Jahrhundert, der als der erste Deutsche am Rio de la Plata gilt. Das „Deutsche Theater" spielte übrigens niemals, auch nicht nach 1945, ein einziges Stück eines jüdischen Autors.

Die „Freie Deutsche Bühne" dagegen zeigte zahlreiche Stücke mit antifaschistischer Wirkungsabsicht. Zu den Höhepunkten zählten Franz Werfels *Jacobowsky und der Oberst*, Lillian Hellmans *Die Unbesiegten* und (nach dem Krieg) Carl Zuckmayers *Des Teufels General*. Mit dem Stück von Carl Rössler *Die fünf Frankfurter* aus dem Jahr 1911, einem historischen Drama über die Familie Rothschild, leistete Jacobs Bühne einen wichtigen Beitrag zur Stärkung der jüdischen Identität; die Inszenierung war auch ein großer Publikumserfolg.

Kelz' Buch liefert aufschlussreiche Bausteine zur Geschichte des Exils in Lateinamerika und zur Theatergeschichte. Dass der Autor die beiden von ihm untersuchten Projekte durchgehend mit englischen Namen benennt („German Theater" und „Free German Stage"), irritiert beim Lesen. Die Titel von Zeitungen und Zeitschriften zum Beispiel werden ja auch nicht übersetzt. P. Walter Jacob, der sich sein Leben lang für den Erhalt und die Pflege deutscher Sprache und Kultur engagierte, hätte sich über diesen Missgriff von Robert Kelz gewiss sehr geärgert.

Uwe Naumann

**Antonina Lakner: Peter de Mendelssohn. Translation, Identität und Exil.** Berlin: Frank & Timme 2020 (= Transkulturalität – Translation – Transfer, Bd. 46). 409 S., mit Abb.

Peter de Mendelssohn (1908–1982) ist neben seiner Rolle als erster Ehemann der Schriftstellerin, Übersetzerin und Journalistin Hilde Spiel vor allem als Thomas-Mann-Biograf bekannt (*Der Zauberer*, 1975), als Herausgeber von 5 Bänden von Manns Tagebüchern (aus den Jahren 1933–1943) und ist schließlich als Mitglied und dann als Präsident (von 1975 bis 1982) der Deutschen Akademie für Sprache und Dichtung in Erinnerung geblieben. Bekannt ist also vor allem die zweite Hälfte seines Lebens. Aufbauend auf den früheren Forschungsarbeiten von Marcus M. Payk (2008, die Karl Korn und PdM gemeinsam gewidmet sind und sich auf deren publizistische Tätigkeit konzentrieren), ergänzt Antonina Lakner diese umfassend durch Archivrecherchen (vor allem in der Monacensia: Briefwechsel und unveröffentlichtes Material). In diesem Buch, das aus einer von der profilierten Übersetzungswissenschaftlerin Mary Snell-Hornby betreuten und 2016 in Wien verteidigten Dissertation hervorgeht, rekonstruiert Lakner PdMs Biografie ab seiner Kindheit in der Künstlerkolonie Hellerau (die er sein „unverlierbares Europa" nannte, 42), die diversen Lebenssphären dieses Schriftstellers, Journalisten, britischen Armeeoffiziers und Übersetzers, wobei sie den letzteren Aspekt im Zusammenhang mit dem Schicksal im Exil in den Mittelpunkt stellt. Das Buch gliedert sich in sechs Teile von ungleicher Länge: Im ersten Teil werden die verwendeten Schlüsselbegriffe Kultur, Identität und Identifizierung, Exil und Emigration, dann die übersetzungswissenschaftlichen Ansätze dargelegt. Der zweite Teil ist eine Biografie von PdM mit Bilddokumenten. Die Teile 3 und 4 (der eigentliche Schwerpunkt der Arbeit) sind der Darstellung und Analyse zweier seiner Übersetzungen aus dem Deutschen ins Englische gewidmet, wobei sehr unterschiedliche Übersetzungsstrategien rekonstruiert werden: Bei Hermann Kasacks Roman *Stadt hinter dem Strom* (1947, engl. *City Beyond the River*, 1953) erscheint diese der Autorin als eine ambivalente Strategie, der sie ungeschickte Wörtlichkeit und Eingriffe in den Text attestiert. Sie offenbare „Konflikte, die TranslatorInnen mit stark emotionalem Bezug zur gemittelten Materie oder zu einer der beiden Gruppen, die in ihren Mittlungsprozess involviert sind, durchleben und wie sie sie bewältigen" (371). Im Fall von Paul Weymars *Adenauer. Die autorisierte Biographie* (1955, engl. 1957) ist PdM der (wohl absichtlich) ungenannte Autor von zwei Dritteln des Originals, und seine Übersetzung bzw. Autotranslation ist ein Akt der politischen Gesinnung, um Brücken wieder aufzubauen, indem er Einfluss auf Adenauers Bild in der angelsächsischen Öffentlichkeit ausüben möchte, trägt aber die Spuren einer Entfremdung in Bezug auf PdMs Identifizierung mit britischen Werten und zugleich einer beginnenden Wiederannäherung an sein Herkunftsland. Zwei abschließende Teile rekonstruieren PdMs Verhältnis zu den Kulturen und vor allem zu den Sprachen, in denen er lebte, und führen es mit seiner übersetzerischen Tätigkeit zusammen.

Dem Haupttext folgen übersichtliche und willkommene Anhänge: eine weitgehend vollständige chronologische Liste von PdMs rund 60 Übersetzungen (aus dem Deutschen, dem Englischen und dem Französischen), eine biografische Zeittafel zu PdM und eine Zeittafel zu Konrad Adenauer. Zwei Kritikpunkte, die aber eher den Verlag als die Verfasserin betreffen: Die Bibliografie ist (typografisch und in der Gliederung) nicht immer sehr kohärent und daher schwierig zu handhaben; ein Namensregister wäre äußerst nützlich gewesen.

Lakners Buch erweist sich als subtile und einfühlsame Analyse einer Übersetzerfigur, was bei der etwas spröden Persönlichkeit PdMs nicht selbstverständlich ist: Sie zeichnet seine intellektuellen Qualitäten, seine Hoffnungen als Schriftsteller, seine beruflichen Rückschläge, die Kohärenz seines politischen und menschlichen Engagements in seinem schwierigen Verhältnis zu Großbritannien und Deutschland nach. In ihrer Fallstudie liefert sie nicht nur eine Fülle von Informationen über PdMs privates, kulturelles und politisches Umfeld und beweist damit ein souveränes historisches Wissen, sondern sie kreuzt dies in vorbildlicher Weise mit einem übersetzungswissenschaftlichen Ansatz, insbesondere den *translator studies* (ohne sich explizit auf dieses neue Feld der Übersetzungswissenschaft zu beziehen), Forschungen zum Exil und zu Fragen der Identität und Imagologie im europäischen Kontext: Sie legt einerseits einen besonderen und extremen Fall der Verankerung in zwei Sprachen offen, mit Übersetzungen in beide Richtungen, und sie erlaubt uns andererseits die Zerrissenheit des Übersetzers von innen her zu verstehen, dessen Arbeit durch die jeweilige historische Situation und unterschiedliche Zielgruppen geprägt wird. Dabei werden die unterschiedlichen Übersetzungsstrategien nie plakativ auf die „Auswirkungen" des Exils bzw. der Exilsituationen (denn die Rückkehr nach Deutschland Ende der 1960er Jahre und die Wiedereinbürgerung verhindern nicht, dass diese Zeit hier nicht als Remigration, sondern als zweites Exil analysiert wird, nachdem sich PdM von der britischen Gesellschaft trotz seiner Bemühungen nicht akzeptiert sah) in Beziehung gesetzt. Ein Verdienst des Buches ist nicht zuletzt, dass es eine Auswahl der zu analysierenden Passagen getroffen hat, was eine flüssige Lektüre ermöglicht (eine Herausforderung in übersetzungswissenschaftlichen Studien). Die Beschreibungen und Analysen der Übersetzungen sind immer ausgewogen, nie erzwungen. Insofern leistet das Buch bei aller Bescheidenheit im Ton der Ausführungen einen wichtigen Beitrag zur Rekonstitution und damit zur Behauptung der Subjekthaftigkeit (33) des Übersetzers (das schließt Subjektivität und Autorschaft ein, geht aber darüber hinaus, denn es berücksichtigt sowohl Lebenserfahrung des Übersetzers wie Textgenetik der Übersetzungen). Es erkundet den „breite[n] Graubereich" (381), das Oszillieren zwischen diesen zwei sowohl widersprüchlichen als auch komplementären Aspekten: Wird die Vermittlung des Übersetzers durch seine Exilerfahrung bereichert und/oder durch die Tatsache behindert, dass er selbst ein vom Thema der übersetzten Werke Betroffener ist? Das Porträt unter dem Gesichtspunkt der Übersetzung geht also keineswegs mit einer Reduzierung des Blickes einher, sondern die Übersetzung ermöglicht die Radiografie einer pluralen Identität.

Bernard Banoun

**Sonja Arnold und Lydia Schmuck (Hg.): Romanisch-Germanische ZwischenWelten. Exilliteratur als Zeugnis und Motor einer vernetzten Welt.**
Berlin, Bern u. a.: Peter Lang 2019 (= Hispano-Americana, Bd. 70). 222 S., mit Abb.

Der vorliegende Band geht auf eine Sektion auf dem Zürcher Romanistentag (2017) „(Ibero-)Romanisch-Germanistische ZwischenWelten. Exilliteratur als Zeugnis und Motor einer vernetzten Welt" zurück, die sich mit dem Schaffen des deutschsprachigen Exils zwischen 1933 und 1945 in Lateinamerika (Brasilien, Uruguay, Argentinien) beschäftigt.

Die Herausgeberinnen und Autorinnen dieses Bandes setzen sich zum Ziel, die Textproduktion deutschsprachiger Exilant*innen als Ergebnis „transnationalen Schreibens" zu betrachten. Die im Exil als Übersetzer, als Autoren für Almanache und Zeitschriften tätigen Autoren (Feder, Rosenzweig, Freund, Elsas) werden als Kulturmittler zwischen Europa und Lateinamerika verstanden (s. Beiträge Colffield, Hornos Weisz). Damit reihen Sie sich in die begrüßenswerten Bemühungen ein, das Konzept des Exils – um das Instrumentarium der Migrations- und Vernetzungsstudien erweitert – aus dem Korsett der nationalen Erklärungslogiken zu befreien und quer zu Nationalliteratur und Weltliteratur zu verstehen. In logischer Konsequenz vereint der mehrsprachige Band unterschiedliche disziplinäre Perspektiven (Germanistik, Romanistik, Lateinamerikanistik, Geschichtswissenschaft, Kunstgeschichte) und Forschungskontexte und bietet dem Dialog zwischen deutschen, brasilianischen und uruguayischen Expertinnen Raum (drei portugiesischsprachige Beiträge zu Hans Elsas alias José Antonio Benton, Ernst Feder und Hellmut Freund, ein spanischsprachiger Beitrag zu Hellmut Freunds Übersetzungen, sieben deutschsprachige Beiträge).

Die titelgebende Begriffsmetapher des „ZwischenWeltenSchreibens" (Ottmar Ette) beziehen die Herausgeberinnen in Anbetracht der dynamischen und vernetzten Lebensgeschichten ihrer Akteure (u. a. Ernst Feder, Paul Zech, Lazaro Segall) nicht nur auf die dezidiert transnationale Verortung von deren Texten jenseits territorialer nationaler Zuordnungsraster, sondern auch auf ihre disziplinäre und institutionelle Verortung in unterschiedlichen Fächern, auf ihr Schreiben in journalistischen, literarischen und wissenschaftlichen Genres und Formaten. Das begriffliche Instrumentarium, mit dem die Autorinnen des Bandes agieren, um ihre Gegenstände zu erfassen und zu beschreiben, verbindet die „ZwischenWelten" mit Konzepten wie globales Archiv, Kontaktzonen, Hybridität und Kreolität, Literaturen ohne festen Wohnsitz. Obwohl der Band sich tendenziell auf literarisches, journalistisches, populärkulturelles sowie politisches Schreiben konzentriert, nimmt er in einzelnen Beiträgen Bezug auf andere Medien und Aspekte der materiellen Kultur: so ist das künstlerische Schaffen des in Vilnius geborenen jüdischen Malers Lazaro Segall Gegenstand in Géraldine Meyers Beitrag. Cordula Greinert untersucht das Theaterarchiv P. Walter Jacobs der „Freien Deutschen Bühne" in Buenos Aires u. a. anhand von Objekten und erweitert das zentrale Konzept hin zu „ZwischenWeltenSpielen/ZwischenWeltenSammeln".

Sonja Arnolds Beitrag knüpft an das von ihr geleitete Projekt *Global Archives* am Deutschen Literaturarchiv Marbach an und zeigt auf, welches Potenzial die Arbeit an noch größtenteils ungesichteten Archiven bereithält. Ihr aufschlussreicher Überblick über (südbrasilianische) Archive und Formate deutschsprachiger Literaturen in Brasilien (u. a. Almanache, Briefe) wird durch die Diskussion zweier exemplarischer Fälle (Feder und Caro) vervollständigt. Auch der Beitrag der brasilianischen Historikerin Maria Luiza Tucci Carneiro widmet sich einem digitalen Archiv, dem *Arqshoah*, das Lebenswege von vor dem Nazismus nach Brasilien Geflüchteten und Exilierten sammelt. Tucci Carneiro trägt für den vorliegenden Band insbesondere Daten von exilierten deutschsprachigen Künstler*innen und Autor*innen zusammen (87–88) und diskutiert deren Aufnahme in und Beitrag für eine brasilianische Kulturgeschichte.

Verschiedene der im Band versammelten Aufsätze gehen der ästhetisch interessanten und lohnenswerten Fragestellung nach, inwiefern die besondere Situation des „Zwischen den Welten Schreibens" andere Formate und hybride Texte hervorbringt (u. a. Gesine Müller). Den hier unternommenen *close readings* gelingen im Kontext der oben benannten Vernetzungslogik aussagekräftige Einblicke in Bedingungen und Formate exilischen Schreibens. So wird der Essay als dasjenige Genre ausgemacht, das für die Erkundungen zwischen den Welten genutzt wird.

Die Beiträge zu Regler in Mexiko und Zech bzw. Elsas (alias Benton) in Brasilien (Linda Maeding, Hannah Gerlach, Patrícia da Silva Santos) berühren eine zentrale Thematik, die die Auseinandersetzung vieler Exilant*innen mit Lateinamerika, auch jenseits der hier behandelten Regionen, bestimmt. Die Beschäftigung mit den indigenen Kulturen konzentriert sich in der Frage danach, wie in der Auseinandersetzung mit Alterität das Eigene verhandelt wird, wie sich der Blick auf die lokalen Kulturen mit dem Blick auf das Europa des Zweiten Weltkriegs verschränkt. Die indigenen Kulturen dienen in ganz unterschiedlicher Weise als Projektionsfläche, als Evasionsmöglichkeit oder als utopisches Moment. In diesem Zusammenhang zeigt sich in Hanna Gerlachs Untersuchung der Typoskripte von Paul Zech, dass die Arbeit am Archiv das tradierte exotistische und auch abwertende Lateinamerikabild in Zechs veröffentlichten Texten, wenn nicht revidiert, so doch zumindest relativiert. Gerlach fördert anhand der Typoskripte eine komplexere Haltung des Autors gegenüber Lateinamerika zutage, die jedoch durch die Publikationsstrategien seiner Herausgeber nivelliert wurde.

Mit *Romanisch-Germanische ZwischenWelten* haben Sonja Arnold und Lydia Schmuck einen beachtenswerten Band vorgelegt, der sowohl einen innovativen Forschungshorizont zur weiteren Erschließung und Erforschung der deutschsprachigen Exilliteratur in Brasilien eröffnet als auch Fallstudien zur Exilliteratur als Zeugnis und Motor von Vernetzung vorlegt.

Anja Bandau

**Zeitdiagnose im Exil. Zur Deutung des Nationalsozialismus nach 1933, hg. von Rüdiger Hachtmann, Franka Maubach und Markus Roth.** Göttingen: Wallstein 2020 (=Beiträge zur Geschichte des Nationalsozialismus, Bd. 36). 272 S., mit Abb.

Künstlerische Verdichtungen von Zeiterfahrungen sind ebenso wie wissenschaftliche Aufarbeitungen, die im Exil geschrieben wurden, schon immer Grundlage für eine Deutungsgeschichte des Nationalsozialismus nach 1945 gewesen. Lange übersehen wurden jedoch Deutungsversuche, die im „Exil der kleinen Leute" entstanden, etwa der geflüchteten SPD-Parteifunktionäre in der

Tschechoslowakei, über die Swen Steinberg schreibt, oder die Undercover-Sozialreportagen einer jungen Journalistin, die Sabine Kalff vorstellt. Der Band versammelt unterschiedliche zeitgenössische Auseinandersetzungen mit dem Nationalsozialismus und zeigt damit anschaulich, wie viele unterschiedliche Quellen in den Blick genommen werden könnten und wie wenig davon eigentlich schon bekannt oder gar ausgewertet worden sind. So analysiert Bianca Patricia Pick die politische Grundierung der autobiografischen Berichte von Käthe Vortriede, Anna Siemsen und Käte Frankenthal, die als Antworten auf ein Preisausschreiben der Harvard University aus dem Jahre 1939 eingereicht wurden. Daniel Benedikt Stienen zeigt, wie sich die Selbstdarstellung des Religionshistorikers Hans-Joachim Schoeps als preußischer Konservativer aus seinen zeitdiagnostischen Überlegungen entwickelte. In Anna Corstens Beitrag über Gerda Lerner steht dagegen das schriftstellerische Werk der Pionierin der Frauengeschichte und Bürgerrechtsaktivistin im Vordergrund. In ihrem Fall gab es eine Trennung zwischen wissenschaftlichem Werk und Erfahrungsdeutungen, die vor allem in lyrischen Formen sowie einem Roman zum Ausdruck kamen. Jeannette van Laak stellt eine Mappe mit Zeichnungen von Lea Grundig aus den Jahren 1941 bis 1944 vor, die als Zyklus mit dem Titel „In the Valley of Slaughter" in Tel Aviv ausgestellt wurde. In diesen Bildern wird der künstlerische Versuch, Informationen über den Massenmord in Europa zu verarbeiten, eindrücklich erfahrbar, zugleich stellen diese auch ein visuelles Zeitdokument dar. Sebastian Elsbach beschäftigt sich schließlich mit zwei unveröffentlichten Schriften des Sozialdemokraten Wolfgang Heine, der in seinem Schweizer Exil erste Überlegungen zu einer Theorie des Totalitarismus anstellte.

Bei aller Unterschiedlichkeit gab es auch Gemeinsamkeiten, etwa den Versuch, den Aufstieg des Nationalsozialismus zu verstehen und dabei auf eigene Überlegungen aus der Zeit vor dem Exil zurückzugreifen. Zeitdiagnostische Schriften waren mehr als nur aktuelle Gesellschaftskritik, sie waren auch dem Bedürfnis geschuldet, das eigene Erleben und Handeln mit Sinn zu versehen. Alle vorgestellten Quellen und Autor*innen stellten individuelle Interpretationsleistungen vor und erhoben in der Regel nicht den Anspruch, allgemein gültige Zeitdeutungen vorzulegen. Sie waren von persönlichen und politischen Unsicherheiten geprägt, von Zukunftshoffnungen und -ängsten, von neuen Erfahrungen im Exil ebenso wie von Sozialisationsmustern aus der eigenen Vergangenheit. Fast alle Autor*innen verstanden ihre Werke auch als Akt der Aufklärung und des Widerstandes „mit dem Stift". Die Herausgeber*innen verweisen nachdrücklich auch auf einen wichtigen Unterschied, der in der zeitlichen und räumlichen Distanz zum nationalsozialistischen Deutschland lag. Politische und auch künstlerische Freiheiten in den Deutungen nahmen zu, je weiter entfernt das Leben in Deutschland betrachtet wurde.

Der Band *Zeitdiagnosen im Exil* stellt vielschichtige und eindrückliche Deutungen vor, die uns heute geläufig erscheinen. Diese Schriften aus ihrer Zeit heraus und als intellektuelle Beiträge zum Feld der Erfahrungs- und Wissensgeschichte des Nationalsozialismus zu verstehen – dafür plädieren Herausgeber*innen und Autor*innen auf überzeugende Weise.

---

Kirsten Heinsohn


**Justin Steinfeld: Ein Mann liest Zeitung. Roman, hg. und mit einem Nachwort von Wilfried Weinke.** Frankfurt a. M.: Schöffling & Co. 2020. 516 S., mit Abb.

*Ein Mann liest Zeitung* wurde im englischen Exil geschrieben. Ein Exil, das für den Autor Justin Steinfeld bis zu seinem – beinah unbeachteten – Tod 1970 andauerte. Steinfeld selbst hatte als Titel für seinen Roman *Ursachen und Wirrungen* gewählt, was nach einer – nicht nur phonetischen – Orientierung an Goethe und Fontane klang und die zukünftigen Leser*innen in die Irre geleitet hätte. Der Neue Malik Verlag veröffentlichte Steinfelds Roman 1984 unter dem entschieden aussagekräftigeren Titel *Ein Mann liest Zeitung*, wenn auch in einer gekürzten Fassung. Nun erst liegt die Originalfassung vor.

Begonnen hatte Steinfeld seine Arbeit an dem Roman 20 Jahre nach dem Erscheinen der ersten deutschen Übersetzung des *Ulysses* von James Joyce. Dass der Protagonist in Joyces Roman den gleichen Vornamen trägt, scheint kein Zufall zu sein. Denn was Justin Steinfeld seinen jüdischen Protagonisten Leopold Glanz, einen emigrierten Getreidegroßhändler aus Hamburg, abgeleitet aus seinem täglichen Zeitungsstudium in Prager Caféhäusern, fabulieren und formulieren lässt, ist von bemerkenswerter sprachlicher Modernität. Leopold Bloom und Leopold Glanz sind Außenseiter mit hohem Reflexions- und Abstraktionsvermögen, die von ihren Erschaffern mit virtuoser Sprachfähigkeit ausgestattet worden sind.

Steinfelds beinah ungebändigte Lust an ausuferndem Erzählen verweist offenbar auf seinen großen Lektürekosmos, vom Grimmelshausen'schen *Simplicissimus* zu Sternes *Tristram Shandy*. Aber auch aus dem Giftschrank des damals Anrüchigen scheint er sich bedient zu haben. Eine gewisse literarische Verwandtschaft scheint auch zu Romanen Henry Millers oder *Josefine Mutzenbacher* von Felix Salten auf. Dass künstlerische Mittel nicht an politische Überzeugungen gebunden sind, sieht man auch daran, dass Steinfeld gleiche Techniken anwendet, wie man sie aus den Romanen Célines, Malapartes oder Ernst von Salomons kennt. Steinfelds kritischer, retrospektiver Scharfblick auf die historischen Ereignisse ist wohltuend sarkastisch. Das Motto seines Schreibens scheint – zum Glück für die Leserin und den Leser – immer radikal und niemals konsequent zu sein. Das bewahrt ihn vor den Tücken dogmatischen Denkens und Schreibens und lässt ihm viel Raum für immer neue Verblüffungen, die in der Parallelwelt einer Gruppe 47 nicht ihresgleichen hatten. Ähnlich wie Erwin Blumenfelds *Einbildungsroman* (der entgegen seinem Titel kein Roman, sondern eine Biografie ist) blieb auch dieser Roman ein Solitär, ein literarischer Vulkanausbruch, wie er wahrscheinlich nur einmal einem Menschen in seinem Leben gelingt – einem Menschen, der offenbar keinerlei Impetus verspürte, daraus ein dauerhaftes Geschäftsmodell zu entwickeln.

Steinfeld musste im Sommer 1933 (nach einer sogenannten ‚Schutzhaft') aus Hamburg fliehen, als Jude und politisch linker Journalist doppelt verfolgt. Zu Fuß erreichte er mit seiner Familie Prag und tatsächlich begannen dort für ihn einige wenige Jahre beruflichen und privaten Glücks. So ist der Roman auch eine Dankesrede an Prag, an die Stadt, die neben Steinfeld auch Oskar Maria Graf und Wieland Herzfelde, F. C. Weiskopf oder Louis Fürnberg empfing, beherbergte und eine zeitweilige neue Heimat bot. Im Prager Exil publizierte Steinfeld in einem halben Dutzend Zeitschriften. Politisch blieb seine publizistische Arbeit erwartungsgemäß wirkungslos, wenn sie auch zu einer soliden Berühmtheit in Emigrantenkreisen führte. Sein beginnendes englisches Exil – Steinfeld hatte zu lange in Prag ausgeharrt und befand sich noch im März 1939 an der Moldau, als die deutschen Truppen einmarschierten – war zunächst durch die Verschiffung nach Australien in ein Internierungslager für ‚feindliche Ausländer' geprägt. Von dort nach einem Jahr zurückgekehrt, stand er mittel- und dokumentenlos da. Sein ganzes weiteres Leben in Großbritannien blieb bis zu seinem Tod materiell und beruflich unsicher.

Justin Steinfeld zog die Romanform einer nackten Autobiografie vor. Er erfand die literarische Figur Leopold Glanz. Der sitzt jeden Tag in einem Prager Café und liest Zeitungen. Etwas anderes hat der emigrierte Hamburger Getreidehändler nicht mehr zu tun. Seine Firma wurde arisiert und von seinem ehemaligen Prokuristen übernommen, also gestohlen. Glanz verbringt seine besten Mannesjahre mit stundenlanger Lektüre selbst der vermischten Meldungen, Todesanzeigen und Sportberichte. Die Zeitungslektüre im Café – jeden Tag aufs Neue bewältigt wie eben andere ihre tägliche Arbeit erledigen – öffnet nur noch denjenigen die Augen, die sie bis dahin bewusst verschlossen hatten. Für den – manchmal zu allwissenden – Zeitungsleser Glanz fördert die Lektürearbeit dagegen keine neuen Erkenntnisse zu Tage. Aber immer ergeben sich so neue Anlässe, die Lektüren zu kommentieren. Die Erfindung eines Zeitungslesers als Romanheld – der nicht wie ein Gontscharow'scher Antiheld tagelang bloß auf einem Sofa liegt – ist mehr als ein sprechendes Bild. Es ist eine Allegorie auf den zur Passivität verurteilten Menschen, der über Informationen verfügt, die ihn zu keinerlei Handlung befähigen. Die Machtlosigkeit des Emigranten findet ihre Entsprechung in der Machtlosigkeit des passiven Zeitungslesers, der seine Ohnmacht umso stärker empfindet, als er um die Zeitumstände durch seine ständige Lektüre weiß.

Breiten Raum nimmt im Roman die Frage nach der jüdischen Emanzipation in deutschen Ländern ein. Hier tendiert die Tonlage des Romans zur Bitterkeit. Glanz distanziert sich von seinen jüdischen Zeitgenossen, die sich im deutschen Kaiserreich bis zur Selbstverleugnung angepasst hatten. Assimilation war verlangt, aber der typische jüdische Wilhelminist ging freiwillig darüber hinaus. Zu lange hatten sich die Veteranen des Ersten Weltkriegs eingeredet, überstandene Gasangriffe in den Schützengräben vor Verdun hätten sie dem ‚arischen' Deutschen gleichgestellt. Das Glanz'sche Grübeln über diesen Selbstbetrug füllt viele Seiten des Romans.

Etwas länger grübeln können hätte der Autor Steinfeld allerdings über die Darstellung der Frauenfiguren. Sie sind oftmals stereotyp. Durchgehende Herablassung kennzeichnet die Äußerungen des Protagonisten. Wer wie Steinfeld die 1920er Jahre in Deutschland oder die beginnenden ‚swinging sixties' in London mit Bewusstheit erlebt hat, sollte sich nicht auf das Niveau eines wilhelminischen Herren-Raucher-Zimmers mehr begeben müssen. Frauen als „Luder", „Betthasen", „Bettschweinchen" zu bezeichnen und aufzufassen, liegt merkwürdig quer zur künstlerischen und intellektuellen Größe dieses Romans.

Dem Hamburger Historiker Wilfried Weinke verdanken wir die nun vorliegende, erstmals ungekürzte Publikation des Romans. Weinke verfügte über das Originaltyposkript Steinfelds und musste nicht von der gekürzten Fassung des Neuen Malik Verlags ausgehen. Umfangreiche, sorgfältig und verlässlich recherchierte Anmerkungen, sowie ein ausgesprochen aufschlussreiches Nachwort zeugen von diesem Privileg. Allerdings macht auch Weinke keine näheren Angaben zur Entstehungszeit des Romans; schon die Veröffentlichung des Neuen Malik Verlags aus dem Jahr 1984 ließ die Leser*innen darüber im Unklaren.

Das Nachwort zitiert Gabriele Tergit. Sie berichtet von einer *houseparty* 1956 in England, möglicherweise veranstaltet aus Anlass des 70. Geburtstags von Justin Steinfeld. Der Schauspieler Gerard Heinz trug dort lange Passagen aus dem damals noch unveröffentlichten Manuskript vor, und alle Beteiligten hatten das Gefühl, etwas Außergewöhnliches gehört zu haben. Man habe, so erinnerte Tergit es, einem ‚Ereignis' beigewohnt. Diesen Eindruck bestätigt die Lektüre der nun endlich ungekürzt vorliegenden Ausgabe eindrucksvoll.

Guido Gin Koster

**Ulrike Draesner: Schwitters. Roman.** München: Penguin 2020. 480 S.

Die Schriftstellerin Ulrike Draesner widmet sich in ihrem jüngst erschienenen Roman dem Künstler Kurt Schwitters, der im Kontext der künstlerischen Avantgarden Anfang des 20. Jahrhunderts seine eigene Kunstrichtung namens Merz entworfen hat. Eine Kunst, die die bis dahin gültigen Normen der Kunst radikal hinterfragt und mit ihnen gebrochen hat. Ausgangspunkt der erzählten Zeit ist das Ende des Jahres 1936. Aus Kurt Schwitters' Perspektive lernen wir als Leser\*innen sein Zuhause und seine Nachbarschaft in seinem Lebensort Hannover kennen und werden Zeug\*innen der zunehmenden Nazifizierung, der Ausgrenzung und Enteignung der jüdischen Menschen in seiner Umgebung. Seine eigene Kunst ist vom NS-Regime als entartete ausgestellt. Eindringlich gibt Draesner Einblicke in das Innenleben der Figur Schwitters: sein Zerrissen-Sein zwischen Bleiben und Gehen; die für ihn schwierige Entscheidung, sein Zuhause, seine Frau, seinen Merzbau – eine von ihm geschaffene begehbare Skulptur – zurückzulassen. Dieser Gegenwartsroman übernimmt es, von seiner Flucht aus dem nationalsozialistisch besetzten Deutschland und seiner doppelten Exilierung zu erzählen: von seinem norwegischen Exil, das ihm als Ort – nicht als Exil – aus früheren Reisen vertraut ist, aus dem er aufgrund der Besetzung Norwegens durch das nationalsozialistische Deutschland 1940 mit seinem Sohn, Ernst Schwitters, und dessen norwegischer Lebensgefährtin aber erneut fliehen muss, in sein zweites Exilland England. Als Leser\*innen folgen wir drei Teilen, in die sich der Roman gliedert: Schwitters deutsches Leben, sein englisches Leben und sein Nachleben. Mit Bezug auf historische Zeugnisse werden Gedanken, Gefühle und Erinnerungen, die ihn auf der Flucht, den Fluchtrouten übers Meer, wie auch in seinen Exilen beschäftigt haben (könnten), lebendig erzählt.

Der Titel „Schwitters" ist im Plural zu denken – nicht einen Schwitters lernen wir kennen, sondern viele. Draesner verwebt zum einen die (Erzähl-)Perspektiven verschiedener Figuren, die Kurt Schwitters Leben begleiten – seine Frau Helma und sein Sohn Ernst Schwitters, wie auch Wantee, seine Lebensgefährtin im englischen Exil. Zum anderen zeigen sich die vielen Facetten der Figur Kurt Schwitters selbst – gestaltet durch das Spiel mit seinem Namen. Ergänzt wird die Vielstimmigkeit durch eine weitere Erzählinstanz, die die Perspektiven der Figuren ironisch bricht. Wie der Mensch, über den Draesner schreibt, entwickelt sie mit ihrer Sprach-Kunst eine eigene Kunst-Sprache. Diese entzieht sich der Möglichkeit einer Übersetzung: Sie hat ihren Roman zunächst in englischer Sprache geschrieben und ihn danach in die deutsche Sprache übertragen. Diese beiden Fassungen unterscheiden sich wesentlich, wie sie selbst in einem Gespräch erläutert hat. Ihre Figur stolpert zwischen den Sprachen, hinterfragt ihre Bezeichnungen, schaut aus dem Blickwinkel der deutschen Sprache auf die englische und andersherum – mit ihrem Schreibstil entwirft Draesner eine ganz neue Perspektive auf Sprache. Die Sprach-Kunst des Künstlers Kurt Schwitters selbst ist im Exil mehr und mehr verstummt, nicht so seine bildende Kunst. Dennoch forciert Draesner mit ihrem Roman die Deutung, dass Schwitters mit dem Zurücklassen des hannoverschen Merzbaus – der bei einem Bombenangriff auf Hannover vollends zerstört wird – einen wichtigen Teil „Merz" hinter sich lässt und die Erfahrung des Exils sein künstlerisches Schaffen verändert.

Neben die wissenschaftlichen Auseinandersetzungen mit Schwitters und seiner (Merz-)Kunst tritt mit Draesners Roman ein literarisches Denkmal an den Künstler. Und es ließe sich die Frage stellen, die der Soziologe Zygmunt Bauman mit Bezug auf den Schriftsteller Milan Kundera formuliert hat: „Wer von den künftigen Archäologen wird mehr von unserem Dasein erfahren? Diejenigen, die Weber oder Durkheim ausgraben, oder jene, die Dickens oder Balzac finden?" Anders gefragt: Was vermag Literatur im Vergleich mit einer wissenschaftlichen Annäherung an denselben Gegenstand zu leisten? Draesner hat während ihres Schreibprozesses in Archiven recherchiert, sich intensiv mit überlieferten Dokumenten zu Schwitters' Lebensgeschichte auseinandergesetzt. Fein montiert sie diese faktualen Zeugnisse in ihren fiktionalen Text. Da sind, um ein Beispiel zu geben, literarische Texte von Kurt Schwitters, die teilweise die Kapitel einleiten, sich aber auch im Text selbst finden lassen, wie auch Auszüge aus Briefdokumenten von Personen, die Schwitters' Leben – wenn auch im Exil nicht immer physisch – begleitet haben. Man beginnt als Leser*in dort, wo kein Verweis auf eine explizite Autorschaft zu finden ist, zu suchen, wo Merz, wo Schwitters spricht, wo historische Belege zu finden sind. Aber das ist vielleicht gar nicht das Entscheidende. Zum Leseerlebnis gehört ein ausklappbarer Buchumschlag, in dem sich biografische Daten tabellarisch gegenüberstehen, die sich in der Darstellungsweise und hinsichtlich der erzählten Lebensstationen voneinander unterscheiden. Die eine Seite unter der Überschrift „Kurt pfeift das gute Leben" stellt das Gute des Lebens heraus und verschönt teilweise tragische Momente der Flucht und des Exils, während sein Leben unter der

Überschrift „Kurt pfeift die andere Seite des Lebens" pessimistisch in den Blick genommen wird. Eines wird in dieser literarischen Biografie – die viel mehr ist als das – deutlich: Eine Biografie an sich ist immer eine Geschichte – je nachdem, was erzählt wird, erfahren wir als Rezipient*innen eine andere Perspektive auf das Leben eines Menschen. Die Erinnerung an Kurt Schwitters ist nur noch fragmentarisch zugänglich; die Dokumente weisen Lücken in der Erinnerung auf. Die Literatur vermag diese zu füllen. Wir lernen in dem Roman nicht Schwitters selbst kennen, sondern die Figur, wie sie Draesner entworfen hat. Durch die Vielstimmigkeit ihrer Schwitters-Figur(en) eröffnen sich Interpretationen und Perspektiven auf den Lebensabschnitt seiner Fluchten und Exile.

Ulrike Draesners Schreiben gelingt – ohne bloß zu wiederholen – das Wieder-holen seiner Lebensgeschichte, es gelingt ihr, Schwitters und seine Kunst durch den literarischen Zugang über das Gedächtnis der Wissenschaft hinaus in unserer Gegenwart interessant zu machen. Schwitters figuriert und verkörpert in ihrem Roman die Kunst im Exil. Er wird zu einer Figur, an der miterlebt werden kann, was es bedeutet, die Freiheit der Kunst zu verlieren, und wie schwierig es sein kann, sie neu zu gewinnen. In diesem Sinne erzählt der Roman von Kunst in den Dimensionen zwischen Zerstörung und (Über)Leben.

Vorangestellt ist dem Roman ein Text von Schwitters: „Wie man gratis in ein Kino kommt". In ironisch-abstraktem Ton wird hier in einem Satz erläutert, was der Titel angibt: Es wird empfohlen, den Ausgang zu nehmen, nicht den Eingang, sich mit dem Gesicht nach außen zu stellen und sich in negativer Geschwindigkeit hinaus zu bewegen, um gratis in ein Kino zu gelangen. Blättert man anschließend als Leser*in auf die nächste Seite, liest man die Überschrift des ersten Teils „Das deutsche Leben", unterschrieben mit dem Wort „(Ausgang)"; der dritte und letzte Teil „Das Nachleben" ist mit dem Wort „(Eingang)" unterschrieben. Spätestens wenn man bei diesem dritten Teil ankommt, wirkt der vorangestellte Text von Schwitters wie ein Motto des Romans. In diesem Sinne ist Schwitters' Lebensgeschichte nicht ver*gangen*. Es ist, als begäben wir uns als Leser*innen mit negativer Geschwindigkeit hinaus in die Zeit von Kurt Schwitters – nicht in ein Kino, aber doch in eine geschriebene (Lebens)Geschichte, in der die realen Menschen zu inszenierten Figuren eines Romans werden. Ganz im Sinne von Merz wird Schwitters' Leben zu Material für einen Roman – das Material wird verfremdet, geformt und collagiert, um etwas Neues zu erschaffen – das hätte dem Merz-Künstler Schwitters sicher gefallen.

---

Finja Zemke

**Tom Pfister, Kathy Pfister und Peter Pfister: Eva & Otto. Resistance, Refugees, and Love in the Time of Hitler.** West Lafayette/IN: Purdue University Press 2020. XI und 528 S., mit Abb.

Ausgangspunkt der Lebensgeschichte von Eva Lewinski Pfister (1910–1991) und Otto Pfister (1900–1985) ist der unpublizierte, 130 maschinenschriftliche Seiten umfassende Rückblick *To our Children*, den die Eltern 1979 ihren drei Kindern übergaben. Tom, Kathy und Peter Pfister drucken daraus ausführlich Passagen ab, paraphrasieren, kommentieren und ergänzen die Erlebnisse und Reflexionen aus dem Brief-(Karten-)Wechsel der Eltern sowie aus Tagebüchern der Mutter. Hinzu kommen Korrespondenzen vor allem von Eva Lewinski mit anderen Persönlichkeiten. Die im weiteren Sinne politischen Hintergründe und Zusammenhänge – wie z. B. hinsichtlich der Verzögerung von Einreise- und Aufenthaltsbewilligungen seitens der US-Administration –, den Eltern in ihrer Zeit oft verborgen, werden im Textteil und/oder in den Anmerkungen aufgrund gründlicher Recherchen in Archiven diesseits und jenseits des Atlantiks erhellt. Die Spurensuche verlief in den USA, dem Heimatland der ‚Kinder', in dem auch die Eltern relativ schnell heimisch geworden waren, zum Teil recht mühsam; mehrfach mussten die Autor*innen sich nachdrücklich auf den *Freedom of Information Act* (FOIA) berufen – doch manches schien letztendlich vernichtet worden zu sein. Durchforsten von Memoiren und wissenschaftlichen Publikationen sowie mündliche und schriftliche Befragungen brachten weiterhin Unbekanntes, auch Unerwartetes, weil von den Eltern Verschwiegenes, zutage – etwa dass der Pazifist Otto Pfister 1940 Bomben von Frankeich nach Luxemburg schmuggelte (sie sollten zur Sabotage der deutschen Reichsbahn eingesetzt werden). Um sich in Geschehnisse der Flucht und Inhaftierung einzufühlen, aber auch um nachträglich Dank an Dorfbewohner*innen für Hilfe in der Not gegenüber den Flüchtenden abzustatten, besuchten die ‚Kinder' Orte der Erinnerung in Südfrankreich und überquerten ebenfalls auf anstrengenden Pfaden die Pyrenäen nach Spanien (heute nach Walter Benjamin benannt), wie rund vierzig Jahre zuvor Mutter und Vater in zeitlichem Abstand von etlichen Monaten und so viele andere Emigranten auf der Weiterflucht vor Wehrmacht und Gestapo. (Geschichte und Geschichten der Nachforschungen sind im „Nachwort" dokumentiert.) Das kombinierte Personen- und Sachregister erlaubt eine gezielte Suche.

Eva Lewinski wurde in der ostpreußischen Kleinstadt Goldap in eine recht unorthodoxe, mittelständische jüdische Familie, die vor Pogromen aus Polen geflohen war, hinein geboren, verlor früh den Glauben, wurde schmerzlich mit Antisemitismus konfrontiert, gab ein Studium in Frankreich auf, um sich, auf der Suche nach einer sinnvollen Betätigung angesichts der politischen, sozialen und moralischen Misere im Deutschland der späten 1920er Jahre in dem Schulungsheim „Walkemühle" drei Jahre lang zu einem Mitglied des Internationalen Sozialistischen Kampfbundes (ISK) schulen zu lassen. Der Drill, das Verbot persönlicher, emotionaler Bindungen und Kontakte mit Eltern, Geschwistern, Freund*innen kosteten das empfindsame Mädchen beinahe das Leben; doch sie blieb schließlich bei ihrer Entscheidung. – Selten sind wohl die fragwürdigen Erziehungsmethoden des ISK gegenüber noch unausgereiften Jugendlichen offener dargestellt worden als in den Tagebüchern. Viele Jahre später, nachdem sie mit ihrer von der ISK-Leitung heftig kritisierten Liebesheirat mit Otto Pfister im Mai 1941 das Gebot des Zölibats gebrochen und sich definitiv für „Mutterglück" – ein Wunsch seit jungen Jahren – entschieden hatte, sollte sie in einem langen Brief an ihre doch bewunderte ehemalige Lehrerin Minna Specht schreiben, dass die rigorosen Forderungen nach Unterdrückung von Gefühlen an die noch unsicheren Heranwachsenden unmenschlich, weil gegen die Natur gewesen seien. Ohne die Liebe hätte sie die eigenen Strapazen und diejenigen, um anderen Menschen zu helfen, nicht durchstehen können; für die ethische, philosophische Formung durch den ISK war sie zeitlebens dankbar (398–403).

Otto Pfister wuchs in einer katholischen Arbeiter-Familie in München auf und musste, statt das Gymnasium zu besuchen, wegen häuslicher Armut mit 14 Jahren eine Schreinerlehre antreten. Fachlich und kulturell entwickelte er sich von 1920 an in Rom weiter, wurde Gewerkschaftsmitglied und – zunächst aus Not – Vegetarier. Um dem Mussolini-Regime in Italien zu entgehen, suchte und fand er sechs Jahre später Wohn- und Arbeitsplatz in Paris.

Die Liebesgeschichte dieser beiden von der Sozialisation her so unterschiedlichen Menschen, die jedoch in ethisch-politischen Ansichten, Liebe zur Literatur, besonders zur Poesie (Rilke), zur Musik und Natur übereinstimmten, begann 1935 in dem vegetarischen Restaurant von Evas Halbbruder im Pariser Exil. Sie durchzieht den detailliert niedergeschriebenen, oft lebensgefährlichen Widerstand beider gegen den Nationalsozialismus (für Eva hatte er schon vor 1933 begonnen) im Rahmen des ISK und die Arbeit zur Rettung von Flüchtlingen aus Frankreich, nachdem sie selbst in die USA entkommen waren. (Wie in vielen Fällen war auch hier Eleanor Roosevelt, mit der Eva dreimal persönlich zusammentraf, eine wichtige Mittlerin bei der Beschaffung von Visa.) Die Arbeit im US-Geheimdienst *Office of Strategic Services* (OSS) entsprang ebenso wie Otto Pfisters Dienst in der US-Armee dem Willen, einen Beitrag zum Frieden und zur Demokratisierung der alten Heimat zu leisten.

Die Lektüre dieses Buchs über Eva Lewinski und Otto Pfister, in dem sie dank der Ego-Dokumente auch selbst vielfach zu Wort kommen, bringt den Leser\*innen nicht nur die historische Erfahrung von Widerstand, Flucht und Dienst am Nächsten näher, sie ist auch eine tief menschliche Bereicherung.

Ursula Langkau-Alex

**Rüdiger Reinecke: Gernika und der Luftkrieg gegen die spanische Republik (1936–1939) in der zeitgenössischen internationalen Literatur.** Bielefeld: Aisthesis 2020. 765 S.

Rüdiger Reinecke verwendet „die baskische Schreibweise *Gernika* zur Bezeichnung der baskischen Stadt im Gegensatz zur kastilianischen Schreibweise *Guernica*", schreibt er lapidar in der ersten der jeweils per Kapitel durchgezählten Anmerkungen. Auch einige Zeitgenossen haben den baskischen Namen verwendet, so zum Beispiel der exilierte deutsche Schriftsteller Hermann Kesten (*Die Kinder von Gernika*, 1939). Ich möchte im Folgenden an der Bezeichnung *Guernica* festhalten.

Guernica war nicht die einzige, noch nicht einmal die erste Stadt, die im Krieg der klerikal-konservativ-nationalistischen Franquisten unter Führung putschender Generäle, unterstützt von den faschistischen Regimen Deutschland und Italien, gegen die Spanische Republik und ihre auf der Basis einer frei gewählten Volksfront (*Frente Popular*) beruhenden Regierung aus der Luft angegriffen wurde. Der Autor zählt gleich zu Anfang der „Einleitung" zu seiner eindrucksvollen Studie 29 weitere auf, und das sei nur eine Auswahl. Doch ist gerade Guernica, die „heilige", einst Hauptstadt der Basken, als (erstes) Sinnbild der Barbarei des Nationalsozialismus in das historische Bewusstsein vieler eingegangen. Am 26. April 1937 wurde die abseits der Front gelegene Kleinstadt am helllichten Markttag in mehreren Angriffswellen fast vollständig in Schutt und Asche gelegt, hunderte Zivilist\*innen kamen ums Leben. Strategisch, logistisch und militärisch hauptverantwortlich war die „Legion Condor" der deutschen Reichsluftwaffe. Visuell hat sich vor allem das monumentale Gemälde *Guernica* von Pablo Picasso eingeprägt; über die damalige Aktualität hinaus ist es zu einer Ikone für die Schrecken des Krieges auch und gerade gegen die Zivilbevölkerung schlechthin geworden.

Picasso verfertigte das Wandbild für den Pavillon der Spanischen Republik auf der Weltausstellung in Paris, die rund einen Monat nach dem Bombardement offiziell eröffnet wurde. Der spanische Pavillon und die Exponate, die durchweg den Krieg thematisierten, kontrastierten mit denen der anderen Staaten und zeigten somit den Antagonismus von „Kunst und Technik im modernen Leben", so das Motto der Weltausstellung, auf: Fortschritt als Mittel zum Wohle der Menschheit, zu Völkerverständigung und Frieden einerseits, andererseits als Mittel zur Zerstörung all dessen durch Flugzeug und Luftkrieg. Die Legion Condor wurde zum gehassten und – in der Bundesreplik Deutschland in Militäreinrichtungen sichtbar – bewunderten Symbol von Kunst und Technik im Dienste der „Kriegskunst", wie es heißt. Hier ist der Ansatz zu Reineckes Fragestellungen, die er aus der bisherigen Forschung destilliert. Im internationalen Vergleich weise diese hinsichtlich der Materie von „Kriegskunst" im Zusammenhang mit den historischen Ereignissen im Spanienkrieg und der deutschen Geschichte erhebliche Desiderata auf. Ein gleiches Fazit zieht der Autor, bezogen auf literarische Gattungen, mit denen er sich in den Kapiteln 2, 3 und 4 beschäftigt; Theater bleibt als Thema ausgespart. Zum Beleg analysiert er in rasantem Tempo eine große Auswahl diverser Publikationen, aus denen er kernige Zitate herauspickt. Kritisch sei die Zitierweise angemerkt: Den Namen von Autor*innen folgt oft nur die in Parenthese gesetzte Jahreszahl der Veröffentlichung; die Rücksuche nach der ersten Nennung des Titels ist angesichts der Fülle von aneinander gereihten Verweisen mühselig; auch sind längst nicht alle Autor*innen ins Register oder ins Literaturverzeichnis aufgenommen worden, darüber hinaus ist das Literaturverzeichnis, ungekennzeichnet durch z. B. Kopfzeilen oder Seitenangaben im Inhaltsverzeichnis, in „Quellen" und „Forschungsliteratur" eingeteilt, so dass man oft in der ‚falschen' Rubrik vergeblich sucht. Hinzu kommen oft schwindelerregende Verschränkungen verschiedener mit Zitaten belegter Argumentationen Dritter und kritischer Kommentierungen des Verfassers in ein und demselben Satz.

Mit der Übersicht zur Forschungsgeschichte in Kapitel 1 hat Rüdiger Reinecke sich und den Leser*innen den Blick frei gemacht auf die Texte der „zeitgenössischen internationalen Literatur". Im Fokus stehen die individuelle und die ‚kollektive' Verarbeitung, sowie Aneignung und Vermittlung des Geschehens. So werden die Werke der zahlreichen, kurz vorgestellten Autor*innen im Kontext von Anlass, Ereignis, Erlebnis, Zeit(abstand) und gesellschaftlicher (Empathie, Solidarität) oder politischer Zielsetzung (Propaganda, Mobilisierung, Botschaft – zum Anschluss an die deutsche Volksfrontbewegung gegen das Hitlersystem z. B.) präsentiert, auszugsweise zitiert und kommentiert. Es ist wohl überflüssig zu sagen, dass alle Autor*innen dem facettenreichen ‚Lager' der Sympathisanten mit der Spanischen Republik und dem Kampf gegen Faschismus in seinen verschiedenen Erscheinungsformen zugehörten. Auf der deutschsprachigen Seite finden wir so gut wie alle bekannten Namen der Exil-Schriftsteller*innen, aber auch manche kaum bekannte. Dass ihre Werke in der Regel getrennt von denen der nichtdeutschen Autor*innen behandelt werden, erleichtert den internationalen Vergleich.

In Kapitel 2 werden die vielfältigen Formen von „Prosa: Kriegsreportagen im Spanienkrieg" untersucht. Es lohnt sich, die einführenden „Fragestellungen – die Gattung der literarischen Reportage" unter 2.1 aufmerksam zu lesen. Unter anderem wird an Beispielen von Robert Capra, Gerda Taro und anderen Fotograf*innen bzw. von John Heartfield erläutert, in welchen Fällen hier „Fotoreportagen" sowie „Plakat- und Fotomontage zum Spanienkrieg" zur Prosa gezählt werden („Mediale Überschneidungen", 2.9.1 und 2.9.2). In diesem Zusammenhang sei auf die bildhafte Sprache von Joseph Roth in den von Reinecke zitierten „[p]ublizistisch-politische[n] Interventionen" zur „Bildreportage" über „Guernica und den Luftkrieg", die er in französischen Zeitungen und in den Exilorganen *Pariser Tageszeitung* und *Neues Tage-Buch* veröffentlichte, hingewiesen. Ein besonderer Unterabschnitt befasst sich mit den „Kriegskorrespondentinnen" (2.3.1), einige von ihnen werden im Folgenden noch einmal besonders vorgestellt, so Erika Mann und Anna Siemsen.

In Kapitel 3 wird die – zum Teil entlegen, auch anonym publizierte und schwer zugängliche – „Lyrik: Gedichte, Gedichtsammlungen und Lieder" auf Inhalt/Themen (soziale Revolution, Guernica, Luftkrieg, Zerstörung, Verstörung), (Rück-)Blicke (Erster Weltkrieg, Äthiopien 1935), Intention, Wirkung, Ästhetik, regionale und nationale kulturelle Traditionen, Kompositionen und Komponisten (Paul Dessau z. B.) untersucht. Aufgrund seiner vergleichenden Werk-Analysen und seiner Auseinandersetzung mit (wissenschaftlichen) Publikationen ordnet Reinecke Texte zum Teil neu ein oder kommt zu neuen Bewertungen. Der Erörterung der ‚Kriegs'-Lyrik von Bertolt Brecht kommt hier eine zentrale Bedeutung zu. Indem der Verfasser sie in Beziehung setzt zu dessen Einschätzung der Machtübergabe an Hitler 1933, den Reden auf den Internationalen Schriftstellerkongressen 1935, 1936 und 1937 sowie dem Theaterstück *Die Gewehre der Frau Carrar*, beleuchtet er die grundlegende Frage nach den sozioökonomisch bestimmten gesellschaftspolitischen Strukturen und ihren Konsequenzen, die Brecht wie kaum einen anderen Schriftsteller bewegte, und die er immer wieder ansprach: die Frage nach den „Eigentumsverhältnissen" und der Macht, nach dem Zusammenhang von „Kapitalismus und Krieg".

Im 4. Kapitel wird zeitübergreifend nach deutschsprachigen und internationalen Romanen und Erzählungen sowie deren Rezeption gefragt. *Die Kinder von Gernika* wird hier vorgestellt als der einzige Roman, „der sich ausführlich auf das Ereignis bezieht". Der Formulierung, dass der Autor „sich über weite Strecken der Gattung des Familienromans und [...] einer Variation [...] des aus der deutschsprachigen Exilliteratur hervorgegangenen Fluchtromans [bedient]" (665), meine ich entnehmen zu können, dass Hermann Kestens Roman ebenso wie Picassos Gemälde über den Horizont des Bombardements der Stadt Guernica hinausreiche. Weder der Romancier noch der Maler waren Augenzeugen der materiellen und menschlichen Verwüstung gewesen, sie waren durch Medien und andere Berichte – auch eine Unterscheidung, die Reinecke in seine Betrachtungen einbezogen hat – alarmiert und inspiriert. Eine der weiteren Kategorien für Vergleiche, die der Verfasser anführt, ist, ebenso wie im Lyrik-Kapitel, die, ob der Autor kämpfender oder beobachtender Kriegsteilnehmer war, der Roman oder die Erzählung also eine Literarisierung des antifaschistischen Kampfes von einem *Insider* oder von einem Augenzeugen ist. Dabei wird auf die Art der Narration, auf Struktur, Sprache, auf Mischformen etwa von Autobiografie und Beschreibung oder die Nähe zur Reportage geachtet.

Rüdiger Reinecke hat in seiner fundierten überarbeiteten Dissertation den bisherigen Forschungsstand der vielschichtigen Thematik aufgezeigt; die Exilforschung ist herausgefordert, dieses hier präzise abgesteckte und in weiten Teilen auf beeindruckende Weise erschlossene Feld weiter zu bearbeiten.

Ursula Langkau-Alex

**Lili Körber: Begegnungen im Fernen Osten. Eine Reise nach Japan, China und Birobidschan im Jahr 1934.** Wien: Promedia 2020. 296 S.

Lili Körbers *Begegnungen im Fernen Osten* wurden erstmals 1936 im Biblos-Verlag in Budapest publiziert. Ein Jahr später lag eine englische Version mit dem Titel *Adventures in the East* vor. Damals bedauerte ein Rezensent, dass die unbekannte Autorin nichts zu ihrer Person und zu den näheren Umständen dieser Reise schrieb (*The Illustrated London News*, 9.10.1937). 2020 hat der Wiener Promedia-Verlag das Buch in seiner Reihe *Frauenfahrten* neu aufgelegt, nach 83 Jahren. Das ist erfreulich und überraschend zugleich. Der ursprüngliche Titel des Buches wurde um *Eine Reise nach Japan, China und Birobidschan im Jahr 1934* ergänzt.

Bisher war die 1897 in Moskau geborene und 1982 in New York gestorbene österreichische Schriftstellerin und Journalistin Lili Körber als Exilautorin bekannt. In den 1980er Jahren wurden die Autorin und ihr Werk neu entdeckt bzw. wieder entdeckt, dank der Neuauflagen ihrer „Exilromane", die allerdings schon vor der Zeit des eigentlichen Exils erschienen sind. Lili Körber verließ Wien im März 1938. Nun wird sie als Reiseschriftstellerin präsentiert, was überraschen mag, aber nicht so neu ist. Denn schon ihre ersten beiden Bücher, *Eine Frau erlebt den roten Alltag* (1932) und *Eine Jüdin erlebt das neue Deutschland* (1934) wurden in den zeitgenössischen Rezensionen häufig als Reiseberichte vorgestellt.

Warum reiste Lili Körber in den Fernen Osten? Wie sie selbst erzählte, bekam sie zu Beginn des Jahres 1934 die japanische Version des *Roten Alltag* zugeschickt. Absender waren die beiden Übersetzer Teramoto Tetsuo und Inada Haruto, die die Autorin einluden, sie doch einmal in Japan zu besuchen. Lili Körbers Reise begann wohl Ende März 1934 – sie nennt keine Daten. Der Aufbruch wirkt überstürzt, denn für die Vorbereitung dieser Reise in ein unbekanntes Land blieb nur sehr wenig Zeit. Nach dem österreichischen Bürgerkrieg im Februar 1934, in deren Verlauf es 10 000 Verhaftungen, Tote und Hinrichtungen gab, wurden die Sozialdemokratische Arbeiterpartei sowie alle anderen sozialdemokratischen Organisationen verboten. Lili Körber war noch am 4. Februar in den Vorstand der Vereinigung sozialistischer Schriftsteller gewählt worden und war somit als Sozialistin in Wien öffentlich aufgetreten. Als österreichische Sozialdemokrat\*innen und Sozialist\*innen nach diesen Ereignissen massenhaft ins Exil gingen, begab sich Lili Körber auf Reisen. Die Einladung ihrer japanischen Übersetzer dürfte eine willkommene Gelegenheit gewesen sein, Wien für einige Zeit zu verlassen.

Lili Körber reiste mit großem Gepäck: mit Koffern, Hutschachtel und Schreibmaschine, ihrem Arbeitswerkzeug. Mit viel Humor und Selbstironie beschreibt sie, die für die Japaner „das Ungeheuer mit bunten Augen und roten Haaren" (24) ist, ihre ersten Schritte im fremden Land, das Aufeinandertreffen verschiedener Kulturen, das zu diversen Missverständnissen führt. Diese Passagen sind ausgezeichnet geschrieben. Im Buch stehen journalistische Reportagen neben Fiktionalem, was immer wieder ein Verwirrspiel ist. Dass ein Student sie für eine Amerikanerin hält, überrascht sie: „Ich rede doch ein Englisch, dass Gott erbarme, habe es eigentlich erst hier ein wenig gelernt." (105) Andererseits sind die von ihr genannten Quellen, die sie nach eigenen Angaben für ihr Buch ausgewertet hat, meist englischsprachig: *Japan Advertiser*, *China Year Book*, *Peiping Chronicle* und *Shanghai Times*. Ihre Englischkenntnisse dürften also nicht ganz so rudimentär gewesen sein, wie sie vorgibt. Auch über ihre Identität lässt sie die Leser\*innen im Unklaren. Wenn sie im Text die Lage der besuchten Länder immer wieder mit Russland vergleicht, „diese meine Kinderheimat" (9), so erklärt sie in einem Gespräch in Tokio, aus Gramat-Neusiedl zu stammen.

Lili Körber ist kontaktfreudig und neugierig, sie will alles sehen, wobei es zu grotesken Situationen kommt. Bei einem Spaziergang durch das Viertel der „intimen und schamlosen Freuden" möchte sie eins der „ehrenwerten Prostituiertenhäuser" besichtigen. Ihr japanischer Begleiter errötet vor Scham, aber sie weiß, die Gastfreundschaft verbietet es ihm, die Wünsche seiner Begleiterin abzulehnen – „er schaut nicht mehr wie die gelbe, sondern wie die orangefarbene Gefahr aus" (40). Neben ihren persönlichen Eindrücken wertet Körber auch statistisches Material und Zitate aus diversen Quellen aus. Dabei geht es um das Los der Frauen, Wohnen in Japan, das Kulinarische, Kultur, die politische Situation, die Not der Bauern, Streiks oder die Demonstration am 1. Mai.

Während Körbers Aufenthalt kommt es immer wieder zu Zwischenfällen mit der japanischen Polizei, die alle Bewegungen und Kontakte dieser Ausländerin überwacht. Schließlich muss sie ihre Japan-Reise abbrechen, offenbar ohne Erklärung der japanischen Behörden. Gegen die Widerstände der Japaner, die sie nach Wladiwostok abschieben wollen, setzt sie sich durch und reist weiter ins „Feindesland China". Sie landet in der „Hölle Shanghai", wie sie das erste Kapitel dieses zweiten Buchteils nennt. Mit Entsetzen entdeckt sie die außerordentliche Armut und das Elend in diesem Land, die Kinderarbeit und die unmenschlichen Arbeitsbedingungen. Die Europäer im Land leben in einer anderen Welt. Dass zu dieser Gruppe auch jüdische Emigranten aus Deutschland gehören, erwähnt sie nur sehr beiläufig.

Die dritte Station dieser Reise in den Fernen Osten ist die jüdische autonome Republik Birobidschan. Es ist auffällig, dass sich Körber zu Beginn der 1930er Jahre intensiver mit dem Judentum beschäftigt, zunächst in ihrem Roman *Eine Jüdin erlebt das neue Deutschland* und nun auf dem kurzen Abstecher nach Birobidschan. Eine persönliche Betroffenheit ist hier nicht auszuschließen, auch wenn Körber von ihrer Selbstwahrnehmung her keine Verbindung zum Judentum hatte. Nach den Nürnberger Gesetzen vom September 1935, die ab Mai 1938 auch in Österreich galten, war Körber im Sinne der nationalsozialistischen Rassenideologie Jüdin und von daher gefährdet. Sie beschloss ins Exil zu gehen.

Dem Band beigefügt ist ein Vorwort von Viktoria Hertling, die bereits mit zahlreichen Aufsätzen und Kurzbiografien über die Autorin hervorgetreten ist. Für die meisten Neuausgaben schrieb sie begleitende Texte. Warum ist aber fast die Hälfte des Vorworts der Begegnung zwischen der Germanistin und der Schriftstellerin im Jahre 1979 gewidmet, der Entwicklung ihrer nicht ganz konfliktfreien Beziehung bis zum Abbruch? Dieser Beitrag bringt nichts wirklich Neues, weder über Lili Körbers Werk und Biografie, noch über die Reise in den Fernen Osten. Neue Forschungsergebnisse werden nicht erwähnt.

Im Oktober 1937 schreibt Lili Körber einer Freundin, dass das Buch verramscht worden sei. Es ist zu hoffen, dass die Neuausgabe mehr Leser finden wird, auch wenn man sich gewünscht hätte, dass das Vorwort mehr zum Verständnis dieses Reiseberichts beiträgt.

Ute Lemke

**Burcu Dogramaci, Berenika Szymanski-Düll und Wolfgang Rathert (Hg.): Leave, left, left. Migrationsphänomene in den Künsten in aktueller und historischer Perspektive.** Berlin: Neofelis 2020. 257 S., mit Abb.

Der interdisziplinäre Sammelband ist das Ergebnis einer gleichnamigen Tagung, die im April 2018 an der Ludwig-Maximilians-Universität in München stattfand. Der programmatische Titel rekurriert auf Jenny Erpenbecks viel rezipierten Roman *Gehen, ging, gegangen* (2015), der wie inzwischen ein weites künstlerisches und literarisches Feld die gegenwärtigen Dimensionen von Flucht und Exil verhandelt (7). Die Flexionsformen *Leave, left, left* dokumentieren, so die Herausgeber*innen in der Einleitung, „die unterschiedlichen Zeitlichkeiten einer Flucht, die von dem Entschluss zu gehen über die Passage durch die Zwischen- und Zielländer reicht" (11). Flucht- und Migrationsbewegungen prägen also neben Erfahrungen des Raumes oder der Entortung auch temporale Momente, deren Facetten in künstlerischen Projekten omnipräsent sind. Besonders greifbar sei dies in der Erinnerung zeitgenössischer Arbeiten an frühere Geschichte(n) der Vertreibung und Zuflucht (11–12).

Chronologisch widmet sich die Publikation in elf Aufsätzen aus Theater-, Kunst- und Musikwissenschaft künstlerischen Begegnungen mit Erfahrungen der Flucht und Migration sowie des Exils von der Frühen Neuzeit bis in die Gegenwart. Bemerkenswert wie innovativ ist die mit den Beiträgen dargebotene Diversität künstlerischer Medien und Formen: von den bildenden Künsten über das (Musik-)Theater, Chorprojekte und Kompositionen bis hin zu (Dokumentar-)Film-, Medien- oder Konzeptkunst. Ergänzend beschäftigt sich der Sammelband mit theoretischen wie historisch-systematischen Aspekten der Disziplinen und ausgewählten Perspektiven auf Exilbiografien. Wiederholt nehmen die Beiträge den Titel des Tagungsbandes implizit auf. So zeichnet Mareike Hetscholds, Laura Karp Lugos, Rachel Lees und Helene Roths Blick auf die Lebenswege der Künstler*innen im Exil, „die Prozesse von Abreise, Passage, Zwischenstationen und Ankunft" nach (105).

Ein Ziel der Sammlung ist es, die produktiven Wechselwirkungen zwischen Migrationsphänomenen und künstlerischen Transformationen herauszuarbeiten. Substanziell ist die Frage, „[w]ie [...] sich Migration aus der Perspektive von Akteur\*innen mit Flucht- und Migrationserfahrung reflektieren [lässt]" (12). Exemplarisch sei die Antwort von Burcu Dogramaci erwähnt, die in ihrem Beitrag zur „(Un-)Möglichkeit der Übersetzung" das Verhältnis von Sprache und Migration in engagierten Arbeiten der Audio- bzw. Videokunst untersucht. So illustriert das Filmprojekt *If you could speak Swedish* (Reg. Esra Ersen, Schweden 2001), von einem Sprachkurs für Migrant\*innen und Geflüchtete ausgehend, die Signifikanz der Muttersprache und Übersetzung in Anbetracht des Sprachwechsels sowie die Schwierigkeit, von Flucht und Ankunft im „Sprach-Exil" zu erzählen (178–184).

Komplettiert wird der Sammelband durch ein Gespräch zwischen dem Musikwissenschaftler und Mitherausgeber Wolfgang Rathert und der Pianistin Sabine Liebner, die das Eröffnungskonzert der Tagung mit weithin unbekannten Klavierwerken der Komponist\*innen Ursula Mamlok, Georges Ivanovitsch Gurdjieff (und Thomas de Hartmann), Hanns Eisler, Stefan Wolpe sowie Galina Ustwolskaja spielte (98, 103). Dieses Arrangement korrespondiert mit dem Konzept der Publikation insofern, als dass Exile verschiedener historischer Kontexte gemeinsam vergegenwärtigt werden. Das Interview zur noch immer kaum erinnerten oder als Spezifikum deklarierten exilischen Klaviermusik verdeutlicht, dass es dem Band gelingt, an gesellschaftspolitische Diskurse anzuknüpfen und Impulse für die öffentliche Debatte zu setzen (97). *Grundstein Foundation Stone. Eine künstlerische Recherchearbeit* von Cana Bilir-Meier aus dem Jahr 2018 (197–207), akzentuiert eine weitere Stärke des Sammelbandes: die Beiträge werden ergänzt durch umfangreiche wie eindrucksvolle Illustrationen, Fotografien und Abbildungen von Kunstobjekten oder auch Installationen.

Jana Schulze

**Dorlis Blume, Monika Boll und Raphael Gross (Hg.): Hannah Arendt und das 20. Jahrhundert.** München: Piper 2020. 284 S., mit Abb.

In neunzehn Essays führt der umfangreiche Katalog zur gleichnamigen Ausstellung des Deutschen Historischen Museums, Berlin, durch die historisch-politischen Entwicklungen des 20. Jahrhunderts aus der Perspektive von Hannah

Arendt. Ausgewählte Positionen werden unter Berücksichtigung der wiederholt ihre Überlegungen begleitenden kontroversen Debatten kontextualisiert (9–10). Wie die Herausgeber*innen in der Einleitung darstellen, arrangieren die Beiträge „das 20. Jahrhundert nach zeitgeschichtlichen Schwerpunkten [...], welche Arendts Urteile herausgefordert haben." (10) Entsprechend begleiten ausgewählte Themen fünf visuell hervorgehobene essayistische Kurzreflexionen verschiedener Verfasser*innen zum Begriff des Urteils, Urteilens und Urteilsvermögens, die schließlich auch Arendts politisierten Zugang akzentuieren (9–10). So schärft Antje Schrupp das Bewusstsein für ein verantwortungsvolles Urteil im politischen Diskurs. Jerome Kohn, der die Theoretikerin als letzter wissenschaftlicher Mitarbeiter unterstützte, illustriert Arendts Idee von der Kant'schen Urteilskraft am Beispiel einer Anekdote aus ihrer Lehrtätigkeit.

Den Sammelband gliedern sieben das 20. Jahrhundert prägende Aspekte, die aus Arendts Perspektive in je zwei bis fünf Beiträgen besprochen werden. Die erste Sektion zum „Jüdische[n] Selbstverständnis" einleitend, widmet sich Micha Brumlik Arendts kritischer Auseinandersetzung mit dem Zionismus. Liliane Weissberg beschreibt Arendts sich über die Lebenszeiten hinwegsetzende „freundschaftliche" Beziehung zu Rahel Varnhagen (1771–1833). Im Mittelpunkt stehen die Textgenese und Publikationsgeschichte von Arendts *Rahel Varnhagen. The Life of a Jewess*, das 1957 trotz exilbedingter Schwierigkeiten und einer problematischen Quellenlage in englischer Sprache erschien (dt. 1959). Weissberg pointiert die Bedeutung der Auseinandersetzung mit Varnhagens Biografie für Arendts Denken über die Assimilation und Wirken als politische Theoretikerin. Thomas Meyer beschäftigt sich vor dem Hintergrund ihrer Flucht- und Exilgeschichte mit Arendts Überlegungen zur Neukonzeptualisierung des Terminus ‚Flüchtling' und ihren theoretischen Reflexionen zu Staatenlosigkeit, Menschen- und Minderheitenrechtsdiskursen, die sich u. a. in dem prominenten Essay *We Refugees* (1943, dt. 1986) finden. Eine Aktualisierung angesichts gegenwärtiger Fluchtbewegungen konstatierte Meyer bereits 2016 in seinem Kommentar zur deutschsprachigen Neuausgabe. Chana Schütz thematisiert Arendts Bemühungen um die Wahrung des „kulturelle[n] Erbe[s] der Juden Europas" (49) im Rahmen ihres Engagements für die Jewish Cultural Reconstruction (JCR) von 1944 bis 1952. Die zweite Kategorie mit dem Titel „Totale Herrschaft" eröffnet Felix Axsters Beitrag zu Arendts Untersuchung des Imperialismus in ihrer einschlägigen Studie *The Origins of Totalitarianism* (1951, dt. 1955), die für den Ausstellungskatalog ein zentraler Bezugspunkt ist. Axster verknüpft zeithistorische und aktuelle Debatten um das „Verhältnis zwischen Kolonialismus und Nationalsozialismus" (73), entsprechend schließt der Autor mit Michael Rothbergs Überlegungen zu einer ‚multidirektionalen Erinnerung' und pointiert die fundamentale Bedeutung der Impulse Arendts für diesen Diskurs. Stefan Auer komplettiert den zweiten Themenschwerpunkt mit einem Blick auf den politischen Wandel in der Geschichte Mittel- und Osteuropas aus Arendts Perspektive. Der Komplex zur „Nachkriegszeit" beschäftigt sich in den einleitenden Beiträgen Marie Luise Knotts und Ingeborg Nordmanns mit Hannah Arendts Verhältnis zu Deutschland nach 1945. Im Fokus stehen ihre Europareisen von 1949 bis in die 1970er Jahre. Anna Pollmann erzählt vom Scheitern der Beziehung zwischen Arendt und Günther Anders aufgrund von ihrem Konflikt „um die angemessene Deutung der Atombombe sowie Fragen eines veränderten Schreibens und politischen Handelns, die diese notwendigerweise nach sich zog." (113) Das nächste Kapitel, „Die Vereinigten Staaten", beschreibt mit den Essays Antonia Grunenbergs wie auch Roger Berkowitz' Arendts von Ambivalenz geprägte Haltung gegenüber den USA. Barbara Hahns Beitrag geht den offensichtlichen und von Arendt auch kommentierten Differenzen nach, die sich in ihrem Schreiben in der Muttersprache Deutsch bzw. im Englischen als der Sprache ihres Exillandes manifestieren. Darüber hinaus wird die Bedeutung intertextueller Verfahren in den Schriften der politischen Theoretikerin ausgelotet. Das Kapitel „Juristische Aufarbeitung der NS-Vergangenheit" leitet mit Werner Renz' Beitrag zu Arendts Urteil über den Prozess gegen Adolf Eichmann ein. Dabei wird die vielrezipierte Debatte um ihren Bericht hinsichtlich der zentralen Kritikpunkte systematisch beleuchtet. Claudia Christophersen beschäftigt sich mit der „Lex Arendt", dem von der Intellektuellen initiierten „Wiedergutmachungsverfahren vor dem Bundesverfassungsgericht" (177). In der vorletzten Sektion untersucht Norbert Frei Arendts Verhältnis zum studentischen Protest der 1968er Jahre, Astrid Deuber-Mankowsky fokussiert ihren Zugang zum Feminismus. Das den Essayband abschließende Kapitel „bündelt eine Reihe von Beiträgen, die noch einmal grundsätzlich nach Motiven, Inspirationen und Quellen von Arendts politischem Denken fragen." (14) Relationen und Differenzen zu Martin Heideggers Positionen, betrachtet Wolfram Eilenberger. Marcus Llanque pointiert die Aktualität von Arendts Arbeiten, indem er ihr „Politikverständnis und seine Relevanz für das 21. Jahrhundert" untersucht (237). Ursula Ludz skizziert die Vielzahl der Weggefährt*innen und zeigt Arendt als Freundin. Dokumentiert werden die „Baustein[e] von Hannah Arendts Philosophie der Freundschaft" (254).

Den Ausstellungskatalog illustrieren drei separate Fotostrecken, die u. a. Fred Steins Arendt-Porträts und Exponate aus dem privaten Besitz, wie beispielsweise das Zigarettenetui der Intellektuellen, zeigen. Besonders eindrucksvoll ist es, Arendts Blick durch eine Kleinstbildkamera zu folgen und ihre Momentaufnahmen von Freund*innen wie auch Verwandten zu entdecken. Die Fotografien der Theoretikerin zeichnen ein unmittelbares Bild ihres persönlichen Umfelds. Dem Band gelingt es, die Facetten des 20. Jahrhunderts aus der

Perspektive einer bedeutenden zeitgenössischen Intellektuellen für eine breite Öffentlichkeit zu präsentieren. Im epochalen Kontext werden zentrale Stationen von Arendts Leben und Wirken systematisch pointiert. Als „roter Faden" setzt u. a. die intensive Reflexion von Arendts Verhältnis zum Urteil bemerkenswerte Akzente. Die omnipräsente Verhandlung der Aktualität ihres Denkens verdeutlicht die Anschlussfähigkeit ihrer Überlegungen an gesellschaftspolitische Diskurse der Gegenwart. Der Ausstellungskatalog bewegt sich auf dem von Pluralität gekennzeichneten Terrain jüngster Arbeiten zu Hannah Arendt und bewahrt dennoch einen eigenständigen Zugang.

Jana Schulze

**Ken Krimstein: Die drei Leben der Hannah Arendt. Mit einem Nachwort von Ken Krimstein. Illustriert von Ken Krimstein. Aus dem amerikanischen Englisch von Hanns Zischler. München: dtv 2019. 244 S., mit Abb.**

Der amerikanische Karikaturist Ken Krimstein hat mit der Graphic Novel *The Three Escapes of Hannah Arendt* (2018) sein Comicdebüt vorgelegt. Die deutschsprachige Ausgabe des Titels, in dem die Biografie einer der berühmtesten Denkerinnen des 20. Jahrhunderts erzählt wird, erschien ein Jahr später unter dem Titel *Die drei Leben der Hannah Arendt* in der Übersetzung von Hanns Zischler.

Bereits auf der ersten Seite werden einige der Zuschreibungen aufgelistet, mit denen Hannah Arendt bedacht wurde: „Zu früh. Zu wütend. Zu klug. Zu dumm. Zu ehrlich. Zu versnobbt. Zu jüdisch. Zu wenig jüdisch. Zu liebend. Zu hassend, zu männlich, nicht männlich genug." (7) Solche widersprüchlichen Positionen in einer Graphic Novel darzustellen, ist eine Herausforderung. Krimsteins Annäherung an die Komplexität Arendts findet weniger durch eine Beschäftigung mit ihren theoretischen Gedanken und ihren Schriften statt, vielmehr fokussiert er ihre Lebensgeschichte. Krimstein erzählt die Biografie, aus der sich ihr Denken entwickelt hat. Dabei tritt ausschließlich Hannah Arendt als Erzählerin auf, deren Stimme die dargestellten Ereignisse ergänzt. Diese Erzählperspektive wird von Krimstein mit Dialogen der Figuren kombiniert, wodurch sich die Graphic Novel nicht als ein langer Monolog präsentiert. Ihre Kindheit und Jugend, ebenso wie ihre letzten Lebensjahre, werden dabei weniger ausführlich beschrieben. Der Schwerpunkt dieser Graphic Novel liegt, wie sich am englischen Originaltitel erkennen lässt, auf Arendts Exilzeit und auf ihren letzten Wochen in Deutschland. Es fällt auf, dass die deutschsprachige Ausgabe Arendts Aufenthalte in Deutschland, Frankreich und den USA stärker voneinander abgrenzt, in dem sie diese jeweils als ein eigenes Leben bezeichnet. Dies kann man als eine Betonung der fundamentalen Veränderungen von Arendts Lebensumständen begreifen, die durch ihre Emigration entstanden sind. Dennoch werden durch diese Wortwahl biografische Phasen voneinander separiert, die man doch eher als eine kontinuierliche Entwicklung wahrnehmen sollte. Krimsteins Originaltitel lässt eine solche Interpretation nicht zu.

Die Graphic Novel beginnt mit einem Kapitel, das sich mit der jungen Hannah Arendt beschäftigt. Dabei beschreibt Krimstein sie als eine Person, deren Wissbegierde schon als Kind deutlich wird und die bereits als Jugendliche sämtliche Schriften Kants gelesen hat. Das menschliche Dasein zu verstehen, wird ihr zum inneren Bedürfnis.

Der Wunsch, die Welt zu begreifen, wird zwei Beziehungen in Arendts Leben prägen, die Krimstein ins Zentrum seiner Graphic Novel stellt. Die erste ist die Affäre mit ihrem Professor Martin Heidegger, die während ihres Studiums in Marburg beginnt. Arendt ist tief beeindruckt von Heideggers Ankündigung, dass er zusammen mit seinen Studierenden „eine neue Welt errichten [wird], in der die Menschheit durch die absolute Wahrheit bestimmt wird" (32). Durch ihre Verbindung zu Heidegger scheint sie sich ein tiefgreifenderes Verständnis des menschlichen Daseins zu erhoffen. Nachdem ihr Studium und diese Affäre beendet sind, schließt Arendt in Berlin Freundschaft mit Walter Benjamin. Aus dieser Bekanntschaft entsteht die zweite entscheidende Beziehung der Denkerin, die Krimstein porträtiert. Nach der nationalsozialistischen Machtübernahme wird Benjamin im französischen Exil eine wichtige Bezugsperson für Arendt. Den tragischen Höhepunkt erreicht ihre Freundschaft, als Benjamin Arendt für den Fall seines Todes seine Schrift „Über den Begriff der Geschichte" überreicht. Bekanntlich findet er 1940 den Tod durch eigene Hand auf seiner Flucht an der französisch-spanischen Grenze. Arendt ist es zu verdanken, dass diese Schrift Benjamins, die ihrer Ansicht nach „eine gänzlich neue Architektur der Existenz entwirft" (143), nach Amerika gelangt. Dass Heidegger und Benjamin eine besondere Bedeutung für die Entwicklung der Theoretikerin haben, wird auch durch die grafische Darstellung der beiden Denker hervorgehoben. Abgesehen von der Protagonistin, sind sie die einzigen der dargestellten Figuren, deren Porträts teilweise eine gesamte Seite füllen. Durch diese Inszenierung bleiben Heidegger und Benjamin dem Lesenden stärker im Gedächtnis haften als viele andere Persönlichkeiten, die in der Graphic Novel auftreten. Krimstein gelingt es auf diese Weise, die Wirkung der beiden Männer auf Arendt in eine visuelle Form zu transformieren.

Neben der Beschreibung von Hannah Arendts Beziehungen zu Heidegger und Benjamin widmet sich Krimstein ausführlich ihrer Exil-Zeit. Diese Darstellung beinhaltet sowohl ihre Zeit im Camp de Gurs als auch ihre erfolgreiche Flucht aus dem besetzten Frankreich. Nach diesen gefährlichen Erlebnissen gelingt ihr die Flucht in die USA und es folgt ihre Karriere als Theoretikerin. Insbesondere die Ursachen und Entwicklungen des deutschen Faschismus beschäftigen sie in ihrer letzten Exilstation und prägen eines ihrer berühmtesten Werke: *The Origins of Totalitarianism* (1951). Im Exil und in den Jahren nach dem Zweiten Weltkrieg werden Heidegger und Benjamin weiterhin starke Bezugspunkte für ihr Denken bleiben. Heidegger, dessen Theorien sie nach dem Zweiten Weltkrieg als einen Gegensatz zu ihrem eigenen Denken ansehen wird, taucht mehrfach in Arendts Gedanken auf, als sie sich bereits in den USA aufhält. Dies wird visuell sowohl durch die bildliche Darstellung von Arendts Erinnerungen an die gemeinsame Zeit mit dem Philosophen verdeutlicht als auch durch Panels, in denen die Gestalt Heideggers in New York auftaucht und sich mit Arendt unterhält. Gleiches gilt für Walter Benjamin, der ihr noch nach seinem Freitod als Geist erscheint und mit ihr Diskussionen führt. Dieser erscheint als ein Wasserfleck an der Decke von Arendts Wohnung. Die unscharfen Konturen von Benjamins Gesicht verleihen ihm in dieser Passage auch visuell etwas Geisterhaftes, das sich nicht konkret erfassen lässt.

Heidegger und Benjamin bleiben jedoch keineswegs die einzigen bekannten Personen der deutschen Kulturgeschichte, die in der Graphic Novel auftreten. Vielmehr wird Arendts Leben häufig mit dem anderer Zeitgenoss*innen verknüpft. Auf einigen Seiten folgt eine ausführliche Auflistung prominenter Persönlichkeiten, u. a. Bertolt Brecht, Marc Chagall und Kurt Blumenfeld, die sich im Romanischen Café eingefunden haben, in dem sich auch Arendt während ihrer Berliner Zeit aufgehalten hat. Bei einer späteren Beschreibung von Arendts Exilaufenthalt in Frankreich wird darauf hingewiesen, dass viele bekannte europäische Kulturschaffende, wie beispielsweise Arthur Koestler, Claude Lévi-Strauss oder Franz Werfel, sich zur gleichen Zeit in diesem Land befanden. Durch diese Passagen gelingt es Krimstein, die individuelle Fluchtgeschichte Hannah Arendts zu erzählen und wiederholt auch darauf hinzuweisen, dass ihre Erfahrungen von vielen anderen Menschen geteilt wurden, die ebenfalls vor dem Nationalsozialismus fliehen mussten. Bei den Beschreibungen Berlins in den letzten Wochen der Weimarer Republik oder der Darstellung der Exilsituation in Frankreich entsteht ein multimediales Epochengemälde, das den fundamentalen Umbruch der europäischen Geistesgeschichte durch den deutschen Faschismus verdeutlicht.

Die Graphic Novel vermittelt kein ausführlicheres Verständnis von Arendts Ideen und integriert nur selten Zitate aus den Schriften der Theoretikerin. Stattdessen erzählt und verbildlicht Krimstein auf eine anschauliche und kurzweilige Art und Weise ihre Biografie. Stilistisch bleibt er dabei seinem karikaturhaften Stil treu und verzichtet weitgehend auf farbliche Elemente. Einzig Hannah Arendts Kleidung und manchmal auch Accessoires erscheinen grün und heben sich damit von der schwarz-weißen Umwelt ab. Arendts Position als Außenseiterin, in die sie durch Verfolgung, aber auch durch Angriffe in gesellschaftlichen Debatten geriet, wird somit auch grafisch noch einmal hervorgehoben. Trotz einiger interessanter gestalterischer Einfälle lässt sich jedoch feststellen, dass die Graphic Novel in ihrer Gestaltung eher eine konventionelle Bildsprache präsentiert und nicht aus bekannten visuellen Erzählmustern des Mediums ausbricht.

*Die drei Leben der Hannah Arendt* unternimmt nicht den Versuch, eine neue Perspektive auf die Biografie oder die Gedankenwelt der Theoretikerin zu entwerfen. Krimsteins Leistung liegt vielmehr darin, dass er durch die gewählte Gestaltungsform einer Graphic Novel einen neuen Zugang zum Leben dieser außergewöhnlichen Denkerin gewährt und die Möglichkeit bietet, ein breiteres Publikum mit der Denkerin Hannah Arendt vertraut zu machen.

Lenard Manthey Rojas


**Jana Waldhör: Zeitspiegel. Eine Stimme des österreichischen Exils in Großbritannien 1939–1946.** Wien, Hamburg: new academic press 2019 (=Österreichische Exilbibliothek im Literaturhaus Wien. Dokumente & Studien, Bd. 1). 388 S., mit Abb.

Innerhalb der Kulturwissenschaften hat die Erforschung von Zeitschriften in den letzten Jahren Hochkonjunktur, da die Sondierung dieser Medien sowohl mediengeschichtliche als auch ideen- und wissensgeschichtliche Ansätze vereint und dadurch neue Perspektiven auf bislang unerschlossene Forschungsfelder eröffnet. Auch innerhalb der Exilforschung gewinnen dieser Ansatz und sein methodisches Instrumentarium immer mehr an Bedeutung, ist doch, sofern die oft verstreuten Quellen zugänglich sind, ein differenzierter Forschungsansatz und Erkenntnisgewinn möglich. Dies zeigt auch die auf kluge und durchdachte Weise konzipierte und verfasste Monografie von Jana Waldhör über die Exilzeitschrift *Zeitspiegel*, die ein Medium in den Fokus rückt, das bislang größtenteils unerforscht in den Sammlungen österreichischer Gedächtnisinstitutionen ruhte und in der vorliegenden Arbeit material- und kenntnisreich aufgearbeitet wird. Eine archivalische Hürde hatte die Verfasserin zunächst zu nehmen, denn die Zeitschrift ist in keinem Archiv vollständig vorhanden. Die Bestände der Österreichischen Exilbibliothek im Literaturhaus Wien, des Dokumentationsarchivs des österreichischen Widerstandes und des Zentralen Parteiarchivs der Kommunistischen Partei Österreichs konnten im Rahmen eines Projekts jedoch zusammengeführt werden und wurden komplett digitalisiert; die Digitalisate sind jetzt in der Bibliothek des Literaturhaus Wien benützbar. Die Autorin zeichnet auf Grundlage dieser Quellen nicht nur kontextreich die Geschichte des *Zeitspiegel* von 1939 bis August 1946 nach, sondern hat darüber hinaus umfangreiche Indices erarbeitet, die die acht Jahrgänge der Zeitung umfassend erschließen und so weitere Forschungen zur Exilpublizistik anschlussfähig machen.

Der *Zeitspiegel* hatte, als Knotenpunkt des Netzwerks österreichischer Emigrant*innen in Großbritannien verschiedene Funktionen. Er baute mediale Brücken in unterschiedlichste Länder der Welt, bot Hilfestellung für den mit psychischen und praktischen Schwierigkeiten behafteten Alltag der nach 1933 bzw. nach 1938 geflüchteten Emigrant*innen und war durch seine kritischen Beiträge, die das Zeitgeschehen widerspiegelten, durch einen fulminanten Kulturteil sowie seine Foren, Diskussionsrunden und Leser*innen-Briefe ein wirksames Medium. Die Zeitschrift ermöglichte angesichts des Kriegsverlaufs als weltumspannendes Relais die Kommunikation zwischen den österreichischen Emigrant*innen. Dabei stand der *Zeitspiegel* in enger Verbindung mit dem Austrian Centre und dem Free Austrian Movement in London, war er doch sozusagen Sprachrohr und „Weltempfänger" dieser Institutionen, die im Zusammenschluss als Dachverband sämtlicher österreichischer Exilorganisationen in Großbritannien fungierten. Auch dieser institutionelle Hintergrund wird in der Monografie umfassend dargestellt. Viele Redakteur*innen der Zeitschrift waren in der Zweiten Republik dann als Journalist*innen der kommunistischen Presse tätig, darunter Susanne Wantoch, die für das (österreichische) *Tagebuch* schrieb.

Im Juli 1939 vom Library Committee des Austrian Centre begründet, war der *Zeitspiegel* zunächst wenig mehr als eine wöchentlich erscheinende Übersicht von Pressemeldungen, wandelte sich aber, angesichts der Ereignisse des Zweiten Weltkriegs, zu einem allumfassenden Informationsblatt des Austrian Centre, das zunächst auch der Aufgabe nachkam, die lückenhaften Fremdsprachenkenntnisse der Emigrant*innen durch die Distribution wichtiger Informationen zu überbrücken, z. B. angesichts der Internierungswelle im Jahr 1940 als *enemy aliens* auf der Isle of Man.

Bis September 1941 wuchs die Auflage des *Zeitspiegel*, der immer wieder mit Finanzierungsproblemen und Papiermangel zu kämpfen hatte, auf 3 000 Exemplare an und hatte einen Abonnentenstamm in über 40 Ländern auf fünf verschiedenen Kontinenten. Dies verdeutlicht seine Rolle als wichtigste Zeitschrift und Medium der Kommunikation der österreichischen Emigration in Großbritannien. Dass sich die Bedeutung der Zeitschrift aber nicht nur an den Auflagenzahlen ablesen lässt, zeigen die zahlreichen Beispiele individueller Vermittlungsarbeit, die die Verfasserin minuziös nachzeichnet. Diese reichen von der Zusammenführung von durch die Zeitumstände getrennten Verwandten bis hin zur österreichischen Kulinarik.

Auch die im Rahmen ihrer Recherchen geführten Interviews mit Zeitzeugen dienen der Verfasserin dazu, weitere Dimensionen und Wirkungsweisen der Zeitschrift nachzuzeichnen. So berichtet der Journalist Ernst Fettner, der nach seiner Flucht aus Österreich als Landarbeiter in Glasgow arbeitete, der dortigen Gruppe des Austrian Centre angehörte und für *Young Austria*, die Beilage des *Zeitspiegel*, schrieb, von der Bedeutung, die die Zeitschrift in seinen Exiljahren hatte.

Ein besonderer Mehrwert der Monografie entsteht aber nicht nur durch die kenntnisreiche Kontextualisierung und mehrdimensionale Analyse der Zeitschrift, wozu auch die sorgfältig ausgewählten und bestens reproduzierten farbigen Abbildungen, die einen Eindruck der layouttechnischen Entwicklung der Zeitung geben, beitragen, die stets sachkundig kommentiert sind. In einer Art *close reading*, das einen roten Faden durch die Jahrgänge der Zeitschrift spannt, werden dann im weiteren Verlauf der Monografie nicht nur die im *Zeitspiegel* behandelten Themen aufgeschlüsselt, sondern auch die Veränderungen in Logo, Rubriken, Format und Layout analysiert. Die zentralen im *Zeitspiegel* geführten Diskurse werden in tabellarisch kompakter Form sichtbar gemacht und laden zur Anschlussforschung ein. Zusätzlich bietet die Monografie ein komplettes Inhaltsverzeichnis der Zeitschrift und wird durch ein Verzeichnis der Verfasser*innen abgerundet, die Namenskürzel konnten in mehreren Fällen aufgelöst werden. Das Namensregister zeigt, welche bedeutenden in der Emigration lebenden Zeitgenoss*innen sich an der Zeitschrift beteiligten, finden sich doch darunter Ernst Bloch, Bertolt Brecht, Franz Theodor Csokor, Lion Feuchtwanger, Theodor Kramer, Egon Erwin Kisch, Robert Neumann, Ernst Lothar, Alfred Polgar, Hermynia Zur Mühlen und Stefan Zweig. Auch um die Förderung von Nachwuchsschriftsteller*innen hat sich der *Zeitspiegel* verdient gemacht, etwa mit der Publikation der Lyrik des jungen Erich Fried.

Die gut lesbar verfasste Monografie erschließt mit dem *Zeitspiegel* ein wichtiges Dokument des österreichischen Exils in Großbritannien, verdeutlicht anhand eines sorgfältigen Umgangs mit den archivalischen Quellen die Leistung eines österreichisch-englischen Kulturtransfers und eröffnet eine transnationale Perspektive auf die Presse des Exils.

Stefan Maurer

**Gabriella Pelloni und Davide Di Maio (Hg.): „Jude, Christ und Wüstensohn". Studien zum Werk Karl Wolfskehls.** Berlin, Leipzig: Hentrich & Hentrich 2019. 246 S.

Als einem Dichter mit nachgerade „polyedrischem Werk" (10) nähert sich der von Gabriella Pelloni und Davide Di Maio herausgegebene Band Karl Wolfskehl und ruft mit seinem Erscheinungsjahr 2019 zugleich den 150. Geburtstag des Darmstädter Juden und George-Verehrers in Erinnerung. Das insgesamt 14 sorgsam aufeinander abgestimmte Aufsätze umfassende Buch stellt sich damit explizit in eine Folge der Würdigungen von Werk und Leben, die 1969 mit dem Ausstellungskatalog Manfred Schlössers begann und 1978 anlässlich des 30. sowie 1998 anlässlich des 50. Todestages Wolfskehls in dem von Paul Hoffmann veranstalteten Wolfskehl-Symposion fortgesetzt wurde. Es stellt sich neben den ebenfalls 2019 von Volkhard Huth und Julius H. Schoeps herausgegebenen, eher lebens- und lokalgeschichtlich orientierten Sammelband *fort von hain und haus. Die Familie Wolfskehl und Darmstadt*. Erklärtes Ziel von Pelloni und Di Maio ist es denn auch, weniger die Lebensgeschichte als vielmehr die zunehmend in Vergessenheit geratene schöpferische Vielfalt Wolfskehls und vor allem einige darin bislang unterbelichtete Werkaspekte wieder in den Fokus der Aufmerksamkeit zu rücken. Dazu versammeln sie eine durchaus repräsentative Reihe von Expert*innen, zu denen der Wolfskehl-Biograf Friedrich Voit ebenso zählen wie Daniel Hoffmann, Hans Richard Brittnacher oder Micha Brumlik. Neben diesen bieten die Herausgeber*innen aber auch jüngeren Forscherinnen wie Sonia Schott oder Caroline Jessen, deren Monografie zur Bibliothek des Dichters ebenfalls vor Kurzem erschien und breite Anerkennung fand, eine Plattform zur Präsentation ihrer neuen Forschungsansätze. Gleichsam als Gastgeber fungiert dabei ein italienischer Forschungsverbund, aus dem die beiden Veroneser Herausgeber*innen stammen und der sich mit einem jüngst entdeckten und an der Universität Florenz bearbeiteten Konvolut beschäftigt, das rund 200 Briefe aus den Jahren 1933/1934 im italienischen Exil umfasst. Diesem, die Neugier aller Wolfskehl-Faszinierten unmittelbar erweckenden Fund widmet sich ein eigener Beitrag des Bandes von Patrizio Collini, der allerdings kaum mehr als ein *teaser* ist, insofern nur ein einziger Brief von Kurt Wolff wiedergegeben und kurz besprochen wird. Dass sich nicht einmal diesem Beitrag ein Hinweis auf den genauen Verbleib und die Zugänglichkeit des Brieffundes entnehmen lässt, ruft Verwunderung, wenn nicht Enttäuschung hervor. Dies zeugt zugleich davon, dass der Briefschreiber Wolfskehl hier ganz explizit nicht im Vordergrund steht.

So sind denn auch die drei den Band eröffnenden Beiträge von Brumlik, Jessen und eben Collini eher dazu gedacht, das Panorama einer werk- und lebensgeschichtlichen Auseinandersetzung mit Karl Wolfskehl grob zu umreißen. Sie repräsentieren in der vorliegenden Zusammenstellung gewissermaßen das Pflichtprogramm, dem die Kür folgt. Brumlik umreißt (in einer überarbeiteten Fassung eines Beitrags von 2016) einmal mehr die Problematik des jüdisch-deutschen Selbstverständnisses Wolfskehls sowie sein irritierend devotes Verhältnis zu Stefan George. Jessen dagegen gibt einen ersten Eindruck von den „idiosynkratischen Materialzusammenhängen" (34), die sich der heute zerstreuten Bibliothek Wolfskehls ablesen lassen und die sie in ihrem Buch *Der Sammler Karl Wolfskehl* so faszinierend entfaltet hat. Der Beitrag von Brittnacher dagegen, obgleich dem zweiten von drei Abschnitten des Bandes zugeordnet, zählt in gewisser Weise auch noch in diese Reihe, insofern er das Verhältnis zu George genauer befragt. Doch wird schon hier das Gewicht eher auf die präzise literaturwissenschaftliche Analyse ausgewählter Werke gelegt, durch die der ganze Band eine ihn besonders auszeichnende Qualität gewinnt. So bietet Brittnacher eine gelehrsam-gekonnte Exegese des Gedichts *Berufung*, in dem Wolfskehl 1910 sein Verhältnis zu George und dem in dessen Kreis zentralen Maximin-Kult entworfen hatte. Ihm folgen Beiträge, die sich jeweils einem lyrischen Werk des Dichters widmen, wobei es sich fast durchgehend um bisher kaum umfassender analysierte, doch für das Verständnis vor allem der Exilpoetik Wolfskehls elementare Gedichte handelt. So rekonstruiert Voit anhand einer Analyse des „Lebensliedes" *An die Deutschen* das Verhältnis Wolfskehls zu den Freund*innen aus dem Kreis des „Geheimen Deutschland" nach dem Tod Georges 1933 und zeichnet zugleich den wachsenden „Wandel der Stellung" (84) und des Selbstbildes Wolfskehls nach. Mattia Di Taranto dagegen liefert eine konzentrierte Analyse der ikonografischen Aspekte, wie sie jüdische und christliche Symboliken in der Exildichtung *Hiob oder Die vier Spiegel* auszeichnen. Sonia Schott untersucht den Gedichtzyklus *INRI* und verfolgt dabei insbesondere die Frage nach dem Stellenwert der Jesus-Figur im Schaffen Wolfskehls. Davide Di Maio beschließt diesen Abschnitt des Bandes mit einer in der Forschung bisher weitgehend ausgesparten Analyse des frühen dramatischen Fragments

*Orpheus. Ein Mysterium*, dessen – vor allem Bachofen entscheidende Impulse verdankende – Entstehungsgeschichte er herausarbeitet.

Der dritte und letzte Abschnitt des Bandes setzt diese Auseinandersetzung mit den viel gelobten, doch tatsächlich wenig im Detail gewürdigten essayistischen Schriften des Dichters fort. Na Schädlich rekonstruiert in ihrem Beitrag die Kunsttheorie Wolfskehls, wie sie in seinem Essay „Über den Geist der Musik" zum Ausdruck kommt und deutet diese als Fingerzeig auch auf „eine Art Poetologie Wolfskehls" (145). Daniel Hoffmann bietet eine konzise kultur- und religionsgeschichtlich konturierte Interpretation eines Feuilleton-Stückes von Wolfskehl, des Essays „Der Kampf ums gute Essen", den er ausführlich kontextualisiert und in Hinblick auf seine humanistische wie spiritualistische Grundthese auslegt. Gabriella Pelloni legt ausgehend von Wolfskehls Mythos-Konzeption eine Auseinandersetzung mit den geschichtstheoretischen Essays der späten 1920er Jahre vor, in denen sie nicht nur einen Nietzsche verpflichteten Rekurs auf den Mythos erkennt, sondern auch das Verständnis von Geschichtsschreibung als einer gestaltenden, ja dichterischen Tätigkeit. Jonas Meurers Beitrag ist ein knapp gefasster Überblick über die Dichterporträts Wolfskehls, von George bis Heine, von Brentano bis Walther von der Vogelweide. Peter Czoik stellt einen Überblick all jener Essays zusammen, die sich der Stadt und der Kultur Münchens widmen, darunter solche zum Kabarett wie auch zu den von Wolfskehl so geliebten Faschingsfeiern. Kay Wolfinger schließlich geht in einem letzten kürzeren Beitrag dem Stellenwert des Okkulten und Geheimnisvollen bei Wolfskehl gerade in Hinblick auf seine „Faszination für das Lesen und für Bücher" (228) nach.

Obwohl die Einteilung des Bandes insgesamt etwas unausgeglichen wirkt, hält diese Zusammenstellung doch, was die Herausgeber*innen versprechen: Geboten wird ein ganzes Tableau an Analysen von bisher wenig beachteten lyrischen und essayistischen Werken Karl Wolfskehls, das zu einer neuen Beschäftigung mit dem Dichter anregt, welchem eingangs eine „Art unerklärliche Vergessenheit" (9) attestiert wurde. Die nun vorgelegten, gut ausgearbeiteten Beiträge über den „Juden, Christen und Wüstensohn" Karl Wolfskehl sollten dieser Tendenz erfolgreich Abhilfe verschaffen.

---

Andree Michaelis-König

**Benjamin Biebuyck, Petra Campe und Els Snick (Hg.): Der verirrte Kosmopolit. Joseph Roth in den Niederlanden und in Belgien.** Bielefeld: Aisthesis 2020. 292 S.

Während seiner Jahre im Exil hielt sich Joseph Roth wiederholt für längere Zeit in den Niederlanden und Belgien auf. Anliegen dieses Sammelbandes ist es, die „kulturellen Dynamiken" (8), die in Bezug auf diese Länder mit Roths Emigration einhergingen, genauer zu beleuchten. Eine erste Sektion des Bandes, versehen mit dem Titel „Kosmopolitismus und Exil in der Zwischenkriegszeit", skizziert zunächst das geistige bzw. gesellschaftliche Klima sowie die sozialen und politischen Besonderheiten, die die Exilsituation in Belgien und den Niederlanden kennzeichneten. Den Auftakt bildet hier der Beitrag von Lut Missine, die sich mit den unterschiedlichen Positionen beschäftigt, die zu Beginn der 1930er Jahre das ‚Denken über Europa' bestimmten. Am Beispiel der 1933 in Paris abgehaltenen Konferenz des Institut International de Coopération Intellectuelle, an der auch niederländische Intellektuelle beteiligt waren, wendet sie sich der Frage zu, was Roths Zeitgenossen unter der ‚Idee' Europas verstanden und inwiefern sich für sie ein europäisches Bewusstsein mit einem nationalen Kulturverständnis vereinbaren ließ. Die Frage nach Roths Haltung zu den genannten Fragestellungen beantwortet Missine mit Auszügen aus Roths essayistischen und journalistischen Texten, in denen sich der Autor einerseits positiv auf die Tradition eines Völker verbindenden Europa bezieht und sich andererseits kritisch gegenüber einem übersteigerten nationalen Patriotismus zeigt. Bemerkenswert – und zugleich symptomatisch für die inhaltliche Konzeption des Bandes – erscheint dabei, dass einerseits die kosmopolitische Dimension in Roths Schreiben und Denken implizit berührt wird, diese andererseits jedoch nicht namentlich als solche benannt oder als Untersuchungsgegenstand in den Vordergrund gerückt wird. Bedauernswerterweise findet sich so an keiner Stelle des Bandes eine genauere Herleitung oder Definition des im Titel verwendeten Begriff des ‚Kosmopolitismus', sodass unklar bleibt, worin konkret sich das Roth zugeschriebene Kosmopolitentum oder der angedeutete Zusammenhang von Exil und Kosmopolitismus manifestiert. Dass der Begriff des Kosmopolitismus im gesamten Band ein eher vages Schlagwort bleibt, stellt auch insofern eine Irritation dar, als dass dieser in den letzten zwei Jahrzehnten eine regelrechte Renaissance sowohl im Bereich der Politik-, als auch Sozial- und Kulturwissenschaften erlebt hat. Insbesondere da in aktuellen Auseinandersetzungen längst nicht mehr von einer singulären Tradition des Kosmopolitismus ausgegangen wird, sondern in der Forschung vielmehr von der Existenz pluraler – zum Teil sehr unterschiedlich definierter – Kosmopolitismen die Rede ist, wäre eine präzisere inhaltliche Füllung des Begriffs hier wünschenswert gewesen.

Abgesehen von dieser Leerstelle in Bezug auf die Bestimmung des zentralen Begriffs der Untersuchung geben die Beiträge der ersten Sektion gleichwohl informative Einblicke in die sozialen und politischen Strukturen, in denen sich die Exilierten in den Niederlanden und Belgien wiederfanden. Aufschlussreich sind in diesem Zusammenhang nicht zuletzt die Hinweise auf bestehende Forschungslücken in Bezug auf die in diesen Ländern entstandene Exilliteratur. So beklagt etwa Léon Hansen, dass bisherige Untersuchungen zum Exil in den Niederlanden der Jahre 1933–1945 häufig zu sehr auf die Bedeutung der niederländischen Exilverlage und die Rolle der Niederlande als internationale ‚Drehscheibe' bzw. ‚Durchgangsstation' fokussiert blieben. Das *„Mitschreiben* des niederländischen Raums an der Exilliteratur" (50) allerdings ist nach Ansicht Hansens ebenso unzureichend in den Blick genommen worden wie der Einfluss, den die Exilierten auf die niederländische Kultur genommen haben. Noch nicht ausreichend erforscht sieht Hubert Roland auch die Exilsituation in Belgien. Er weist etwa darauf hin, dass der Umgang der belgischen Behörden mit den Exilierten im Widerspruch zum Selbstverständnis einer traditionell weltoffenen und gastfreundlichen Nation stand, weshalb die Geflüchteten in besonderer Weise auf die Unterstützung von nicht-staatlichen Förderern angewiesen waren. Genauer untersucht wird von Roland vor allem die Bedeutung von zwei zeitgenössischen Netzwerken: dem kommunistischen sowie dem österreichisch-humanistischen. Mit einer zentralen Organisation des Exils befasst sich auch Hans Vandevoorde: In seinem Beitrag zur PEN-Konferenz in Dubrovnik stellt er heraus, welchen Anteil die belgische Delegation daran hatte, dass der PEN sich kritisch zum nationalsozialistischen Regime positionierte und von seiner bis dahin apolitischen Linie abrückte. Welche Politik von staatlicher Seite gegenüber den Exilierten verfolgt wurde, beleuchtet Frank Caestecker in seiner Auseinandersetzung mit den unterschiedlichen Aufnahme- und Ausweisungspraktiken der Niederlande und Belgien nach 1933. In den Fokus gerät hier vor allem die Situation von kommunistischen und jüdischen Flüchtlingen, aber auch die tragende Bedeutung, die jüdischen Hilfsorganisationen bei der Vergabe von Aufenthaltsgenehmigungen zukam.

Nehmen die ersten fünf Beiträge eher am Rande Bezug auf Roth und seine Schriften, rücken seine Person sowieso seine Tätigkeit als Autor in der zweiten Sektion, „Joseph Roth, Schriftsteller und Schrift – Lokal am Werk", stärker in den Vordergrund. Heinz Lunzer rekonstruiert in seinem Beitrag über „Roths Kontakte in Flandern und den Niederlanden" anhand von Interviews mit Zeitzeugen, wie der Schriftsteller von seinen Zeitgenoss*innen im belgischen und niederländischen Exil wahrgenommen wurde. Ilse Josepha Lazaroms unternimmt in ihrer Untersuchung eine Art Standortbestimmung Roths und kommt zu dem Schluss, dass Roth sowohl gedanklich als auch physisch zeitlebens fest in Europa verwurzelt blieb. Zugleich geht sie davon aus, dass Roths Europaverständnis von einer spezifischen „intrakontinentalen Dynamik" (151) geprägt wurde: So stellten die Niederlande und Belgien nach Ansicht Lazaroms für Roth in erster Linie einen Gegenpol zu seiner Wahlheimat Paris dar. Sie beobachtet hier eine besondere Spannung zwischen Amsterdam und Paris, die sie am Beispiel der Produktion und Rezeption von Roths *Der Antichrist* zu veranschaulichen sucht. Einen wesentlichen Bestandteil der zweiten Sektion bilden auch Überlegungen zur Vermittlung und Verbreitung von Exilliteratur. Während Madeleine Rietra sich in ihrem Aufsatz mit Roths Anteil an der Übersetzung von Józef Wittlins Roman *Das Salz der Erde* befasst, geht Els Andringa der Frage nach, inwiefern Roth in den Niederlanden als jüdischer Autor rezipiert wurde, was sie schließlich auch zu allgemeineren Überlegungen über den Stellenwert jüdischer Literatur in der niederländischen Literaturgeschichtsschreibung führt. Auch Ton Naaijkens Beitrag widmet sich der Rezeption von Roths Schriften, wobei er sich nicht allein auf die Reaktionen der Presse beschränkt, sondern sich vor allem auch für die „Vermittlungsoperationen" (212) interessiert, die sich abseits der Öffentlichkeit vollziehen. Konkret geht es ihm hier um die Netzwerke, in die Herausgeber*innen, Kritiker*innen, Forscher*innen und Übersetzer*innen gleichermaßen eingebunden sind, was Naaijken am Beispiel der Vergabe von Übersetzungsaufträgen von Roths Texten ins Französische illustriert. Den Aspekt der Übersetzung greift auch Els Snick auf, die sich in ihrem Beitrag mit der Übertragung von Roths Romanen *Hiob* und *Radetzkymarsch* ins Niederländische beschäftigt, wobei sie auch die unterschiedlichen Etappen rekonstruiert, die die Roth-Rezeption in den Niederlanden und Belgien seit 1933 durchlaufen hat.

Die dritte Sektion des Bandes, „Zeugnisse und Zeitdokumente", versammelt schließlich drei Beiträge, die persönliche bzw. subjektive Erinnerungen und Reflexionen zu Joseph Roth beinhalten. So gibt der Lyriker Michael Hofmann Einblicke in seine Tätigkeit als Roth-Übersetzer, während Bernard Asselbergs, der Sohn des niederländischen Autors Anton von Duinkerken, von der freundschaftlichen Beziehung seines Vaters zu Joseph Roth berichtet. Journalist Geert Maak befasst sich mit Roths Rolle als ‚Zeitungsmann', wobei er vor allem die anhaltende Faszination herausstellt, die Roths Reportagen auch heute noch auf viele ausüben, die im Feld des Journalismus und Feuilletons tätig sind.

Insgesamt lässt sich festhalten, dass Betrachtungen, die sich mit der Einbettung von Roth und seinen Texten in unterschiedliche – politische, kulturelle und literarische – Strukturen und Netzwerke befassen, in diesem Band im Vordergrund stehen. Detailliertere inhaltliche Analysen zu einzelnen Werken finden sich, mit Ausnahme des Beitrags von Lazaroms, in der Zusammenstellung hingegen nicht. Dies mag auch dem Umstand geschuldet sein, dass Roths Aufenthalte in den hier untersuchten Exilländern keinen unmittelbaren Niederschlag in seinen Texten gefunden haben, die „kulturellen Lokalkolorite der Niederlande und Belgien in seinen Schriften kaum Resonanz erzeugten" (14). Über die Besonderheiten und Bedingungen der Exilsituation bzw. den Produktions- und Rezeptionsweisen der deutschen Exilliteratur in den Niederlanden und Belgien vermag die Auseinandersetzung mit dem Autor Joseph Roth dennoch interessante und weiterführende Einblicke zutage zu fördern, wie der Band eindrücklich aufzeigt.

Sandra Narloch

**Margit Dirscherl, Laura Schütz (Hg.): Schachnovelle. Stefan Zweigs letztes Werk neu gelesen (= Schriftenreihe des Stefan-Zweig-Centre Salzburg, Bd. 11).** Würzburg: Königshausen & Neumann 2019. 174 S.
**Stefan Zweig: „Worte haben keine Macht mehr". Essays zu Politik und Zeitgeschehen 1916–1941, hg. von Stephan Resch.** Wien: Sonderzahl 2019. 269 S.
**Stefan Zweig: Briefe zum Judentum, hg. von Stefan Litt.** Berlin: Jüdischer Verlag im Suhrkamp Verlag 2020. 295 S.

Als an dieser Stelle (JB Exilforschung 36/2018) anlässlich von Stefan Zweigs 75. Todestag einige Forschungsbände und Neueditionen seiner Werke vorgestellt wurden, lautete das Resümee, der österreichische Schriftsteller werde „zeitgemäßer und zumeist politischer wahrgenommen als jemals zuvor seit seinem Ableben". Auch sei angesichts weiterhin wenig bekannter Schriften und neuer methodischer Entwicklungen „kaum zu erwarten, dass das wissenschaftliche Interesse demnächst abebbt". Drei Jahre später hat sich diese Prognose auch mit Blick auf die damals betrachteten Reihen und Titel bestätigt: Vergriffen ist die 2017 erschienene, von Oliver Matuschek kommentierte Ausgabe von *Die Welt von Gestern*; seit 2020 liegt eine Taschenbuchedition vor. Zwei neue Bände zählt die im selben Jahr bei Zsolnay unter wissenschaftlicher Herausgeberschaft gestartete *Salzburger Ausgabe* von Zweigs erzählerischem Werk. In der *Schriftenreihe des Stefan Zweig Centre* sind drei weitere Konferenzbände erschienen.

Band 11 mit dem programmatischen Titel *Schachnovelle. Stefan Zweigs letztes Werk neu gelesen* gilt den Herausgeberinnen Margit Dirscherl und Laura Schütz zufolge dem „Experiment", „einen kanonischen Text neu zu interpretieren und zu kontextualisieren" (16). Zweigs wohl bekanntester Text entstand zwischen September 1941 und Februar 1942 im Exil in Brasilien und wurde im selben Jahr posthum veröffentlicht. Heute sind fast sechzig Übersetzungen bekannt, die *Schachnovelle* ist vielerorts Schullektüre, wurde verfilmt, für die Bühne, als Hörspiel und als Comic adaptiert – und vielfach gedeutet (maßgebliche jüngere Beiträge stammen von Ruth Klüger und Hannes Fricke). Als Anlass, dem stattlichen Katalog der Forschungsliteratur zum 75. Jubiläum der Erstpublikation einen Band hinzuzufügen (er geht auf eine Tagung im Dezember 2017 zurück), nennen die Herausgeberinnen offene Fragen, etwa nach dem Ziel des Schiffes, den Frauen und den Erzählinstanzen, sowie weiterhin fehlende Kontextualisierungen. Überdies greife zwar „die biographische Lesart eindeutig zu kurz" (9), nach der Dr. B. als Zweig-Porträt gedeutet wurde. Doch sei die „Entwurzelung", die Zweig im Exil empfunden und u. a. in *Die Welt von Gestern* beschrieben habe, ein zentrales Motiv der Erzählung, das sich auch in der „*Ortlosigkeit*" (9) der Schiffspassage zeige und Möglichkeiten für neue allegorische Deutungen eröffne. Derartige Lesarten folgen in zwei der zehn Beiträge, die in zwei Abschnitte – „Textanalytische Zugänge" / „Schachgeschichtliche, komparatistische und intermediale Zugänge" – gegliedert sind. Im ersten ist es Oliver Jahraus, der im Schachspiel zwischen Dr. B. und Mirko Czentovic eine „politische Metapher" für den Untergang Österreich-Ungarns nach dem Attentat von Sarajewo erkennt, bei dem 1914 „die Staatsmacht von einem Bauernjungen" (39) besiegt worden sei. Dr. B., einst Anwalt von Kaiser und Kirche, steht hier für die alte Ordnung, Czentovic für den Mörder des Thronfolgers. Ihr Schachspiel offenbare als „re-enactment" die „historische Kontingenz eines Attentats und die Notwendigkeit einer historischen Mechanik", die „alle politischen Folgeereignisse bis hin zum sogenannten Anschluss" einschließe (42). Jahraus begründet seine auf den ersten Blick abseitige These – wo Czentovic bisher als politischer Repräsentant galt, stand er für Hitler bzw. den Faschismus – durchaus überzeugend, indem er eine „Semantik" des Schachspiels offenlegt (40), wobei er u. a. auf die komplexen Beziehungen zwischen König und Bauern verweist, die „in der Mimesis eine soziale Mechanik" zeigten (42). Laetitia Rimpau liest die *Schachnovelle* in ihrer (im zweiten Abschnitt angesiedelten) komparatistischen Annäherung ebenfalls „als politische Allegorie" (114). Für sie wird auf dem Schachbrett indessen ein anderer „[g]efährliche[r] Kipp-Moment[] der Geschichte" (113) nachgespielt: die Ereignisse im Februar 1934, als die österreichischen Sozialdemokraten sich gegen die Etablierung einer Diktatur wehrten und es in Wien zu Aufständen mit mehreren hundert Toten kam. Zweig habe den „Widerstand der Demokraten gegen die Faschisten" (121) thematisiert, der durch sein Scheitern den Weg zum ‚Anschluss' an das NS-Regime geebnet habe. Rimpau ist zudem überzeugt, dass Zweig für die Gestaltung ein literarisches Vorbild, wenn nicht sogar „Modell" (115) hatte: Arrigo Boitos *L'alfier nero* (1867, dt. *Der schwarze Läufer*). Die These eines konkreten Geno- oder gar Hypotexts ist originell, hat aber einige Schwächen: Zunächst fehlen stichhaltige Indizien, dass Zweig die seinerzeit kaum bekannte Novelle kannte. Aber auch die „Technik der Typologie" (114) überzeugt in Bezug auf Dr. B. und Czentovic nicht. So leuchtet es weder ein, dass der (Rechts-)Vertreter von Kaiser und Klerus die (Sozial-)Demokratie repräsentiert, noch rechtfertigt es Zweigs Text, Czentovic mit dem „Typus des Faschismus" zu identifizieren, der seinem Gegenspieler mit „psychologische[m] Terror" begegne (126). Einen ganz anderen Schwerpunkt setzt Daniela Strigl, die in einer textnahen Lektüre pointiert zusammenfasst, „[w]arum die *Schachnovelle* so gut ist" (21) und dazu auffordert, den Text „ästhetisch zu betrachten, sie als Kunstwerk ernst zu nehmen und nicht länger auf die Schablone autobiographischer Spiegelung zu reduzieren" (31). Allerdings bringt sie durch den Verweis auf Zweigs Kleist-Rezeption (*Der Kampf mit dem Dämon*, 1925), insbesondere auf dessen Darstellung des erweiterten Suizids, selbst eine derartige Lesart ins Spiel. Mit den „Räumlichkeiten der Schachnovelle" beschäftigt sich Anja Gerigk und erweitert die binäre Perspektive (imaginärer/realer Raum) anhand baubezogener Raumtheorien (Philippe Boudon, Pierre von Meiss) um eine strategische Ebene. Sie konstatiert für die *Schachnovelle* (und Kafkas *Der Bau*) eine „methodische Vorbildfunktion" (59), mit der sich die von Katrin Dennerlein (*Die Narratologie des Raumes*) geprägte Raumkonzeption um metaphorische Rauminformationen erweitern lasse. Annette Keck liest die *Schachnovelle* auf der Folie von Beauvoirs und Butlers Thesen zur Geschlechterdifferenz und zeigt eindrücklich, dass die aufgrund fehlender weiblicher Figuren bislang vernachlässigte Gender-Perspektive fruchtbare Einsichten ermöglicht. Demnach entwirft Zweig eine „homosozial organisierte Männerwelt, die Geschlechtlichkeit bannt", in der das Schachspiel „als Symbol schlechthin" für die reine Geisteswelt steht und „der Kontingenz der menschlichen Existenz Paroli" bietet (67). Sven Hanuschek ergänzt die bisherigen psychopathologischen Deutungen (die Dr. B. etwa eine posttraumatische Belastungsstörung attestieren) um „eine spezifischere Diagnose" (76): Das 1897 erstmals beschriebene *Ganser-Syndrom*, eine Form der ‚Pseudodemenz' bzw. ‚Pseudodebilität'. Den zweiten Abschnitt eröffnet James Vigus' schachhistorische Kontextualisierung. In diesem wichtigen Beitrag zur Quellenforschung arbeitet er einerseits heraus, wie Zweig den zeitgenössischen Schachdiskurs, insbesondere den von Tartakower geprägten Gegensatz zwischen ‚hypermodernen' und ‚wissenschaftlichen' Spieltechniken, aufgegriffen hat. Andererseits erinnert er an eine damals verbreitete, auch von Hippolyte Taine (über dessen Philosophie Zweig seine Dissertation verfasste) aufgegriffene Diskussion um mögliche Gefahren des Blindschachs als einer „potenziell überanstrengende[n] Form abstrakten Denkens" (98), die Zweig zur Gestaltung von Dr. B.s „Schachvergiftung" inspiriert haben könnte. Vigus erwähnt allerdings nicht, dass während der Entstehung des Textes auch eine antisemitische ‚Schachtheorie' um ‚feige jüdische' und ‚mutige arische' Spielweisen breitere Aufmerksamkeit erfuhr (vgl. Konstanze Fliedl: „Jüdisches Schach. Zweigs Novelle im Kontext völkischer Propaganda". In: *Jüdische Relationen*, hg. von Mark H. Gelber, 2017). Rüdiger Görner widmet sich literarischen und essayistischen Schachrezeptionen und erkennt in Nabokovs Roman *Lushins Verteidigung* von 1930 ein „veritable[s] Gegenstück zu Zweigs *Schachnovelle*" (108). Die abschließenden zwei medienkomparatistischen Beiträge setzen die *Schachnovelle* in Beziehung zu ihrer filmischen (Kay Wolfinger) und ihrer Comic-Adaption (Michaela Raß). Durch die Vielfalt der methodischen Ansätze und inhaltlichen Fragestellungen sowie durch den Mut, auf den ersten Blick wenig naheliegende Deutungen plausibel zu behaupten, leistet der Band einen wesentlichen Beitrag zu einer zeitgemäßen wissenschaftlichen Betrachtung der *Schachnovelle*. Er bestätigt ihre zeitlich ungebundene, unbegrenzte Interpretierbarkeit und damit ihre Bedeutung als kanonisches Werk der Weltliteratur. Das „Experiment" der Relektüre ist also auch als Bewährungsprobe für die seit 75 Jahren fortwirkende Aktualität des Textes geglückt.

Weitaus weniger bekannte Schriften Stefan Zweigs enthalten zwei weitere Neuerscheinungen. Stephan Resch, seit einem Jahrzehnt mit Zweigs Publizistik und seinen Beziehungen zu aktivistischen Zeitgenossen befasst (u. a. *Stefan Zweig und der Europa-Gedanke*, 2017), hat *Essays zu Politik und Zeitgeschehen 1916–1941* herausgegeben und ihnen das Zitat „Worte haben keine Macht mehr" (aus einem Brief an Romain Rolland vom 5. März 1933) vorangestellt. Die bisher nicht nachgedruckten Zeitungsbeiträge und unveröffentlichten Vortragsmanuskripte sollen „den Kanon jener Texte [...] erweitern, die es der Forschung ermöglichen, neue Erkenntnisse über Zweigs Verhältnis von Kunst und Politik zu gewinnen – und gleichzeitig auch das erzählerische Werk mit neuen Augen zu betrachten" (7–8). Ein weiteres Ziel sei es, „anhand eines kommentierenden Essays und durch Stellenkommentare zusätzliche Informationen zu den einzelnen Texten zu liefern, die den Forschungsstand reflektieren" (8). Das Korpus enthält 36 Texte, überwiegend aus deutschsprachigen Periodika. Der Großteil (24) stammt aus den 1930er Jahren, nur vier aus den 1920er Jahren, in denen sich Zweig zuvorderst auf sein literarisches Werk konzentrierte. 13 Beiträge wurden in englischer oder französischer Sprache erstveröffentlicht, sind im Original wiedergegeben und um Rückübersetzungen ergänzt. Der Verzicht auf bereits nachgedruckte Texte hat einige Lücken zur Folge, z. B. in Bezug auf Zweigs Kommentare zum Friedensprozess um 1918/1919 oder seinen späteren Einsatz für jüdische Verfolgte. Der Band sollte darum komplementär zu den von Knut Beck edierten Sammlungen bei S. Fischer konsultiert werden (insbesondere *Die schlaflose Welt*, 1983). Einführend fasst Resch auf knapp 40 Seiten die Entwicklung von Zweigs publizistischem Engagement zusammen. Um ein Gesamtbild zu bieten, bezieht er an dieser Stelle auch nicht in seinem Band enthaltene Schriften ein, verzichtet aber auf Verweise auf Sekundärliteratur. Das entspricht zwar dem Klappentext, in dem „der Forschung bisher unbekannt[e]" bzw. „unzugänglich[e] Texte" angekündigt werden. Tatsächlich sind sie aber alle in den einschlägigen Verzeichnissen (v. a. Randolph Klawiters Bibliografie, 1991/1999) aufgeführt. Es war mitunter aufwändig, aber nicht unmöglich, sie zu beschaffen, und viele wurden bereits rezipiert. Durch die Ausblendung der gerade in den letzten zwanzig Jahren gewonnenen Einsichten in Zweigs Aktivitäten, insbesondere im Exil, unterbleiben zum Teil entscheidende Kontextualisierungen. So handelt es sich beim „Exposé of an inexpensive series of German books" von 1936 um den Grundstein der Ende 1938 gestarteten Forum-Bücherei, einem Gemeinschaftsprojekt der drei großen Exilverlage, das von Zweig eben nicht nur vage erdacht, sondern realisiert wurde (vgl. 38). Mit Blick auf Zweigs Reaktionen auf den Antisemitismus fehlen für das beabsichtigte Gesamtbild ebenfalls wichtige Verweise (u. a. bei den Anmerkungen zu einem jüdischen Zeitschriftenprojekt – „Stefan Zweig tells plans for review", (vgl. 36) – auf seine seit 1933 verfolgten Pläne für ein gemeinschaftliches Manifest, um jüdische Kulturbeiträge zu resümieren, vgl. *Stefan Zweig, Briefe 1932–1942*, 2005, 134–137). Eine mit Zweig weniger vertraute Leserschaft wird in diesem wertenden Überblick mitunter Orientierungshilfen (u. a. Jahreszahlen) vermissen. Der 14-seitige Stellenkommentar enthält Erläuterungen zu Fremdwörtern und Austriazismen sowie zu Personen, Ereignissen oder Organisationen. Die angekündigten Hinweise zum Forschungsstand fehlen auch hier, zudem fallen (wie auch anderenorts) einige formale Fehler ins Auge. In Bezug auf das Korpus Zweig'scher Schriften hat Resch indessen eine überaus gelungene Auswahl getroffen, die das in den Jahrzehnten nach dem Zweiten Weltkrieg tradierte Bild vom unpolitischen Schriftsteller endgültig revidieren dürfte. Sie zeugt von Zweigs Ambition, als „moralische Autorität" (19) zu gelten (lt. einem Brief an Romain Rolland vom 21. Januar 1918), von seinem Glauben an eine geistige Elite, die parteiunabhängig mitgestaltet – und zuletzt von der Erkenntnis, gegenüber Massenpropaganda machtlos zu sein und im Exil nicht mehr wirken zu können. Unter anderem ermöglicht der Band Einblick in Zweigs Engagement für die Verständigung zwischen europäischen Intellektuellen nach dem Ende des Ersten Weltkriegs sowie in den Bruch mit Henri Barbusse und dessen „Clarté"-Bewegung (u. a. „Bilanz eines Jahres"). Die überwiegend Anfang der 1930er Jahre in moskaunahen Publikationen (u. a. *Das Wort, Internationale Literatur*) erschienenen Stellungnahmen bieten aufschlussreiche Einsichten in Zweigs Haltung zur UdSSR und zur Politik der europäischen Staaten. Neue Perspektiven auf Zweigs literarisches

Werk eröffnen seine in französischer Sprache erschienenen Gedanken über die Aufgaben von Literatur und die Rolle des Schriftstellers und Intellektuellen. Die ab Mitte der 1930er Jahre entstandenen Überlegungen zum Antisemitismus und zur Zukunft der jüdischen Verfolgten zeigen eindrücklich, dass Zweig einige konstruktive Ideen eingebracht hat, die angesichts ‚lauterer' antifaschistischer Stimmen lange übersehen wurden. Es ist ein nachhaltiger Verdienst, dass diese wichtigen Texte nun einem breiteren Publikum bekannt werden und die Wissenschaft vereinfachten Zugang erhält.

Eine wesentliche Bereicherung ist auch die von Stefan Litt herausgegebene Auswahl von 120 Briefen Stefan Zweigs (69 davon bisher unveröffentlicht), in denen „verschiedene Aspekte und Probleme des Judentums" zur Sprache kommen (23). Der Leiter der deutschsprachigen Nachlässe und Sammlungen der Israelischen Nationalbibliothek hat dafür umfassende Recherchen im über zahlreiche Archive verstreuten Briefnachlass vorgenommen. Zwar wurden nur in rund einem Prozent der Briefe jüdische Themen ermittelt. Diese allerdings sind in der Tat wichtige Quellen „für weitere Erkenntnisse über das komplexe Verhältnis des Autors zu Judentum, Zionismus und Antisemitismus" (21), zumal diesbezüglich öffentliche Stellungnahmen rar sind. Litt verzichtet auf eine eigene Interpretation von Zweigs Haltung und schließt sich lediglich Mark H. Gelbers These einer „jüdischen Sensibilität" (12) an. Er bemerkt allerdings aufschlussreiche „Feinheiten", z. B. dass Zweig niemals Grüße zu jüdischen Feiertagen übermittelte (21). Die Briefe sind chronologisch in drei Abschnitte gegliedert (1900–1918; 1920–1932; 1933–1941), denen Litt jeweils eine 3–5-seitige einordnende Einführung voranstellt. Über die Hälfte fallen in den letztgenannten Zeitraum, nur 18 in den ersten, von denen der Großteil bereits anderswo veröffentlicht war (v. a. in der von Knut Beck et al. edierten Briefausgabe bei S. Fischer, 1995–2005). Auch deswegen ist manches – z. B. Zweigs Kontroverse mit Martin Buber (ab 1916) oder die Ende 1933 veranlasste Übereignung von Teilen seiner Korrespondenz an die Bibliothek der Hebräischen Universität in Jerusalem – bereits hinlänglich bekannt, was freilich den Beitrag dieser Briefe zum Gesamtbild nicht schmälert. Hinzu kommen viele originäre Einblicke in Zweigs Denken und Handeln, vorwiegend für die 1920er und 1930er Jahre. Dazu gehören sein Einsatz für eine hebräische Anthologie (vgl. 72–73) als Teil der von ihm kuratierten *Bibliotheca mundi* im Inselverlag. Dieses Projekt – ein erster Teil erschien 1922 und hatte „gewissen Erfolg" (73) – war Zweig derart wichtig, dass er viel Überredungskunst aufwandte, um die vorgesehenen Herausgeber, Meir Wiener und Heinrich Chaim Brody, zur Zusammenarbeit zu bewegen (vgl. 87–98). Dem 16-jährigen jungen Autor Hans Rosenzweig beschrieb er pointiert und überraschend offenherzig seinen Glauben an ein identitätsstiftendes jüdisches „Schicksal" (107), zu dem auch der Antisemitismus gehöre, sowie sein Selbstverständnis als ein durch dieses Schicksal konstituierter Künstler und seine Ablehnung jeglichen Nationalstolzes. Hervorzuheben sind fünf bisher unbekannte Briefe an Chaim Weizmann, langjähriger Präsident der Zionistischen Weltorganisation und nach der Gründung Israels erster Staatspräsident. Weizmanns Interesse an Stefan Zweigs Gedanken indiziert der 1934 entstandene Kommentar zu einem Manuskript (vermutlich ein Entwurf von Weizmanns Autobiografie, vgl. 186–188), der wiederum eine für Zweigs Haltung aufschlussreiche Kritik enthält. Die Briefe offenbaren zudem, dass sich Zweig dafür einsetzte, die oben erwähnte Stellungnahme zur Judenverfolgung beim 19. Zionistenkongress in Luzern zu verabschieden und von Weizmann unterzeichnen zu lassen. Zweigs Verbindungen zu einigen der wichtigsten Stimmen der zionistischen Bewegung (u. a. auch zum einflussreichen Reformrabbiner Stephen Wise), bei denen er u. a. für kollektive Projekte warb, um die jüdische Kultur sichtbarer zu machen und Zeichen gegen die Verfolgung zu setzen, zeigen sich auch in Briefen an andere Adressaten. Vielfach klarsichtige Gedanken zu politischen Entwicklungen, oft ergänzt um offene Bekenntnisse der eigenen Betroffenheit und Hilflosigkeit, aber auch zu seinen Werken wie der jüdischen Legende *Der begrabene Leuchter* (1937), enthalten die im Exil verfassten Schreiben an Schalom Asch, Joseph Leftwich oder Arnold Zweig. Insgesamt bieten die von Litt in einem auch in formaler Hinsicht überzeugenden Band versammelten Briefe eine Fülle von Anhaltspunkten, um neue Erkenntnisse über Zweigs Einsatz für jüdische Werke, Schriftsteller und Verfolgte sowie über seine Rolle im breit gefächerten Netzwerk jüdischer Interessenvertretungen zu gewinnen. Ebenso wie die von Resch herausgegebenen Texte laden sie dazu ein, Zweigs „stille Stimme der Vernunft" (22), auch mit Blick auf ihre Aktualität, neu zu bewerten.

Als Resümee ist festzuhalten, dass über Stefan Zweig weiterhin überraschend viel Neues und Zeitgemäßes zu sagen ist, sowohl über berühmte Texte wie die *Schachnovelle* als auch angesichts des weiterhin umfassenden Korpus neu zu entdeckender Schriften.

Jasmin Sohnemann

**Marcel Bois und Bernadette Reinhold (Hg.): Margarete Schütte-Lihotzky. Architektur. Politik. Geschlecht. Neue Perspektiven auf Leben und Werk.** Basel: Birkhäuser 2019. 360 S., mit Abb.
**Wilhelm Schütte Architekt. Frankfurt – Moskau – Istanbul, hg. von der Österreichischen Gesellschaft für Architektur (ÖGFA) und Ute Waditschatka.** Zürich: Park Books 2019. 176 S., mit Abb.
**Margarete Schütte-Lihotzky und Wilhelm Schütte: „Mach den Weg um Prinkipo, meine Gedanken werden Dich begleiten!" Der Gefängnis-Briefwechsel 1941–1945, hg. von Thomas Flierl.** Berlin: Lukas 2021. 624 S., mit Abb.

Den gemeinsamen Nenner der zahlreichen bislang über Margarete Schütte-Lihotzky produzierten Texte bildete das immer selbe Narrativ, das sie unbestritten zum besonders interessanten Forschungsobjekt macht: ihre ungewöhnliche Ausnahmekarriere als Architektin innerhalb männlich dominierter Netzwerke der Architekturmoderne, Gestalterin der „Frankfurter Küche" und Widerstandskämpferin.

Einen Ausbruch aus den ausgetretenen Pfaden des eigenen Archivs wagte – und vollbrachte – *die angewandte* (Universität für angewandte Kunst Wien) gemeinsam mit der Forschungsstelle für Zeitgeschichte in Hamburg im Rahmen einer interdisziplinären Tagung, deren Ergebnisse nun in 22 Beiträgen, gegliedert in fünf Themenblöcke, von Marcel Bois und Bernadette Reinhold präsentiert werden. Das erste Kapitel versammelt biografische und geschlechterhistorische Perspektiven, verfasst von anerkannten Kenner*innen ihrer Biografie und der weiblichen Architekturhistorie Österreichs. Ein Text untersucht den Anteil der Architektin selbst am etablierten Narrativ, das sie als Bestandsbildnerin ihres Nachlasses aktiv mitgestaltet hatte.

Das längste Kapitel umspannt MSLs „Stationen eines transnationalen Architektinnenlebens".

Sieben Aufsätze schaffen es lückenlos, über die Tätigkeiten der Architektin tatsächlich Neues zu berichten. Intensive Quellenforschung auch jenseits des Wiener Kern-Nachlasses ermöglicht, eine spannende Berufsbiografie in der ersten Hälfte des 20. Jahrhunderts zu erzählen. Orte, Bautypologien und Vernetzungen zeigen auf, wie und wo die Architektur-Avantgarde in Europa passierte. Dabei wird die Heldin durch das Schließen der Lücken auch ein wenig entzaubert: Trotz ihrer Bemühungen, in der Außenwahrnehmung stets als gleichberechtigt zu erscheinen, dokumentiert der Aufsatz ihre berufliche und monetäre Benachteiligung als Frau in der Sowjetunion und die Kehrseite ihres politischen Engagements. Details über MSLs Spitzelaktivität für die KPÖ verblieben, so die Autorin, wohl rein versehentlich im sonst so sorgfältig kuratierten Nachlass und zeugen von der ambivalenten Seite der Widerstandsaktivistin und der erschwerten Auftragslage im Nachkriegs-Wien für die aktive Kommunistin.

Mithilfe von bisher nicht ausgewerteten Quellen kann nun auch das nur zweijährige gemeinsame „Intermezzo" der Schüttes in Istanbul nachvollzogen werden. In ihrer Funktion als Architektin ist MSL wieder die Ausnahme im kemalistischen Reformprogramm, wo sie auch jene schicksalhafte Bekanntschaft macht, die zu ihrer Inhaftierung während der NS-Zeit führt. Vier vom Wesen sehr unterschiedliche „Begegnungen" mit bezeichnenderweise ausschließlich Männern begründen den Abschnitt unter ebendieser Überschrift. Der gesonderte Themenblock „Die politische MSL" erzählt einen spannenden Krimi, angereichert mit Originalquellen, um die systematische Unterwanderung der kommunistischen Partei durch NS-Spitzel. Im Folgenden werden die Hintergründe für die politisch motivierte berufliche Ausgrenzung MSLs im Wien des „beginnenden Kalten Krieg[s]" analysiert, um dann schließlich deren Nische in der KPÖ-Frauenpolitik „probeweise anzubohren". Der obligatorische Abschnitt über die beiden Hauptbautypen in MSLs Œuvre wählt auch hier neue Perspektiven, wenn er die Schulbauten erstmals aus pädagogischer Sicht betrachtet und dafür plädiert, die „Frankfurter Küche" als Museumsobjekt unter anderen Aspekten neu zu evaluieren: Statt der zwei üblichen Präsentationsweisen (in Museen weltweit!) – entweder als perfekte Design-Ikone oder Gebrauchsobjekt – soll die „Frankfurter Küche" für ein widersprüchliches Exponat stehen, das „Unmöglichkeitsräume" im Museum zeigen kann.

Als erste Wilhelm-Schütte-Monografie überhaupt erfüllt die vorliegende Publikation schon per se ein Forschungsdesiderat. Während Œuvre und Leben seiner Frau schon zu deren Lebzeiten – immerhin bis ins Jahr 2000 – intensiv beschrieben wurden und ihr Nachlass seitdem umso intensiver erforscht wird, widmet die ÖGFA sich als erste rund ein halbes Jahrhundert später dem Baubeamten, lehrenden, beratenden, reisenden, exilierten und internierten Architekten Wilhelm Schütte.

Die Erzählung beginnt mit einem Kapitel über Schüttes Beteiligung am Neuen Frankfurt (1925–1930), dem sagenumwobenen Sammelbecken einer Gruppierung moderner Architekten, die sich z. T. in die UdSSR und schließlich in die Türkei weiterbewegen sollten. In Frankfurt tritt er die erste vollwertige Stelle nach der Ausbildung zum Diplomarchitekten und Regierungsbaumeister in München an. Jene Zeit findet im Frankfurter Kapitel wenig Platz. Dabei machte er an der TH München nicht nur sein Diplom bei einem der wichtigsten deutschen Architekturlehrer im ersten Drittel des 20. Jahrhunderts, Theodor Fischer, er schuf durch eine Anstellung in dessen Büro auch die Basis für sein berufliches Netzwerk. In München traf er Elsaesser, Kramer und May, außerdem Taut und Vorhoelzer, allesamt prägende Wegbegleiter seines Berufslebens.

Schüttes Zeit in der UdSSR wird anhand von neuen Quellen beschrieben, kann teilweise aber wieder nur im Kontext von Material aus dem Nachlass seiner Frau nachvollzogen werden, während für die neun Jahre in der Türkei umfangreiches neues Material zugrunde lag. Die sieben weiteren Jahre allein im türkischen Exil als praktizierender Architekt, Lehrender und schließlich noch aus der Internierungshaft Entwerfender sind packend erzählt, die letzte Arbeitsphase in Wien als entwerfender und ausstellender Architekt wird im Bezugsrahmen der Nachkriegszeit geschildert.

Der kommentarlose Abdruck des Nachrufs von Schüttes Freund und Kollegen Fritz Weber aus dem Jahr 1968 markiert nun eine thematische Wende im Buch: Die chronologische Struktur der titelgebenden Stationen weicht einer Analyse von Schüttes Werk in fünf Beiträgen. Nur zwei widmen sich einzelnen Bauprojekten aus dem Spätwerk des Architekten. Den unbestritten größten Anteil seines Werks bilden die Schulbauten, derer sich ein sämtliche Schaffensperioden umgreifender Beitrag annimmt. Einen thematischen Bogen spannt der nachfolgende Text, der „die politische Rhetorik" seines Werks zu entschlüsseln und dabei repräsentative Architektur auf Zeit in der Türkei mit Gedenkstätten in ehemaligen österreichischen Konzentrationslagern in einem Text gemeinsam zu verhandeln versucht. Der letzte Aufsatz zum Werk allgemein fragt, ob ein Wiener Wettbewerbsbeitrag Schüttes auch im Rahmen des späten CIAM-Diskurses betrachtet werden kann. Kann er? Die Geschichte eines Großprojektes, dem Neubau des Globus-Verlags (1954–1956), die von der Standortwahl, der weiteren Nutzung und Um-Nutzung des Gebäudekomplexes bis ins Jetzt folgt, beschließt die Monografie. Die Geschichte von Schüttes letztem realisierten Bauwerk, bezeichnenderweise einer Schule, führt uns mit der Geschichte seiner Sanierung in die Gegenwart zurück.

Nach den beiden Monografien, die sich einer möglichst lückenlosen und damit teils schonungslosen Betrachtung von Leben und Werk des Architekt*innenpaares widmen, ist der *Gefängnis-Briefwechsel 1941–1945* eine ergänzende Fortsetzung zu MSLs dreißig Jahre zuvor erschienenen *„Erinnerungen aus dem Widerstand"*, an dem die Architektin noch selbst beteiligt war. „Mach den Weg um Prinkipo" ist ein authentisches Zeitzeugnis und -erlebnis, dessen Bedeutung für die Geschichtsforschung weit über die Untersuchung der Protagonist*innen hinausgeht. Sie erzählt vom Widerstand gegen die NS-Diktatur, von Emigration und Exil und auch von den biografischen Verflechtungen der Architekt*innen in der ersten Hälfte des 20. Jahrhunderts. Die Erzählung beginnt 1937 und bezieht für einen breiteren Kontext auch die Emigration aus der UdSSR in die Türkei mit ein, genauer: die Umstände, Ereignisse und Begegnungen, die letztendlich zur Verhaftung MSLs geführt haben mögen.

Die Korrespondenz zwischen MSL, inhaftiert im NS-Deutschland, Wilhelm Schütte im türkischen Exil und MSLs Schwester Adele in Wien umfasst Briefe, Postkarten und Telegramme, allesamt verschickt zwischen 1941 und 1945. Die rund zwanzig Briefe aus dem bekannten, ursprünglichen Konvolut der *angewandten* konnten um 126 Schriftstücke aus dem privaten Nachlass der Architektin ergänzt werden (und gingen nach Abschluss des Forschungsprojekts für die Buchpublikation in das Archiv ein). Der Briefwechsel wird in chronologischer Reihenfolge präsentiert und mit (kleinen) erklärenden Hinweisen versehen, die es den Lesenden ermöglichen, verschlüsselt beschriebene Personen zu identifizieren. Den Dokumenten wurde zurückhaltend die zum Verständnis nötige Information beigefügt, auf eine weitere Filterung wurde verzichtet. Teilweise sind die Briefe unverändert transkribiert, Telegramme und Postkarten im Original abgebildet. Die Kombination mit der zusätzlichen Offenlegung der Gestapo-Akten und anderer nützlicher Originalquellen sorgt auf vielschichtige Weise für ein allumfassendes Geschichtserlebnis.

Dabei wird den die Umstände nachträglich überblickenden Lesenden deutlich, in welch unterschiedlichen Lebenslagen sich die Protagonist*innen befanden – hatten die Schreibenden doch nie dieselben Informationen: MSL weiß nicht wirklich, was „draußen" passiert, beide wissen nicht, was die Gestapo weiß und plant, Wilhelm Schütte berichtet über gemeinsame Kollegen und den Arbeitsalltag im Exil.

Im Nachwort beleuchtet der Herausgeber die Biografien der Ehepartner zwischen 1937 und 1945, basierend auf der ausgewerteten Korrespondenz sowie Ergebnissen aus Archivrecherchen.

Zur Lückenlosigkeit trägt der Anhang bei: Dort können die Stammbäume beider Architekt*innen nachgeschlagen und eine Liste fehlender Briefe eingesehen werden.

Laura Ingianni Altmann

# VII Kurzbiografien

**Doerte Bischoff**, Prof. Dr., Studium der Germanistik, Geschichte, Philosophie und Publizistik in Münster, Tübingen und St. Louis. Promotion im Konstanzer Graduiertenkolleg „Theorie der Literatur und Kommunikation" über die Prosa Else Lasker-Schülers. Wissenschaftliche Mitarbeiterin im Forschungsprojekt „Weibliche Rede – Rhetorik der Weiblichkeit" (Bochum) und an der Universität Münster, dort Habilitation über Fetischismus-Diskurse und Literatur im 19. Jahrhundert. Professur in Siegen, seit 2011 Professorin an der Universität Hamburg mit Leitung der Walter A. Berendsohn Forschungsstelle für deutsche Exilliteratur. Mitherausgeberin des internationalen Jahrbuchs *Exilforschung* und des Newsletters *Exilograph*. Arbeits- und Forschungsschwerpunkte: Literatur und Exil, Deutsch-jüdische Literatur, Literatur und Shoah, Literatur und materielle Kultur, Gender und Rhetorik. Aktuelle Publikationen (Auswahl): Exilforschung 36 (2018): Ausgeschlossen. Staatsbürgerschaft, Staatenlosigkeit und Exil, hg. mit Miriam Rürup; Exilforschung 37 (2019): Archive und Museen des Exils, hg. mit Sylvia Asmus und Burcu Dogramaci; Mobile Identitäten: Figurationen in der zeitgenössischen europäisch-jüdischen Literatur (Jahrbuch für europäisch-jüdische Literaturstudien), hg. mit Anja Tippner, Berlin 2018; Handbuch Literatur & Transnationalität, hg. mit Susanne Komfort-Hein, Berlin 2019.

**Burcu Dogramaci**, Prof. Dr., Studium der Kunstgeschichte und Germanistik in Hamburg. 2000 Promotion. 2005 Förderpreis des Aby M. Warburg-Preises. 2007 Habilitation. 2008 Kurt-Hartwig-Siemers-Wissenschaftspreis. Seit 2009 Professorin für Kunstgeschichte an der Ludwig-Maximilians-Universität München. 2016 ERC Consolidator Grant des Europäischen Forschungsrates. Seit 2021 Co-Direktorin des Käte Hamburger Kollegs „Dis:konnektivität in Globalisierungsprozessen" (LMU). Mitherausgeberin des Jahrbuchs Exilforschung. Forschungen zur Kunst des 20. Jahrhunderts und der Gegenwart mit einem Schwerpunkt auf Exil und Migration, Geschichte und Theorie der Fotografie, Mode, Architektur, Urbanität, Geschichte der Kunstgeschichte, Live Art. Aktuelle Publikationen (Auswahl): Heimat. Eine künstlerische Spurensuche. Köln 2016; Fotografie der Performance. Live Art im Zeitalter ihrer Reproduzierbarkeit. Paderborn 2018; Design Dispersed. Forms of Migration and Flight, hg. mit Kerstin Pinther. Bielefeld 2019; Handbook of Art and Global Migration. Theories, Practices, and Challenges, hg. mit Birgit Mersmann. Berlin, Boston 2019; Arrival Cities. Migrating Artists and New Metropolitan Topographies in the 20$^{th}$ Century, hg. mit M. Hetschold et al. Leuven 2020 (open access).

**Hilde Domin** (1909–2006), geborene Löwenstein und mit bürgerlichem Namen Palm, ist eine deutsch-jüdische Schriftstellerin. Sie wuchs in einer bürgerlichen jüdischen Familie in Köln auf. Bereits 1932 ging sie gemeinsam mit ihrem Mann Erwin Walter Palm (1910–1988) für einen Forschungsaufenthalt nach Italien. Aufgrund des Aufstiegs der NSDAP und ihrer damit in Konflikt stehenden sozialdemokratischen politischen Einstellung sowie ihrer jüdischen Herkunft hatte Domin sich entschieden, Deutschland zu verlassen. Als sich nach dem Besuch Hitlers im Mai 1938 die politische Lage in Italien verschärfte, floh das Paar Anfang 1939 über Paris nach Großbritannien und gelangte im Jahr darauf erst nach Kanada, dann in die Dominikanische Republik. Erst im karibischen Exil begann Domin 1951 mit ihren schriftstellerischen Arbeiten. Ihr Künstlername ist dem Namen ihres Exillandes sowie dessen Hauptstadt Santo Domingo entlehnt. Ab 1955 hielten sich Domin und ihr Ehemann Palm immer wieder für längere Zeit in

Deutschland auf und kehrten 1961 schließlich ganz zurück. Domin veröffentlichte unter anderem die Gedichtbände *Nur eine Rose als Stütze* (1959), *Rückkehr der Schiffe* (1962) und *Hier* (1964) sowie den Roman *Das zweite Paradies* (1968). Neben einigen poetologischen Abhandlungen, autobiografischen Texten und Essays schrieb sie vor allem in ihrer frühen Zeit als Schriftstellerin auch Kurzgeschichten, darunter „Vitalias Huhn".

**Anthony Grenville**, Dr., Promotion in Germanistik und Romanistik an der Universität Oxford; 1971–1996 Lehre an den Universitäten Reading, Bristol und Westminster. 2006–2017 Chefredakteur des *Association of Jewish Refugees Journal*. Seit 2013 Vorsitzender des Research Centre for German and Austrian Exile Studies, Universität London. Arbeits- und Forschungsschwerpunkte: Literatur der Weimarer Republik, Exil in Großbritannien. Publikationen (Auswahl): Jewish Refugees from Germany and Austria in Britain, 1933–1970. Their Image in AJR Information. London, Portland/OR 2010; Stimmen der Flucht: Österreichische Emigration nach Großbritannien ab 1938, Wien 2011; Encounters with Albion: Britain and the British in Texts by Jewish Refugees from Nazism, Cambridge 2018; „Neue Ansätze jenseits des Ärmelkanals". The Interviews with Former Austrians in the Collection „Refugee Voices", in: Evelyn Adunka u. a. (Hg.): Exilforschung: Österreich. Leistungen, Defizite und Perspektiven. Wien 2018; The Yearbook of the Research Centre for German and Austrian Exile Studies 20 (2020): Refugees from Nazi-Occupied Europe in British Overseas Territories, hg. mit Swen Steinberg.

**Günter Häntzschel**, Prof. em. für Neuere deutsche Literaturwissenschaft an der Universität München. Forschungsschwerpunkte: Literatur des 18. und 19. Jahrhunderts, Sozialgeschichte, die 1950er Jahre. Buchpublikationen über Annette von Droste-Hülshoff, Johann Heinrich Voß, Gottfried August Bürger, Lyrikanthologien des 19. Jahrhunderts, Bildung und Kultur bürgerlicher Frauen; Wolfgang Koeppen; deutschsprachige Buchkultur der 1950er Jahre. Mitherausger der Zeitschrift Treibhaus. Jahrbuch für die Literatur der fünfziger Jahre (2005 ff.). Publikationen (Auswahl): Die deutschsprachigen Lyrikanthologien 1840–1914. Sozialgeschichte der Lyrik des 19. Jahrhunderts, Wiesbaden 1997; „Ich wurde eine Romanfigur". Wolfgang Koeppen 1906–1996, mit Hiltrud Häntzschel, Frankfurt a. M. 2006; Sammel(l)ei(denschaft). Literarisches Sammeln im 19. Jahrhundert, Würzburg 2014; Wolfgang Hildesheimer, München 2017; Annette Kolb: Werke. 4 Bde., hg. mit Hiltrud Häntzschel, Göttingen 2017; in Vorbereitung Mechtilde Lichnowsky: Werke. 4 Bde., hg. mit Hiltrud Häntzschel.

**Joela Jacobs**, Asst. Prof. Dr., Studium der Deutschen Philologie und Anglistik in Bonn, St. Andrews und Berlin (FU). Promotion und Humanities Teaching Fellow an der University of Chicago. Seit 2015 Assistant Professor of German Studies an der University of Arizona, affiliiert mit den Arizona Institutes for Resilience: Solutions for the Environment and Society, dem Department of Gender and Women's Studies, dem Arizona Center of Judaic Studies und dem Graduate Interdisciplinary Program on Social, Cultural, and Critical Theory. Director of Graduate Studies des Arizona-Leipzig-Köln PhD-Programms in Transcultural German Studies. Gründerin des Literary and Cultural Plant Studies Network (plants.arizona.edu, seit 2016). Mitglied des DFG-Netzwerks 3G. Position der dritten Generation nach Zweitem Weltkrieg und Shoah. Koordinatorin des Environmental Studies Networks der German Studies Association. Forschungsschwerpunkte: deutsch-jüdische Literatur, Pflanzen- und Tierstudien, Environmental Humanities, Sexualitäts- und Wissenschaftsgeschichte. Publikationen über Monstrosität, Mehrsprachigkeit, literarische Zensur, Biopolitik, Tierepistemologie, Zoopoetik, Phytopoetik, Umweltschutzkulturen und deutsch-jüdische Gegenwartsliteratur. Herausgaben von Sonderheften (Auswahl): Animal Narratology (Humanities, 2017/2020); LiteraTier (literatur für leser, 2018); Das literarische Leben der Pflanzen. Poetiken des Botanischen (mit Isabel Kranz, literatur für leser, 2019).

**Heike Klapdor**, Dr. phil., Studium der Germanistik, Politologie und Theaterwissenschaft an der Universität Tübingen und an der Freien Universität Berlin. Recherche filmhistorisch wichtiger Nachlässe im Auftrag der Deutschen Kinemathek und der DFG. 2016 Auszeichnung mit dem Reinhold Schünzel-Preis für ihre Verdienste um das deutsche Filmerbe. Arbeits- und Forschungsschwerpunkte: Frauen, Exil, Literatur und Film. Publikationen (Auswahl): Hg. von Exilliteratur (Auswahl): Anna Gmeyner: Manja. Ein Roman um fünf Kinder, Mannheim 1984–2020, Berlin 2014; Ich bin ein unheilbarer Europäer. Briefe aus dem Exil, Berlin 2007; In der Ferne das Glück. Geschichten für Hollywood, Berlin 2013; Hg. von Zeitschriften (Auswahl): FilmExil (1992–2005); zuletzt: Mit anderen Augen. Exil und Film, München 2021.

**Brigitte Mayr**, Dr.$^{in}$ phil., Studium der Theaterwissenschaft und Germanistik an der Universität Wien. Dissertation: Kleider erzählen Geschichten – Zur Rolle der Frau im österreichischen Film anhand soziokultureller Aspekte des Kostüms. Wissenschaftliche Leiterin von SYNEMA – Gesellschaft für Film und Medien (Wien). Arbeits- und Forschungsschwerpunkte: (Co-)Konzeption von Symposien mit begleitenden Filmschauen; (Co-)Herausgeberin zahlreicher Publikationen, darunter speziell zum Filmexil: Carl Mayer, Scenar[t]ist. Ein Script von ihm war schon ein Film, hg. mit Michael Omasta, Christian Cargnelli, Wien 2003; Fritz Rosenfeld, Filmkritiker, hg. mit Michael Omasta, Wien 2007; Script: Anna Gmeyner. Eine Wiener Drehbuchautorin im Exil, hg. mit Michael Omasta, Wien 2009; Paul Czinner – Der Mann hinter Elisabeth Bergner, hg. mit Michael Omasta, Wien 2013; Peter Lorre – Schauspieler in Wien, Berlin und Hollywood, hg. mit Michael Omasta, Wien 2014; Wohlbrück & Walbrook – Schauspieler, Gentleman, Emigrant, hg. mit Michael Omasta und Frederik Lang, Wien 2020.

**Frederike Middelhoff**, Prof. Dr., Studium der Neueren Deutschen Literaturgeschichte, der Deutschen Sprachwissenschaft und der Englischen Literaturwissenschaft an der JMU Würzburg und der University of Exeter (UK). 2019 Promotion, ebenfalls 2019 Kulturpreis Bayern für die Dissertation. Seit 2020 W1-Professorin für Neuere Deutsche Literatur mit dem Schwerpunkt Romantikforschung an der Johann Wolfgang Goethe-Universität Frankfurt a. M. Mitherausgeberin der wiss. Buchreihe *Neue Romantikforschung* (seit 2021 im Metzler-Verlag, gemeinsam mit Martina Wernli und Roland Borgards). Forschungsschwerpunkte: Kulturwissenschaftliche Romantikforschung, Cultural Animal Studies, Migration und Wissen um 1800, Plant Studies. Publikationen (Auswahl): Literarische Autozoographien. Figurationen des autobiographischen Tieres im langen 19. Jahrhundert, Stuttgart 2020; Tiere und Migration (Zeitschrift Tierstudien Bd. 19), hg.

mit Jessica Ullrich, Berlin 2021; Texts, Animals, Environments. Zoopoetics and Ecopoetics, hg. mit Sebastian Schönbeck, Roland Borgards und Catrin Gersdorf, Freiburg i. Br. 2019.

**Michael Omasta**, Studium der Theaterwissenschaft an der Universität Wien. Filmredakteur der Wiener Wochenzeitung *Falter*, Vorstandsmitglied von SYNEMA – Gesellschaft für Film und Medien. Kurator zahlreicher Retrospektiven zum österreichischen Filmexil. Arbeits- und Forschungsschwerpunkte: (Co-)Autor und Herausgeber von Büchern über Claire Denis, Michael Pilz, Romuald Karmakar, John Cook, Manfred Neuwirth und Ruth Beckermann. Ausgewählte Publikationen mit Bezug zum Filmexil: Aufbruch ins Ungewisse. Österreichische Filmschaffende in der Emigration vor 1945, hg. mit Christian Cargnelli, Wien 1993; Tribute to Sasha. Das filmische Werk von Alexander Hammid, Hg., Wien 2002; Josef von Sternberg. The Case of Lena Smith, hg. mit Alexander Horwath, Wien 2007; Wolf Suschitzky Films, hg. mit Brigitte Mayr und Ursula Seeber, Wien 2010; Amos Vogel: Ein New Yorker Cineast aus Wien, mit Brigitte Mayr, Wien 2011; Charles Korvin – Erinnerungen eines Hollywoodstars aus Ungarn, Hg., Wien 2012; Das Gesicht hinter der Maske. Hommage an den Schauspieler Peter Lorre, Hg., Wien 2018.

**Alfred Polgar**, geboren 1873 in Wien. Der Gerichtsberichterstatter und Theaterkritiker war ab 1905 Mitarbeiter der neu gegründeten Berliner Schaubühne. Als Feuilletonist und impressionistischer Erzähler gehörte er zu den Kaffeehausliteraten um Peter Altenberg und trat mit Egon Friedell auch als Kabarettautor auf. Nach dem Ersten Weltkrieg wurde Polgars Schreiben politischer, sozialkritischer, satirischer, radikaler. Er perfektionierte die poetische Verdichtung in der ‚kleinen Form': Skizze, Kurzprosa, Glosse, Epigramm, Aphorismus. In den 1920er Jahren lebte Polgar vor allem in Berlin, prominenter Beiträger von *Weltbühne*, *Berliner Tagebuch* und *Prager Tagblatt*. Als Jude und linksliberaler Antifaschist verfolgt, floh Polgar Anfang März 1933 nach Prag und dann nach Wien. In Exilverlagen konnte er noch zwei Bände mit Kurzprosa publizieren: *In der Zwischenzeit* (Amsterdam 1935) und *Sekundenzeiger* (Zürich 1937). 1938 emigrierte er nach Zürich, im Herbst 1940 über Frankreich und Spanien in die USA, wo er sich zuerst in Hollywood, ab 1943 in New York niederließ. Er schrieb für die Exilpresse (*Aufbau*, *Austro American Tribune*) und übersetzte amerikanische Theaterstücke. 1949 kehrte er nach Europa zurück, 1955 starb er in Zürich.
Weitere Werke: Ansichten (Berlin 1933); Handbuch des Kritikers (Zürich 1938); Geschichten ohne Moral (Zürich, New York 1943); Anderseits (Amsterdam 1948); Im Lauf der Zeit (Reinbek 1954); Kleine Schriften Schriften, hg. von Marcel Reich-Ranicki in Zusammenarb. mit Ulrich Weinzierl (Reinbek 1982–1986).

**Lisa Rettl**, Mag. Dr., Studium der Anglistik und Geschichte in Klagenfurt und Graz. Promotion über antifaschistische Erinnerungskultur in Kärnten. Freischaffende Historikerin und Ausstellungskuratorin. Vorträge und Lehrtätigkeit an der Universität Klagenfurt. Seit 2004 Kuratorin von Ausstellungen zu zeitgeschichtlichen Themen, u. a. für die Stadt Villach und das Wien Museum. 2011/2012 Leitung und Konzeption des Projekts *Neugestaltung des Museums Peršmanhofs* – ein Museum zur Kärntner Widerstandsgeschichte. 2014–2018 Leitung des FWF-Projekts

*Die Tierärztliche Hochschule im Nationalsozialismus*. Arbeits- und Forschungsschwerpunkte: Geschichte des Nationalsozialismus, Erinnerungskultur, Minderheitenpolitik und antifaschistischer Widerstand. Publikationen (Auswahl): Jüdische Studierende und Absolventen der Wiener Tierärztlichen Hochschule 1930–1947. Wege – Spuren – Schicksale, Göttingen 2018; Die Wiener Tierärztliche Hochschule und der Nationalsozialismus: Eine Universitätsgeschichte zwischen dynamischer Antizipation und willfähriger Anpassung, Göttingen 2019.

**Alexander Roda Roda**, geboren als Alexander/Sándor Friedrich Rosenfeld 1872 in Drnowitz (Drnovice, Österreich-Ungarn). Der ehemalige Artillerie-Oberleutnant der k. u. k. Armee war ab 1903 freier Schriftsteller in Wien, ab 1914 Kriegsberichterstatter für die *Neue Freie Presse*. Mit seinen Militär-Humoresken, am bekanntesten das Lustspiel *Der Feldherrnhügel* (mit Carl Rößler, 1909) und Erzählungen, die einem exotischen Interesse an südosteuropäischen Stoffen entgegenkamen, war er vor dem Ersten Weltkrieg ein vielgelesener Autor. Er lebte nach 1918 vor allem in München und Berlin, verfasste Satiren, Schwänke, Anekdoten und Humoresken und trug auf Kleinkunstbühnen vor. Bekanntschaft mit Erich Kästner, Egon Erwin Kisch, Heinrich Mann, Kurt Tucholsky und Stefan Zweig. 1932 trat er öffentlich für Carl von Ossietzky ein. 1933 flüchtete Roda Roda, als Jude und Hitler-Gegner verfolgt, nach Österreich, 1938 in die Schweiz. Er veröffentlichte in Exilzeitschriften und unterstützte zusammen mit Robert Musil, Franz Werfel oder Alfred Polgar die in Paris gegründete Schriftstellervereinigung Liga für das geistige Österreich. Weil er in der Schweiz keine Arbeitsbewilligung erhielt, emigrierte er 1940 in die USA, wo er 1945 in New York starb.
Weitere Werke: Das Rosenland (Hamburg, Leipzig 1918); Roda Roda erzählt (München 1925); Roda Roda und die vierzig Schurken (Bern, Wien, Leipzig 1932); Krokodil-Tränen (Berlin, Wien, Leipzig 1933); Schenk ein, Roda! (Berlin, Wien, Leipzig 1934); Die Panduren (Wien 1935); Das grosse Roda Roda Buch, hg. von Elsbeth Roda Roda (Wien 1949).

**Sanna Schulte**, Dr. phil., Literaturwissenschaftlerin, Politikwissenschaftlerin. 2014 Promotion an der Philosophischen Fakultät der Universität Aachen. Ab 2012 wissenschaftliche Mitarbeiterin am Institut für Germanistische und Allgemeine Literaturwissenschaft der RWTH Aachen University. Seit 2018 Forschung und Lehre am Literaturarchiv der Österreichischen Nationalbibliothek und am Institut für Germanistik der Universität Wien. Publikationen (Auswahl): Bilder der Erinnerung. Über Trauma und Erinnerung in der literarischen Konzeption von Herta Müllers ‚Reisende auf einem Bein' und ‚Atemschaukel', Würzburg 2015; Erschriebene Erinnerung. Die Mehrdimensionalität literarischer Inszenierung, Hg., Köln, Wien 2015; Exil interdisziplinär, hg. mit Christian Zech, Würzburg 2017; Beiträge zur neueren Literaturgeschichte (2020), 407: Leseszenen. Poetologie – Geschichte – Medialität, hg. mit Irina Hron und Jadwiga Kita-Huber.

**Ursula Seeber**, Dr., Studium der Germanistik, Klassischen Philologie und Vergleichenden Literaturwissenschaft in Innsbruck und Wien. Ab 1984 Mitarbeiterin der Dokumentationsstelle für neuere österreichische Literatur, 1993 Aufbau der Österreichischen Exilbibliothek im Literaturhaus Wien, bis 2016 deren Leiterin. Arbeits- und Forschungsschwerpunkte zur österreichischen Literatur und Exil; Herausgeberin der Reihe „Österreichische Exilbibliothek" im Picus

Verlag. Ausstellungskuratorin. Publikationen (Auswahl): Kurt Klagsbrunn. Fotograf im Land der Zukunft, hg. mit Barbara Weidle, Bonn 2013; Exilforschung 33 (2015): Kometen des Geldes. Exil und Ökonomie, hg. mit Veronika Zwerger und Claus-Dieter Krohn; Küche der Erinnerung. Essen & Exil, hg. mit Veronika Zwerger, Wien 2018; „Und was ist ein Mensch ohne Papiere? Weniger als ein Papier ohne einen Menschen!" Exil und Bürokratie, in Gertraud Diem-Wille u. a. (Hg.): Europa, Demokratie, Ökumene, Kultur. Wien, Köln, Weimar 2018.

**Lore Segal**, geboren als Lore Groszmann 1928 in Wien. 1938 Emigration mit einem Kindertransport nach Großbritannien, wo sie später wieder mit ihren Eltern zusammenkam. 1945 bis 1948 Anglistikstudium an der Universität London. Nach einem Aufenthalt in der Dominikanischen Republik 1951 Einreise in die USA. Lore Segal lehrte 1968 bis 1997 englische Literatur und Creative Writing u. a. an der Columbia University, Princeton University, am Sarah Lawrence College und The Ohio State University. Sie schrieb Kurzgeschichten und Essays (u. a. für *The New Yorker*), Romane, Kinderbücher, bearbeitete Geschichten aus dem Alten Testament und übersetzte Grimms Märchen. Ihr Werk ist vielfach autobiografisch konnotiert. 2018 erhielt sie den Theodor-Kramer-Preis für Schreiben im Widerstand und Exil. Lore Segal lebt in New York. Weitere Werke: Other People's Houses (New York 1964, u. d. T. Wo andere Leute wohnen, Wien 2003); Lucinella (New York 1976); Her First American (New York 1985, u. d. T. Ihr erster Amerikaner, Frankfurt a. M. 1996); The Juniper Tree and Other Tales from Grimm (Übers. London 1974); Die dünne Schicht Geborgenheit (Wien 2004, u. d. T. Shakespeare's Kitchen, New York, London 2007); Half The Kingdom (London, 2013).

**Swen Steinberg**, Dr., Studium der Neueren und Neuesten Geschichte, Sächsischen Landesgeschichte und Politikwissenschaften an der Technischen Universität Dresden. 2013 Promotion. 2010–2018 wissenschaftlicher Mitarbeiter am Lehrstuhl für Sächsische Landesgeschichte an der Technischen Universität Dresden. Seit 2018 Lecturer und Research Associate am Department of History der Queen's University in Kingston/OT. Arbeits- und Forschungsschwerpunkte: Migration und Wissen, die Geschichte der deutschen politischen und gewerkschaftlichen Emigration ab 1933 (speziell Tschechoslowakei, Schweden, Großbritannien, USA) sowie wirtschaftliche Transformationsprozesse in der Moderne. Publikationen (Auswahl): „Karl Herschowitz kehrt heim". Der Schriftsteller-Journalist Edgar Hahnewald zwischen sächsischer Identität und der Heimat im Exil, Berlin 2016; Geschichte und Gesellschaft 43 (2017), 3: Knowledge and Migration, hg. mit Simone Lässing; Jahrbuch für Wirtschaftsgeschichte 58 (2017), 2: Unternehmen im Transformationsprozess: Ostdeutsche und osteuropäische Perspektiven, hg. mit Ulrike Schulz; The Yearbook of the Research Centre for German and Austrian Exile Studies 20 (2020): Refugees from Nazi-Occupied Europe in British Overseas Territories, hg. mit Anthony Grenville.

**Carla Swiderski**, Studium der Germanistik und Medien- und Kommunikationswissenschaft an der Universität Hamburg und dem University College London (UK); Promotion im Graduiertenkolleg Geisteswissenschaften der Universität Hamburg zum Mensch-Tier-Verhältnis in der Exilliteratur, assoziiert mit der Walter A. Berendsohn Forschungsstelle für deutsche Exilliteratur; Forschungsaufenthalt an der New York University; Forschungsschwerpunkte: Literatur und

Exil, Cultural and Literary Animal Studies, Literatur und Wissen, Plant Studies. Publikationen (Auswahl): Hunde als literarische Reflexionsfiguren von Flucht- und Exilerfahrungen, in: Tierstudien 19 (2021); Nachexil, Staatsbürgerschaft und affektive Zugehörigkeit – das Dilemma mit der Nationalität. Eine Relektüre von Ernst Lothars und Hilde Domins Schriften mit Judith N. Shklars politischer Theorie, mit Jasmin Centner, in: Exilforschung. Ein internationales Jahrbuch 38 (2020); Ethisch-ästhetische Schreibverfahren und das Verhältnis von Mensch und Tier in Hermann Brochs Die Schuldlosen, in: Lena Zschunke, Olivia Kobiela (Hg.): Himmlisch, irdisch, höllisch. Religiöse und anthropologische Annäherungen an eine historisierte Ästhetik. Würzburg 2019.

**Jennifer Taylor**, Dr. phil.; Germanistin, Gründungsmitglied des Research Centre for German and Austrian Exile Studies, Universität London. Forschungsschwerpunkt: deutschsprachiges Exil in Großbritannien. Publikationen (Auswahl): „England? Aber wo liegt es?!", hg. mit Charmian Brinson, Richard Dove und Marian Malet, München 1996; Wien – London, hin und retour. Das Austrian Centre in London 1939–1947, mit Marietta Bearman, Charmian Brinson u. a., Wien 2004; Escaping the Crooked Cross. Internment Correspondence Between Paul and Charlotte Bondy during the Second World War, hg. mit Jo Bondy, Peterborough 2014; „Die Bücher gingen sofort von Hand zu Hand": The Contribution of Käthe Auerbach, Charlotte Bondy and the Büchergilde Gutenberg to the Re-education of German Prisoners of War in Britain, 1946–1948, in: The Yearbook of the Research Centre for German and Austrian Exile Studies 15 (2014); Charlotte Bondy: A Graphic Designer in Exile, in: The Yearbook of the Research Centre for German and Austrian Exile Studies 18 (2017).

**Barbara Weidle**, Mag., Kunsthistorikerin, Journalistin. Zahlreiche Beiträge für Tageszeitungen, Internetmagazine, Katalog- und Lexikon-Artikel zur zeitgenössischen Kunst und zur Klassischen Moderne. Ausstellungskuratorin u. a. zu Künstlerinnen im Exil wie Erna Pinner und Anna Mahler. 2011–2014 Mitbegründerin und erste Leiterin des Literaturhauses Bonn. 2015–2019 Aufbau und Programm des Forums „Die Unabhängigen" für die Leipziger Buchmesse und die Kurt Wolff Stiftung. Führt gemeinsam mit Stefan Weidle den Bonner Weidle Verlag. Publikationen und Ausstellungen (Auswahl): Eric Schaal. Photograph, Deutsches Exilarchiv 1933–1945 der Deutschen Bibliothek Frankfurt a. M., 1998; Anna Mahler. Ich bin in mir selbst zu Hause, hg. mit Ursula Seeber, Bonn 2004; Ich reise durch die Welt. Die Zeichnerin und Publizistin Erna Pinner, Deutsches Exilarchiv 1933–1945 der Deutschen Bibliothek Frankfurt a. M., 2004/ 2005; Kurt Wolff. Ein Literat und Gentleman, Hg., Bonn, 2007; Edmund Wolf: „Ich spreche hier nicht von mir", hg. mit Ursula Seeber, Bonn, 2010; Kurt Klagsbrunn. Fotograf im Land der Zukunft, hg. mit Ursula Seeber, Bonn, 2013.

**Julia Winckler**, Dr., Studium der Afrikanistik, Anthropologie, Sozialarbeit und Fotografie in Paris, Toronto und Brighton. Seit 2003 Dozentin für Fotografie und Mediengeschichte an der University of Brighton. Seit 2006 wissenschaftliche Beraterin für Fotografie im Rahmen des „Through Our Eyes" Programm an der Hong Kong Baptist University. Lebt und arbeitet seit 1998 in Großbritannien. Publikationen (Auswahl): Gespräch mit Wolfgang Suschitzky, Fotograf und Kameramann, in: Exilforschung: Ein Internationales Jahrbuch 21 (2003); The First Rule of Photography is Patience: the photographs of Wolf Suschitzky, in Michael Omasta und Brigitte Mayr (Hg.): Wolf Suschitzky. Seven Decades of Photography, Wien 2014; „Quite content to be called a good craftsman" – an Exploration of some of Wolf Suschitzky's Extensive Contributions to the Field of Applied Photography between 1935 and 1955, in: The Yearbook of the Research Centre for German and Austrian Exile Studies 19 (2019).

**Katja B. Zaich**, Dr., Studium der Germanistik und Romanistik an den Universitäten Würzburg, Caen und Hamburg. Übersetzerin. Seit 1996 in Amsterdam. Arbeits- und Forschungsschwerpunkte: Exil in den Niederlanden, emigrierte Bühnenkünstler*innen. Publikationen (Auswahl): „Ich bitte dringend um ein Happyend." Deutsche Bühnenkünstler im niederländischen Exil 1933–1945, Frankfurt a. M., Wien u. a. 2001; „Ein Emigrant erschiene uns sehr unerwünscht ...". Kurt Gerron als Filmregisseur, Schauspieler und Cabaretier in den Niederlanden, in: Exilforschung. Ein internationales Jahrbuch 21 (2003): Film und Fotografie, hg. von Claus-Dieter Krohn u. a.; „Total verrückt": Die letzte Revue im Durchgangslager Westerbork, in: Viktoria Hertling (Hg.): Hitler im Visier: literarische Satiren und Karikaturen als Waffe gegen den Nationalsozialismus, Wuppertal 2005; Konflikt im Zwergenland. Die niederländische Karriere der Schauspielerin Alice Dorell, in: Germaine Goetzinger und Inge Hansen-Schaberg (Hg.): „Bretterwelten". Frauen auf, vor und hinter der Bühne, München 2008.

**Veronika Zwerger**, MMag., Studium der Geschichte und Kultur- & Sozialanthropologie an der Universität Wien. Seit 2001 Mitarbeiterin, ab 2016 Leiterin der Österreichischen Exilbibliothek im Literaturhaus Wien. Herausgeberin der Reihe „Österreichische Exilbibliothek im Literaturhaus Wien. Dokumente & Studien". Arbeits- und Forschungsschwerpunkte: österreichische Emigration und Exil, Vermittlungsprogramme zum Exil. Publikationen (Auswahl): Küche der Erinnerung. Essen & Exil, hg. mit Ursula Seeber, Wien 2018; Österreichisches Exil in Australien: Beispiele aus Puppentheater und Architektur, mit Ursula Seeber, in: The Yearbook of the Research Centre for German and Austrian Exile Studies 20 (2020); „... nutzlose Bürokratie und schikanöse Behandlung". Das sauf-conduit der Familie Schwebel, in: Sichtungen (2021), 18–19.

www.ingramcontent.com/pod-product-compliance
Lightning Source LLC
Chambersburg PA
CBHW050525300426
44113CB00012B/1964